中国国际贸易学会推荐教材

全国外经贸院校统编教材

国际贸易地理

（第七版）

主编　竺仙如

中国商务出版社
CHINA COMMERCE AND TRADE PRESS

图书在版编目（CIP）数据

国际贸易地理/竺仙如主编 . —7 版 . —北京：
中国商务出版社，2017.2
  中国国际贸易学会推荐教材　全国外经贸院校统编教
材
  ISBN 978-7-5103-1798-9

  I . ①国… Ⅱ . ①竺… Ⅲ . ①国际贸易—商业地理—
高等学校—教材 Ⅳ . ①F742

  中国版本图书馆 CIP 数据核字（2017）第 037823 号

中国国际贸易学会推荐教材
全国外经贸院校统编教材

国际贸易地理（第七版）
GUOJI MAOYI DILI

主编　竺仙如

出　　　版：中国商务出版社
地　　　址：北京市东城区安定门外大街东后巷 28 号　　邮　　编：100710
责任部门：国际经济与贸易事业部（010-64269744　biys@cctpress.com）
责任编辑：闫红广

总 发 行：中国商务出版社发行部（010-64266119　64515150）
网　　　址：http：//www.cctpress.com
邮　　　箱：cctp@cctpress.com

排　　　版：北京科事洁技术开发有限责任公司
印　　　刷：北京密兴印刷有限公司
开　　　本：880 毫米×1230 毫米　　　　1/16
印　　　张：22.25　　　　　　　　字　　数：538 千字
版　　　次：2017 年 5 月第 7 版　　　印　　次：2017 年 5 月第 1 次印刷
书　　　号：ISBN 978-7-5103-1798-9
定　　　价：35.00 元

目　录

总　论

分　论

修订说明 (第七版)

全国外经贸院校统编教材《国际贸易地理》从 1990 年发行至今已有 26 个年头，期间经过了六次修订，得到了全国各地广大师生的支持和欢迎。国际贸易地理是对外经贸专业和有关涉外专业的必修课，与国际贸易实务、国际金融、国际物流以及世界经济等有着千丝万缕的联系，它们都以国际贸易经济活动为主要研究内容。由于全球经贸态势在不断变化，加上教材本身的时效性，我们须及时更新相关内容及各类经贸数据。虽然搜集整理工作非常艰难，但这些年来我们每次都努力完成了。

如今世界经济全球化趋势出现了新的变化，国际经济规则面临重构。发达国家加快改革调整，试图巩固传统主导地位。再工业化取得进展；新兴经济体则群体性崛起，"金砖五国"声音增强，广大发展中国家的战略机遇期已经到来。然而世界仍处于后危机时期的结构调整期，未来 5～10 年不排除总体增长速度趋缓，国际金融市场动荡性增加，世界经济发展中不稳定、不确定和不平衡因素增多。为继续保持本教材的时效性、实用性和科学性，我们对本教材进行了第七次修订，具体修改特色如下：

（1）根据教学大纲要求，参考各经济体在世界经贸中地位的变化，本版教材删除了东亚国家朝鲜，新增了东南亚国家越南，从而使教材重点更加突出。

（2）保持第六版的体例不变，仅根据各章内容的变化，对个别章节的复习题做出调整；教材最后是总复习题。

（3）本教材制作有 PPT 教学课件，并附有模拟试卷一份，可使师生对教材重点做到心中有数，一目了然。

本版教材由竺仙如教授主编、统稿，并编写复习题等。参与本次修订工作的人员有竺仙如、戚万冬和李先维教授。各章修订具体分工如下：

竺仙如：结论、总论（第一、二、四章），分论（第一、二、三、四、五、六章）

戚万冬：总论（第三章），分论（第三章）

李先维：分论（第七章）

由于资料来源不一，书中难免错漏或不足，恳请广大师生和读者批评指正。

《国际贸易地理》编写组

2017 年 3 月

修订说明 (第六版)

　　全国外经贸院校统编教材《国际贸易地理》自1990年出版以来，得到了广大师生的支持和欢迎，国际贸易地理已成为外经贸院校对外经贸专业及有关涉外专业的必修课。由于全球经贸态势的不断变化，以及教材本身的特点，因而我们须不断地更新内容及相关数据，近二十年来，我们也都这样做了。

　　鉴于近几年全球经济一体化的纵深发展，特别是一批新兴经济体的崛起，如"金砖四国"对世界经济增长的贡献率不断提升，改变了全球利益格局，加上2007年次贷危机以来，全球经济格局正在发生重大改变，为保持教材的时效性、实用性和科学性，我们对本教材进行了第六次修订，以便于教师备课。另外，本次修订使用了新的体例，如每章前面写有学习目标，每章最后都有小结和关键名词或概念以及复习题。本书还制作了PPT教学课件及课程教学大纲（凭教学课件索取说明索取）和模拟试卷一份，使每位师生对教材重点做到心中有数，一目了然。

　　本教材由竺仙如教授主编、统稿，并编写复习题等，参加本次修订的人员有竺仙如、戚万冬和汪波，各章修订分工如下：

　　竺仙如：绪论、总论（第一、二、四章）、分论（第一、二、四、五、六章）

　　戚万冬：总论（第三章）、分论（第三章）

　　汪　波：分论（第七章）

　　书中难免错误或不足，恳请广大师生和读者批评指正。

《国际贸易地理》编写组

2009年9月

出 版 说 明

受外经贸部人教司委托并根据全国外经贸院校统编教材编写规划的要求，我们编写了《国际贸易地理》。本教材注意加强学科的基础理论，突出世界主要经济贸易区的经贸特点，并尽可能采用最新的资料，使读者对了解世界商品生产规律和商品市场变化以及我国对外开放的发展有一定的参考价值。本教材不仅是全国经贸院校经贸专业的规定教材，也可作为经贸职工、大中专学校及经贸系统类岗位培训的教学参考书。

本教材编写分工如下：

绪言		竺仙如
总论	第一章、第二章、第五章	竺仙如
	第三章、第四章	戚万冬
分论	第一章、第二章	竺仙如
	第三章	戚万冬
	第四章、第五章、第六章	方义龙
	第七章	李平建

本教材由竺仙如教授主编并统稿，经哈尔滨师范大学朱景湖教授、山东外贸职业学院方积中教授和上海外贸学院施精华副教授等审定，并对教材提出了宝贵的意见和建议，在此一并表示感谢！

由于我们的水平有限，编写时间又仓促，其中难免有错误和缺点，希望使用本教材的师生和读者提出宝贵意见。

《国际贸易地理》编写组

1990 年 9 月

绪　论

国际贸易地理是研究世界各国各地区商品市场之间的地理分布情况及其之间的联系，研究影响商品生产与市场变化诸因素的学科。国际贸易属于流通领域，它必须建立在生产的基础上才能进行，而它的活动又必定是在各国各地区的具体地域上实现的，受各国各地区的生产力发展水平和生产力布局等诸因素的影响。也就是说，世界上任何一个国家和地区之间的国际贸易，包括进出口商品结构、国际贸易地区分布或地域构成等，都是由各自国家的生产力布局和生产力发展水平来决定的。国际贸易地理的研究也是以此为基础的。

国际贸易地理应我国对外经贸事业的发展而产生，也是应它的蓬勃发展而发展的一门崭新的学科。它是经济地理学的一个分支学科，属于部门地理学。它是地理学与自然、社会、经济等科学之间的一门边缘科学。

国际贸易是国际交往中的一项重要活动，也是各国各地区发展经济的必由之路。因此，研究世界商品生产规律和商品市场变化，了解世界主要经贸区域的经贸特点，主要工农业产品的分布与发展前景及各国各地区在国际经贸中的地位、市场特点、进出口商品结构，揭示各国各地区商品流通与贸易地区组合的原因及发展趋势，阐明世界范围内商品地区间流通分布的规律等，都成为国际贸易地理研究的主要内容和任务。

国际贸易地理如前所述，属于部门地理学，它与世界经济地理的关系最为密切，两者都侧重于地理学角度研究有关的经济活动。不同的是，世界经济地理学是研究地理条件与生产活动的关系，主要着重于研究生产力分布规律的一门科学；而国际贸易地理则是以世界经济地理学为基础，研究地理环境与国际贸易活动关系的科学，着重于研究国际商品流通与市场的地理分布的科学，它具有自己学科的显明特性。两者的研究对象和内容既有联系又有区别。世界经济地理学的理论、实践方法对国际贸易地理学的研究具有一定的指导意义；而对国际贸易地理学的深入研究，可以丰富和提高世界经济地理学的科学研究水平。同时，世界自然地理学与国际贸易地理也不可分割，因为前者是研究世界范围内地理环境结构及其形成发展规律的科学，而后者随时都会涉及自然地理环境知识，两者相辅相成、相得益彰。

国际贸易地理作为地理学与自然、社会、经济等科学之间的边缘科学，主要体现在地理科学与经济科学的关系上。政治经济学是研究生产关系发展的科学，它阐述人类社会发展各个历史阶段物质资料生产和分配的规律，以此来认识不同国家、不同地区商品流通地域分布及组合的规律性。国际贸易地理学就是要运用其基本理论、观点来研究贸易活动与地理条件的关系、商品流通地域分布及其规律性的形成。所以政治经济学对国际贸易地理学具有重要的理论指导意义。

除上述外，国际贸易、国际商品学、国际经贸实务等学科也和国际贸易地理有着千丝万缕的联系。如国际贸易虽然研究的对象与国际贸易地理完全不同，但却都以贸易经济活动为其重要的研究内容。国际贸易侧重从经济角度去研究国际间的贸易活动和商品流通领域中经济关系及其发展变化的规律。它与国际贸易地理在许多方面互相渗透、互为作用，形成学科之间的交叉现象是十分明显的。

作为从事对外经贸工作的人员，无论是从事开展国际商务活动的人员，还是从事基础或高层的领导，都应具有国际贸易地理的基础知识。因此，国际贸易地理是对外经贸院校和有关学校国际贸易、国际经济合作、对外贸易运输等专业的一门专业课，是培养对外商务人才必不可少的重要的基础知识课程。它以马列主义、毛泽东思想、邓小平理论为指导，以世界自然地理学和政治经济学为基础，以世界经济地理学为基本内容，且具有本学科的特点。国际贸易地理无疑是对外贸易谈判的"先驱"，因为只有知己知彼，才能百战不殆。

区域性和综合性是所有地理学科、当然也包括国际贸易地理学研究的根本观点和传统方法，学习国际贸易地理必须重视地图与各种图表的运用；必须重视对地理信息资料和全球各类经贸数据的搜集与整理，它可以帮助我们考察、分析或预测一个区域经济发展的全过程。利用地图、图表和大量的信息资料、数据，借助形象的语言表达，往往能收到意外的学习效果。

总　论

第一章　地理环境与国际贸易

本章学习目标：使学生在了解地理环境、国际贸易两个概念的基础上重点掌握地理环境与国际贸易的关系及其对国际贸易的影响。

世界政治经济地图的形成经历了一个很长的历史时代，前后大致有 400 年光景。一般说来，以伟大的地理大发现作为世界政治经济地图形成的里程碑，而以帝国主义列强瓜分世界完毕时为标志作为一幅完整的世界政治经济地图的形成。同时，国际贸易也随之而形成。

一、早期世界政治经济地理面貌与国际贸易的发生、发展

国际贸易是人类社会生产发展到一定历史阶段的产物，随着社会生产和社会分工的发展而发展。在原始社会，没有商品交换，没有私有制，也没有阶级和国家，不存在对外贸易。人类第一次进行国际贸易的历史应追溯到氏族部落崩溃、奴隶社会兴起之初的年代，由于生产的进步出现了阶级和私有制，由于社会分工、商品经济的发展，货币和商人阶层的出现，国家的形成，使人们由最初的物品交换发展成了集团之间的贸易，最终越出国界，发展成为国家间的贸易。

随着奴隶制诞生而伴生的国际贸易，主要商品是奴隶和奢侈品。争夺货源是战争，组织手段是掠夺。因而当时贸易中心的地理分布都是强大的奴隶制国家都市及其殖民地。在西方首先是腓尼基和迦太基，然后转移到古希腊和古罗马，贸易中心一直在地中海沿岸。在东方则是我国的殷周王朝。

古代腓尼基的疆域，大体上相当于现代的黎巴嫩而略大，由于其地处西亚和地中海的世界海陆要冲上，非常有利于发展商业和航海活动。公元前 3000 年出现了腓尼基的城市国家。腓尼基人是古代出色的商业民族，他们经营木材、酒、染料等，而且大量贩卖奴隶。

迦太基是公元前 900 年腓尼基在北非沿岸建立的殖民地（今突尼斯城附近），当时也成了地中海沿岸地区的贸易中心。随着经济的发展，人们开始扩大陆路交通和贸易，古希腊在海陆两方面均有利，古罗马是欧洲扼守地中海的门户。因此，在当时着重于东方贸易的形势下，地中海南岸的迦太基显然不占优势，经济发展逐渐慢于古希腊和古罗马，贸易中心发生转移。

封建社会的经济发展大大推进了交通运输的变化，东西方的贸易交往更加频繁。贸易中心则不断增加和移动，南欧是意大利的诸城市，北欧是"汉萨同盟"诸城市。威尼斯、热那亚、米兰、佛罗伦萨、马赛、伦敦、巴塞罗那、君士坦丁堡（今伊斯坦布尔）等都由于地理优势而成为东西方货物集散地。我国当时由于海洋的阻隔而只能发展陆路贸易，开辟了"丝绸之路"。由长安可西通中亚、波斯、欧洲，又可东去朝鲜、日本，南往南亚、印度，唐朝时期长安又是都城，因而成为当时的贸易中心。后来随着造船业的进步，沿海

城市又成了新的贸易中心。中国到了明朝，贸易中心已转到了广州、泉州、杭州等地。此外，封建社会时期，我国对外经济联系有：西汉王朝曾派张骞出使西域，足迹遍及西亚几十个国家；15世纪初，我国明代航海家郑和7次下西洋，遍访了亚非三十多个国家，最远到达非洲的东岸，携带大量金银、绸缎、瓷器等换回香料、象牙、宝石，促进了同各国人民的友好往来。

"地理大发现"前的世界，从15世纪开始，地中海一些城市已出现了资本主义生产的萌芽，南欧一些国家的手工业及商业贸易有了相当程度的发展，商人们渴望扩大海外市场，以获取更多的财富。因资源所限，当时东方运往西方的主要是香料、绸缎、珍珠、宝石等昂贵物品，西方运往东方的则是毛织品、亚麻布、建筑材料、谷物等低廉物品。当时均以黄金、白银成交，所以贸易结果，欧洲黄金、白银流向东方，西方商品经济发展深感不足，开始出现黄金热。意大利探险家马可·波罗在1275年从中国回到欧洲之后，著书描绘东方的古代中国黄金遍地，成了西方人来东方探求黄金的精神动力。15世纪中叶起，东西方贸易必经的君士坦丁堡、东地中海和黑海周围广大地区被土耳其人占据，对过往商人横征暴敛，百般刁难，阻碍了西欧与东方的陆上贸易。欧洲人后来又将路线南移，在经过阿拉伯人控制区时又备受盘剥，于是人们不得不寻求去东方的新航路。同时这时西方各国在生产技术方面已有很大进步，指南针已从我国传到欧洲。航海术的提高，西班牙多桅快速帆船的出现，火药的广泛利用，以及地圆学说获得更多人的承认等，都为远洋探航提供了物质条件和思想准备。西班牙和葡萄牙是当时欧洲最强盛的封建中央集权国家，以其有利的地理位置，加之宫廷的重赏与组织，出现了许多探险队伍，对于新大陆的发现做出了巨大的贡献。

二、"地理大发现"与国际贸易的形成

15世纪中叶，由于战争和商业贸易的关系，葡萄牙人到达了西北非洲沿岸，在亨利亲王主持下组织建立了探险船队，对西非沿岸进行探险考察。1487—1488年，巴托罗·缪·迪亚士战胜了热带赤道航行上的困难，到达了非洲南端的好望角。1497年，瓦斯科·达·伽马奉葡王之命组织了由4艘船组成的探险队，从里斯本出发，于次年到达东非的马林迪，后由阿拉伯水手马季德领航横渡印度洋，到达印度西海岸的卡利卡特（科泽科德），1499年载着大量香料、丝绸、宝石和象牙等返回里斯本。这是首次绕过好望角航行到印度的成功，历史上称之为"新航路的发现"。

西班牙人不同于葡萄牙，他们主要是向西航行。1492年，意大利人克里斯托弗·哥伦布奉西班牙国王之命，组织了一支包括3艘小船的舰队，于8月3日从巴罗斯（今塞维利亚）出发，11月到达巴哈马群岛的圣萨尔瓦多岛（华特林岛），之后又到了古巴和海地，哥伦布一直认为这就是印度，并于1493年回到巴罗斯港。此后哥伦布又3次西航，陆续抵达西印度群岛、中美洲和南美大陆一些地区。这就是人们称为的"新大陆的发现"。哥伦布——这位新大陆发现者于1506年发病而死亡。

完成第一次世界环球旅行的是葡萄牙航海家费尔南多·麦哲伦，他于1519年9月继哥伦布之后，率领由5艘船265人组成的探险队从西班牙出发，横渡大西洋，绕过南美洲，于1520年10月抵达南美南端的今麦哲伦海峡。探险队于1521年3月到达菲律宾群岛，在进攻马克坦岛的战斗中，麦哲伦被当地土人杀死。但是探险队继续前进，到达著名的摩鹿加群岛

（今马鲁古群岛），满载香料，又经小巽他群岛，穿过印度洋，绕过好望角，终于在 1522 年 9 月返回西班牙，从而完成了人类历史上的第一次环球航行，当时仅剩下一艘船和 10 名水手。

上述的几次探险，人们统称为"地理大发现"。这样，从欧洲绕过非洲或绕过南美洲到达亚洲的新的东西方贸易航路终于开辟出来了。接着，荷兰、英国、法国、俄国等对世界许多地方进行探险考察。值得提出的是 18 世纪英国人库克重新发现了大洋洲，至此，世界地图的轮廓已基本形成。

在世界探险事业中，中国也有着巨大的贡献。

地理大发现是社会生产发展的产物，是应封建社会日趋衰落、资本主义兴起的时代要求，是由于欧洲资本主义经济产生与发展对于扩大原料产地、市场以及交换手段的必然需要，它促进了资本主义的原始积累进程，对世界生产力的分布有深远影响。首先，地理大发现结束了新旧大陆之间相互隔绝、各自孤立发展的局面，扩大了世界市场，扩大了世界经济联系的范围，开始把世界连接成一个统一整体，各国资产阶级为取得亚洲生产物品与美洲资源展开了角逐争夺，导致世界殖民制度的发展。其次，新旧大陆的商品交换的进一步发展，加速了封建制度的瓦解，推动了资本主义的兴起，同时，使世界贸易航线和贸易中心发生了很大的变化，逐渐由地中海区域移向大西洋沿岸。此外，地理大发现为世界地图形成奠定了基础，促进了地理学科的发展。

西班牙、葡萄牙两国在远洋探险之后，首先开始了殖民地的掠夺。葡萄牙人在非洲沿岸和沿海的主要岛屿上，在印度、亚丁建立了据点。占领了马六甲海峡、摩鹿加群岛，1516 年占领了我国澳门。他们在这些地区主要目的是设立海防居留地和垄断该地区的贸易。葡萄牙用低价收购的东方香料、蔗糖、稻米、茶叶、丝绸、手工艺品等，转手以高价在欧洲市场出售。西班牙人在西印度群岛和中美洲扩张，征服了墨西哥、秘鲁、智利等，抢劫当地的金银财宝，垄断当地贸易，并向这里移民，强行把欧洲封建制度带到这里，强迫当地居民为奴隶，种植咖啡、甘蔗并开采金矿，一旦反抗，就血腥镇压，使大量印第安人死于非命，结果引起劳力不足，于是从非洲掠夺黑人的奴隶贸易开始了。

16 世纪末，西班牙吞并了葡萄牙，占据了意大利北部与荷兰一些地区，称霸世界，但后因经济脆弱导致军事力量的削弱，无法对付殖民地的反抗。到 17 世纪，荷兰首先解放，之后许多殖民地又被荷兰和英国夺走，拉美许多国家相继独立，终于使这个帝国土崩瓦解。

原属西班牙的尼德兰（荷兰）在地理大发现后因世界航路中心的转移而日益强大，并成为西欧国家对外贸易的中心，因而大大促进了商业资本的发展。在相当长的时期内，它作为西班牙、葡萄牙对西欧各国贸易的中介而得到巨额利润，资本主义迅速发展，导致了 1608 年的尼德兰革命——人类历史上第一次资产阶级革命。独立后的荷兰更推动了生产力的发展，特点是海运勃兴，使其成为当时世界的海上强国，拥有 3/4 的世界商船队，首都阿姆斯特丹拥有 10 万人口，可泊 2 000 多艘航船，成为欧亚商品集散和转运中心。

独立后的荷兰，于 1608 年占领非洲的开普敦、亚洲的东印度群岛（今印尼）、北美洲的新阿姆斯特丹（今纽约）和荷属西印度群岛等。这些都是为着商业目的而占领的沿海港口。这以后，英国、法国、德国、俄国、奥地利、美国等国相继崛起，争夺世界殖民地，所以这一时期世界形势的基本特点是掠夺—反抗—再掠夺。

地理大发现后，大大开拓了欧洲市场，国际贸易范围从地中海、北海、波罗的海扩展到大西洋、美洲、古代印度、古代中国和南洋群岛。当时，欧洲一面输出铁、毛织品、麻织品，一面从东方输入生丝、丝织品、棉织品、橡胶、茶叶；从美洲输入砂糖、烟草等，东方和美洲成了欧洲的贸易市场。以欧洲为中心的世界性市场开始出现，促进了资本主义的发展。18世纪至19世纪中叶，英国、法国、德国、美国先后完成产业革命，在应用大机器和蒸汽机的基础上，生产力空前提高，大机器工业引起交通运输业的改进，火车、轮船的应用，大大缩短了世界各国各地区的距离和运输时间，为国际贸易的进一步发展提供了物质基础和便利条件。生产的地理分工也日益扩大和增多，使得对外贸易成了资本主义生产过程中必不可少的环节。所以马克思说："对外贸易是资本主义生产方式的前提与结果。"

当时的国际贸易以几个资本主义大国为中心，把世界各地古老的前资本主义国家置于自己周围，参加流通的商品已由小商品生产者的产品与工场手工业的产品交换开始向资本主义大工业产品之间的交换过渡，各个资本主义列强纷纷争夺世界市场的霸权。19世纪中叶，英国成了最大的殖民帝国。其后，新兴的法国、德国和美国开始投入竞争，使得国际市场相互角逐，波动不已。到19世纪末叶，资本主义过渡到帝国主义阶段，垄断组织通过资本输出在世界范围内进行分割。帝国主义列强瓜分世界领土，争夺各自的市场和势力范围，于是一个统一的无所不包的世界贸易市场开始形成了，资本主义国际分工体系明显了。这个体系一方面是少数经济发达的帝国主义国家拥有高度发达的工业、农业，大量的商品和黄金，形成了西欧和北美两大资本主义工业地带；另一方面是占世界面积和人口大多数的殖民地、半殖民地，成为帝国主义的商品销售市场、重要的投资场所和工业原料与粮食的供应基地。

第二次世界大战后至今，世界政治经济地图有了新的特征，但其经济和贸易秩序仍然偏向利于资本主义国家，造成独立国家的经济困难。现在，广大发展中国家正在为建立公平合理的世界经济贸易新秩序而努力奋斗。

三、地理环境对国际贸易的影响

地理大发现，生产力的发展、分布、变化，与国际贸易形成、发展是不可分割的统一体，亦即政治、经济地理环境（当然也包括自然地理环境）与国际贸易关系密切。国际贸易本身就是地理环境的重要组成部分，因而地理环境对国际贸易有着广泛而深刻的影响。

任何国家的双边贸易或多边贸易都是在具体的特定的地理环境下进行的。地理环境一般可分自然地理环境和人文地理环境两大类。自然地理环境中的自然资源直接影响一个国家国际贸易中属初级原料商品的构成。如中东地区在20世纪60年代前，经济以农牧业为主，人均收入低，为世界最贫穷地区之一；20世纪60年代后，因石油的大量勘探，石油成为该地区最主要的出口商品，巨额的石油美元收入使这里的经贸发生极大的变化。目前中东地区成为资本主义世界最大的能源供应基地，又是世界主要的资金、劳务和消费市场之一。

一个国家和地区的纬度、海陆位置、地形、气候、水文等自然条件都影响着这个国家的国际贸易。如中纬度地区气候适中，沿海地区交通方便，这些都成为经济贸易发展迅速的有利条件。如日本以"贸易立国"，这和它的岛国位置是分不开的。相反，在高纬度和低纬度地区因气候条件恶劣，在内陆山区因交通闭塞，往往造成经济贸易的长期落后。全球性气候变化往往给国际经济、贸易以冲击，因为气候可以影响农产品尤其是粮食的产量，由此而产生的价格波动直接影响着粮食的交易。世界各海域的不同气候类型直接影响国际贸易中的商品运输。如世界各国的港口有的可全年通航，有的则冬季封冻，船舶不能停靠。在签订业务合同决定装运期时，要根据商品的性质选择季节，如雨季不宜装运易潮、易霉变的商品，夏季不宜装运易融化的物品，如沥青、浸酸羊皮等，不然，会给国家造成不应有的损失。有一年夏季，我国某公司出口一批沥青运往西非，租用外国船，沥青包装采用5层牛皮纸袋，当商船通过亚丁湾、曼德海峡进入红海后，沥青开始融化。红海位于干燥炎热的亚热带地区，降水稀少，蒸发强烈，周围是干旱的荒漠，没有大河流入，主要靠从曼德海峡流经印度洋的海水补给，海水的温度和含盐度都很高，海水表层的最高温可达32℃，含盐度一般都在40‰以上，是世界上水温和含盐量最高的内海之一。因此沥青融化，透过纸袋粘在货仓地板上。在商船穿过苏伊士运河入地中海、大西洋时，沿途气温有所下降，使黏在货仓地板上的沥青又凝固起来，到目的港后，卸货十分困难，清理打扫船舱更困难，最后结算，卖沥青赚来的外汇用于洗舱费还不够。

　　人文地理环境内容广泛，主要指社会、政治地理环境，经济地理环境和人口地理环境等。其中政治地理环境是影响国际贸易最活跃的因素，它往往起决定作用。事实证明，战争与和平的环境对世界经贸影响极大，前者使交战国双方经济受到破坏，贸易中止；后者则可为世界经济的迅速发展提供有利条件。例如，两伊战争期间，两国经济遭到沉重打击，不仅两国贸易完全中断，就是对其他地区的贸易也大为减少。同时，世界各国间政治关系的疏与近，也直接影响到对外贸易，这在当今世界经济趋向区域化、集团化上表现得十分明显。当前，欧盟积极争取发展中国家市场，其进出口总额已超过美国占世界第一位，改变了国际贸易的格局。

　　经济地理环境可以直接影响到一个国家对外贸易进出口商品结构和贸易地区的地理分布，以及它在国际贸易中的地位和作用。美国、日本、西欧等国家和地区经济最发达，其产品在世界具有极大的竞争能力，因而成为当今世界最大的三个贸易国和贸易集团。而发展水平较差的发展中国家的制成品往往因质次在国际市场上失去竞争力，使其在资金、技术等方面不得不依赖于经济发达国家。

　　此外，人口的数量、年龄结构，民族的风俗习惯、宗教信仰、语言、消费习惯和消费水平及市场状况等也在不同程度上影响着国际贸易，影响对外贸易进出口的商品结构。如伊斯兰教国家不崇拜偶像，因而它们禁止进口人物雕像、肖像和娃娃玩具等。印度教国家不能向它们出口牛类制品。还有许多国家对花卉、颜色、商标等都有不同的要求和爱好，如莲花和绿色是日本人禁忌的花色，德国人认为蓝色为最美色。东南亚各国喜爱大象，英国人却不喜欢，所以出口商品时，其包装、商标、颜色等一定要注意，否则会影响到出口。

　　总之，地理环境包括的内容非常丰富，它常常从不同方面、以不同方式和不同程度同时对国际贸易产生影响，尤其在国际市场竞争日趋激烈的今天，地理环境对国际贸易的影响比过去任何时候都更为深刻。

　　本章小结：地理大发现同生产力的发展、分布、变化与国际贸易的形成、发展是不可分割的统一体，地理环境（包括自然地理和经济地理环境）与国际贸易关系密切。国际贸易是地理环境的重要组成部分，因而地理环境对国际贸易有着广泛而深刻的影响。

　　本章关键名词或概念：地理环境　国际贸易

<h1 style="text-align:center">复 习 题</h1>

　　1. 简述地理环境与国际贸易的关系。

　　2. 举例说明地理环境对国际贸易的影响。

第二章 世界居民、国家类型和国际关联

本章学习目标：使学生了解世界人口增长及其分布概况，世界上三种国家类型的分布及国际关联。重点掌握当前国际经济贸易关联的现状、特点及走势，进一步体会当今世界经贸格局的深层变化。

第一节 世界居民

一、世界人口的增长

人是生产力中最积极的因素。人既是物质资料的生产者，又是物质资料的消费者。人同社会生产一样，都是具有共同的社会属性，又都具有再生产的特点。人口的增长主要由生产力发展水平所决定，同时也受其他社会经济条件的影响。人类的历史至今已有几百万年，但在史前时期，生产力水平极其低下，人口增长就极其缓慢。估计在公元前15 000 年人类处于原始社会阶段，全世界只有300 万人口，在1 000 年的过程中，人口平均只增长1.5%。随着生产力的发展，尤其是进入到资本主义时代，由于几次大科技革命所带来的生产大发展，促进了全世界人口的迅速增长。从1650 年到1987 年世界人口增长9 倍多，从5.45 亿增加到50 亿。1987 年7 月11 日世界人口达50 亿，为纪念这个特殊的日子，1990 年联合国决定将每年7 月11 日定为"世界人口日"。1999 年10 月12 日世界人口达到60 亿。2011 年10 月31 日世界人口达到70 亿。现在（2014 年）全世界人口已达77 亿。联合国人口司发表预测，全球每年增加人口保持在8 600 万以上，到2025 年将超80 亿。世界人口居前三位的国家是：中国、印度、美国。

下面（表1）是世界每增加10 亿人口的时间表。不难看出，世界人口增长的速度在不断加快。

表1   **世界每增加10 亿人口的时间**

1800 年	人口达到10 亿，用了100 多万年
1930 年	增加第二个10 亿人口，用了130 年
1960 年	增加第三个10 亿人口，用了30 年
1975 年	增加第四个10 亿人口，用了15 年
1987 年	增加第五个10 亿人口，用了12 年
1999 年	增加第六个10 亿人口，用了12 年
2011 年	增加第七个10 亿人口，用了12 年

人口的自然增长主要是由出生率和死亡率决定的。世界人口增长速度加快，一是随着社会发展，物质和文化生活水平，以及医疗卫生水平的提高，人口平均寿命增加，死亡率相对降低；一是出生率高，尤其是人口基数大，纯增加数就必然多。人口的迅速增加，随之增加的是食品、住房、医疗卫生、文化教育、娱乐、交通、治安等一系列经济问题和社会问题。

世界各地人口增长很不平衡。1988 年，全世界、发达国家、发展中国家的人口增长率分

别为 1.7％、0.5％、2.1％。说明世界人口发展出现了两种不同趋势：发达国家人口增长缓慢；发展中国家人口增长过快。世界上新增加的人口 95％以上集中在发展中国家。据联合国 2015 年全球人口发展报告，2050 年世界人口将达到 93 亿，其中 4/5 人口集中在发展中国家。发展中国家的总人口将增加到 74.4 亿，而发达国家的人口仍将保持现在的 12.113 亿左右，其中德国人口已连续多年负增长。国家越穷，人口增长率往往越高。目前，发展中国家人口已超过环境的承载力，猛增的人口与极度的贫穷形成一些地区、国家人口规模与经济状况极不平衡的局面。如南亚和非洲地区。所以，人口的增长应与资源、环境相协调，与社会经济发展相适应。有计划地发展和控制人口是各国亟待解决的问题。在人口年龄结构上，发展中国家人口年轻化程度高，具有很强的增长势能，发达国家人口老龄化程度高。如欧洲的德国、意大利等，人口出现零增长或负增长，老龄化问题严重，劳动力短缺，兵源不足等。但世界人口总的趋向老化，21 世纪称"老龄化时代"。目前，主要发达国家和许多发展中国家已经或正在进入老龄化社会（中国在 1999 年已进入）。据联合国最新人口报告显示，全球农村人口"城市化"进程还在不断加速。在 1950 年全球城市人口比例仅为 30％，2008 年底全球有半数人住在城市。预计到 2050 年将增长到 66％，其中北美是全球人口城市化比例最高的地区，超过 80％的人住在城市里，而非洲则是城市化比例最低的地区，为 56％。

2014 年 7 月 10 日，联合国经济和事务部人口司发布的《世界城市化展望》报告显示，从 1950 年到 2014 年，全球城市人口从 7.46 亿增至 39 亿，占世界总人口的 54％。尽管亚洲城市化率较低，但由于人口基数大，仍然是世界上城市人口最多的地区，占全球城市人口总数的 53％。同时报告预计，2050 年全球近九成新增城市人口集中在亚洲和非洲。发展中国家城市人口增长更快。未来城市人口增加最多的国家是印度、中国和尼日利亚。从 2014 到 2050 年这三个国家将分别增加 4.04 亿、2.92 亿和 2.12 亿城市人口，占全球新增城市人口的 37％。中国城市人口将占全国总人口的 70％，城市人口总数将超过 10 亿人。城市人口的迅速膨胀，已成为当前发展中国家经济发展中的一大问题，墨西哥城、圣保罗等城市已人满为患，面临"住不下"的威胁。人口上千万的超大城市不断出现，1990 年世界有 10 个人口上千万的超大城市，2014 年已经增加到 28 个 [中国占 6 个：上海（2 299 万）、北京（1 952 万）、重庆、广州、天津、深圳]，总人口为 4.53 亿，相当于全球城市人口总数的 12％。其中 16 个在亚洲，4 个在拉美，非洲和欧洲各 3 个，北美洲有 2 个。

城市化进程的加快意味着经济发展速度加快，人均寿命也更长。但城市快速扩张带来的环境恶化也对城市快速发展带来挑战。人口报告同时提到，城市贫富分化日益严重，无规划的城市化进程让许多人无家可归。预计到 2050 年，全球城市缺乏公共卫生、电力及医保的贫民窟人口将达到 30 亿，因此城市管理已经成为 21 世纪面临的最重要的发展挑战之一。

2014 年末，中国大陆城镇常住人口占总人口比重为 54.77％。

二、世界人口的分布

世界人口的地理分布很不均匀，有的地方人口稠密，有的地方人口稀疏。目前全世界人口主要分布在六大洲。其中以亚洲、欧洲人口为最多，共约 49 亿多，约占世界人口 75.2％，人口密度也最大；大洋洲人口最少，约 3 500 万，约占世界人口的 0.52％，人口密度也最小。以国家而论，目前，人口超过 1 亿的国家有 12 个，其中以中国（13 亿多）、印度（12 亿多）为最多，其余是美国、印尼、巴西、巴基斯坦、尼日利亚、孟加拉国、俄罗斯、日本、墨西哥和菲律宾。大洋洲的图瓦卢、瑙鲁等国家人口只有 1 万多。第二次世界大战后，国际人口流动一般的趋势是发展中国家人口流向西欧、北美、大洋洲等发达资本主义国家。

世界人口最密集的地带是印度半岛、斯里兰卡岛、东南亚、中国东部、朝鲜半岛、日本（北海道除外）等。这里几乎聚集了世界一半的人口。其中东京、上海、首尔、孟买等城市，人口均在 2 000 万以上。

欧洲西部是世界第二个人口密集区，总人口 5 亿多，尤其是利物浦—汉堡—巴塞尔—巴黎这一四边形范围内人口最稠密，其中伦敦人口达 1 200 万，为该区最大城市。

第三个人口密集区在北美洲的大西洋沿岸及五大湖地区。包括美国东北部和加拿大东南，这里聚集了 1 亿多人口。纽约是该人口密集区人口数量最多的城市，人口达 1 865 万。

与上述地区相反，北极圈地带、撒哈拉沙漠、澳大利亚沙漠等地区，因自然条件恶劣，影响人们的生产和生活，人烟稀少；还有自然条件较好的亚马孙河流域，赤道非洲，因开发难度较大，人口也不多。

三、世界上的种族与民族

由于人类各个集团在很长时期内，相当隔离地生活在各种不同的地理环境中，各形成了具有其同体质特点的人群，即种族。世界居民根据肤色、头发、眼睛等外部特征，可分为黄色、白色、黑色以及棕色等四大人种。

黄种人主要分布在亚洲的东部、东南部，美洲的印第安人及太平洋一些岛屿上的居民也属于黄种人，约占世界人口的 37% 左右。黄色人种也称蒙古人种。

白种人主要分布在欧洲、非洲北部、亚洲西部和亚洲南部的巴基斯坦、印度等地区，北美洲、澳大利亚、新西兰、南美洲等地区也有较多的白色人种。白种人是世界上最大的人种，约占世界人口的 54%。白种人也称欧罗巴人。

黑种人主要分布在非洲的中部和南部，美洲的 6 000 多万黑人是奴隶贸易时期被殖民者从非洲贩运去的黑人奴隶的后裔。黑种人也称尼格罗人。

棕色人种主要分布在大洋洲及太平洋岛屿的美拉尼西亚、密克罗尼西亚和波利尼西亚等群岛上。棕色人种也称澳大利亚人种或赤色人种，与尼格罗人种相似。

除上述人种外，世界上还有一些混血人种和各种过渡型人种。科学家在非洲发现了"绿色人种"，约有 3 000 人，至今过着穴居的原始生活。在撒哈拉沙漠还发现了人数极少的"蓝种人"。

各种族由于语言文字、风俗习惯以及经济生活、历史发展等的不同，在不同的地域上又形成许多不同的民族。在世界上约有 2 000 多个民族，人口在 1 亿以上的民族有汉族、印度斯坦族、美利坚族、俄罗斯族、孟加拉族、大和族、巴西族、爪哇族及阿拉伯民族共 9 个。最小的民族人口少到几十人，如南美火地岛上的雅马纳人，印度安达曼群岛上的科皮人等。民族又组成了国家，有单一民族的国家、有多民族的国家，也有同一个民族分布在许多个国家里。

世界上的种族，无优劣之分，民族也没有高低、贵贱之分。不同的民族或不同的地区，有着不同的语言。若以有统一文字为标准且不计入方言，世界上约有 2 790 多种语言，目前使用最广泛的是英语、法语和西班牙语。宗教在世界上影响面较广，很多国家都有自己的国教并影响着国际贸易往来。世界各国的民族风俗、宗教信仰和生活习惯的不同，往往影响一个国家或地区的进出口商品的结构和特点。生产富有民族、宗教特色的商品，是国际贸易中适销对路产品的要求。

第二节　国家类型和国际关联

一、世界的国家类型

当今世界上共有 230 多个政区单位，其中独立的国家有 190 多个，其余是一些尚未独立的地区。按照国际上的习惯，一般将世界上的国家按其在世界政治经济中所处的地位和作用不同，分成三种类型。

超级大国　美国领土辽阔，人口已达 3.2 亿。美国属于经济上的超级大国。1872 年，美国经济总量超过英国；在接下来的 142 年内美国一直保持这个地位，从而成为国际事务的引领者。美国有着雄厚的经济、军事实力，近年来在信息技术和生物工程等高科技领域的领先地位和经济全球化的发展，大大增强了美国维护经济超级大国地位的国力。目前美国的软硬实力依然独占鳌头，每年军费开支比其后 10 个国家防务开支的总和还要多。2014 年经济规模达 17.4 万亿美元，约占全球的 1/5。美国对外直接投资占世界近 1/5。美国的商品、资本和文化风行世界，有着全球最多的一流大学，是全球文化创意和技术研发中心。美国在世界银行和国际货币基金组织等国际机构中有着极大话语权，依然是现在全球治理机制的主导者。虽然历经全球性的金融危机，美国仍是世界第一大经济体。

苏联解体后出现的独立国家联合体——独联体，其各国经济虽经过大改革、大转变、大调整，但俄罗斯与苏联时期经济仍不能相提并论。

经济发达国家　包括英、法、德等欧洲绝大部分国家（18 国），亚洲的日本、新加坡，大洋洲的澳大利亚、新西兰及北美洲的加拿大等国家，它们的领土面积共占世界陆地面积的 34％左右，人口占 16％左右。这些国家经济都比较发达，也比较富。它们与超级大国经济联系密切，但也有矛盾和斗争。它们的原料和燃料主要依赖于发展中国家，同时，也把发展中国家当作它们重要的商品市场和投资场所。

经济发达国家的发展程度也不相同。日本、德国这两个国家遭受第二次世界大战的破坏严重，完全丧失殖民地，但战后又迅速崛起为经济大国；英、法等一些老牌的帝国主义国家，第二次世界大战后丧失了大部分殖民地，但在科技领域仍占世界先进地位，目前依然是世界上主要的资本主义工业国；加拿大、澳大利亚等国自然资源丰富，出口商品结构中有大量的农（牧）矿资源，是发达国家中的资源国。2005 年，世界发达国家新名单由联合国贸发会议（UNCTAD）公布，除上述 24 国外，又增加了 8 个国家，即塞浦路斯、巴哈马、斯洛文尼亚、以色列、韩国、马耳他、匈牙利、捷克，这些国家 2005 年按名义汇率计算的人均 GDP 都在 10 000 美元以上。加上一定程度的社会发展水平，加入了发达国家的行列（有的国家尚有争议）。

根据瑞士信贷银行发布的《2014 年全球财富报告》，2013 年中期至 2014 年中期，全球财富总额比数年前全球金融危机爆发前的最高值还要多 20％，是 2000 年的两倍多。虽然财富总量增加，但分配差距在加大。自 2008 年以来，财富分配两极分化在加深。北美洲为全球"最富"地区，过去一年财富增长达到 11.4％，总额为 91 万亿美元，占全球的 34.7％；欧洲位居第二，为 85.2 万亿美元，占 32.4%。英国、丹麦财富增长最快。

世界银行公布的 2014 年全世界最富十国（表2）。

表 2　　　　　　　　　　　　　　**2014 年全世界最富十国**　　　　　　　　　　单位：美元

名 次	国 家 名 称	人均 GDP
1	瑞　士	648 241
2	丹　麦	575 138
3	瑞　典	513 424
4	美　国	512 612
5	德　国	496 447
6	日　本	493 241
7	奥地利	493 080
8	挪　威	473 708
9	法　国	468 024
10	比利时、卢森堡	451 714

发展中国家　据联合国经社理事会的界定，全球发展中国家目前有 150 多个，分布在亚洲、非洲、拉丁美洲、大洋洲等极为广阔的地区。面积占世界陆地面积的 60%，人口约占世界的 75%。发展中国家地域辽阔，人口众多，有广大的市场和丰富的自然资源。在世界贸易中占有十分重要的地位，同时世界上一些重要的战略地区也主要分布在此。发展中国家多数是工业基础薄弱的农业国，经济结构单一，生产力水平低，人民生活贫困。经过半个多世纪的建设，发展中国家都获得了不同程度的发展。总的来看，开始经济发展较快，20 世纪 80 年代后陷入停滞状态，90 年代后又出现了新的发展势头，甚至创造了比发达国家更高的发展速度，畸形的经济结构得到了不同程度的改变，民族经济有了较大发展。通过经济体制改革，调整产业结构，注意发展服务业和信息业，实行开放政策，不同程度地参与国际经济大潮，取得了很大成就。但由于原来的经济发展水平不同，国内政局的稳定程度不同，加上科技、教育、文化和人口状况等因素的不同，发展中国家的经济发展很不平衡。

按世界银行最近公布的数据，各国人均国民收入（GNI Per Capita）的不同可分为以下几类：

（1）高收入国家和地区，是指 2012 年人均收入（GNI）达到或超过 12 616 美元，主要包括中东和其他地区的石油生产与出口国。20 世纪 90 年代以来，随着石油价格的涨落，人均 GNI 变化较大。2012 年卡塔尔人均 GNI 达 78 720 美元，2013 年更高达 107 721 美元，成为世界上最富有的国家。科威特、阿联酋、文莱、沙特阿拉伯等都进入了发展中国家的高收入国家。它们努力改变单一经济结构，积极提高本国综合经济实力。这一类并不包括所有的石油输出国。

（2）中上等收入国家和地区，是指 2012 年人均收入在 4 086～12 615 美元之间，包括拉丁美洲的巴西、墨西哥，亚洲的中国台湾、香港等新兴工业化国家和地区。它们的经济发展水平较高，经济增长较快，个别国家工业化程度已较接近发达国家和地区。"金砖国家"（BRICS，指巴西、俄罗斯、印度、中国和南非）由于经济增长贡献率大而被称为新兴经济体，这五个国家除印度外，人均收入都在中上国家水平。

（3）中下等收入国家和地区，是指2012年人均收入在1 036～4 085美元之间，占发展中国家的大多数，多是农业国，正在争取实现国家工业化现代化的发展，主要集中在拉丁美洲和亚太地区。

（4）低收入国家和地区，是指2012年人均收入在1 035美元或以下，亦即最不发达国家和地区，约占发展中国家的1/3，主要分布在撒哈拉沙漠以南的非洲和南亚、中亚地区以及美洲的加勒比海地区。这些国家发展经济的主要困难是缺乏资金和基础设施，人口的增长高于经济的增长，政局不稳，战乱频繁，人民生活贫困。

据美国慈善组织乐施会报告，2014年全球最富有的1％的人拥有世界48％的财富，而且财富集中趋势还在加剧。全球超过10亿人每天生活费低于1.25美元（表3）。

表3　　　　　　　　　　　　　　　　2014年全世界最穷十国　　　　　　　　　　　　　　　　单位：美元

名　次	国　家　名　称	人均GDP
1	津巴布韦	0.1
2	刚果民主共和国	334
3	利比里亚	379
4	布隆迪	400
5	索马里	600
6	尼日尔	736
7	厄立特里亚	739
8	塞拉利昂	739
9	中非共和国	754
10	阿富汗	800

二、国际关联

世界上由于生产力水平与国际经济关系的不同，出现了众多类型的国家和国际经济组织，因而导致世界上错综复杂的国际关联。国际关联是指超越国界而发生的种种社会潜在联系。国际关联是多方面、多层次的。它包括国际之间所发生的政治、经济、军事、外交、贸易、科学、文化、意识形态等各方面的联系。当前最主要的和最频繁的国际关联是世界性的经济、贸易关联。第二次世界大战结束以来，国际间相互依赖增强，跨国公司发展迅速，国际间协作生产、合资经营日趋广泛。发展中国家和发达国家相互依赖程度增强，从而加深了国际间的经济、贸易联系。而世界不同类型的国家和地区的位置，决定了国际经济、贸易关联的主要地理方向。

南北关联　是以发达国家为一方，以发展中国家为另一方的关联。发达国家主要分布于北半球，而发展中国家大多存在于南半球，所以双方间的关联简称为南北关联。南北关联最突出地表现在世界经济和贸易往来方面，而且从资本的原始积累时期就已经开始，西欧一些老殖民主义者就是通过国外殖民地的原料、燃料和市场发展起来的。

第二次世界大战后，发展中国家与发达国家的经贸关系与过去相比，发生了重大变化。首先它们之间发展了国与国之间正常的经贸往来，在发展中国家联合斗争的形势下，发达国家为了缓和它们与发展中国家的矛盾，不得不在经济、技术合作及贸易条件等方面，做出一定的让步，给发展中国家某些优惠待遇，以便将发展中国家继续维系在资本主义经济体系内。

但是，由于发达国家与发展中国家生产力水平悬殊，劳动生产率差别很大，在这种情况下，等价交换本来就是不平等的。发达国家经历了几个世纪的发展，拥有世界上最强大的生产力、最雄厚的资本、最先进的科学技术、最严密的垄断组织和最熟练的经营管理经验。它们控制国际贸易市场和国际金融体系，垄断先进技术的创造发明，从而能够在国际交换中实行垄断价格，扩大工农业产品价格的剪刀差，加剧交换的不等价程度。在生产领域，垄断资本利用自己财力与技术的优势，力图维持旧的国际劳动分工，并通过资本输出和技术转让，从发展中国家榨取垄断利润。发达国家还利用这种不合理的经济关系，经常向发展中国家转嫁经济危机和通货膨胀恶果。而发展中国家因生产力水平很低，加工制造和出口能力较差，资本不足，技术落后，在国际市场上竞争能力薄弱，在与发达国家经济交往中仍然受到剥削和损害。因此，第二次世界大战后南北经贸关系的基本性质依然是剥削和不平等，同时也要充分认识和估计目前南北经贸关系比之过去宗主国与殖民地、半殖民地经济关系，有很大的区别。

特别是20世纪80年代末90年代初，国际形势发生的巨大变化，苏联解体，东欧剧变，从此，世界政治经济格局朝着多极化方向发展，这对南北经济关系产生了深刻的影响。1997年，在国际金融危机影响下，世界加速进入经济大动荡，格局大调整，体系大变革，模式大发展的新阶段。特别是2009年被称为危机之年，变革之年，调整之年，也是冷战结束以来国际形势变化最大的一年。同样，作为当前国际关系重要组成部分的"南北关系"也出现了一些新变化，其中政治问题日益突出。冷战时期，和平成为世界政治的头等大事，南北关系中的政治问题处于次要地位。冷战结束后发达国家将意识形态和安全、军控的重点由苏联和东欧国家转向发展中国家，从而使发展中国家与发达国家在政治领域的矛盾突出出来，并日益成为南北关系中的核心问题之一。

就当前来说，南北经济关系的特点及存在的主要问题为以下几点。

（1）南北关联的相互依赖更加突出。经济全球化是生产要素的全球配置与重组，是生产、投资、金融、贸易在全球范围内的大规模流动，是世界各国各地区的经济融为统一的、相互依存的经济体系的过程，经济全球化不断加深了各国经济的相互依赖、相互渗透，使各国间的共同利益不断增加。南北经贸关联在资金、设备、技术和市场等方面，往往是南方对北方的依赖性大；在原料、燃料、资金和市场等方面北方对南方的依赖性也大。国际资本流动虽然主要在发达国家间进行，但发展中国家的高回报率也吸引了大量外资。20世纪90年代以来，发展中国家在国际贸易中地位上升，特别是新兴市场已成为西方发达国家刻意争夺的市场。

（2）发展中国家债务负担沉重。自20世纪80年代初发展中国家发生债务危机以来，虽经二十多年的努力，并未得到根本缓解。世界上的高利率更使大多数发展中国家特别是债务沉重的国家雪上加霜，偿还债务的实际成本增加，过期未付的欠款继续上升。债务关系已成为南北关系中的一个重要问题。北方国家和一些国际金融机构纷纷采取措施以缓解债务危机，国际资金流向出现了从南方国家向北方国家回流的变化，使南方国家资金更加缺少，并承受着来自北方债权国家的沉重压力。所以债务将继续是南北经济关系中的一个重要方面。

（3）发达国家新贸易保护主义愈演愈烈。贸易保护主义历来持续不绝。20世纪80年代以来，发展中国家贸易条件不断恶化。发达国家借口国际经济增长缓慢，市场竞争激烈，使以非关税壁垒为主要特征的新贸易保护主义愈演愈烈。近十几年随着经济全球化和国际贸易内容的扩大，贸易自由化和贸易保护均从货物领域向资本、服务和知识产权领域延伸。2008年秋以来，在金融海啸和经济危机冲击下全球经济衰退，发达国家尤甚。贸易保护从关税措施到非关税措施，从环保到社会责任措施手段繁多；在服务行业，在产品移动、人员流动和开业权等方面设置更多限制，出现排外劳工等；在与贸易有关的知识产权上，出现非理性的维权和任意侵权，最后出现资本保护主义等，直接阻碍了发展中国家的贸易发展。双方实施和抵制贸易保护主义的斗争在当前南北经济关系中依然突出。

（4）南北差距缩小，多极化格局更趋清晰。尽管目前发展中国家在人均生产和消费水平上仍然与发达国家差距较大，但发展中国家已成为世界经济的重要力量和一大支柱。尤其是新世纪以来的以高过发达国家2～3倍的增长速度，使发展中国家在经济规模上与发达国家不断拉近距离，南北差距逐渐缩小。世界经济增长延续"南高北低"局面。金融危机爆发后直至2013年，世界经济年均增长3%。其中发达国家经济年均增长0.8%，新兴市场和发展中经济体年均增长5.3%。新兴市场和发展中经济体在全球经济中所占比重继续扩大。近年来，中国、印度、巴西等新兴经济体的全球化发展为其他发展中国家开辟了广阔的发展空间和大量的发展机遇。他们之间的合作有助于亚非拉美广大发展中国家摆脱对发达国家的依附而自主地发展经济，有助于发展中国家加强团结与合作以及区域一体化的发展。在经济全球化趋势推动下，一批发展中国家崛起既改变了世界经济结构，也改变了全球格局。金砖国家将成为发展中经济体同发达经济体沟通的桥梁和纽带，来强化南北对话、南北合作。金砖国家希望通过对国际秩序进行渐进式的改革，推动国际秩序朝着更为合理的方向发展。金砖国家对世界经济增长的贡献率继续超过50%。中国则超过美国对世界经济的贡献率。在世界经济50强中发展中经济体占了25个，形成"半壁江山"。

（5）跨区域南北关系逐渐取代全球南北关系，南北关系的内容日益向多层次、多方位和更广泛的领域发展。若说冷战时期的南北关系更多地表现为矛盾与斗争的一面，当前的南北关系则是在矛盾和斗争存在的同时，依存与合作的一面有所发展。北方国家从自身利益出发开始重视加强南北合作，其原因在于经济全球化和国际政治多极化的发展趋势对南北关系的深刻影响。当前经济因素已成为各国在国际交往中优先考虑的因素。南方国家努力调整经济结构，发展民族经济，增强综合国力；北方国家着眼于未来，增强自身实力与它国的竞争力，不断调整对外关系，以求在未来多极格局中成为起主要作用的力量。这为南北合作关系的发展提供了契机，出现了国家间的经济、政治联合。在此过程中产生了三种类型的区域集团：一是北方国家的区域集团；二是南方国家的区域集团；三是既有南方国家，又有北方国家的区域集团。这三类集团不仅需要内部合作，而且需要集团间的合作。唯有如此，才有利于各个集团乃至整个世界经济的发展；才有利于地区乃至全球的和平与稳定。

在经济全球化和国际政治多极化的发展进程中，世界各国面临的共同问题日益尖锐，如能源问题，环境问题，资金短缺问题，粮食问题，贸易保护主义问题，极地、深海和太空开发问题，人口问题，难民问题，毒品问题，核扩散问题，国际恐怖主义问题等，这些均已越出国界，成为全球发展的重大问题。这已不是一国或几国所能为，必须依靠世界各国的共同努力才能解决。事实表明，世界相互依存在加深，区域性南北关系进一步发展，在新世纪形成北美自由贸易区，欧盟地中海自由贸易区。亚太自由贸易区三大经济板块，在每一个经济板块中，既有北方国家，也有南方国家，这标志着南北关系的发展已进入一个新阶段。

东西关联 是指以发达国家为主的经济贸易关联。它是由过去两大阵营的关联演变而来。20 世纪 80 年代实际上已形成美国、苏联、西欧、中国、日本五极关联。这些国家、地区的大部分都位于北半球中纬度地带，呈东西方向关联。中国虽是发展中国家，但近几年来经济发展迅速，综合国力明显增强，发展潜力巨大，已成为国际关联中一支迅速崛起的重要力量。鉴于上述各国政治、经济、军事、贸易等在世界上的地位和作用，可以说，东西关联的强度超过南北关联和南南关联，成为当今世界上最主要的关联方向。

在世界市场上，美国、西欧、日本之间的贸易战随处可见，利率战打得错综复杂。但是它们又牵联在一张网上，互相依赖、紧密联系着。它们在政治上和军事上还存在着同盟关系。美国、西欧、日本之间的矛盾再大也不至于使它们的关系失控。它们总能在矛盾激化时达成妥协，表明美国、西欧、日本关系的成熟和牢固，可以容纳正常的矛盾分歧。20 世纪 90 年代以前，美苏两个超级大国在军事、科技、经济上的封锁与反封锁反应最强烈。自苏联解体、东欧剧变，并随之对经济体制的一系列改革，为纳入市场经济的轨道而努力以来，东西方国家政治关系已经改善，使封锁与反封锁呈现出日趋缓和的局面。预计未来的东西方关联将发生更加复杂而深刻的变化。

在经济、贸易上的东西关联虽然不像政治、军事关联那样激烈，但也是一个重要方面。现在国际贸易中发达国家与发展中国家之间的贸易比重远不及发达国家之间的贸易。美国、日本、德国都是世界贸易强国，它们出口贸易的大部分是在发达国家之间进行的，而发达国家只占世界国家总数的 22% 左右。发达的西方国家与中国、俄罗斯及其他中东欧国家之间的贸易，既反映了中国、俄罗斯及东欧国家对美国、日本、西欧国家在资金、技术、市场上的依赖，也说明了美国、日本、西欧国家对中国、俄罗斯和东欧国家的资源、廉价劳力和市场的渴求也极为强烈。

此外，亚太地区经过二十多年的发展，已在当今世界经济舞台上占有越来越重要的位置。从 20 世纪 80 年代起，太平洋西部地区的经济增长比东部更具有活力。日本、亚洲"四小龙"、东盟国家一直保持上升势头，亚太地区的经济结构正在不断调整。同时，美国经济、贸易、人口也向西和西南部转移。这些都表明一个新的由大西洋沿岸转到太平洋沿岸的世界经济重心区正在形成中。21 世纪的今天，亚太地区的经济贸易增长仍旧领先，除原来日本、亚洲"四小龙"、东盟外，南亚的印度经济增长率更是直线上升。中国是亚太地区最大的发展中国家，中国的改革和开放促进了亚太地区的繁荣和发展。目前中国的经济发展在世界有着举足轻重的地位，中国已是全球第二大经济体，第三大贸易国。近年来在国际投资、金融、外汇储备等方面的大国地位更加巩固。中国正从亚洲潜在的最大市场变为具有现实意义的大市场。中国拥有的某些高科技如宇航技术、生物技术和超导研究等可同日本与新兴工业化国家和地区进行竞争和合作。中国在世界经贸中将发挥越来越重要的作用。在不久的将来，亚太地区将取代北大西洋经贸重心区，这是东西关联中出现的新动向。

南南关联 是发展中国家为摆脱发达国家在经济、贸易等方面的控制与掠夺而建立起来的新的关联方向。发展中国家的崛起，并作为一股独立的政治、经济力量登上世界舞台，从根本上改变了以超级大国为中心的国际政治、经济基本格局。但在经济领域里，它们处于不平等、不合理的经济关系的束缚。因而，发展中国家强烈要求建立发展公正合理的国际经济新秩序，并提出了维护发展中国家利益的一系列主张和要求。从 20 世纪 60 年代初期开始，它们便在重大经贸问题的国际会议上，统一认识，联合行动，"以一个声音"同发达国家对话。由于发展中国家的团结合作，有力地推动了国际经济新秩序的建立和发展，并维护了发展中国家的经济权益。1964 年"77 国集团"的成立、1974 年联大通过的"建立国际经济新秩序的宣言"和"行动纲领"，以及"普遍优惠制"、"联合海洋法公约"等的诞生，都是发展中国家共同斗争的结果，为发展南南合作，促进南北对话，开创了新局面。

南南合作是国际经济新秩序的一个组成部分，它是发展中国家之间的经济合作，是以平等互利为基础，互相尊重主权、互不干涉内政，不附带任何政治条件和特权的合作，是一种新型的国际经济关系。步入 20 世纪 90 年代以后，发展中国家逐步摆脱 80 年代所面临的各种困难和危机，经济连续几年保持稳步增长。1996 年发展中国家作为一个整体，经济增长率达6.3%，其中亚洲高达 7% 以上，再度独领风骚。2000—2012 年，新兴市场与发展中经济体GDP 年均增长率为 6.2%，而同期美国的 GDP 年均增长率为 1.9%。发展中国家地广人多，资源充足，市场大，有着互通有无的巨大潜力，而且发展中国家科技水平较接近，可以相互取长补短，合作领域相当广阔。随着世界经济区域集团化的日趋加强，亚洲、拉丁美洲、非洲的区域经济合作和交流空前活跃。2013 年和 2014 年新兴市场与发展中经济体 GDP 的增长率因一些重要因素发生周期性改变，先后降到了 4.7% 和 4.4%。

世界经济的不平衡发展，已由两极格局的瓦解发展到目前"一超多强"左右着这个世界，美国、欧盟、俄罗斯、日本、中国五大力量的关系正变得稳定起来，在 21 世纪的今天，诸强并列新的世界格局的轮廓将进一步清晰。当然，诸强之间的地位不会是完全平等的，其中总会有强有弱。20 世纪 90 年代以来，经济全球化的趋势大大加强，表现为世界经济区域化进程加快并进一步深入。纵观全球，现在没有一个世界主要经济国家能够游离于区域集团之外。大多数发展中国家也都被囊括在区域性经济集团之内。1991 年 6 月召开的非洲统一组织首脑会议上，有 49 个非统成员国在《非洲经济共同体条约》上签字，力争在 21 世纪 30 年代建成非洲统一大市场。2002 年 7 月非洲联盟成立，共有 53 个成员国。非盟是继欧盟之后成立的集政治、政治、军事等为一体的第二个重要的国家间联盟。拉美国家也在进一步完善经济一体化计划，迄今已签署了数十个双边协定，为创建"拉美自由贸易区"和"美洲自由贸易区"打基础。亚太经合组织、北美自由贸易区、欧盟等是这些区域集团的代表，这些组织不再仅仅是松散的贸易集团或论坛，其一体化进程在全球经济大潮中已明显加快。欧盟是一体化水平最高的经济组织，在 20 世纪末实施了统一货币。亚太经合组织所关注的问题已深入到部门优先自由化等领域。区域化初步反映了世界主要经济力量某种程度上的重组和联合，也提高了各自区域在世界经济舞台上的综合实力。

同时，全球化也表现为世界范围内的资本重组，即全球范围内的公司兼并，这已成为1997 年世界经济的一个鲜明标志。今天国际跨国公司之间已是你中有我，我中有你，大家已纷纷认识到，公司要发展，不仅产品市场要多元化，资本组成也必须走向全球化。只有这样，才能共担风险，在竞争中占有一席之地。联合国贸发会议报告显示：在过去 15 年中发展中国家对外直接投资的增长速度远远超过发达国家。2007 年整个发展中国家 FDI 输出达新高，为2 530 亿美元。全球经济危机爆发以来，发展中经济体 FDI 流入量占全球份额不断上升，2007 年占全球比重不到 30%，2014 年提高到 56%，超过 7 000 亿美元，是有史以来最高水平。总体而言，全球 FDI 增长更加依赖发展中国家。2014 年流入中国的 FDI 约为 1 280 亿美元，中国成为全球最大的 FDI 流入地。同年，中国对外投资达到 1 160 亿美元，超过美国，居全球第一。所以，世界经济已经从有形的商品生产全球化过渡到了无形的信息和金融全球化。金融全球化是经济全球化的组成部分。

中国是发展中国家，是南南合作的倡导者和支持者。长期以来，中国本着"平等互利、注重实效、长期合作、共同发展"的原则，积极参与并支持南南合作，并将此确定为全方位对外开放战略的重要组成部分。中国始终坚持向发展中国家提供力所能及的援助和贷款，积极推动与发展中国家的经贸合作，对一些最不发达国家的商品实行零关税政策。中国积极探索与发展中国家展开双边、多边合作等新方式，加强区域与次区域组织的合作，推进区域经济一体化。

当今世界，经济全球化出现新趋势。世界经济格局"南升北降"，国际经济规则面临重构，国际经济治理体系亟须完善。发达国家加快改革调整，再工业化取得进展，试图巩固传统主导地位。新兴经济体群体性崛起，相互合作更加紧密，金砖国家声音增强。"金砖五国"人口占世界的 42%，经济占 1/5，国际储备占一半以上。现在中国经贸规模在世界上数一数二，是发展中的大国。大国意味着责任和担当。

当前，发展中国家的战略机遇期已经到来。要积极地把握住这一历史性大发展时期，增进合作、互利共赢，让我们有足够资格谈国际话语权。以美国为首的发达经济体一方面试图继续主导世界银行、IMF 和 WTO，维护其在全球经济治理中的统治地位；另一方面，又试图通过 TTP、TTIP 和 TISA 等新的多边机制，推动体现发达经济体利益的新经贸规则。高标准自贸区、投资协定及其他新规则，代表了经济全球化新动向，早布局、早加入就能早主动。我国必须与时俱进，在坚持多边主渠道地位的同时，坚持开放的区域主义，加快高标准自贸区建设和投资协定谈判，使未来投资体制朝有利于中国及广大发展中国家的方向发展，推动建立一个更加平衡、稳定、透明和可预测的国际投资体系。相信世界经济会在竞争与合作交融中前进。

〔附〕

国际经济组织

国际经济组织是国际组织的一种类型，绝大部分都是在第二次世界大战以后建立的。目前，国际经济组织已成为整个国际组织中数量最大、活动频繁、影响广泛的一个重要组成部分。由于这种组织可以通过其成员国政府对它所做出的建议和决定予以考虑和实施，从而能对国际经济和政治的发展产生一定的影响。20 世纪 50 年代以后，发展中国家迅速壮大，它们在联合国系统的经济机构和一些重要政府间经济、贸易和金融组织中，加强合作，采取联合行动，揭露发达国家的经济渗透与剥削，要求建立新的国际经济秩序。其次，发展中国家还建立了一些新的原料生产国和输出国组织，以便协调立场、加强合作、保卫共同的权益。另外，特别是 20 世纪 60 年代以来，西欧、日本和加拿大通过国际经济组织与发展中国家进行对话，在一定程度上改善和加强了双方的经济联系。以上说明今天由少数几个国家控制国际经济组织的局面已发生了根本的变化。现在，国际间的经济、贸易活动已由原来的由一个或几个国家倡导、发展成今天的以平等互利为原则、为谋求特定的经济目的而建立的比较稳定的国际经济组织所取代。

随着国际经济交往的不断发展，国际经济组织的种类和规模也在不断扩大，它们在现代国际经济活动中起着越来越重要的作用。

主要国际经济组织　国际经济组织可分世界性国际经济组织（如联合国所属各经济机构）；区域性经济组织；原料生产国和输出国组织及国际金融机构等。最重要的有以下几个。

国际货币基金组织（IMF）　国际货币基金组织是联合国一个专门机构，1945 年 12 月 27 日成立，为世界两大金融机构之一。总部设在华盛顿。该组织的宗旨是：促进国际货币合作，便利国际贸易的扩大与平衡发展，稳定国际汇兑，避免各国间的货币贬值竞争，消除妨碍世界贸易的外汇管制，以及通过贷款调整成员国国际收支的暂时失调。截至 2016 年 4 月，国际货币基金组织共有 189 个成员。中国是 IMF 创始国之一，1980 年 4 月正式恢复代表权。2016 年 10 月起，人民币被纳入其特别提款权（SDR）货币篮子，成为首个入篮的发展中国家货币。这是对中国经济地位和人民币国际化已有成果的一种认可，更是对人民币未来融入全球货币的一种激励。IMF 董事会决定，SDR 货币篮子扩大至五种货币：美元、欧元、人民币、日元和英镑。人民币在其中的权重为 10.92%，高于日元（8.33%）和英镑（8.09%），低于美元（41.73%）和欧元（30.93%）。

联合国贸易和发展会议（UNCTAD）　联合国贸易和发展会议简称"贸发会议"，总部设在日内瓦，是联合国在经济领域的一个重要的中心机构，成立于 1964 年 12 月。它的宗旨是：为加速经济的发展而促进国际贸易，特别是发展中国家间的贸易和不同经济制度与社会结构的国家间的贸易，制定有关国际贸易和经济发展问题的原则和政策，并提出使之付诸实施的计划；审议、推动和开发与联合国系统内的有关机构在国际贸易和经济发展领域的各项协作活动，商定多边贸易协定；协调各国政府和区域性经济集团的有关贸易及发展政策。目前，贸发会议共有 188 个成员国。中国是贸发会议理事会的理事国。

国际复兴开发银行（IBRD）　国际复兴开发银行于 1945 年 12 月与国际货币基金组织一起宣告成立，该行设在美国华盛顿，通常称作世界银行。截至目前共有 188 个成员国（或地区），是世界上最大的政府间金融机构之一。1980 年 5 月，恢复我国的合法席位，我国参加该行活动。该行的宗旨是：向各国政府提供长期贷款；也可通过政府担保向私人企业发放贷款；同时，向各成员国提供广泛的技术援助，以促进它们的经济复兴和开发。

世界贸易组织（WTO）　世界贸易组织简称"世贸组织"。它是根据关贸总协定乌拉圭回合达成的"建立世界贸易组织的马拉喀什协议"于 1995 年 1 月 1 日成立的，以取代关贸总协定成为多边贸易体系的法律基础和组织基础。它规定了主要的协定义务，以决定各缔约方政府如何制定和执行国内贸易法律制度的规章；同时，它还是各国通过集体辩论，谈判和裁判，发展其贸易关系的场所。

世界贸易组织的宗旨是：提高生活水平，保证充分就业和大幅度稳步提高实际收入和有效需求，扩大货物和服务贸易；坚持走可持续发展之路，各成员方应促进对世界资源的最优利用，保护和维护环境并以符合不同经济发展水平下各成员需要的方式，加强采取各种相应的措施；积极努力确保发展中国家尤其是最不发达国家，在国际贸易增长中获得与其经济相应的份额和利益；建立一体化的多边贸易体制；通过实质性削减关税等措施，建立一个完整的、更具活力的、持久的多边贸易体制；消除各会员国在国际贸易上的歧视待遇。其目标是：

建立一个完整的更有活力的和持久的多边贸易体系，以包括关贸总协定、以往贸易自由化努力的成果和乌拉圭回合多边贸易谈判的所有成果。

世界贸易组织的成立终于实现了 1947 年美国、中国等 23 个发起国的初衷。1948 年 1 月 1 日生效的关贸总协定临时发挥了国际贸易组织的作用，时间竟长近半个世纪。世界贸易组织是一个更加严格和完整的机构和体制。它在规范世界贸易与投资规则，调节各国之间的经贸关系，推进世界自由贸易体制的建立和完善上将发挥重大作用，对世界投资、贸易和经济发展将产生深远影响。该组织总部设在日内瓦，中国已于 2001 年 12 月 11 日正式加入世贸组织。截至 2013 年底，世贸组织拥有 160 个成员，贸易总额占全球的 97%，故有"经济联合国"之称。WTO 与 IMF、WB 一起被称为世界经济发展的三大支柱。

经济合作与发展组织（OECD） 经济合作与发展组织是由主要资本主义国家组成的一个国际经济组织。1961 年 9 月 30 日成立，总部设在巴黎。该组织到 2006 年 12 月共有 30 个成员国：美国、日本、德国、法国、意大利、英国、加拿大、澳大利亚、奥地利、比利时、捷克、斯洛伐克、丹麦、芬兰、希腊、匈牙利、冰岛、爱尔兰、韩国、卢森堡、墨西哥、荷兰、新西兰、挪威、波兰、葡萄牙、西班牙、瑞典、瑞士和土耳其。2010 年又有智利、爱沙尼亚、以色列和斯洛文尼亚加入，使其成员数量增至 34 个。经合组织的宗旨是：为促进整个经合组织地区经济与社会福利而帮助各成员国政府为此制定政策，并对这些政策加以协调，同时还鼓励成员国帮助发展中国家改善经济状况，促进非成员国的经济发展。经合组织自成立以来，为维持其成员国的财政稳定和力图实现较高经济增长速度与就业，推动世界经济和贸易的发展，做了一定的工作，但由于资本主义世界政治经济发展不平衡和经济危机的不断冲击，其成员国之间的矛盾和斗争也是错综复杂的。近几年来，该组织中越来越多的国家要求与发展中国家进行对话，以改善关系。

亚太经济合作组织（APEC） 亚太经济合作组织是一个区域性经济论坛和磋商机构。为加速亚太地区经济合作的步伐，于 1989 年 11 月在澳大利亚首都堪培拉举行首届部长级会议而成立的组织。首届会议有 12 个国家参加。1991 年 11 月，亚太经合组织第三届部长级会议在韩国汉城（现名首尔）通过了《汉城宣言》，正式确立该组织的宗旨和目标是：相互依存、共同受益，坚持开放性多边贸易体制和减少区域内贸易壁垒。现有 21 个成员，即澳大利亚、美国、文莱、加拿大、中国、中国香港、中国台北、日本、韩国、新西兰、印尼、马来西亚、新加坡、泰国、墨西哥、巴布亚新几内亚、菲律宾、越南、俄罗斯、秘鲁和智利。此外，APEC 还有三个观察员，分别是东盟秘书处、太平洋经济合作理事会和太平洋岛国论坛。APEC 是一个大家庭，截至 2014 年它是世界上规模最大的多边区域经济集团化组织，其成员国的广泛性是世界其他经济组织所不能匹敌的。APEC 地位不可小觑。它将协商一致的非正式制度建设作为各方谋求经济合作的的主要手段，尊重处于不同发展阶段的各国特性，并不强求遵循硬规则。APEC 是全球领先的地区经济一体化组织。它所覆盖的地区总人口达 28 亿，约占世界人口的 40%（其中劳动力人口占 46%）；成员国 GDP 之和超过 19 万亿美元，约占世界的 56%；贸易额约占世界总量的 48%。自 20 世纪末以来，亚太地区经济一体化进程发展迅速，APEC 成员不仅与外部国家和地区建立了诸多区域贸易协定（RTA），而且成员之间也建立了 RTA，这些将对 APEC 今后的发展和新目标的确立产生远大影响。过去 20 多年来，亚太地区的人均收入增加了 36%，数百万人口脱离贫困，并涌现出一个不断壮大的中产阶级。不同经济体的贸易壁垒被打破，减免关税。自由贸易逐渐从发达经济体过渡到发展中经济体，体现出亚太地区经济体越来越一体化。

2014年11月10日 APEC 第22次领导人非正式会议在中国北京召开，是继2001年在上海举办后时隔13年重回中国。会议主题是"共建面向未来的亚太伙伴关系"。会议为加速亚太自贸区进程，为2020年实现建立亚太自贸区的目标打下坚实的基础。中国已经成为亚太区域合作中最重要的力量。亚太地区的经贸格局也因此发生了巨变。中国对亚洲经济增长贡献率已超过50%。习近平就 APEC 机制发展前景指出，APEC 要加大对发展中成员的资金和技术支持。中方将捐款1 000万美元用于支持 APEC 机制和能力建设；出资400亿美元成立丝路基金，为"一带一路"沿线国家基础设施建设、资源开发、产业合作等提供投融资支持。APEC 会议还批准了《亚太经合组织互联互通蓝图》，决心在2025年前实现加强硬件、软件和人员交流互联互通的远景目标，这是具有里程碑意义的成果。有助于开拓亚太经济增长新源泉，构建全方位、多层次的复合型亚太互联互通网络，为实现亚太长远发展夯实互联互通的基础。APEC 第23次领导人非正式会议已于2015年11月18日—19日在菲律宾首都马尼拉举行。

1991年，中国作为主权国家、中国香港和中国台北作为地区经济体同时加入 APEC。从1993年起，我国国家主席亲自出席了每年的领导人会议，中国台北只能派出主管经济事务的代表出席。中国还积极参与了 APEC 各类专业部长会议、高官会议、贸易投资委员会及其下属工作组、专家组会议。亚太地区是中国对外经济贸易的重要依托。在中国十大贸易伙伴中，除欧盟外，其他均为 APEC 成员。我们有责任为本地区人民创造和实现亚太梦想，即坚持亚太大家庭精神和命运共同体意识，顺应和平、发展、合作、共赢的时代潮流，共同致力于亚太繁荣进步。预计未来十年，中国对外投资将达1.25万亿美元，今后五年中国进口商品累计将超过10万亿美元，出境旅游等人数将超过5亿人次。

亚洲开发银行（ADB）　亚洲开发银行是亚洲、太平洋地区的区域性政府间的国际金融机构。1965年11月至12月在马尼拉会议上通过了亚洲开发银行章程，1966年11月24日在东京召开首届理事会宣告正式成立。总部设在马尼拉。

亚洲开发银行简称"亚行"。它的宗旨是：通过发展援助帮助亚太地区发展中成员消除贫困，促进亚洲和太平洋地区的经济和社会发展，特别是协助本地区发展中成员国以共同的或个别的方式加速经济发展。亚行对发展中成员的援助主要有四种形式，即贷款、股本投资、技术援助、联合融资。截至2013年12月底，亚行共有67个成员，其中有48个来自亚洲和太平洋地区的区域成员，19个来自欧洲和北美洲的非区域成员。按各国认股份额，日本和美国并列第一（15.60%），中国居第三位（6.44%）；按各国投票权，日本和美国并列第一（12.78%），中国也是第三位（5.45%）。在这个组织中都是第一大出资国拥有一票否决权。

中国自1986年3月10日加入亚行以来，双方在经济发展、消除贫困、保护环境等方面开展了广泛的合作，合作项目从几个发展到2013年的90多个。到2013年中国已是亚行世界范围内第二大借款国、技术援助款的第一大使用国以及第三大股东。

石油输出国组织（OPEC）　石油输出国组织是发展中国家建立最早、影响最大的一个原料生产国和输出国组织。1960年9月，伊拉克、伊朗、沙特阿拉伯、科威特和委内瑞拉5个产油国在巴格达举行会议，为处理西方石油公司在1960年8月再次降低中东原油标价，损害产油国利益的问题，一致决定成立石油输出国组织，很长一段时间成员国扩大到13国，除上述 5 国外,还有卡塔尔、印度尼西亚、利比亚、阿拉伯联合酋长国、阿尔及利亚、尼日利亚、加蓬和厄瓜多尔。石油输出国组织总部设在维也纳。欧佩克大会是该组织的最高权力机构,大会每年召开两次,如有需要还可召开特别会议。

石油输出国组织的宗旨是协调和统一各成员国的石油政策,并确定以最适宜的手段来维护它们各自的和共同的利益。该组织成立以来,同国际石油垄断资本进行了一系列针锋相对的斗争,取得了显著成果。它们不仅从西方石油公司手中夺回了油价标定权,而且还迫使其提高石油出口税率,从而大大增加了它们的石油收入,而且在石油国有化和增加产油国在西方石油公司中的股权方面也得到了很大的进展。

石油输出国组织的建立及其所进行的卓有成效的斗争,如商定石油产量和价格,采取共同行动,不仅反映了亚非拉石油输出国反对国际垄断资本的剥削和控制,维护民族经济权益的强烈愿望,而且在其胜利的鼓舞下,第三世界原料生产国和输出国组织一个又一个地建立和发展起来,从而为发展中国家巩固政治独立、发展民族经济、反对帝国主义超级大国的剥削掠夺和控制发挥了重要的作用。

20 世纪 90 年代后,厄瓜多尔(1992 年)和加蓬(1994 年)相继退出了石油输出国组织。2008 年 9 月 10 日,印度尼西亚石油产量迅速下降而退出该组织。2007 年厄瓜多尔又重新加入。安哥拉于 2007 年新加入。目前,欧佩克共有 12 个成员国。这些国家的石油储量约占世界石油储量的 77% 以上,原油产量约占世界原油产量的 40%,出口量约占世界的一半。

OPEC 发布《世界石油展望 2012》不仅下调了对全球市场中长期需求,还首次承认页岩油气的影响力。OPEC 称页岩油气的发展正在改变世界能源构架,但美国页岩气神话却很难被复制。

二十国集团(G20)　　二十国集团(G20)由七国集团财长会议于 1999 年倡议成立,由阿根廷、澳大利亚、巴西、加拿大、中国、法国、德国、印度、印度尼西亚、意大利、日本、韩国、墨西哥、俄罗斯、沙特阿拉伯、南非、土耳其、英国、美国以及欧盟等 20 方组成。

二十国集团是布雷顿森林体系框架内非正式对话的一种新机制,其宗旨是:推动发达国家和新兴市场国家之间就实质性问题进行讨论和研究,以寻求合作并促进国际金融稳定和经济持续发展。按照以往惯例,国际货币基金组织与世界银行列席该组织的会议。二十国集团成员涵盖面广,代表性强,人口占全球 2/3,国土面积占全球 60%,GDP 占全球经济的90%,贸易额占全球的 80%,已取代 G8 成为全球经济合作的主要论坛。

二十国集团以非正式的部长级会议形式运行,无常设机构,由当年主席国设立临时秘书处来协调集团工作和组织会议。主席采取轮换制。

中国是二十国集团创始成员,出席了历次 G20 峰会及财长和央行行长会议。中国是 2005年 G20 峰会主席国,2016 年再次当选峰会轮值主席国。

长期以来,中国积极参与 G20 活动,一贯支持 G20 在全球经济治理中发挥更大的作用,同时积极提供建设性方案。

二十国集团产生在一个新的国际经济格局之下,且已成为全球最重要的经济治理与协调平台之一。2008 年金融危机后,G20 升格为领导人会议。自 2011 年法国戛纳峰会起,G20每年举行一次峰会,标志着峰会机制化。

最近发布的《二十国集团(G20)国家创新竞争力发展报告(2013—2014)》黄皮书显

示：美、日、德为 G20 成员三甲，中国排名第 8 位，是 G20 中唯一进入前十名的发展中国家。截至 2014 年，G20 成员国为世界贡献了 80％的经济增长，新兴国家在贡献大部分增长额的同时，还在全球经济不景气时，保持了相对较高的增长速度。仅中国一国对世界经济增长的贡献率就超过 30％。作为全球经济协调与治理的重要平台，G20 集合了新兴国家与发达国家，合力打造了南北国家合作对话的重要局面，为全球经济危机影响的消退发挥了不可忽视的作用。

金砖国家　2001 年美国高盛公司经济学家奥尼尔首次提出"金砖四国"（BRIC）概念，意指全球最大的四个新兴市场国家：巴西、俄罗斯、印度和中国，它们的英文首字母组成正好类似英文的砖（brick）。2009 年 6 月四国领导人在俄罗斯叶卡捷琳堡举行首次会晤。2010 年 4 月 15 日在第二次领导人峰会上发表《联合声明》，并商定推动合作与协调的具体措施。2010 年 12 月南非作为正式成员加入后，改称"金砖国家"（BRICS）。

金砖五国面积占世界 30％，人口占全球 42％，经济总量占全球 21％，贸易总额占全球 15％，是新兴经济体中最有代表性的国家。金砖国家的国情不同，发展水平不一，各自的利益诉求也有差异，但它们拥有加强合作的强烈愿望。

金砖国家形成已有十多年，但这个"国际组织"并无章程，无明确宗旨，无常设秘书处。2009 年起每年举行一次领导人会晤。其活动的最大成效可能就是其借助奥尼尔创造的 BRIC 一词，构建了新兴经济体之间的合作机制。

在后危机时期，金砖五国一直保持着较为强劲的经济增长，但也面临诸多挑战，因此五国协调经济政策，并在资本、资源、体制、技术和人力资源领域彼此互补至关重要。巴西在农业、采矿业、制造业和服务业占据优势；俄罗斯拥有大量的石油天然气，能源充足，矿产丰富，特别是在工业基础方面，具备一定的先进性；印度以服务业为导向，并在信息技术和出口产品（包括软件和工程产品）方面拥有优势；中国是制造业大国，丰富的劳力资源占据优势；南非拥有号称世界第二富含矿产的地质构造，已探明的矿产资源有 59 种，黄金、钻石、铂族金属等不胜枚举，并且储量大，产量高，有着巨大的贸易潜能。五国在经济方面既有一定的合作性，也有激烈的竞争性，可能会终结西方国家在诸多行业里的垄断地位，并缩小金砖五国与西方国家之间的技术发展差距。

中国是当今世界第二大经济体，差不多是日本经济规模的两倍，实际上已经超过德、法、意三国加在一起的规模。另外如以美元计，中国是巴西、俄罗斯、印度三国经济体总量的 1.5 倍。如中国经济增速保持在 7％，通胀率在 3％左右，每年将为全球 GDP 贡献 1 万亿美元。

展望未来，金砖五国可能会在转型道路上彼此互补。目前中国正在从出口导向型经济向消费导向型经济转变。金砖五国之间货币合作近几年来已有大幅提升，五国间已签署了双边货币互换协议。不久的将来，金砖国家将成立与世贸组织类似的金砖国家贸易协议等相关机构，负责金砖国家间的自贸谈判和协调。

金砖国家开发银行　2012 年新德里峰会首次提出设想。2014 年 7 月 15 日在第六次巴西峰会上签署协议章程，并发表了《福塔莱萨宣言》，建立了金砖国家开发银行和应急基金。初始资本 1 000 亿美元，由 5 个创始成员平均出资，总部设在中国上海。应急储备基金是由中国提出的一个倡议，主要是为了解决金砖国家短期金融危机，是一种援助机制。储备基金为 1 000 亿美元，其中中国出资 410 亿美元，巴西、俄罗斯和印度出资 180 亿美元，南非出资

50 亿美元。

金砖国家开发银行主要用于资助金砖国家以及其他发展中国家的基础设施建设，简化金砖国家间的相互结算和贷款业务，从而减少对美元和欧元的依赖。它是在美国金融危机以来，金砖国家为避免在下一轮金融危机中受到货币不稳定的影响，而计划构筑一个共同的金融安全网，届时可以借助这个资金池兑换一部分外汇来应急。

2015 年 7 月 21 日正式开业，印度资深银行家卡马特（K. V. Kamath）任首任行长。

上海合作组织 其前身是由中国、俄罗斯、哈萨克斯坦、吉尔吉斯斯坦和塔吉克斯坦组成的"上海五国"会晤机制。当时苏联解体后，中国与新独立的北方邻国正是依赖这一机制成功解决了历史遗留的边界问题，消除了最有可能引发地区矛盾的引信。2001 年 6 月 14 日，乌兹别克斯坦以完全平等的身份加入上海五国，次日六国元首签署并发表《上海合作组织成立宣言》。六国人口 15 亿多，约占世界人口的 1/4，领土面积 3 018 多万平方千米，占欧亚大陆面积的 3/5。

成员国元首理事会是上海合作组织的最高决策机构，每年举行一次会议。2004 年 1 月 15 日，上合组织秘书处在北京正式成立，其工作语言为汉语和俄语。

2009 年上合组织第九次峰会决定给予斯里兰卡和白俄罗斯对话伙伴地位，正式启动对话伙伴机制。2015 年 7 月 10 日在俄罗斯乌法举行的第 15 次峰会上同意白俄罗斯为上合组织观察员国；阿塞拜疆、亚美尼亚、柬埔寨、尼泊尔为对话伙伴国。

除上述六个成员国外，尚有五个观察员国（印度、巴基斯坦、蒙古、伊朗、白俄罗斯）。2016 年 6 月 24 在乌兹别克斯坦塔什干举行的第 16 次会议上签署了印度、巴基斯坦加入上合组织。

上海合作组织是第一个在中国境内宣布成立、第一个以中国城市命名的国际组织。根据《上海合作组织宪章》和成立宣言，其宗旨是：加强成员国之间的相互信任与睦邻友好；发展成员国在政治、经济、科技、文化教育、能源、交通、环保及其他领域的有效合作；维护和保障地区的和平、安全与稳定；推动建立民主、公正、合理的国际政治经济新秩序。上海合作组织对内遵循互信、互利、平等、协商，尊重文明多样性，谋求共同发展的"上海精神"，对外奉行不结盟，不针对其他国家和地区以及开放等原则。上合组织也是冷战结束以来亚欧大陆上出现的最大的地区性合作组织。从性质上可以确定它是一个没有对抗性和挑战性的开放的地区性合作组织。它与联合国、东盟、独联体等建立了密切联系。

2013 年中国与上合组织成员国贸易总额为 1 294.54 亿美元；截至 2014 年 6 月，中国对上合组织成员国累计各项投资总额约 446 亿美元。多方参与、多边受益的网络型基础设施项目不断拓展，密切了区域合作。

亚洲基础设施投资银行（AIIB） 亚洲基础设施投资银行（Asian Infrastructure Investment Bank）简称亚投行，是中国首倡的政府间性质的亚洲区域多边开发机构，重点支持基础设施建设。成立宗旨为促进亚洲区域的互联互通和经济一体化进程，并加强中国与其他亚洲国家和地区的合作。总部设在中国北京。亚投行设立了理事会、董事会和管理层三层管理架构。

2014 年 10 月 24 日，包括中国、印度、新加坡等在内 21 个首批意向创始成员国在北京签署《筹建亚投行备忘录》，共同决定成立亚投行。根据筹建备忘录，亚投行的法定资本为 1 000 亿美元。初始认缴资本目标为 500 亿美元左右。

2015 年 3 月英国申请加入亚投行，随后法国、德国、意大利等西方国家也表态跟进。截至 2015 年 4 月 15 日，亚投行意向创始成员国确定为 57 个，涵盖了除美、日和加拿大之外的主要西方国家，以及亚欧区域的大部分国家，成员遍及五大洲。作为一开放包容的多边开发机构，亚投行将继续欢迎新成员加入。

亚投行以发展中成员国为主体，同时包括大量发达成员国，这个独特优势使其能够成为推进南南合作和南北合作的桥梁和纽带。

2015 年 12 月 25 日正式成立，全球迎来首个由中国倡议设立的多边金融机构。包括缅甸、新加坡、文莱、澳大利亚、中国、蒙古国、奥地利、英国、新西兰、卢森堡、韩国、格鲁吉亚、荷兰、德国、挪威、巴基斯坦、约旦在内的 17 个意向创始成员国已批准亚投行协定并提交批准书，股份总和占比 50.1%。同年 12 月 31 日，菲律宾以创始成员国身份加入亚投行。

2016 年 1 月 16 日，亚洲基础设施投资银行在北京开业，并成立了理事会和董事会。中国财政部长楼继伟当选首届亚投行理事会主席，金立群当选首任行长。

本章小结： 世界人口的增长主要由生产力发展水平所决定，同时也受其他社会经济条件的影响。世界国家类型的划分是按其在世界政治经济中所处的地位和作用不同而决定的，而且随着经济发展的不断变化，国家类型也是可以变化的。目前国际关联变得极其错综复杂，全球经贸格局随着次贷危机、金融海啸等的深入影响，将发生重大改变，相信世界经济会在竞争与合作交融中前进。

本章关键名词或概念： 南北关联　东西关联　南南关联　金砖国家　亚投行
TTP　TTIP　TISA

复 习 题

1. 世界上的国家按其在世界经贸中所处地位和作用的不同，可以分为哪几种类型？各有什么特点？

2. 根据世界不同类型国家和地区的位置，指出在经贸上主要有哪几种关联形式？

3. 熟悉 IMF、UNCTAD、OPEC、APEC、WTO、AIIB、SCO、BRICS 这些重要经济贸易组织的宗旨及所起的作用。

第三章　世界贸易市场的分布

本章学习目标：通过学习了解当今世界市场发展的基本特点，熟悉世界主要贸易中心和商品交易所的分布。

第一节　世界贸易市场的形成与发展

世界市场的内容包括货物、货币、航运、保险等，货物是主体，其余是为货物服务的。世界市场是各国之间进行货物和服务交换的场所。

一、统一的世界市场的形成

世界市场经历了从萌芽时期到迅速发展时期的两个阶段。

世界市场的萌芽时期始于15世纪末、16世纪初的地理大发现，包括18世纪60年代。这也是资本主义生产方式的准备时期。由于美洲的发现，绕过非洲的航行，东印度和中国市场的开辟，美洲的殖民化，对殖民地的贸易，交换货物的增加，这一切使商业、航海业和工业空前高涨，为世界市场的建立准备了条件。

18世纪60年代到19世纪70年代是世界市场的发展时期。资本主义生产方式的确立和大机器工业的建立促进了市场的发展，这个阶段可分为两个时期。

（一）从英国的产业革命到19世纪50年代

这个时期是英国在世界上工业和贸易的独占时期，英国资本主义的大机器工业使世界市场获得较大的发展，国际货物的流通是英国资本主义大工业产品的出口和原料及粮食的进口，这就使英国在整个经济上依赖于世界市场，同时，供应原料的国家也在经济上依赖英国市场。

（二）从19世纪50年代到70年代

在世界市场上，除了英国的大工业产品外，还出现了其他许多国家的工业，这时世界市场的范围和容量显著扩大，形成自由竞争的资本主义发展的最高时期。

这个阶段，由于美国西部地区直到太平洋沿岸和澳大利亚的殖民地化，日本和中国卷入国际贸易。同时交通和通讯工具的巨大革命把世界各国市场真正联结在一起，成为国际市场广泛流通的基础。随着世界市场的扩大，黄金和白银变成世界货币，使商品的世界价格形成，表示价值规律的作用扩展到国际范围的世界市场上。

19世纪80年代至20世纪初是世界市场的形成时期。这个时期世界上形成了许多大型的商品交易所，通过办博览会把世界各地的客商及产品汇集到一起，形成了许多产品的世界市场行情，使自由竞争的资本主义过渡到垄断的资本主义，形成了统一而无所不包的世界市场。第二次科技革命与资本输出在世界市场的形成中，起了重要作用。它使亚非拉国家全面卷入世界市场中去，使更多的货物进入国际商品流通的范围。

帝国主义国家通过资本输出到殖民地国家中去，使资本主义国际分工即宗主国与殖民地之间的分工，工业国与初级产品生产国之间的分工日益加深。在国际分工的基础上，又借助于完善的国际交通、通讯工具，把世界各国在经济上互相联结起来，构成了世界各国市场及其在货物流通中产生的经济联系总体，世界市场终于形成。

二、当今世界市场发展的主要特点

（一）世界市场国家结构变化显著

发达国家一统天下的格局已被打破。英、美、德、法等少数发达资本主义国家曾全面控制了世界市场，而今，社会主义国家、新兴工业化国家及其他发展中国家正在纷纷进入世界市场。

（二）国际贸易方式多样化

目前世界上出现了一些新的贸易方式，主要有技术贸易、租赁贸易、对外加工装配贸易、补偿贸易、服务贸易等。国际间在资金、技术、劳务合作等方面的经济合作方式在加强。

（三）世界市场商品结构发生重大变化、服务贸易发展迅速

技术密集型的工业制成品在国际贸易总额中的比重逐渐加大，一般轻工、初级产品所占比重逐渐下降。另外，国际服务贸易迅速发展起来，不但传统的服务贸易项目，如银行、保险、运输等随着国际贸易的发展而发展，其他的服务项目如：国际租赁、提供国际咨询和管理服务、技术贸易、国际旅游等也在第二次世界大战后得到快速发展，服务贸易也成为一些国家国民经济增长的重要产业。目前，世界服务贸易总额已相当于世界商品贸易额的 1/4 左右。

（四）区域经济集团化对世界市场的影响

第二次世界大战后科技革命的迅猛发展，现代通信和信息技术正在越来越有力地推动着各国各地区的经济交流，导致各国相互依存程度的提高，冲破了现有国家的界限限制，实现超越国家范围的经济协调和合作。20 世纪 90 年代以来，在全球各大洲各地区兴起的区域性经济贸易集团或经济合作组织，可谓雨后春笋般地遍布全球。同一地区各国共建紧密的经济集团以求增进联合，形成一个个局部经济圈。如欧盟、北美自由贸易区、东盟、亚太经合组织、南锥共同体等，区域经济集团化的形成和发展又促进世界市场的成长和壮大。

（五）新贸易保护主义措施有所加强

传统的非关税壁垒仍然是实现贸易保护主义的直接方式，而货币汇率，加强技术保护、增加环境和人权成本、制造政治麻烦则是发达国家遏制发展中国家和新兴经济体国际竞争力的基本策略，是变相的贸易保护主义形式。如：日本以环境污染为名，严格控制大排量的欧美小轿车进口。

新贸易保护主义的特点主要表现在：操控货币是其核心手段；贸易保护主义趋于复合型、精细化和综合化；贸易保护主义再次向传统的钢铁、汽车等支柱产业倾斜；贸易保护主义由隐性转向显性；从单一注重限制进口或鼓励出口转向二者并重；贸易保护主义集团化、区域化和双边化以及贸易摩擦多发，国际协调日益频繁。

当前国际金融危机呈蔓延之势，全球范围内贸易保护主义势力抬头。不少国家为了挽救陷入崩溃边缘的经济，纷纷采取了新贸易保护主义措施。

2008 年的金融危机蔓延到实体经济，以美国为首的西方国家，以及新兴经济体在全球掀起了一轮又一轮的救市热潮。这样大规模的政府干预行动，是三十年来前所未有的。2009 年2 月初，美国国会批准了奥巴马经济刺激方案中的购买"美国货"计划；而就在 2008 年 11 月 15 日，包括日本、美国、欧盟等 20 国集团领袖还在承诺至少在 12 个月内不会实行贸易保护措施；世界贸易组织报告显示，自 2008 年第三季度以来，已有 22 个世贸成员国采取了提高关税、支持国内产业发展政策等贸易保护措施。如：印度宣布对自中国进口的玩具实行长达 6 个月的禁令；法国也推出 60 亿欧元的救助汽车产业计划，提出不裁员、不转产，外资持有法国公司股份不得超过 50％的方案等。

（六）跨国公司对世界市场的竞争能力不断加强

在经济贸易集团分割世界市场的情况下，主要发达资本主义国家进行大规模资本输出，绕过其他国家保护市场的多种壁垒，通过跨国公司打进他国市场。跨国公司在许多国家和地区设立了子公司或分支机构，从事世界规模的生产、销售及其他业务活动。

跨国公司的战略目标是以国际市场为导向的，目的是实现全球利润最大化。据联合国《2002 年世界投资报告》，2001 年全球跨国公司达到 6.5 万家，设立分支机构 85 万个。例如，德国跨国公司在主要发达资本主义国家中设立的分支机构以扩大德国产品销售，争夺销售市场为主要目标；而在发展中国家或地区设立的分支机构以榨取自然资源和利用廉价劳动力为主要目标。跨国公司利用雄厚的资本，凭借其在科研、管理、信息等方面的优势，日益朝全球化的方向发展。

全世界的新技术、新生产工艺、新产品，基本上都掌握在跨国公司手中，这是跨国公司能够不断发展壮大的根本原因之一。跨国公司掌握了世界上 80％左右的专利权，基本上垄断了国际技术贸易。跨国公司在技术联盟上不断加强，联盟的目标往往指向高技术领域。据统计，这些跨国公司一年的生产总值相当于资本主义世界年总产值的 50％，它们经营的贸易额占世界贸易额的 50％，在世界市场上的竞争能力不断加强。

（七）世界贸易下滑增幅缓慢（见表 4）

2008 年国际经济环境发生巨大变化，全球金融危机导致世界贸易下滑。目前，主要经济体的对外贸易状况都在恶化，特别是日本和德国对外出口显著减少。2003 年世界商品贸易总额为 15.25 万亿美元，世界贸易额比 2002 年增长 32％。世界贸易组织统计，2008 年世界商品贸易总额达 31.8 万亿美元，比 2007 年同期增长 15％，增长速度为 2002 年以来最低水平。世界贸易组织 7 月 18 日发布《2013 年世界贸易报告》指出，受全球经济增长缓慢、发达经济体需求不振等不利因素影响，2012 年全球货物和服务贸易总额 22.5 亿美元，较上年仅增长 1％。其中，货物贸易额 18.3 万亿美元，与上年基本持平；服务贸易额 4.3 万亿美元，增长 2％。扣除价格和汇率因素，2012 年全球货物贸易量增长 2％，为 1981 年以来所有正增长年份中的最小增幅。

2014 年世界货物贸易总额为 37.959 0 万亿美元，同比增幅为 1％；服务贸易总额为 9.6 万亿美元，同比增幅为 4.5％。

表 4　　　　2012（2014）年世界及主要国家和地区货物贸易进出口额和贸易差额　　单位：亿美元

	进出口总额	增幅%	出口额	增幅%	进口额	增幅%	贸易差额
世界	333 210	—	162 680	−0.46	170 530	−0.22	−7 850
	(379 590)	(1)	(189 350)	(1)	(190 240)	(1)	(−8 90)
北美洲	55 511	—	23 730	3.99	31 781	3.24	−8 051
	(49 810)	—	(20 990)	—	(28 840)	—	(−7 850)
美国	38 824	—	15 471	4.51	23 353	3.06	−7 881
	(40 320)	(3.2)	(16 230)	(3)	(24 090)	(3.4)	(−7 860)

	进出口总额	增幅%	出口额	增幅%	进口额	增幅%	贸易差额
欧洲	127 956	—	63 389	−4.07	64 567	−5.69	−1 178
	—	—		—		—	—
亚洲	119 128	—	59 441	1.94	59 687	3.74	−246
	—	—		—		—	—
中国	38 667	—	20 489	7.93	18 178	4.26	2 311
	(43 030)	(3.5)	(23 430)	(6)	(19 600)	(1)	(3 830)
日本	16 844	—	7 986	−2.92	8 858	3.61	−873
	(15 060)	—	(6 840)	(−4)	(8 220)	(−1)	(−1 380)

注：括号中为2014年数据。

资料来源：世界贸易组织。

（八）世界市场上的垄断与竞争更为剧烈

世界市场由卖方市场转向买方市场，垄断进一步加强，使得市场上的竞争更为激烈。为了争夺市场，各国采取了各种各样的方式：各国为了参与世界市场的争夺，制定了奖励出口、限制进口的对外贸易政策，又通过关税限制外国商品的进口，以及通过对外援助的方法带动商品的出口；从价格竞争转向非价格竞争，非价格竞争的手段和方法主要包括提高产品质量、性能、改进产品设计、做好售前售后服务等；开拓新市场，使市场形成多元化结构。

第二节　世界贸易市场的分布

世界贸易市场大多数集中于生产力发达的商品经济国家。其主要形式分商品流通和资本流通两大系统。商品市场是商品流通的具体形式，分世界贸易中心、商品交易所、博览会、商品交易会等；资本市场、国际货币市场、外汇市场、黄金市场等为资本流通的主要表现形式。

一、世界主要商品市场的分布

（一）世界贸易中心的分布

世界贸易中心的经营特点是：向国内外公司出租办公地点；为客商提供商品展销和交易所；利用现代化通讯手段为客户提供最新的市场信息；备有齐全的金融、商业、服务、运输等设施，简化了交易手续。许多世界贸易中心还增设了技术转让、合资等业务及开办语言、教育服务。世界贸易中心实质上已经成为"综合性"市场。

世界贸易中心有亚特兰大、巴尔的摩、哥德堡、休斯敦、洛杉矶、新奥尔良、纽约、奥兰多、诺福克、东京、阿尔斯梅尔、艾恩德霍芬、鹿特丹、孟买、迪拜、特拉维夫、首尔、新加坡、安特卫普、布鲁塞尔、日内瓦、巴塞尔、勒阿弗尔、斯特拉斯堡、伦敦、中国香港、米兰、哥本哈根、里斯本、墨尔本、多伦多、莫斯科、金沙萨等。中国内地有上海、天津、广州等许多处。

1947年美国新奥尔良建成世界上第一个国际贸易中心，在贸易活动中取得良好的效果，于是世界各地纷起效仿。1968年世界贸易中心协会成立，宣布该会是纯粹以扩展世界贸易为目标的非盈利性机构,上海对外贸易总公司亦为其"联系会员"。纽约是世界最大的贸易中心,贸易中心在纽约市内被称为"城中之城"。

(二)世界主要商品交易所的分布

商品交易所是特殊类型的固定市场。在这种市场上进行大宗原料和粮食的买卖。

在交易所买卖的商品主要是:有色金属、谷物、纺织原料、食品和油料。

世界最大的交易贸易中心是纽约和伦敦。商品市场和生产的发展一样,都趋向于专业化。例如伦敦最初的皇家交易所是综合性的,包括各类商品,后来分立各种专业性交易所。

各种商品交易所贸易的主要中心是:

有色金属——伦敦、纽约、新加坡(锡);

天然橡胶——新加坡、伦敦、纽约、吉隆坡;

可可豆——纽约、伦敦、巴黎、阿姆斯特丹;

谷物——芝加哥、温尼伯、伦敦、利物浦、鹿特丹、安特卫普、米兰;

食糖——伦敦、纽约;

咖啡——纽约、伦敦、利物浦、鹿特丹、勒阿弗尔、汉堡、阿姆斯特丹;

棉花——纽约、新奥尔良、芝加哥、利物浦、亚历山大、圣保罗、孟买;

棉籽油——纽约、伦敦、阿姆斯特丹;

黄麻——加尔各答、卡拉奇、伦敦;

净毛——纽约、伦敦、安特卫普、墨尔本;

大米——米兰、阿姆斯特丹、鹿特丹;

豆油和向日葵油——伦敦;

生丝——横滨、神户。

二、世界主要资本市场的分布

(一)国际货币市场的分布

国际货币市场是国际短期信贷存放和流动的场所。

1. 外汇市场(foreign exchange market)。外汇市场是指由经营外汇业务的银行、各种金融机构以及个人进行外汇买卖和调剂外汇余缺的交易场所。世界主要外汇市场有:伦敦、法兰克福、巴黎、东京、苏黎世、罗马等。

2. 黄金市场(gold market)。黄金市场是经营黄金买卖的市场。它在黄金产地与消费地之间起着转运和调剂的作用。工业用与货币用黄金从市场获得供给,但黄金投机商也掺杂其间,从中牟利。黄金市场所在国家和地区,对黄金进出口一般没有限制。

目前具有国际意义的黄金市场主要有伦敦、苏黎世、纽约、芝加哥、香港地区、贝鲁特和巴黎。伦敦和苏黎世是现货市场,也是两个最大的国际黄金市场,它们是其他销售市场的主要供应者,其市场价格的变化,被看做是国际金市的晴雨表。纽约和芝加哥,主要是黄金期货市场。

由于世界经济发展的不平衡,世界资本市场的地理分布有很大的集中性。目前,世界资本市场约有 7/10 集中在北美和欧洲、约 2/10 在亚非拉发展中国家。

(二)世界主要债券市场

证券交易中心是以股票和债券形式流通的资本市场。它是在短期内集资和加快资金流通的重要手段之一。世界重要的证券交易中心有纽约、伦敦、东京等。纽约是美国和世界最大的证券交易中心。此外德国的法兰克福、柏林股票交易所和南非的约翰内斯堡证券交易所也是交易量比较大的证券交易中心。世界主要债券市场介绍如下。

1. 美国债券市场。第二次世界大战后美元与黄金处于等同地位，美国黄金储备占资本主义世界黄金储备总量的约60％。美国成了债权国，纽约债券市场成为国际债款寻求资金的主要市场。在美国发行的外国债券也称"扬基债券"。美国债券市场管制严格，未经美国"证券交易委员会"批准，无法取得在美国发行债券的资格。

2. 欧洲债券市场。20世纪60年代末期，欧洲经济复苏，而美国国际收支逆差加大，流出美国的大量美元和1973年石油危机期间的石油美元，大部分流入欧洲。欧洲债券市场主要分布于伦敦、法兰克福、苏黎世和卢森堡等地。欧洲债券市场目前成了世界上最大的债券市场，差不多3/5的债券是在欧洲债券市场发行的。欧洲债券市场自由灵活，不受各国金融法令的限制，无需缴纳存款储备金，存放款利率也可自行规定，易于接受新发行者。

3. 日本债券市场。日本债券市场已转换为自由化和国际化，成为国外借款者的重要资金来源之一。在日本发行的外国债券称"武士债券"。

此外还有瑞士和亚洲（新加坡、中国香港）等债券市场。

本章小结： 本章介绍世界贸易市场的重要性，商品和服务的交换离不开市场的运作，而掌握世界主要贸易中心和世界主要资本市场的分布，对我们相当重要。

本章关键名词或概念： 世界市场　世界贸易中心　商品交易所　资本市场

复 习 题

1. 当今世界市场结构有哪些明显变化？
2. 当代世界市场的主要特征是什么？
3. 举例说明跨国公司对世界市场的影响。
4. 了解当前主要世界贸易市场的分布情况。

第四章 国际贸易中的交通运输

本章学习目标：让学生了解国际贸易中交通运输的五种运输方式概况，重点掌握集装箱运输及其主要港口分布，大陆桥运输的概念及主要大陆桥的分布，国际大洋航线中国际通航运河和主要海峡的地理位置及大型海港的分布和主要国际大洋航线等。

第一节 概 述

交通运输不是国民经济中的物质生产部门，它表现为生产过程在流通领域中的继续。第二次世界大战后随着科技的进步，推动了交通运输业的发展。火车、汽车、轮船、飞机等现代化的交通工具都向大型化、高速化、专门化和自动化方向发展。特别是集装箱运输的出现和应用，促进了各种运输方式的配合，由传统的单一运输发展为多式联运，大大促进了运输效率的提高。

运输业的发展同国际贸易的发展是相联系的。国际贸易的发展要求运输业的规模与其相适应。随着世界各国各地区生产的发展与国际贸易额的不断扩大，国际货运量也相应增加，因而加大了运输任务。为适应这一需要，各种现代化运输工具不断得到改进和使用。管道运输的迅速发展，新型运输方式的研制，磁悬浮列车的投入营运，载箱能力达 13 350 标箱集装箱船的制造，无不与此有关。同时，运输体系结构和经营管理工作也不断完善并日趋现代化，这对加强国际间经济联系，深化国际分工，促进国际贸易的发展，起着十分重要的作用。

根据运载工具和运输通道的不同，主要可分为铁路运输、公路运输、水上运输、航空运输和管道运输等五种运输方式。

铁路运输：火车是铁路运输的运载工具。铁路的灵活性和运输速度比水运大，成本比水运高，但铁路的运量比公路、航空大得多，成本也比它们低，而且铁路一般可终年全日运行，受自然条件影响少。铁路运输目前在国际贸易货物运输中居第二位，它又是一国内陆及内陆邻国之间贸易的主要运输方式。现在世界已进入高速铁路发展的新时期，有的已突破国界，向路网化、国际化发展。

公路运输：以汽车或拖车为运载工具，具有高度的灵活性。以周转速度快，投资少，装运方便为其特点，由发货人仓库到收货人仓库，实现从"门到门"（door to door）的运输，公路运输所完成的货运量在世界各国居首位。随着汽车日益大型化和高速化的发展，促使各国在公路建设上大力投资，高速公路、快速公路、能供超重车辆行驶的公路相继在发达国家和一些发展中国家出现。目前有 80 多个国家和地区修建了高速公路（截至 2011 年已建成通车的达 27 万多千米）。世界公路和高速公路主要集中在北美、西欧、南亚和东亚地区，以西欧密度最高。多年来美国、加拿大、德国、法国、西班牙、意大利、日本、英国和澳大利亚高速公路里程约占世界高速公路里程的 80% 以上。其中美国拥有的高速公路里程曾是世界最长的，但截至 2013 年底，中国高速公路通车里程达到 10.4 万千米，超过美国，排名世界第一。2014 年中国内地高速公路通车里程达到 11.195 万千米，而美国在 2014 年是 9.2 万千米。欧洲各国则将主要高速公路连接起来，形成国际高速公路网。

目前，世界各国的公路总长度约 2 000 多万千米。世界上的国际公路很多，最长的当属纵贯美洲大陆的泛美公路，从美国西北部的阿拉斯加沿太平洋岸到智利的蒙特港，泛美公路系统全长 4.75 万千米，把南北美洲连接起来。实际上泛美公路在巴拿马的达连隘口被丛林阻塞而中断，要将汽车放在船上航行到哥伦比亚后，再开始驶上公路。

水上运输：以船舶为运载工具的水运可分为内河和海上运输两种。水运具有运量大、投资省、运价低等主要优点，多用于运输大宗或笨重的货物。但是水运受天气条件的影响和季节变化的限制均较大，而且运速较慢。

航空运输：飞机是目前速度最快的运输工具，但运量小、运价昂贵，适宜于小批量、高时效、贵重的货物运输。由于飞机性能的不断改进，地面航空设施的增加，航空运输依然是现代运输业中最重要的方式之一。

管道运输：管道运输的运载工具本身就是管道，它固定不动，只是货物本身在管道内移动。它是运输工具和运输通道合而为一的一种专门运输方式。它是随石油生产的发展而出现的一种特殊运输方式。管道运输量大，输送快，成本低，安全性强，利于环保。自 1861 年美国建成世界上第一条输油管道至今，已有 150 多年的历史。但管道运输是从 20 世纪开始发展的，第二次世界大战后，石油迅速发展，各产油国开始大量修建油气管道。现在管道里程越来越长，有的长达数千千米；有的通过几个国家。现代管道不仅可以输送原油、各种石油制品、化学品、天然气等液体和气体物品，而且可以输送矿砂、煤炭等固体颗粒物料。2013 年世界管线长度为 3 559 186 千米，相当于绕赤道 88 圈。其中北美洲管线最密，为 2 362 040 千米，占世界管线长度的 66.4％。在世界管线总长度中，天然气输送管线占比最大，为世界管线总量的 80.5％，而原油输送管线只占 8.4％。美国是拥有管线最多的国家，为 2 225 032 千米，占世界管线总量的 62.5％，也是世界上天然气管线最长的国家，占世界天然气管线总量的 69.3％。

世界管道运输正向远距离、大管径、高浓度方向发展。当今世界最长、等级最高的跨国天然气输送管线——西气东输二线工程，一条干线八条支线已于 2012 年底建成投产。该工程外连土库曼斯坦的中亚天然气管道，西起新疆霍尔果斯口岸，南至广州、深圳和香港，东达上海，途经新疆、甘肃、宁夏、陕西等 14 个省区市，全长 9 102 千米，将国内外天然气输送到珠江三角洲和长江三角洲，为我国东部地区提供了清洁能源。

集装箱运输（container transport）　集装箱运输是以集装箱作为运输单位进行货物运输的一种现代化运输方式，目前已成为国际上普遍采用的一种重要运输方式。正式使用集装箱开始于 20 世纪初。第二次世界大战中，美国在军事运输中使用了集装箱，直到 1955 年，美国铁路为与迅速发展的汽车相竞争，而采用了集装箱载在铁路平板车辆上的运输方法。它不仅可以将公路的拖车直接转装在铁路平板车上，也可以将平板车上的集装箱直接转移到公路拖车上，使铁路运费低、速度快，与公路"门到门"运输的特点有效地结合起来。

陆上集装箱的迅速发展，必然影响和促进海上运输方式的变化。据统计，除天气因素影响作业外，传统杂货船的停泊时间占航次时间 40％～50％，而停泊时间中装卸时间几乎占 2/3，装卸费用占运费总收入的 40％～60％，所以传统杂货船的装卸方式已不能适应运输业的要求。改革的唯一途径是使货物成组化，以适合机械操作，提高装卸效率。海上集装箱运输开始于 1956 年 4 月，美国海陆运输公司改装了一艘油轮，设置了集装箱平台，在纽约至休斯敦航线上作首次航行，成为海上集装箱运输的先驱。后来又迅速扩大至北大西洋航线和远东航线。1958 年，美国马托松公司的集装箱船从旧金山湾出发驶向夏威夷获得成功，此后，很多国家群起效仿。但集装箱运输的大规模发展是 20 世纪 60 年代末才开始的，特别是 70 年代以来，国际海上集装箱运输发展尤为迅速，为适应发展需要，许多国家扩大了集装箱船队，增建集装箱专用码头、场地等。近年来，由于世界经济贸易的发展，全球集装箱年海运量以 10% 左右的速度递增（2010 年为 12.3%，2011 年为 10%）。与此同时，船舶大型化和国际化大型船公司在主干线的重新组织联营的趋势以及大量新造船不断投入市场，从而出现吨位过剩、市场竞争日趋激烈的局面。20 世纪末发展最快的是 3 000TEU 以上大型集装箱船。后来，越来越多的 8 500TEU 的超大型集装箱船陆续投入欧洲—远东、远东—北美航线上。引领大船订造潮流的马士基航运公司向韩国大宇造船订购了总共 20 艘 1.8 万 TEU 集装箱船，第一艘 1.8 万 TEU 集装箱船于 2013 年 6 月首航亚欧航线。从早期的 2700 标箱到如今的 1.9 万标箱，船舶大型化已是航运业的大势。（2015 年 1 月下水的"地中海奥斯卡"轮的载箱量 19 224TEU，载重 19.7 万吨，船长 395.4 米，型宽 59 米，吃水－16 米。该船主要经营马士基与地中海航运公司共同打造的"2M 联盟"欧洲线，是目前全球最大的集装箱船。）船舶运力越大，单箱成本就越低。万箱船现已成为进入长航线运营的"门票"，并在向其他航线延伸。万箱船不断投入使用，将挤占中小班轮公司的市场，从而提升市场集中度。因此班轮公司也在通过航运联盟合作，增加发船频率和覆盖港，减少揽货压力，这样小公司的生存空间就受到了更大挤压。

现在世界性的集装箱运输体系已形成，主要分布在远东、西欧、北美和澳大利亚四个地区。北太平洋航线，欧洲—远东航线（印度洋航线）和北大西洋航线是全球三大集装箱班轮运输航线。在这几条主干线上，世界各大船运公司投入运力最多，配船密集、航线模式多样、集装箱船大型化居世界首位。该三大航线的运量占世界集装箱运量的 90%，尤经北太平洋航线为最繁忙，欧洲—远东航线其次。由于亚太已成为全球的经济热点，而远东地区又是亚太的经济"生长点"，因而远东地区的集装箱运输在全球占有十分重要的地位，约占全球总吞吐量的 50% 以上。其中我国已超过美国成为世界最大的集装箱航运国。除上述三大航线外，还有远东—澳新航线，澳新—北美航线和欧洲、地中海—西非、南非航线。这些主要干线构成了世界海上集装箱运输网络的骨架，并与分布于世界各地的集装箱运输支线一起构成了覆盖全球的海上集装箱运输网。

为使集装箱在国际上具有流通性，国际标准化组织制定并推荐了三个系列 13 种规格的集装箱标准方案。只要各国制造的集装箱外部尺寸和载重量符合国际标准即可认为是国际标准集装箱。现在海运中多数使用 20 英尺（载货限量 17.5 公吨。1 英尺＝0.304 8 米，以下同）和 40 英尺（载货限量 30 公吨）箱，即上述标准第 1 系列中的 IC、IA 型。现在特大集装箱运量持续增长，2008 年 53 英尺集装箱已出现在美国东海岸—波多黎各航线上。在欧洲近海、沿海、内河、公路和铁路集装箱运输中用得最多的是 45 英尺托盘宽特大集装箱。中国是世界集装箱设备大国，集装箱设备产量相当于全球总产量的 95%。

集装箱运输与传统的货物运输相比较，具有很多优点。

（1）提高装卸效率，加速车船和货物周转。例如，传统货船的装卸率为 35 吨/小时，而集装箱每起吊一次装卸货物 400 吨，提高装卸率达 11 倍。又如一艘万吨轮，过去装卸需在港口停泊 10 天左右，采用集装箱后，只需 24 小时，大大加速了车船及货物的周转。

（2）运输迅速，实行"门到门"运输。可简化货运手续，减少货物途中换装，直接把货物交给货主，从而缩短了货运时间。

（3）保证货运质量，安全可靠，使货物完好无损。集装箱结构坚固，强度大，对货物具有很大的保护作用。既不怕风吹雨淋和日晒，也不怕中途偷窃。

（4）节省货物包装用料，降低运输成本。集装箱本身就是很好的外包装，因而箱内货物的包装就可大大简化。有些商品如服装已无需包装。用金属制成的集装箱，一般可使用十年以上。由于集装箱运输提高了装卸效率，加速了车船和货物的周转，因而减少了营运费用，降低了运输成本。如英国集装箱化运输后，其运输成本仅为传统货船运输成本的 1/9。

集装箱运输是一种较理想的运输方式，目前全球航运集装箱化率已由 1981 年的 20% 上升到 65% 左右。但它对船舶、港口、堆场、货箱、装卸搬运等都要求有专门的设备，因此需要大量的基本建设投资。

近年来，全球大型集装箱港口有：上海、新加坡、深圳、香港、宁波—舟山、釜山、青岛、广州、迪拜、天津、鹿特丹等。2014 年全球前十大集装箱港共完成箱量 21 590.5 万 TEU，较 2013 年的 20 427.6 万 TEU 增长 5.7%。2014 年全球 2 000 万标箱以上港口共 4 个，3 000 万标箱以上 2 个。全球前十大集装箱港口有 7 个是中国的，其中上海港 2014 年吞吐量 3 528.5 万个 TEU，连续五年全球第一（表 5）。

当前世界各国铁路运输的大型集装箱大致有四种方式：

（1）国内站间的大型箱运输，多数是为开行直达列车服务；

（2）接运从港口延伸至外地的国际间大型箱运输，又称海/铁联运。如我国从日本、美国进口的集装箱，用船运抵天津港后，由铁路转运至郑州、成都等地；

（3）国际间铁/铁联运的大型箱运输，如由欧洲 24 个国家参加组成的欧洲铁路集装箱公司，联合除苏联以外的几乎整个欧洲，平均运程 800 千米以上。

（4）在大陆桥运输线上使用的大型箱联合运输，即海/铁/海联运，较典型的是西伯利亚大陆桥运输。

表 5   2014 年世界 10 大集装箱港口

位　次	港口名称	吞吐量（万 TEU）
1（1）	上　海	3 528.5
2（2）	新 加 坡	3 388.5
3（3）	深　圳	2 403.7
4（4）	香　港	2 228.7
5（6）	宁波—舟山	1 944.9
6（5）	釜　山	1 842.0
7（7）	青　岛	1 658.2
8（8）	广　州	1 637.8
9（9）	迪　拜	1 525.0
10（10）	天　津	1 406.1

注：括号内数字为 2013 年排名。

资料来源：中国港口集装箱网。

飞速发展的我国集装箱运输 20 世纪 50 年代中期，我国开始在铁路上采用集装箱运输。现在铁路、公路、沿海、内河、民用航空集装箱运输已日益发展。与此同时，我国的国际集装箱运输也得到了很大的发展。

我国海上集装箱运输开始于 1973 年，当时在中日航线上试运小型集装箱（8′×8′×8′）。1974 年 11 月，在天津至美国、加拿大航线上第一次进行国际标准箱试运。1978 年 10 月开辟了第一条到澳大利亚的国际集装箱航线，接着又开辟了到美国和日本等航线的集装箱运输。我国集装箱运输起步晚，但发展快。我国集装箱运输从无到有，从小到大，已逐步形成了干支线运输相结合，水陆运输相配套的国际集装箱运输体系。1990—2007 年间，我国国际集装箱运输出现了新的飞跃，以年均 28% 以上的速度增长，17 年时间里增长了 70 倍。2003 年完成集装箱吞吐量 4 800 万 TEU，首超美国，跃居世界第一。2007 年 11 月突破 1 亿 TEU 大关。2008 年完成吞吐量 1.287 亿 TEU，同比增长 12.4%，至今已连续十年居世界第一位。近年来我国集装箱港口发展迅猛，2014 年上海、深圳、宁波—舟山、青岛、广州、天津港位列世界前十位，加上香港，共占居 7 席。2014 年上海港完成集装箱吞吐量 3 528.5 万 TEU，连续五年居全球第一。

2014 年我国集装箱吞吐量继续领跑全球港口，增速达 8%～9%，集装箱吞吐量超过 2 亿标箱。我国集装箱港口布局日趋合理，已初步建成环渤海、长三角、东南沿海、珠三角和西南沿海这五个规模化、集约化、现代化的港口群，将进一步促进我国集装箱运输业的发展。

我国最大的两家国际集装箱运输公司是"中海集运"和"中远集运"。其中中海集运香港公司从韩国现代重工订购的首艘"中海环球"轮于 2014 年 11 月正式投入运营（共订购 5 艘，随后交付后，将全部投入亚欧航线），一次可载 19 100 个标箱，打破了航运巨头马士基公司的 1.8 万标箱 3E 级大船的纪录。"中海环球"轮全长 400 米，宽近 60 米，甲板面积超过 4 个标准足球场，主要用于欧洲航线，往返需要两个月，在我国停靠天津、青岛、上海、宁波、西沙等港口。由于采用了目前最先进的船舶节能减排技术，在油耗上比同类船节省约 20%。

在融入全球经济一体化的过程中，我国集装箱运输的重点已有从"港到港"运输服务转向"门到门"物流服务的趋势。三十余年来，由集装箱运输衍生的包括无船承运人、国际货代、船代、仓储、第三方物流等在内的一系列下游服务，已覆盖了货物揽收、报关报验、船舶装卸、陆上运输等供应链的各个环节。随着经济发展，近年来我国公路、铁路、内河集装箱运输都取得了长足的发展。无论是公路场站还是铁路办理站建设，为发展我国的国际集装箱多式联运和内地集疏运提供了良好的条件。我国正在实现从集装箱运输大国向强国的转变。未来几年，我国还有望发展成为世界最大的集装箱航运中心。

随着交通运输业的蓬勃发展，我国国际标准集装箱的生产与销售已居世界榜首。1993 到 2013 年底，我国累计出口集装箱 3 854 万 TEU，约占世界年均销量的 85.7% 以上，且 2013 年约占 95% 以上。我国已经成为世界第一大集装箱产销国和运输国，集装箱的产量、规格、品种以及出口范围多年蝉联世界第一，出口市场主要集中在美国、香港、日本、欧盟以及韩国。

国际多式联运 国际多式联运（International multimodal transport 或 International combined transport，美国称 International intermodal transport），简称"多式联运"。一般以集装箱为媒介，把海上运输、铁路运输、公路运输、航空运输和内河运输等传统的单一方式运输有机地结合起来，融为一体，构成一种连贯的过程，来完成国际间的运输。

20世纪60年代末，美国首先开始多式联运，接着美洲、欧洲及亚非部分地区很快效仿。根据《联合国国际货物多式联运公约》的规定："国际多式联运是按照多式联运合同，以至少两种不同的运输方式，由多式联运经营人将货物从一国境内接受货物的地点运至另一国境内指定交付货物的地点。"实践证明，多式联运集中了各种运输方式的特点，扬长避短组成连贯运输，达到简化货运环节，加速货运周转，减少货损货差，降低运输成本，实现合理运输的目的。尤其是它可以把货物从发货人内地仓库直运至收货人内地仓库，货主只需要办理一次托运手续，一次支付全程运费，这是实现"门到门"运输的有效方式。

国际上多式联运的方式很多，它可以是"门到门"、"门到港"、"港到门"、"中转站到港"、"港到中转站"、"中转站到中转站"等。其中"门到门"方式最受货主欢迎。为适应我国对外贸易的发展需要，我国对某些国家和地区的外贸进出口货物多采用国际多式联运，其主要形式有海陆联运、陆桥运输和海空联运等。

构成国际多式联运应具备以下几个条件：

（1）必须要有一个多式联运合同；

（2）必须使用一份全程多式联运单据；

（3）必须是至少两种不同运输方式的连贯运输；

（4）必须是国际间的货物运输；

（5）必须由一个多式联运经营人对全程运输负总的责任；

（6）必须是全程单一运费费率。

第二节　国际铁路运输与大陆桥

一、铁路运输

铁路运输是国际贸易运输中的主要运输方式之一。世界上第一条铁路出现在1825年的英国，其后铁路建设迅速发展，到19世纪末，世界铁路总里程达65万千米。目前世界上151个国家和地区拥有铁路营业里程137万多千米。世界铁路分布很不均衡，其中美洲、欧洲各占世界铁路总长的1/3以上，而亚洲、非洲和大洋洲加在一起才是世界铁路总长的1/3。目前，世界上铁路总长度在5万千米以上的国家有：美国、俄罗斯、中国、印度、加拿大等。美国是世界铁路总长居第一的国家（一级铁路长达22.6万千米）；俄罗斯12.8千米，居第二；中国在2014年底为11.2万千米，居世界第三；印度6.5万千米，居第四。加拿大则是按人均计算铁路最长的国家。现今发达的西欧、北美各国和澳大利亚南部，分布着最为稠密的铁路网。

世界铁路发展的主要趋势是运输设备的现代化和运输管理自动化。从20世纪40年代中期起，世界各国尤其是美国和西欧极力发展内燃机车和电气机车，如瑞士铁路长5 063千米，已全部实现电气化。20世纪80年代以后，中国、印度、南非、朝鲜、土耳其、巴西等发展中国家出现了一波电气化铁路建设热潮。"十五"期间，我国电气化铁路里程已达2.5万千米。2012年底随着哈大高铁的正式开通运营，我国电气化铁路突破了4.8万千米，超越俄罗斯而跃居世界第一。目前世界上68个国家和地区拥有电气化铁路。排在中国之后的是俄罗斯

（4.33 万千米）、印度、南非、德国、波兰、日本、意大利等。半个世纪以来，我国电气化铁路成功走出了一条从无到有、从低吨位到重载、从普速到高速的创新之路，在技术水平和建设质量上也达到了世界领先水平。根据规划，"十二五"末，我国铁路运营里程将达到 12.1 万千米左右，电气化率将达到 60% 以上。

早在 1964 年，日本利用德、法等国高速列车试验经验，依靠本国技术力量建成世界上第一条高速铁路——东海道新干线（东京至新大阪，全长 515.4 千米，时速 210 千米），开启了世界铁路发展的新时代。1981 年，法国高速铁路后来居上，同时带动了欧洲高铁的发展。意大利、德国、西班牙等先后投入建设高铁的行列。2007 年 4 月法国在巴黎到斯特拉斯堡东线铁路进行了 TGV 试验，列车时速高达破纪录的 574.8 千米/小时。现在世界已进入兴建高铁的热潮。高铁在欧洲已突破国界，向路网化发展。目前世界上已有中国、西班牙、日本、德国、法国、瑞典、英国、意大利、俄罗斯、土耳其、韩国、比利时、荷兰、瑞士、台湾等 16 个国家和地区建成运营高速铁路。据国际铁路联盟统计，截至 2013 年 11 月，世界其他国家和地区高速铁路总营业里程 11 605 千米，在建高铁规模 4 883 千米，规划建设高铁 12 570 千米。

与发达国家相比，中国高铁起步较晚但发展最快。中国第一条高铁是建于 1999—2002 年的秦沈客运专线。经过十多年的努力，到 2014 年中国高铁运营总里程相当于世界其他国家的总和，排名世界第一。中国拥有的高铁相关知识产权数量已超过 2 000 个。2012 年底，京广高速铁路全线贯通运营，全长 2 298 公里，成为世界上干线最长的高速铁路。中国规划的"四纵四横"为主骨架的高速铁路网已全部开工建设，其中"四纵"高铁已建成通车；"四横"部分段落已建成通车，其他路段大部分在"十二五"末建成。截至 2015 年底，中国铁路营业里程达 12.1 万千米，其中高铁运营里程突破 1.9 万千米，占世界高铁运营里程的 60% 以上。目前（2016 年 9 月），郑（州）徐（州）高铁正式开通运营，标志中国高铁运营里程已突破 2 万千米。高铁与其他铁路共同构成的快速客运网已基本覆盖 50 万以上人口的中国城市。

2014 年 7 月，中国在欧洲参与修建的第一条高铁——土耳其安伊高铁顺利通车并运营。中国目前拥有世界先进的高铁集成技术、施工技术、装备制造技术和运营管理技术。以高铁"走出去"为代表的铁路合作，不只是打造先进便利的交通设施，更能将铁路红利带给世界各国，从而改写了国际政治经济的大版图。根据目前世界各国的高铁发展规划，到 2020 年，世界高铁总里程将达到 5 万千米。

早在 20 世纪 70 年代末磁悬浮列车就在德国、日本相继出现。2002 年底，中国上海磁悬浮列车开始运营，线路全长 30 千米，双线折返运行，最高设计时速为 430 千米，实际时速约 380 千米。这是世界上第一条高速（通常指时速大于 250 千米）磁悬浮列车商业运营线，目前尚在运营的日本爱知县的东部丘陵线则是一条低速（时速约 100 千米）磁悬浮列车线路。中国的磁悬浮交通控制技术已达世界先进水平。

世界各国采用的铁路轨距不尽相同，其中以 1 435 毫米的最多，称标准轨距，大于标准轨的为宽轨，其轨距多为 1 520 毫米和 1 524 毫米，小于标准轨的为窄轨，其轨距有 1 067 毫米和 1 000 毫米两种。我国和朝鲜均为标准轨距，俄罗斯和蒙古为宽轨，越南为窄轨。

国际贸易运输中的主要铁路干线如下。

（一）西伯利亚大铁路

西伯利亚大铁路东起符拉迪沃斯托克（海参崴），途经哈巴罗夫斯克（伯力）、赤塔、伊尔库茨克、新西伯利亚、鄂木斯克、车里雅宾斯克、萨马拉，止于莫斯科。全长9 300多千米。以后又向远东延伸至纳霍德卡、东方港。该线东连朝鲜和中国，西接北欧、中欧、西欧各国，南由莫斯科往南可接伊朗。我国与俄罗斯等东欧国家之间的贸易，主要用此干线。

（二）新亚欧大铁路

东起我国连云港经陇海、兰新、北疆等铁路，出阿拉山口，经中、哈、俄、白俄、波、德、荷七国直至鹿特丹，全长10 800多千米，连接太平洋和大西洋，是亚欧间最便捷、快速的陆运通道。

（三）加拿大连接东西两大洋铁路

1. 鲁珀特王子港—埃德蒙顿—温尼伯—魁北克（加拿大国家铁路）；

2. 温哥华—卡尔加里—温尼伯—桑德贝—蒙特利尔—圣约翰—哈利法克斯（加拿大太平洋大铁路）。

（四）美国连接东西两大洋铁路

1. 西雅图—斯波坎—俾斯麦—圣保罗—芝加哥—底特律（北太平洋铁路）；

2. 洛杉矶—阿尔伯克基—堪萨斯城—圣路易斯—辛辛那提—华盛顿—巴尔的摩（圣菲铁路）；

3. 洛杉矶—图森—埃尔帕索—休斯敦—新奥尔良（南太平洋铁路）；

4. 旧金山—奥格登—奥马哈—芝加哥—匹兹堡—费城—纽约（联合太平洋铁路）。

（五）墨西哥连接东西铁路

马萨特兰—墨西哥城—韦拉克鲁斯。

（六）中东—欧洲铁路

从伊拉克的巴士拉，向西经巴格达、摩苏尔、叙利亚的穆斯林米亚、土耳其的阿达纳、科尼亚、埃斯基谢希尔至博斯普鲁斯海峡东岸的于斯屈达尔。过博斯普鲁斯大桥至伊斯坦布尔，接巴尔干铁路，向西经索菲亚、贝尔格莱德、布达佩斯至维也纳，连接中、西欧铁路网。

（七）拉美与北美洲际铁路

1. 圣萨尔瓦多（萨）—萨卡帕（危）—墨西哥城（墨）—新拉雷多（墨）—圣安东尼奥（美）—堪萨斯城—圣保罗—温尼泊（加）。

2. 墨西哥城—墨西卡利—圣迭戈—洛杉矶—旧金山—西雅图—温哥华。

（八）南美洲铁路干线

从阿根廷的布宜诺斯艾利斯向西经智利的圣地亚哥至瓦尔帕莱索铁路，是沟通南美大陆东西两大洋，促进过境国之间的国际贸易的主要通道。

（九）东南非洲铁路干线

从坦桑尼亚的达累斯萨拉姆向西经赞比亚的卢萨卡、津巴布韦的布拉瓦约、博茨瓦纳的哈博罗内，至南非的开普敦。该线经过铜、铬、金等矿产资源丰富的地区，矿石运输繁忙。

二、大陆桥运输

"大陆桥"是指把海与海连接起来的横贯大陆的铁路，大陆桥运输则是利用大陆桥进行国际集装箱海陆联运的一种运输方式。

大陆桥运输诞生于 1967 年。当时因中东战争，苏伊士运河关闭，航运中断，而巴拿马运河又堵塞，远东至欧洲间的船舶只好改道绕航南非好望角或南美，造成航程距离倍增，运输时间延长，加上当时油价飞涨，海运成本上升，这时又值集装箱的兴起，于是大陆桥运输应运而生。1967 年年底首次开辟了从远东到欧洲货运，使用了美国大陆桥运输路线，把原来的全程海运，改为海/陆/海运输方式，取得了较好的经济效果，达到了缩短运程，降低运输成本，加速货物运输的目的。大陆桥运输就此形成。

目前广泛使用的大陆桥有西伯利亚大陆桥、新亚欧大陆桥和北美大陆桥（包括美国大陆桥和加拿大大陆桥）。

（一）西伯利亚大陆桥（Siberian Land Bridge）

西伯利亚大陆桥把太平洋远东地区与俄罗斯波罗的海、黑海沿岸及西欧大西洋岸连接起来，为世界最长的大陆桥。十几年来，这条大陆桥运输路线的西端已从英国延伸到西欧、中欧、东欧、南欧、北欧整个欧洲大陆和伊朗、近东各国，其东端也不只是日本，而发展到韩国、菲律宾、中国内地以及中国的香港、台湾等地。从西欧到远东，经大陆桥为 13 000 千米，比海上经好望角航线缩短 1/2 的路程，比经苏伊士运河航线缩短 1/3 的路程，同时，运费要低 20%～25%，时间可节省 3～5 天。目前经过西伯利亚往返于欧亚之间的大陆桥运输路线主要有以下三种。

1. 铁/铁路线（Tranrail）

由日本、香港等地用船把货箱运至俄罗斯的纳霍德卡和东方港，再用火车经西伯利亚铁路运至白俄罗斯西部边境站，继续运至欧洲、伊朗或相反方向。

2. 铁/海路线（Transea）

由日本等地把货箱运至俄罗斯纳霍德卡和东方港，再经西伯利亚铁路运至波罗的海的圣彼得堡、里加、塔林和黑海的日丹诺夫、伊里乔夫斯克，再装船运至北欧、西欧、巴尔干地区港口，最终运交收货人。

3. 铁/卡路线（Trancons）

由日本等地把货箱装船运至俄罗斯纳霍德卡和东方港，经西伯利亚铁路运至白俄罗斯西部边境站布列斯特附近的维索科里多夫斯克，再用卡车把货箱运至德国、瑞士、奥地利等国。

我国从 1980 年开办大陆桥运输业务以来，以上 3 种路线均已采用，但主要还是铁/铁路线，即从中国内地各站把货物运至中俄边境满洲里/后贝加尔，进入俄罗斯，或运至中蒙边境站二连浩特/扎门乌德进入蒙古，经蒙俄边境站苏赫巴托尔/纳乌斯基进入俄罗斯，再经西伯利亚铁路运至白俄罗斯西部边境站，辗转欧洲铁路运至欧洲各地或从俄罗斯运至伊朗。在我国大陆桥运输具体业务上，根据欧洲各国收发箱的不同地点，铁/铁路线共有 5 条，用俄罗斯、白俄罗斯等国西部的 5 个边境站，即朱尔法、温格内、乔普、布列斯特、鲁瑞卡，分别往返伊朗、东欧、西欧、北欧等地。

4. 营口港亚欧大陆桥（本大陆桥仍在西伯利亚大陆桥系列）

营口港是我国东南沿海地区和韩日至俄罗斯、欧洲海铁联运线路最短的港口。自 2008 年起，营口港开通至满洲里的海铁联运国际集装箱班列，目前已达每天一班。

营口港亚欧大陆桥业务在最初三年箱量一直在低位徘徊，2011 年达到了 5 702 标箱，2013 年达到了 14 166 标箱，2014 年更是稳超 2 万标箱，占满洲里口岸出境箱量总额的

45％～50％左右。经营口港至满洲里口岸出境到达俄罗斯与欧洲的中俄欧集装箱运输大通道，向东辐射韩国、日本、东南亚以及我国沿海省份，向西可达俄罗斯、白俄罗斯、波兰、斯洛伐克、匈牙利、奥地利、德国，最远运输距离达 14 000 多千米，单程运行需要 23 天。目前，营口港亚欧大陆桥集装箱货运来源渠道有三：一是从我国沿海省份采取内贸海运方式发货到港口，在营口口岸直接报关出口；二是从韩日以及东南亚通过外贸航线发货到港口，在营口口岸转关过境；三是本地货物，主要以周边城市的镁制品为主。经过几年的发展，营口港亚欧大陆桥的客户已发展到 40 多家，可达境外指定运输目的地，包括汉堡、布拉格、莫斯科、叶卡捷琳堡、克列西哈等 30 多个站点。发运的货物品类有数码家电、机械五金、服装鞋包、日用百货、电子电工、汽车配件、美妆日化、化工精细、橡胶塑料 9 个大类 300 多个小类。

国家将丝绸之路经济带与海上丝绸之路即"一带一路"的建设上升为国家战略，同时中俄双方提出将丝绸之路经济带与西伯利亚大铁路对接的战略构想，这就为中俄欧国际集装箱运输大通道建设带来了新的发展机遇。营口港亚欧大陆桥也将进入历史性的发展战略机遇期，依托"海铁联运"的运输模式成长起来的营口港大陆桥，竞争的优势更加明显，发展空间更加开阔。

通过完善、拓展中俄国际集装箱班列，提升营口港在海铁联运和欧亚国际物流方面的功能，着力打造"中俄欧海铁联运大通道"，把营口港建设成为"一带一路"与俄罗斯跨欧亚铁路的对接点。西伯利亚大陆桥中国的桥头堡，中俄贸易的集散地、转运港。

（二）新亚欧大陆桥（New A.-E. Land Bridge）

新亚欧大陆桥东起中国连云港，经陇海线、兰新线，接北疆铁路，出阿拉山口，最终抵达荷兰鹿特丹，即新亚欧大铁路，全长 10 800 千米，途经 7 国，辐射 30 多个国家和地区。新亚欧大陆桥 1992 年 12 月正式投入营运，是国际运输史上一件划时代的大事，为亚欧联运提供了一条便捷、快速和可靠的运输通道。但近二十年过去了，连云港至鹿特丹尚未开通真正意义上的国际联运，而短途运输在新亚欧大陆桥上占了多数。

2014 年以来，亚欧大陆桥涉桥口岸单位各大直接通往中亚欧洲的国际班列，受国内外贸易形势影响，运量普遍下滑 30％～50％。同时国内外物流企业对开展铁水联运业务热情高涨，受内陆口岸直通欧洲班列的影响，港口、口岸间价格大战引燃不息。针对这一情况：

1. 根据中国国际货代协会国际陆桥运输工作委员会的"3R"联盟计划建议：连云港港口主要针对新疆的阿拉山口和霍尔果斯口岸过境中亚国家的大陆桥运输；天津港主要针对二连浩特口岸过境蒙古的大陆桥运输；营口港主要针对满洲里过境俄罗斯的大陆桥运输。从现有的三个港口来看，份额也是这样的：连云港从新疆过境到中亚的班列占其铁路过境量的 98％；天津从二连浩特过境蒙古的班列占其铁路过境量的 80％以上；营口港从满洲里过境俄罗斯班列占其铁路过境量的 95％以上。

2. 根据各主要港口的大陆桥海铁联运国际班列的特点确定管理模式，同时协调好海关、国检、铁路及国外段的关系，紧密配合，建立长期合作新模式。

3. 瞄准粤闽浙苏等主要出口省份，加大市场开发力度，做好海铁联运、国际联运衔接，确保班列可持续、高质量、高效率发展。

4. 根据国家关于促进海运业发展的指示，要大力发展铁水联运，把铁水联运作为"一带一路"特别是"21 世纪海上丝绸之路"与海运衔接的通道建设。

　　在上述加强大陆桥运输的组织和管理策略的新形势下，大家纷纷抢占"桥头堡"、"新起点"、"战略支点"等制高点，新亚欧大陆桥运输发展进入一个新的历史阶段。2014年上半年连云港的大陆桥运营在包括连云港、天津、青岛等传统三大港口中仍然占有优势，运量保持第一。通过已经形成的连云港至阿拉山口及霍尔果斯"一港双线"陆桥过境运输新格局，连云港在沟通中亚与东亚新丝绸之路两头货物贸易过程中的主角作用进一步凸显，已经名副其实地成为"一带一路"东西双向开放的最佳出海口。

　　（三）美国大陆桥（U. S. Land Bridge）

　　美国大陆桥是北美大陆桥的组成部分（北美大陆桥的横贯铁路线主要有美国和加拿大境内的铁路），是最早开辟的从远东—欧洲水陆联运线路中的第一条大陆桥。但后因东部港口和铁路拥挤，货到后往往很难及时换装，抵消了大陆桥运输所省的时间。目前美国大陆桥运输基本陷于停顿状态，但在大陆桥运输过程中，却又形成了小陆桥和微型陆桥运输方式，而且发展迅速。

　　（四）美国小陆桥（U. S. Mini-Land Bridge）

　　小陆桥运输比大陆桥的海/陆/海运缩短一段海上运输，成为海/陆或陆/海形式。如远东至美国东部大西洋沿岸或美国南部墨西哥湾沿岸的货运，可由远东装船运至美国西海岸，转装铁路（公路）专列运至东部大西洋或南部墨西哥湾沿岸，然后换装内陆运输运至目的地。小陆桥运输全程使用一张海运提单，由海运承运人支付陆上运费，由美国东海岸或墨西哥湾港口转运至目的地的运费由收货人负担。我国前几年大部分货物用此方式运美。

　　（五）美国微型陆桥（U. S. Micro-Land Bridge）

　　微型陆桥运输比小陆桥更缩短一段，它只用了部分陆桥，故又称半陆桥（Semi-Land Bridge）运输。如远东至美国内陆城市的货物，改用微型陆桥运输，则货物装船运至美国西部太平洋岸，换装铁路（公路）集装箱专列可直接运至美国内陆城市。微型陆桥比小陆桥优越性更大，既缩短了时间，又节省了运费。因此近年来发展非常迅速。我国也已采用。微型陆桥全程也使用一张海运提单，铁路运费也由海运承运人支付，包括由东岸港口或墨西哥湾至最终目的地的运费均由承运人负责。

　　（六）加拿大大陆桥（Canada Land Bridge）

　　该陆桥是北美大陆桥的组成部分，多年来，运作意义不大。

　　（七）OCP运输

　　OCP是"Overland Common Points"的缩写，意即"内陆公共点"，可享有优惠费率通过陆上运输可抵达的区域。所谓"内陆地区"，根据美国费率规定，美国落基山以东地区即西部9个州以东，均为内陆地区，面积约占美国2/3地区。按OCP条款规定，凡是经过美国西海岸港口转往上述内陆地区的货物，如按OCP条款运输，就可享受比一般直达西海岸港口较廉的优惠内陆运输费率，一般低3%～5%，这种优惠费率，即所谓OCP费率。若以OCP条款成交，我国仅限负责将货物运至美国西岸港口，即完成交货责任。至于由港口运至内陆公共地区，最终目的地的陆路运输，由进口商自行委托代理人安排，所有在港口的转运费和铁路运输费用，均由进口商支付。整个运货过程使用海运提单和铁路货物收据两种单据。这比按CIF、CFR报价可节省运费，过去OCP运输每吨为3～5美元，对收货人来说，可享受内陆转运的优惠费率。所以，在对美国和加拿大贸易中，如采用OCP运输条款，对买卖双方都有利。

进行 OCP 运输时，在货物的运输标志内要把卸货港和 OCP 的最后目的地同时列出。如我国对美国出口一批货物，卸货港为美国西雅图，最终目的地是芝加哥，在贸易合同和信用证内的目的港可填写 CIF Seattle（OCP），在提单备注栏内注明："OCP Chicago"。

OCP 运输不具备多式联运条件，它的海运与陆运两个运输区段分别由负责该区段的承运人签发运输单证，运费、风险以及责任海陆两段各自负担。

三、国际铁路货物联运

国际铁路货物联运，指凡在两个或两个以上国家铁路货运中，使用一份统一的国际联运票据，由铁路负责办理全程运送的货物运输，在由一国铁路向另外一国铁路移交货物时无需发、收货人参加，这种运输方式称国际铁路货物联运，一般简称"国际联运"。

国际铁路货物联运始于 19 世纪后半期。国际铁路货物联运有两个协定，一个是《国际铁路货物运送公约》，简称《国际货约》。成员国包括欧洲（24 国）、西亚（5 国）及北非（3 国）共 32 个国家；另一个是《国际铁路联运协定》，简称《国际货协》。成员国有中国、蒙古、朝鲜、越南及苏联等东欧国家。1991 年苏东政局发生变化后，《国际货协》也宣告解散，但铁路联运业务尚未发生重大改变。我国利用《国际货协》可直接对其成员国进行铁路货物运送，同时利用《国际货协》可间接地对《国际货约》成员国进行铁路货物运送。

我国及相邻国家的铁路口岸有：中俄间，满洲里/后贝加尔、绥芬河/格罗迭科沃；中哈间，阿拉山口/多斯特科；中蒙间，二连浩特/扎门乌德；中朝间，集安/满浦、丹东/新义州（最近规定，去朝货物到丹东必须换装方能出境）、图们/南阳；中越间，凭祥/同登、河口/老街。

目前，我国对俄罗斯远东地区的国际铁路货物联运多利用绥芬河口岸；东北三省运往俄罗斯中西部以及运往欧洲的货物多走满洲里口岸；由我国内陆各省市、自治区运往俄罗斯中西部以及运往欧洲的货物则多走阿拉山口和二连浩特口岸。满洲里口岸现已具备对原木、原油、液体化工、气体化工、机械设备、集装箱以及杂品等各种物资的综合换装能力，是我国进出口功能最为齐备的陆路口岸，也是当前我国最大的铁路口岸。

内地对香港地区的铁路货运，罗湖桥（深圳北站）为通往香港的铁路口岸，现已停运。主要货源来自珠江三角洲，采用公路运输更为方便。

四、以"一带一路"建设为契机推动我国海铁联运发展

我国为重启建设振兴丝绸之路经济带与 21 世纪海上丝绸之路设立千亿元丝路基金，并提出以交通基础设施为突破，实现亚洲互联互通，优先部署中国同邻国的铁路项目，明确表达了建设陆上丝绸之路经济带和海上丝绸之路的重要性。当前，在国家建设"一带一路"战略的带动下，我国的海铁联运发展步伐已跨上了加速道。

国外集装箱海铁联运经过半个多世纪的实践，运行一直良好，铁路在港口集疏运中发挥着重要的作用。国外发达国家海铁联运通常比例在 20%～25%，鹿特丹、汉堡等欧洲大港的海铁联运比例都要占到吞吐总量的 20% 左右，美国有的公司达到 49%，法国达到 40%，英国达到 30%，发展中国家印度也达到 35%。在国内，2013 年，全国港口通过多式联运完成集装箱吞吐量中，海铁联运仅占 2.6% 左右，港口吞吐的集装箱运输主要以"集卡运输"为主要方式，海铁联运比例非常低，如上海港区这一比例仅占 0.4%。随着我国经济发展重心

逐步从沿海向内陆拓展，预见远距离集装箱运输将快速增长，使之"集卡运输"的运输模式发生变化，海铁联运在成本和效率上将凸显（远距超过 800 千米铁路运输成本将小于公路集卡运输）。海铁联运在我国迅速崛起，正在赶超世界水平。目前，全国铁路实际办理集装箱业务的车站有 600 个。为配合路网建设和双层集装箱通道建设，形成以 18 个集装箱中心站、40 个专办站为结点、100 个代办站为喂给，班列线为通道，辐射全国的铁路集装箱运输支撑体系。2010 年 8 月武汉集装箱中心站建成通车，中心站在发展多式联运方面具有天然优势。它以集装箱为媒介，把各种单一运输方式有机地结合成为一体，构成一个连续运输过程。

近年来，沿海港口积极发展海铁联运业务，投入大量资金，建设硬件设施。2014 年，营口港全年海铁联运集装箱量继续在全国沿海港口排名第一。将中国"新丝绸之路经济带"与俄罗斯"跨欧亚经济带"密切对接，使营口港成为欧亚大陆桥新的桥头堡、亚欧大陆桥海铁联运分拨中心、集散地、转运港。作为新亚欧大陆桥东方桥头堡的连云港，承担了我国境内陆桥国际过境集装箱 60% 以上的运量，是我国最早开展铁水联运试点港口，已将铁路延伸至码头，真正实现了从海运到铁路运输的无缝对接。2014 年上半年海铁联运集装箱累计完成 53 202TEU，使连云港成为名副其实的国内集装箱海铁联运最大承运港。另外，"一带一路"建设给海铁联运业务发展带来了机遇：

①中国和哈萨克斯坦两国利用连云港为哈国出海通道的合作，满足哈国利用连云港转运第三国货物运输的需求，连云港率先提出先让项目落地，成立中哈连云港国际物流有限公司，运营连云港到中亚的大陆桥海铁联运业务，将为亚欧大陆桥海铁联运的发展插上腾飞的翅膀。②构建"一带一路"海铁联运新通道。渝新欧（重庆—新疆—德国杜伊斯堡）、蓉新欧（成都—新疆—波兰罗兹）、汉新欧（武汉—新疆—捷克梅林克帕尔杜比采）、郑新欧（郑州—新疆—德国汉堡）、苏满欧（苏州—满洲里—波兰华沙）等物流大通道借助丝绸之路战略的实施纷纷爆仓开行，更有义新欧（义乌—新疆—西班牙马德里）班列在 2014 年把圣诞礼物送到欧洲，它经过 1.3 万千米（13 052 千米）、途经俄罗斯、白俄罗斯、乌克兰、波兰、德国、法国等 8 个国家，是世界最长的铁路货运线路，也是途经国家最多的线路。这条线路的开通运行不仅是"新丝绸之路"成功的开始，也标志着中欧之间以铁路网为主的陆上通道逐渐成形。这是世界铁路的历史性里程碑。③与国际接轨，加快国际联运进度。2012 年 1 月底，《国际货约/国际货协运单指导手册》以《国际货协》第 22 号附件在我国正式颁布，为亚欧大陆桥直通运输奠定了基础，正式使用国际货约/国际货协统一运单。同时，我国铁路部门和铁路物流企业还积极参与国际集装箱发展公约的制定，完善箱管政策法规，为我国铁路物流企业参与集装箱铁路运输国际竞争创造条件。

目前，我国集装箱多式联运发展还不够完善，尤其在海铁联运方面，铁路的运量还不能满足港口运输的要求，现在我国仅有少数几个沿海港口的集装箱码头前沿堆场具备铁路条件。作为海铁联运运营比较成功的一个线路就是连云港—阿拉山口的示范班列。它既具备港口铁路条件，又是能办理 40 呎集装箱的站点，同时又连接着中西部广大腹地。

我国目前正筹措由中国新亚欧大陆桥国际协调机制办公室牵头，联合国工发组织、联合国南南合作局、世界旅游组织等参与，联合韩国釜山、日本长崎、我国广州、泉州、宁波、烟台、威海、日照、连云港等城市成立"海上丝绸之路"城市联盟。定期召开联盟城市会议，建立港口城市政府间的磋商机制，带动港口、产业、社会等全方位合作；建立联盟港口国家部长级协商机制，以民间交流为突破，推进国家部门间协商，共同制定海铁联运扶持政策，逐步形成联盟港口国家间的合作并实现共赢。

随着"义新欧"列车的开通，体改出我国对外开放战略的调整，说明中国向西发展、向西开放步伐的加快。体现出中国"全方位开放"的新格局，构筑"丝绸之路经济带"，通过中亚连接欧洲，有利于我国打造"东西互进"的新格局，推动中欧之间的互联互通，加速自由贸易一体化。已经开通运行的蓉欧国际快铁正计划运行途经波罗的海三国，进一步做强中国与中东欧国家间物流大通道，以幅射更大的欧洲市场。高铁货运体系的不断完善，将对我国货物运输模式产生深远影响。铁路高速货运有极大优势，包括成本低、速度快，准点率高等，特别是不易受雨雪冰冻等天气因素影响，大幅提高了货物的流通效率。

一带一路建设方兴未艾，推动我国海铁联运发展，赶超世界水平，指日可待。

第三节　国际大洋航线和主要海港

海运是国际贸易最重要的运输方式，目前国际贸易货运量的 2/3 以上是通过海运来完成的。海运利用天然航道四通八达，不像汽车、火车受道路或轨道的限制。海运最突出的优点是运量大、运费低。不足之处是受气候和天气的影响较大，航道迂回曲折、海底礁滩广布、水流阻力大，使航速减慢，另外，海运还存在触礁沉没、海洋禁区和海盗劫掠的危险。

第二次世界大战后，海运业的发展速度仅次于公路，20 世纪 50 年代至 60 年代，外贸海运量成倍增长。1973 年因石油危机引起经济衰退，1980 年起海上货运量出现下降趋势，1988 年后逐渐恢复生机。进入 2003 年，全球航运市场出现前所未有的繁荣，中国是最大亮点，成为 2003 年集装箱班轮运输、干散货运输和油轮运输这三大国际海运市场全面上扬的主要驱动力。2007 年全球海运贸易增长了 4.8%，对于海运服务的需求上升了 4.7%，全球海运货物总量达到创纪录的 80 亿吨。2014 年全球海运量达百亿吨以上。中国的国际海运总量约占全球海运总量的 17%；国际集装箱进出口海运货物总量将突破 2 亿 TEU，中国将继续稳居世界第一货物贸易大国的地位。并将在全球集装箱海运贸易上占主导地位。

商船队在第二次世界大战后发展很快，规模扩大，基本上实现了内燃化，并向大型化、高速化、自动化和专用化方向发展。进入 20 世纪 90 年代，各船公司经营的船舶载重吨位越来越大，以油轮和"巴拿马型"集装箱船为例，前者载重 50 万吨和 60 万吨的超级油轮问世，后者容箱量在 4 400TEU 和 4 500TEU 的"超巴拿马型"集装箱船亦非鲜见。进入 21 世纪更有世界一流的载箱能力达 1.1 万标箱的大型集装箱船出现，2013 年马士基航运公司 1.8 万箱级别集装箱船就首航亚欧航线。现在正在建造的集装箱船载箱能力达到了 1.9 万标箱以上。2015 年 1 月才下水的"地中海奥斯卡"轮载箱量为 1.9224 万标箱，载重吨为 19.7 万吨，是至今全球最大的集装箱船。船舶大型化已是航运业界的大势，从早期的 2700 标箱到 1.3 万标箱，再到如今的 1.9 万标箱，船舶运力越大，单箱成本就越低。2014 年油价下跌使航运公司盈利有所改善。但下半年由于欧洲经济复苏放缓的拖累，影响海运量的增长，集装箱航运业仍将受困于结构性的大船供给过剩。在这低迷情况下，班轮公司建立联盟，抱团过冬，现有四大航运联盟：

CKYHE 海运联盟（包括阳明海运，中国远洋、川崎汽船、韩进海运及长荣海运），将于亚洲至欧洲与地中海市场营运；2M 联盟（2013 年 6 月由马士基、地中海航运和法国达飞计划组建 P3 联盟，后被中国商务部否决。随即马士基又与地中海航运展开了 2M 合作达成协议）。2M 在东西航线上总体市场份额不足 30%，只是其中亚欧航线占比稍高；O3 联盟（法国达飞海运、中海集运、阿拉伯联合国家轮船形成 O3 联盟。这也是多年来坚持"只合作，不结盟"的中海集运首次参与航运联盟。按照协议，三方同意以共同投船、舱位互换、舱位买卖等形式，在东西主线上进行合作，在亚欧线、跨太平洋航线、跨大西洋航线的市场份额分别为 20%、13% 和 6%）；G6 联盟（美国总统轮船、赫伯罗特、现代商船、商船三井、日本邮船和东方海外），为应对联盟之间的竞争，2013 年底曾宣布计划拓展在亚洲—北美西岸航线和跨大西洋航线的合作。

全球航运联盟格局已悄然成型、全球运力排名前 20 位的班轮公司已有 18 家都在 CKY-HE、G6、2M 和 O3 四大联盟中，它们的运力将占到全球总运力的 80% 左右。联盟化和大型化使得行业集中度达到空前高度，未来欧美主航线上或将只有前 20 的大船东，而没有大船的小船东将进一步被边缘化，行业面临进一步洗牌。全球十大航运公司排名见表 6。

2013 年是全球运力过剩最严重的一年，2014 年开始，运力过剩状况有所缓解，将是航运业缓解复苏之年。从过去几年运力投放和运量需求增速的差距来看，预计干散装市场优于集装箱运输市场，集装箱运输市场优于油运市场。2014 年国际现轮市场逐步走出颓势。全年海运量为 1.7 亿 TEU，增幅达 6.12%。原油海运量同比增幅为 2.25%，达 21.37 亿吨。

多年来，美、法、意等欧洲传统海运大国的海船拥有总吨位不断下降，而亚洲一些国家和地区拥有的海船吨位却大幅度增加。截至 2014 年底，世界新船订单量总计为 2768 艘，1.22 亿 DWT，同比分别降低 32.7% 和 22.6%，均现大幅下滑。2014 年的世界主要造船国，无论以艘数还是 DWT 计，中国继续领跑，总计接获新船订单 1148 艘，5244.9 万 DWT；韩国仍排第二，总计 329 艘，3284.3 万 DWT；日本继续第三，总计 585 艘，2910.3 万 DWT。

世界海运业几乎完全被发达国家特别是美国、英国、日本等经济大国所控制，发达国家垄断了世界商船队。第二次世界大战后，特别是 20 世纪 50 年代，"方便旗船"激增，到 80 年代初，已占世界商船队总吨位的 29%。其中美国、希腊、日本等国家和中国香港特区占整个方便旗船队的 70% 以上。"方便旗船"是指在外国登记，悬挂外国国旗并在国际市场上进行营运的船舶。公开允许外国船舶在本国登记的国家主要有利比里亚、巴拿马、塞浦路斯、新加坡、巴哈马、洪都拉斯等。截至 2010 年，世界最大的方便旗船国是巴拿马、利比里亚和巴哈马。其中巴拿马船队规模已达一亿吨以上。按船东国籍分，希腊、日本、德国、中国、美国、挪威、韩国等商船队居世界前列。

表6　　　　　　　　　　2014 年全球 10 大航运公司排名

位　次	航运公司名称	国　籍	船队规模 运力（TEU）
1	Mearsk　马士基航运	丹麦	2518 522
2	MSC　地中海航运	瑞士	2095 514
3	CMA—CGM　达飞轮船	法国	1345 565
4	EMC　长荣海运	中国台湾	—
5	COSCO　中远	中国	646 310
6	Hapag Lloyd　赫伯罗特	德国	643 667

位　次	航运公司名称	国　籍	船队规模　运力（TEU）
7	APL　美国总统轮船	美国	617 424
8	HANJIN　韩进海运	韩国	468 952
9	CSC　中海集运	中国	533 867
10	MOL　商船三井	日本	435 469

资料来源：中国国际外运网。

　　从全球十大国际航运中心看，亚太占 6 席，依次分别是新加坡、香港、迪拜、上海、东京、釜山，世界航运重心东移趋势明显。而从制造业大国带来集装箱运输的快速发展，铁矿石进口量占全球近 70％的比例等角度来看，中国是世界航运重心东移的主导因素，并折射出中国在建的国际航运中心在硬件设施和货物吞吐量等实物流量方面已经具备了较好的基础。随之也要求我们航运业在航运人才队伍建设、服务体系建设、营商环境建设等软实力上做更多的工作。

　　海运中最大宗的货物是石油及其制品。其次为矿石（主要是铁矿石）、粮食和煤炭。

邮轮旅游业

　　自 1980 年以来，邮轮旅游一直以年均 8.6％速度增长，远高于国际旅游业的整体发展速度。2015 年、2020 年全球邮轮乘客将达到 2500 万、3000 万人次。现代邮轮日趋大型化和功能多样化。世界邮轮航线分布也比较集中。主要区域为加勒比海航线，运力占全球总运力的35.5％，欧洲航线中地中海航线占 19.5％，其他欧洲航线占 10.6％。亚洲航线作为新兴市场发展迅速，目前运力已达 6.0％，阿拉斯加航线每年只有夏季几个月的时间可进入，运力已达 4.5％。据 CLIA 统计，2014 年全球乘坐邮轮出行乘客达到 2350 万人。出游最多人数为美国，中国排名第七位。

　　全球邮轮母港主要分布在美国，少数分布在加拿大、欧洲和东南亚等地区。美国邮轮母港最多，迈阿密、卡纳维拉尔港、埃弗格雷斯港都在佛罗里达州，它是美国的邮轮中心。欧洲邮轮母港首推西班牙的巴塞罗那，可同时停泊 9 艘邮轮。现在世界前四大邮轮公司依然是美国的嘉年华集团、皇家加勒比邮轮公司，马来西亚丽星邮轮公司及瑞士的地中海邮轮。同商船队一样，大部分豪华邮轮都悬挂方便旗，如巴哈马、巴拿马、百慕大等。也有的出于品牌定位考虑，如嘉年华集团旗下的歌诗达邮轮和爱达邮轮为意籍，或出于历史传承原因，如荷美邮轮为荷兰籍。世界邮轮旅游业经过几十年的发展，在欧美等国家已形成了完善的产业链，成为许多人出国旅游、短期度假的首选方式。随着中国人均收入的提高，越来越多的国际邮轮公司开始注意中国市场，纷纷将其运力向亚洲转移和扩张。

　　中国邮轮旅游业始于 2001 年，比起发达国家仍处于起步阶段。但业内预计，2020 年邮轮市场规模将达 510 亿元，成为我国航运业、旅游业新的经济增长点。目前中国是全球邮轮旅游业发展最快的新兴市场，亚太地区邮轮业发展增长速度也已高于世界平均值。据交通运输部预计，2020 年中国邮轮旅客数量将达到 450 万人次，成为亚太地区最具活力和最大的邮轮市场，巨大市场潜力正吸引着全球邮轮巨头陆续入驻。2014 年中国全年邮轮运营 466 航次，增长 14.8％，出入境人数 172.34 万人次，中国游客 147.92 万人次。

　　现在中国已建成 5 个邮轮码头，上海吴淞口码头、天津、厦门、三亚的邮轮码头都在进行二期工程建设。正在建设的有 4 个码头，分别是青岛、舟山、深圳、大连。目前中国邮轮市场仍为国际邮轮巨头所把持，主要呈嘉年华、皇家加勒比、歌诗达三大邮轮巨头"三足鼎立"的格局。我国现有很好的码头、很好的客源，欠缺的是尚未有一条本土的豪华远洋邮轮。这与邮轮大国的地位很不相称。2014 年是中国邮轮旅游业"井喷式"发展之年，无论是产业规模 、出入境游客、消费市场等均有爆发性增长，产业结构也进一步完善。国家大力扶持邮轮产业发展。中国船舶工业集团与美国嘉年华集团联手在中国设立合资企业，并在中船集团旗下船厂设计建造中国首艘豪华邮轮。15 年后，中国有望成为全球第一大邮轮旅游市场，上海邮轮码头将发展成为世界超级邮轮母港。

一、国际大洋航线中的重要海峡

在国际大洋航线中最重要的海峡有：英吉利海峡、马六甲海峡、霍尔木兹海峡、直布罗陀海峡、黑海海峡、曼德海峡、朝鲜海峡、台湾海峡、望加锡海峡、龙目海峡等。其中以英吉利海峡、马六甲海峡和霍尔木兹海峡为最繁忙的海峡。

英吉利海峡　英吉利海峡介于大不列颠岛和欧洲大陆之间，连同东部的多佛尔海峡总长 600 千米。海峡东窄西宽，东端最窄处仅 33 千米，西端则宽达 180 千米。西通大西洋，东北通北海。一般水深 25～55 米之间。英吉利海峡地处国际海运要冲，是世界上最繁忙的水道。西欧、北欧等十多个国家与各国的海运航线几乎全部通过这里。每年通过海峡的船舶达 17.5 万多艘次。货运量约 6 亿多吨。由于海峡地处西风带，海水自西向东流入，而海峡恰好向西开口呈喇叭形，因而造成很大海潮，加上风大雾多，航道狭窄，所以经常发生事故。

马六甲海峡　马六甲海峡位于马来半岛和苏门答腊岛之间，连接南海和安达曼海，是沟通太平洋和印度洋的海上交通要道。海峡长约 800 千米，自东南向西北呈喇叭形。最窄处约 37 千米，西北口宽可达 370 千米，水深 25～113 米，可通行 25 万吨级大型油轮。海峡地处赤道无风带，风力很小，海流缓慢，潮差较小，海峡底部较为平坦，对航运极为有利。北太平洋沿岸国家与南亚、中东和非洲各国间的航线多经过这里，每年通过海峡的船只约 10 万艘次。为避免事故，一般 20 万吨以上海轮绕道龙目—望加锡海峡航行。

龙目海峡　龙目海峡位于印尼的龙目岛和巴厘岛之间，是西太平洋连接印度洋的重要通道，也是新加坡至澳大利亚国际航线的主要通道之一。龙目海峡是作为马六甲海峡的深水替代航线而发展起来的。可通行 25 万吨级以上的超级油轮。龙目海峡位置偏远，从波斯湾到日本的航线与走马六甲海峡相比要多行 1 800 多千米，约相当于三天的航程，多花运费 10 万美元。

望加锡海峡　望加锡海峡位于加里曼丹岛和苏拉威西岛之间，海峡长约 740 千米，水深 2 000 米以上，是连接印度洋和太平洋的重要通道。

台湾海峡　位于中国大陆东南与台湾岛之间，是中国最大的海峡，是中国沿海海上交通的咽喉要道，也是西太平洋地区重要的国际水道。

霍尔木兹海峡　霍尔木兹海峡在亚洲西南部，是波斯湾出印度洋的咽喉，东连阿曼湾。海峡长约 150 千米，呈"人"字形。海峡最窄处约 50 千米，最浅处水深 71 米。多年来，每天都有几百艘油轮从波斯湾经此开出，将原油运往日本、西欧和美国等，在国际航运中占有重要的地位。霍尔木兹海峡也因此成为一条闻名的"石油海峡"。

曼德海峡　曼德海峡位于阿拉伯半岛和非洲大陆之间，是沟通印度洋、亚丁湾和红海的重要水道。海峡长 50 千米，宽 32 千米，水深 150 米，在入口处的丕林岛将海峡分成东西两股水道，东水道宽约 3.2 千米，深 29 米，是航行的要道，西水道多暗礁，不利通航。

黑海海峡 黑海海峡又称土耳其海峡。位于土耳其西北部，包括博斯普鲁斯海峡、马尔马拉海和达达尼尔海峡，总长约 375 千米，是黑海沿岸国家通往地中海出大西洋的唯一通道，交通位置十分重要。目前，黑海海峡每天通过船舶为 100 多艘次，是世界上海运最繁忙的通道之一。

直布罗陀海峡 直布罗陀海峡位于欧洲伊比利亚半岛南端和非洲西北角之间，是地中海通往大西洋的唯一通道，被称为"地中海之咽喉"，具有重要的战略意义和交通地位。海峡长约 90 千米，东深西浅，平均水深 375 米。

圣劳伦斯水道 圣劳伦斯水道位于加拿大东部的圣劳伦斯河，由美国和加拿大交界的五大湖注入大西洋后经人工疏浚而成，其中包括数段人工运河与水闸。（由于河的落差大，为利于航行，沿河修筑了 13 个船闸）水道全长 4 344 千米，主航道深 8.2 米，可通载重 2.5 万吨船舶，是五大湖区通往大西洋的重要水道。冬季封河时间长，每年有 4 个月冰冻期。

二、世界海运航线

世界海运航线根据航运范围可分为沿海航线、地区性国际海上航线和国际大洋航线。沿海航线指专供本国船舶在该国港口之间使用，一般又称为国内航线。地区性国际海上航线指航行通过一个或数个海区的航线，又称近洋航线，如地中海区域航线、波罗的海区域航线等。国际大洋航线是指贯通一个或数个大洋的航线，它包括太平洋航线、大西洋航线、印度洋航线、北冰洋航线以及通过巴拿马运河或苏伊士运河的航线等，又称远洋航线，如由我国各港出发跨越大洋洲航行至欧洲、非洲、美洲和大洋洲等航线。若按船舶营运方式分，可分为定期航线和不定期航线。

目前国际大洋航线密如蛛网，主要有以下几条。

1. 北大西洋航线（North-Atlantic Shipping Line）

该航线为北美与西欧世界两个工业最发达地区之间的运输线。西起北美的东部海岸，北经由纽芬兰横跨大西洋入英吉利海峡至西欧，其支线分布于欧美两岸，是世界上最繁忙的货运航线。它拥有世界 2/5 的重要港口，80% 的海洋货运。

2. 北太平洋航线（North-Pacific Shipping Line）

它是北美西海岸和远东、东南亚之间的航线。东端港口南起美国的圣迭戈，北至加拿大的鲁珀特王子港；西端为亚洲港口，北起日本的横滨，中经上海，南至菲律宾的马尼拉。由于远东和东南亚地区经济的迅速发展，美国和俄罗斯的生产力都移向太平洋沿岸，因而北太平洋两岸的贸易往来与日俱增，货运量显著增加。本航线经由巴拿马运河与美国东岸在大西洋各大港及西欧的北大西洋航线相接。

3. 苏伊士运河航线（Via Suez Canal Shipping Line）

它西起西欧、北美经直布罗陀海峡入地中海，经苏伊士运河出红海入印度洋，分为两路：东至中东、南亚、远东各港口；南达澳、新各港。该航线是连接东西方最便捷的航线，运输十分繁忙。

苏伊士运河建于 1859—1869 年，北起塞得港，南至陶菲克港，全长 172.5 千米。它是沟通地中海和红海的运河，把大西洋和印度洋连接起来，大大缩短了从欧洲通往印度洋和太平洋西岸各国的航程，比绕好望角航线要缩短 8 000～14 000 千米，而且比较安全。目前，苏伊士运河为最繁忙的国际运河，每年通过运河的船只达 2 万艘次以上，主要是油轮，其中由中东运往西欧的石油占运河总货运量的 60% 以上。现在可通行满载 25 万吨级油轮，需 10 小时左右。

4. 巴拿马运河航线（Via Panama Canal Shipping Line）

这是连接大西洋与太平洋各港口的重要捷径。主要指远东至加勒比海、北美东海岸航线，通常途经太平洋中的夏威夷群岛。

巴拿马运河始建于 1881 年，1914 年完工，1920 年正式通航。运河起自巴尔博亚海茨至克里斯托瓦尔止，全长 81.3 千米。它缩短了大西洋与太平洋之间的航程，比绕道麦哲伦海峡近 5 000 千米～10 000 千米。巴拿马运河为仅次于苏伊士运河的世界第二大通航运河。最大可供 7.6 万吨级船舶出入。因太平洋水位比加勒比海的水位高，是水闸式运河，所以通过运河的时间长约 15 小时。

前几年，巴拿马运河管理专局对运河进行规划和改道，运河的通航能力提高了 20%，过往船只可全程双向行驶，通过轮船的最大吨位可提高到 15 万吨。近年来，美国、日本和中国是巴拿马运河三个最大的使用国，从大西洋经运河运到太平洋的货物中有 2/3 来自美国。目前，运河正实施总投资预计为 52.5 亿美元的扩建工程。

5. 南非航线（South-Africa Shipping Line）

为西欧、北美经好望角至印度洋，乃至远东或澳新地区的航线，又称好望角航线。该线是最早连接东西方的水路，曾因苏伊士运河的开凿而衰退。后来因大型油轮的出现，使运量大增。目前该航线主要仍为来自中东大型油轮的运油线。

6. 南美航线（South-America Shipping Line）

为南美连接欧洲与北美的航线。西起北大西洋西岸，终于太平洋东岸。在南美西岸，有支线通亚洲、北美东岸及中美洲；在南美东岸，有支线通亚洲、北美西岸和澳大利亚、新西兰。

7. 南太平洋航线（South-Pacific Shipping Line）

为北美西海岸，穿越太平洋至大洋洲的澳大利亚和新西兰的航线。北美工业国与澳新之间贸易量大，运输较繁忙。

8. 加勒比海航线（Caribbean Sea Shipping Line）

指环行于墨西哥湾与加勒比海内的航线。

三、世界港口

港口是各国外贸物资进出口的门户，是海陆交通最重要的联系枢纽。世界港口总共约有 3 000 多个，其中用于国际贸易的大小港口约占 80%，位于世界海洋要道，各国各地区货物聚集在此并转运到世界各地的世界大港口，2007 年年吞吐量在一亿吨以上者将近 30 个。有些港口因受海岸、水文、气候等自然条件影响，可分为天然港、人工港、开敞港、闭合港，以及冻港、不冻港等。此外，世界上有些港口被定为自由港或在港口划定自由港区。

世界上年吞吐量在千万吨以上的大港有 100 多个，80% 以上集中在发达国家，它们往往也是大工业中心。发展中国家的港口，多是原料出口港。随着发展中国家对外经贸的迅速发展，港口年吞吐量急剧上升。进入新世纪后，世界港口中心正向中国转移，亚洲枢纽港也面临重新洗牌。大西洋拥有港口数最多，约占世界 3/4，太平洋约占 1/6，印度洋约占 1/10。

2007 年我国已成为世界上拥有亿吨级大港最多的国家（大陆就有 14 个），2014 年中国已有 30 个亿吨级大港。从 2005—2013 年，上海港连续近 10 年货物吞吐量或集装箱吞吐量居世界第一。2014 年全球 10 大港口（表 7）中国包揽了 8 席。中国港口完成货物吞吐量在全球 10 大货港中占 81.51%（10 大港共完成 55.46 亿吨），反映出中国港口"军团"在全球前 10 大港口的绝对优势。

表 7　　　　　　　　　　　**2014 年全球 10 大港口货物吞吐量**

排名	港口名称	2014 年（亿吨）	2013 年（亿吨）	同比增减（％）
1（1）	宁波—舟山	8.73	8.10	7.86
2（2）	上海	7.55	7.76	−2.67
3（3）	新加坡	5.76	5.58	3.20
4（4）	天津	5.40	5.01	7.86
5（5）	唐山	5.01	4.46	12.24
6（6）	广州	4.99	4.55	9.58
7（7）	苏州	4.79	4.54	5.42
8（8）	青岛	4.65	4.50	3.32
9（9）	鹿特丹	4.45	4.41	1.01
10（10）	大连	4.28	4.07	5.15

当前，国际航运已进入第四代港口时代。港口的竞争，正在演变为港口所参与的供应链之间的竞争。港口的功能已不是作为运输链中孤立的一个点而存在，而是作为供应链中的一个组成环节。世界各大洲主要港口的分布见表 8。

表 8　　　　　　　　　　　**世界主要港口表**

中文名称	英文名称	所属国家或地区
亚洲		
上海	Shanghai	中国
大连	Dalian	中国
广州	Guangzhou	中国
香港	Hongkong	中国
新加坡	Singapore	新加坡
马尼拉	Manila	菲律宾
宿务	Cebu	菲律宾
达沃	Davao	菲律宾
怡朗	Hoilo	菲律宾
三宝颜	Zamboaga	菲律宾
泗水（苏腊巴亚）	Surabaya	印度尼西亚
望加锡	Macassar	印度尼西亚
巨港（巴邻旁）	Palembang	印度尼西亚
丹戎不碌	Taniung Periuk	印度尼西亚
槟城	Penang	马来西亚
巴生港	Port Kelang	马来西亚
马六甲	Malacca	马来西亚
柔佛巴鲁	Johor Baharu	马来西亚
古晋	Kuching	马来西亚
曼谷	Bangkok	泰国
仰光	Rangoon	缅甸
孟买	Bombay	印度

中文名称	英文名称	所属国家或地区
加尔各答	Calcutta	印度
马德拉斯	Madras	印度
莫尔穆冈	Mormugao	印度
维沙卡帕特南	Visakhapatnam	印度
金奈	Chennai	印度
卡拉奇	Karachi	巴基斯坦
卡西姆	Qasim	巴基斯坦
科伦坡	Colombo	斯里兰卡
亚丁	Aden	也门
荷台达	Hodeida	也门
巴士拉	Basra	伊拉克
阿巴丹	Abadan	伊朗
沙赫布尔	Bandar-e Shahpur	伊朗
霍拉姆沙赫尔	Khorramshahr	伊朗
艾哈迈迪港	Mina al Ahmadi	科威特
拉斯塔努拉	Ras Tannurah	沙特
达曼	Dammam	沙特
吉达	Jiddah	沙特
延布	Yanbu，Yanbo	沙特
多哈	Doha	卡塔尔
迪拜	Dubai	阿联酋
麦纳麦	Manama	巴林
伊兹密尔	Izmir	土耳其
梅尔辛	Mersin	土耳其
神户	Kobe	日本
横滨	Yokohama	日本
大阪	Osaka	日本
千叶	Chiba	日本
名古屋	Nagoya	日本
川崎	Kawasaki	日本
东京	Tokyo	日本
长崎	Nagasaki	日本
釜山	Pusan，Busan	韩国
群山	Kunsan	韩国
仁川	Inchon	韩国
清津	Chongjin	朝鲜
兴南	Hungnam	朝鲜
罗津	Rajin	朝鲜
元山	Wonsan	朝鲜
南浦	Nampo	朝鲜

中文名称	英文名称	所属国家或地区
非洲		
亚历山大	Alexandria	埃及
塞得港	Port Said	埃及
苏伊士	Suez	埃及
班加西	Benghazi	利比亚
祖埃提纳	Zueitina	利比亚
的黎波里	Tripoli	利比亚
突尼斯	Tunis	突尼斯
阿尔及尔	Alger	阿尔及利亚
阿尔泽	Arzew	阿尔及利亚
奥兰（瓦赫兰）	Oran（Ouahran）	阿尔及利亚
达尔贝达	Dar el Beida	摩洛哥
苏丹港	Port Sudan	苏丹
阿萨布	Assab	厄立特里亚
马萨瓦	Massawa	厄立特里亚
吉布提港	Diibouti Harbou	吉布提
努瓦克肖特	Nouakchott	毛里塔尼亚
达喀尔	Dakar	塞内加尔
阿比让	Abidjan	科特迪瓦
蒙罗维亚	Monrovia	利比里亚
布坎南	Buchanan	利比里亚
弗里敦	Freetown	塞拉利昂
科纳克里	Conakry	几内亚
比绍	Bissau	几内亚比绍
洛美	Lome	多哥
阿克拉	Accra	加纳
塔科拉迪	Takoradi	加纳
拉各斯	Lagos	尼日利亚
博尼	Bonny	尼日利亚
福卡多斯	Forcados	尼日利亚
哈科特港	Port Harcourt	尼日利亚
杜阿拉	Douala	喀麦隆
黑角	Pointe-Noire	刚果（布）
马塔迪	Matadi	刚果（金）
罗安达	Luanda	安哥拉
洛比托	Lobito	安哥拉
马普托	Maputo	莫桑比克
贝拉	Beira	莫桑比克
开普敦	Cape Town	南非
德班	Durban	南非
图阿马西纳	Toamasina	马达加斯加

中文名称	英文名称	所属国家或地区
路易港	Port Louis	毛里求斯
达累斯萨拉姆	Dar Es Salaam	坦桑尼亚
蒙巴萨	Mombasa	肯尼亚
摩加迪沙	Mogadiscio	索马里
让蒂尔港	Port Gentil	加蓬
欧洲		
利物浦	Liverpool	英国
伦敦	London	英国
阿伯丁	Aberdeen	英国
普利茅斯	Plymouth	英国
南安普敦	Southampton	英国
金斯顿（赫尔）	Kingston（Hull）	英国
多佛尔	Dover	英国
布里斯托尔	Bristol	英国
朴次茅斯	Portsmouth	英国
利思	Leith	英国
塔尔伯特港	Port Talbot	英国
马赛	Marseilles	法国
勒阿弗尔	Le Havre	法国
敦刻尔克	Dunkerque，Dunkirk	法国
波尔多	Bordeaux	法国
南特	Nantes	法国
鲁昂	Rouen	法国
阿姆斯特丹	Amsterdan	荷兰
鹿特丹	Rotterdam	荷兰
安特卫普	Antwerpen	比利时
汉堡	Hamburg	德国
不来梅	Bremen	德国
不来梅港	Bremerhaven	德国
威廉港	Wilhelmshaven	德国
埃姆登	Emden	德国
罗斯托克	Rostock	德国
热那亚	Genoa	意大利
的里亚斯特	Trieste	意大利
那不勒斯	Naples	意大利
威尼斯	Venice	意大利
里窝那	Leghorn	意大利
塔兰托	Taranto	意大利
瓦莱塔	Valletta	马耳他
巴塞罗那	Barcelona	西班牙
毕尔巴鄂	Bilbao	西班牙

中文名称	英文名称	所属国家或地区
里斯本	Lisbon	葡萄牙
圣彼得堡	Sankt Peterburg	俄罗斯
摩尔曼斯克	Murmansk	俄罗斯
纳霍德卡	Nakhodka	俄罗斯
符拉迪沃斯托克	Vladivostok（俄罗斯名）	俄罗斯
苏维埃港	Sovetskaya Gavan	俄罗斯
康斯坦察	Constantza	罗马尼亚
格丁尼亚	Gdynia	波兰
什切青	Szczecin	波兰
瓦尔纳	Varna	保加利亚
里耶卡	Rijeka	克罗地亚
雅典	Athens	希腊
塞萨洛尼基	Thessaloniki	希腊
比雷埃夫斯	Piraeus，Piraievs	希腊
赫尔辛基	Helsinki	芬兰
汉科	Hanko	芬兰
哥德堡	Gothenburg	瑞典
耶夫勒	Gavle，Gefle	瑞典
斯德哥尔摩	Stockholm	瑞典
马尔默	Malmo	瑞典
奥胡斯	Arhus	丹麦
哥本哈根	Copenhagen	丹麦
卑尔根	Bergen	挪威
奥斯陆	Oslo	挪威
雷克雅未克	Reykjavik	冰岛
伊斯坦布尔	Istanbul	土耳其
大洋洲及太平洋岛屿		
悉尼	Sydney	澳大利亚
布里斯班	Brisbane	澳大利亚
纽卡斯尔	New Castle	澳大利亚
弗里曼特尔	Fremantle	澳大利亚
墨尔本	Melbourne	澳大利亚
达尔文	Darwin	澳大利亚
惠灵顿	Wellington	新西兰
奥克兰	Auckland	新西兰
苏瓦	Suva	斐济
火奴鲁鲁	Honolulu	夏威夷（美国）
帕果帕果	Pago Pago	美属萨摩亚
帕皮提	Papeete	社会群岛
北美洲		
哈利法克斯	Halifax	加拿大

中文名称	英文名称	所属国家或地区
蒙特利尔	Montreal	加拿大
魁北克	Quebec	加拿大
多伦多	Toronto	加拿大
温哥华	Vancouver	加拿大
旧金山	San Francisco	美国
纽约	New York	美国
新奥尔良	New Orleans	美国
巴尔的摩	Baltimore	美国
长滩	Long Beach	美国
西雅图	Seattle	美国
休斯敦	Houston	美国
波士顿	Boston	美国
迈阿密	Miami	美国
费城	Philadelphia	美国
哈密尔顿	Hamilton	百慕大
拉丁美洲		
桑托斯	Santos	巴西
里约热内卢	Riode Janeiro	巴西
布宜诺斯艾利斯	Buenos Aires	阿根廷
罗萨里奥	Rosario	阿根廷
瓦尔帕莱索	Valparaiso	智利
巴兰基亚	Barranquilla	哥伦比亚
马拉开波	Maracaibo	委内瑞拉
蒙得维的亚	Montevideo	乌拉圭
卡亚俄	Callao	秘鲁
马塔拉尼	Matarani	秘鲁
金斯敦	Kingstown	牙买加
太子港	Port Au Prince	海地
坦皮科	Tampico	墨西哥
韦拉克鲁斯	Veracruz	墨西哥
克里斯托瓦尔	Cristobal	巴拿马
哈瓦那	Havana	古巴
拿骚	Nassau	巴哈马

第四节　国际航空运输

　　飞机最早用于运送邮件，后来发展为运送旅客和货物。1909 年法国首先创办商业航空运输，接着德、英、美等国也相继开办商业航空运输。第二次世界大战后，资本主义国家大力发展航空工业，开辟国际航线，形成全球性的航空运输网。随着国际贸易的不断扩大，航空运输在世界范围内蓬勃发展。美国向西欧等地出口的电子设备，空运的比例就很大，如计算机出口运输中空运占80%以上。20世纪80年代末，在航空技术日益进步的条件下，世界航空货运的年平均增长率约在10%左右。从20世纪90年代起到2010年间，航空业平均业务量增长将在5.4%左右，其中尤以亚太地区业务量增长最快，占总增长的40%。根据国际民航组织公布的数据显示：2014年在世界贸易改善的背景下，全球航空货运强劲增长4.6%，较2013年0.4%增速实现了巨幅反弹，亚太区域依然是全球最大航空货运市场，占全球40%的份额，欧洲和北美在全球占比分别为22%和21%，全球航空货运量大约只占全球货物贸易量的0.5%，但是航空货运货值约占全球贸易货值的36%，航空货运高价值远距离特征决定了航空货运对于区域内贸易和产业结构升级具有重大意义。

中国提出的互联互通战略是中国经济开放的延续，航空公司的航空货运量和机场的货运吞吐量反映区域的经济贸易活跃度，同时反映区域经济的全球化融合程度。2014年全球10大繁忙机场，亚洲4个；中国北京首都国际机场、日本东京羽田国际机场、阿联酋迪拜国际机杨、中国香港赤腊角国际机场；美国有4个：亚特兰大哈茨菲尔德—杰克逊国际机场、芝加哥奥黑尔国际机场、洛杉矶国际机场、达拉斯沃思堡国际机场；欧洲2个：英国伦敦希思罗国际机场、法国巴黎夏尔·戴高乐机场。当今世界最大的客运机场是美国的亚特兰大机场，近几年中国香港机场货运量超过美国孟菲斯机场而居全球第一位。2014年至2015财政年度，货运量增5.5%，达440万吨，连续第5年成为全球最繁忙货运机场，还有上海、仁川、迪拜等。

回顾近六年发展情况，中国航空货运落后于客运。上海浦东国际机场货运量全球第三。2013年航空货运量增长缓慢，286万吨运量大约只有前两名（香港国际机场和孟菲斯国际机场）航空货运量的70%左右。美国是世界上航空运输最发达的国家，东亚新兴工业化国家和地区航空运输发展最为迅速。中国已成为仅次于美国的全球第二航空大国。欧美航空客运和货运已实现专业化分工，而且专业货运航空公司非常发达，如美国的联邦快递、联邦包裹等。此外，英国、德国、法国、俄罗斯、意大利、日本、巴西等航空运输在世界上也都具有重要地位。2014年全球10大客、货运机场排名见表9。

表9　　　　　　　　　2014年全球10大客、货运机场排名

排名	客运机场名称	客运量（万人次）	同比（%）	与上年度排名	货运机场名称
1	亚特兰大	9618	1.9	—	香港
2	北京首都	8613	2.9	—	孟菲斯
3	伦敦希思罗	7337	1.4	—	上海
4	东京羽田	7164	3.97	—	仁川
5	迪拜	7143	7.5	↑2	安克雷奇
6	洛杉矶	7062	5.9	—	迪拜
7	芝加哥	7008	4.8	↓2	路易斯维尔
8	夏尔·戴高乐	6381	2.8	—	东京成田
9	达拉斯沃思堡	6352	5.1	—	法兰克福
10	香港	6337	5.8	↑1	台湾桃园
	合计	73015	4.1		

资料来源：IATA、ACI布，2015.3。

由于空运速度最快，最适用高时效、贵重商品的运输，其次也适用于易腐商品、鲜活商品和季节性强的商品的运输，而且安全准确，节省包装、保险等费用。

目前不少国家的首都和重要城市都建有国际航空站，主要有：

亚洲：北京、上海、香港、东京、仁川、马尼拉、新加坡、曼谷、仰光、加尔各答、孟买、卡拉奇、德黑兰、贝鲁特、迪拜。

北美洲：华盛顿、纽约、芝加哥、亚特兰大、孟菲斯、洛杉矶、达拉斯沃思堡、迈阿密、旧金山、西雅图、蒙特利尔、多伦多、温哥华。

欧洲：伦敦、巴黎、法兰克福、布鲁塞尔、苏黎世、罗马、维也纳、柏林、哥本哈根、雅典、华沙、莫斯科、布加勒斯特。

非洲：开罗、喀土穆、内罗毕、约翰内斯堡、拉各斯、达喀尔、阿尔及尔、布拉柴维尔。

拉丁美洲：墨西哥城、加拉加斯、里约热内卢、布宜诺斯艾利斯、圣地亚哥、利马。

大洋洲：悉尼、奥克兰、楠迪、火奴鲁鲁。

世界重要航空线有：

(1) 西欧—北美的北大西洋航空线。主要往返于西欧的巴黎、伦敦、法兰克福与北美的纽约、芝加哥、蒙特利尔等机场。

(2) 西欧—中东—远东航空线。该航线是连接西欧各主要机场至远东的香港、北京、东京等各机场。途经的重要站有雅典、开罗、德黑兰、卡拉奇、新德里、曼谷和新加坡等。

(3) 远东—北美的北太平洋航线。这是远东的北京、香港、东京等主要国际机场经北太平洋上空至北美西海岸温哥华、西雅图、旧金山和洛杉矶等国际机场，再连接北美大西洋岸的航空中心的航线。太平洋的火奴鲁鲁等国际机场是该航线的重要中继加油站。

此外，还有北美—南美、西欧—南美、西欧—非洲、西欧—东南亚—澳新、远东—澳新、北美—澳新等重要国际航空线。

目前，航空货物运输方式有：班机运输、包机运输、集中托运、航空速递，另外还有货到付款、陆/空联运等。

本章小结： 海运是国际贸易最重要的运输方式，尤其是大宗初级产品都需要通过海运来完成；集装箱是大陆桥运输的主要媒介，亚欧大陆桥、美国大陆桥是当今国际贸易运输中最繁忙的大陆桥运输。掌握国际上重要航线，必须熟悉其所经过的主要国际运河、海峡和港口分布。

本章关键名词或概念： 集装箱运输　大陆桥运输　国际多式联运　海铁联运

复 习 题

填图题

1. 在世界地图上填注：(1) 世界四大洋名称。(2) 苏伊士运河、巴拿马运河、基尔运河。(3) 英吉利海峡、马六甲海峡、直布罗陀海峡、麦哲伦海峡、霍尔木兹海峡、曼德海峡、龙目海峡、望加锡海峡、台湾海峡。(4) 世界主要贸易港：鹿特丹、伦敦、马赛、汉堡、圣彼得堡、神户、横滨、新加坡、上海、香港、深圳、高雄、釜山、孟买、卡拉奇、亚丁、迪拜、温哥华、旧金山、洛杉矶、纽约、新奥尔良、科隆、布宜诺斯艾利斯、里约热内卢、蒙得维的亚、瓦尔帕莱索、火奴鲁鲁、悉尼、墨尔本、弗里曼特尔、开普敦、达累斯萨拉姆、蒙巴萨、亚历山大、达尔贝达、达喀尔、拉各斯、洛比托。

2. 用色笔画出从上海—纽约、从纽约—横滨、从孟买经过好望角—达尔贝达、从香港—伦敦的航海线。

填空题

1. 世界最大的三个综合性港口分别是_____、_____和_____。

2. 世界最大的集装箱吞吐港是_____，其次是_____、_____、_____等。

3. 由上海—休斯敦的海上航线，通过巴拿马运河后，首先进入_____海域，然后出_____海峡，才能进入墨西哥湾。

4. 由广州港运往赞比亚的海上货物，应选择_____港作为目的港。

5. 我国使用新欧亚大陆桥集装箱运输，出我国新疆阿拉山口后，下一交接站是_____国的_____。

6. 龙目海峡位于_____岛和_____岛之间，沟通了_____海和_____洋。

思考题

1. 由上海驶往芝加哥的一艘 2 万吨杂货船，在穿过巴拿马运河后进入什么海域？还应经过哪个海峡、海湾和运河（水道）才能到达。

2. 北大西洋航线主要是连接哪里的航线？

3. 熟悉世界主要国家和地区的重要港口。

4. 俄罗斯、蒙古、朝鲜、越南等国的轨距有什么不同？我国同这些国家进行国际铁路货物联运时，按规定出口到哪些国家的货物需要换装？

5. 谈谈近年来，我国沿海港口发展海铁联运的现状，以及我国高铁的发展情况。

分　论

第一章　亚洲主要经济贸易区

本章学习目标：（1）使学生掌握东亚日本、韩国、东盟主要成员国及南亚印度等经济体的经贸概况，主要经济部门的发展特点及其产品在国际市场的地位；认识西亚是世界重要的能源基地及石油贸易的重要地位；亚洲各经济体与中国的经贸关系和重要的对外贸易港等。（2）了解整个亚洲地区经济一体化发展现状及在全球经贸中的重要地位和贡献，中国的崛起为亚洲经济一体化注入了新的活力。

第一节　概　述

世界第一大洲　亚洲全称"亚细亚洲"（Asia），在闪米特语中为"日出地"的意思。位于东半球的东北部。东、北、南分别濒临太平洋、北冰洋和印度洋，西面与欧洲相连。其大陆部分从东到西，从南到北各相距约 8 000 千米。连同东北、东南面海上岛屿在内，总面积为 4 400 万平方千米，占世界陆地总面积的 29.4%，是世界第一大洲。

亚洲地形复杂，总特征是地势高，地表起伏大，中间高，四周低，隆起与凹陷相间，东部有一列花环状岛弧，全洲平均海拔约 950 米，仅次于南极洲。山地、高原约占全洲总面积的 3/4，平原只占 1/4。素称"世界屋脊"的青藏高原和帕米尔高原雄踞中部。亚洲许多著名大河多发源于中部高原、山地，呈放射状向四周分流。气候多样，东部和南部季风气候显著。中部和西部地处内陆，属于干旱的温带大陆性气候。西南部的阿拉伯半岛和南部印度河平原地区，终年炎热干燥，属热带沙漠气候。地中海沿岸地区为地中海式气候，北部则属于亚寒带针叶林气候。多种多样的气候为本地农、林、牧业的发展提供了良好的条件。但大陆性强，干旱地区广，不利于各地区的开发利用，不少地区常受自然灾害的影响。

亚洲有着丰富的自然资源，矿产种类多，储量大。石油、煤、铁、钨、锡、稀土、菱镁矿等储量居世界首位。森林、草原面积分别占世界森林、草原总面积的 13% 和 15%。亚洲各国盛产冷杉、云杉、红松、樟木、楠木、柚木、檀木、乌木等名贵木材。亚洲东部和南部多大河，水力资源丰富，约占世界可利用水力资源的 26%。亚洲沿海有许多著名渔场，如舟山渔场，北海道、九州、鄂霍次克海渔场等，面积约占世界沿海渔场总面积的 40%，鱼产量占世界总产量的 30%～40%。

第二次世界大战后，亚洲人口增长很快，其速度介于发达国家和非洲、拉美之间，1988年 7 月 1 日为"亚洲 30 亿人口日"。目前亚洲人口约 42 亿，占世界总人口的 60% 以上，是世界上人口最多的一洲。其中西亚人口增长率最高。亚洲人口年龄构成轻，因而就业困难。中小学教育设施也不足。其他公共设施，诸如住宅、粮食、衣着和其他生活用品的供应均有困难。所以中国、印度和东南亚地区一些国家已实行计划生育政策，以控制人口增长。2014年世界上有12个拥有1亿以上人口的国家，其中7个在亚洲，即中国、印度、印度尼西亚、巴基斯坦、孟加拉国、日本和菲律宾。

亚洲种族、民族构成复杂，尤以南亚为甚。主要种族为黄色人种，其次为白色人种和少数棕色人种。

亚洲是世界三大宗教——佛教、伊斯兰教和基督教的发源地。宗教对一些国家的政治、经济、贸易、文化以及生活习惯有着深刻的影响。佛教在公元前6世纪至公元前5世纪起于南亚兰毗尼（今尼泊尔境内）。伊斯兰教和基督教起源于西亚，公元7世纪在麦加创立，麦加成为全世界穆斯林的朝拜中心；基督教奉耶路撒冷为圣地。

世界最具经济活力的地区　亚洲是世界著名的人类文明发源地。四大文明古国中有三个在亚洲——中国、印度、巴比伦。中世纪时，经济发展水平已处世界领先地位。16世纪后西方殖民主义和帝国主义在亚洲长达两三百年的统治，严重摧残了亚洲社会经济的发展，致使各国经济形成畸形的片面的"单一经济"状态，经济发展迟缓。

第二次世界大战后，亚洲国家摆脱了殖民统治，独立以后的经济均有一定发展，特别是20世纪60年代以来，许多国家的国民生产总值、工业产值和对外贸易等都成倍增长。许多国家积极开发农矿资源，大力发展制造业，使经济由原来的单一化向"多元化"发展。目前，根据各个国家和地区经济发展水平，可划分为三个层次：日本是亚洲唯一的经济发达国家，为第一层次；第二层次是中国内地、新加坡、中国香港、中国台湾、韩国等"四小龙"和以色列；其余发展中国家和地区则构成了第三层次。

20世纪80年代中期，亚洲"四小龙"及东盟地区经济增长速度超过世界上任何其他地区。但到20世纪80年代末期，它们经济发展的低成本优势消失，主要出口市场如美、日等发达国家的进口需求不振；同时随欧洲统一市场和北美自由贸易区的形成，世界贸易保护主义趋势有所加强。美为压缩对"四小龙"的贸易赤字，取消"四小龙"的普惠制待遇，对外贸易政策逐渐向区域性和互惠性方向发展。"四小龙"为改善其经济发展所面临的内外不利因素和迎接21世纪的挑战，积极进行战略性的经济结构调整，加速制造业的升级换代，促进贸易多元化，向海外转移失去竞争优势的产业，大力发展第三产业，加紧基础设施建设，"四小龙"的结构调整成效显著，并对亚太发展中国家的经济产生重大影响。它们不仅为亚太发展中国家提供广阔的市场，而且日益成为它们资金、技术的重要来源。

不同发展层次的国家和地区之间出现了国际分工的新格局，分工的内容也由以前的以商品交换为主转向商品交换、直接投资和技术转让三位一体。不同经济发展阶段的国家和地区通过参与国际分工来发展自身经济的优势，使自身经济向更好的发展阶段迈进，以改变自己在国际分工体系中的地位，因而形成了本地区经济发展的重要特点，即追赶机制。最初是新兴国家和地区追赶日本，接着是东盟国家追赶新兴工业国家和地区。这种多层次追赶机制强化了各国和地区间相互竞争和相互依存的关系。

亚洲地区的经济主要依赖美国和日本。日本、美国在亚洲地区的投资额有明显增长。多年来亚洲"四小龙"致力于发展加工出口，在很大程度上借助了日本的资金、技术。后来日本企业在"四小龙"的一些生产据点为降低成本又转移到东盟国家。现在的趋势是知识密集型产品、信息技术由日本生产，技术密集型的产品由亚洲"四小龙"生产，劳动密集型的产品由东盟国家和其他发展中国家生产。

步入 20 世纪 90 年代以来，尽管西方经济复苏困难，但亚洲发展中国家和地区经济继续保持较高增长率。1993 年亚洲经济增长率高达 7％以上（中国高达 13％）。此后几年，亚洲经济一直以高速、持续、普遍增长为特点而出现了亚洲奇迹。在国际经贸方面，美、日、欧盟无不把它的投资重点和贸易重心转向亚太地区。亚太地区已成为日本最大的出口市场。亚洲奇迹是经济全球化，尤其是生产和贸易全球化在亚洲迅猛发展的结果，是正确利用外资和推动出口导向的结果。但与此同时，也孕育着更大的亚洲危机，1997 年下半年由泰国开始的亚洲金融危机，席卷印尼、韩国等国家就是最明显的体现，其波及范围之大，持续时间之长，危害面之广给世界经济造成严重影响。所幸 1999 年亚洲经济已冲出金融危机重围，踏上了复苏之路。这一年亚洲国家坚持经济结构调整，努力扩大内需，扭转了经济下滑的颓势，实现了稳步增长，为重振经济雄风迈出了关键的一步。进入 21 世纪，亚洲仍然是世界上经济发展最具活力的地区。促进亚洲经济发展的有利因素，是亚洲各国出口增长迅速。美国、欧盟、日本经济持续好转，市场需求旺盛，是拉动亚洲国家经济增长的主要动力；又因 2010 年中国—东盟自由贸易区全面启动，为推动本地区经济发展注入了活力。按计划，东盟共同体将于 2015 年底建成。中国—东盟自贸区升级版建设将推动中国与东盟经济合作更加活跃。加上国内外投资不断增加，基础设施、矿产、能源等方面投资尤其突出，当然各国内需的上升也是重要因素。值得特别指出的是中国对外贸易持续发展，从 2012—2014 年连续三年进出口总额居全球首位，成为世界第一大贸易国。从 2009—2014 年连续六年，出口额居全球第一位，进口额居全球第二位。中国在世界贸易中的地位的提升，对推动亚洲经济发展起到了积极作用。中国是亚洲许多经济体的重要贸易伙伴、出口市场和主要投资来源地。在国际金融危机背景下，中国对亚洲经济增长的贡献率已超过 50％，中国已成为亚洲最大的需求中心之一。亚洲的"中国因素"在加强。2014 年中、日、韩三国 GDP 合计超过 16 万亿美元，占东北亚地区经济总量的 80％以上。中国是当今世界第二大经济体，已超过德、法、意三国加在一起的规模。中国经济正在由出口导向型向消费导向型转变。中国巨大的经济体量和发展模式的性质决定着其对亚洲经济的巨大作用和影响。另外，南亚印度近两年来经济发展走上了快速道，并以信息技术产业和 21 世纪倾力发展作为前沿技术的纳米科技为优势，促进了知识密集型高端服务业的发展。2013 和 2014 年亚洲发展中国家 GDP 分别增长 6.6％和 6.7％。目前亚洲占全球 GDP 总量约 35％。

随着中国的崛起，为亚洲经济一体化注入了新的活力。合作形式多样，开放性是亚洲区域合作的明显特点。亚太经合组织（APEC），东盟与中、日、韩对话伙伴国（10＋3），亚欧会议（ASEM），大湄公河次区域（GMS）经济合作，它们相辅相成、相互补充。东北亚各国在地缘、经济、人文等方面相互融洽、交往历史悠久，合作潜力巨大。目前亚洲区域已建立了不同层次、形式多样的友好联系机制。如中国与俄、朝、韩、蒙等国建立多个国家级边境经济合作区，在复杂的国际经济环境中，区内各国经济实现了稳定增长，促进了地区经济的繁荣和发展。2014 年 10 开始包括中国、印度、新加坡等在内的 21 个首批意向创始成员国在北京共同决定成立亚洲基础设施投资银行（简称亚投行，AIIB）。目前已有 57 个国家成为亚投行意向创始国。其法定资本为 1000 亿美元，中国初始认缴约 500 亿美元。亚投行是一个开放、包容的多边开发机构。创始成员遍及五大洲。2015 年底正式成立。原有以垂直分工为主的国际分工体系逐渐被复合网络型的新型国际分工所取代，日本、四小龙、东盟和中国相互在一起构成一种相互牵动、互为补充的动态经济增长机制。

综观全球，亚洲经济一体化步伐在加快，在世界上的地位明显上升，这必将对世界经济贸易地理格局产生重大影响。

复 习 题

填图题

1. 在亚洲地图上填注：（1）太平洋、北冰洋、印度洋。（2）白令海峡、苏伊士运河、土耳其海峡、阿拉伯海、南海、孟加拉湾。

2. 用不同的颜色区分亚洲主要经济贸易区：东亚、东南亚、南亚、西亚。

填空题

根据经济发展水平的不同亚洲国家可分为三个层次，即_____是亚洲唯一经济发达国家为第一层次，_____、"四小龙"和以色列等是第二层次，其余_____构成第三层次。

思考题

1. 简述 21 世纪亚洲经济发展在世界经贸中的地位。

第二节　东 亚 地 区

韩　　国

（The Republic of Korea）

东亚朝鲜半岛南部的国家　大韩民国位于东亚朝鲜半岛的南部（朝鲜半岛，韩国称为"韩半岛。"）。朝鲜半岛像一座巨大的桥梁，从亚洲大陆蜿蜒伸向日本列岛，西岸隔黄海与辽阔的中国内地相望，东南隔朝鲜海峡与日本相对。朝鲜海峡是亚洲东北部通往东南亚的海运要道，交通位置十分重要。1948 年 8 月 15 日朝鲜半岛大致沿北纬 38 度线以南宣布成立大韩民国，占半岛总面积的 45％；半岛北部即 38 度线以北为朝鲜民主主义人民共和国。朝鲜半岛及其周围大小岛屿 3 300 多个，总面积为 22.079 万平方千米，东海岸平直，多沙丘，少岛屿，少良港；南海岸与西海岸曲折，多港湾和岛屿。天然良港有釜山、马山、丽水、仁川和群山等。

韩国面积约 9.96 万平方千米。东部太白山脉是地形的脊梁。太白山脉向西南延伸形成小白山脉。小白山脉南端的智异山，海拔 1 915 米，风景秀丽，是旅游胜地之一。较大的平原主要分布在西部黄海沿岸一带，如汉江冲积而成的汉江平原，锦江下游的内浦平原和洛东江流域的金海平原等。这些平原地区交通便利，人口稠密，有广阔的农田和茂密的果园。韩国河流较多，其中长 100 千米以上的大江有洛东江、汉江、锦江、临锦江、蟾津江、荣山江等 6 条。

韩国气候属东亚季风型，冬温夏热，湿润多雨，年雨量在 1 000 毫米以上，南部海岸和济州岛、郁陵岛的降水量较大，有 1 400～1 500 毫米。海洋性气候明显，沿海终年不冻。农作物以大米为主，并有大麦、棉花、山芋等。

韩国行政区划分为特别市、广域市、道-郡（市）-面（邑）-里（洞）四级。目前有 1 个特别市：首尔市；1 个特别自治市：世宗市；6 个广域市，即釜山市、大邱市、仁川市、大田市、光州市和蔚山市；8 个道（不含"以北五道"），即京畿道、江原道（南）、忠清北道、忠清南道、全罗北道、全罗南道、庆尚北道、庆尚南道；1 个济州特别自治道。其中世宗特别自治市是最年轻的道级城市，诞生于 2012 年 7 月 1 日。

居民　韩国从 20 世纪 60 年代后半期开始实行计划生育，是世界上执行人口政策成功的三个国家（地区）之一。2014 年韩国人口约有 5 100 万，城市人口占 73％以上。华侨约有 2.7 万，主要分布在首尔、釜山、仁川、大邱等地，95％以上祖籍山东。韩语为国语，货币单位是韩国元。

韩国由单一的朝鲜民族组成，韩国称"韩族"（不能叫"朝鲜族"），韩族与朝鲜民族有着共同的历史、文化和习惯。韩族属通古斯系列蒙古种族的一部分，上古时期东移到韩半岛，具有近 5 000 年的历史。韩族开朗、活泼、能歌善舞，而且民族意识强烈，习惯置身于某一集体。注重礼仪，男性见面一般以握手示礼，女性多为鞠躬。一般讲，一个外来人到韩国家庭做客，会享受到世界上少有的礼仪之情。韩国人愿意给外来人留下有道德、讲礼仪、立于世界之林的印象。不仅对待客人讲究礼仪，就是在家庭成员中也有各种礼节。儒教的仁义道德观念及"三纲五常"等礼仪规范一直是韩国民俗演进的基础。家庭礼仪上，最重要的是尊重孝敬老人，早晨起床及外出归来的晚辈都要向长辈问安，长辈外出或归来，晚辈要迎送。吃饭时，应先为老人和长辈送上饭菜，老人动筷后，其他人才能开始吃。对长辈、上级、初次见面的人要用敬语（韩国语特有的语法形式），走路时遇到长辈或上级应鞠躬、问候，站在一旁，让其先走，以示敬意。不能在长辈、上级面前抽烟，更不能在自己父母面前抽烟。

韩国人讲站姿，在上级长辈面前，男子只要将双手垂直即可，但女子应将右手掌握拢，放在腰的右侧，左手弯曲，扶住右手。

韩国姓李的很多，只能说"木子"李，绝不能说"十八子"李；因为"十八子"的发音与一个淫秽的词相似，听起来会令人不快，尤其是男子绝对不能在女子面前说这种话，否则会被认为没有教养或有意侮辱人，伤害感情。

韩国人对日本有较复杂的思想感情，因此避免称日本统治时期的旧地名以及"朝鲜人""朝鲜""笨蛋"等词。"4"字在韩国语中发音、拼音与"死"字完全一样，认为不吉利，因而宴会里没有第 4 桌，喝酒绝不肯喝 4 杯。他们最喜欢的数字是"三"，如最大企业叫"三星集团"，济州岛又叫"三多岛"。"三"蕴含着宇宙万物的奥秘，意味着圆满。按阴阳五行的关系，单数为阳，双数为阴，阳带来吉祥和好运。因此韩国人送红包都送单数。三的倍数"九"是最大的单数，与长久的"久"谐音，它也是韩国人名的常用字。同时，受西方宗教影响，认为"七"是幸运数字的韩国人也越来越多。上帝七天创造世界，北斗七星也被视为吉祥的象征。

按照韩国的商务礼俗，宜穿保守式样的西装。宴请用餐时，不可边吃边谈，且要噤声，这是礼节。另外，在酒杯里还有酒的时候，不能再斟酒。

韩国是多宗教并存的国家，既有自己创立的大棕教（古神道）、天道教，也有从中国传入的儒教、道教和佛教，还有从西方传来的基督教、天主教和伊斯兰教等。韩国信教人数不到全国人口的一半。

"出口主导型"经济　韩国自 1948 年 8 月 15 日宣布成立至 1961 年前，是个贫穷落后，经济不发达的农业国家。1961 年人均国民生产总值为 87 美元，属世界最贫穷的国家之列。1962 年以后，韩国推出"出口第一"的经济开发战略，转向出口主导型经济，利用本地廉价劳力，大量引进外资、先进技术设备和原料，发展出口加工业，扩大出口贸易，始终以出口贸易来带动整个经济的发展。到 20 世纪 70 年代末，韩国已跨入新兴工业国行列并成为亚洲"四小龙"之一。1962—1982 年的二十年间，年平均经济增长率为 8.2%，1983—1987 年为 10.1%，不仅居亚洲"四小龙"之首，而且成为世界上经济增长最快的一个地区。1991 年韩国国民生产总值为 2 809 亿美元，人均 6 635 美元，成为世界第十五位经济大国。然而，后几年因产业结构的调整，廉价劳动力优势的失却，致使国际竞争力减弱，经济增长明显下降。1998 年年末韩国是受亚洲金融危机冲击最严重的国家之一。近年来，韩国摆脱了严重的衰退局面，开始进入稳步复苏的轨道，2010 年经济增长达到了 6.2% 创下八年来的最高值，GDP 超 1 万亿美元。

据世行发布的《世界发展指数》数据，2013 年韩国的名义 GDP 为 1.3045 万亿美元，从 2009 到 2013 年连续五年排世界第 14 位（若按旧标准计，连续五年 GDP 排世界第 15 位，韩国从 2013 年起按新标准计算）。人均 GDP 为 25 920 美元。1996 年韩国加入经合组织（OECD），标志着正式进入发达国家行列。在韩国的 GDP 构成中，固定资本投资达到了近 30%，这在 OECD 国家中是少有的，反映出新兴工业化国家韩国经济增长更多的是靠投资来带动，或者更确切地说是靠出口带动的。2013 年全球新兴市场经济国家经历了如同过山车一般的起伏跌宕的行情。即美国将退出持续四年之久的量化宽松政策（QE：Quantitative Easing）。在这场外资大撤离的危机中，韩国经济表现令人意外，2013 年韩国经常账户盈余保持上涨势头，全年顺差达历史高点：707.3 亿美元。事实上，自 2008 年金融危机以来，韩国经济一直表现突出，出口额不降反升，三星等大企业也在全球站稳了脚跟。2014 年韩国宣布 GDP 增速为 4%。专家认为新兴国家要保持稳定的经济，特别是保持经常项目的顺差优势，这有助于避免外国投机者的攻击。这就是韩国经济独善其身的秘密所在。

目前，韩国经济仍面临诸多难题，影响经济的除了消费者开支及全球经济复苏低迷外，还有自身经济转型速度较缓的原因。韩国政府正在促使其制造业向高端转型。在疲软的经济数据下，韩国甚至推出 400 亿美元的经济刺激计划，以恢复经济活力。

韩国"出口主导型"经济的最主要特点：①政府对经济发展采取强有力的干预与控制，全面推行"富国为主，输出第一"的外向型经济发展路线，强力改变经济结构。这一战略适应了韩国自然资源不足，国内市场狭小，劳动力丰富，教育良好的特点。韩国根据国内外政治经济形势的变化不断调整经济发展战略，导致产业结构多次发生变化。在 20 世纪 80 年代后，政府将基本国策由"贸易立国"转向"科技立国"，培育信息产业为战略性产业，把信息产业发展成为出口主导产业之一。21 世纪以来，韩国展开未来增长动力计划，开启了充满希望的新时代。在政府政策的积极推动下，韩国向着先进国家行列迈进。韩国政府根据不同时期的变化不断调整本国的经济战略，促进产业结构的进一步升级。从近期来看，韩国政府想把政府负担的调节经济的职能尽可能交由市场机制来完成，即，由政府管辖型转变为市场主导型。韩国政府根据不同时期的变化不断调整本身的经济战略，促进了产业结构的进一步升级。②依靠大企业财团。在政府税收和资金等优惠政策的扶植下，利用外资建设和发展了大型骨干企业，形成三星、现代、大宇、浦项制铁、鲜京（SK）、乐喜金星、高丽合纤、起亚、斗山、双龙等十大产业集团。它们具有较强的国际竞争力，发挥了韩国经济火车头的作用。此外，韩国设有全国性高科技研究机构和科学城，每个大企业集团都有开发高科技的研究所，以高科技带动企业发展，人称韩国为"财阀经济"。三星、现代、SK、LG 等大企业集团创造的价值占国民经济的 60% 以上。③国民经济基本素质已达到发达国家水平，推行科技立国，创新能力不断增强。韩国从 1962 年起 4 个五年计划的完成，创造了"江汉奇迹"，并在 1987 年实现了经济的第二次起飞：化纤、电子、汽车、造船等行业取得了很大发展。主要原因是韩国政府采取了适合本国国情的发展战略，由自己的专家治国，对国民经济的管理能力提高很快。在经济发展初期，韩国以廉价劳动力取胜。20 世纪 70 年代，韩国工人工资只及美国的 1/10，后来由于教育事业的发展和水平的提高，各级人员经过严格的专业培训，人才素质提升很快，形成了一支精明强干、视野开阔、敢于参加国际竞争的劳动队伍。积极推行"科技立国"，通过科技创新之路，促进了韩国经济的发展和综合国力的提高。20 世纪 80 年代末制订的《尖端产业发发展五年计划》，重点推进微电子、新材料、生物工程和光纤维等高科技项目的研究。进入新世纪后，又对核反应堆、超高集成半导体、信息通讯、纳米、航空航天等国家战略科技进行攻关，重点发展数字电视和广播、智能机器人、混合型燃料新型汽车、新一代半导体、数码产业和软件开发等，众多研发项目已达发达国家水平。韩国科技竞争力目前已居世界第十。电子工业以高技术密集型产品为主，高附加值的船舶、混合燃料汽车、生物发光二极管（OLED）等均处于世界领先地位。④经济发展对国外市场和资源依赖程度高，受世界经济影响大。几十年来，韩国始终坚持出口导向型的外向型经济，依靠进口原材料，扩大出口作为本国经济的生命线。韩国走的是用举债养出口，用出口促经济的"举债式"发展之路。大部分借款均用于出口产业的设备投资，始终与增强出口能力紧密相连，使整个经济都在"出口第一"的原则下进行。因此始终保持着对外债的高偿还能力。但这一做法也易于遭受国际金融危机的冲击。韩国贸易依存度高达 60% 以上，世界经贸的兴衰直接影响韩国经济。⑤产业结构发生变化，服务业和制造业比重不断上升，农业比重日益降低。当前制造业是韩国的支柱性产业，韩国正在促使其制造业由中端向高端转型。另外为提高生活质量做出贡献的服务业，如医疗业、社会福利、IT 服务、环境服务等行业发展迅速。当前，重化工业在制造业中占较大比重，尤其是造船、石化、汽车、电子等工业发达，并在世界上具有较高的市场占有率和影响力。农业由于工业化和城市化进程的加快，耕地面积和农业人口逐渐减少，在国民经济中的地位日趋下降。

工业 20 世纪 60 年代以前，主要是纺织、粮食加工等修理业和小型电站等，生产规模小，基础十分薄弱。20 世纪 60 年代后，重点发展轻纺工业。政府为了加强本国工业的竞争能力，大力推进生产资料进口替代政策，先后发展了化肥、炼油、化纤、水泥等原材料工业；进入 20 世纪 70 年代，是重工业和化工业的大发展时期，韩国政府对钢铁、有色金属、石油化学等原材料工业和造船、汽车、电子、机械等制造业进行大规模投资并建成相应的工业基地，使重、化工业在全国工业中的比重提高到 60% 以上。20 世纪 80 年代后，技术和知识密集型产业得到保护和开发，有计划地将精密机械、计算机、航空等新兴产业及新能源、新材料、生物工程、人工智能等知识密集型作为重点发展项目。进入 20 世纪 90 年代，又将电子、半导体、通讯、自动化机械、精细化工、情报等新产业列入重点项目。1999—2002 年的国家信息化综合计划"网络韩国 21 世纪"把通信的基础设施建设放在首要位置。目前，IT、汽车、船舶制造是韩国经济的主要支柱性产业。三星电子、LG 电子、SK 能源化工和信息通信、现代汽车、韩进物流及 POSCO 几个大企业在国内制造业的营业利润中占 35% 左右。

总之，韩国的资讯科技产业多年来一直是世界领先水平。内存、液晶显示器及等离子显示屏等平面显示装置和移动电话都在世界市场中居领导地位。

（1）钢铁工业。韩国在 1970 年已具备一定的钢铁生产能力，但年产只有 48.1 万吨。这一年，韩国制定了旨在促进钢铁工业发展的《钢铁工业育成法》之后，着手发展钢铁联合企业，引进外资，修建浦项钢铁厂。1998 年产钢 4 250 万吨，居世界第六位。钢铁自给有余，有相当一部分可用于出口。由于价格低廉，在国际市场上成为日本钢铁业界的巨大威胁。1999 年，浦项制铁株式会社年产粗钢 2 654 万吨，在世界大钢厂中排列第一名。分别在浦项市和光阳市设有完善厂房，生产先进的钢铁制品。2014 年浦项制铁钢产量位居世界第五。韩国的钢铁工业以进口澳大利亚、印度、南美的铁矿石，澳大利亚和北美的焦炭为基础发展起来。2013 年韩国出口钢铁 2 900 万吨，同比增长 50%。2014 年产钢 7 100 万吨，居世界第五位，排在中日美俄之后，人均钢铁消费量居世界第一。

（2）汽车工业。韩国汽车工业起步较晚，但发展神速，大有"日本第二"的气势。20 世纪 60 年代开始发展到 1976 年就生产出首批外销小轿车。（"现代"生产的小轿车出口到拉美的厄瓜多尔），当年"现代"向世界 13 个国家共出口 1 042 辆轿车。1979 年韩国正式宣布为十大出口商品之一。20 世纪 80 年代是韩国汽车的飞速发展期。1980 年因国内局势动荡，经济出现负增长，汽车工业受到影响，产量锐减。韩国政府采取适当措施，从 1982 年起伴随着国家经济形势的好转，汽车产量迅速增加，同时积极开发新的车种和车型，提高技术水平，扩大生产规模，增强国际竞争力。1986 年韩国汽车产量猛增到 59.2 万辆，成为世界第九大汽车出口国。80 年代中期以后，韩国对汽车提出了新的发展目标，即向汽车生产和出口大国迈进。从 1987 年起，政府开放了汽车市场，积极引入竞争机制，各家汽车生产会社竞相打入国际市场。自打入拉美、东南亚地区后，又打入北美的加拿大、美国以及欧洲市场，后来竟挤进了日本市场。目前，韩国汽车已经出口到世界 190 多个国家和地区。可以说，韩国汽车如今已经遍布全世界了。1994 年韩国汽车出口 73.8 万辆，占当年汽车产量的 31.9%，从而使其不仅成为汽车生产大国，且成为世界第五位汽车出口大国，仅次于日本、德国、法国和美国。2014 年韩国汽车产量为 452 万辆，占全球汽车产量的 5%，自 2005 年起连续十年保持全球第五大汽车制造国地位（前四位是中、美、日、德）。

韩国汽车产业形成了以现代、起亚、大宇、双龙四个公司为主体的市场格局，后因大宇经营不力，资不抵债，宣布破产。目前韩国主要生产企业演化为四大集团：现代起亚、通用大宇、上汽双龙和雷诺三星。其中现代起亚汽车集团是韩国最大、世界第四大汽车生产商，其总部在首尔。通用大宇总部设在仁川。

（3）电子产业。韩国电子产业发展主要经历了进口替代、被动的出口导向、主动的出口促进、防御性的产能海外迁移，以及产品创新等五个主要阶段。自 20 世纪 80 年代至今，快速发展的电子工业像火车头一样带领韩国进入世界前十大贸易国之列。经过几十年的努力，韩国电子产业的综合实力已经可以和美国、日本德国等抗衡。制造重点由消费性产品转移至工业用电子产品及零组件，个人计算机、半导体、集成电路等为韩国热门的出口项目，尤其是 4MB 动态随机存取内存（DRAM）的生产，韩国三星已超越日本 NEC 成为全球最重要的供应厂商，开发出全世界第一个 256MB 的 DRAM 芯片。韩国企业由于定位高技术前沿产品，研发经费投入巨大。为降低研发风险，多家企业合作开发新产品已成新趋势。这些年，韩国无论在高尖端产业还是在消费电子产业都有强劲的竞争力。尤其是世界知名韩国电子制造商三星、LG、SK、大宇等公司一直占有世界同类电子类别产品中非常高的比重。内存、液晶显示器及等离子显示屏等平面显示装置和移动电话都占据世界市场领先地位。三星电子是全球最大的信息技术公司，它在世界 IT 百强中排名第三，日益成为行业领跑者。

韩国如今已成为世界五大电子产品生产国之一。电子工业产值占韩国 GDP 的 17%，电子产品出口额约占韩国总出口额的 1/3 以上，主要出口到中国、日本、美国等地。多年来，韩国在全国构筑光缆传输网和超高速交换网的超高速信息通信基础设施，进一步推动信息传输数字化和网络化。信息技术产业目前已成为韩国第一大产业。韩国是 OECD 成员中首个无线宽带普及率达 100% 的国家。韩国移动网络已进入 4.5～5G 时代。

（4）机器人。机器人在韩国很受重视。韩国计划在 2018 年前，成为世界三大机器人强国之一。2010 年，韩国公布了《服务型机器人产业发展战略》，将服务型机器人列为发展重点，计划到 2020 年前使机器人的普及率达到一户一个。韩国工业机器人保有量居世界第三位。2013 年韩国细菌机器人研究所研发出世界上首个可治疗癌症的纳米机器人"体内医生"，可对大肠、乳腺、胃和肝等高发性癌症进行诊断和治疗。韩国现代机器人、罗普伺达机器人、东部机器人、斗星机器人和阿尔帕机器人，是韩国目前最具影响力的五大机器人厂商，其中现代机器人在韩国市场占有率超过 50%。

（5）造船工业。韩国三面临海，港多水深，有发展造船工业的良好条件。20 世纪 60 年代以后，造船工业逐渐发展起来。现代、大宇等企业集团先后建立了蔚山、玉浦等大造船厂，造出了 25 万吨级大型油轮。特别是金融危机后，韩国造船业发展迅速，为带动国家经济复苏和发展起了重大作用。在 1999 年，韩国造船订单总量首超日本。由于韩国船舶出口占造船总量的 85%，因而其造船业往往为世界造船业景气与否所左右。从 2003 年以来，韩国造船业在订单量、交付量和接单剩余量三个方面连年蝉联世界第一，从而成为世界造船强国，在世界造船市场上占有率为 40%～45%。2012 年是全球造船业的灾难年，首先韩国在出口量和订单两个指标上被中国赶超，其次出口量自 1999 年以来首次出现负增长。2012 年韩国造船企业出口总额为 378 亿美元，低于中国的 392 亿美元。这是 11 年来韩国第一次让出出口第一的位置。2014 年韩国造船厂的交付量为 1 210 万 CGT，时隔四年超过中国而稳坐全球第一。

韩国拥有世界顶级的船企和造船厂。全球前十强造船厂，韩国占了七席，其中前五名是：韩国三星重工巨济造船厂，大宇造船海洋株式会社的玉浦造船厂，现代重工的蔚山造船厂和 STX 镇海造船厂、现代三湖重工和现代尾浦造船等。韩国建造的油船、集装箱船、液化天然气船（LNG）、浮式生产储油船（FPSO）、高速船和超大型船以及豪华客船均居世界领先地位。近年大宇造船海洋收到了国际合资公司 Yamal LNG 向其一次性订购 15 艘厚度超过两米的 17 万吨级别的破冰船订货单，每艘船的订单金额为 3 亿美元。这是全球造船市场史上最高金额的订单。破冰 LNG 运输船是大宇造船海洋经过三年研发制造出来的最尖端船，最厚能达到 2.1 米，可以破除北冰洋的冰并在上面行驶。

韩国不仅是当今造船强国，也是全球第一船机生产大国。伴随着韩国造船业不断发展及造船量的快速提升，船机研发和生产规模也不断扩大，同时能紧跟绿色造船的前进步伐，在节能环保领域挖掘企业增长新动力。目前，现代和斗山已发展成为世界上第一和第二船机制造商。

（6）能源工业。韩国是能源消费大国，占世界能源消费的 2.1%，居世界第八位。韩国 90% 以上的电力由韩国电力公社供应，主要是火力发电和核电。韩国政府拥有韩国电力公社 51% 的股份。2012 年能源消费中煤炭占 28%，原油占 41%，天然气占 17%，核能占 12%，可再生能源占 1%。由于能源资源匮乏，97% 能源消费依赖进口。韩国是世界第二大液化天然气进口国和第二大煤炭进口国。其石油消费居世界第七位。作为世界第四大石油进口国，韩国所有原油都需进口，国内有规模很大的原油加工工业。韩国计划打造成继纽约、伦敦和新加坡之后全球第四大石油贸易中心。为保证能源供应安全，减少对进口能源的依赖，韩国很重视核能发展。作为世界第五大核电生产国，韩国拥有 23 个核反应堆，核电占全国电力供应的 1/3。目前不仅轻水反应堆核电站，而且重水反应堆核电站也达到了可以进军海外市场的水平，其核电设备已经出口美国和中国等国家。韩国核能在能源总量中所占比例仅次于法国。

近年来，韩国新能源发展迅猛。早在 1987 年韩国国会就制定了《新能源和可再生能源发展促进法》。21 世纪通过使用清洁新能源及可再生能源，正在转向环保可持续的经济增长模式。未来韩国将从石油天然气时代转换成基于清洁能源的新能源及可再生能源时代。韩国以"低碳绿色发展"作为新的国家发展模式，进一步加强了太阳能、风能、燃料电池为中心，发展新能源及可再生能源产业的扶持政策。这些集中投资绿色能源的举措，使其企业数量、雇佣人数、销售额、出口额、民间投资等在近年来（2007—2014 年）猛增数倍。韩国的新能源及可再生能源产业分为诱导效应较大的太阳能和风力产业两大领域，技术水平相当于发达国家和地区（欧洲、美国）的 86%，在亚洲则属于掌握技术水平较高的国家。

（7）纺织、服装工业。从 20 世纪 60 年代初开始，韩国出口纺织品，但为数不多，70 年代以后，随着纺织工业的迅速发展，纺织品出口增长很快。1987 年，纺织品出口额突破 100 亿美元，使韩国成为继意大利、联邦德国之后的世界第三大纺织品出口国。90 年代中期，纺纱、织布、印染、设计、成衣制作以及纺织机械制造技术水平已为世界一流。此时以出口为导向，发展创新高附加值及自我品牌产品生产时期，强化高附加值产品，实施差异化策略，以质量、技术及价格取胜。近十年来，他们正以创新的产业调整，以生产高质量的差异化产品参与向外发展的竞争，实行培育知名品牌战略，占领世界高档纺织品服装市场，将中低档品种大举转移海外。韩国企业将中国视为"第二内需市场"，大力开辟。现在服装消费趋向多层次化、多样化、细分化和个性化。韩国国内男装企业将高档服装生产线也转移至中国，使之为高中低档并行的生产状态。韩国著名服装企业 LG 时装公司生产的名牌西装"TNGT" 100% 是在中国生产制作后反销韩国市场的。

韩国棉纺织业装备基本在 120 万锭左右，其装备水平比中国稍高，凡大一些的纺织企业均配有印染厂。距首尔不远的半月产业园区，以染纯棉纱为主，约有 100 多个印染厂；大邱以染混纺纱和化纤纱为主，超过 50% 的纱来自进口。大邱市集中了全国数量最大的成衣制造、印染、织布、纺织机械等工业及科研单位，并建有设备先进的大型会展中心，以供举行大型服装博览会之用。

韩国是全球第四大纺织品生产国。为降低成本，在海外投资设厂，80％集中在亚洲，以中国为多。近年来，因劳动力价格优势及优惠投资政策，越南成为韩国企业投资的新兴热门地区。韩国棉纺织业有与中国加强联系的愿望。中国有棉花资源和广阔的市场；韩国时尚对中国服装业影响很大。中韩在纺织服装领域交流频繁，互补性强。现在中国已成为韩国纺织业最大的投资地、最大的纺织品出口市场、最主要的纺织服装进口来源国之一。

韩国工业主要分布在两个地区，其产值约占总产值1/2。一是以首尔和仁川为中心的京仁工业区。首尔以纺织、服装、印刷、食品等轻工业为主；仁川侧重工业，以钢铁、机械、汽车、化工和电子等为主。二是以釜山为中心的东南沿海工业区。北起迎日湾，南达光阳湾，呈沿岸带状分布。该区为石油、化学、造船、纺织等发达的综合性工业区。以重化工业为主的蔚山工业区也是一个典型的综合工业区。自1964年以来，南部先后建立了30个出口工业区、重化工业区和出口加工区。新建的出口工业基地有浦项（钢铁工业基地）、昌原（机械工业基地）、龟尾（电子制品工业基地）、蔚山、丽水（石油化工基地）。20世纪70年代建有马山、益山出口加工区。内陆有大田（纺织、机械工业）、大邱（纺织工业）等工业城市。近年来，大力开发西南沿海地区，在西海岸兴建始华、群山、牙山、木浦4个大工业区，着重发展知识密集型产业和高技术产业。建设了全长483千米的高速公路，从仁川通过群山、木浦与顺天相连。在牙山和群山建设两个新港。2003年开始围绕仁川国际机场、釜山港和光阳港设立了3个自由经济区，成为集航运、物流、金融，以信息产业为龙头的高新技术产业为一体的经济特区。

文化产业 韩国1998年正式提出"文化立国"方针，将文化产业作为21世纪国家经济的战略型支柱产业。先后成立了"文化产业振兴院"、"文化产业局"、文化产业基金、游戏产业振兴中心等机构，颁布《文化产业促进法》，制定《文化产业发展五年计划》，将数字游戏确定为国家的战略产业等一系列措施，有力地推动了文化产业的发展。特别是在韩国经济恢复过程中，文化产业成为最活跃、成长最快、吸纳就业人数最多的支柱产业之一。文化产业在韩国经济发展中起着核心作用，已占GDP的15％以上。近几年来，韩国经济更进一步地从制造业为主向偏重文化内容产业转型。大力发展网络游戏产业，并直接促进了电子商务在公共领域的发展。韩国网络游戏产业占全球网络游戏市场的一半，相关产业链的价值超过了汽车产业。韩国影视产业发展强劲，在亚太地区增长率居首位。2013年，韩国文化内容产业的出口额是50亿美元，并将力争在2020年提高到224亿美元。将成为世界第五大文化产业强国。

农业 韩国多平原、河川，有发展农业的良好条件。1977年做到了粮食自给。但在工业化迅速发展的同时，政府未能及时保护农业，对农业结构和规模未能予以调整，致使农业在国民经济中的比重不断下降，占GDP比重由1960年的40％降至2006年的3％。农业劳动力在1970—2000年间，从占全国劳动力总数的50％下降至8.5％。2000年农业经济增长率仅为1.1％。粮食自给率到2008年已下降至28.3％。大米和薯类目前保持基本自给状态，而饲料、大豆、小麦、棉花和皮革等原材料甚至全部依赖进口。

韩国以小规模家庭经营占主要地位。家畜饲养业仅次于水稻生产，主要有猪、牛、羊、鸡等。除鸡肉和鸡蛋基本可保证自给外，牛肉、猪肉、牛奶每年都需要大量进口来满足国内市场的需求。韩国是亚洲仅次于日本的第二大农产品进口国。近年来，韩国包括饲料在内的谷物年进口量超过 1 400 万吨。为提高耕地单位面积产量，面对劳动力不断减少的困境，支持"绿色革命"，重视农业科技和教育，成效显著。为配合绿色革命，制定了有关增加化肥、农药生产和稳定供应政策，促使高产水稻普及，加快农林水产业的发展速度。目前韩国是世界第五大谷物进口国。

保住国内农产品市场并打入国际市场是韩国农业发展的关键。韩国把发展高附加值农业作为突破口，重点发展"区域特产"和设施园艺，开发具有韩国传统特色的产品，既有初级产品如各种蔬菜、水果、花卉、人参、蘑菇等，也有加工品泡菜、辣酱等，在满足国内市场需求的基础上，不断扩大出口。

近年来，韩国渔业的发展和现代化方面取得显著成绩。捕鱼量随着现代机动渔船在沿海和公海作业而迅速增加，还在萨摩亚、拉斯帕尔马斯等岛域建立了渔业基地。渔业已成为赚取外汇的一个重要来源。

对外贸易和主要港口　对外贸易在韩国国民经济中占有重要地位，对外贸易额一般占其 GDP 的 60％。20 世纪 60 年代以来，出口贸易得到迅速发展。1960—1970 年及 1970—1980 年两个 10 年期间，出口贸易的平均增长率分别为 39.6％和 37.2％，这远远超过同期世界年均增长率 9.3％和 20.4％的水平，成为世界出口贸易发展最快的一个地区。韩国把出口视为经济发展的"生命线"。自 20 世纪 60 年代以来，韩国对外贸易曾持续出现赤字，直至 1998 年才出现贸易顺差。2010 年韩国外贸总额为 8 916 亿美元，排世界第十位。其中出口 4 664 亿美元，当年外贸顺差 412 亿美元。2014 年韩国贸易规模、出口额和贸易顺差均创历史最高：外贸总额为 10990 亿美元，排世界第九位。其中出口额达 5 730 亿美元，居世界第七位；进口额 5 260 亿美元；顺差 479 亿美元。2014 年对美国、东盟和欧盟出口规模有所扩大，半导体、钢铁、无线通讯设备等主力产品出口增加明显。

（1）韩国根据各个时期国际市场需求的变化不断改变其出口商品结构。20 世纪 70 年代初，化纤工业品为出口的"拳头"产品，改变了 60 年代以初级产品（墨斗鱼、紫菜、生丝、钨矿石等）为主的出口商品结构，70 年代后，由于重点发展重化工业，1981 年重化工业品出口超过轻工产品的出口，工业制成品在出口总值中所占比重越来越大。现在知识技术密集型产品如机电产品、运输设备等占韩国出口产品重要地位。半导体、无线通讯设备、液晶显示器和移动电话等电子产品出口额已占出口总额的 1/3，汽车及零配件、船舶、机械等出口增长明显加快。韩国现在是世界第五大电子产品、汽车出口国，也是世界第三大纺织品出口国。矿产品（石油、煤炭）、机电产品和贱金属及制品是其进口的前三大类商品。现在韩国是世界第二大液化天然气、煤炭进口国，第四大石油进口国。

（2）出口地域集中化趋势明显，对出口中国的依赖迅速上升。20 世纪 70 年代，韩国经济主要依靠美、日的资金和技术发展起来，因而美国和日本为其最主要的贸易伙伴，其次是西欧和加拿大。20 世纪 80 年代后期，由于韩国连续几年不断扩大对美国、欧盟的贸易顺差，因而贸易摩擦加剧，美国、欧盟停止了对韩国的普遍优惠制关税待遇。2004 年，中国首次成为韩国最大的贸易伙伴，中韩贸易额超过韩美、韩日贸易额。同时中国首次成为韩国最大进口来源国。韩国关税厅宣布 2004 年最大的贸易盈余来自中国。目前韩国前三位的贸易伙伴依次是中国、美国和日本。

（3）商品物美价廉。韩国在出口中除重视商品质量，不断开发新技术、新产品，进行小批量多品种生产外，还以价廉物美的商品挤进国际市场，早在 1986 年就以比日本便宜 1 000 美元的价格第一次将小汽车打进了美国市场，还提供完善的销售服务。韩国不嫌弃做"小生意"，从小买卖中赚大钱，如一次性使用的垃圾桶等。三星、LG 是全球最大的彩电供应商，三星还与美国苹果公司一起成为智能手机的霸主。

（4）韩国是世界重要的劳务输出国。韩国海外承包工程总额在世界劳务市场位居前列。二、三十年来，无论在东南亚，还是在中东、非洲、南美，无论是劳动密集型的土木建筑工程，还是技术密集的大型现代化工程，哪里有招标，哪里就有韩国承包商出现。韩国海外劳务输出业庞大。被称为世界第一高楼的阿联酋迪拜塔，楼高 828 米（162 层），由美国 SOM 建筑设计公司设计，韩国三星物产公司承建，由韩国劳工历时五年多（2004—2010）建设而成。2009 年底，韩国电力联盟（由现代建设、三星物产、斗山重工等五家韩国公司和美国西屋、日本东芝组成）在竞标中击败了法国阿海法公司、美国通用电气公司和日本日立公司，获得了在 2020 年前为阿联酋建设 4 座核电站的超大订单，总金额达 400 亿美元。韩国建筑输出同其汽车、手机一样，都是经济增长的支柱产业之一。近年来，韩国海外工程承包发生了重要变化，即工程技术成功地由劳动密集型转为技术密集型。

韩国接受外资始于 1959 年。1972 年后，外国直接投资迅速增加。20 世纪 90 年代中期以后，保持在每年 10 亿美元的水平。为吸收外国直接投资，韩国制定了新的"鼓励外国投资法"，成立了韩国投资服务中心，为外国投资者提供便捷的一揽子服务。主要投资国是美、日、西欧。随着对外关系的多边化，与亚太地区（东南亚和澳大利亚），俄罗斯等独联体国家、东欧及我国的贸易将有较大发展。2014 年韩国吸收外国直接投资（FDI）创历史新高，为 190 亿美元，同比增长 30.6％；实际到位的 FDI 为 115.2 亿美元，同比增长 17.1％。其中增长最快的是新加坡，同比增长 288％。

韩国在全国指定了八个大的经济自由区（仁川、釜山/镇海、光阳湾、黄海、大邱/庆北、新万金/群山、东海岸、忠北），下辖 98 个经济自由区域，总面积达 428.37 平方千米。外资在此投资可享受金融和税收优惠。

中韩贸易　中韩两国是友好近邻，在建交前的 1983 年，我国通过香港特区、新加坡等地同韩国开始了间接的贸易关系。1988 年 3 月，以民间方式有计划、有步骤地开始了两国的直接贸易关系。

1991 年，中国和韩国在北京和汉城（现为首尔）互设了代表处。中韩民间贸易协定和投资保护协定分别于 1992 年 2 月和 7 月生效。民间开展贸易合作的积极性进一步提高，在贸易、投资、劳务、技术培训等广泛领域，各种形式的合作迅速展开。1992 年 8 月 24 日中韩正式建交，自此两国经贸合作始终保持迅猛发展的势头，双边贸易持续稳定增长，合作领域不断扩大，合作水平不断提高。二十多年来，中韩双边贸易额已由 50 亿美元增长到 2014 年的 2904.9 亿美元。中韩双方共同目标确保实现双边贸易额 2015 年达到 3000 亿美元，比建交时增长 60 倍。自 2004 年起，中国就超过日、美成为韩国第一大贸易伙伴，最大出口市场和进口来源国。近几年还是韩国最大的海外投资对象国、最大留学生来源国、最大海外旅行目的地国。中韩双边贸易额超过了韩美、韩日贸易额的总和。2014 年中韩双边贸易额为 2904.9

亿美元，其中中国向韩国出口 1 003.4 亿美元，从韩国进口 1 901.5 亿美元。从 1993 年起，中国持续保持逆差。目前韩国已成为在中国境外第三个人民币与本币直接交易的国家（继中俄、中日之后，中韩两国于 2014 年 12 月 1 日启动人民币对韩元直接交易）。中韩自贸协定已于 2015 年 6 月 1 日正式签署，年底生效。这是我国迄今为止涉及国别贸易额最大、领域范围最为全面的自贸协定。双方超过 90% 的产品在过渡期后进入零关税时代，这将极大地刺激双边贸易，预计五年内贸易规模会突破 4 000 亿美元。重要的是中国需要来自韩国的工业品和终端产品，韩国对来自中国的劳动密集型产品和中间产品存在巨大的需求。中韩经贸关系有着再上一个台阶的厚实基础与强大引擎。目前，我国对韩国出口以机电音像设备及部件、纺织原料及制品、贱金属及制品、矿产品、植物产品和化工产品等六大类商品为主。从韩国进口商品主要也是六大类商品：机电音像设备及部件、化工产品、贱金属及制品、塑料橡胶及制品、矿产品、光学医疗仪器。两国贸易结构进一步优化，由低附加值商品向高附加值商品提升，两国经贸关系已进入水平分工的新阶段。目前韩国企业在华投资的已有四五万家左右，对华投资额有六七百亿美元。通信设备、计算机及其他电子设备制造业、交通运输设备制造业、批发零售业为热门投资行业。投资地点由原来的山东和东北三省向中国内地延伸。目前韩国已有包括现代汽车在内的近 200 家企业投资四川省，60 家投资陕西西安，80 多家企业投资湖北武汉。不仅如此，韩国企业还非常看好城镇化建设。随着城市人口的增加及二三线城市需求的扩大，非常有利于韩国企业走进中国市场。随着中国技术水平的提升，韩国企业投资中国面临着战略转型。韩国要拿出最具市场竞争力的技术，提升其在华投资水平，提升自己的竞争力。韩国企业要与中国企业加强合作，优势互补，强强联手，共同开拓国际市场，这样双方才能共同获益。

近年来，韩国已成为中国主要旅游地之一。2014 年访韩中国游客为 612.7 万人次，同比猛增 41.6%，在全部访韩外国游客中的占比达 43.1%，成为韩国旅游业的"大户"，创造的经济效益相当于韩国出口近 70 万辆轿车。

韩国主要贸易港有：釜山（Pusan）、仁川（Inchon）、蔚山（Ulsan）、群山（Kunsan）、丽水（Yosu）、木浦（Mogpo）和浦项（Pohang）等。

釜山位于东南海岸，是韩国最大的港口，曾连续 11 年排名全球集装箱港口第五位。2014 年集装箱吞吐量为 1 842 万 TEU，被宁波—舟山超过，成为世界第六大集装箱港口。釜山为韩国综合性工业城市，和我国上海、天津、青岛等港开辟有定期班轮航线。

仁川位于西北汉江河口南侧，港外有小岛屏障，并筑有防波堤，为首尔外港，两地相距约 40 千米，是韩国第二大港。现已建立总面积达 1 700 公顷的 5 个物流园区，集装箱泊位 2015 年已增至 13 个，港口附近设有出口加工区。仁川港是韩国首都经济圈最大中心港和经济腹地，其 GDP 占韩国 GDP 总量的 48.7%；进口货物量占韩国进口货物总量的近 70%。2013 年仁川港实现吞吐量 1.5 亿吨，集装箱吞吐量 216 万 TEU，靠泊邮轮 95 艘次，比 2012 年有大幅增长。仁川港是韩国西海岸最大港口，是对华贸易基地。该港主要码头总长 6 024 米，泊位 33 个。在其外贸货物吞吐量中，亚洲占 2/3 或者说中国占 70%。仁川港不仅是木材、粮食的重要装卸港，也是英国伦敦金属交易所的东北亚地区中心。仁川港建有连接仁川集装箱港区、仁川国际机场和内陆交通干线网络的仁川大桥，功能更加齐全发达。

2014 年 3 月青岛港与仁川港结成友好港。两港有着长期良好的合作，今后将进行多领域广泛的交流与合作，实现两港地理优势和物流地位优势的互补交流和共同发展。

群山位于韩国西海岸锦江入海处，临黄海，是韩国西海岸重要港市。依托港口优势，群山临港产业、轻工业和高新技术产业发达。近年来，通过大规模填海造陆，群山汽车和机械制造等重工业异军突起，现已成为韩国西海岸中部地区中心城市和泛黄海经济圈贸易枢纽。全港有 10 多个泊位，港口吞吐量由 20 世纪 80 年代的 130 多万吨发展到目前的 500 万吨左右。主要输入石油、煤炭、谷物、木材、化工品等，输出化肥、工业品等。

群山与烟台、青岛、东营、沈阳是友好合作城市，2013 年又与威海结成友好城市，加强在农业、旅游、经贸、科技、教育等领域的合作，实现双方互利共赢。

复习题

填图题

在本书配套的《国际贸易地理习题册》的韩国地图上填注：（1）黄海、日本海、东朝鲜湾、西朝鲜湾、朝鲜海峡。（2）首尔、釜山、群山、仁川、大邱、大田、光州、蔚山、木浦、浦项、丽水、马山、益山。

填空题

1. 韩国两大集装箱港口是_____和_____港。

2. 韩国在 20 世纪 70 年代初期建立了_____和_____两个出口加工区。

思考题

1. 韩国有哪些主要产品在国际市场上占重要地位？

2. 谈谈韩国经贸发展特点及中韩贸易的重要地位。

日 本
（Japan）

东亚太平洋西北部的"日出之国" 日本位于亚洲大陆东缘，太平洋西北部日本列岛上。鉴于日本东缘的位置，日本的国旗以白色为底色，正中绣有一轮圆形红日，称为"日之丸"，是日本的徽志。"日本"二字意为太阳之源，因而有"旭日东升之地"的说法。东濒太平洋，西隔日本海、朝鲜海峡、黄海、东海，同中国、朝鲜、韩国、俄罗斯相望，南部的先岛群岛与我国台湾省相邻近。日本是我国一衣带水的近邻。日本领土由北海道、本州、四国、九州四个大岛及其附近 3 000 多个岛屿组成，总面积为 37.78 万平方千米。其中四大岛面积占全国面积 95.4%，尤以本州岛为最大。日本列岛由东北向西南延伸呈弧形排列，南北距离约 2 000 千米，而东西仅 200 千米。海洋对岛国日本的影响极为深刻，它的任何地方距海很少超过 100 千米。海岸线总长约 3 万千米，是世界上海岸线最长的国家之一。沿岸曲折，多天然优良港湾，尤以太平洋沿岸和濑户内海为最好。那里港口毗连，港市栉比。而日本海沿岸较平直，缺乏良港。日本列岛的地理位置在不同的历史发展阶段，对社会经济、政治等方面都有重要的影响，尤其给对外贸易的发展提供了极为便利的海运条件。

自然条件　日本由于地处温带，又位于亚欧大陆与太平洋之间，加之领土南北狭长，所跨纬度较大。因此，自然条件具有多样性的特点。

地表崎岖，多火山、地震。山脉纵横是日本地形的基本特征。山地和丘陵占全国总面积的75%。多山的地形使日本缺乏平坦而广阔的耕地，但却拥有丰富的森林资源。森林覆盖率为68.5%，森林面积为2 470万公顷，木材蓄积量为21.8亿米^3，树种多样。但历年来木材进口增长很快，已成为世界最大的木材进口国之一。日本地处西太平洋火山地震带，火山遍布，地震频繁，为世界著名的"火山国"和"地震国"。富士山海拔3 776米，为全国最高峰，山形优美，现仍有喷气现象。山顶终年积雪，由岩浆堵塞，在山的北麓形成的"富士五湖"映照着皑皑雪顶。湖光山色，风景优美，是日本的游览胜地。日本人奉之为"圣岳"，因而成为日本国的象征。日本地热资源丰富，境内温泉广布，各种温泉达1 200多处，著名的有箱根、日光、别府等。这些也都成为日本旅游区和疗养胜地。

日本属于温带海洋性季风气候。由于地理位置、地形和洋流等因素综合的影响，日本四季分明，终年温和湿润，无严冬与酷暑。一月平均气温仅本州北部和北海道在0℃以下，7月大部分地区在20℃以上。它与同纬度亚洲大陆相比，则冬季温和，夏季凉爽，一般相差2～3℃。日本雨量丰富，年降水量在800～2 500毫米之间，以日本海和太平洋沿岸为最多。濑户内海沿岸和北海道北部雨量较少。季节分布不均，夏季太平洋沿岸多雨，冬季日本海沿岸降水丰富。日本大部分地区冬季可见降雪。北海道、东北地方雪量较多，被称为深雪地带。每年6—7月间有梅雨天气。夏秋之交，日本南部常受台风影响。

总的说来，日本气候对农业有利，适宜种稻米、桑茶、柑橘等亚热带作物及林木。除北部一年一熟外，大部分地区可两年三熟或一年两熟。

狭长的岛国，崎岖多山的地形以及丰富的降水，造成日本河流短小湍急；多峡谷、瀑布，水力资源极为丰富，水能蕴藏约为5 000多万千瓦，这对动力资源不足的日本有着重要的意义。河流以信浓川最长（367千米），利根川流域面积最大（1.68万平方千米）。

日本的矿产资源具有种类多、储量小、分布零散的特点，且断层多，倾斜度大，不便开采。较重要的矿产只有硫黄和铜、铋等，煤、铁、石油等藏量都很小。日本是一个矿产资源贫乏的国家，但日本列岛四周海域里寒暖流交汇处，渔业资源十分丰富。

居民和行政区划　日本现有1.27亿人口（2015年4月）。人口密度较高，但分布不均，从东京经名古屋、大阪、神户到九州的太平洋沿岸地区的人口，约占全国的60%以上。北海道、东北、山阴和南四国等地区是全国人口最稀疏的地区。日本城市人口分布的特点，充分反映了各地区经济发展水平的巨大差异性。日本城市人口高达92%。日本人口已连续4年呈减少趋势，平均寿命较高，人口面临老龄化，是世界上人口老龄化发展速度最快的国家。

日本绝大多数是大和民族。它是历史上最早移入日本的各个部落融合而成的一个民族。在北海道和北方领土有少数阿伊努人（旧称"虾夷人"），虽是日本最古老的居民，但长期遭受民族压迫和歧视，现在大约还有几万人左右。

在日本居住的外国侨民共有60多万，其中朝侨为最多，还有华侨和多为第二次世界大战后旅居日本的美侨等。主要聚居在横滨、神户两市。

日语为其国语。居民多信奉佛教，其次是基督教和天主教，还有不少人信奉神道。货币单位是日元。

　　日本在第二次世界大战后仍保留天皇制。日本宪法规定天皇是"日本国的象征"。天皇的国事活动，仅限于礼仪方面。现任天皇明仁，年号为"平成"。日本国最高权力机关是国会，由参议院和众议院组成。日本政府由国会选出的以首相为首的内阁组成。

　　日本是世界上最注重礼仪的国家之一，不讲礼貌的人会被看成没有教养的人。茶道是一种通过品茶艺术接待宾客、交谊恳切的特殊礼节。日本人严格遵守社会道德和生活礼仪。在日常生活中，日本人也非常注重面子和礼貌，要用自谦语来表示对对方的尊敬。不论在机关、学校、商店、旅馆，日本人都彬彬有礼，"多谢"、"请多多关照"等礼貌用语随处都可听见。日本人见面时，男女总以鞠躬来表示谢意和问候，日式鞠躬应用范围广泛，与西方的握手起相同作用，一切言语问候都伴随着鞠躬，它几乎替代了任何言语问候。日本有相互赠礼的习惯，对贸易伙伴，以其不同身份，赠送纪念品。要注意日本人不喜欢"9"和"4"，因"9"与苦、"4"与死同音，所以日本不送 4 种礼品，日本病房没有"4"号。另外，切忌赠送饰有狐狸和獾图样的礼品，切忌当着送礼者的面拆看礼物，忌送病人白色或淡黄色的花。日本人喜欢鸭子、乌龟、松、竹等图案，禁忌用荷花、菊花作商标图案。

　　日本现行的行政区划为都、道、府、县制。由一都（东京都）、一道（北海道）、二府（京都府、大阪府）和 43 个县组成。都、道、府、县均为一级行政区，以下为市、町（相当于镇）、村。在传统习惯上，全国划分为 8 个"地方"（或称地区），即除北海道、四国、九州（内分南北九州）各岛分别为一个"地方"外，本州岛又分为东北（奥羽）、关东（内分南、北关东）、中部（内分东山、东海、北陆）、近畿和中国（内分山阳、山阴）5 个"地方"。

　　世界第二大经济强国、第三大经济体　日本经济高度发达，国民拥有很高的生活水平，是全球最富有的国家之一。日本从 20 世纪 80 年代起就成为世界第二经济强国，仅次于美国，是亚洲最发达的国家，其人均收入遥遥领先于许多发达的欧洲国家。2010 年起，日本 GDP 被中国超过，成为世界第三大经济体。日本以"贸易立国"，对外贸易占国民经济重要地位，长期以来都是最大的贸易顺差国（后被德国、中国超过）、世界第三大贸易国（2004 年被中国超过），外汇储备多年来居全球榜首（后被中国超过）。此外，日本还是世界第二大债权国。综观日本经济有以下特征：

　　（1）资本主义经济高速增长。日本资本主义发展较晚，但速度较快。1868 年明治维新以前，它还是一个落后的、闭关自守的封建农业国。明治维新后，建立起地主和大资产阶级联合专政的资本主义国家。此后，日本推行"军国主义"路线，靠战争起家。在掠夺我国东北和朝鲜的矿产资源的基础上，发展了采矿、冶金、机械、电机、化工等重工业部门，生产和资本更加集中，垄断组织陆续形成。到 20 世纪初，日本发展成为帝国主义国家，及至 1937年工业总产值占资本主义世界的 4.8%，居第五位，在亚洲名列第一。1945 年日本战败，经济陷于瘫痪和濒临崩溃的边缘。但经过短暂的恢复，1952 年国民生产总值已恢复到战前水平。1955—1973 年是日本经济高速增长期，经济平均增长率达 9.6%。这 18 年工业生产增长8.6 倍。1968 年，日本 GDP 首超联邦德国，仅次于美国，居世界第二位经济大国宝座长达42 年，直到 2010 年才让位中国。近年来，日本受少子化、老龄化及通缩等因素影响，经济发展缓慢，GDP 增速乏力。2014 年日本 GDP 为 4.8 万亿美元，不及中国的一半。据 IMF 统计，2014 年日本人均 GDP 为 36 332 美元，不及上年。但日本仍为世界上仅次于美国、中国的第三大经济体。

　　日本经济的高速增长是由于帝国主义政治经济发展不平衡规律在具体特定的国内外条件下出现的。①20 世纪 50 年代中期到 70 年代中期正是世界资本主义经济大发展时期。世界市场上的石油、工业原料和农产品激增，价格较低；同时，一些发展中国家为发展民族经济也迫切要求从国际市场购买大量的生产设备和其他工业品，这为资源贫乏、国内市场狭小的日本提供了极为有利的条件。②第二次世界大战后日本在美国扶植下，经济恢复迅速，美国大量的"援助"和"贷款"成了日本发展经济的重要资金来源。1949—1951 年美国向日本提供贷款达 23 亿美元。另一方面，美国还通过民间贸易向日本供应原棉、石油、煤炭、铁矿石、橡胶、原毛、纸浆等，使其获得急需的原料，这对在困难中挣扎的日本经济起了输血作用；美国的侵朝、侵越战争，使日本得到大批军事订货，美军官兵和家属的个人消费支出等，对日本经济发展和刺激也很大。③迅速更新设备和从欧美引起先进技术，充分利用本国的低廉劳力和原有的物质技术基础等，使日本在国际市场上竞争能力日益增强，用不到二十年的时间就走完了欧美各国半个多世纪才走完的路程。④奉行"富国轻兵"路线，一心靠美，压缩军费开支，腾出更多资金用于建设。此外，利用本国方便的海运条件，重视教育和科研等，也都有力地推动了日本经济的高速发展。

　　日本国民生产总值平均增长率，20 世纪 50 年代为 22.8%，60 年代达到 11.1%，70 年代是 5.3%，80 年代为 3% 左右，1988 年经济实际增长率达到 5.1%，这些都超过同期美国与西欧等国的发展速度。日本自己认为基础工业水平已与美国并驾齐驱，已成为影响世界力量均衡的"核心国家"。20 世纪 90 年代以来，西方发达国家相继陷入经济衰退，日本出现的"泡沫经济"破灭，经济自 1992 年度开始持续 4 年增长率低于 1%，1993 年出现第二次世界大战后第一次负增长（-0.5%）。东亚经济危机的爆发，进一步深化了日本经济困难。从 2002 年起，日本走出十年低迷，经济开始缓慢复苏。2007 年 GDP 增长 2.1%；2008 年受金融危机影响，增速降至 -0.7%，是日本近三十年来最大的年度跌幅。2009 年 4 月以后日本经济企稳回暖，逐渐进入良性循环期。但 2013 年日本 GDP 增长 1.6%，低于 2012 年的 1.8%。进入 2014 年后，经济增长更加乏力。日本政府已采取多项经济刺激政策来改变现状。

　　（2）基础脆弱，对外依赖严重。日本自然资源贫乏，又是世界上典型的"加工贸易"国。目前，工业生产所需的主要原料和燃料，绝大部分依靠进口。磷酸盐、铝土、原油、铁矿石、盐、原料煤等对外依赖程度均为 80% 以上。而镍、铀、天然橡胶、棉花、羊毛等重要原料则全部依靠进口。日本已成为世界上进口工业原料最多、对国外资源依赖程度最大的国家。

　　另一方面，日本主要工业品对国际市场的依赖程度可达 30%～50%，甚至更高。离开国际市场，经济就趋于瘫痪。

　　原料和市场的对外严重依赖，说明日本经济基础脆弱，任何世界性政治经济的波动，都对其产生很大影响。自 1973 年资本主义世界出现危机，尤其是"能源危机"后，日本经济就由高速增长转向低速发展。进入 20 世纪 90 年代以来经济又趋疲软。特别自泡沫经济崩溃以来，金融机构的巨额不良债权一直是日本经济无力回升的主要原因之一。世界经济的强弱对日本影响极大。

　　（3）资本的集中与垄断不断加强。第二次世界大战前，日本十大财团掌握着日本的经济命脉。第二次世界大战后，三菱、住友、三井、富士、三和及第一劝业银行等六大财团，控制了全国总资本的 70% 以上，其经济实力和垄断程度都超过战前，它们是日本内外政策的决策者，在日本社会经济结构中，控制着日本经济命脉和国家机器。①三菱财团。实力最雄厚，涉及行业广。核心企业有东京三菱银行、三菱商事、三菱重工、三菱电机、本田技研、麒麟啤酒、旭玻璃等。该集团主要以汽车、成套设备、石油化学、飞机、造船、核能等产业为重点，并致力于城市住宅开发和新材料开发等，还控制着日本的军火工业。②三井财团。目前有 25 家大企业，核心企业有樱花银行、三井物产、索尼、东芝、丰田汽车、新王子制纸、三越、东丽、三井不动产等。该财团在化工、重型机械、综合电机、汽车制造、房地产、核发电、半导体、医疗及办公电子设备等行业拥有优势。③住友财团。在金属业、金融业以及电气产业方面有较强实力。核心大企业有住友银行、住友金属、住友化学、住友商事、松下电器、NEC 电器、三洋电机等。在石油化工、钢铁、有色金属、精细化工等部门有基础，后来又经营海洋开发和核能。④富士财团。在日本制造业、商业、金融业等各重要领域有较大的影响力。核心企业有富士银行、日产汽车、日本钢管、日立、丸红、佳能，以及日本生产轴承最大企业日本精工、农机最大厂家久保田等。以纺织业起家的丸红商社是日本的大型综合商社，是世界最大商贸企业之一。⑤三和财团。核心企业有三和银行、日商岩井、日本电信电话（NTT）、日棉、科思摩石油、神户制钢所、夏普、日本通运、积水化学工业等。其中日商岩井及日棉居日本九大商社之列。该财团在钢铁制造业、通讯业、液化气、陶瓷、橡胶等行业有较大实力。⑥第一劝银财团。目前有 48 家大企业，是成立较晚（1978 年成立，其他财团均是 20 世纪 50、60 年代成立）而成员最多的一个财团。核心企业有第一劝业银行、伊藤忠商社、富士通、川崎制铁、富士电机、横滨橡胶等。主要在化工纤维、金融、光通讯、计算机、石油开发、食品等方面较有优势。

日本金融业经过近年来的改革重组，形成了三大金融集团三足鼎立的格局：樱花银行与住友银行合并成的三井住友银行是三井住友金融控股集团的核心；三菱银行与日本联合银行合并成的三菱东京联合银行隶属于世界最大的金融机构——三菱联合金融控股集团；日本兴业银行、富士银行和第一劝业银行则组成了瑞穗金融控股集团。

（4）产业结构出现新的变化。战后日本经济发展靠的是不断调整产业结构。至今日本产业结构已经历四次重大变化。1973 年能源危机后，日本从以重化工业为主转向以知识密集型产业为主导产业。20 世纪 90 年代以来，日本调整产业结构的目标是国际化、高技术化和服务化。即大量增加对外投资，加强高技术产业的开发和研究，发展包括信息通讯教育、金融、保险、软件等在内的第三产业，处于"第三次产业革命"信息技术革命的浪潮中。信息技术产业（IT 产业）迅速崛起，成了日本经济摆脱传统产业模式向高新技术领域攀升的新的切入点，从而为日本经济的向上发展打开了一个通道，获得了一个较为开阔的发展空间。日本努力利用移动电话建立"移动式数字通信网络"，并已在国际信息市场上处于领先地位。日本的 IT 产业在生产、雇佣、投资和消费等方面已形成良好的循环，成为经济新的推动力。进入 21 世纪后的日本，提出新产业发展战略。由于日本许多传统支柱产业的国际比较优势已经或正在丧失，钢铁、造船、电气、机械、家电、半导体等产业方面的国际竞争力已被他国超过，并且其办公机械、光学机械、汽车等产业的国际竞争力也在下降。近年来，日本拥有世界市场领先地位的四个产业是：信息通讯、机器人、燃料电池、影音文化服务。为适应社会需要，日本把信息通讯产业、与环保相关联的产业、商品流通，以及医疗保健为核心的服务业等作为新的经济增长点加以培育。2013 年日本服务业占国内总产值约 72.7%。

（5）经济地域分布不平衡。日本是世界上生产密度最高的国家，太平洋沿岸的"三湾一海"地区经济最发达，是日本政治、经济和文化的中心地带；而日本海沿岸及整个国土的南北两端则是日本经济相对落后的农业地区。

由于日本对原料和市场的严重对外依赖，使其工业分布具有临海性的特点。

日本工业聚集在太平洋沿岸的"三湾一海"地区，从东京湾东侧的鹿岛开始，向西经千叶、东京、横滨、名古屋、大阪、神户，直至北九州，长达 1 000 千米，共计 16 个都、府、县，包括有京滨、中京、阪神、濑户内海、北九州等五大工业区，通常称为"太平洋带状工业地带"。该地区约占全国总面积的 24%，但却拥有全国工业产值的 75%，特别是大量消费原料的资源型工业，全部都分布在这一带的填海新陆上。太平洋带状工业地带的形成和日本的具体条件、特点分不开。日本充分发挥岛国位置条件的优越性，太平洋沿岸有深水良港，便于大型海轮停泊，为进口原料、燃料、出口产品提供廉价的海上运输，而第二次世界大战后物资来源主要面向太平洋（如东南亚、大洋洲、欧、美、非洲、拉美等），更是工业愈加集中太平洋沿岸的直接原因。其次，太平洋沿岸地区人口密集，交通方便，是国内工业品的最大消费地，因而吸引大批工业企业，加上近年来的填海造陆，降低了地价，利于投资设厂。

工业过于高度集中的太平洋带状地区，已处超饱和状态。目前已提出重新布局的问题，工业开始向原有工业地带的周边及外围的内陆部分延伸，向劳力资源较充足的地区、工业落后的地区发展。日本以生产电子产品为主的新兴工业的分布，从国土中部向国土的北部和南部方向发展。

工业　第二次世界大战前，日本工业结构以轻纺工业为主，为世界纺织工业发达国家之一。第二次世界大战后，特别是 20 世纪 50 年代中期至 70 年代，以汽车、造船、钢铁、石油加工、石油化学和电子等部门为中心的重化工业发展，并进一步推行"技术立国"政策，即把日本由"模仿和追随的文明开化时代"推向"具有独到技术的文明开拓时代"。20 世纪 80 年代中期积极开拓新能源技术、工业机器人、生物工程等新产业领域，以生产知识密集型的高科技产品为目标。电子工业产值超过汽车业成为日本第一大产业。进入 21 世纪后，尤其是 2005 年，日本经济中的三大产业结构变化较大，其中第二产业（制造业）占 GDP 的 28.8%。一般机械、电气设备、运输设备、科学仪器等机电制造业是日本主要出口产业，自 2005 年以来每年合计金额均占出口额的 60% 以上。日本将大力调整制造业结构，将机器人、下一代清洁能源汽车、再生医疗以及 3D 打印技术作为今后制造业发展的重要领域。日本未来制造比拼智能化。

（1）能源工业。第二次世界大战后，日本的能源消费构成由过去以煤炭为主转向以石油为主。日本能源匮乏，几乎 100% 的天然气、99% 以上的石油和 98% 的煤炭都依赖进口，为世界第二大能源进口国和第四大能源消费国。日本新能源开发技术强大。从 1974 年起，日本执行"新能源技术开发计划"，努力发展包括太阳能、地热、煤液化和气化技术、合成天然气、风能、潮汐能等在内的各种新能源。经过几十年的实践，太阳能、风能、核能等得到了应用，并利用生物发电、垃圾发电、地热发电等方法，极大地缓解了日本对石油的依赖。在能源消费结构中，石油从 77% 降到 51%，天然气比重从 2% 提高到 13%，煤占 17%，核能占 13%，水能占 4%，地热、太阳能等新能源占 2%。农村生物能源利用广泛。

石油加工业。石油加工业是第二次世界大战后高速发展的工业部门。日本石油资源贫乏，仅日本海沿岸的新潟有少量石油。目前其石油除来自西亚和东南亚外，还有中亚、俄罗斯及拉美地区。日本是世界最大的石油进口国之一。石油加工业全部集中在沿海地区，特别是太平洋沿岸带状地区，其中京滨工业区是日本最大的石油工业基地。横滨、川崎、四日市等是重要的炼油中心。

煤炭工业。煤炭工业在日本发展最早，但产量不大。北海道的石狩川流域和北九州是日本主要产煤区。目前，日本主要从澳大利亚、美国、加拿大、中国和独联体等国进口煤炭。

电力工业。第二次世界大战后日本发电装机容量增长很快，其速度已超过欧美各国。总发电量居世界第三位。日本主要发展火电站，火电站主要分布在五大工业区，其中以鹿儿岛的设备能力最大。为争取能源长期稳定供应，减少石油进口，在全国电力构成中，核电已占36%，核能发电大幅增长，有54座核电站，总功率为4 900万千瓦，居世界第三位，其规模仅次于美国和法国。2011年日本大地震引发海啸造成了福岛核电站核泄漏事故，日本暂时终止核能发展计划。但随后日本公布了能源基本计划修正案，其中提到在2020年前，新建8座核电站。说明核电将继续作为日本重要的基荷电源存在。为此日本通过了核电新安全标准，首座在运核电站的重启已获通过。经历大约两年的"零核电"状态后，日本在位于鹿儿岛县萨摩川内市的川内核电站1号机组反应堆于2015年8月11日重启。川内核电站位于日本西南部，距东京约1 000千米。此外，日本唯一一座在建的核电站也提交了重启计划。日本核电站主要分布在福井和福岛两县。

当前，日本新能源产业在调整中发展。随着能源供应偏紧以及环保意识的增强，重点将开发太阳能、风能等可再生资源，让自然能源成为日本电力的根本。在北海道和鹿儿岛等地建设太阳能发电设施，尤其是三菱商事和三菱电机合作在三河湾建设目前日本最大太阳能设施。在政府大力扶植和企业积极参与下，2013年日本新增太阳能发电装机容量达到500万千瓦，比上年增长150%。全年装机容量为世界第二，仅次于中国。据日本经产省预测，按目前的增长速度，日本太阳能发电规模将由2014年的1 800万千瓦增至2030年的约1.4亿千瓦，增幅逾7倍。日本风电事业起步较晚，发展速度缓慢。日本现拥有144吉瓦陆上风能、608吉瓦海上风能的发电潜力，是有待开发的能源宝库。在核电受挫情况下，日本在福岛县近海建设浮体式海上风力发电站，其最终发电量为100万千瓦时，相当于1个核电机组的发电量，现已投入运行。

日本拥有十分丰富的地热资源，排名全球第三。目前日本地热能发电规模为520兆瓦。到2030年可能增加380兆瓦的地热能发电。地热电站在岩手和大分等县。其中大分县拥有日本最大的地热发电站，发电量占全国地热发电总量的40.4%。日本水电站以小型为主，多建在本州中部各河的上游。日本计划将水电规模增加350兆瓦，到2030年达到2 960兆瓦。此外，生物质能发电则有望在未来15年内从当前的2 520兆瓦增长至4 080兆瓦。

液化天然气（LNG）。作为一种高效清洁能源，液化天然气已成为全球增长最迅猛的能源行业之一。为保证能源供应多元化和改善能源消费结构，日本LNG需求快速增长，并被作为填补核电泄漏的主要选择。由于近年来LNG进口量大增，日本已成为全球最大的LNG进口国。2014年日本LNG进口量达8 850万吨，创历史新高。其最大的进口来源地是澳大利亚，其次为卡塔尔等中东国家和亚洲地区。据预测，今后日本进口LNG的70%将来自澳大利亚和美、加等国。

（2）钢铁工业。日本是世界钢铁生产大国，钢铁工业是第二次世界大战后日本重点投资的部门，发展速度远远超过欧美主要产钢国家。20 世纪 90 年代初，日本年最高产钢量亿吨以上，占世界钢铁总产量的 15%，居世界第一位，1996 年起被中国超过。日本钢铁工业生产现代化水平高，其劳动生产率超过欧美各国。同时，钢铁生产的能耗量和焦比是世界上最低的，加之较欧美低廉的工人工资，增强了日本钢铁在国际市场上的竞争能力。2014 年日本粗钢产量 1.17 亿吨，占全球产量的 6.7%，居世界第二位。日本钢铁行业现在公司和企业约 400 余家。

日本的钢铁工业几乎完全是在进口原料和燃料的基础上发展起来的。其中铁矿石主要来自澳大利亚、巴西、印度等国；废钢和焦炭主要来自美国、澳大利亚、加拿大和独联体等。生产的钢 1/3 以上到国外市场销售，主要输往美国、中国、中东等地。进入 21 世纪后，原新日本制铁所等六大钢铁公司寻求新的生存发展之路，通过合并重组、资源共享，六大公司重组为两个集团，统一组织生产和经营。其中一个是日本钢管（NKK）与川崎制铁合并成的 JFE 集团，另一个是新日铁阵营（新日本制铁所、神户制钢所、住友金属工业、日新制钢 4 家公司组成的钢铁联合体）。重组极大地提高了日本钢铁工业的核心竞争力。但日本钢铁工业在原料、市场上的对外依赖使其基础十分脆弱。日本钢铁工业主要集中在阪神、京滨、濑户内海沿岸，北九州及中京 5 个工业区，其中阪神地区为全国最大的钢铁工业基地。福山、水岛、鹿岛和君津等为主要钢铁中心，年生产能力均在 1 000 万吨以上。

（3）机械工业。机械工业是日本最大的工业部门。近年已占工业产值和工业就业人数的 1/3 左右，并占出口贸易额的一半以上，居世界机械产品贸易的第三位。在机械工业中，以汽车、造船、电子、机床等部门最发达。

①汽车工业。在 20 世纪 60 年代后发展迅速。1967 年日本为世界第二大汽车生产国，1980 年又超过美国，登上了汽车产量世界第一的宝座。20 世纪 80 年代世界十大汽车公司中，日本占了 4 个（丰田、日产、三菱、东洋）。1990 年产汽车 1 349 万辆，创历史最高。此后呈下降趋势，多次被美国超过。2009 年起又被中国超越。2014 年日本生产汽车 977.45 万辆，比上年增长 1.5%。日本国内汽车产量继中国的 2 349.18 万辆、美国的 1 684.19 万辆之后，名列世界第三。日本是世界上重要的汽车生产大国，汽车制造业是支撑日本经济发展的重要的基干产业，其产值占制造业总产值的 17.8%。丰田公司是日本最大的汽车生产商。日本汽车 1/2 左右用于出口，是日本出口额最大的商品。日本多年来都是世界最大汽车输出国。但 2010 年前后，汽车产销量已被中国赶超。2014 年中国汽车产销量分别为 2 372 万辆和 2 349 万辆，连续六年排名全球第一。2014 年日本汽车出口总额也相应减少，包括整车和零部件在内的出口总额为 1 429.4 亿美元，比上年下降 4.8%。日本最大的汽车出口市场依然是美国，其次是欧洲、中东和亚洲。

日本的汽车工业主要集中在中京和京滨工业区，占全车汽车产量的 70% 以上。中京工业区的丰田市是日本的汽车城。此外，汽车工业中心还有名古屋、川崎、东京等。随着 20 世纪 80 年代日美之间的"汽车贸易战"之后，日本开始调整汽车产业战略，在美投资设厂，在当地生产并销售汽车。目前日资在海外投资设立的汽车及零部件生产工厂遍及北美、欧洲、亚洲、中东、中南美洲、大洋洲及非洲大陆。日本在海外的汽车产量是国内的 1.75 倍。2014 年日本海外汽车产量达 1 747.62 万辆。

当前，日本汽车产业正在实施改革创新，重点研究开发利用电力、天然气、氢气等多种新型能源，节能环保并具有高安全性、能自动驾驶的新型汽车及其零部件，适应国际市场新的竞争形势。2015年氢燃料电池车在日本正式运行并进入市场销售，在全国4个主要城市圈建设100座加氢站。计划在2020年东京奥运会前后推动氢燃料车在国际范围内的普及。

②造船工业。造船工业历史悠久，素有"造船王国"之称。自1956年以来，日本造船总吨位一直居世界第一位，历年产量均占世界总量的一半左右。主要造商船，如油船、矿石船、液化气船、集装箱船等。并向大型化、专业化、高速化、自动化发展。每年造船量的80%用于出口，成为日本的主要出口商品之一。日本造船工业历史久，技术水平高，造船期短，船价低。这是日本造船工业长期立于不败之地的主要原因。由于近几年韩国、中国造船业的大力发展，使日本在国际船舶市场的份额日益减少。按总吨位算，目前全球造船业是中、日、韩三分天下。中国船舶所占市场份额自2000年以来大幅提升，由5%升至35%。2012—2013年，中国船舶的订单量、建造量和未交付订单量三大指标分别占世界市场总量的35%、30.7%、35.5%，均在世界市场上排名第一。中国造船业已赶超韩、日。日本造船中心主要分布在太平洋沿岸的钢铁工业基地，如长崎、东京、横滨、神户等。其中长崎是日本和世界最大的造船中心之一。

目前，在日本南部一家造船厂，三菱重工的设计师正在打造最新的LNG货船燃料发动机，以及更大容量、能够装载更多LNG的大型货船。未来LNG市场的火爆，正是日本船舶业重新崛起的催化剂。

③电子工业。20世纪60年代以来，电子工业发展迅猛，主要生产各类电机、电器和电子产品，包括电子计算机、计算器、电视机、录音机、录像机、洗衣机、电冰箱、照相机等，产量居世界前列，大量出口。由于成本低，技术水平高，质量好，在国际市场上竞争力很强。尤其是电视机和摄像机等，其产量的72%对外出口。美国进口的电视机绝大部分来自日本。

但时至今日，在中、韩同行的冲击下，手机、彩电、冰箱、洗衣机和空调行业的全球排行榜上，日本企业已不再名列前茅。韩国的三星、LG是全球最大的彩电供应商，三星还与美国苹果公司成为智能手机的霸主；中国的格力、海尔已分别成为全球最大的家用空调和冰箱冷柜供应商，TCL、海信以及华为、小米等则在竞争全球彩电及手机的前三强。日本企业正从B2C领域向B2B领域转型。松下从家电DNA，扩展至汽车电子、住宅能源商务解决方案等领域；夏普转向健康医疗机器人、智能住宅、汽车、食品、水、空气安全领域和教育产业；索尼将强化手机摄像头等核心部件，并与奥林巴斯共同研发医疗内窥镜，并在该领域占据全球80%～90%的市场份额；日立、东芝也向智能电网、电梯等基础设备等领域转型。日本企业不再将电子产品作为"主攻"对象了。如今国际市场上，日本的芯片等高精尖技术应用非常广泛。

产业机器人是尖端机械技术与电子技术的组合。日本在全球产业机器人市场上所占份额已经超过50%，居世界首位。机器人已成为日本振兴制造业的战略产业之一。如今日本机器人产业已从工业机器人向服务机器人扩展，以适应老龄化社会的需求。日本安川电机是全球四大机器人企业之一，主要产品包括焊接、点焊、喷涂、组装等各种工业机器人，多用于汽车、电机和半导体相关行业。安川电机还在发展用于医院等领域的服务机器人，其市场已从日本扩展到欧美。安川电机曾计划在 2014 财年强化工业机器人业务，为扩大海外市场，在中国青岛等地增设两个新的机器人中心，并积极发展服务机器人业务。日本从 20 世纪 70 年代就使用机器人，无论在研发、生产和拥有量上一直都保持着世界最高水平，被称为世界机器人王国。为了在这一产业领域继续引领潮流，日本注重将新技术与机器人相结合，使机器人朝着智能化、多样化、生活化的方向发展。近年来，日本将发展机器人作为迎接高龄化社会、解决劳动力不足问题的重要一环列入经济成长战略规划。目前其机器人研发的重点领域是图像识别、自然语言识别、智能运算和控制系统等，以制造出具有类人类行为和思维的智能机器人。如夏普开发出可在住宅周围巡逻的保安机器人，松下推出了能够在医院运送药品的机器人等。

日本电子工业主要分布在京滨和阪神工业区，后来九州岛成为日本最大的集成电路生产基地，被称为"硅岛"。九州岛从 60、70 年代开始发展 IC 工业（微电子工业），目前几乎集中了全国产量的 40% 和产值的 30%。九州 IC 工业以生产和组装为主，研制、开发、设计多集中在东京和阪神地区。日本最大电子工业中心城市是茨城县的筑波，位于东京东北方向约 50 千米处的筑波山西南，面积 284.07 平方千米，集中了数十个高级研究机构和两所大学。其中筑波大学是新型国立综合大学，筑波高能物理研究所是国际上重要的高能物理研究中心之一。

④机床工业。日本机床工业十分发达，20 世纪 50 年代起步后发展迅速。1970 年即发展成为世界四大机床生产国之一，仅次于当时的德、美和苏联。1982 年跃居世界最大机床生产国，直到 2007 年，连续 26 年，日本机床生产总值和出口总值稳居全球第一。战略上先仿后创，先生产量大而广的中档数控机床大量出口，占领大部分世界市场份额。80 年代开始向高性能数控机床发展。日本 FANUC 公司正是采取这种战略针对性发展市场所需的各种低、中、高档数控系统。在技术上领先，成为世界上最大的数控机床系统的供应商。其销售额占世界市场的 50%，占国内市场的 80%，对加速日本和世界数控机床的发展起着极大的推动作用。在 20 世纪 80 年代后期，日本建立了数个"自动化工厂"，使用机器人与 NC 机床进行组合，对 NC 系统机器人、主轴电动机、伺服电动机、转塔 NC 钻床和电加工机床进行自动化生产，技术上均居世界一流水平。由于生产实现自动化，效率得到极大提高，NC 系统技术先进，一直处于世界领先地位。日本与美国、德国并列为世界机床工业、制造业、工业化的三大强国。

（4）化学工业。化学工业是第二次世界大战后日本重点发展的部门之一，目前化学工业的规模已超过钢铁工业。石化工业是日本 20 世纪 50 年代中期以后发展迅速的新兴工业部门。日本对石油等原料进行深加工，多次提炼，实行集约化生产，综合利用。石化产品已占化工产品的 1/2 以上。乙烯产量仅次于美国，居世界第二位。塑料、合成橡胶、化纤等产量居世界前列。21 世纪初，随着日本经济下滑，化工企业遭到沉重打击，迫使许多化工企业采取"选择与集中"的伞状经营战略，着力发展优势产品，将发展重点由核心的通用化学品转为效益更好、增长更快的高附加值的特种化学品。在过去 10 年中，日本下游的通用聚合物企业已进行了兼并和联合。石化工业全部集中在太平洋沿岸带状地区，与石油加工工业的地理分布基本一致，主要中心有川崎、千叶、市原、鹿岛等。

（5）纺织服装工业。纺织工业是日本发展最早的工业部门，为世界上纺织工业发达的国家之一。20 世纪 50 年代初，纺织品出口值占总出口值的 50%，居出口商品之首。第二次世界大战后，由于片面发展重化工业，纺织工业地位日益降低。纺织工业结构也发生很大变化，以纯天然织物为原料的纺织品为主。十多年来，纺织工业数量及就业人数减少了 40%～50%。日本已由纺织品服装净出口国转为纺织品服装净进口国。但日本的化纤技术、纺织品染色后整理、新产品开发、时装品牌设计和经营及市场营销等诸多方面处于世界领先水平。日本将技术与面料的完美结合使得各种新型面料精品甚多。东京是世界四大时装之都之一。经过二十多年的发展，日本的高科技纤维产业，特别是功能纤维和超强纤维已在总体上居世界领先地位，其 PAN 基碳纤维总产量占世界总产量的 3/4。随着日本国内劳动力成本的不断上升，从 20 世纪 80 年代以来，大企业纷纷在东南亚、中国等地投资设厂，造成国内服装业的衰退。但日本的服装产品质量严谨，款式前卫，在世界服装制造业中以技术居领先地位。日本纺织机械质量可靠、设计新颖，其纺纱机械、织造机械和后整理机械的性能可与欧盟的纺织机械制造强国相媲美。同时日本有悠久的缝纫机生产历史，在目前世界缝纫机领域有决定性的影响和地位。

日本纺织品天然原材料的 80%、服装等成品的 50% 依赖国外进口。棉花进口量，羊毛进口量常居世界第一、二位；生丝需求量约为世界总需求量的 1/3 左右。在日本市场，中国产品的占有率在 70% 以上，稳居供应国之首，其次为意大利、美国等。现在日本对纺织品和服装进口主要集中在附加值较低的档次产品上。

纺织工业主要集中在石川及福井县、大阪南部、冈山等地，日本的中部山地是传统的丝织品产地。

此外，日本的造纸、印刷、水泥、陶瓷和食品工业等也很发达，在世界居一定地位。

文化产业 文化产业是日本在 20 世纪 90 年代后期摆脱经济低迷的重要支柱产业，目前规模仅次于制造业。为振兴文化产业发展，日本在法律保障和政策支持方面建立了完善的体系，提供了充足的资金，充分挖掘了日本文化产业的发展潜力。1995 年，日本发表"新文化立国"的战略方针。此后文化产业飞速发展。多年后的今天，日本文化产业已在全球范围内居领先地位，成为世界游戏软件第一生产国，并积极开拓海外市场，通过建立海外市场来完善日本文化产业体系。

在日本各式各样的创意产业中，动漫产业最突出。日本享有"世界动漫王国"的美誉，是世界最大的动漫制作和动漫输出国。全球播放的动漫节目有 60% 是日本制作的。日本提出要从经济大国转变为文化输出大国。几十年来，动漫产业作为日本文化产业的代表，已和日本电器、日本汽车并列成为影响世界的三大日本制造。同时，动漫产品走向世界，成为最有价值的出口产品之一。在文化规模上，现在日本仅次于美国。

农业 日本进入 20 世纪 60 年代以来，因采取"牺牲农业"、"发展进口"等政策，农业发展迟缓，地位日趋下降。1950—1977 年，工业生产增长 20 倍，而农业只增长 1.5 倍。2011 年农业不到工农业总产值的 1.5%。日本耕地占国土面积的 12%，使用系统化耕作。农业在日本是高补助与保护产业。自 1962 年起耕地面积逐年减少。截至 2014 年，日本全国耕地面积为 454.9 万公顷，仅为 1961 年的 3/4。加上农业从业人口不断流失，专业农户锐减，兼业农户比重大（约占 88%），农产品自给率下降。日本农业经营规模在发达国家中是最小的，个体经营仍占主要地位。农业集约化程度高，单位面积产量达世界第一。日本农业劳动力以老人和妇女为主，60岁以上老人约占半数。农户经营组织形式多样化，商品率高。在地价和劳动力价格偏高的形势下，日本都市农业着重从设施型农业、加工型农业和观光型农业等类型发展。

2005年，日本出台的农业改革政策表明，随着经济的快速成长，农业结构和农业生产要素都发生了重要变化，传统的小规模零散农业已不再适应新的农业经营环境，而扩大经营规模才是传统农业向现代化农业过渡的重要途径。现在日本已有补贴政策等措施，使小农户放弃土地，以促进由骨干农户承担土地耕种的规模化农业经营。

日本地少人多，耕地主要用于稻谷的种植。饲料用地和牧场的比重远不及欧美国家高。但20世纪60年代以后，农业部门结构有重大变化，养畜业与蔬菜、水果等园艺业地位显著提高，现在已占农牧业总产值的一半以上。

稻米是日本主要粮食作物，产值约占农业产值的1/3，日本是世界上主要稻米生产国之一。近年来稻米产量约1 000万吨左右，2014年估计为789万吨，稻米自给率95%。水稻种植遍及全国，主要集中在本州岛的东北和中部的北陆地区。20世纪70年代以来播种面积渐少。其他粮食作物很少，粮食自给率多年下滑，近年来已跌至40%以下。日本每年需要进口粮食约2 000万吨左右，成为世界主要粮食进口国（包括饲料）。饲料玉米几乎全从美国进口，小麦约有一半从美国进口，其余由加拿大、澳大利亚、欧盟等供给。另外还从阿根廷和美国进口高粱，从美国进口大豆等。日本茶园多分布在南部，静冈县是最大产茶中心。蔬菜、水果等园艺业这几年发展很快，其地位仅次于水稻种植和养畜业。千叶县气候温暖，土地肥沃，蔬菜、水果、稻米和花卉种植产量居全国前列，是有名的农业县。大中城市的近郊地区和高知县是蔬菜高度专业化地区。水果以关东平原为界，北为苹果，南以柑橘为主。日本每年还从中国、美国、菲律宾、韩国及其中国的台湾省进口蔬菜和水果。近年来日本实施海外农业战略。日本五大农业公司（丸红、全农、三菱、三井、伊藤忠）加速在巴西及南美其他农业大国增加投资，在2015年可获2 200万吨的粮食收购能力。海外屯田面积达1 200公顷以上，相当于国内耕地面积的三倍。由海外供应的60%的粮食里，美国占比已下降到22.2%，中国则上升至18.3%。

近年来，养畜业已同水稻、蔬菜一起成为日本农业的三大部门。食用畜产品产量显著增加。奶牛主要分布在北海道东部和本州北部；肉牛以南九州为最多，养猪业和养鸡业分布普遍。现在日本畜产品的消费有30%以上是进口。尤其是肉类进口量约占世界进口总量的10%以上，主要来自美国、澳大利亚、加拿大等。

日本有着发展渔业的有利条件，寒暖流在东北部沿海相汇，鱼类资源十分丰富，年渔获量1 000万吨以上，约占世界渔获量的15%左右，居世界第二位。捕捞区以太平洋为主，北海道渔场最大。近年已向大西洋地区作业。日本人均鱼类消费量仅次于韩国。日本在出口水产品的同时，也大量进口水产品，是世界水产品进口最多的国家。主要渔港有钏路、八户、稚内、长崎、铫子等。

日本森林覆盖率高，为世界多林国家之一。日本强调营造环境保全林，环保意识强，不愿砍伐本国树木。因此日本每年从中国或越南进口大量木材，成为世界上木材进口最多的国家之一。

目前日本农产品自给率最低,已成为世界上大量进口农产品的国家。美国是日本农产品最大进口来源国,美国出口的农产品有 1/4 是对日本的。

交通运输业 日本随着经济的高速增长,运输业有很大发展。近十多年来,运输业构成发生很大变化。铁路运输比重明显下降,汽车运输地位显著提高。汽车是日本目前最主要的运输方式,尤其是长途运输。日本全国建有发达的公路网,现有公路长 124 万多千米,拥有汽车 8 000 多万辆,占世界汽车保有量的 9%,仅次于美国和中国,排第三位,进入了"汽车时代"。同时,高速公路发展迅速,主要有以东京为中心向西经京名(东京—名古屋)、名神(名古屋—神户),中国线直达九州北部;自东京北上可达青森,经青函隧道直达北海道。此外,在北陆地区也有高速公路,大大缩短了东京与各地的时间。

日本铁路运输发达。铁路全长 2.8 万千米,绝大部分已实现了电气化,主要铁路多分布在沿海地带与海岸平行,在世界上很突出。1988 年,青函海底隧道通车后,列车便可从九州的鹿儿岛直到北海道的稚内,加之连接本州与四国的濑户内海大桥的正式通车,至此,日本四大岛已贯通一体,交通十分方便。从 20 世纪 60 年代起开始修筑高速铁路。1964 年世界第一条载客运营的高速铁路东海道新干线(东京—福冈),全长 1 177 千米,中间穿越本州与九州之间的关门隧道直抵福冈市,往东北通过青函隧道直到北海道的札幌。还有山阳新干线(大阪—博多港)、东北新干线(大宫—盛冈)、上越新干线(大宫—新潟)和长野新干线(高崎—长野)。日本长期从事研究的磁悬浮铁路列车,已在 1988 年投入营运。目前又正在研制一种贴地飞行的列车,可以浮在高压空气垫之上离地飞行,将会大大减少能源消耗并节省成本。日本最终目标是在 2020 年之前建成载客 335 人,时速可达到 500 千米的新型列车。

空运在日本国内长距离客运和国际间旅客往来中占有重要地位。近年来货运发展也快。在国际航线中以飞越东南亚和太平洋的航线最重要,而全日本航空运输公司则经营国内航线。成田国际机场是世界航运的一个重要连接点,货运量居日本第一,客运量居第二。羽田机场是世界重要客运机场之一。此外,还有关西、福冈、大阪国际、名古屋等机场。

日本海岸线绵长,加之经济严重的对外依赖。海运是日本对外经济联系的主要运输方式。在日本列岛之间以及邻国相隔的海峡,航运价值较大有宗谷海峡,在北海道与俄罗斯萨哈林岛之间,宽约 40 千米,是日本北部通向太平洋的交通要道。日本西南边缘的朝鲜海峡是去朝鲜半岛的通路,也是从日本海到我国黄海、东海的航道,而且是日本南下太平洋通往东南亚各国的出口。日本列岛中,在北海道与本州之间有一宽达 20~50 千米的津轻海峡,现已有世界最长的青函海底隧道相连接。日本与世界各地的定期远洋航线有三十多条,其各大港与我国上海、天津等都有定期贸易航线。

目前,中、俄、韩、日东北亚四国协议开通环日本海首条定期航线。自中国吉林珲春市陆路抵俄扎鲁比诺港,海上经停韩国束草港,最后抵日本新潟。此"黄金航线"将打通环日本海航运通道。中国东北货物运往日本取道俄罗斯直穿日本海,到新潟只需一天半时间,航行成本也随之大幅降低。

主要港口 日本全国拥有大小港口 1 088 个,主要集中在三湾一海地区。其中约有 100 个对外贸易港,它们往往也是日本重要的工业中心和大城市。主要大港有神户、千叶、横滨、名古屋、大阪、东京、川崎等。日本集装箱运量近年来明显增加。

神户（Kobe）位于大阪湾西北岸。人口 150 多万。近半个世纪以来为日本最大海港（20 世纪 70 年代曾一度被横滨超过，1978 年又跃居第一），拥有各种码头和船坞，位于主要船运线路上，也是通往东亚的门户。作为一个中途停靠港，神户设有北美航线、欧洲航线、中南美洲航线、非洲航线、大洋洲航线、南亚航线以及中国航线。神户港以优良的全能型停泊设施而闻名，拥有通往世界 130 多个国家和地区、500 多个港口的庞大运输网络而著名于世。它有大小泊位 230 多个，每天可同时停靠 250 艘海轮。神户也是日本最大的集装箱港口。神户人工岛码头号称 21 世纪的新型码头。神户港不仅是货运港，也是重要的客运港，建有日本最大的客船用码头。有众多大型邮轮停靠，与中国上海、天津有定期客运航班。神户港分为物流地带和亲水圣地两大区域，期望能开发观光和文化等新的港口功能，打造成一个更有竞争力的综合性港口。神户工业以食品、钢铁、机械和车船制造较为突出，也是阪神工业区的门户；进口货物以成衣、棉花、石油制品为主，出口货物以合成纤维制品、机械、钢铁、塑胶等为主。港口年吞吐量为 1.5 亿吨左右。是中国主要挂靠港口。

千叶（Chiba）位于东京湾东侧的千叶县，在东京以东 40 千米处。千叶是第二次世界大战后迅速发展起来的最大工业港口。码头岸线长 133 千米，港区面积 24 800 公顷，有 300 多个泊位，最大可靠泊 25 万载重吨的大型油轮。货物吞吐量常居日本前一、二位，是新兴工业港口的典范。进口货物主要是石油、天然气和石油制品，输入贸易额居全日本各港首位。出口货物以汽车、化学制品和钢材为主。千叶港为东京湾内最深港口，最大水深 18 米，可开发利用的海岸线长达 76 千米。千叶县化学、石油和煤炭、钢铁三大工业占全县工业产值的一半以上，现为日本亿吨级大港。

横滨（Yokohama）位于东京湾西南岸，距东京 30 千米，是日本第二大港，人口 350 多万，以车船制造、炼油、机电工业等闻名。横滨港有 130 多年的历史，与神户港同为日本最忙、吞吐量最大的港口。其进口以石油、煤炭、纤维制品居多，出口以船舶、汽车、钢铁、罐头食品、纺织品为主。横滨港地理位置优越，在风向、风力、潮流、水深方面均比较理想。作为东京的深水外港，横滨拥有泊位 245 个，最大水深 23 米，可停靠 20 万吨级油轮。横滨的内港和外港都建有现代化防波堤，有 23 个集装箱泊位，以及一个能接纳世界最大集装箱船的天然深水港。南本牧码头面积 216.9 公顷，是日本集装箱物流枢纽港，它与本牧、大黑共同构成了横滨港的三大集装箱码头。2008 年横滨港集装箱吞吐量为 348 万 TEU，仅次于东京港（415 万 TEU）。横滨港先后与我国上海、大连结成姊妹友好港，是中国主要挂靠港口。并有中国驻名古屋总领事馆。

名古屋（Nagoya）位于伊势湾北端。伊势湾因知多半岛和岛屿阻挡，受太平洋风浪影响小。这里港阔水深，一般全年均可作业。是日本国内唯一年吞吐量超过 2 亿吨的港口。从 2002 年至今，连续 12 年位居全国第一。港区共有 295 个泊位。进口以木材、矿石、粮食、棉花为主，出口以汽车及相关零部件为主。名古屋人口 200 多万。纺织和陶瓷等传统工业居全国首位，机械、车船、钢铁等重工业也很发达，工业规模居全国第四。2007 年集装箱吞吐量为 289 万 TEU，居全国第三位。是中国主要挂靠港口。并设有中国驻名古屋总领事馆。

东京（Tokyo），日本首都，位于关东平原南端，东京湾西北岸。东京为世界人口最多的都市之一，也是世界著名的金融中心。机械、冶金、化工、纺织、食品、印刷等工业十分发达，又是全国巨大的海、陆、空交通枢纽。银座位于东京的心脏地带，是全国最繁华的商业区。港口主要为进口服务，以进口食品、木材为大宗，以出口收音机、录音机、事务用机械为主。港区可分新、老两部。老港区的春见（晴海）码头长 1 708 米，水深 9～10 米，能同时停泊 5 艘万吨轮，是个外贸码头；老港区之外的新港区主要为集装箱码头。2007 年集装箱吞吐量为 382 万 TEU，居全国第一位。

大阪（Osaka）位于大阪湾东北岸，是京都的海上门户，也是日本现代化对外贸易大港之一。市内河道纵横，有"水都"之称。大阪是日本第三大城市，人口约 260 多万，GDP 列日本第二。轻重工业都很发达，主要工业有石化、钢铁、金属加工、运输机械及电机等。大阪港自北向南分为北港、内港、南港三个港区主要泊位 39 个，岸线长达 1 046 米，最大水深 12 米。码头可停靠 3.5 万吨船舶。该港有最先进的电脑系统，设立了综合流通中心，能以最高效率处理集装箱货物。目前大阪港以集装箱航线为中心，与世界 100 多个国家和地区的 400 多个港口有贸易往来。进口货物以煤炭、铁矿石食品以及工业原料为主；出口则以机械、纺织品及化工产品为主。2014 年 10 月起，由神户港集团和大阪港集团组成的神户—大阪国际港务集团正式运营，总部设在神户。

大阪有一座世界最大的综合地下都市——彩虹市，可容纳 50 万人，并有完备的地下铁路网沟通大阪市各个角落。大阪港也是中国船舶的主要挂靠港口。

川崎（Kawasaki）位于东京港西南多摩川河口南岸，人口 100 多万，有大型炼钢厂、造船厂、炼油厂和石油化工厂等。港口主要为工业服务，尤以进口原油、矿石和焦炭著称。全港有 70 个泊位，能停靠 25 万吨级船舶。

横须贺（Yokosuka）位于东京湾西南岸，北距横滨港 6 海里，距东京港 17 海里，东北至千叶港 18 海里，为日本军港兼商港，但大部分属于军港区，如横须贺海上自卫队码头、胜力岬美军码头等。南港部有横须贺新码头。

世界最大的"加工贸易"国 发展对外贸易，扩大和加强对外经济联系，在日本国民经济中有着特殊重要的意义。现在日本的外贸依存度约为 20%。

第二次世界大战结束时，日本对外贸易几乎处于停顿状态，直到 1958 年才恢复到战前水平。战后，日本政府把"贸易立国"作为它的"不变国策"，"出口第一"作为自己的经济纲领，对外贸易飞速发展，在世界贸易中的地位不断提高。多年来，日本都是世界最大"加工贸易"国，世界第三贸易大国。到 2004—2008 年均被中国超过，现居世界第四位。20 世纪 60 年代到 2001 年，对外贸易多是顺差，是世界上顺差额最大的国家（2002 年起先后被德国、中国超过）。2014 年进出口总额为 15 060 亿美元，其中出口 6 840 亿美元，进口 8 220 亿美元，已连续两年出现负增长（表 10）。截至 2015 年 6 月底，日本外汇储备达 1.24 万亿美元，仅次于中国，为世界第二大外汇储备国。日本国内债台高筑，但在国外却是全球最大的债权国。此外，日本又是世界著名的金融大国。

日本对外贸易的急剧发展，与经济的高速增长为其提供坚实的物质基础有关，但其在出口战略安排上的作用也不能忽视。日本对若干年后出口商品结构、市场布局、销售渠道等有较长远的设想。几十年来，它基本上是这样做的。

表 10 　　　　　　　　　　　　　日本货物贸易收支情况 　　　　　　　　　　　单位：亿美元

年　份	2008	2009	2010	2011	2012	2013	2014
进出口额	15 440	11 327	14 639	16 786	16 850	15 479	15 060
出　口　额	7 820	5 807.2	7 698.4	8 231.8	7 990	7 150	6 840
进　口　额	7 620	5 519.8	6 940.6	8 553.8	8 860	8 329	8 220
差　　额	200	287.4	757.8	−322	−870	−1 179	−1 380

　　　资料来源：WTO 统计。

　　首先，出口商品结构适应国际市场需求的变化。第二次世界大战后国际市场的需求的重要变化是：发展中国家为发展民族经济对资本货物的需求增加，各国随着经济水平的提高和科技的发展，消费的需求日益趋向高档化（如家用电器的普及、计算机的应用），日本适应了这种变化。当前日本正发展高科技知识密集型出口商品。

　　其次，发展几个竞争力强、金额大的"拳头"商品，并在商品价格方面，在花色品种、包装装潢、支付条件、交货期及其前后服务等非价格因素方面具备竞争性条件，这样才能把出口搞上去。至于巩固发展新、旧市场，重视市场调研，更是抓紧不放。日本重视向工业发达国家、外汇充裕的国家及进行工业化、经济发展速度快的国家和地区发展出口市场。另外，日本重视商业情报、加强市场研究还有众多的民间经济研究机构。银行、大企业、综合商社都有自己的调查部，使日本在瞬息万变的国际市场中获胜。

　　日本近几年在制定进出口商品结构的优化策略，将从动态观点出发，使国内产业结构的调整和进出口商品结构的优化同步进行，促使出口商品向更有利的结构转移，并随产业结构的调整建立新的优势。进出口商品结构的优化，归根到底取决于生产力的发展水平。

　　日本进出口商品结构变化很大。第二次世界大战前，出口以纺织品为主，其次为生丝、手工艺品、水产品、机械等；进口以纺织原料为主。20 世纪 60 年代以后，日本产业结构转向以重化工业为主，于是出口商品以汽车、电气、机械等为大宗。目前则以出口运输设备、汽车及零部件、一般机械、动力设备、电气设备、电子产品、贱金属及其制品为主。主要出口贸易伙伴是中国、美国、韩国、东盟、欧盟等。日本进口最多的的商品是机电产品、石油、煤、铁等工业原料和燃料，以及食品、化学品、纺织品等，其中制成品进口增幅最大。现在最大的进口来源国是中国、美国和韩国。日本对欧盟出口的主要商品是机动车辆和半导体器件。

　　日本的贸易地区，第二次世界大战前主要是以我国为主的亚洲各国。第二次世界大战后美国居第一位，约占日本外贸总额的 1/3。美国和欧盟是日本最大的贸易伙伴，且日本均为顺差。近十多年来，日本与亚非拉地区及澳大利亚等国贸易增长迅速，日本所需的重要原料、燃料几乎完全有赖于从这些地区进口。日本汽车公司如日产、本田和马自达共投资 40 亿美元在墨西哥修建汽车厂，将目光瞄准了美国市场。在墨投资的日本企业约有 800 家。日墨两国还宣布了能源协议，日本希望参与墨西哥石油和天然气开发，并从墨进口液化天然气。日本还在巴西提出合作开发南大西洋深海油田的建议，且与澳大利亚和巴布亚新几内亚就确保液化天然气稳定供应一事达成共识。在非洲，日本将盛产天然气和煤炭的莫桑比克定为"确保在非洲战略资源的新桥头堡"。这些足以说明，确保稳定的能源供应是日本政府关注的重中之重，而日本生产的机械和成套设备也绝大部分输往这些地区。其中特别是亚太地区，现已成为日本最大的出口市场。

中日经贸合作 日本是我国一衣带水的近邻，与我国经济具有很强的互补性，这是双边贸易稳步发展的主要因素。中日贸易是以民间贸易为基础发展起来的，它历经了 20 世纪 50 年代的民间贸易协定时期，60 年代的友好贸易、备忘录贸易时期以及邦交正常化的飞速发展时期。特别是 1972 年 9 月两国关系的正常化，中日贸易也由单纯的进出口贸易发展到包括多种形式的贸易活动。特别是 1978 年以来，中日开始在贷款、共同开发、合作生产、老厂改造、技术交流、兴办三资企业等广泛的领域里进行了合作。

1981 年中日贸易额突破 100 亿美元大关。20 世纪 90 年代中期，由于日本经济不景气，对技术输出设置限制，使双边贸易发展受到一定影响，尤其影响我国从日进口，使之增长缓慢。进入 21 世纪以来，两国贸易迅速发展。2002 年两国贸易额高达 1 019 亿美元，中国成为对日出口的第一大国，并在美国之后，成为日本第二大贸易伙伴。1993—2003 年连续 11 年日本都是中国最大的贸易伙伴，2004 年两国贸易额却跌至第三位，低于中国对欧盟和美国的贸易额。2006 年两国贸易额为 2 073.56 亿美元，中国取代美国成为日本第一大贸易伙伴、第一大出口目的地和最大的进口来源地。2014 年两国贸易额为 3 124.38 亿美元，连续 4 年超过 3 000 亿美元。长期以来，中日双边贸易不平衡，中方逆差明显（表 11）。

中日货物贸易结构的变化是逐渐进行的，当前最明显的是由垂直分工逐渐向水平分工的方向转变。20 世纪 70—80 年代前期，中日货物贸易结构是单纯的垂直分工型，中国对日出口主要以原油为主的原料及粮油食品等。中国从日本进口成套的设备及其他高附加值的工业制品。到 20 世纪 80 年代中后期，制成品对日出口不断增长。20 世纪 90 年代，中日货物贸易结构发生明显变化，逐步向水平分工的方向发展。实现由粗加工制成品出口为主向精加工制成品出口的政策措施为主的转变。加之日大部分在华企业属出口加工型，其产品基本上返销日本国内。这时期，中国从日本进口商品仍以高附加值的工业制成品为主，主要是机械、电机、电气设备、音像设备及其零部件等，这些商品占中国从日本进口总额的 50% 以上。20 世纪 90 年代末，随着信息产业的快速发展，中国市场对 IT 产品需求旺盛，带动了日本半导体、电子零部件及 IT 相关产品的进口。

近年来，中国出口商品结构升级趋势加快，对日技术密集型产品进口的比重继续提高。日本对中国出口的主要产品是机电产品、贱金属及制品、化工产品，占对中国出口额的 60% 以上。中国对日出口产品中，机电产品的比重上升很快，已超过纺织品成为第一大类。日本自中国进口的除了机电产品、纺织品及原料，还有家具和玩具。在日本市场上，中国的劳动密集型产品依然占有较大优势，如纺织品及原料、鞋靴、伞和箱包等轻工产品在日本进口市场的占有率均在 60% 左右。

表 11   2006—2014 年中日贸易状况   单位：亿美元

年 份	中日贸易总额	中国对日出口额	中国从日进口额	差 额
2006	2 073.56	916.39	1 157.17	−240.78
2007	2 360.22	1 020.71	1 339.51	−318.80
2008	2 667.85	1 161.34	1 506.51	−345.17
2009	2 320.90	1 224.8	1 096.10	128.70
2010	2 977.68	1 210.61	1 767.07	−556.46
2011	3 428.89	1 482.98	1 945.90	−462.92

年　份	中日贸易总额	中国对日出口额	中国从日进口额	差　额
2012	3 294.51	1 516.43	1 778.09	−261.66
2013	3 125.53	1 502.75	1 622.78	−120.03
2014	3 124.38	1 494.42	1 629.97	−135.55

资料来源：中国海关统计，其中 2009 年为日本海关统计。

现在日本是中国第二大贸易伙伴，第二大出口贸易国和进口贸易国。中日两国在广泛领域里的经济技术合作持续发展。日本对华经济合作分为有偿资金合作、一般无偿资金合作、技术合作三大部分。其中无偿资金合作进展很大。20 世纪 90 年代以来，日本对华直接投资改变了过去徘徊不前的状况。截至 2012 年底，在华日资企业数在 2.3 万家左右，占外资企业总数的 7.9%。若以国家排名，日本位居第一。

多年来，日本是向我提供政府贷款和无偿援助最多的国家，也是我国吸引外资和引进技术的主要来源国之一。中日经贸经过双方共同努力已形成全方位、深层次、互惠互补、互利共赢的良好合作局面。

对外投资　20 世纪 60 年代中期以后，日本资本输出迅猛增长。据统计，1985—1990 年间，日本海外直接投资额 2 393.73 亿美元，日本已取代美国成为世界头号海外直接投资大国。

进入 20 世纪 80 年代以后，日本海外直接投资重点由以发展中国家为主转向以北美发达国家为主的前提下，加快了对欧洲的投资。到 1994 年，日本对亚洲直接投资比重上升为 37.5%，重点从"四小龙"移向东盟，移向中国沿海地区，并向越南、印度延伸。从 2006 年起，日本对华直接投资开始下降，向亚洲其他国家转移。

日本是中国第三大外资来源地，中国则是日本第二大对外投资对象。截至 2012 年 2 月底，日本对华投资累计项目数 46 292 个，实际到位金额 812.3 亿美元；截至 2013 年底，日本累计对华投资 955.6 亿美元。2014 年日本对华投资额 43.3 亿美元，同比下降 38.8%。这一下降是由于日本政府鼓励投资对象安全分散和多元化的政策，日资企业主动从中国撤退和收缩的结果。

由于出生率下降、老龄化加速、国内需求萎缩等因素，日本近年来加大了海外直接投资的力度。2013 年日本对外直接投资额达 1 350.94 亿美元，比上年增加 10.4%，创历史新高，且连续三年保持两位数增长。2013 年日本对外直接投资主要集中在美国、东亚和欧洲（英国为主）等地，占当年对外直接投资总额的 90% 以上。对泰国的直接投资超过中国，从而使泰国成为日本在东亚地区最大的投资国。投资重点由过去集中在能源、汽车、钢铁、电气等领域转向非制造业、信息通讯、金融、保险、物流等服务业领域。其中日本软银公司投资 216 亿美元，收购了美国第三大移动通信企业——斯普林特公司，成为日本当年最大的海外企业收购项目。

日本是国际援助主要提供者之一。三十多年来，日本官方发展援助（ODA）数据显示，1979—2010 年，中国共获日本 33 164.86 亿日元（约 2 900 亿人民币）援助。但其实在 2008 年日本就正式停止了 ODA 对华项目中的日元低息贷款，日本本应赔偿中国 620 亿美元的战争赔款，中国政府也从未得到过。

复 习 题

填图题

在日本地图上填注：（1）太平洋、日本海、朝鲜海峡、宗谷海峡、津轻海峡、鄂霍次克海。（2）东京湾、伊势湾、大阪湾、濑户内海。（3）千叶、东京、横滨、名古屋、神户、大阪、北九州、川崎、下关、函馆、长崎。（4）先岛群岛、京都、札幌、青森、福冈、鹿儿岛、熊本、稚内。

填空题

1．从经贸特点看日本属_____型国家，第二次世界大战后，以_____立国为基本国策，现为世界第_____大贸易国。

2．日本工业分布有_____性的特点，主要分布在_____洋带状工业地带。

3．目前日本为我国第_____大贸易伙伴。

4．日本最新最大的三个贸易伙伴国是_____、_____和_____。

思考题

1．分析日本第二次世界大战后经济高速增长的主要原因。

2．日本主要有哪些产品在国际市场上占有重要地位？

3．简述日本对外贸易特点和中日贸易现状。

第三节　东南亚地区

东南亚即"南洋"，由中南半岛和马来群岛两大部分组成。有缅甸、泰国、马来西亚、新加坡、越南、老挝、柬埔寨、印度尼西亚、菲律宾、东帝汶、文莱等国家。东南亚面积 407 万平方千米（未计印尼在大洋洲的领土），约占亚洲总面积的 1/10。人口 5.6 亿多，是世界人口稠密区之一。

东南亚位于亚洲东南部的中南半岛和马来群岛上，正当两大洋两大洲的"十字路口"，地理位置十分重要。介于马来半岛和苏门答腊岛之间的马六甲海峡，长约 800 千米，自东南向西北呈喇叭形，最窄处约 37 千米，水深 25～113 米，可通行 25 万吨级以下巨轮。海峡地处赤道无风带，风力很小，海流缓慢，潮差较小，海峡底部较为平坦，对航运极为有利，是连接太平洋和印度洋的重要水道，是亚、非、欧三大洲的交通枢纽，也是世界环球航线的重要一环。此外，印尼的龙目海峡、望加锡海峡也是重要航道，可通行 25 万吨级以上的巨型油轮。菲律宾西南部与印度尼西亚之间的苏禄海和苏拉威西海更是亚洲大陆东岸国家通往大洋洲的海上要道。

东南亚地区绝大部分是黄种人，华人和华侨约有 3 348.6 万人，占世界华人华侨总数的73.4%。他们都是 19 世纪末、20 世纪初下"南洋"谋生的华人后代，为各国经济发展做出了贡献。现在他们中有很大一部分已加入当地国籍。印度尼西亚、泰国和马来西亚是全球华人华侨最多的三个国家。

东南亚各国宗教信仰不同。印度尼西亚、马来西亚、文莱、东帝汶信奉伊斯兰教，中南半岛上的泰国、缅甸、越南、新加坡多信奉佛教，菲律宾则是亚洲唯一的天主教国家。

东南亚国家联盟（ASEAN） 印度尼西亚、马来西亚、菲律宾、新加坡和泰国等 5 个国家，为经济增长、社会进步、文化发展、促进东南亚的和平与安定，于 1967 年 8 月在曼谷成立了东南亚国家联盟（简称"东盟"），总部设在印度尼西亚首都雅加达。1984 年 1 月文莱独立后加入该组织，1995—1999 年越南、老挝、缅甸、柬埔寨也相继被吸收成为"东盟"成员国，"10 国大东盟"现已成为囊括东南亚全区（除东帝汶外），在世界上具有重大影响的区域性组织。巴布亚新几内亚为观察员成员。

2003 年，第九届东盟峰会宣布将在 2020 年建成政治与安全、经济和社会文化三大共同体的目标，这标志着一体化进程正式启动。2007 年第十二届东盟峰会决定将共同体建设提前到 2015 年底建成。2009 年东盟峰会提出共同体建设的战略构想、具体目标和行动计划。目前，东盟共同体三大支柱建设取得长足进展，共同体建设措施的完成率已达到约 88%。

经济共同体是东盟一体化的初衷和切入点，也是主要增长点。东盟经济共同体（AEC）计划形成一个繁荣、活跃和具有高竞争力以及单一市场、单一生产基地的经济共同体，实现货物、贸易、服务、投资、熟练劳动力的自由流动。目前已取得了一定进展，加速单一市场整合，通过合作提升竞争力。东盟全面推进与各大国自贸协定谈判进程，分别与中国、印度、日本、韩国、澳大利亚、新西兰建成自贸区或签署货物贸易协议。部分国家还参与 TPP 谈判，在区域经济一体化进程中抢占先机，发挥主导作用。还加强了区域均衡发展，以缩小发展差距。2015 年东盟经济共同体（AEC）建设已进入了冲刺阶段。

东盟没有欧盟委员会、欧盟法院等超国家机构。东盟只有在 2008 年生效的《东盟宪章》，它是东盟第一份具有普通法律意义的文件，首次明确写入了建立东盟共同体的战略目标。同时《东盟宪章》赋予了东盟法人地位，对各成员国具有约束力，是东盟建设的重要里程碑。东盟是全球发展中国家之间经济融合程度最高的地区组织，各成员国均对 2015 年如期建成三个共同体充满信心。

2013 年东盟峰会宣布《2015 年东盟共同体斯里巴加湾宣言》，明确指出了东盟未来的目标，到 2030 年东盟 GDP 将由现在的 2.23 万亿美元提升至 4.4 万亿美元，贫困人口占比将从现在的 18.6% 减少到 9.3%。

但东盟不是一个超国家组织，而是一个国家间组织，是一个松散的多国联合体。

亚洲经济最活跃地区 独立前的东南亚各国受殖民主义者统治，致使经济结构畸形——单一产品经济，发展速度缓慢。独立后，特别是 1967 年 8 月成立东盟以来，在发展各成员国经济，促进东南亚地区经济、贸易繁荣等方面取得了可喜的成就。总的说来，本地区经济发展平稳，增长速度较快。20 世纪 60 年代经济年平均增长率为 6.4%，70 年代达 7.8%，80 年代中期至 90 年代中期平均增长率为 8%。在西方经济长期不振、回升乏术的情况下，东南亚却以其经济持续高速增长成为当今世界经济最活跃的地区。东南亚国家联盟是亚太地区经济发展迅速的三大支柱之一，东南亚国家政治上继续保持相对稳定，经济持续高速发展，平均经济增长率已超过"四小龙"的发展速度，以其良好的政治经济形势在全球独树一帜。

经过四次扩盟，东盟于 1999 年实现东南亚十国全体入盟，成为重要的区域合作组织，并摆脱了亚洲金融危机带来的严重衰退局面，经济进入复苏轨道。十多年来，经济增长十分显著。在当今全球经济增长放缓的形势下，2014 年东盟国家仍是世界经济最活跃的地区之一。各国期待着构建一个内部凝聚力更强、影响力更大的一体化机制。当前，在新的国际经济形势下，东盟国家将加快经济转型和结构调整，区域一体化建设进程也将加快。2014 年，虽然东盟各国普遍出现衰退或减速，但多数国家的经济保持了中速增长。2013 年东盟 GDP 增长率为 5.1%，2015 年上升为 5.3%。在全球经济下滑的形势下，东盟经济发展却处于一个稳定的恢复增长期。东盟与中国的经济关系发展还在继续，贸易持续增长。东盟也在开拓特别是是其他发展中国家的市场。东盟与各大国都有对话机制，奉行大国平衡外交。它在美、中、日、印度包括欧盟这几个大国外交方面多方下力，试图维持一个平衡。

东盟经济共同体的建立对整个亚太地区乃至整个世界格局意义重大。这是欧盟之后世界上第二个地区一体化的重大突破，象征世界上首次由多数发展中国家组成的组织在一体化方面取得了长足的发展。其次，对整个亚太地区的发展和稳定也起到积极的推动作用。

近几年东盟国家的基础设施建设方兴未艾，各国制定了庞大的基础设施投资计划，以带动国内经济增长并改善投资环境。

东盟各国经济可以分为以下三类：

（1）新加坡，由新兴工业化国家进入发达国家，目前人均 GDP 达 5.6 万美元。文莱，石油输出国，工业化程度低，其出口的 98% 和国内生产总值的 60% 均来自石油，人均 GDP 约 5 万多美元。

（2）马来西亚、泰国、印度尼西亚和菲律宾四国，前三国因 20 世纪末的高速发展而被誉为亚洲新的"四小龙"。人均 GDP 在 2 700～10 000 多美元，为中等收入国家。但菲律宾人均收入仍在 3 000 美元以下。

（3）越、老、柬、缅等国，根据人均 GDP 等属贫穷国家行列。但近年来，越南经济增长显著，当刮目相看。

新加坡是"东盟"国家中重工业比重最大的国家，其他各国均以轻工业占优势，其中又以碾米、油脂、卷烟、食品、制糖和纺织等部门在内的农产品加工工业为主体。新发展的工业部门有化肥、汽车制造和电子电器等，且发展迅速。除新加坡外，农业在东盟各国经济中仍占重要地位。

在发展中国家中，"东盟"国家较早地设立出口加工区，目前共有 100 多个，以新加坡为最多。出口加工区吸引外资，引进技术，扩大出口，促进了各国经济的发展。

对外贸易　对外贸易在"东盟"各国的经济发展中占有十分重要的地位。20 世纪 90 年代初东盟对外贸易在世界贸易中的比重为 5% 左右，出口劳动密集型产品和农矿等初级产品。20 世纪 90 年代以后，该地区已成为全球重要的电子及其他高附加值工业品的生产基地，出口量迅速增加。现在高新技术产品如集成电路、手机、计算机及其部件等在出口中的比重不断扩大，而初级产品所占比重不断下降。进口仍以机械设备、技术及原材料等为主。2007 年东南亚国家贸易总额已超过 1.44 万亿美元，经济平均增长率仅次于以"金砖四国"为代表的新兴国家 8% 左右的平均增长率。

近年，东盟加快了经济一体化进程，东盟将在 2015 年前在地区形成统一市场和生产基地，并在其框架下实现货物贸易、服务、投资和技术工人的自由流动，以及更自由的资本往来，还明确了构成东盟经济共同体的四大支柱，即一个统一的市场和生产基地，一个极具竞争力的经济区，一个经济平衡发展的经济区以及一个与全球经济接轨的区域。《东盟宪章》的正式生效，是东盟一体化进入一个新阶段的重要标志，对东盟各国经济贸易将产生巨大的影响。东盟主要贸易伙伴为中国、美国、日本、韩国、澳大利亚、新西兰、加拿大及欧盟等。东盟内部贸易额从 2005 年的 3 000 亿美元上升到 2013 年的 6 200 亿美元，单一市场建设成效显著。

中国与"东盟"贸易 我国同"东盟"的通商往来历史悠久。20 世纪 70 年代中期，随着我国与马来西亚、菲律宾、泰国先后建立外交关系，经济贸易关系也有相应的发展。1981 年同新加坡互设了商务代表处，1985 年同印尼恢复了直接贸易，1990 年，又与新加坡正式建交，我国与"东盟"的贸易逐步扩大。1999 年实现东南亚十国全体入盟，成为更重要的区域合作组织。

随着中国与东盟经贸往来日益加深，自 2001 年以来，中国与东盟贸易进入了高度发展阶段。2007 年双边贸易额达 2 025.48 亿美元，突破 2000 亿美元大关。2010 年中国成为东盟最大贸易伙伴，占东盟贸易总额的 11.6%，2014 年中国与东盟进出口总额为 4 803.9 亿美元，同比增长 8.3%。中国对东盟出口 2 720.7 亿美元，自东盟进口 2 083.2 亿美元，同比分别增长 11.5% 和 4.4%（表 12）。中国已连续五年为东盟第一大贸易伙伴；东盟则为中国第三大贸易伙伴及第四大出口市场、第二大进口来源地。中国对东盟贸易顺差 637.5 亿美元，同比增长 43.2%，顺差主要来自越南、新加坡和印度尼西亚三国。

表 12 　　　　　　　　　　　　　中国与东盟贸易状况 　　　　　　　　　　单位：亿美元

年　份	进出口总额	比上年增长（%）	中国对东盟出口额	比上年增长（%）	中国从东盟进口额	比上年增长（%）
2009	2 130.00	−6	1 062.90	−8.8	1 067.10	−8.8
2010	2 927.75	37.5	1 382.07	30.1	1 545.69	44.8
2011	3 628.54	23.9	1 700.83	23.1	1 927.71	24.6
2012	4 000.93	10.2	2 042.72	20.1	1 958.21	1.5
2013	4 436.11	10.9	2 440.70	19.5	1 995.40	1.9
2014	4 803.93	8.3	2 720.71	11.5	2 083.22	4.4

资料来源：中国海关统计。

2002 年 11 月，中国与东盟（10＋1）签订《全面经济合作框架协议》以来，双方积极推进自贸区建设，稳步扩大开放领域，加大合作力度，在货物贸易、服务贸易、双边投资、经济技术合作、次区域合作等多个领域取得了令人瞩目的成绩。双方签署了"面向和平与繁荣的战略伙伴关系"联合宣言。2010 年 1 月 1 日中国—东盟自由贸易区正式启动。关税水平不断降低，服务贸易稳步开放。目前，东盟是中国服务贸易五大贸易伙伴之一，是中国第五大服务贸易出口市场和进口来源地，仅次于中国香港、美国、欧盟和日本。东盟在海运、航运、金融、建筑工程、计算机和信息服务等领域的对华合作已成为中国服务贸易进口的重要组成部分。在服务业投资、工程承包、劳务合作等领域东盟也已成为中国重要的服务贸易出口市场。近年来，双方相互投资不断扩大，截至 2014 年 6 月底，中国与东盟双向累计投资总规模近 1 200 亿美元。现双方正在为 2020 年贸易额达到 1 万亿美元、今后八年新增双向投资1 500 亿美元而努力。东盟对华投资规模稳步增大，成为中国第三大外资来源地。2014 年 1—11 月，对华投资达 58.7 亿美元，占同期中国吸引外资总额的 5.5%。1—10 月，东盟对华新设立企业 896 家。东盟国家中，新加坡对华投资最多；中国对东盟投资增长迅速，东盟为中国对外直接投资第三大经济体。2014 年 1—10 月，中国对东盟投资 39.9 亿美元。

中国—东盟自由贸易区（CAFTA）面积约为 1 400 万平方千米，总人口为 19 亿，GDP 有 6 万多亿美元的世界第三大自由贸易区，将对世界经济的发展起到拉动作用。同时，这也是当今世界上人口最多的由发展中国家组成的世界最大自由贸易区。

2014 年是中国—东盟战略伙伴关系第二个十年的开局之年。双方在经贸领域的合作水平显著上升，为中国与东盟由"黄金十年"转向"钻石十年"奠定了良好基础。

中国与东盟贸易商品构成中，初级产品比重不断下降，高新技术产品（如集成电路、手机及其零件、计算机及其部件等）的贸易比重迅速上升，产业内分工有了明显进展。当前双边贸易正从传统的产业间贸易为主，走向产业内互补性分工。区域产业内分工日益细化，产业内贸易规模必然不断扩大，如电子产业部门交易额和比重均在快速上升，双方贸易进入更高层次。

近年来，中国与东盟开展多层面多形式区域经济合作，其中特别是大湄公河次区域合作加速。为提升地区、国家间互联互通水平，中国出资 1 亿美元用于澜沧江—湄公河航道整治工作；出资 10 亿美元用于支持该区域互通互联建设。2013 年中国与其他五国（柬、越、老、缅、泰）的贸易总额为 1 300 亿美元。

我国开展与"东盟"国家的经济贸易关系有着许多有利条件，除了地理上的接近之外，那里有着 5％～6％的华人和华侨，华人长期以来有消费我国产品的习惯和需要，并且有一个强有力的经销网络。随着 21 世纪海上丝绸之路建设，中国—东盟自由贸易区升级版建设，中国与东盟的经济合作将更加活跃。

越　南

（The Socialist Republic of Viet Nam）

越南位于中南半岛东部，除大陆部分外还包括昆仑岛、昏果岛、老虎岛等一些沿海岛屿，总共面积 32.9556 万平方千米。北与中国接壤，西与老挝、柬埔寨交界，东面和南面临南海，海岸线长 3 260 多千米。有众多的天然港湾。

越南人口约 8 971 万（2013 年），9 300 万（2014 年），是个多民族国家，有 54 个民族，其中京族（也称越族）占人口近 90％，余为岱依、傣、芒、侬、赫蒙（苗）瑶、占、高棉等民族。有华人 100 多万。

越南民俗淳朴，人民文明礼貌。见面时习惯打招呼、问好或点头致意，或行握手礼，或按法式礼节相互拥抱，多以兄弟姐妹相称。越南受汉文化影响颇深，多信奉佛教。佛教自东汉末年传入越南，十世纪后，被尊为国教。次为天主教，传入越南已有 400 多年，南方居民信奉较多。另有和好教和高台教等。越南人供奉祖先，普遍迷信城隍、财神，逢年过节在家中进行祭拜。服饰穿着简单，正式场合男士着西装，女士着"长衫"（类似旗袍）和长裤。饮食习惯与我国两广、云南一些民族相似。

越南人忌讳三人合影，不能用一根火柴或打火机连续给三人点烟，认为不吉利。不愿意让人摸头顶，席地而坐，不能把脚对着人。越南通用越南语。货币单位是越南盾。

越南社会主义共和国国会是国家最高权力机关。每届任期五年，宪法规定：设国家主席和国会常务委员。国家主席为国家元首。国会常务委员会主席即国会主席，政府是国家最高行政机关，总理和国家副主席由国家主席提名，经国会选举产生。

目前，越共最高层是由党总书记、政府总理、国家主席、国会主席构成的"四驾马车"，但最大问题是没有一个权力适度集中的中央。

越南现有 64 个行政区，划分成 59 个省及 5 个直辖市（胡志明市、河内市、海防市、岘港市、芹苴市）。

自然条件和资源　越南地形狭长，地势由西北向东南倾斜，南北长 1 600 千米，东西最窄处为 50 千米。越南是多山之国，山地和高原占总面积的 3/4，主要分布在北部和西北部，番西邦峰海拔 3 142 米，是中南半岛的最高点。西北—东南走向的长山山脉在西侧斜贯全境，构成越南地形的主脊。长山山脉在越南中部逐渐逼近海岸，是全国最狭长的部分，既有不少花岗岩高峰，也有一些低矮的垭口，成为东西交通的孔道。越南境内奔流着一千多条大小江河，主要有北部的江河，南部的湄公河，它们各在下游冲积成巨大的三角洲，成为越南的两块主要平原。红河在境内长 500 千米，在三角洲上兴建了许多堤坝和灌溉工程，是国内最重要的农业基地；湄公河在境内长 220 千米，仅为其总长的 1/20，但都在三角洲上，面积达 3.6 平方千米。其地势比红河三角洲更加低平，河网极为稠密，多沼泽，常有海水倒灌，但因上游有洞里萨湖调节水量，河水很少泛滥，无须像红河三角洲那样广筑堤防。从红河三角洲到湄公河三角洲是一片狭长的沿海平原，这里人口集中，城镇相连，形成一条长 1 千多米的带状地区，在地理上独具特色。

越南全国地处北回归线以南，属热带季风气候，除少部高山区外，具有高温多雨，旱雨季明显的特点。各地年均温在 24℃以上。年均降水量为 1 500～2 000 毫米。南方大部分地区五到十月为雨季，十一月至次年四月为旱季。气候对水稻等农作物生长有利。北部沿海夏秋季常遭台风侵袭，中部地区常有来自老挝高原的焚风，对农作物造成危害。

越南矿产资源丰富，种类多样。主要有煤、铁、铝、钛、锰、铬、锡、磷、磷酸盐等。尤以煤、铁、铝储量较大。北部沿海的鸿基煤田盛产优质无烟煤，是东南亚的重要煤矿，且可露天开采。越南森林水利和近海渔业资源也十分丰富。森林面积约 1 340 万公顷，森林覆盖率为 34%，生长有多种林木（热带原始森林、亚热带落叶林和温带森林）。如铁松、玉桂、花梨、红木等近二十种珍贵木材。越南还有近 50 万公顷的沿海水上森林。明海省的水上森林面积位居世界第二。此外，藤竹及药材资源都很丰富，约有 178 万公顷的天然竹林。竹制品在人民生活中使用极为广泛。江河、近海渔业资源较盛，海洋生物鱼、虾、蟹、贝，种类多样。

东盟十国中经济增长最快的国家　其经济发展由"越南模式"逐步走向稳定发展。

公元 968 年，越南为独立的封建国家。1858 年遭法国入侵，1884 年沦为法国的保护国，第二次世界大战中又被日本侵占，1945 年 9 月 2 日，胡志明主席发表《独立宣言》，成立越南民主共和国，同年 9 月，再次被法国入侵，越南人民进行了长达 9 年的抗法战争，1954 年 5 月，法国被迫在日内瓦签约，订立关于恢复印度支那和平的协定，越南北方获解放，南方仍由法国统治，后又成立由美国扶持的南越政权。1961 年越南人民在胡志明主席指导下，展开了为解放南方、统一祖国的抗美救国战争。1975 年 5 月，南方全部解放，抗美救国战争取得彻底胜利。1976 年 7 月 2 日，越南南北方实现统一，定国名为越南社会主义共和国。

越属发展中国家。2001年越共九大确定建立社会主义定向的市场经济体制,并确定了三大经济战略重点,即以工业化和现代化为中心,发展多种经济成分,发挥国有经济的主导地位,建立市场经济的配套管理体制。2007年1月,越南正式加入WTO,并成功举办APEC领导人非正式会议,从2007年下半年起,外商直接投资(FDI)大量转向越南,使之快速发展。"越南模式"之说也应运而生。但2008年初,越南因输入性通胀,引发经济危机,"越南模式"因显现其国力不足而饱受诟病,如经济的强对外依赖性,在出口增长模式上走的是传统资源消耗性模式,经济增长重数量轻质量,经济的可持续性能力差。经济发展的基础设施薄弱;作为微观经济主体的越南企业95%是中小企业,抗风险能力差,且置身于全球产业链和价值链分配体系低端;国有企业效率低下,产品竞争力差等。因此越政府正式提出在后金融危机时期,越南经济必须尽快实现转型,转型方向是中长期发展战略思维转型和实现经济增长方式调整及经济结构战略重组,转型目标是到2020年实现国家工业化和现代化。

国际金融危机和全球经济衰退的影响 2009年越南经济发展面临许多困难与挑战,特别是出口外资和劳务市场严重萎缩对经济冲击很大。为了应对复杂困难的局面,越南政府及时调整宏观经济政策,调控重心由紧缩银根、抑制通货膨胀向刺激增长、遏制衰退转变,及时制定和实施总额约为90亿美元的一揽子刺激经济社会发展计划,取得较好成效。2009年6月越南经济走出低谷,呈现复苏态势。基本完成了"遏制经济衰退、维持经济增长、确保社会民生"的目标。全年GDP增长5.32%,其中,农林渔业增长1.83%,工业增长7.6%,建筑业增长11.3%,服务业增长6.63%。GDP增长虽然低于上年的6.18%,但仍超过5%的年度目标,成为东南亚地区的亮点。同时,也表明越南政府应对金融危机的政策与措施取得了明显成效。2010年,GDP为1 035.74亿美元,增长6.5%,人均GDP已达1 100美元,走出贫穷国家的行列。这期间,越南对国有资本管理体制的实践与创新,也起了一定的作用。2005年,越南的国企改革进入了一个新的阶段,一个重要标志是越南国有资本投资与经营总公司的成立(称越投资总公司),成为负责国企股改的专门机构。国企的做大做强成为这一阶段越南政府国企改革的重点。二是支持有条件的国有企业上市,通过资本市场做大做强。后因政府过多的干预出现了问题,迫使越南于2011年将国企的改革,特别是国有大型企业集团和总公司的并购重组,确定为转变经济的增长方式,调整经济结构的重点工作来抓。越投总公司仍将是越南加快国企股份制改革和推进国有资本向战略性产业集聚的重要推手,以此优化国有资本布局结构并实现国有资本管理体制从分散化管理向集中式管理模式的过渡。"越南模式"更强调集聚的快速增长,却忽视了内部的均衡,在世界集聚全球化趋势日益加剧以及全球金融危机影响下,"越南模式"难以继续往昔的荣耀。2012年GDP增长仅5.03%,不仅低于5.2%～5.5%的计划目标,而且是1999年以来的最低。

近年来,越南经济正在逐步走向稳定,面向加快经济结构重组进度、改善供求关系、提高经济的效率与效益等。2014年和后续年,越南保持经济稳定的资源和潜力巨大,有望超额完成经济增长率5.5%和通胀率7%等既定目标。

国际上,美国、欧盟、日本经济的明显复苏,以及中国乃至全球经济保持稳定增长势头,这将直接和间接给包括越南在内的各国带来机遇。与此同时,越南正在参加各类谈判的协定,诸如《跨太平洋伙伴关系协定》、《东盟经济共同体》、越南与欧洲的自由贸易协定、《区域全面经济伙伴关系协定》等,将有助于降低出口货品税率,改善投资环境,创造出口机会,增加劳动力与货物流动的可能性，以及提高跨越国界和各成员国之间的资金流动，从而提供更多就业机会和增加各家企业收入与提高经济效益。

在国内投资环境将继续得到改善。此外，2013年外汇储备三次增加和汇率仅上涨2%左右，因此对货币（越盾）的信心继续得到保持，通胀将得以抑制。

越南竞争优势较强，其中包括劳动力领域。印度、中国的人工成本日益增高，据《福布斯》杂志，越南是许多国际投资商的投资乐土。越南信息技术行业的人工成本比中国和印度低40%，越南将成为编程行业的另外一个外包中心。越南统计总局数据：2013年全年GDP为1 704亿美元，人均GDP为1 908美元。根据世界银行统计2014年GDP为1 862亿美元，2014年人均国民收入（GNI）为1 890美元，2015年为2 200美元。越南是东盟十国中经济增长最快的国家，越南已成为第二个快速增长的亚洲市场。

工业　越南工业基础薄弱，配套工业落后，投资效益低，80%～90%的工业原材料依赖进口。2012年，工业及建筑业占GDP 38.3%，工业发展速度提升，已建成一批重工业设施，并初步建立了轻工业和食品工业体系。主要部门有采矿、冶金、机械、煤炭、化工、纺织服装、电力、造纸、建材等。越南工业集中分布在河内、胡志明市、海防、下龙等城市。重工业主要集中在北方，北方拥有丰富的有色金属矿藏、煤炭和水力资源。2014年越南重工业建设投资将达514 780越盾（约合36亿美元）。

（1）石油工业。盗采南海石油已成为越南第一大经济支柱。从1974年开始，越南逐渐控制了白虎油田、大熊油田、白犀牛油田、青龙油田、东方油田等。1977年越南先后两次公布直线基线，宣称其专属经济区和大陆架从其直线算起向外延伸200海里，该区域进入中国传统海疆线内达100多万平方千米。在划界的同时，越南一直加紧在南沙海域进行石油资源的勘探活动。将占据的南洋海域划定180多个区块，以此在国际范围内招标。

越南在中越争议海域年产油量已达800万吨，占越南3 000万吨年产油量的相当比重。截至2008年，越南已从南沙共开采了逾1亿吨石油，1.5万亿立方米天然气，获利250多亿美元。靠着在中国南海盗采石油和天然气，越南一跃从贫油国变成了石油出口国。占其国民经济总值的30%，不仅赚取了大量外汇，也支撑着越南每年7%的GDP增长。

在石油掠夺中，由于缺乏资金、技术和设备，越南主要靠制定优惠政策，吸引西方大国石油公司联合开发南海油气资源，并借此增加大国势力的介入，使南海问题国际化，造成中国面临多方面的牵制的局面。

1975年4月30日，越南南北统一战争宣告结束。北越政府以接管南越资产为名，占领了之前由南越当局控制的南沙群岛的鸿麻岛、南子岛、敦谦沙洲、景宏岛、南威岛和安波沙洲等诸岛，并在越南地图上第一次将南沙群岛标为"越南领土"。此后，越南不断扩大侵占无人沙洲和礁滩，迄今为止，越南在南海已侵驻29个岛礁，驻军约2 000人，指挥部设在南威岛。2012年5月9日，中国在南海架设"981"钻井平台，正式在南海海域开钻，它被形容为海洋工程的"航空母舰和流动国土"。到目前为止，中国在南海尚未采过一桶油，但未来中国在南海的油气勘探和开发势必将常态化。越南多年来在南海盗采中国石油的举动将受到遏制。

（2）能源工业。主要是煤炭和电力。煤炭生产主要集中在下龙地区，产量占全国90%以上。附近的鸿基煤田是东南亚最大煤田之一，矿区长100多千米，宽15～20千米，储量

22.5 亿吨。1888 年开始生产，多为露天开采，产优质无烟煤，按计划，2015 年煤炭产量达5 500万～5 800 万吨，2020 年将达到 6 000 万～6 500 万吨。

（3）钢铁工业。越南钢铁工业是 20 世纪 50—60 年代发展起来的，1959 年成立的太原钢铁公司，1963 年建成投产，现在是越南最大的钢铁基地，有越南的"钢都"之称。2012 年产钢铁约 1 700 万吨。目前越南仍为东南亚地区钢铁生产和消费增长最快的国家。近来，越南工贸部称，2015 年越南钢铁行业将延续 2014 年的状况：供大于求及从俄罗斯和中国的进口钢材的冲击而困难重重。（目前，越南从中国进口廉价合金钢和正等待优惠关税进入越南市场的俄罗斯钢铁将会导致越南钢材供大于求）。

（4）机械制造业。近年来发展较快。2013 年全行业产值约 333 亿美元，占工业总产值的20％，其中出口 130 亿美元。然而机械制造业总体实力较弱，仅能满足 35％的内需，大部分依靠进口。目前越南全国有各类机械制造企业和作坊 5.3 万家，其中超过 50％的企业从事汽车、摩托车零部件生产和组装。

（5）纺织、服装工业。发展迅速，产品在国际市场上很有竞争力，正在成为世界上重要的纺织品出口大国。近年来，越南积极参加《跨太平洋伙伴关系协议》（TPP）的谈判，以期助推越南纺织服装产业实现跨越式发展注入重要动力，有利于巩固纺织服装产业的地位。

越南共有 4 000 多家纺织企业，2012 年营业收入达 200 亿美元，其中出口 170 亿美元，为 250 万名劳动者创造就业机会，对 GDP 贡献率达 10％。未来越南加入 TPP 后将对经济发展带来的利好，更吸引了越来越多的国际企业进入，当前，美国是越南纺织品、服装最大的出口市场。

（6）木材加工业。越南拥有丰富的林业资源。木材蓄积量近 24 亿立方米。木制品已经成为越南四大创汇产品之一。家具制造业迅速在全世界打响了品牌，越南已成为备受关注的世界木制品成品加工中心。

正当全球范围内的林业木制品出口大国纷纷限制或禁止本国木制品出口时，越南却在近年来大量出口本国生产的木材及其制品。木器出口居东盟第四位，主打家具，叫响全球，出口 120 多个国家和地区。

越南木材加工业年增长率高达 50％，但也面临缺少人力资源、行销设计及生产原料等困难。该国木材与林业协会提出攻坚举措：重新构建木材加工行业，重点发展人造板等产品；促进木材加工业投资社会化；加大出口，巩固传统市场，开拓非洲等新市场；木制品经营与设计进一步多样化，把重点放在手工产品上。2011 年，越南出口木制品获利 39 亿美元，与前年同期相比增长 15.1％。越来越多的外国企业将生产基地移到越南（当地劳力成本每天6 美元，相比中国的 10 美元和马来西亚的 13 美元要低得多）。预计 2014 年，越南木制品出口约 62 亿美元，同比增长 12％。越南从事木材经销和出口人数在世界中未来十年可能跻身前十。全国木材供应量达到 2 200 万立方米，而出口交易额可能升至 150 亿～200 亿美元。美国、欧盟、日本和中国一直是越南木制品的主要进口国和地区。

农业 传统农业国。农业是经济的主要部门（生产稻米、玉米、甘蔗、棉花、茶叶、橡胶和咖啡）。南部的湄公河三角洲是世界著名的稻米产区，连同北部的红河三角洲和沿海狭长平原都是重要的农业区。

农业是国民经济的主导部门 越南气候特点是气温高，湿度大，有利于农业生产，是传统的农业国。经过 20 世纪的农村土地改革，越南在农业方面取得巨大发展。

越南土地改革始于 20 世纪 80 年代初，首先将农村土地使用权授予农户，再是允许农村土地使用权自由交易。1981 年的立法赋予农民农业生产经营自主权，调动了农民的积极性，粮食生产得到很大的提高，但当时收获的作物，仍然大部分属于集体。1989 年后，越南继续深化土地政策改革，1993 年通过新的《土地法》，并向个人颁发土地使用权证，土地使用者拥有使用、转让、出租、继承、抵押权利。随着改革的深化，越南在 2001 年、2003 年和 2013 年对《土地法》进行再次修改，旨在建立一个更好、更透明的土地管理系统。

越南的农村土改，将农村土地使用权授予个人，并建立土地使用权交易市场作为重点，为越南从计划经济转型到市场经济做出重要贡献，对越南的农业经济发展发挥了巨大作用。

土地理清了国家和农户之间的关系，调动农户生产积极性，土地得到有效利用，大量荒废的土地得到改造。农户将分散的闲置资金投入到土地开发，农作物种植面积大幅度增加；土改赋予农户长期稳定的产权，农户开始注重对土地的养护，从而提高了农作物的单位面积产量。同时，土地使用权在农户之间的转让使用，农户的土地得以聚集，便于机械化耕作，对提高农作物产量发挥了积极作用。

2013 年越南农业产值占 GDP 的 18.4％，农业人口占总人口的 67.64％，现在已是世界第二大稻米出口国，同时咖啡、腰果、胡椒的出口量位居世界第一，越南已发展成为农产品出口大国。

农业以种植业为主，全国耕地面积为 566.8 万公顷。主要种水稻、玉米、高粱、豆类、木薯等粮食作物，红河三角洲地势平坦，河网密集，是越南主要产米区之一，但红河及其支流经常发生严重洪水。湄公河三角洲土壤肥沃，面积 3 万平方千米，几乎是红河三角洲的 4 倍，是世界上最富庶的水稻产区之一。湄公河的河水具有规律性，为泛滥平原带来新的沃土。水稻是越南农业的支柱产业，1989 年，越南成为世界第三大稻米出口国，为亚洲的"粮仓"。进入 21 世纪的 2009 年，大米产量 3 890 万吨，更多次成为第二大稻米出口国。2013/2014 年度稻米产量约 2 767 万吨。

经济作物主要有橡胶、咖啡、茶叶、腰果等。橡胶主要分布在西原地区；茶叶主要产在富寿、河江、宜光和荣州；甘蔗、椰子分布较广，全国各省均有种植。近年来，橡胶、咖啡、腰果、胡椒和茶叶的生产和出口又有长足的发展。

越南热带水果种类繁多，主要有香蕉、菠萝、柠檬、芒果、龙眼、荔枝、火龙果、槟榔等。多年前，越南已是我国最大的水果进口国。

1989 年以来，粮食的盈余和粮价低廉推动了畜牧业的发展。畜牧业分为家畜饲养和家禽饲养两类，其中猪、牛为主要家畜，鸡、鸭为主要家禽。猪肉产量 1997 年不仅满足国内消费，还可部分出口。越南政府还鼓励各地因地制宜发展饲养毒蛇、蟒、鹿和蜜蜂等。

越南东、南两岸有漫长的海岸线，鱼类近千种。沿海盛产鱿鱼、沙丁鱼和鲍鱼等，还盛产玳瑁、珍珠蚌、虾等，全国约有 30 多个渔场，著名的有九龙江口和富国岛周围的渔场、平顺渔场、藩切渔场和北部湾西部的渔场。越南利用沿海海滩发展水产养殖业，取得了喜人成绩。内地河网密布，其中红河和湄公河流域为主要水产区。越南年渔获量约 120 万吨左右。

越南农业的发展，粮食的丰收带动了农产品加工业的迅速崛起。目前，农产品出口加工业已发展成为越南一个新产业，越南国民经济的发展正呈现出一个以农带工、全面发展的良好局面。只是农产品加工技术落后，商品率较低，是当前农业生产效益不能很快提高的重要原因。

对外贸易和主要港口　越南同世界上 200 多个国家和地区有贸易关系。近年来，对外贸易保持高速增长，对拉动经济起到了重要的作用。2009 年商品进出口总额为 1 254 亿美元，其中出口 566 亿美元，同比下降 9.7%，进口 688 亿美元，同比下降 14.7%，贸易逆差 122亿美元。五大产品：纺织品、原油、水产品、鞋类、大米等出口均出现负增长。2013 年越南商品进出口总额为 2 634 亿美元，其中出口为 1321.63 亿美元，贸易顺差为 8.63 亿美元，是加入世贸组织以来连续第二年实现顺差。当年经济并不景气，但出口额达 10 亿美元以上的仍有 20 种商品，尤其是虾的出口比 2012 年增长 36%，并有望 2014 年越南成为世界三大虾出口国之一。电子计算机及零部件和纺织品、鞋类（两类产品占出口总额近 50%）是越南两组主力出口商品。2014 年越南鞋出口市场达 40 个国家和地区，出口最大的美国市场，占比份额达 1/3。石油、纺织品、水产品、鞋类出口均在 40 亿美元以上，其中纺织服装出口为 198 亿美元，主要出口市场为美国、欧盟、东盟、日本和中国。随着越南对出口产品市场能力的提高，其出口商品结构正朝着增加加工产品出口的方向转变。越南主要进口商品有汽油、钢材、机械设备及零配件、纺织原料和鞋类辅料、皮革等，主要进口市场为中国、东盟、日本、韩国和台湾地区。越南即将签署一系列合作协议，如跨太平洋伙伴关系协议和越南与欧盟自由贸易区协议，这将为越南出口提供许多新机会。越南统计局数据，2014 年进出口额为 2982.4 亿美元。同比增长 12.9%，其中出口达 1501.9 亿美元，同比增长 13.7%；进口达 1 480.5亿美元，同比增长 12.1%。贸易顺差 21.4 亿美元，创历史最高纪录。

中越贸易　中国和越南是近邻，同时又是亚太地区中两个经济活跃的发展点。中国广西和云南两省区都有着与越南直接相连的互通口岸。中越关系正常化以来，两国贸易不断发展，尤其是中国—东盟自由贸易区如期建成后，中越边境贸易更是日趋红火。2015 年，中越正式建交 65 周年，中国已连续 10 年成为越南最大的贸易伙伴。

2003—2013 年，中越两国贸易进出口总额飞速增长，贸易规模成倍扩大。2003 年，中越贸易进出口总额仅为 46.4 亿美元，到 2013 年就达到了 654.8 亿美元，是 2003 年的 14.11倍。2014 年中越贸易额为 836.4 亿美元，同比增长 27.7%；2015 年双边贸易额达 959.66 亿美元，同比增长 14.7%，其中中国向越南出口 661.24 亿美元，同比增长 3.8%；从越南进口298.42 亿美元，同比增长 49.9%。但是中越两国之间由于产业结构、经济发展、国内市场需求等的不同，中国对越南的出口额远大于中国自越南的进口额，中越贸易差额主要表现在中国对越南的顺差，而且中越之间的贸易差额随着贸易总额的增长在不断扩大（表 13）。由于中越之间有着漫长的边境线，而且两国边境居民生活习惯相近，边境贸易是中越贸易的主要方式。边境贸易包括边境的小额贸易和边民互市两种方式，仅广西每年与越南的进出口就有60% 以上是边境小额贸易。目前，中越边界上已有 25 对边贸口岸，其中国家级口岸有 8 对，还有 59 对边境通道和 13 处边贸市场。2014 年上半年，越中边境口岸进出口总额达 26.1 亿美元，同比增长 13%。中越两国贸易额迅速增长的同时，进出口商品结构也在不断升级。2003 年，中国对越南出口的商品主要有矿产品、机电音像设备及部件、化工品、纺织原料及制品、贱金属等五大类商品。中国自越南进口的商品主要有矿产品、塑料橡胶及制品、植物产品、机电音像设备及部件、纺织原料及制品、木材及木制品等。其中初级产品占中国对越南进口总额的 81.68%，工业制品占 18.01%。随着越南经济的快速增长，人民生活的不断提高，中越两国贸易商品结构有所改变。2013 年，中国出口越南的五大类商品有机电、电气设备及其零件、录音机及放声机、电视图像、声音的录制和重放设备及零件、附件；锅炉、机器、机械设备及零件；针织或钩编的服装及衣着附件；棉花；钢铁，这些商品的出口额占对越出口总额的 51.53%，而中国自越南进口的主要商品除上述中国向越南出口的五大类商品中的第一大类相类同外，多为矿物燃料、矿物油及其蒸馏产品、沥青物质、矿物蜡；锅炉、机器、机械设备及零件；樟木及木制品、木炭；棉花。这些商品的进口额占到了自越南进口总额的 67.26%。这几类产品中以集成电路、机电音像设备及部件、煤炭、棉纱为主。目前中国是越南计算机、电子产品及零配件、天然橡胶、煤炭和大米等农产品的第一大出口市场。

表 13   2003—2015 年中越贸易额   单位：亿美元

年 份	中越贸易额	中国对越南出口额	中国从越南进口额	越方差额
2003	46.4	31.8	14.6	−17.2
2004	67.4	42.6	24.8	−17.8
2005	81.9	56.4	25.5	−30.9
2006	49.5	74.6	24.9	−49.7
2007	151.3	119	32.3	−86.7
2008	194.6	151.2	43.4	−107.8
2009	210.5	163	47.5	−115.5
2010	300.9	231.1	69.8	−161.3
2011	402.1	290.9	111.2	−179.7
2012	504.4	342.1	162.3	−179.8
2013	654.8	485.9	168.9	−317.0
2014	836.4	637.36	199.03	−438.3
2015	959.7	661.24	298.42	−362.8

资料来源：中国海关统计。

近年来，中越双方经贸沟通密切，改革开放将给跨境贸易、旅游提供更多的空间，对于中越双方而言是互利双赢的最佳选择。我们把中越（东兴—芒街）跨境经济合作区、中国－东盟小商品跨境交易中心等一批跨境经济项目加快推进，与之配套的跨境人民币结算的试点改革正在积极探索中。我们把东兴试验区建成中国内陆进入东盟最便捷的大通道和主门户，最终目的是实现边境的繁荣和可持续发展，加快边境地区的信息、资金、人才集聚，进而带动越南等东盟国家的共同发展。

截至 2014 年底，中国对越南直接投资总额累计达到 80 亿美元。

越南是位于中南半岛东部的国家，东面和南面都濒临南海，有 3 260 千米的海岸线，并有众多的天然港湾，分布着很多港口城市。水陆交通便利，沿海和内河航道占主要地位。这对其海洋运输、港口贸易非常有利。全国主要港口 43 个，其中北部 7 个，中部 17 个，南部 19 个。

胡志明市（Ho Chi Minh）是越南五个中央直辖市之一，全国最大城市和港口、经济中心。位于湄公河三角洲东北、同奈河支流西贡河右岸，距入海口 80 千米。面积 2 095 平方千米，人口 620 万。旧称西贡，1975 年 4 月改现名。越南南部的大工业多集中于此。有机械、水泥、造船、纺织、卷烟、碾米、锯木等。

胡志明港是东南亚航线上的基本港。万吨远洋轮可入港装卸。2012年有三个码头，分别为：NEW PORT（新港）、CAT LAI PORT（泰来港）、VICT PORT（越南国际集装箱码头）。其中 CAT LAI、VICT 为老港，NEW PORT 是新港。一般到老港的海运费比到新港的要低一些，挂靠的船公司也多一些，港口有时会拥挤一些。

胡志明港北至岘港528海里，至海防港810海里。北郊有新山国际机场。经过多年的分期开发，已发展成为一个国际性的港口，成为越南南部港口群的主枢纽港。2008年，越政府为重建胡志明市国际集装箱港口设计了宏伟蓝图，占地48公顷的新型集装箱码头将出现在距离胡志明市中心南部110千米的 Thi Vai 河边。该港两座集装箱码头的岸线各长600公尺，可以挂靠8万载重吨运力6 000标准箱的大型集装箱船舶。此外，还建造一座占地27公顷的综合性码头，可挂靠5万～8万载重吨的各类船舶，投资7亿美元。

目前 NEW PORT（新港）码头，主要泊位有15个，拥有超过40万平方米土地的完整的基础设施和现代化处理系统，设备包括：超过20万平方米的集装箱堆场、22万平方米的中心仓库，配备的泊位长度704米。该港位于胡志明市内。主要出口货物为橡胶、茶叶、稻米、煤、矿产品及农副产品等；进口货物主要有钢材、粮食、机电设备、石油产品、燃料、棉花及化工产品等。

海防市（Hai Phong）是越南北部最大港口城市，为中央直辖市，位于红河三角洲东北端，京泰河下游，濒临北部湾西北岸，西距首都河内约100千米，为河内海上门户。面积1 526平方千米，总人口180余万。

海防港始建于1874年，现有各类泊位20个，泊位岸线长达3 000余米，可同时容纳10多艘万吨巨轮靠泊装卸，是越南北方进出口贸易的主要枢纽港。主要出口货物有铁、煤、大米、玉米、水泥、黑色及有色金属矿砂；进口货物主要有机械、纺织品等。海防属半日潮港，平均潮高：高潮为2.6米；低潮为0.42米。海防港已全部更新了该港 Chua Ve 集装箱码头上的装卸设备，目前正在修建能停靠大型集装箱货船的港口设施，预计2017年底开始正式运营。

海防港由商港和军港两部分组成，仅次于胡志明市，为越南第二大商港，水深5～15米，2007年打造成越南第二深水军港，建立了第二大海军基地。

海防市还是北部湾经济圈中越南经济基础最好的城市，开展国际经济合作潜力很大，在海防市区至涂山之间已设置了一个大型出口加工区，入驻了不少外资企业，集萃了越南及东南亚各国的名牌产品，另外，海防更是有着众多名胜古迹的现代化旅游城市。

河内（HANOI）是越南首都。越南北方第一大城市，在红河下游沿岸，东距河口约100千米。无论是从南方到北方，还是从内地到沿海，均是必经之地，地理位置十分重要，拥有北方最大的河港，有好几条铁路在此相连接，是北方公路的总枢纽，郊区有白梅机场和嘉林机场，水、陆、空交通便利。河内市面积约1 000平方千米，人口350多万，是越南政治、经济和文化中心。河内拥有机械、化工、纺织、制糖、卷烟等工业部门，其中机器制造成为全国中心。

岘港（Da Nang）又名土伦（Tou Rane），为越南中部港市。在翰江口的岘港湾南岸，临南海。北有山茶半岛为屏障，背山面海，形势险要，港阔水深，整体呈现马蹄形，为天然良港。自古就是著名的贸易港，现为越南最大的海产品输出港。岘港所在地为越南农业区，盛产稻米、椰干、胡椒、橡胶；沿海以产龙虾、螃蟹等著称。岘港海滩是世界著名的六大海滩之一，优质的细白沙滩长约40千米，这里滩平浪静，椰树成林，海天一色，美丽景色可与印尼的巴厘岛、马尔代夫相媲美，是旅游、度假胜地。

岘港属日潮港，平均潮差0.7米。港区码头泊位岸线长达2 235米，最大水深9米，装卸设备齐全。另有海上泊位，水深达13米，可停靠3万载重吨油船。

岘港主要出口货物为海产品、牛肉、大米、木薯粉、煤炭、木材、废钢铁、铜和大理石等；进口货物主要有化肥、车辆、水泥及石油制品等。在进出口货物中有40%是中转物资。进口货物主要来自朝鲜、新加坡、中国香港、日本及印尼等国家和地区。

鸿基（Hon Gay）位于越南东北部广宁省南端下龙湾东岸港市之西，濒临北部湾的西北侧，现已改名为下龙市（Ha Long），北边码头区称为鸿基港，南边糊口区称为下龙市。东至锦普港24海里，西至海防港51海里，南至岘港303海里，东北至我国北海港140海里。该港潮汐属全日型，平均高潮潮高3.06米，低潮潮高1.6米。鸿基港是越南北部重要的煤炭输出港，附近的鸿基煤田是东南亚最大的无烟煤矿，矿区长100多千米，宽15～20千米，储量22.5亿吨，煤层厚，表土薄，是世界有名的露天煤矿，产量占全国90%。下龙湾是著名风景区。

金兰湾（Cam Ranh）为越南重要军港。在越南东南部海岸线向前突出的弧形顶点。群山环抱，岛屿屏蔽，面临深海，可停泊航空母舰以及百余艘舰艇，是世界最好的天然港湾之一。港湾深入内陆17千米，由两个半岛合抱成葫芦形的内外两个海湾。内港金兰，面积60平方千米，水深1～15米，湾口仅宽1 300米。外港平巴，水深10～22米，湾口宽约4 000米，口外水深30米以上。

泰　国
（The Kingdom of Thailand）

世界最大的黄袍佛国　泰国旧称"暹罗"，1939年改名"泰国"，意为"自由之地"。位于中南半岛中部，南临泰国湾，西南临安达曼海，面积51.31万平方千米。2014年人口6 709万，主要属泰、老两族。泰族占44%，老挝族占35%，其余为华人、马来族和高棉族等。泰国是有着2 000多年佛教史的文明古国，95.5%的居民信奉佛教，是世界上最大的佛教国家。国王是佛教最高领袖。四万多座寺庙遍布城乡，长年香火鼎盛，青烟缭绕。全国有30万僧侣，在街头到处可见身披袈裟的僧人托钵化缘。和尚地位崇高无比，俗人不得与和尚握手。泰国规定，凡男子成年时都要落发当3个月的和尚，王族也不例外，通用佛历。佛教对整个社会的经济、文化生活影响极大。泰国人有不少禁忌，如不能触摸头部，不能把脚底翘起对着别人，如用脚踢门会受到当地人的唾弃，也不能踩踏房子的门槛，认为门槛下住着神灵，不能在人前昂首挺胸大摇大摆地走，须弯腰而行。泰国人性格内向，对外国人特别和蔼可亲，总是面带微笑，有"微笑之国"的称呼，泰国人做事从容，生活安逸与安宁，幸福指数很高。泰国人在慢生活中追求效率、现代和繁华。在众目睽睽之下与人争执，认为是最可耻的行为。泰国人喜爱红、黄色，禁忌褐色。广告、包装、商标、服饰都使用鲜明颜色，并习惯用颜色表示不同日期。泰国人见面不握手，而行双手合十礼，将双掌合起来放在额与胸之间，高度不能超过双眼（除见国王）。会见客户用英、泰、中文对照的名片。拍照切忌骑在佛像上面，否则会被科刑，外国人也不例外。泰语为国语。货币单位是铢。

泰国是君主立宪政体。国会为立法机构，分下议院和上议院。国王无实权，但具有一定影响。在政局变化的某些关键时刻，国王能起一定作用。

全国有 76 个府（包括曼谷 1 个直辖市），府之下为县、区、村。共为四级行政区划。

自然条件和资源　泰国地势北高南低。北部、西部是从掸邦高原南延的复杂山地，往南经泰国湾和安达曼海之间的克拉地峡伸至马来半岛。东部是以呵叻高原为主的高原山地，中部为湄南河冲积平原，其下游三角洲是全国主要的经济区。中南半岛和马来半岛连接处的克拉地峡最狭处只有 56 千米，泰国计划在此开凿一条长约 102 千米、宽 400 米、深 25 米的"东方巴拿马运河"，可缩短太平洋与印度洋之间的航程，战略地位十分重要。泰国已计划在地峡东西两岸的卡农和甲米分别建设深水港，并由 180 千米的双线高速公路、铁路和年运量 5 000 万吨的输油管相连。这将使东亚至西亚和欧洲的航程缩短 800～2 800 千米，仅输油管即可分流马六甲海峡石油运量的 1/5。当前，中国大部分的石油进口都要经过马六甲海峡，每天经过这里的各类船只中 60％都是为中国服务的。克拉运河的开通，将对整个世界的贸易格局带来巨大变化，特别是东亚国家更是受益颇多，对中国尤其有着不同寻常的意义。除克拉地峡以南一隅为热带海洋性气候外，泰国大部分地区属热带季风气候。因西部山地阻挡，年降水量比其他东南亚国家略少，全国平均降水量约 1 600 毫米，因变率大，对农业生产影响较大。湄南河中贯泰国，是全国最重要的灌溉水源和航运干线。泰国各河水能蕴藏量总计达 2 000 多万千瓦，是东南亚水电比重最大的国家。

泰国自然资源丰富，西部是东南亚锡钨矿带的一部分，锡、钨、锑、钽、重晶石的生产居世界前列。钾盐蕴藏量 4 367 万吨，居世界第一位。泰国湾发现的一批海底气田，天然气蕴藏量为 16 亿立方英尺（1 英尺＝0.304 8 米），可开采 40 年。泰北甘烹碧府甲布地区油田也已投产，泰国由此跨进了世界产油国的行列（石油储量 1 500 万吨）。另外，泰国森林面积 1 440 万公顷，森林覆盖率 28％。目前可利用的木材主要有橡胶木和桉木，柚木已禁止出口。泰国海域辽阔，拥有 2 705 千米海岸线，泰国湾和安达曼海是得天独厚的天然海洋渔场，另外还有总面积达 1 100 多平方千米的淡水养殖场。曼谷、宋卡、普吉等地是重要的渔业中心和渔产品集散地。渔业资源丰富，总产量已跃居世界第七位，其中虾产量仅次于中国、印度和美国。

从农业走向工业化经济　泰国是一个传统的农业国，自 20 世纪 80 年代后期以来，经济发展已为世人注目。1988 年经济增长率高达 11％，是 1966 年以来的最高数。1990 年为 10％，是东盟增长最快的国家，被誉为"亚洲第 5 条小龙"。同时，泰国经济结构出现重大变化。电子工业等制造业发展迅速，人民生活水平相应提高。目前工业在国民生产总值中占比 39％，服务业占 55％，20 世纪 90 年代的泰国已由一个贫穷落后的农业国向新兴的工业化国家迈进。1991 年国民生产总值达 940 亿美元，人均 1 660 美元，被世界银行列入"中等收入"的国家。

泰国经济起飞与新加坡、香港地区、韩国和台湾地区等"四小龙"二十年前的经济起飞有相似之处，也是以出口为主导，属外向型经济，但又不尽相同。"四小龙"是在第二次世界大战后资本主义市场急剧扩大的条件下起飞的，而泰国是在世界经济进入低速增长时期，发达国家贸易保护主义愈演愈烈的情况下起飞的，而且又有"四小龙"所不具备的低廉劳动力和多种自然资源，因此泰国经济发展潜力很大。

几年来，泰国为促进经济发展采取了两项措施。一是扩大对外出口，增加外汇，充实经济建设实力；二是吸收外国企业来泰国投资，大力发展民间企业。泰国利用外资的"灵活反应"战略是促进国民经济高速发展的重要因素，逐步由替代进口企业向出口企业过渡，由劳动密集型企业向技术密集型企业过渡。除加速生产过去需要进口的家用电器、汽车和摩托车等外，还大力生产出口产品，如半导体、滚珠轴承等。20世纪90年代初，纺织品成为最大宗的出口商品，泰国想迅速取代韩国，台湾、香港地区而成为亚洲主要的纺织品生产与出口地。总之，泰国利用亚太地区国际分工格局的重新配置，正向着世界上第一个"农业的工业化国家"发展。日本、台湾地区、韩国都视泰国为最佳投资国之一。

1998年泰国经济萎缩9.4%，是1997年遭受金融风暴冲击最大的国家之一。1999年则开始稳步复苏，2003年7月提前两年还清了金融危机时向IMF借贷的172亿美元贷款。金融危机后，泰国对教育、旅游和进出口行业进行了巨额投资，提高了市场竞争力。泰国连续对金融体系进行了改革。2007年，面临国际油价不断攀升和国内政局不稳等不利影响，泰国经济仍缓慢增长了4.8%，出口增长再度成为GDP增长的主力，占比75%，远高于1997年的50%。出口增长主要是由于农业及工业产品的出口大幅提高。

2013年受全球经济复苏放缓、国内政局动荡、消费下降等因素的影响，泰国经济出现倒退，全年GDP增长率为2.9%，远低于2012年的6.4%。从农业部门看只增长了2.3%，渔业继续呈萎缩态势，农业部门的一些劳动力向工业和服务业转移。农业对泰国经济的作用下降，而工业和服务业的作用有所增强。但2013年非农业部门仅增长0.4%，制造业甚至出现负增长（-2.9%），建筑、电力、燃气和水利供应均呈现下降趋势。另外，交通、通讯、批发零售、酒店餐饮以及金融服务业发展速度缓慢。延续至2014年的军事政变重创了泰国的民间投资及国家预算支出，旅游业和国内消费等领域严重下滑，泰国经济面临全面衰退的风险。泰国1963年起实施国家经济和社会发展五年计划，2013年是"十一五"计划的第二年，GDP为3 872.16亿美元，人均5 673美元。

泰国积极参与区域性经济合作，加入了亚太经合组织和东盟自由贸易区，积极参加中、泰、老、缅四国关于湄公河上游区域水陆交通合作，推动泰、马、印尼毗邻地区的"经济成长三角区"进程。随着制造业和服务业的发展，尤其是旅游业的崛起，经济结构已发生重大变化，由过去以出口农产品为主的农业国逐步走向新兴工业化国家。

面向出口的多元化农业　泰国是传统农业国，农业人口约有1 530万人。目前农业仅占GDP的8.4%。根据世界市场的需求，泰国利用优越的自然条件，始终重视农业多元化。近年来，泰国农业现代化有了很大发展，政府鼓励外资向农产品出口加工业投资，鼓励国内私人资本兴办农业加工企业，创建各种现代农场，增强农产品的出口竞争力和创汇能力。稻米是泰国的传统出口商品，主要产区是湄南河中下游冲积平原。2011年，大米价格被推高，削弱了国际竞争力，导致泰国失去了称霸世界30年之久的大米出口最大国地位。2014年，泰国大米出口总量1 080万吨，出口总额53.72亿美元，创历史新高，夺回了稻米出口世界第一宝座。当年泰国稻米产量为3 880万吨。2015年全球稻米总产量下降，泰国大米出口获得更大机会，继续保持全球第一。泰国香米质优，远销 60 多个国家，享有很高的声誉。20 世纪 60 年代起，政府积极鼓励和扶植玉米、木薯、麻类、甘蔗、烟草、豆类、棉花、菠萝等作物的种植和出口，其中木薯年产量在 2600 万～2700 万吨之间，泰国是全球最重要的木薯生产国和最大出口国。木薯均送往加工厂，加工成木薯干片、颗粒、淀粉及乙醇，用做其他工业原材料，包括生产饲料、食品、纸、纺织品等。2012 年泰国木薯产量的 75% 用于出口，中国是泰国木薯制品的最大进口国，其中以木薯干片为主。木薯颗粒的主要市场是日本、韩国和新西兰，木薯淀粉主要市场是中国、日本和印尼。木薯不但为泰国创造了大量的经济价值，在世界供应链中也占有重要的地位。其他如玉米、蔗糖的出口量也很大。泰国是全球第二大糖出口国，2013/2014 年度糖产量为 1 130 万吨，创高位纪录。热带水果如菠萝、芒果、柚子、香蕉等出口量迅速增长。其菠萝罐头出口量居世界第一。

20 世纪 90 年代后期，泰国成为世界最大天然橡胶生产国和出口国。这些年橡胶一直都是泰国农业领域的支柱产业。2013 年产量达 386 万吨，80% 以上用于出口。2015 年产量达到 450 万吨左右，出口量达 375 万。泰国橡胶种植面积近年来一直呈现上升趋势，截至 2016 年初，种植面积达 1 961 万莱（1 莱＝1 600 平方米，约合 2.4 亩），较 2013 年增长 19.14%。

泰国主要进口龙脑香料和柚木，目前已成为世界上进口木材和林产品较多的国家之一。泰国主要出口橡胶木，90% 以上销往中国。林产品虫胶、树脂和藤在国际市场也很著名。

泰国渔业分为淡水渔业、海洋渔业和养殖业，其年产量的 1/2 来源于海洋渔业。泰国海产品的大部分供国内消费，少部分供出口。泰国是亚洲仅次于日本、中国的第三大海洋渔业国，从事渔业的人口约为 50 万人。近年来泰国渔业面临的问题主要是渔业资源减少、非法捕捞以及劳动力缺乏。20 世纪 80 年代泰国开始掀起兴办现代化牧场、奶牛场、猪场、鸡场及随之而起的饮料加工业的热潮。

农业多元化的发展使泰国外汇收入激增，为工业提供了资金和原料，也为国产工业品开辟了广大的农村市场，大大增加了泰国经济的活力和弹性。

工业向现代化发展　进入新世纪，泰国工业在国民生产总值中占 40%，超过农业。为了引导工业有计划地实现现代化，20 世纪 70 年代初，成立了泰国工业发展村规划机构。80 年代末，泰国已在全国开发设立了 7 个工业发展区，吸引了大批外国投资者。泰国的工业发展区内大致分为"一般工业区"和"出口加工区"，一般工业区的产品可以内销也可以出口，但出口加工区的产品必须全部出口。泰国政府在首都曼谷周围和北部的清迈附近建立工业发展区，其中在东海岸建立马托普工业区，兴建大型石油化工联合企业，为目前最大工业中心。泰国的叻甲、拉塔克拉、沙没巴干、南奔、伦查、春武里等为出口加工区，曼谷为转口区，区内设有保税仓库，并计划兴建高科技园区，展现网络发展的蓝图。

泰国主要发展面向出口的加工工业，如汽车、电子、钢铁、塑料、化工、石油提炼、纺织、制糖、食品加工、水泥、卷烟、麻袋、珠宝加工等。

纺织业原是泰国规模最大的部门，主要生产服装出口，20 世纪 90 年代初期就以低廉和加工精细的服装出口美国市场，后被电子产品超过，由于引进先进的自动化生产技术，提高了产品的竞争力。美国、欧盟、日本是泰国三大服装出口市场。

电子工业主要是电视机、电脑及零配件、集成电路板、冰箱、空调等。泰国是东盟地区最大的家电生产基地，1991 年起家电超过纺织品出口居第一位。2013 年东芝公司在曼谷东北新建成一座现代化晶片厂，以代替因水淹而停产的旧厂。

泰国汽车工业发展迅速。目前汽车产业已经成为泰国第三大产业，从业人员约 30 万人，每年销售额 2 834 万美元，占该国 GDP 的 12%。1997 年东南亚金融危机之前，马来西亚是东盟主要汽车生产国，其汽车产量和出口量领先泰国，但危机过后泰国汽车迅速成长为东盟第一大汽车生产国和出口国。

泰国生产环境、基础条件都很优越，是全亚洲仅次于日本和韩国的第三大汽车出口国。所产汽车 1/2 以上向周边国家出口。泰国拥有东盟地区最大规模的汽车组装能力和零部件生产能力，能提供本地货车装配所需 80% 的零部件和客车装配所需 60% 的零部件。目前泰国已成为东盟汽车生产基地，汽车产量占东南亚地区总产量的 40%，有"东南亚底特律"之称。2013 年泰国产汽车 253 万辆。

泰国政府从 20 世纪 90 年代就坚定不移地推行汽车开放政策，鼓励外国投资者到泰国投资建厂。日本、美国、德国汽车厂商从 20 世纪 60 年代起陆续进军泰国，丰田、本田、通用、福特、宝马在泰国都投资建立了汽车生产或组装厂。通用汽车和五十铃汽车公司在泰国共同开发的 D-MAX 皮卡，从 2003 年起即销往世界各地。2009 年泰国是世界第十大汽车出口国，占全球汽车出口贸易额的 0.9%。泰国也是世界上仅次于美国的第二大货车消费国。

能源工业。泰国是天然气王国，在泰国电力供应中，天然气发电比重高达 70%。20% 的电力供应来源于煤炭，其余的电力供应来自风力、水力、太阳能等可再生资源。天然气主要产在泰国湾，还有一部分通过管线从缅甸等地进口，但仍不能满足国内迅速增长的需求。因此泰国在罗勇府建立了首座液化天然气接收基地，2011 年起从其他国家进口天然气。泰国能源严重依赖进口。为改变能源的单一结构，防备天然气开发耗尽，泰国致力于将天然气发电比重从目前的 70% 降到 2020 年的 50%。2008 年泰国出台了可再生资源发展战略，重点大力发展太阳能和生物质能。泰国是东南亚最大的生物燃料生产国，也是仅次于中国和印尼的亚洲第三大生产国。2011 年泰国通过了替代能源发展计划。从 2012—2021 年将替代能源占能源组合比重从 7% 提高到 20%。2022—2030 年进行替代能源发电，尤其是生物质能。目前生物质能燃料是人类唯一可固定碳的可再生能源，因为植物的根茎、秸秆、碎屑、外壳、枝叶均可利用为原料，因此生物能源不但是个绿色宝藏，而且是未来的一个大市场。

泰国是生物柴油的主要消费国，消耗量很大，因此限制出口。泰国的沼气产业发展十分迅猛，政府以直接补贴或减税等方式支持，其发展速度远超东南亚其他国家。

采矿业在泰国占有重要地位。锡和钨是传统的矿产品，产于南部半岛，主要在普吉岛、攀牙、宋卡等地。锡的产量和出口量均占世界第三位。

对外贸易和主要港口　泰国对外贸易发展相当迅速，从 1951—1983 年，32 年中增长了 35 倍，平均每年以 11.8% 的速度增长。同时，对外贸易在国民经济发展中占有重要地位。20 世纪 80 年代初泰国进出口总额约占国民生产总值的 49% 左右，目前已占 75%。2014 年泰国货物贸易进出口额为 4 537.4 亿美元，其中出口 2 254.6 亿美元，增长 0.2%；进口 2 282.7 亿美元，下降 8.6%；贸易逆差 28.1 亿美元，下降 88.7%。

泰国出口的增长主要得益于农产品及工业产品出口的大幅提高，包括橡胶、罐头、大米、汽车、电器及珠宝等。2014 年全年泰国大米出口总量达 1 080 万吨，出口总额 53.8 亿美元，创历年大米出口之最。泰国出口的工业品开始向技术密集型提升，电子产品、汽车增长迅速，已成为最大的出口创汇项目。泰国宝石资源丰富，种类繁多。世界宝石市场上的红宝石有80％来自泰国。

泰国进口的工业品开始从生活消费品转向生产资料性工业品。进口商品主要是石油、机械、化学品、钢铁等。中国、日本、美国、东盟、欧盟是泰国最重要的贸易伙伴。

泰国在进一步扩大外贸出口的同时，积极扩大劳务出口，发展旅游业，增加外汇收入。

发达的旅游业。

泰国人对外国人特别和蔼可亲，总是面带微笑，有"微笑王国"之称。泰国旅游资源得天独厚，一向被誉为"亚洲最具异国风情的国家"。无论是优美的热带风光，还是具有佛教色彩的寺庙、大金塔、金佛寺等，都引人驻足揽胜。独特的风俗人情和传统文化极富吸引力，加上世界水平的先进设备和旅游设施，吸引着成千上万的外国游客蜂拥而至。目前旅游业已占其国民生产总值的10％，已成为外汇收入的主要来源。2014年入境泰国的外国游客总计2 477万人次。国外游客主要来自亚洲的中国、日本、韩国和东盟国家。旅游胜地以首都曼谷和东南部的芭提亚尤为著名。旅游商品应有尽有。另外，泰国西南方向的普吉岛也是一个海洋风光的游览胜地。

泰国是我国近邻，距我国云南边境仅约120千米，两国贸易发展由来已久。早在13世纪，中国元朝时候两国便正式通商了。新中国建立后，两国只有间接贸易，直到1974年泰国向中国试购石油开始，两国直接贸易才告恢复。2015年是中泰两国建交40周年，两国货物贸易额从1975年的2 500万美元，增长到2014年的726.73亿美元（中国向泰国出口342.96亿美元，自泰国进口383.77亿美元）。目前中国是泰国最大的贸易伙伴、出口市场和最大游客来源地。今后五年，中国将从泰国进口100万吨大米，同时进口更多的橡胶以及其他特色农产品。泰国向中国出口的商品主要是机电产品、塑料和橡胶，次为矿产品、化工产品、植物产品、贱金属及制品；泰国从中国进口主要是机电产品，占泰国自中国进口总额的半壁江山，其次是贱金属及制品、化工产品及纺织品与原料。两国出口商品结构有很多相同处。

泰国经济社会以华人为主体，对华友好和对华合作是人心所向，符合各方利益。中泰双方通过诸多平台和渠道推进双边经贸合作，也推动区域经贸合作发展。泰国积极参与"一带一路"建设，为中泰及区域合作注入了新动力。泰国是东盟和东亚地区的生产和分流基地，在开展国际经济合作中有着独特的区位和资源优势。中国的"一带一路"构想符合泰国的发展需求，泰国是区域合作构想中连接"陆上东盟"与"海上东盟"的重要交汇点。

2015年是中泰建交40周年，以中泰铁路项目合作为新的起点，不断拓展和深化两国互利务实合作，推动中泰友好关系迈上新台阶。中泰铁路合作项目包括修建廊开—呵叻—坎桂—玛塔卜和曼谷—坎桂铁路。线路全长845千米，全部使用中国技术、标准和装备。现泰国决定仅建设曼谷—呵叻一段，全长250千米，设计时速250千米/小时。

近年来两国投资额不断增长，双方每年双向投资额超过10亿美元。

泰国有47个港口，其中海港26个（国际港21个），主要有曼谷港、廉差邦港、梭桃邑、宋卡港和普吉港等。泰国抓紧调整一些港口的发展战略，以适应邻国货运量不断增大的形势，提高吞吐能力，以泰国为中心，与邻国的水上航运相连接。如清孔港、清盛第二港等。

曼谷（Bangkok）位于湄南河三角洲，距河口16千米，离曼谷湾40千米，是泰国最大港口，也是世界著名的稻米出口港。曼谷既是河港又是海港，是水陆转运的枢纽。港区由东西两码头组成。西边靠泊普通船，东边主要靠泊集装箱船。该港码头水浅，难以适应现代海运业的发展，所以逐步启用了曼谷湾东南岸的深水港梭桃邑（Sattahip）。主要出口货物是大米、烟草、橡胶、豆类、手工业品等；进口货物主要是机械、钢铁、汽车、纺织品、石油制品及化工品等。

廉差邦港（又译林查班，Laem Charbang）位于泰国湾北部沿海，曼谷以南 110 千米。廉差邦港占地 1 000 英亩，是泰国最大的集装箱深水港。港口码头分三期，现正在扩建第三期工程。2013 年货物吞吐量为 600 万 TEU，其中约 15％进出口货物来自中国，同期曼谷港只有 100 万 TEU。廉差邦港的迅速发展取决于其独特的地理位置（东南亚的中心地带），加上泰国丰富的资源、技术工人、基础设施以及政府的利好政策。该港主要业务包括原材料、家电、汽车及零配件的进出口贸易。2013 年有 120 万辆汽车通过该港出口海外。

廉差邦港被规划为一个与铁路、公路和内河运输网络相连的，可向泰国全境实施快速配送的功能齐全的现代化港口。可停靠集装箱船、散货船、汽车运输船和大型客轮，是泰国最大的门户港，东南亚海运枢纽。这里还是全球小型载重车生产基地，被誉为"东方底特律"。年产载重汽车 90 多万辆，占全球总产量的 75％。

宋卡港（Songkhla）位于泰国南部马来半岛东北沿海的銮湖的出海口东岸，临泰国湾，是泰国新建的国际贸易港口。20 世纪 90 年代初聘请中国上海专家负责经营管理迄今。目前是泰南地区最大的深水港和货物进出口码头，年货物吞吐量达 190 万吨，集装箱吞吐量超过 17.5 万 TEU。2014 年，中国是宋卡港进出口货物的第一大来源地和目的地。鉴于宋卡港的泥沙淤积问题，宋卡府筹划在乍纳区新建一个深水良港。另外，泰国利用宋卡与邻国的交通战略地位，与马来西亚、新加坡连接起来，这想法和中国提出的建设 21 世纪海上丝绸之路一脉相承。宋卡期盼与中国合作共建"一带一路"，成为受益者之一。该港主要出口货物包括橡胶及其制品、冷冻海鲜、罐装食品、家具半成品等；主要进口货物有冷冻金枪鱼、化肥、机械设备、钢管等。

另外，泰国曼谷还有两个航空港：

①曼谷北部 24 千米处的廊曼机场（又称旧曼谷国际机场），2006 年曾因新机场启用而关闭，2007 年 3 月 25 日重新运作，成为泰国国内航班最繁忙的机场，也是进入东南亚地区的一个重要枢纽。②曼谷市中心向东约 35 千米的索万那普国际机场（又称新曼谷国际机场），2006 年 9 月 28 日启用。共有 53 个国家的 80 个航空公司设有飞泰定期航线，89 条国际航线可达欧、美、亚及大洋洲的 40 多个城市。国内航线遍布全国 21 个大中城市。

复 习 题

填图题

在东南亚地图上填注：（1）太平洋、印度洋、南海、苏禄海、苏拉威西海、望加锡海峡、爪哇海、泰国湾、安达曼海、马鲁古海峡、马六甲海峡、龙目海峡。（2）东盟成员国。（3）曼谷、廉差邦港（林查班港）、普吉、梭桃邑、宋卡。（4）槟城、巴生港、马六甲、柔佛巴鲁、吉隆坡。（5）新加坡。（6）马尼拉、宿务、达沃、怡朗、三宝颜。（7）雅加达、丹戎不碌、苏腊巴亚、望加锡、巨港。（8）斯里巴加湾。

填空题

1. _____是东盟最大汽车生产国。
2. _____是泰国扩建的最大规模深水港。

思考题

1. 根据东盟各国的经济发展水平，可以分为几个层次？
2. 泰国经济中，农业占重要地位，举例说明其主要农产品在世界贸易中的地位。
3. 我国与东盟贸易现状怎样？
4. 请你谈谈泰国宗教信仰上的禁忌习俗一二例。旅游业在泰国经济中的地位怎样？
5. 旅游业在泰国经济中的地位怎样？
6. 泰国经济发展中，最重要的支柱工业是什么？

马 来 西 亚
（Malaysia）

马来西亚国土由马来亚、沙捞越和沙巴组成，总面积约 33 万平方千米。马来亚位于马来半岛上，简称"西马"（包括 11 个州），面积 13 万平方千米。沙捞越和沙巴两个州位于加里曼丹岛的北部，简称"东马"，面积 20 万平方千米。东马与西马之间隔着广阔的南海，两地最近处距离 650 千米。整个马来西亚介于太平洋和印度洋之间，是沟通欧洲、亚洲、大洋洲、非洲四大洲及两大洋的主要枢纽。

东马和西马均位于北纬 1°～7°的赤道地带，属热带雨林气候，森林面积大，约占西马的 52%，占沙捞越和沙巴的 76% 和 82%。马来西亚全境 4/5 以上为平原和低丘，沿海沼泽遍布。东马有少数高山，沙巴的克罗山脉，南北纵贯，主峰基纳巴卢山海拔 4 101 米，为全国最高峰。

马来西亚海岸线绵长曲折，总长 4 192 千米，多良港、海滩。还有 1 007 个岛屿，这些岛屿及其四周的海洋是游泳、潜水、划船、风帆、海钓、探险的最佳场所。

马来西亚人口已突破 3 000 万，人口寿命延长。主要构成是马来人（占 55%）、华人（占 24%）、印度人（占 7.3%）和巴基斯坦人。华人对马来西亚经济发展起了很大的作用，马来西亚也是海外华人传统文化保留最完整的国家。全国居民的 83% 集中在西马，东马人口较少。

马来西亚以伊斯兰教为国教，马来语为国语，通行英语，货币单位为马元（林吉特）。

马来西亚人平易近人，乐观。见面礼是伸出双手，互相摩擦一下对方手心，然后五指并拢如佛，摸一下心窝互致你好。马来西亚人喜爱绿色、红色、橙色等鲜艳颜色。忌用黄色（死亡），一般不穿黄色衣服。禁忌 0、4、13 数字。不喜欢猪、狗而极爱猫。商务宴请一般在饭店用餐，进食必须用右手抓取食物，左手视为不洁之手，待人接物禁用左手。马来人禁酒，可用茶水代之。

经济向多元化发展　历史上，东马和西马均为英国的殖民地。经济以农业为主。西马为殖民者重点经营之地，经济发展水平较高。东马位置偏僻，开发较晚，除沙捞越的石油业和橡胶种植稍具规模外，经济水平一直较低。近年来，这两州在农业、林业、矿业上得到明显增长。

马来西亚自1970年实施为期20年的"新经济政策"，国民经济取得了一定的进展。1970—1980年国内生产总值年平均增长率为8%，1985年人均国民生产总值已达2 006美元，在东盟国家中，仅次于新加坡。进入20世纪80年代以后，经济增长率明显减缓。马为制止经济衰退采取了一系列措施，卖掉了大型国有企业，发展私营部分，减少了对传统商品出口的依赖，并实行新的税收刺激政策和条例，以吸引外国投资，且与国际市场有较好的地缘和人文连接优势。

20世纪90年代以来，马来西亚经济增长率就居东盟各国首位。1991年国民生产总值达530亿美元，人均GDP为2 960美元，被人们誉为亚洲新的小龙，成为一个新兴工业化国家。当时成功的关键是实现了经济向多元化转型，即从单纯依靠初级产品的生产转向依靠制成品和高附加值的产品的生产，经济结构发生了明显变化。1998年受亚洲金融危机影响，马来西亚成为重灾国，但它拒绝接受IMF的援助，政府自主行事，尽力集中国内资源自救。据亚行报告，马来西亚1999年的GDP增长率为5.4%，结束了1998年骤降至6.7%的负增长局面。2013年人均GDP为10432美元，步入中等收入国家行列。在过去的15年中，马来西亚进行了重要的金融与银行体制改革，经济转型已奏效。2014年GDP增长6%，人均1.083万美元，首次超越世界平均线。

马来西亚目前实施经济转型计划，实施12项国家关键经济领域和131项计划，重视培育和扶植新兴产业的发展，使出口产品多元化，开拓原有的先进领域并同时实现粮食自给自足。马来西亚着手发展航空、高级原料、电子、微电子、自动化控制技术、生物工程、信息技术产业。旨在使国家于2020年迈入高收入国家行列。马来西亚从一个农业导向型经济转型为一个以制造业和服务业为主的经济体，改变成为以高科技、知识型及资本密集型工业带动的出口型经济，并已成为本地区经济增长最快的国家之一。

世界重要的棕油、橡胶和锡的产销国 种植业和采矿业一向都是马来西亚经济的主要支柱，并早以"橡胶和锡的王国"闻名于世。1878年，马来西亚从巴西引入橡胶种植，其产量自1912年起就一直居世界首位（仅1945—1958年被印度尼西亚超过）。1988年产橡胶约161万吨，90%以上供出口，橡胶产销量均占世界40%以上。但1991年就失去宝座。2013年天然橡胶产量为82万吨，同比下降11.1%，由世界第三位跌至第六位。但马来西亚橡胶加工业发达。为重回橡胶产量世界第一的宝座，扩大橡胶种植面积，采用最新技术提高产品质量，激活橡胶产业。现今胶园90%以上集中在西马（马来亚）西海岸内侧海拔300米以下的浅丘阶地，为世界驰名的"胶锡地带"。橡胶主要输往美国、日本和欧洲。

1960年起，马来西亚开始推行农业"多元化"发展方针，鼓励私人把老胶园、老椰子园改种油棕，以改变单一的橡胶作物种植。所以从1966年开始，马来西亚已成为世界最大的棕油生产国和出口国。新产棕油80%以上供出口，产量与出口量分别占世界的50%和70%，主要销往巴基斯坦、中国、欧美及印度等80多个国家和地区。但从2006年起，棕油产量已被印尼超过。2013年棕油产量为1 920万吨，2014年预计为1 940万吨。油棕主要分布在西马地区，现为第一大经济作物。

马来西亚锡砂采掘业已有几百年的历史。从19世纪末叶起，锡的产量和出口量始终居世界首位，20 世纪 90 年代初，年产六七万吨，占世界产量的 2/5。近年来，产量大为减少。主要产在西马中央山地花岗岩带的西侧，其中尤以怡保为中心的近打河谷地和以吉隆坡为中心的巴生河谷地两大矿区最为重要。马来西亚生产的锡砂，经熔炼为锡块后全部出口，主要销往美国、日本及西欧市场。2014 年产锡 3 500 万吨。

马来西亚是亚洲主要的石油出口国之一。近年来，原油和天然气出口稳步增长，主要产区在沙捞越和沙巴。石油产量的 80％供出口，已成为东南亚仅次于印尼的重要石油生产国和出口国，主要输往美国和日本。

马来西亚森林面积占全国总面积 73.6％，盛产热带硬木，为世界最大的热带硬木产销国之一。主要市场在日本、欧美及东亚地区。木材产区主要在东马，这里生产的原木占全国出口量的 90％，西马主要出口锯木。

为改变其单一经济结构，在农业多元化方面已取得一定成效。除油棕、橡胶外，通过努力扩大种植面积，提高稻米产量，增加蔬菜种植、禽畜产品和观赏鱼养殖等措施，逐步减少对热带经济作物的依赖。椰子、可可、菠萝等水果都有大幅度增长。粮食供给率已提高到90％左右。胡椒产量、出口量居世界前列。胡椒主要产在沙捞越。

制造业已成为重要经济支柱 近三十年来，马来西亚制造业发展迅速，产值占国民生产总值 42％，已成为马来西亚最重要的经济部门。大量引进外资一直是马来西亚经济发展的一个重要特征，也是推行出口导向型经济的基本措施。外来投资主要是在制造业，占外国直接投资总额的 37.6％，主要投资国为日本（约占 1/3）、新加坡和台湾地区。

马来西亚重视对初级产品的加工，大力发展橡胶加工业、棕油加工业、食品加工业、油脂制造业。马来西亚是世界上最大的树乳橡胶手套生产国。同时，大量进口电子电器及半制成品工业设备，大力发展电子、电器、汽车、石油、天然气、纺织服装等工业。

电子工业，已成为国民经济重要支柱产业，主要涵盖电子元件和电路板、消费电子产品、计算机和周边设备、通讯设备等制造业领域，世界上有 1/3 的半导体是在马来西亚槟城装配的。半导体已成为马来西亚最大的外汇来源之一。马来西亚通过"多媒体超级走廊"拥有发达的通信网络。

汽车工业，是马来西亚最重要最具战略意义的产业之一。2013 年汽车总销量达 65.58 万辆，创历史新高，为东盟第三大汽车市场（排印尼、泰国之后）。马来西亚极力主张汽车生产国有化。1983 年建起了普腾（Proton）国民轿车生产厂，另两个是派洛多（Perodua）和韩国起亚（KIA）。其中普腾是马来西亚最大汽车公司，而派洛多是 1993 年成立，主要与日本的大发、丰田合作，是马来西亚第二大汽车品牌。普腾和派洛多每年占据该国 90％汽车市场份额，汽车主要出口到英国、德国和澳大利亚。

能源工业。马来西亚是亚太地区重要的油气生产国，其天然气资源比石油资源多三倍。现已知储量是 24 000 亿立方米，大都分布在马来半岛近海地区——沙捞越和沙巴、纳闽岛。马来西亚天然气作为国家工业化的主要燃料资源，通过工业总计划对能源的长期利用策略进行勘探。纳闽岛地区的天然气资源被制成液化天然气出口到日本、韩国和台湾地区。

马来西亚石油主要分布在马来盆地、沙捞越盆地和沙巴盆地。2012 年签订 13 份合作开采合同，创下了历年在油气领域吸引外资的新纪录。目前马来西亚三座石油 LNG 综合工厂，每年都生产 2 300 万吨液化天然气。该工厂已成为世界最大单一地点天然气液化厂。马来西亚的油气工业已是关键产业，其占据国家制造业收入的30%，占其年度GDP的8%。

马来西亚制造业主要集中在西马，主要中心为槟城、巴生、怡保、马六甲、新山和吉隆坡。马来西亚的出口加工区多分布在马来半岛的西海岸，规模最大的为峇六拜自由贸易区，现在马来半岛的东海岸也设立了出口加工区。

服务业 马来西亚服务业范围广泛，政府不断调整产业结构，使服务业得到迅速发展，成为国民经济发展的支柱性行业之一。2013年，服务业整体增长5.9%，并且服务业促进当地就业，全国几乎一半以上人口从事服务业。

马来西亚金融业发展稳健，金融机构通过强化金融储备，监管游资，加强信贷与市场风险管理等手段，使金融机构整体的偿债水平明显改善。2013年马来西亚本地三大银行集团成功推行股息再投资计划，以加强资本实力。金融机构发展稳定，给马来西亚经济持续发展提供了保障。

旅游业是马来西亚第三大经济支柱。"马来"二字在马来语里是"黄金"之意。马来西亚迷人的热带雨林，极具现代气息的繁华都市，清新雅致的乡村风情，美丽醉人、阳光明媚的海滩吸引着游人的目光。2014年，赴马来西亚游客达3 000万人次，旅游业是其外汇收入的重要来源之一。其商贸服务业发展良好。吉隆坡价廉物美的购物商场，常被评为亚太地区"最佳购物城市"之一（仅次于中国香港）。

对外贸易和港口 马来西亚经济高度依赖对外贸易，每年出口额约占国内生产总值1/2以上。多数年份是顺差。据马来西亚统计2014年贸易总额4 432.1亿美元，同比增长2%，其中出口2 342.5亿美元，同比增长2.6%；进口2 089.6亿美元，同比增长1.4%，顺差252.9亿美元，同比增长13.5%。对主要贸易伙伴中国、日本和泰国出口有所下降，对新加坡、美国和中国香港的出口均保持增长。同期，马来西亚主要的进口贸易伙伴是中国、新加坡、日本、美国、泰国等，马来西亚出口商品结构呈多元化发展趋势，主要出口商品是机电产品、矿物燃料、机械设备、塑料及制品、运输设备等五大类。

2013年，由于马来西亚晋升为中等收入国家，从2014年起不再享有对欧盟国家与土耳其普遍优惠制度（GSP），迫使马来西亚拓展更多海外市场，如中国、印度、日本、东盟国家及非洲市场，以分散出口风险。

中马两国地理位置接近，双边关系良好，1857年华人就来到当时还是一片沼泽地的吉隆坡寻找开发锡矿，至今已有100多年的历史。

中马贸易在20世纪70年代以前一直是在民间进行的。1974年两国建交后，两国贸易步入健康发展的轨道。几十年来中马政治互信不断加强，经贸关系持续稳定快速发展。目前双边经贸、投资和经济合作已形成多层次、多领域、多形式的互利合作格局。2013年，中马两国决定建立全面战略伙伴关系，确定2017年贸易额达到1 600亿美元目标。两国还签署了经贸合作五年规划及钦州、关丹产业园区等多项合作协议。两国经贸合作进一步扩大。2013年，双边进出口总额达1 060.8亿美元，同比增长11.9%。其中中国对马出口额为459.2亿美元，同比增长25.8%；自马进口额为601.4亿美元，同比增长3.1%。中马两国贸易额首次突破1 000亿美元大关，创历史新高。马来西亚为日、韩以外第三个与中国贸易额超过1 000亿美元的亚洲国家，并连续成为中国在东盟的第一大贸易伙伴。中马贸易额占中国与东盟贸易额的近1/4。2014年两国贸易额为1 020.2亿美元，同比下降3.8%，其中中国对马出口额为 463.6 亿美元，同比增长 0.9%；自马进口额为 556.61 亿美元，同比下降 7.5%。马来西亚对中国出口最多的是机电产品、矿物燃料、动植物油、机械设备和橡胶及制品；马自中国进口的主要是机电产品、机械设备、粗钢、铜及制品、光学仪器产品。多年来，中马贸易中方逆差。目前在亚洲，中国是马来西亚第一大进口来源地和第二大出口市场。

马对华投资始于 1984 年。截至 2013 年 6 月底，马累计在华投资 65.6 亿美元，中企对马非金融类直接投资是 7.1 亿美元。目前，正是中马寻求战略投资合作的最佳时机。马具有优越的投资环境，在世界银行等机构的相关评比中名列前茅。另外，以承包工程为主的经济合作成为中马经贸关系向前发展的重要增长点。马国企业越来越看重中国的技术，现在马正在实施第 10 个国家发展五年计划，一些大型基础设施项目正在上马，是承包工程的良好时机。

马来西亚的重要港口在西马有槟城（Pinang）、巴生港（Port kelang）、马六甲（Malacca）、柔佛巴鲁（Johore Bahru）等，在东马有古晋（Kuching）、哥打基纳巴卢（Kota kinabalu）、山打根（Sandakan）等。

巴生港（Port kelang）位于马来半岛西部沿海、滨巴生河口，东距吉隆坡 40 千米，是它的外港，旧称"瑞天咸港"。现为马来西亚最大集装箱吞吐港口，2014 年集装箱吞吐量达 1100 万 TEU。该港腹地广阔，是全国木材、棕油和橡胶的主要出口港，进口钢铁、化肥、小麦、大米、化工等产品。河口有群岛屏蔽，分南北两港，相距 4.8 千米，目前巴生港投资港口建设，力争吞吐量在 2019 年达到 1 650 万个标箱。巴生港集装箱处理效率居世界前列，每台吊车平均每小时处理 30～35 个标箱，高于 27 个标箱的世界平均水平。巴生港西港区第 7 码头装置了世界最高的起重机，可停靠世界最大的货船。

槟城（Pinang），取名于当年遍布在该岛上的槟榔树，亦称乔治市。位于槟榔屿东北部，马六甲海峡北口，槟榔屿海峡西岸。乔治市是槟城州首府，全国第二大城市，半导体、电子工业居全国领先地位。横贯西马北部的东西大道（北海—哥打巴鲁）通车，及连结槟城与大陆的槟威大桥的兴建，密切了槟城与西海岸地带的联系。槟城港是一个深水巨港，占全国各港总吞吐量的 25%，出口橡胶、棕油、锡、木材，进口燃料、糖、肥料。槟城港与世界 200 多个港口有联系。马来西亚北部地区与缅甸、泰国及印尼苏门答腊岛等邻近地区的农林矿产品在此加工转口。

丹戎帕拉帕斯港（Port Tanjung Pelepas）即 PTP，位于马来半岛西南端的普拉宜河口，与新加坡港只有 40 分钟的车程。PTP 港恰好处在东西向和南北向国际主干航线的交叉点上，PTP 港拥有 10 个集装箱泊位，可容 25 万吨级大型船舶进出，能力超过 800 万 TEU，可以满足目前世界上最大的集装箱船靠泊作业，可同时双吊 40 呎集装箱。桥吊效率达每小时 33 只标箱。港口管理全部采用现代化计算机网络系统，有东南亚地区最大的集装箱堆场，并将发展成东南亚地区的大型中转港。2009 年投产、年设计能力为 3 000 万吨的油码头，每年可接装卸船舶 3 000 艘。亚洲石油枢纽港的建设，旨在使马来西亚快速进入全球原油贸易市场，以应对新加坡裕廊地区石油和化工产业的发展。

新山（Johor Baru）音译"柔佛巴鲁"，是柔佛州首府。位于马来半岛南端，柔佛海峡北岸，以新柔长堤联系新加坡。有干线铁路和公路由此北上通往马来西亚东西海岸及各城镇，是东马来西亚南部的交通枢纽和主要港口，也是热带农副产品主要出口港和橡胶集散中心。

郊区有菠萝罐头、染织、玻璃、电池、石油化工等工厂。

马六甲（Melaka）位于马来半岛西南沿海，马六甲海峡北岸，马六甲河流贯。为马来西亚主要港口之一，凡经马六甲海峡的船只大都在本港外7海里处驶过，具有重要的战略地位。还是历史名城，市内有郑和下西洋的遗迹三保井。

马来西亚全长24千米的槟城第二大桥建成通车，它也是东盟国家最长的跨海大桥。马政府准备投资扩建彭亨州的关丹港，并使之成为西马东岸规模最大的港口。马来西亚还启动了连接柔佛州与印尼苏门答腊的跨国海底隧道的可行性研究。马来西亚与新加坡已就兴建新隆高铁达成共识。

新 加 坡
（The Republic of Singapore）

港口、城市型岛国　新加坡位于马来半岛南端，由新加坡岛和附近63个小岛组成。也称星洲、星岛、狮城、叻埠。总面积几经填海造陆有所扩大，现为720平方千米。新加坡岛占全国面积的90%，人们往往称该岛为新加坡港或新加坡城。岛上地势起伏不大，平均海拔仅17米，岛中部有最高的武吉知马山，海拔仅170米。

新加坡居东南亚的中心位置，北面与马来半岛隔着宽仅1.2千米的柔佛海峡，有铺着铁路和公路的花岗岩长堤相连，交通便利，南面隔新加坡海峡与印度尼西亚的廖内群岛相望。新加坡海峡长105千米，宽16千米，是马六甲海峡通往南海和爪哇海的航行要道，1824年英国占领新加坡后，一直把它作为远东转口贸易的重要商埠和它在东南亚的主要军事基地，因此，新加坡逐渐发展成为东南亚转口贸易的最大中心和国际海、空运输的重要枢纽。

新加坡人口520万，属全球生育率最低的国家之一，也是世界人口密度最高的国家之一。居民中华人占77%，其余为马来人和印度人等。华人多信奉佛教，马来人多信奉伊斯兰教。马来语为国语，英语、华语、马来语、泰米尔语同是官方语言，行政用语为英语。新加坡货币单位是新加坡元。

在社交场合，新加坡人的见面礼节多为握手礼。政府规定，官员不使用名片，但商务交往中名片必不可少。接到名片后应放在桌子前方或放在前面的口袋里，不要在名片上写字或放入后面的口袋。新加坡官员不接受社交性宴请，与他们打交道时要慎重。在商务和公务往来中，男士通常要穿白色长袖衬衫和深色西裤；女士要穿套装或深色长裙。在公共场所，穿着也不能过于随便，尤其是不能穿露肩、露背、露脐的服装。严格的反腐败法，禁止赠送任何可能被视为行贿的东西，但可赠送公司纪念品。到新加坡人家里做客，宜带上鲜花、巧克力、家庭工艺品等。新加坡人多数喜欢红色和白色，认为黑色和紫色不吉利。对数字3、6、8、9，认为是升、顺、发、久，都是吉祥数字，但对4和7的看法不太好。新加坡人对"恭喜发财"祝颂词极其反感，他们认为这句话带有教唆别人去发不义之财、损人利己的意思。

在新加坡，人们普遍讲究社会公德。政府通过采用"法"与"罚"两大法宝，促使人们提高社会公德意识。公共场所不准嚼口香糖，不准吸烟、吐痰、随地乱扔废弃物。违反必受罚，需交纳高额罚金，有时还会吃官司，甚至受鞭打。

"外贸驱动型"的多元化经济　新加坡古称淡马锡，18 至 19 世纪时为马来柔佛王国的一部分。1824 年沦为英国殖民地，1942 年被日本侵占，第二次世界大战后英国恢复其殖民统治，1959 年英国同意新加坡自治，1963 年作为一个自治州并入马来西亚，1965 年 8 月宣布成立新加坡共和国。

新加坡地处赤道地带，全年皆夏。作为一个港口城市国家，土地有限，自然资源十分贫乏。粮食蔬菜全靠进口，连饮用水都从马来西亚买来。但得天独厚的地理位置与历史基础，使其能充分发挥它在东南亚地区中心及国际海、空枢纽的作用，能较好地引进和利用外资及技术等有利条件，从实际出发，找准自己在国际劳动地域分工中的地位，制定出适当的措施。加上国内政局稳定，在人民的辛勤努力下，已由过去单纯的转口贸易经济发展成为以制造业为中心，包括金融、交通运输、旅游业等在内发达的多元化经济。产品 2/3 外销，目前进出口贸易总额是国内生产总值的 4 倍，并以进出口贸易带动经济各部门发展，形成了"外贸驱动型"的多元化经济，是一个高度开放的经济体。

新加坡经济发展大致可分为五个阶段。①1966—1973 年，主要发展劳动密集型的轻工、纺织工业，目的是增加就业，并初步实现工业化，手段主要是贸易自由化。由于世界贸易的迅猛增长，新加坡获益很大。②1974—1978 年，由于世界石油危机的冲击迫使新加坡调整其经济结构，使工业向更高层次发展，这期间年均经济增长率为 6.4%。③1979—1984 年，20 世纪 70 年代末，新加坡提出要进行"第二次工业革命"，进一步推动工业向资本和技术密集型方面发展，尤其是技术密集型产业，如飞机部件、自动化器材、电子计算机、电子仪器、光学仪器、高级化学品等，此外，还大力发展服务业。为此，新加坡实行高工资政策，通过提高劳动力成本迫使企业家将资本投向高附加值行业。④1985—1993 年，这一期间，新政府将注意力集中在提高整体经济的竞争力。1985 年经济出现独立后首次滑坡，但 1987 年上升为 9.5%，1988 年，由于出口迅速增长及国内需求强劲，国内生产总值实际增长 11.1%，为过去 15 年增长最快的一年。1990 年出现海湾危机，但新加坡经济仍有 8.2% 的增长。在经济全球化进程中，新加坡占得先机，经济发展迅速，逐渐发展成为新兴的发达国家，被誉为"亚洲四小龙"之一。⑤20 世纪末以来，新加坡即着重发展国际金融服务、交通与通讯服务、贸易服务、技术咨询服务等，加速转向服务化经济、软件化经济，使其成为东南亚地区的区域性服务中心。进入新世纪后，新加坡发表的十年产业发展规划主要是建立具有高附加值的知识型产业为基础的经济体。2009 年以来，新加坡走出经济危机，实现了经济持续增长。2012 年，美国《福克斯》杂志公布全球最富有的国家，新加坡排第三。2014 年新加坡经济增长率达 2.8%，GDP 为 2 880 亿美元。人均GDP 达 5.5 万美元以上，从 1959 年的人均 GDP 不到 400 美元到现在，增长了 100 多倍，位列全球第八。尽管跨国公司创造了新加坡 40% 的 GDP，但其余 60% 的 GDP 大多由中小企业创造。从制造业到服务业，从民营小企业到跨国公司，经济多元化有助于新加坡在全球经济萧条中分散风险。

目前，制造业、建筑业、批发零售业及酒店业、交通与通讯业及金融与商业服务业构成新加坡经济五大支柱产业。农业在 GDP 中不到 1%。

（1）制造业。新加坡制造业的设备与原料绝大部分依靠进口，产品主要供出口，新加坡制造业外资比重大，主要来自美国、日本和英国。它的高科技产业世界有名。如有世界排名第三的特许半导体，有的工业仅次于富士康的伟创力，有世界第三大石化基地，有世界第二大的海洋工程设备制造业。目前主要以电子产品及设备、运输设备、石油冶炼和石化产品为重点，其他还有金属制品、机械、医药、化工、纺织、服装等。近年来，还决定大力发展生化医疗科学产业和航天产业，并使之成为主体产业之一。①炼油业。20世纪80年代以前，新加坡工业主要依赖炼油和造船业，它利用东盟产油国及邻近中东油区之便，发展成为世界第三大炼油中心，现在油轮过往的新加坡本岛的西南方向与本岛相连的裕廊岛是设施齐全、功能完备的现代化炼油中心（该岛由邻近的6个小岛填海连接而成）。现有近百家世界领先的石油、石化公司进驻裕廊岛，其中包括法国液化气集团、壳牌、埃克森、美孚等跨国公司。经多年努力，裕廊岛已形成完整的石油和化工体系，炼油工业产值占全国工业产值的2/5以上。新加坡原油炼制能力超过130万桶/天，日加工原油能力相当于东南亚地区炼油总量的40%。新加坡港成为东南亚最大石化产品出口港。产品远销欧、美、非、澳等地。新加坡也是世界三大石油贸易枢纽之一，是亚洲石油产品的定价中心。②造船工业。造船工业已有百年的历史，包括修船、造船业务。造船业以制造大中型船舶为主，以修理超级油轮为主，并在此基础上发展成为世界海上钻井平台生产中心之一，年产量仅次于美国。③电子工业。20世纪80年代以来，新加坡十分重视计算机和电子工业的发展，1981年提出"国家电脑化计划"，以跨国公司为主体。据统计全球大约3 500多家跨国公司在新加坡都有投资。在20世纪90年代初期，新加坡已是世界最大的电脑磁盘驱动器生产国和出口国，其产量占世界一半以上。半导体生产更是重中之重。2010年半导体产业的产值已占全球销售额的13.5%。电脑已进入国民经济一切领域。新加坡成为东南亚的"硅谷"。2000年电子工业占制造业比重高达52%，成为新加坡第一大工业支柱。为降低生产成本，很多电子工业的企业已移往海外。目前，新加坡是东南亚电子元件、电子产品、家用电器、电子计算机、高级集成电路的生产中心，并能装配高精度的遥感遥测与宇宙系统。另外，在信息化的基础设施建设、网络普及率、手机普及率、电子政务、电子商务等方面有着先进的经验，进而把自己发展成为亚太地区电子商务中心，培养了一批国际性的优秀ICT企业和人才。电子业给新加坡腾飞带来新动力。

新加坡的工业分布在以新加坡河口为圆心的内外两个环带上，内带新加坡市多为各类轻工业，外带即郊区，由新发展起来的一批工业区组成，包括著名的裕廊工业区，也是东南亚最大的工业区。另外，还开辟了20多个出口加工区，重点发展资本和技术密集型产品，并兴建了肯特岗科学工业园区。

绿色的地产业。新加坡建筑业的发展，带来了房地产的兴盛。新加坡是绿色环保国家。近年来，一直提倡新建楼房绿色证书计划，鼓励开发商建设绿色建筑。这措施来源于2007年大力提倡建筑商采用钢、玻璃、复合材料等替代传统的水泥和花岗岩。建筑物安装太阳能电池，可节约40%能源的照明系统，雨水搜集系统和避免室内温度高的日照阴影系统等，并取得绿色标章认证。新加坡劳力紧张，建筑业多雇用外籍工人。

（2）金融业。新加坡地处东南亚中心位置，经济活跃的东南亚地区成了新加坡金融业的腹地。另有邮电、通讯、交通等一系列服务设施，使其金融业发展迅速。20世纪60年代后期，它以优惠的条件吸引外资，并建立了亚洲美元市场，利用时差优势，以及地处连接太平洋和印度洋的黄金水道——马六甲海峡的咽喉地带，国际货物流、信息流、资金流在此交汇、中转等独特的地理位置，开展全天候不间断的国际金融业务。它是亚洲仅次于东京的第二大外汇交易市场，名列世界第四。2013 年，新加坡金融业增加值占 GDP 比重达 12.2%（其中银行业增加值占金融业增加值的 46.7%）。新加坡管理的全球财富规模高达 2.1 万亿美元，仅次于纽约和瑞士。早在 20 世纪 60 年代，利用西方投资重点向东南亚转移的机会，成功建立了离岸金融中心。离岸金融市场的形成是一国经济及金融高度市场化、全面开放的一个重要标志。从管理的资产规模计算，到 2020 年，新加坡有可能取代瑞士成为最大的离岸财富管理中心。截至 2014 年 6 月，新加坡集各类金融机构 600 余家，包括商业银行 124 家，保险公司 155 家，基金公司 117 家，证券公司 96 家，期货公司 50 家等。新加坡已成为与纽约、伦敦、香港并驾齐驱的国际金融中心之一。目前新加坡的风险投资业也发展良好，还是国际第五位金融衍生产品交易中心。

根据 2016 年全球金融中心指数（GFCI），新加坡已取代香港居全球第三，仅次于伦敦和纽约。

（3）旅游业。设立旅游促进局，大力促进旅游业的发展。"旅游经济无止境"是新加坡旅游局制定政策的基础。旅游业是新加坡经济的一大支柱。它利用优越的地理位置、宜人的气候、发达的电讯业、花园般的港口城市国家的风貌发展成东南亚国际旅游的中转站，而且购物方便，服务周到，被称为东南亚的"超级市场"。从 2002—2012 年新加坡旅游收益取得了 10% 的年均复合增长率，游客人数增幅高达 6.6%。新加坡旅游资源贫乏，但旅游业占 GDP 比重超 3%。为加速发展旅游业，新加坡不是坐等旅客，旅游促进局每年派人到欧、美、日、澳等国去吸引游客，现已成为亚洲著名的旅游王国。2014 年入境游客达 1 510 万人次，旅游收益达 235 亿新元。同时，新加坡也是国际会议及国际展览中心，MICE 是一个新兴的服务行业。会议、会展、旅游发展潜力大，已成为全球新的经济增长点。新加坡每年举办近 6 000 个商业会展项目。占全亚洲举办总数约 1/4，占全亚洲会展业总收益 40%。南部圣淘沙岛是度假旅游胜地。"花园之国"的新加坡是世界上兰花出口最多的国家。

（4）物流业。物流业是新加坡的支柱产业。新加坡是亚太地区领先的物流和供应链管理中心。新加坡港口位居国际航道马六甲海峡出入口，港阔水深（8 ~11 米），各类船只终年畅通无阻，随着港口的发展，物流业成为新加坡经济的重要组成部分，对 GDP 贡献为 8.6%，吸引了相关的物流企业 9 000 多家，从业人员达 11 万人，约占全国总劳动人口的 6%。现代物流业已成为新加坡的支柱产业。新加坡现有泊位 100 多个，其中集装箱专用首个泊位于 1972 年投入营运，很快发展成为东南亚地区的集装箱国际中转中心。新加坡港由丹戎巴葛码头、岌巴码头、布拉尼码头和巴西班让码头一、二、三期码头组成，共拥有 57 个集装箱泊位，年操作能力高达 4 000 万 TEU。目前又在西部靠近国际船运航线和主要工业区的地方全力兴建大士码头，建成后新加坡港集装箱年处理能力预计可达 6 500 万 TEU。新加坡港还建立了发达的航运衔接网络，已与世界上 100 多个国家和地区的 600 多个港口连接起来，开辟有 250 多条航线，约有 80 个国家和地区的 130 多家船公司的各种船舶日夜进出该港。每天都有班轮开往世界主要港口，平均每 12 分钟就有一艘货轮进出，这相当于一年之内世界所有货船都在新加坡港停泊一次。2014 年新加坡港货物吞吐量为 5.76 亿吨，居世界第三位。货物中转是新加坡港的最大特色。2005—2009 年，新加坡港集装箱吞吐量均居世界第一位。2014 年吞吐量为 3 388.5 万 TEU，其中货物中转量占全部吞吐量的 80%。新加坡是东南亚最大港口，除自由港的政策外，十分重视科技创新。近年来，专注于码头自动化、智能规划和控制系统建设，目前一辆集卡在新加坡港的通关时间只需 25 秒。2015 年新加坡港第 27 次获得亚洲最佳海港的称号。

新加坡樟宜机场是进出东南亚的空中门户，是联系欧亚非和大洋洲的航空枢纽。目前已开通每周 4 400 多次航班，连接 60 个国家的 188 个城市。机场内设有樟宜航空货运中心（又称物流园），面积达 47 公顷，是个 24 小时运作的自由贸易区。这个一站式服务中心提供了装卸航空货物所需的设备和服务，从卸货到收货，前后只需 1 小时。正因为新加坡有强大的海空网络连接亚洲和世界各地。所以有 9 000 家以上的物流企业利用新加坡作为区域转运及配运中心，包括位列全球业界前茅的 17 家第三方物流公司中的 10 家在新加坡设立亚洲总部。这里也是许多正在进入亚洲市场的跨国公司的亚洲总部。

新加坡物流业更以电子物流的全新经营模式，整合了一套独具特色的网络供应链管理系统（ISCM），吸引跨国企业利用新物流业的优势，构建亚太地区的外包供应网，让跨国企业专注于产品研发及市场营销，提高国际竞争力，从而更加巩固了新加坡物流业的支柱地位。

小国家大贸易　新加坡是一个以贸易立国的国家，对外贸易总额往往是 GDP 的 4 倍，居世界各国之首，具有小国家、大贸易的特点。新加坡已与世界上 180 多个国家建立了外交关系。新加坡实行自由政策，除联合国等国际有关协议禁止的商品外，几乎所有商品均可进口。进口关税除烟酒、汽车、汽油以外均为免税；20 世纪 90 年代以后，外贸增幅提高。1993 年外贸总额达 1 590 亿美元，居世界第 12 位，2014 年外贸总额为 7 760 亿美元。其中出口 4 100 亿美元，世界排名 14 位；进口 3 660 亿美元，世界排名 15 位，增速同比下降 2%。

新加坡历史上和建国初期，曾以转口贸易为主。20 世纪 60 年代初转口商品比重高达 93.8%，从 60 年代中期开始，积极发展本国制成品的出口，转口贸易相对减少。目前转口贸易占其出口比重为 40% 左右，转口的主要产品有机械与交通设备，杂项制品和矿物燃料等。马来西亚和印尼等国是其最大转口市场。

新加坡进出口商品的构成随着经济发展的不同时期有很大的变化。20 世纪 60 年代中期开始，主要出口劳动密集型产品（如纺织品、服装、电子、金属制品、食品、塑料、皮革等）和资本密集型产品（如石油制品及船舶）。20 世纪 70 年代末开始，重点发展资本及技术密集产品的出口。20 世纪 90 年代以来，高技术含量高附加值产品构成了新加坡进出口贸易的主导产品。目前，进口贸易中原材料的比重大幅度下降，电子中间产品等急剧上升。主要进口商品为石油、机械与交通设备杂项制品、橡胶及农产品等。出口以电子产品、石油制品、化工产品占绝对比重。2014 年新加坡进出口主要商品是机电产品、矿产品和化工产品。新加坡贸易伙伴遍及世界各地，主要有马来西亚、美国、日本、欧盟及周边国家和地区。近年新加坡对中国内地、香港地区、欧盟和澳洲都保持了双位数的增长率。中国、马来西亚和美国，已是新加坡的三大贸易伙伴。

中新经贸　中新有着悠久的历史渊源和良好的合作关系。这是一条古老的海上丝绸之路。从中国西南绿城南宁经中南半岛诸国至泰国湾，再经马来西亚海域到达马六甲海峡，狮城新加坡就在这里迎船靠港。独特和优越的地理位置，再经数百年的历史变迁，新加坡已经成为国际航运的重要节点，成为海上丝绸之路上的一颗耀眼的明珠。新加坡是最先响应建设 21 世纪海上丝绸之路的东盟国家。鉴于区域内贸易流动和相互依赖性的增加，共建海上新丝路对中国和包括新加坡在内的东盟国家来说恰逢其时。新中国成立后，两国一直保持着民间贸易联系。1981年双方互设商务代表处。1990年10月3日，两国正式建立外交关系，中新经贸合作步入了新阶段。从此两国贸易额成倍增加。中新建交25年来，中新关系实现了跨跃式发展。2013年中国超越马来西亚成为新加坡的第一大贸易伙伴。2014年中新双边贸易额达797.4亿美元，是建交初期的28倍。作为中国在东盟地区的第三大货物贸易伙伴（次于马来西亚、越南），新加坡是我国轻纺、粮油、食品、土特产品出口的传统市场。目前，中国对新加坡出口前五位的产品是：矿物燃料、机械、电子、船舶和家具，占中国对新加坡出口产品总额的55.3%。其中以电子产品居多，其次是机械、船舶。同期中国自新加坡进口前五位的产品是：电子、矿物燃料、塑料及其制品、机械和有机化学品，占中国自新加坡进口产品总额的70.3%，其中以电子产品居多（表14）。中新贸易，中国为顺差。

表14　　　　　　　　　　　　**2009—2014年中新贸易状况**　　　　　　　　单位：亿美元

年 份	进出口总值	出 口	进 口	差 额
2009	478.70	300.70	178.00	122.70
2010	570.58	323.48	247.10	76.38
2011	634.82	355.70	279.12	76.58
2012	692.76	407.52	285.24	122.28
2013	759.14	458.64	300.50	158.14
2014	797.41	489.15	308.26	180.89

资料来源：《中国海关统计》。

新加坡是东南亚国家中最早和我国开展经济合作的国家。对华投资十分活跃，在东盟地区处于领先地位。截至2013年底，新加坡累计在华投资20 962项，实际投资金额累计664.9亿美元，为中国第五大外资来源地。新加坡投资主要集中在东部地区。近年来对中国西部投资也逐渐加快。2014年，新加坡仍为中国最大投资来源国、重要的人民币离岸交易中心。近年来，中国企业也开始将新加坡作为重要的海外投资目的地。截至2013年底，中国对新加坡直接投资存量达到147.51亿美元。在承包劳务、运输、建筑、能源等领域，一大批中资企业落户新加坡。中新经贸关系的发展有待深度挖掘。服务贸易有望成为双边合作的新亮点。运输、商务服务、贸易服务、金融等是中新双边服务贸易的重要类别。据中方统计，2012年新加坡成为中国第五大服务贸易伙伴。双方服务贸易额达到181.86亿美元。继苏州工业园区、天津生态城两大项目成功合作之后，以重庆为营运中心的中新第三个政府间合作项目呼之欲出。两国金融、科技、环保、教育人文、社会治理、执法安全等领域的合作也取得了丰硕的成果。新加坡还是中国第二大海外劳务市场和第三大海外工程承包市场。2015年11月，中新启动自由贸易协定升级谈判。中新关系定位为与时俱进的全方位合作伙伴关系。

复习题

填图题

在新加坡地图上填注：（1）新加坡海峡、柔佛海峡。（2）新加坡、裕廊、樟宜、巴实班让。（3）圣淘沙岛、乌敏岛、德光岛、亚逸查湾岛。

思考题

1. 新加坡有哪些重要的制造业部门？在世界上的地位怎样？
2. 新加坡港在世界海运航线中的地位怎样？
3. 谈谈中国与新加坡的经贸关系。

印 度 尼 西 亚
（The Republic of Indonesia）

世界最大的伊斯兰教、群岛之国 印度尼西亚介于亚洲大陆和澳大利亚之间，疆域横跨亚洲和大洋洲，地跨赤道南北，是世界上最大的群岛国家。国土由 17 508 个大小岛屿组成（其中有人居住的约6 000个，素称"千岛之国"）。这里火山活跃，地震频繁，400 多座火山中就有 77 座活火山，誉称"火山之国"。主要有苏门答腊岛、爪哇岛、苏拉威西岛、加里曼丹岛（大部分）和伊里安查亚（伊里安岛，今新几内亚岛西部）。东西延伸约 5 000 千米，南北宽度达 1 900 千米，总面积 190.44 万平方千米。海岸线长 5.47 万千米。印尼人口 2.53 亿（2014 年），居世界第四位。其中 65% 以上的人居住在面积不到全国的 7% 的爪哇岛上，为全国的政治经济和文化中心。印尼约有 100 多个民族，主要有爪哇族（占人口 45%）、巽他族（占人口 14%）、马都拉族和马来族。88% 的居民信奉伊斯兰教，是世界上信奉伊斯兰教人数最多的国家。印尼语为第一语言，英语是第二语言，使用广泛。有华裔、华侨近 1 000 万，约占印尼总人口的 5%，其中 90% 以上已加入印尼籍。货币单位是印尼盾。

印尼人不喜欢别人问他的姓名。民族复杂、民俗习惯千差万别。如爪哇人喜欢打地铺，苏门答腊人却爱睡在高处。印尼人重深交，讲旧情，喜欢商人客户或朋友到家中做客，这样可消除隔阂，洽谈效果更佳。印尼商人好礼，访问时可准备一些小礼物，或一束鲜花给他们的妻子。在印尼人家里，切莫抚摸小孩的头。

印尼人喜欢笑，笑是他们的另一种语言。笑口常开被认为是社交礼仪。他们绝不讲别人的坏话。与印尼人见面可以握手，也可以点点头。进入清真寺或铺着地毯的印尼人家里，一定要脱鞋。

印尼商人做决定甚慢，业务谈判一般都要花费较长的时间，为求好结果，最好准备停留一周左右。

经济发展概况 印度尼西亚人口有 2.53 亿，几乎占整个东盟人口的一半，是东盟最大的经济体。经济以农业、工业、采矿业和服务业为主。自然资源丰富，森林覆盖率高达 67.8%，石油、天然气、煤、锡、镍、铜、铝土等矿产储量也很大。印尼水域面积 580 万平方千米，海洋鱼类 7 000 多种，渔业资源丰富。苏门答腊岛东岸的巴干西亚比亚是世界著名的大渔场。印尼从 1968 年起，施行 5 个五年计划，首先解决粮食生产，改善全国农田灌溉和交通运输系统。印尼已从落后的农业国发展成为具有一定规模的重轻工业的发展中国家。接着，印尼大量引进外资，大力开发石油资源，发展"替代进口"工业和出口工业，调整生产结构，扩大非石油与天然气产品的出口，改革金融体制，调整外资政策，改善投资环境，使国民经济取得了较大的进步。在"六五"计划期间（1994—1998），继续调整经济政策，改进产业结构，经济增长率保持在 6% 左右，跻身中等收入国家。1997 年受亚洲金融危机重创而衰退。1999 年随着东亚经济复苏，印尼经济有了微弱增长。进入 21 世纪后增速加快。2008 年受全球金融危机影响，GDP 增长率降为 6.01%。2010 年恢复到 6.10%；2011 年为 6.23%；2014 年为 5.1%，首次下滑，但与其他经济体相比仍处于较高水平。印尼是 G20 成员，也是东盟地区最具发展潜力的国家，近几年的经济发展表明印尼并未受到 2008 年国际金融危机的太大打击。目前私人消费和投资成为拉动印尼经济增长的重要引擎。2013 年印尼实际吸引外资约 286 亿美元，同比增长 22.4%。印尼近期将大力改善投资环境，同时放宽投资规定吸引外资回流。印尼经济整体向好。世界银行 2014 年 5 月报告指出，根据购买力平价标准计算，印尼已经超越韩国、新加坡、加拿大等发达国家，跻身世界第十大经济体，对全球经济产出贡献 2.3%。目前，印尼的经济总量在东盟国家中最高，占东盟经济总量的 40%。

世界重要的热带经济作物和木材产销国 农业是印尼经济的主要部门，农业人口占 42%，农业占 GDP 的 15.3%。印尼耕地有 1 890 万公顷，稻米产量居世界前列，但长期不能自给。20 世纪 70 年代曾是世界上进口大米最多的国家。近年来稻米产量增长较快，2008 年大米基本能够自给。2015 年印尼大米比上年增长 6%，达到 7 536 万吨。

印尼热带作物种植面积仅次于巴西，约 660 万公顷，主要集中在苏门答腊，种植园经济十分发达。作物种类繁多，胡椒、木棉、豆蔻、金鸡纳霜等产量居世界首位，棕油、天然橡胶、椰子，还有咖啡、茶叶等亦居世界前列。产品大部分供出口。由于增加了棕油的种植面积，棕油产量大幅提高，2014 年棕油产量为 3 050 万吨。自 2006 年起，印尼棕油产量持续超过马来西亚，成为最大棕油生产国。印尼棕油的 70% 用于出口。近年来印尼是最大的椰子生产国，但出口量次于菲律宾。同时印尼也是世界第二大橡胶产销国。

印尼林业自 20 世纪 60 年代后期开始发展很快，1980 年原木出口位居世界首位。森林面积有 1.22 万公顷，森林覆盖率 67.8%。印尼盛产各种热带名贵木材，有"木材王国"之称，主要产地在加里曼丹岛。早在 1980 年原木出口就居世界首位。现在印尼胶合板占世界市场的 70%，是世界最大的胶合板出口国。目前森林化工产业已成为印尼的支柱产业，是其经济腾飞的重要收入来源。但近几年印尼非法采伐木材现象严重，环境遭受很大破坏，木材出口受到不同程度的影响。欧盟要求本地区进口商审查所进口木材的来源，并把非法木材排除在供应链之外。目前印尼已上升为欧盟地区第三大木材及木制品来源国。

"东盟"最大的能源产销国 长期以来，印尼是东盟最大的石油生产国。此前作为石油输出国组织（OPEC）的成员，印尼是石油净出口国。印尼石油探明储量是 1 200 亿桶，从陆地到海上，储油区占总面积半数以上。原油生产集中在苏门答腊岛（米纳斯为最大油田）、加里曼丹岛（三马林达）和爪哇岛，以海上石油为主；另一产区在伊里安查亚西部。原油主要输往中国、日本和韩国。由于印尼石油产量的快速下降，2008 年 9 月暂时退出了 OPEC。2013 年石油产量继续下降，因为新油田还未达到最大开采量，而国内需求量增长太快，导致印尼原油和石油产品进口大幅增加。2014 年印尼拥有 36 亿桶探明原油储量。印尼石油贸易大部分是进口，主要产品是汽油和柴油。印尼出口一些用于发电的燃料油，同时也进口和出口原油。由于地区不平衡及用于精炼和发电的原油需求日益上升，印尼已经成为原油净进口国。原油主要来自沙特和尼日利亚，以及阿联酋、卡塔尔、马来西亚和安哥拉等。印尼希望继续保持市场准入和石油收入，依然继续出口原油。其出口的主要国家是日本、泰国、澳大利亚、新加坡、韩国、中国等。

20世纪90年代，印尼液化天然气出口占全球出口总量的1/3以上，现在仅保持在7%。2014年印尼拥有104.4万亿立方英尺天然气探明储量，在全球排第十三位，在亚太地区排第二位（仅次于中国）。印尼大部分天然气出口通过液化天然气形式运输（主要出口韩国、日本、中国等），但仍有1/4天然气是通过两条管道运送至新加坡和马来西亚。2013年印尼是世界第四大天然气出口国，仅次于卡塔尔、马来西亚和澳大利亚；出口量为8 180亿立方英尺，比上年有所下降。印尼计划在2018年前从其他国家进口液化天然气。印尼液化厂位于苏门答腊北部（阿伦）、加里曼丹（邦唐）和巴布亚岛（唐古）。其中加里曼丹东部的邦唐液化天然气站年产1.1万亿立方英尺，是印尼最大在全球也是数一数二的。如今邦唐、唐古液化气厂主要供国内需求。目前，印尼液化天然气主要出口韩国、日本、中国等。

印尼拥有61亿短吨可开采煤炭，主要位于苏门答腊和加里曼丹的东部和南部。大部分是烟煤和次烟煤，产量增长显著。另外还生产一些用于电力部门的褐煤。过去十年（2002—2012），印尼煤炭产量翻了四番，达到4.52亿短吨。印尼在全球煤炭市场扮演着重要角色，尤其是作为亚洲市场的地区供应商，煤炭出口量连续四年保持首位。2011年超过澳大利亚成为煤炭出口量最大的国家。目前，其热能煤出口量仍居全球首位，出口量约占产量的75%，主要出口亚洲市场，出口量的70%流向中国、日本、韩国、印度等。在过去十年，煤炭消费迅速上升，成为印尼消费量第二的燃料。印尼能源对经济有着重要影响。2012年仅石油和天然气就占印尼货物出口的1/5，收入占年总收入的24%。另外，印尼也是传统生物能源和废物等生物能源的重要消费国，如印尼是亚洲最大的生物柴油生产国。尤其是那些不在国家能源传输网络中的偏远地区。印尼政府希望利用本国大量的可再生能源如水能、地热能、生物能和废物发电等，满足国内消费需求。印尼是全球第三大地热能发电国。2017年印尼将建全国最大的萨鲁拉地热电厂。印尼东部如巴布亚岛仅有1/3以上人口用上了电。印尼仍受电力短缺的困扰，发电能力的增长跟不上电力需求的增长。因此，印尼的能源生产正在从基本服务出口市场向服务日益增长的国内消费需求转变。

印尼处于东南亚锡矿带的尾闾，储量居世界前列。邦加岛和勿里洞岛向以"锡岛"驰名，印尼是全球头号锡出口国，其出口量约占全球总出口量的1/3. 主要输往日本等国。邦加岛西侧的文岛是炼锡中心。苏门答腊岛的阿沙汉炼铝厂是亚洲最大的炼铝厂。印尼采矿业是重要的出口创汇部门。

积极推动制造业的发展 印尼制造业起步晚。20世纪90年代中期，印尼丧失了亚洲制造大国的地位。90年代后期开始积极推进国家工业化计划，从替代进口开始，向发展出口过渡，使国民经济多样化。如利用本国资源（石灰石）和外资兴建了世界最大型水泥厂，由水泥进口国变为出口国。炼油和化学工业发展迅速，在巨港等地建有大型氮肥厂，并在加里曼丹东侧海上利用海底油田所产天然气，建成了当时世界上第一座浮动化肥厂。近几年来，印尼制造业增长速度均超过经济增长速度。已有30多个大的经济部门，如纺织服装、食品、电子、森林化工、木材加工、石化、钢铁、机械、汽车、造船等，其中多数是出口创汇的重要工业部门。

2015 年，随着东盟经济共同体开始实行，为应对拥有 6 亿人口 10 个国家的单一市场，印尼积极推动制造业的发展，提高国内产品的出口。

纺织服装、鞋帽制造业。已发展成为印尼的重要产业，产值、出口额和就业规模在全国各行业中居领先地位，其产业供应链已相当完备。制纤、纺纱、织布、染整、成衣制造等一应俱全，成为世界十大纺织服装生产国和出口国之一。纺织业从业人数约占制造业总人数的 15％（约 150 万人）。纺织服装业主要分布在万隆、西爪哇及雅加达附近，万隆地区服装年产值占全国服装产值的 40％以上。印尼纺织用棉花进口达 99.5％。近几年纺织服装出口额平均 130 亿美元左右，主要出口市场是美国、欧盟、日本、中东、非洲等。目前纺织服装业是印尼第四大出口产品，美国是印尼纺织品最大出口市场。随着国际市场逐步复苏，印尼纺织服装业面临越南、孟加拉等同行业竞争日益激烈。由于纺织服装鞋帽业的快速发展，印尼缝制机械产品市场的拓展空间广阔。印尼缝制机械产品的主要进口来源地是中国、韩国、新加坡和日本等。目前，中国已成为对印尼出口缝制机械总量最多的国家，主要以工业缝纫机和刺绣机为主。

从制造业整体来看，印尼与东盟市场其他主要国家相比竞争力较弱。

服务业在经济发展中占重要地位　近几年来，印尼服务业发展较快，现在约占 GDP 的 39％以上，主要有旅游业、金融服务业、通讯业等。旅游业是印尼非油气行业中第二大创汇行业（次于电子产品），2013 年到印尼的外国游客达 1 005 万人，增长较快。著名景区景点有巴厘岛、雅加达缩影公园、日惹皇宫、婆罗浮屠佛塔、普拉班南神庙等。印尼现有商业银行、国有银行、外资及合资银行等各类银行 350 多家。

对外贸易和港口　印尼的出口贸易在世界居重要地位。多年来外贸结构仍处于较低层次，出口高附加值产品只占很小比例，出口商品基本上是资源型和劳动密集型产品。印尼历来是石油、天然气、木材、咖啡以及锡、铜等重要原材料出口国。20 世纪 90 年代以来，钢铁、橡胶轮胎、鞋、手套、胶合板、电子、机械、化工已成为重要外汇产品。目前，电子产品和纺织品是印尼工业制成品中最大的出口创汇产品。2014 年印尼货物贸易总额为 3 540 亿美元，同比下降 4％。其中出口 1 760 亿美元，同比下降 3％；进口 1 780 亿美元，同比下降 5％。

印尼政府采取一系列措施鼓励和推动非油气产品出口，简化出口手续，降低关税，商品结构已有较大调整。矿物燃料、机电产品、橡胶及其制品、机械设备、纺织品和成衣、鞋、木材等是主要出口商品；主要进口商品是矿物燃料、机械设备、机电产品、钢材、塑料制品五大类。主要贸易伙伴是中国、日本、新加坡、美国、欧盟等。

印尼一直努力寻求吸引外国直接投资，以促进经济建设。2013 年吸引外国直接投资 286 亿美元，同比增长 22.4％。主要投资来源国为新加坡、日本、美国、英国、韩国。

中国和印尼早在公元 7 世纪就建立了经济和文化联系。1950 年 4 月建交。1967 年两国关系中断，只通过新加坡和香港做转口贸易。1985 年 7 月两国恢复直接贸易，1990 年 8 月恢复邦交，贸易额迅速上升。2013 年 10 月决定把两国关系提升为全面战略伙伴关系，双方发表了《中印尼全面战略伙伴关系未来规划》。2013 年双边贸易高达 683.5 亿美元。中国已成为印尼非油气类货物贸易的最大伙伴、最大进口来源国和第二大出口市场。2014 年双边贸易额为 635.8 亿美元，其中中国向印尼出口 390.6 亿美元，从印尼进口 245.2 亿美元，同比进口下降明显（－22%）。印尼成为中国在东盟的第五大贸易伙伴。最近两年，中国对印尼出口前五位产品是：机械、电子、钢铁、钢铁制品、塑料及其制品。印尼日益壮大的国内市场和持续的基础建设已为中国出口商打开了多个产品市场，出口较为多样化。中国自印尼进口的前五位产品是：矿物燃料、动植物油、矿砂、杂项化学产品、木浆及其他纤维。自印尼进口产品以资源性产品、已加工原材料和农产品为主。目前中国与印尼在经济技术合作、承包工程和劳务合作方面正在积极进行。印尼的海运和航空、海港和机场建设、发电和传输网络、电信和电视广播、加工工业等多个领域都期待着中国投资者。截至 2013 年，中国对印尼累计投资额为 27.9 亿美元；印尼对中国累计投资额为 22.9 亿美元。

2015 年，中国用诚意和实力赢得了印尼雅万高铁合同。雅加达至万隆高速铁路全长 150 千米，最高设计时速 300 千米/小时，三年建成通车。届时，雅加达至万隆将由现在的 3 个多小时缩短至 40 分钟以内。雅万高速铁路项目采用中印企业合资建设和管理的合作模式，是中国高铁从技术标准、勘察设计、工程施工、装备制造，到物资供应、运营管理、人才培训等全方位整体走出去的第一单项目，也是首个由政府搭台、两国企业对企业（B2B）合作建设的第一个铁路走出去项目，是中国铁路走出去模式的一次成功实践和重大创新，具有重要的示范效应。

海运是岛国印尼主要的运输方式。全国有各类港口 680 个，其中雅加达外港丹戎不碌及泗水、巨港、望加锡、杜迈等为主要港口。

丹戎不碌（Tanjung Priok）是印尼首都雅加达的外港，全国最大货运港，在雅加达东北约 10 千米，濒临爪哇海的雅加达湾。它是 1887 年建成的人工港。在雅加达的甘榜班丹大街设有保税仓库。该港输出橡胶、咖啡等热带作物。2007 年集装箱吞吐量达 390 万 TEU，全球排名 23 位。丹戎不碌港扩建工程已于 2011 年完成。新建码头 440 米。主港区东部有水深 9～10 米的石油、散粮港区。全港中级以上码头岸线 6 800 米，40 多个泊位，年吞吐量超过 3 000 万吨，居全国综合性商港之首。

苏腊巴亚（Surabaya）也称"泗水"，位于爪哇岛东北岸，泗水海峡西南侧，隔峡与马都拉岛相望，为印尼第二大城，现代化工业城市，重要的对外贸易港、军港、渔港（这里有印尼的第二大海港丹戎佩拉，Tonjung Perak），是爪哇岛东部和马都拉岛农产品集散地，也是东爪哇铁路枢纽之地。拥有全国最大的柚木林生产基地和最大的舰船修造厂，以及石油提炼、机械制造等工业。主要出口产品为糖、棉花、咖啡、橡胶、皮革、油类、木薯粉及胡椒，主要进口产品是电气设备、玻璃器皿、纺织品、化工产品等。

巨港（Palembang）又译巴邻旁。位于苏门答腊岛东南穆西河下游，距河口 90 千米，是苏门答腊岛南部最大港口和贸易中心，主要出口原油及其制品、咖啡和橡胶，主要进口机械、日杂货等工业品。

望加锡（Makassar）位于苏拉威西岛西南岸，临望加锡海峡。旧名为"乌戎潘当"，是亚澳两大陆间的交通枢纽，是印尼东北地区贸易集散中心。港外有许多小岛，建有防波堤、港口水深、设备优良、可泊万吨轮，是主要农产品、橡胶和木材出口港。

杜迈（Dumai）位于苏门答腊岛东海岸中段，濒临杜迈海峡，是炼油工业基地。目前是印尼最大的石油输出港。建有可泊 10 万吨级油轮码头及 2 万吨级浮船坞。

沙璜（Sabang），为印尼西北部海港。位于韦岛东北岸，扼马六甲海峡西北口，交通和军事要地，为苏门答腊西北部物资中转港及煤炭输出港。在此设有自由贸易区。

另外，位于廖内群岛的卡里摩岛将建设一个集装箱港口，以提升作为经济特区的地位。卡里摩岛位于印尼北端，面对马六甲海峡和新加坡。

复 习 题

填空题
1. 世界最大的伊斯兰教国家是_____。东盟最大的经济体是_____。
2. _____是印度尼西亚最大货运港，是首都_____的外港。

思考题
1. 印度尼西亚有哪些重要的热带经济作物，在世界上的地位怎样？
2. 印度尼西亚能源工业发展现状如何？

菲 律 宾
(The Republic of Philippines)

亚洲的天主教国 菲律宾位于我国台湾省南面的菲律宾群岛上，群岛南北纵列，构成了太平洋西缘岛弧和火山地震带的一部分。境内多火山，以吕宋岛上的马荣火山比较著名，号称"世界最完美的火山锥"。棉兰老岛上的阿波火山，则是全国最高峰（2 954 米）。国土由7 107个大小岛屿组成，但其中有人居住的岛屿仅约800个。总面积近30万平方千米。全国以吕宋岛和棉兰老岛为最大，约各占总面积的1/3。2014年7月，菲律宾统计人口达1.0007亿，是世界第12个人口过亿的国家。近年来，人口持续快速增长。绝大部分属马来人种。主要民族有他加禄、米沙鄢、伊罗诺等，华人华侨100多万。菲律宾90％的居民信奉天主教，是亚洲信天主教人口最多的国家。在400多年前，西班牙人就使大多数菲律宾人皈依了天主教，教堂成为菲律宾社会生活的中心，神甫和主教具有很大权威。他加禄语为国语，但政府文告、议会辩论和主要报刊均使用英语。货币单位是菲律宾比索。

菲律宾人天性和蔼，为人随和，善于交际，作风大方。无论何时何地，都显得愉快乐观。跟他们打交道，不能面无表情，一言不发，而应热情待之。菲律宾人家庭观念强，喜欢别人说他们的家庭。菲律宾人生活极为西化。以大米为主食，少部分人以玉米为主食，食物偏于清淡，味鲜。中上层人士爱吃西餐。男女都喜欢喝啤酒，咖啡和茶也很流行。受西班牙生活方式的影响，喝下午茶已成为菲律宾人喜欢的生活习惯。

在菲律宾，拜访商人或政府办公厅，宜穿保守式样西装，须事先预约。商界和学校都使用英语。日常见面，无论男女都握手，男人之间有时也拍肩膀。

菲律宾文化具有明显的西班牙的特色，有的虽是民族音乐作品，其曲调旋律也往往与西班牙音乐有许多相似之处。

菲律宾岛屿多，群岛上山峦起伏，山地面积约占国土3/4，只有在吕宋、棉兰老岛等大岛上才有较大的平原，成为经济活动的主要中心。海岸线曲折，长达 1.85 万千米。海运方便，水产资源丰富，金枪鱼产量居世界前列。河流多，但源短流急。气候终年高温多雨，属热带雨林气候，多台风，除二月份外几乎各月都有，年均达 30 余次，台风带来暴雨，往往酿成灾害。

菲律宾金属矿产丰富，主要有铜、铁、金、铬、镍等，是世界上铬矿储量丰富的国家之一。目前菲律宾还是世界上最大的镍矿出口国。非金属矿产则比较贫乏。菲律宾有地热、水力及煤炭等资源储备，但油气资源匮乏。最主要的产油气区是位于南海海域的马兰帕亚气田。

菲律宾森林面积 1 579 万公顷，森林覆盖率为 53%。植物生长繁茂，主要有乌木、檀木、龙脑香、竹子、松柏、红树等。

经济发展概况　菲律宾原是一个以椰子、甘蔗等少数热带作物畸形发展的单一经济国家，粮食不能自给，制造业更为落后。第二次世界大战后几十年来，经济结构有了明显的变化，农业在国民生产总值中的比重则由 5% 猛增到 40%。在 20 世纪 80 年代后期，受国际环境影响，有过三年的动荡及衰退，但 1986 年年末已开始复苏。步入 20 世纪 90 年代，菲律宾经济增长仍不如东盟其他国家。1994 年经济增长 4.5%，是菲经济发展关键的一年，人均 GDP 约 960 美元，属中等收入发展中国家。为促使经济尽快复苏，扩大了允许外资进入的领域和提高了外商在金融、制造和服务业拥有股份的份额，并进一步开放市场。鼓励外商向农业和高科技领域投资，改变了原来单靠出口贸易带动国内经济的增长模式，变为鼓励出口和刺激内需相结合的经济政策。2007 年经济增长率为 7.3%，为过去三十年来最高水平。2013 年 GDP 增长率为 7.2%，达 2 722 亿美元。多年来，菲律宾经济主要依靠电子产品和农产品的出口，服务外包企业和海外劳工汇款。近几年在全球金融危机的冲击下，东盟各国经济普遍减缓，但菲律宾经济增长一直保持较高水平，在整个亚洲地区都名列前茅。2014 年菲经济增长率达 6.1%，在亚洲仅次于中国。其主要动力来自国内消费和固定资产投资增加，以及出口复苏。2014 年菲律宾家庭最终消费支出在 GDP 中占比接近 70%，这意味着即使投资有所收缩，也能保持高增长，而这与菲国内庞大的中产阶级队伍有着直接关系。2014 年菲人均 GDP 达 2 865 美元。出口导向型经济是菲律宾的经济模式。服务业在经济中占有突出地位，农业和制造业也占有相当比重。菲律宾政府采取开放政策积极引进外资，同时采取一系列振兴经济的措施，经济发展成效卓著。

这些年来，菲律宾国内社会治安、财政赤字、债务负担一直制约着经济的快速增长。国内约 30% 的人口生活在贫困线以下。他们大多从事农业和渔业之类附加值极低的行业。随着全球金融危机的深入蔓延，将威胁到海外务工人员的收入和权益，影响菲外汇储备总额，进而降低其抵御外汇市场风险的能力。因为菲是全球最大的劳务输出国之一，劳务出口创汇已成菲国民经济的主要支撑，每年都有大量劳动力被转送到世界 190 多个国家和地区，目前海外劳工数量已超过 1 000 万人，2012 年菲律宾海外劳工向国内汇款总计达 240 亿美元。菲律宾是新兴工业化国家，经济有极大的不稳定性。

农业是经济的主要部门　农业目前仍是菲律宾主要的经济部门，农业产值约占 GDP 的 20%。全国有耕地 810 万公顷，占农业人口不到 1% 的地主占有 41% 以上的农业耕地，而 80% 的佃农则没有土地。粮食作物占耕地面积 2/3，以稻米和玉米为主。前者主要产于吕宋岛中部平原，后者以米沙鄢群岛为主。水稻和玉米产量平均仅为中国产量的 1/3 到 1/2 左右，且远远低于世界平均水平，但两者的年均增长率却明显高于世界平均水平。菲律宾长期以来都是谷物净进口国。谷物进出口主要用来调剂国内的余缺，谷物粮食对国外市场的依存度较高，大部分年份都在10%以上。小麦、稻米和玉米基本都是净进口，尤其是小麦，进口依存度在70%以上。2014年菲律宾稻米产量为1 897万吨，预计需进口大米160万吨。近年来，菲律宾粮食生产水平有了很大提高，但波动较大。土地、资金、科技投入等方面存在一定问题，气候异常等自然灾害影响也很大。因此菲律宾未能确保本国粮食安全。除生产力有待进一步提高外，粮食储备也未达到本国粮食安全标准，极易受到国际市场供求情况的影响。

菲律宾经济作物和热带水果以椰子、甘蔗、蕉麻、烟草、香蕉、芒果、菠萝等为主。

"世界椰王"：菲律宾是世界最大的椰子产品生产和出口国。椰子种植面积310万公顷，占世界种植面积的1/3。另外1/3的人口直接或间接以种椰子为业，形成产业化开发。主要分布在吕宋岛的东南部和米沙鄢群岛的东、西部，椰子产量约占世界的1/4，大部分加工成椰干和椰油，60%供出口，约占世界出口量的2/3，有"世界椰王"之称。

甘蔗：是菲律宾第二大经济作物。以米沙鄢群岛的宿务一带为最重要产区。蔗糖约有一半以上供出口。是世界主要原糖出口国之一，出口值与椰子相近。

香蕉和菠萝：近年来，菲律宾大力发展香蕉、菠萝、棉花、橡胶等多种作物，其中香蕉产量仅次于巴西和印度，居世界第三位。2014年香蕉产量888万公吨，香蕉出口收入为11.36亿美元，同比增长18.1%。主要出口到中、日、韩等国。菲是亚洲第一香蕉出口国。香蕉和菠萝罐头的出口量常居世界前列。

热带硬木：菲律宾原是热带硬木出口大国之一，棉兰老岛提供了木材总产量的3/4。为保护森林资源，近年来逐步减少原木出口，以加工木材代之。"桃花心木"是大宗出口商品。菲还盛产竹子，素有"竹林王国"之称。

此外，传统出口产品的烟草和马尼拉麻（蕉麻）因受到外国烟草和化纤的竞争而衰落，在出口商品中已退居次要地位。近几年来，菲还出口罗布斯塔种咖啡，产量高，抗病虫害能力强，在菲有广泛种植。

面向出口的制造业 制造业开始以替代进口为主，现在主要面向出口。制造业产值占GDP的33%。较大的部门除食品加工、纺织、服装业外，电子电器、化工、水泥等重工业部门发展很快。家用电器和服装的出口已超过椰子、蔗糖和精铜矿等三大传统出口商品，半导体出口量大。目前，电子产业已成为菲最重要的出口创汇产业。同时汽车产业的发展对于复苏菲制造业起到了关键作用。

菲律宾工业主要集中在吕宋岛中部马尼拉周围的"大马尼拉"区。菲律宾投资环境良好，大力引进国外资金与先进技术。20世纪70年代以来兴建了巴丹、碧瑶、马克坦岛出口加工区，进入80年代后，又建卡维坦和帕姆巴尼也等9个出口加工区。已有出口加工区20多个，现兴建高科技园区，发展电子网络。位于棉兰老岛东南部的达沃是菲第三大城市，全国蕉麻加工中心，也是菲南部的贸易、商业、服务业中心。

服务外包行业发展迅速 菲律宾自2001年开展服务外包以来，发展迅速。到2009年，已占全球离岸外包市场份额的20%，仅次于印度。菲鼓励电信业自由发展，启动"投资优先计划"，将服务外包纳入优先发展行列，政府制定了一系列优惠政策，积极培养适应服务外包行业的人才，开拓海外市场和品牌建设。2010年，菲服务外贸业收入年增长26%，总额达

89 亿美元。2014 年，菲取代印度成为全球最大的呼叫服务提供国。其呼叫中心收入 117 亿美元，成为业内领头羊。在菲投资服务外包企业的国家主要是美、日、韩和欧洲国家。目前美国在菲服务外包市场占 60%～70%，主要美国客户有宝洁、戴尔、美国国际集团（AIG）、花旗集团等著名跨国企业。

近年来，旅游业在菲取得极大发展，成为外汇收入的重要来源之一。菲律宾旅游资源丰富，自然景观数不胜数，如：长滩岛、保和岛、百胜滩、蓝色港湾、马荣火山、伊富高省原始梯田等。2013 年接待游客 468 万人次，同比增长 9.6%。2014 年入境旅游收入 48.4 亿美元，同比增长 10%。入境游客 483 万人，主要来自韩、美、日和中国。菲计划到 2016 年从业人口达到 740 万人，占总劳动人口的 18.8%，对 GDP 贡献率达到 8%～9%。

对外贸易和港口　对外贸易占菲经济重要地位，是菲经济的重要支柱。1998 年因金融危机的冲击，使进出口贸易受到了影响。2007 年以后，随着经济增速的加快，以及主要出口市场经济的好转，给菲带来了新的机遇。菲目前与 150 个国家有贸易关系，近年来积极发展对外贸易，促进出口商品多样化和外贸市场多元化，进出口商品结构发生显著变化。非传统出口商品如成衣、电子产品、工艺品、家具、化肥等的出口额已赶超矿产、原材料等传统商品的出口额。2014 年，菲律宾进出口贸易总额达 1 257 亿美元，其中出口 618 亿美元，同比增长 9%；进口 639 亿美元，同比增长 2.4%，逆差从 2013 年的 57 亿美元缩小至 21 亿美元。菲主要出口商品是电子产品、机械和交通设备、木制工艺品、家具以及其他矿产品，主要进口商品是电子产品、矿物燃料、交通工具、工业制造品和设备、食品以及活的动物等。2014 年日本为菲律宾最大出口市场，其次为美国、中国、中国香港、新加坡。中国是菲律宾最大进口来源国，其次为美国、日本、韩国和新加坡。另外，美国是菲律宾劳务最大出口国。

2013 年，外国对菲律宾直接投资约为 39 亿美元，主要来源于墨西哥、日本、美国、新加坡等地。主要投资领域为制造业、物流业、金融保险业等。菲接受的外援主要来自日本、美国、西欧国家和国际金融组织，每年外国承诺给予菲律宾各项援助约 20 亿美元。

中菲贸易　中国与菲律宾 1972 年恢复关系，1975 年 6 月 9 日正式建交。此后中菲关系总体发展顺利，各领域合作不断拓展。1996 年，中菲两国领导人同意建立中菲面向 21 世纪的睦邻互信合作关系，并就在南海问题上"搁置争议，共同开发"达成重要共识和谅解。同时双边经贸关系和经济技术合作稳步发展。2014 年，双边贸易额 444.6 亿美元，菲是我国在东盟中的第六大贸易伙伴。其中我国向菲出口 234.7 亿美元，从菲进口 209.8 亿美元，两国贸易同比增长 16.8%。进出口商品结构得到了合理调整，机电产品、高新技术产品的比重不断提升。菲对我国出口的主要是椰油、原糖、精钢和电子产品等，从我国进口的大宗商品是机电和轻纺产品。

菲科技与经济发展水平与中国有梯级差异，中菲两国在城市基础设施、农业、渔业和旅游四大领域开展经贸合作潜力巨大。目前，两国互相投资，资源开发，工程承包合作也卓有成效。2013 年，中国对菲直接投资 4 383 万美元，菲对华直接投资 6 726 万美元。截至该年底，菲对华累计直接投资额 30.8 亿美元，中国对菲累计直接投资额 3.8 亿美元。与此同时，我国有实力的企业也在菲签订承包合同，新签合同金额为 10.9 亿美元，完成营业额 12.5 亿美元。

菲律宾海、陆、空运输都较发达，以海运居重要地位。重要的贸易港如下：

马尼拉（Manila），别号小吕宋。位于马尼拉湾东畔、吕宋岛南部。它是菲律宾首都和全国的政治、经济、文化及海陆空交通中心。作为全国最大海港，这里集中了菲律宾对外贸易货物吞吐量的80％左右。马尼拉港分南北两港及集装箱港共三个港区，主要码头泊位26个，近年吞吐量在7 500万吨以上。马尼拉港有5个集装箱泊位，每月有180条船停靠，货物进口量约占全国的4/5，是菲律宾吞吐量最大、现代化程度最高的港口。集装箱码头扩建后吞吐能力达180万TEU。马尼拉港缺乏严格科学的管理，2014年塞港现象再现。

马尼拉以北的苏比克湾自由港，由日本银行提供2.15亿美元贷款，将其建成菲主要集装箱港，经营期为25年；位于马尼拉市西南12.8千米的桑格莱角，菲有意打造成亚洲至欧洲和美国的转运枢纽。

宿务（Cebu），位于菲律宾中部宿务岛东海岸。其为全国第二大城市和重要海港。工商业繁荣，有世界最大的椰壳活性炭厂，全国最大的椰油厂，还有制糖、卷烟、啤酒等工厂。宿务农业发达，这里是椰干、马尼拉麻、烟草、木材的集散地。

三宝颜（Zambpanga），菲律宾棉兰老岛西南港口。位于三宝颜半岛的南端，临巴西兰海峡（Basilan）。建于1635年，曾遭西班牙殖民者焚毁，后又重建。有良好锚地，港口繁忙，是重要的国际转运港，香港—马尼拉—澳大利亚航线必经之地。出口橡胶、珍珠、蕉麻、椰干、木材、鱼等，进口大米等。还是重要的渔业基地和贝壳集散地，气候凉爽，海滩美丽，是个旅游城市。

怡朗（Hoilo），又译"伊洛伊洛"。位于班乃岛东南端，哈罗河（Haro）口，临班乃湾。港内水深，设备完善，是米沙鄢群岛和棉兰老岛之间的沿海航运港口之一，环岛公路枢纽，西米沙鄢地区的主要贸易中心，输出糖、烟草、棉花等。有制糖、船舶修理厂。此外达沃（Davao）是东南部蕉麻的重要出口港。

第四节 南 亚 地 区

南亚次大陆及其国家 南亚指亚洲南部喜马拉雅山南侧到印度洋的广大地区。面积约437万平方千米。因北部有高山峻岭同亚洲其他地区隔开，成为一个相对独立的地理单元，范围较大，但小于洲，故又称"南亚次大陆"。这里大陆部分的地形可分为北、中、南三部分：北部为高峻的喜马拉雅山地；中部为恒河—印度河冲积平原；南部为德干高原。主要大河有恒河、印度河和布拉马普特拉河。印度河流经西部热带干旱地区，注入阿拉伯海，有灌溉之利；恒河是南亚第一大河，下游与布拉马普特拉河汇合，冲积成巨大的三角洲后，注入孟加拉湾。南亚属热带季风气候，根据水热状况可分为三季：3—5月为热季，6—9月为雨季，10—2月为旱季。南亚自然条件优越，大部分地区地势低平坦荡，土壤肥沃，并有丰富的矿产、森林资源等，其中煤、铁、锰、铬、云母等藏量居多。

南亚全区共有7个国家：北部是尼泊尔和不丹两个内陆山国（原锡金已被强行划为印度的一个"邦"）；中部的印度、巴基斯坦和孟加拉国；南面印度洋上的斯里兰卡和马尔代夫两个岛国。此外，还有一个克什米尔地区。

南亚区域合作联盟（SAARC） 印度、巴基斯坦、尼泊尔、孟加拉国、不丹、斯里兰卡、马尔代夫7国在1985年12月在达卡宣布成立。简称"萨克"（南盟）。其宗旨是促进本地区的经济增长、社会进步和文化发展，促进成员国之间在经济、社会、福利、文化和科技等领域的协作和互助。加强与世界其他国家和区域组织的合作。常设秘书处在尼泊尔首都加德满都。

在南亚区域联盟从1985年成立到2004年年初以前的长达十八年多的时间里，由于种种原因，合作一直停滞不前，没有取得任何突破性进展。虽然早在1990年便提出建立自由贸易区的设想，但迄今为止，南亚区域合作联盟取得的较大成果是：南亚七国于1993年共同签署和实施的"南亚特惠贸易安排协定"。截至2002年，南盟各成员国总共降低了大约3 000种小宗商品进口关税，但在涉及更大范围的多边经贸合作方面依然基本上处于停滞状态。印度和巴基斯坦是南盟最主要的成员国，多年来不稳定的印巴关系一直制约着南亚地区的和平、合作与发展。在很大程度上拖延了南亚经贸合作的进程。然而，在步入21世纪的第五个年头（2005年11月），第13届首脑会议通过了《达卡宣言》，签署了关于避免双重征税等内容的三个协议；同意吸收阿富汗为新成员（南盟第八国成员），接纳中国和日本为观察员。南亚区域经贸合作开始进入经济一体化的初级阶段——自由贸易区阶段。这同其内外经济条件的改变，即印巴经贸关系的戏剧性改善和外部经济一体化的强有力推动不无关系。目前，南亚八国对自由贸易区的框架协定达成一致意见，并正式形成框架文件，2014年1月1日正式组建南亚自由贸易区。并准备建立南亚关税同盟和南亚经济联盟。各成员国已共同降低了近百种商品的关税。南盟各国还在根除贫困，在农业、旅游、交通、通讯、教育、卫生、环境、气象、文化体育、反毒品和反恐怖、妇女儿童等领域开展了广泛合作，并就粮食安全、反毒品和反恐怖问题签署了合作文件。南盟还在第13届首脑会议上宣布2006—2015年为"南盟减轻贫困十年"，并采取一系列减贫措施。随着世界经济和其他区域经济合作的加强，南盟将会有进一步发展。经过成员国的共同努力，彼此间的疑虑和矛盾逐渐减少，反过来又促进了彼此间进一步的合作与交流。

居民和宗教 南亚现有人口16.9亿，约占世界人口1/5以上，属世界上人口最多最稠密的地区之一。人口超过1亿的国家有印度、巴基斯坦和孟加拉。

南亚居民兼有白、黑、黄三大人种的血缘，尤以白、黑人种的混合型为主。语种繁多，主要分印欧和达罗毗荼两大语系。前者包括印度斯坦、旁遮普、孟加拉等民族，分布在印度北部、巴基斯坦和孟加拉国；后者包括泰卢固、泰米尔等民族，多分布在印度南部。北部山国多属藏缅语系。南亚是婆罗门教和佛教的发源地，后来婆罗门教演化成印度教。现在印度、尼泊尔大多信奉印度教。佛教在斯里兰卡奉为国教，不丹则信奉喇嘛教。7世纪时，伊斯兰教传入，现分布在巴基斯坦、孟加拉国、马尔代夫及克什米尔地区。

政治地图的演变 南亚有着悠久的历史，其西北部的印度河流域为世界四大古文明发祥地之一，早在4 000年前，即出现一些繁华的城市。在以后漫长的历史中，南亚经历了多次的统一、分裂和异族入侵，其中曾先后出现过四个王朝，这时期的南亚一直是世界上最富庶的地区之一，不仅农业、手工业和交通贸易相当繁盛，而且文化艺术也达到较高水平。

15世纪，欧洲一批冒险家久已垂涎于南亚的财富，努力开辟直接通往印度的航线。1498

年，葡萄牙人首次抵达后，葡、荷、法、英等国相继侵入。其中英国势力扩张最快，自 1767 年起南亚绝大部分地区沦为英国殖民地（现在的印度、巴基斯坦、孟加拉国、克什米尔及缅甸当时统称为英属印度），只有尼泊尔保持了一定程度的独立。

第二次世界大战后，南亚民族解放运动走向高潮，迫使英国把英属印度（缅甸已从中划出）按居民宗教信仰分为印度和巴基斯坦两部分，1947 年印、巴分别宣布独立，但克什米尔归属问题没有解决，造成印巴不和。1953 年，印巴双方达成协议，同意在克什米尔地区举行公民投票来解决克什米尔争端，但印度却违背自己的诺言并于 1976 年 2 月将其占领区正式作为印度联邦的一个组成部分。

1971 年 12 月，印巴发生战争。战后，东巴脱离巴基斯坦成立孟加拉人民共和国。印度通过与不丹的"永久和平与友好条约"规定不丹在外交上受印度"指导"。锡金则于 1975 年 4 月由印度"保护国"而成为印度的一个"邦"。印度洋上两个岛国斯里兰卡和马尔代夫先后于 1948 年和 1965 年独立。

经贸发展特点　（1）南亚创造了地区经济快速增长的奇迹。战后南亚地区经济发展缓慢，虽然南亚有着发展生产的良好条件，在古代曾达到较高水平，但长期的殖民统治，加上封建生产关系的束缚，生产力水平低下，国民生产总值仅占世界 3％。人口却占世界人口的 1/5，约有 5 亿穷人，占世界穷人的 43％。人均国内生产总值和贸易额分别相当于东亚的 11％和 4％，一度是世界上发展速度最慢、经济水平最低的地区之一。

步入 20 世纪 90 年代后，由于南亚各国实行一系列的改革措施，经济发展速度加快。由于实施开放的自由化的经济改革，在大力促进出口的同时，积极吸引外资，南亚潜在的大市场正被世界所认识。1998 年南亚又逃脱了因东南亚危机而引发的"传染病"蔓延的很多影响（这在很大程度上是因为南亚地区较少依赖于短期外国资本），而首次成为世界经济增长最快的地区。进入 21 世纪以来，南亚又继东亚之后创造出另一个地区经济快速增长的奇迹。2004—2008 年经济增长率为 6.7％、7.2％、9.1％、8.4％、8％。近几年来，南亚因其不断上升的国内需求和良好的投资环境以及相对稳定的政治环境，成为全球经济增长速度最快的地区之一。但全球金融危机以来，包括欧、美、日陷入经济衰退的困境，使得世界经济发展动力不足，对全球其他经济体也产生了重大影响。南亚地区经济增长率依然不及危机以前的水平。由于全球市场对南亚出口商品的需求增加，外资的流入及侨汇的增长，近几年南亚地区经济保持较高增速，且作为石油进口地区，受益于国际油价下跌，2014 年经济增速达到 6.8％。在南亚国家中，印度具有最大的经济增长潜力。

目前，南亚各国从经济发展水平看，印度、巴基斯坦和斯里兰卡属于中等收入国家，其他五国都属于最不发达国家。贫困率虽然在不断下降，但问题依然严重。从经济增速看，2014 年第四季度，南亚已成为世界上经济发展最快的地区，从 2015 年的 7％，稳步上升至 2016 年的 7.6％。南亚在全球经济发展中扮演着越来越重要的角色。

（2）农业是南亚最基本的经济部门。南亚各国的农业产值在国内生产总值中占 30％左右，远远超过世界其他地区。不丹、尼泊尔是典型的农业国，农业人口高达 80％左右，农业占国民生产总值的 50％，稻米、皮革和黄麻是尼泊尔主要出口商品。斯里兰卡农业以热带经济作物为主，人称"种植园经济"。茶叶、橡胶、椰子尤为突出，三者占该国出口总额一半以上。马尔代夫则以渔业为主，鱼干大量出口。孟加拉国、巴基斯坦均为农业国。前者主要出口黄麻及其制品，后者则是棉花及其制品、羊毛及毛制品的主要出口国。印度总体来说，也是一个发展中的农业—工业国，近年来已形成较完整的工业体系。南亚现有耕地2亿多公顷，垦殖指数高达49％，很多作物播种面积居世界前列，但单产低。近年来，各国重视粮食生产，粮食自给程度提高较快。南亚是世界重要的黄麻、茶叶产地，分别占世界总产量的90％和45％。南亚农业受气候影响大，农业产出很不稳定。

（3）南亚工业基础薄弱，采矿业不及亚洲其他地区。缺乏能源，需大量进口，电力供应普遍不足。南亚的主要矿产有煤、铁、锰、云母等。除云母外，在世界上均不占重要地位。制造业在印度有较大规模，工业体系已基本形成，特别是电子、软件产业在世界占有重要地位。巴基斯坦、斯里兰卡多年来鼓励发展出口导向型工业，积极引进外资和技术，大力发展出口加工和进口替代工业，但工业基础尚薄弱。其他国家仍以传统的轻工业和手工业为主，其中纺织、食品两大部门在总产值中占50％左右。

（4）南亚的对外贸易在国民经济中尚不占重要地位，但前景广阔。南亚因生产水平低，人口多，各国工农业产品大都满足国内市场需要。出口品种虽然不少，但数量不大。而多数生活用品及工业设备等都需从国外进口，对外贸依赖程度都较高。在进出口比例中，各国长期处于逆差。多数通过借外债及劳务出口等手段来弥补，所有国家都严重依赖外援。近年来，南亚各国对外贸易发展较快，印度2014年外贸总额达7 770亿美元，其中出口为3 170亿美元，同比增长1％；进口4 600亿美元，同比下降1％。

我国与南亚国家经贸关系不断发展，自2003年后双边贸易额保持30％以上的增长，发展势头十分迅猛。2005年中国与南亚七国贸易总额为276亿多美元。2014年中国与南亚贸易总额约为1 055亿美元，发展总体状况良好，大量机电、纺织、化工等产品销往南亚，并购回矿砂、钢铁、棉花等重要资源产品。印度和巴基斯坦是我国在南亚地区最重要的贸易伙伴，近年来中印贸易大幅攀升，但中巴贸易又因巴政治动荡，经济不景气而发展较慢。为帮助不发达国家改善贸易状况，中国对马尔代夫等南亚国家的部分对华出口商品实施零关税待遇。

目前中国已成为南亚国家主要贸易伙伴和外资来源国。中资企业对南亚国家投资累计超过40亿美元，完成工程承包营业额累计超过850亿美元，给双方带来了实实在在的利益。中国重视与南亚国家的友好合作，将继续推动与南亚国家贸易平衡发展，从南亚进口更多优势产品，鼓励企业扩大对南亚国家的投资及参与南亚国家基础设施建设，并继续向南亚国家提供力所能及的援助。

表 15   南亚地区主要港口

港口	经纬度	地理位置	职能
吉大港 （Chittagong）	北纬22°19′ 东经91°48′	孟加拉湾东岸，卡纳富利河下游右岸，距海16千米	孟加拉国最大天然河口良港，海轮可直达，工商业发达。主要出口农产品和轻工产品
卡拉奇 （Karachi）	北纬24°49′ 东经66°59′	印度河口西侧，南濒阿拉伯海	巴基斯坦第一大城和最大海港。95％的外贸货物和阿富汗部分进出口物资经此转口，港口优良，分东、西两码头和驳船、油码头

港　口	经纬度	地理位置	职　能
瓜达尔港 （Gwadar）	北纬 25°12′ 东经 62°11′	位于巴基斯坦西南俾路支斯坦省瓜达尔市，东距卡拉奇约 460 千米，西距巴—伊（朗）边境约 120 千米，南临阿拉伯海，距霍尔木兹海峡约 400 千米	瓜达尔港扼波斯湾咽喉，是中巴经济走廊和"21 世纪海上丝绸之路"的交汇点，也是东亚各国转口贸易及中亚内陆国家的重要出海口。担负着这些国家连接斯里兰卡、孟加拉、阿曼、阿联酋、伊朗和伊拉克等国以至中国新疆等西部省区的海运任务，成为地区转载、仓储、运输的海上中转站。瓜达尔港是中国援建的深水不冻港，目前能应对 5 万吨级的干散货船和集装箱船等。在今后三、五年内还要建瓜达尔新国际机场、东湾高速公路，可停靠 20 万载重吨的油轮
科伦坡 （Colombo）	北纬 6°56′ 东经 79°50′	斯里兰卡岛西南部凯拉尼河口以南	斯里兰卡首都，最大人工港。90％以上出口物资经此。印度洋重要港口，是国际过往船只的补给站
孟买 （Bombay）	北纬 18°56′ 东经 72°49′	阿拉伯海东岸，孟买岛上（该岛已与大陆相连）。距海岸 16 千米	印度第一大城市，最大天然深水良港，印度西部门户。承担全国海运及集装箱运输的 1/2。全国最大棉纺中心，出口纺织品、面粉、花生等，进口原油、粮食、工业设备等。有国际海运和航空线
莫尔穆冈 （Mormugao）	北纬 15°25′ 东经 73°47′	印度半岛西海岸，果阿邦首府帕纳吉南、面沙咀上	印度西海岸第二大天然良港，年吞吐量 1 500 万吨左右。现为最大的铁、锰矿石输出港，主要面向欧洲
维沙卡帕特南 （Visakhapatnam）	北纬 17°41′ 东经 83°20′	印度半岛东海岸。濒孟加拉湾	印度加尔各答与金奈间唯一天然港口。年吞吐量 1 500 多万吨。曾是印度最大铁矿石输出港。港口易淤，须经常疏浚。工商业发达，以炼油和造船工业最为重要
加尔各答 （Calcutta）	北纬 22°32′ 东经 88°22′	印度半岛东北，恒河三角洲，胡格里河畔，距海 97 千米；近孟加拉湾	印度东部最大城市和重要海港，主要出口黄麻制品、机械等，为第三国中转港
金奈 （Chennai）	北纬 13°06′ 东经 80°18′	印度半岛东南岸濒孟加拉湾	印度最大人工港，印度南部货物集散中心。输出皮革羊毛、棉花、云母等，年吞吐量 2 000 万吨左右，有国际机场，是印度商业中心

印　度
(The Republic of India)

南亚最大的文明古国　印度，梵文之意为"月亮"。中国人以前称印度为"天竺"。印度2/3国土坐落在印度半岛上。西北部为喜马拉雅山的一部分，属高山区，同我国相邻。东部是介于缅甸和孟加拉国之间的高山区，也有一段同我国接壤。半岛东濒孟加拉湾，西临阿拉伯海，海岸线多为平直的沙质海岸，良港较少。印度面积约298万平方千米，居世界第7位。印度的领土和人口分别占南亚的71%和76.6%，是南亚面积最大、人口最多并有着悠久历史和文化的国家。印度曾创造了灿烂的印度河文明。公元前325年就形成了统一的奴隶制国家。是世界四大文明古国之一。16世纪起，欧洲人入侵，沦为英国殖民地。

印度于1947年8月15日摆脱英国统治宣布独立。1950年1月26日成立印度共和国，但仍留在英联邦内。

印度地形上可分为北方大平原和半岛高原两大部分。北方大平原西段是印度河冲积平原，面积35万平方千米。中段和东段是恒河冲积平原，面积40万平方千米。平原占国土总面积的43%。平原地势坦荡，河网纵横，人口稠密，自古以来为印度的主要经济区。自大平原向南进入印度半岛，总面积约200万平方千米，其中4/5是德干高原为主体的高原山地，海拔均不超过1 000米。1/5为沿海冲积平原。印度地形不仅方便交通，且多数土地均可开垦利用。

印度属典型的热带季风气候。全国年平均气温一般在24℃～27℃之间，年降水量为1 170毫米，水热资源丰富。但因季风气候降水不稳定，全年降水量80%集中在6—9月的雨季，季节变化大，年际变率大，加上地区差异明显。使全国广大地区常受到旱涝灾害的威胁。

在上述气候条件下，印度河流具有水量丰沛但季节变化大的特点。恒河水量在亚洲仅次于长江，但最大与最小流量之间相差达50多倍，印度河最大与最小流量相差更达百倍，每当旱季供水十分紧张，因而发展水利事业，保证农田灌溉，具有十分重要的意义。印度森林覆盖率为20.7%，森林面积为67.83万平方千米。

印度矿产种类繁多，有近100种，最重要的有煤、铁、锰、云母、铝土、重晶石和稀土矿等。其中煤和重晶石产量居世界第三，云母储量居世界首位，出口量占世界出口量的60%。有的矿产除自给外还有不同程度的出口。但印度缺乏有色金属、锡、锑、镍、铜、铅、锌及能源石油等，全部或大部分依赖进口。

居民、宗教与种姓　印度人口仅次于中国，居世界第二位。2013年人口为12.52亿，人口密度大，分布较均匀。印度人口增长率高，约是中国的三倍，年龄结构较年轻。印度居民的社会构成极为复杂。在三大人种渊源的基础上，全国现有数百个民族和部族，且都有自己的语言。印度斯坦族约有5.1亿，占46.3%，是全国最大的民族，其余人数超过5 000万的民族有泰卢固、孟加拉、马拉地及泰米尔等。印度移民始于英国殖民统治时期的19世纪30年代，一直持续到今，现海外印度人口为2 500万，以大量侨汇为国家作贡献。印地语为国语。英语为印度的官方语言和商业用语。货币单位是卢比。

宗教在印度一向占有重要地位。全国约有82%的居民信奉印度教，12%的居民信奉伊斯兰教，此外还有基督教、锡克教、佛教等。恒河左岸的瓦拉纳西是印度教圣地。西北部的阿姆利则是锡克教圣地。

印度是一个讲礼节的东西方文化共存的国度。有的印度人见到外国人时，能用标准的英语问候"你好"；有的则用传统的双手合掌或举手念一句纳马斯卡拉（Namaskara）意为"向你致敬"，有时也互相拥抱，两手交搭对方肩膀，以示亲热。在大多数地方，男人相见或分别时，握手较普遍。男人不能和印度妇女握手，应双手合十，轻轻鞠躬。迎送贵宾时，往往敬献花环并套挂在客人脖子上，但你应马上取下，表示你的谦虚。

印度人喜欢3、7、9数字。喜爱红、黄、蓝、绿、橙色及其他鲜艳颜色。印度妇女喜欢在前额中间点有吉祥痣，其颜色不同，形状各异，它是喜庆、吉祥的象征。印度爱喝的茶是红茶。吃饭时要用右手递接食物，不能用左手。抓饭也用右手。在印度，除上洗手间外，均不使用左手。印度教徒视牛为"圣兽"，不准宰杀吃肉，允许喝牛奶。在对印度出口的商标上切忌牛的图像出现。进入印度教寺庙，身上绝不可以穿用牛皮制造的东西，否则会被视为犯了禁忌。同时，需脱鞋进寺庙。

在印度商务会谈宜穿西装。印度商人善于钻营，急功近利，图方便，喜欢凭样交易。送礼往往是一份糖果或一束鲜花。

进入锡克庙时，头上必须罩上一块洁净的布，如手绢即可。

印度自古以来存在着世袭的等级制度，即种姓制度。这是印度社会结构中的又一重要现象。现代的种姓制度共分为三大等级，即由古代的婆罗门、刹帝利和吠舍所组成的高级种姓，由首陀罗组成的低级种姓以及第三等级，各由若干种姓组成，其中第三等级通常被统称为"贱民"或"不可接触的人"。"贱民"约有一亿人，他们几千年来一直处在社会的最底层。印度的种姓制度不仅维护了阶级压迫，而且对整个社会起着极大的分裂作用，是一种极其腐朽的社会制度。印度独立后，废除了种姓制度，特别是废除了贱民制。但至今种姓制度仍制约着印度经济的发展和社会的进步，没有做到彻底的废除。

长期以来，印度在民族、宗教和种姓等问题上一直存在着尖锐的矛盾，迄今仍广泛而深刻地影响着整个社会生活。

快速增长的印度经济 印度因长期的殖民统治和传统封建生产关系的束缚，使它成为一个十分贫穷落后的国家。独立后，经济有了一定程度的增长。特别是20世纪80年代以来开始实行进口替代与促进出口相结合的战略，采取一系列鼓励出口的政策。印度首先对进口技术和设备实行自由化政策，使制造业获得了优先的更新生产手段的条件，加强了工业产品在国际市场上的竞争能力，并逐渐形成一批专业性出口公司，在世界各地广设销售点，集中出口印度的传统产品和优秀工业品，如毛毯、棉织品、食品、工艺品、机械产品、皮革制品、化学制品等。20世纪90年代以来，印度进行全面改革，采取一系列自由化的政策与措施，扩大对内对外开放领域，发展私营经济和放宽进出口限制，积极改善投资环境，大量吸引外资等，经济步入快速增长的轨道。平均每年以7%的速度增长。特别是进入21世纪后的2004—2008年期间，印度经济平均增速高达9%，令世界瞩目。但全球性金融危机后，印度经济也受影响而持续放缓。莫迪上台后高调推进经济社会改革，要把21世纪变成印度世纪，为成就世界强国"夯实基础"。将首批25个行业列为重点，给予优惠政策，吸引民间资本和外国资本，将印度经济拉回快车道。

印度通过第10个五年计划（2002—2007）的完成，成为经济发展水平较高的发展中国家之一，列入"金砖四国"。早在 2000 年就提出印度要成为"知识大国"主张，主旨是牢牢把握经济全球化和发达国家人力资源短缺带来的机遇，使印度未来发展以面向全球的服务型知识经济为主，走一条有特色的发展道路，并实现产业结构的升级。从 20 世纪 90 年代印度提出把 IT 产业和生物科技作为国家项目，到 21 世纪倾力发展作为前沿技术的纳米科技，都是为促进知识密集型高端服务业的发展。近年来印度服务业占 GDP 的比重都在 50％以上，工业占比不足 25％，农业也不足 20％。与发达国家产业结构类似，工业体系已基本形成。印度的服务业、软件业等服务外包行业也的确是其经济发展的优势所在。

另外，印度经济具有明显的二元特征，它有尖端技术产业如原子能工业，航天工业、远洋运输业、深井钻井工业和生物技术及信息技术产业以及 21 世纪倾力发展作为前沿技术的纳米科技等知识密集型高端服务业等，也有大量劳动密集型产业。农业劳动力占总劳力 70％左右。近几年来印度经济已明显表现为"国际化"，开始由内向型向外向型转化，努力发展新经济产业。2014 年印度经济表现出强劲复苏势头，经济增速上升至 5.8％。印度经济总量约占南亚经济总量的 70％。按 2015 年全球主要经济体 GDP 排名，印度已升至世界第七大经济体。

农业是印度国民经济最基本的部门　印度农业人口占全国 72％，拥有世界 1/10 的可耕地面积 1.6 亿公顷，排名亚洲第一，农产品出口约占出口总额的 1/4。20 世纪 60 年代后期至 70 年代，大力推行"绿色革命"，改变农业生产的落后面貌，取得了比较明显的成效，1978 年实现粮食基本自给。80 年代中后期开展了向江河湖海要食品的"蓝色革命"，使其农牧渔业获得了大发展，实现了粮食自给有余，还有部分出口。2013/2014 财年，印度粮食产量为 2.64 亿吨，居世界第三位。近年来对生物技术投资的激增，有助于增加粮食产量及提高品种质量。但印度土地利用不合理，虽垦殖指数高达 56.7％，可是复种指数低。主要作物除茶叶外，其他都低于世界平均单产水平。

水稻、小麦是印度主要粮食作物，其次是玉米和豆类；经济作物品种多，产量大，在农业中占主要地位，是出口创汇的重要产品，主要有棉花、黄麻、甘蔗、花生、芝麻、茶、烟草、腰果等，产量均名列世界前茅，印度盛产热带、亚热带水果。

印度畜牧业产值相当于种植业的 1/4，牲畜中有一半是牛，是世界上养牛最多的国家，牛奶产量迅速增加，自给有余。海洋渔业资源丰富，可供出口。

印度国土辽阔，各地自然条件和社会经济条件不同，农业生产具有明显的地域差异。一般可分为四个区。

（1）东北部水稻、黄麻、茶叶区。本区位于恒河、布拉马普特拉河下游，主要包括西孟加拉、阿萨姆、比哈尔和奥里萨等 4 个邦，面积 57 万平方千米。地形以平原为主，降水量大，人口稠密，是印度最大的水稻、黄麻和茶叶产区。其中黄麻和茶叶分别占全国总产量的 90％和 80％，茶叶和麻类产量居世界首位。

（2）西北部小麦、杂粮、油菜区。本区由印度河平原、恒河中上游平原及周围山地组成，主要包括旁遮普、北方、中央、拉贾斯坦、哈里亚纳等 5 个邦，面积 123 万平方千米。区内各地降水量差异较大，但发展灌溉条件较好，灌溉面积占全国一半，是"绿色革命"重点区，以小麦、杂粮为主，小麦产量占全国的 80％，经济作物中油菜产量占全国 90％，甘蔗占 50％，芝麻占 75％，均有北方邦为最大产区。

（3）半岛杂粮、棉花、花生区。本区由德干高原和沿海平原组成，主要包括古吉拉特、马哈拉施特拉、卡纳塔克、安得拉、泰米尔纳德等5个邦。面积108万平方千米。多属半湿润气候。全区以谷子等杂粮为主，生产水平较低，棉花是本区最重要的经济作物，产量占全国60%，花生、烟草则占全国80%。棉花是印度主要出口商品。

（4）西南水稻、热带作物区。本区主要包括西高止山南段及沿海平原，指喀拉拉邦及其毗邻地区。这里集约化程度较高，为热带作物胡椒、咖啡、腰果、橡胶、椰子、木薯等产地，并有出口。其中腰果仁成为印度农产品出口中外汇收入的最大来源。粮食作物以水稻为主。

工业　印度工业原有一定基础。过去以棉、麻纺织业为主的轻工业是印度工业的主体。独立后，工业发展较平稳，目前，已建立起较完整的工业体系。重工业在工业总产值的比重已占到60%，工业结构有了显著的变化。它生产钢铁、机床、精密食品、汽车、飞机、远洋海轮、电子产品，还建立了原子能发电站（孟买、德里、金奈等）。近年来还发展了初具规模的核工业、航空航天工业等新兴工业。发射了自己设计和制造的地球卫星和通讯卫星，并具备了生产核武器的能力。不但工业品的自给率大大提高，并能向外出口多种工业品和一般性的工业技术。石油、石化、煤炭、电力、水泥和钢铁是印度六大基础工业部门。

20世纪90年代以来印度生物技术、信息技术产业发展迅速。由于和其他传统产业不同，信息技术产业可以在道路、机场和港口条件都不好的情况下取得成功，这使印度可以绕过基础设施建设等薄弱的瓶颈。因特网的迅猛发展，为其信息技术产业的发展铺平了道路。

（1）能源工业。印度能源结构以煤为主，年产煤6亿吨以上，是继中国、美国之后世界第三大煤炭生产国。印度石油、天然气短缺，石油探明储量为16.6亿吨。

印度拥有全球第五大煤炭储量，但新煤矿开发缓慢，老旧煤矿面临枯竭，因此曾依靠进口来弥补国内需求。在过去五个财年里，印度煤炭进口保持大幅上升态势。炼焦煤进口从2009财年的2 469万吨，增至2013财年的3 719万吨。印度已成为仅次于中国和日本的全球第三大炼焦煤进口国。煤炭进口主要来源国是印尼、南非、澳大利亚等。其中印尼是动力煤最大进口来源国，澳大利亚是炼焦煤最大进口来源国。

目前印度石油年需求量为1.2亿吨，主要依靠进口。作为全球第四大原油消费国，印度正在南部三个地点建设储油设施，总储量可达3 687万桶。

近年来，印度电力发展呈现稳定增长。2014年印度发电量为1 208.4太瓦小时。电力工业以火电为主，约占印度发电量的70%；水电约占20%。2008年建成了8座核电站，核电已达3%左右。印度计划总发电能力将超过1亿千瓦，在"十二五"（2012—2016）期间将追加高达1万亿美元的电力投资，使之适应印度经济的高速发展。印度正着力开发新能源和可再生能源，并出台国家太阳能计划，提出到2022年将太阳能发电量提高到2万兆瓦。

（2）钢铁工业。印度有丰富的铁、锰、铬等矿藏，其中铁矿储量大，品位好，年产铁矿砂1.3亿吨，且距煤产区不远，因而发展钢铁工业的资源条件十分优越。近年来，钢铁工业发展很快，粗钢产量仅次于中、日、美，居世界第四位。2014年粗钢产量为8 320万吨。在过去十年，印度粗钢产量一直保持增长，增速在2009年达到高峰后开始回落。印度是个基础设施和基础产业供给严重不足的国家，多年来一直需要通过进口来弥补供给缺口。亚洲是印度成品钢材的主要供应地。2014年中国向印度出口钢材381万吨。日本和韩国也是印度钢材的主要供应国。

多年来，印度铁矿石出口量仅次于澳大利亚和巴西。但 2010 年以来，印度政府为"打击非法采矿"，实施铁矿石开采和出口禁令，致使铁矿石生产和出口连续大幅下滑。印度在 2014 年成为铁矿石净进口国。印度力争在 2025 年前将粗钢产量提高到 3 亿吨。

（3）机械工业。是印度最大的工业部门，约占工业总产值的 30%，除一些尖端机械产品外，印度已能生产各类机械设备、电机电器、机床、汽车、船舶、铁路车辆、飞机、航天设备等，产品自给率很高。机械工业目前已成为出口赚取外汇最多的部门。如铁路车辆、柴油机和锅炉等在国际市场上具有相当的竞争力。近年来，印度汽车市场发展良好。自 20 世纪 90 年代到 2000 年印度汽车市场开放，外国直接投资争相进入，福特、通用、本田直至全球大多数汽车产业和公司都在印度有制造工厂，开始生产商用车和客车，1998 年印度人开始有了第一辆车。到 2000 年，印度汽车生产数量排全球十五位，现在已排全球第六。汽车工业产值占印度工业总产值的 7%～8%。从业人员约 45 万人。最新从汽车发展规划（2006—2016 年）显示，如汽车市场平均增长率保持在 15% 左右，到 2015 年，印度新车市场将达到 400 万辆。引人注目的是未来十年印度将致力成为全球汽车制造中心。目前，印度是世界第二大公共汽车制造商；第三大重型卡车制造商；第六大小轿车制造商和第七大商务车制造商。另外，印度在 20 世纪 50 年代就注重创建了自主品牌汽车，如阿斯霍克里兰重型卡车，最近和尼桑公司合作生产更小型汽车，这是印度第一大公司，也是在印度销售额最高的公司。印政府又投资 1.3 亿美元，推动油电混合动力车的研究。

（4）化学工业。几年来，随着印度经济的高速增长，化学工业发展迅猛，年均增速达 12%。其中医药化工增速为 18%。化学工业成为印度增长最快的产业之一。产品包括化肥、制药、酸碱、农药、油漆、染料、塑料等，尤其是农药制造发展迅速，在亚洲位列日本、中国之后的第三位。2005 年印度已跻身世界化工行业的第十位。化学工业产值占工业总产值的 14%，占出口额的 14% 左右。2001 年前印度是化学品净进口国，之后已成为净出口国。化学品产量进入世界 12 位。自 20 世纪 80 年代以来，印度是东南亚第一大农药生产国。另外，印度还是世界三大氮肥生产国之一。

石化工业原是印度工业的后起部门。近年来发展增速约占化学工业产值的 1/5。主要有树脂、合成纤维和合成橡胶等。新政府在基础设施和卫生条件改善方面将进行巨额投资，从而带动石化工业高速增长。印度目前几乎半数人口不具备基本卫生设施，现宣布到 2020 年之前使印度所有家庭都拥有厕所。这一行动计划将为印度石化行业尤其是塑料工业的发展提供了巨大的发展机会。

（5）信息技术产业。印度号称世界第二大 IT 大国，不仅人才实力雄厚，且出口优势很强，软件业从 1993 年至今，平均每年以 50% 的速度增长，发展速度几乎比美国软件产业同期增长快一倍。目前印度是仅次于美国的全球第二大软件生产国和出口国，也是仅次于美国的第二大软件人才储备库。为同国际更好地合作，在加拿大、英国和美国建立软件开发中心。2012 年印度软件及服务业总产值已达约 1 000 亿美元，直接雇用约 250 万人，为印度国民经济中举足轻重的经济部门。印度南部卡纳塔克邦首府班加罗尔是印度 IT 中心，在过去二十多年中，一举成为世界瞩目的"印度硅谷"，汇聚了印度 1/3 左右的 IT 人才，软件及相关服务业的出口产值占印度的近一半。它不仅是印度科技信息中心，也是亚洲软件服务业的重镇。这里吸引了数千家软件企业，不仅有 TaTa、Infosys 等印度本土知名软件企业，也有微软、

UBI、西门子等跨国企业，还有中国华为集团海外最大研发中心。在《2020年科技远景发展规划》中，印度明确提出：到2020年印度不仅要成为世界经济强国，还要成为信息技术大国、生物技术大国和核技术大国。

（6）纺织服装工业。印度是传统的纺织品生产国。数百年来，纺织尤其是棉纺织是这个新兴国家的主要工业。从20世纪80年代开始，印度纺织业连续多年保持了高速增长的态势，其工业规模、总装机能力和绝对就业人数仅次于中国，是唯一被认为能够同中国纺织产品竞争的世界第二大纺织品和成衣生产国。印度劳力成本低，且善于设计，纺织业门类齐全，棉纺、麻纺、轻纺和合成纤维等位居世界前列。印度是世界最大的纱布生产国，第二大棉纱和丝绸生产国。近年来由于邻国的竞争压力，以及国内各行业对新纺织品的巨大需求，印度纺织工业正向新的工业最终用品纺织领域转型。2013年印度纺织品占全球纺织品出口份额上涨了17.5％；纺织品出口增长率高达23％，成为世界第二大纺织品出口国。纺织品和成衣约占印度年出口额的12％。2015年纺织品和成衣出口额基本与上年持平，为376.5亿美元。印度的纺织品和服装主要出口美国和欧盟。印度是美国家纺产品的最大供应商，美国进口毛巾的最大供应商，也是美国棉质订单的三大外国供应商之一。

印度工业过分集中的状况已有明显改变，目前全国可分为以下五大工业区。

（1）胡格利河下游工业区。以加尔各答为中心，历史悠久，机械和麻纺织工业是本区主要工业部门。印度是世界最大的麻黄生产国。

（2）焦达讷格布尔高原工业区。本区是20世纪50年代以来新发展起来的重工业区，以采煤、钢铁工业为主，有"印度的鲁尔区"之称。煤钢产量居全国3/4。电力、重型机械、化工等部门也很突出。

（3）金奈—班加罗尔—哥印拜陀工业区。本区为新兴工业区，班加罗尔为全国第三大工业城市，飞机、电子、机床等机械工业比重最大，金奈以汽车、冶金、化学等工业为主，哥印拜陀是全国第三大棉纺工业中心，班加罗尔是印度的"硅谷"。

（4）孟买—浦那工业区。本区棉纺工业原居全印首位。孟买是全国最大工业中心。近年，机械、电子、炼油、化工、服装等部门均有突出地位，已成为全国最大的综合性工业基地。

（5）艾哈迈达巴德—巴罗达工业区。棉纺织工业和油脂工业已居全国首位，为本区主要部门。

除上述五大工业区外，德里、坎普尔、海得拉巴等也是重要的工业城市。

1962年，印度在马哈拉施特拉邦建立了第一个工业园区——塔内工业园区。现在印度全国各地建立了多个工业园区。

交通运输 印度是发展中国家交通运输最发达的国家。以铁路运输为主。现有铁路6.54万千米，居世界第四位。主要分布在平原区。煤、铁和粮食等主要靠铁路运输，但轨距不一（以1.676米宽轨为主），大量的换装业务降低了运输效率。印度铁路承担了国家1/3的货运量，包括70％的煤、81％的化肥、56％的铁矿石等。目前印度计划修建7条高铁线路，优先建设阿默达巴德—孟买高铁。作为国家经济自由化的结果，印度抓紧发展铁路重载运输网络。近年来公路运输发展较快，已承担全国货运量的60％和客运量的80％。印度地处亚非澳国际航空线的交叉地带，航空运输尤显重要。孟买、加尔各答、德里、金奈和特里凡特琅等地都有国际机场。印度沿岸共有港口170多个，但吞吐量不是很大。主要港口有孟买、维沙卡帕特南、加尔各答、金奈、莫尔穆冈和科钦（世界著名香料输出港）等。2014年莫迪新政府承诺将建新口岸和近2万千米的公路。"十二五"期间（2013—2018）计划新造货车10.5万辆、客车2.4万辆。

对外贸易 印度是对外贸易小国，其对外贸易额占世界贸易总额的1.3%，对外贸易在国民经济中所占比重不大（5%左右）。但进入20世纪80年代以来，出口连续几年出现高速增长。其中于1987—1988年度出口增长率达到25%的空前纪录。自1991年实行全面改革以来，将卢比大幅度贬值以促进出口。对外贸易在世界的排名已提升。2014年印度进出口总额为7 796.6亿美元，比上年同期下降0.4%。其中，出口3 195.5亿美元，增长1.4%；进口4601.1亿美元，下降1.7%；逆差1 405.6亿美元。印度外贸商品构成中的进口大大超过出口，所以贸易赤字迅速扩大。

印度出口商品结构这些年也发生了显著变化。印度独立初期，出口商品以初级产品及其加工品为主，主要有茶叶、黄麻制品、矿石等。后来随着工业化的推进，主要出口商品变成加工品和制成品、纺织品、服装、珠宝、皮革制品等。近年来，印度的化工产品、机械、运输设备、金属等制成品出口量大增。目前，工业制成品的出口已占75%以上。尤其是计算机软件出口大幅持续增长。印度软件外包产业的发展，使得美国和印度出口项目中的计算机与信息服务净出口发生了逆转。以前美国是计算机与信息服务的净出口国，而从2005年开始，从总量而非结构上的趋势看，印度的软件外包对美国的软件外包形成了替代。伴随软件外包的快速发展，其全球市场份额不断提升。作为出口导向型产业，全球外包市场中有一半以上被印度占据。2009年，印度在全球软件外包市场中的份额为51%，2012年进一步提高到58%。美国是印度软件的最大市场。此外，印度出口服装的一半以上面向欧盟市场，以英国、法国为主。同时印度是世界抛光宝石的最大出口国，是美国珠宝的主要供应商。印度进口商品主要是石油等矿产品、机电产品、运输设备、有色金属、化工产品、电气机械等。

近年来，印度主要贸易伙伴和贸易区域明显改变，以前是美、英、德、日及西欧、北美，现在亚洲成为印度对外商品贸易的最大地区。主要的贸易伙伴有阿联酋、中国、美国、英国、德国、日本、俄罗斯等，同时印度与非洲、拉美地区也有较大发展。

软件外包产业印度在全球占有领先地位。软件外包公司在国际外包市场具有很强的竞争力。国际外包专业协会（IAOP）发布的全球外包TOP10中，印度软件外包公司Wipro、Infosys、HCL位列前十。印度软件外包产业20世纪80年代在大城市兴起，现向中小城市转移。印度拥有大量熟练使用英语的软件工程师、承担软件外包业务的技术商务人才、国际软件开发领域的高端技术人才，这些是印度软件外包业竞争力的基础。现在全球2/3的软件程序都由印度人编写，但都是最简单的编程工作。印度软件外包的发包方主要来自美国和欧洲，软件开发的大头利润依旧是欧美公司拿走。

印度侨汇居世界之首，2012年高达618亿美元，是印度外汇最大来源之一。为偿付外债，印度除大量输出劳务外，还积极开发旅游业，目前，已成为仅次于软件外包业的印度第二大服务产业。文明古国的印度，名胜古迹众多，最著名的泰姬陵用纯白色的大理石建成，精美绝伦，吸引了世界各地游客。目前印度近3 100亿美元的外汇储备也增强了当前应对金融风暴的能力。印度已连续多年高居全球最具投资吸引力的国家。

近年来，印度与主要大国关系提升很快。2003—2004年，印度先后加入《东南亚合作友好条约》，与东盟签订了《和平进步与共同繁荣伙伴关系协定》2005 年还参加了东亚首脑峰会（EAS），给印度带来了直接政治回报和经贸红利。印度目前已同世界上 100 多个国家和地区有经贸往来。

中印经贸　我国与印度于 1950 年 4 月 1 日建交，并于同一时间两国政府首创和平共处五项原则。1962 年中印双方发生大规模边境冲突，外交中断，直至 1976 年双方才恢复互派大使，中印关系逐步改善。中印同为文明古国，山水相连，文化交融。当代两国先后实施开放，发展成就震惊世界。中印同为世界上最大发展中国家，新兴经济体和金砖国家成员，发展经济应能相通契合。近年来双边贸易、合作持续增长。2000 年中印贸易额只有 29 亿美元，2014 年为 705.9 亿美元，14 年增长了 24 倍。中国已成为印度最大贸易伙伴，而印度是中国第 10 大贸易伙伴。尽管如此，双边贸易额在各自外贸中所占比重不高，同两国人口、经济总量及巨大的市场相比，中印贸易规模远未达到应有水平。两国应有更广阔的合作空间。2014 年中国向印度出口额为 542.2 亿美元，同比增长 12％；从印度进口 163.7 亿美元，同比下降 3.5％。目前，印度对中国出口的商品多为资源密集型或劳动密集型产品，其中矿产品和农产品占相当比重；而中国对印度出口的主要是附加值较高的工业制成品，主要是机电设备和化工产品等。中印贸易中印度为逆差，印度希望中印双方贸易能更加平衡。当前中印两国产业发展差异说明，中印经济之间有着很强的互补性，两国可以通过贸易的方式互补彼此的不足，如信息产业硬软件合作。印度软件出口优势很强，但计算机硬件等领域发展慢，主要零部件在较大程度上依赖进口。而中国硬件生产已转向高附加值生产领域，并迅速成为全球信息硬件产品的生产基地，产值仅次于美国。所以说我国电脑硬件对印度出口空间很大。中国市场对软件需求大，规模水平不如印度，可展望贸易互补。中印两国在制药业和农业如水稻种植、水果贸易等领域，以及纺织品如丝绸制品、生丝贸易方面都有很大的拓展余地。

在经贸合作方面，印度 2006—2011 年连续六年位居中国海外工程承包市场首位。截至 2014 年底，中国对印度工程承包合同额累计 640 亿美元，营业额累计 413 亿美元。两国双向直接投资保持快速增长势头。2014 年底，中国对印度累计投资 11.84 亿美元；印度对华投资 5.64 亿美元。印度医药研发外包水平全球领先，中国医疗 IT 化将成为未来趋势，中印外包合作成为两国经济合作的坚实基础。

总之，面对经济全球化带来的机遇与挑战，中印经贸合作发展潜力巨大，有着广阔的合作前景。随着两国在贸易壁垒、贸易平衡、产业互补合作、政治经济互信等方面的问题得到逐步解决，中印经贸关系一定会健康稳定地向前发展。现在中国正计划向印度西部的两个工业园区投资约数十亿美元，包括有着"印度的广东"之称的古吉拉特邦工业园区。

复 习 题

填图题

在南亚地图上填注：（1）印度洋、孟加拉湾、阿拉伯海。（2）南亚区域合作联盟成员国。（3）孟买、莫尔穆冈、维沙卡帕特南、加尔各答、金奈、科钦、班加罗尔、哥印拜陀。（4）卡拉奇。（5）达卡、吉大港。（6）科伦坡。

填空题

1. 印度主要信奉_____教，它的圣地在_____。

2. 孟加拉国主要出口商品为_____及其制品，巴基斯坦主要出口商品为_____及其制品。

3. 印度重视高等教育和科技发展，它拥有的工程技术人员数居世界第_____位。

4. 印度新兴工业区分布在_____、_____和_____，其中_____被称为印度的"硅谷"。

5. _____是印度最大棉纺织工业中心，_____是印度最大的麻纺织工业中心。

6. 印度茶叶产销量多年来居世界_____位，主要分布在印度的_____部。

思考题

1. 印度软件外包产业在世界上的地位怎样？

2. 简谈中印贸易发展现状。

第五节　西亚地区

西亚又称"西南亚"。指东起阿富汗，西止土耳其，南面包括阿拉伯半岛在内的亚洲西南部地区。境内原有 17 个国家，总面积约为 700 多万平方千米。国际上使用的"中东"一词范围大体上与西亚相当，但不包括阿富汗，而包括非洲的埃及。苏联解体后，南高加索地区的格鲁吉亚、亚美尼亚、阿塞拜疆三国也位于亚洲西部，因而西亚有 20 个国家，总面积约 718 万平方千米（不包括土耳其在欧洲 2 万平方千米；包括埃及在西奈半岛上的 6 万平方千米），约占亚洲总面积的 16%。

重要的地理位置　西亚地处亚、非、欧三洲的交界地带，南、西、北三面分别濒临阿拉伯海、红海、地中海、黑海和里海，自古以来就是国际交通的要冲。古代著名的"丝绸之路"就是横贯西亚将中国与欧洲连接起来的。现在，西亚是东、西方交通的空中走廊，是从中亚南下印度洋、波斯湾的通道。随着苏伊士运河的开凿和波斯湾地区石油资源的开发，西亚地理位置更显重要。西北部的黑海海峡，是欧、亚两洲交通的咽喉。红海南面的曼德海峡——亚丁湾，控制着红海到苏伊士运河的进出。霍尔木兹海峡——阿曼湾是波斯湾的唯一出口，被称为"国际石油通道"，这些都是世界重要的战略要地。这也正是某些国家长期以来激烈争夺西亚的重要原因之一。

国家、居民和宗教　西亚现有 20 个国家。分布在伊朗高原上的有阿富汗和伊朗；分布在阿拉伯高原和高原以北的美索不达米亚平原上的有伊拉克、叙利亚、黎巴嫩、巴勒斯坦、以色列、约旦、沙特阿拉伯、科威特、也门、阿曼、阿联酋和卡塔尔；分布在安纳托利亚高原上的是土耳其；波斯湾内的巴林，地中海东部的塞浦路斯；还有南高加索的格鲁吉亚、亚美尼亚、阿塞拜疆等。公元 7 世纪后，横跨欧、亚、非三洲曾建立过阿拉伯大帝国，西亚绝大部分都在它的版图之内。

西亚是人类古文明的发祥地之一。历史上先后出现过一批强盛的奴隶制或封建制国家，如巴比伦王国、波斯帝国、奥斯曼帝国等，对世界历史产生过巨大影响。但长期存在的封建制度阻碍了生产力的发展，加上频繁的战乱和自然生态环境因素的恶化，自纪元以来西亚地区发展十分缓慢。自 16 世纪起，欧洲列强的侵入，西亚成了英、俄、法、德等国竞相争夺的目标。苏伊士运河开凿后，英、法在西亚霸占了大片土地，土耳其和伊朗也成了半殖民地。1919 年和 1921 年，阿富汗和伊拉克首先独立，其他国家多在第二次世界大战后相继独立。

西亚约 3.2 亿人口，是世界上人口最稀疏的地区之一，平均人口密度为每平方千米 44人。人口分布极不平衡，巴林人口密度每平方千米高达 1 059 人，而沙特阿拉伯每平方千米只有 11 人。西亚还是第二次世界大战后世界上人口增长最迅速的地区，尤其是海湾国家。科威特、卡塔尔和阿联酋人口从 20 世纪 50 年代的 25 万人增加到 90 年代初的 426 万人，这主要是受石油经济的刺激，外来劳工的大量涌入。

几十年来，本地区人口快速向城市发展，海湾城市人口均在 70％以上。科威特和卡塔尔城市人口达 85％，以色列和黎巴嫩更高达 89％和 77％，城市人口的急剧增加给城市社会生活带来诸多影响。人口的另一特点是外籍劳工所占比例较大，海湾 6 国劳工已占到总人口的1/3，其中科威特已占 2/3 以上。

居民中大部分为阿拉伯人，且大部分居民为阿拉伯族。阿富汗、伊朗、土耳其分别以普什图人、波斯人、土耳其人为主。塞浦路斯由希腊和土耳其两大民族组成，使用本民族语言，而西亚其他国家使用阿拉伯语，因此，常把它们和北非的国家称为阿拉伯国家。

西亚是伊斯兰教、基督教和犹太教的发源地。除黎巴嫩、以色列、塞浦路斯和格鲁吉亚分别以天主教、犹太教和东正教为主、亚美尼亚以基督教为主外，西亚其他国家均信奉伊斯兰教为主。伊斯兰教在社会生活各个领域里有着巨大而深刻的影响。这里各国人民热情好客，人们见面时，一般情况下喜欢握手、拥抱、互亲双颊。初次见面，双方伸手相握，然后把右手放在左胸上方，身体微微前倾，表示对对方的尊重。阿拉伯人喜欢黑、白、绿三色。很多建筑物都是白色的。男人传统服装也是白色长袍漫步街头，有的还戴着白色裹头巾，有的头巾上还套一个黑圈。传统妇女身穿黑袍，把身体遮得严实，只在头部露出两个眼睛。穿长袍和黑袍的历史已延续几千年了，然而现在阿拉伯人也不乏穿西装革履的男士和身穿时髦时装、千姿百态的妇女。他们认为绿色是神圣的颜色，地毯的底色。阿訇在清真寺举行"穿衣"仪式时，都戴绿帽子和穿绿（准白）袍子。

不论是社会聚会还是商务会谈，准时十分重要。阿拉伯人常以咖啡待客，也有以红茶加糖款待客人。递或接东西一律用右手。禁食猪肉和水生贝类动物。伊斯兰教徒每年回历 9 月都要封斋一段时间，封斋时严格到茶水不喝，他们的封斋期长达一个月。依照伊斯兰历，第9 个月就是封斋月，在此期间，只有日落到日出之间才可以吃东西。所以不要在封斋期间邀请他们吃饭或喝茶。斋月里，阿拉伯国家工作效率低，商务活动可在晚上进行，斋月过后的开斋节是伊斯兰教最盛大的节日之一，全世界穆斯林普天同庆。阿拉伯人能歌善舞，"肚皮舞"广为流行，跳舞时动作在腰部，臀部和腿上，手指上戴有金属片，能发出声响。

伊斯兰教徒严禁偶像崇拜，因此洋娃娃等外形类似人像的东西也禁止放在家里当装饰品，所以在这些国家，决不能以洋娃娃当礼物送给他们。

世界能源基地 西亚地形特征是高原广布，北部多山脉，三大高原即伊朗高原，安纳托利亚高原和阿拉伯高原包围着一块由幼发拉底河和底格里斯河冲积而成的美索不达米亚平原，是最富庶的农业区。面临的波斯湾及其周围约 100 万平方千米的范围内是世界著名的油藏区。

西亚石油的储量和产量在世界上占有重要地位。是世界著名的石油宝库。西亚人民早在几千年前就已认识和使用当地的油气资源。1908 年在伊朗苏莱曼油田上首次喷出了工业性油流，正式揭开了西亚石油业的序幕。1927 年在伊拉克北部的基尔库克附近发现了石油，成为海湾地区最早从事原油商业生产的国家之一。10 年后，沙特阿拉伯、科威特和其他海湾国家陆续发现石油资源，大规模的商业开采由此展开。

几十年来，世界上其他地区也陆续发现了许多油藏，但波斯湾地区已探明的储量为 8 060 亿桶，占世界石油总储量的 50％以上。迄今世界石油储量最多的 5 个国家全部集中在海湾地区。它们是沙特、伊朗、伊拉克、科威特和阿联酋。上世纪沙特拥有世界石油总储量的 1/4。超过世界上所有发达国家的总和。据统计 2014 年沙特石油剩余可采储量为 365 亿吨，占世界储量的 15.9％。石油收入占沙特国家财政收入的 70％以上，占 GDP 的 42％。科威特占世界石油总储量的 8.2％，阿联酋占 7.9％，分别占世界第四、第五位。若按 1990 年的产油量计，西亚石油可开采 106 年，而世界其他地区平均只有 20 年，美国则只有 11 年。

海湾地区还拥有丰富的天然气资源（1918 兆立方英尺，1 英尺＝0.3048 米），占已探明世界天然气资源总量的 40％，其中近半数在伊朗。伊朗和卡塔尔的天然气储量分别居世界第一位和第三位（表 16）。

表 16 　　　　　　　　海湾主要产油国石油、天然气储量表（2014 年）

国　别	石油（亿桶）	天然气（万亿立方米）
沙特阿拉伯	2 626	8.2
伊朗	1 370	34
伊拉克	1 150	3.6
科威特	1 040	1.8
阿联酋	978	2.3
卡塔尔	252	24.5
阿曼	55	0.8
巴林	—	—

资料来源：摘自《世界经济指标》。

第二次世界大战后，西亚的石油业主要为美英资本所垄断。海湾地区在世界石油市场上的地位日益上升。到 20 世纪 70 年代中期，石油产量已占世界石油总产量的 40％，高居首位。1973 年以海湾国家为主的石油输出国组织（OPEC）以石油为武器反抗西方，更让以美国为首的发达国家真切感受到了海湾石油的政治威力。沙特、伊朗、伊拉克、科威特和阿联酋等国都是年产亿吨以上的产油大国。沙特的盖瓦尔油田为世界最大的油田，产量占全区 30％（2.6 亿吨以上）。其余十几个年产 3 000 万～7000 万吨的大油田合计占全区的 41％，主要有沙特的塞法尼耶（海底）、伯里（海底）和阿卜凯克，科威特的布尔甘，伊拉克的基尔库克和鲁迈拉，伊朗的马龙、阿瓦士、加奇萨兰和阿加贾里。根据世界石油消费水平，出口竞争，限产保价及战争等原因，2002 年年初，西亚产量保持在每天 2 270 万桶的水平，约占世界石油产量的 31％左右；2006 年西亚产石油 11.34 亿吨，占世界总产量的 31.29％。如今石油产量通常占世界总产量的 1/4。

海湾地区石油产量虽大，过去本地仅消费其中的 6％，其余均供出口，直至现在，仍有所产石油的 80％以上供出口。一般占世界石油出口量的 3/5 以上，对很多国家和地区的能源供应起着决定性的作用。它提供了日本和大洋洲石油进口量的 70％左右；南亚的 90％以上；包括中国在内的东亚石油进口量的 95％；对西欧和美国也分别达到 1/2 和 1/3 左右。西亚石油对世界的经济发展起到了难以估量的作用。西亚是世界最大的能源供应基地,出口量占世界石油出口量的 3/5。沙特是最大的石油出口国。

波斯湾地区不仅石油储量极为丰富,而且有着十分有利的开发条件,这对其石油业的发展也起了很大的促进作用。

(1) 油田规模大,产量高。据统计,波斯湾储量大于 6.7 亿吨(约 50 亿桶)的特大油田有 27 个,合计占全区石油总储量的 75%,沙特的盖瓦尔油田和科威特的布尔甘油田储量分别为 117 亿吨和 101 亿吨,相当于美国的总储量。盖瓦尔油田年产量达 2.6 亿吨以上,布尔甘油田年产量也超过 1 亿吨。

(2) 地质条件好,单井产量高。波斯湾地区有深厚的沉积层和一系列巨大的背斜或穹隆构造,并具有分布集中、规模巨大、两翼平缓、构造简单等特点。油气埋藏浅、渗透性强,油井自喷率高达 83%~100%(美国仅为 6%)。油井的单产极高,1980 年年底,整个波斯湾地区不到 3 700 口油井,而每年所产石油总量达 10 亿吨(每口油井平均年产量高达 25 万吨)。1989 年,生产中的油井 5 600 多口,在限量情况下,单井产量仍有 14 万吨,比美国超出 220 倍,比拉美超过 17 倍。

(3) 油田离海近,石油运输方便。除伊拉克北部几个油田外,波斯湾地区油田大部分都在离海岸 100 千米以内的陆上和海上,油管运输距离短,原油外运十分方便。

除上述外,这里的自然环境对石油开发也有利。气候干热,天气终年晴朗,陆地平坦干燥,海域水浅且少风暴。而且油质量较好,含蜡少,中、轻质油所占比重大。海湾地区劳动力低廉,工人工资只相当于美国石油工人最低工资的 1/5 左右。以上各项优越的开发条件,使得波斯湾地区的石油业能够取得其他地区无法相比的经济效益,即投资省、成本低(仅为美国的 1/10),效率高。因此,西亚石油的开发对许多国家具有很大的吸引力。

海湾阿拉伯国家合作委员会 西亚经济发展缓慢,大多数产油国同帝国主义和石油垄断财团进行了长期的斗争。除 1960 年 9 月成立了"石油输出国组织"(OPEC)外,1981 年 5 月,由科威特、阿联酋、阿曼、沙特、巴林、卡塔尔 6 个海湾国家组成了海湾阿拉伯国家合作委员会(GCC),简称海湾合作委员会或海合会。总部设在利雅得。2001 年 12 月,也门被批准加入海合会卫生、教育、劳工和社会事务部长理事会等机构,参与海合会的部分工作。宗旨是加强成员国之间在一切领域内的协调、合作和一体化,加强成员国之间的联系、交往和合作,推动六国发展工业、农业、科技,建立科研中心,鼓励私营企业间的经贸合作。近年来,面对经济全球化的强劲挑战,6 国意识到实现经济一体化的紧迫性,认识到 GCC 国家应成为一个统一的经济集团,才能与各跨国经济集团、区域性经济组织进行竞争。首先,就统一关税税率达成协议,朝着经济一体化迈出实质性的一步,这对 6 国经济发展产生深远影响。2003 年 1 月 1 日建立关税同盟,2010 年发行统一货币。目前六国石油资源占世界总储量的 30%,天然气储量占世界总储量的 23%。

在阿拉伯世界的政治和社会动荡中,2010—2013 年海湾合作委员会六国的年均实际 GDP 增长率达到 5.6%,明显高于中东整体水平。从 2002 年到 2012 年,六国人均年收入增长了近三倍,从 12 000 美元到 32 768 美元。居民生活水平大幅提高。2014 年,沙特设计油价暴跌令国际政治云翻雨覆。沙特用经济实力和政治杠杆迫使 OPEC 中鹰派接受国际油价暴跌现状。它在石油战中的手段,就是夺取中东老大地位的途径。沙特正在攫取中东和北非地区的霸权。

两种经贸类型　西亚在第二次世界大战前，大多数国家均以农牧业为基本经济部门。自20世纪50年代以后，波斯湾地区石油产量激增，成为世界上最重要的石油生产和出口地，巨额的石油收入促进了整个经济贸易的发展，70年代，西亚经济发展速度之快居世界各大地理区之首位，总的经济水平超过其他发展中地区。

按经贸特点，西亚各国可分为两种类型，即石油输出国经济和非石油输出国经济。

石油输出国经贸特点　包括8个海湾国家。人口占西亚总人数42%，国内生产总值却占西亚56%以上，若按人均计算，则高于非石油输出国1.6倍。仅1973—1982年，西亚产油国的石油收入累计高达近万亿美元。石油年出口量约占世界总出口量的60%，大量的石油出口为各国带来巨大财富，使之出现了海湾6个石油富国，即沙特、阿联酋、科威特、卡塔尔、阿曼和巴林。2013年，卡塔尔人均GDP超过9.83万美元，仅次于卢森堡，居世界第二位。阿联酋人均GDP为6.7万美元。其中沙特是拥有百万富翁最多的国家，其次是阿联酋和科威特。这些国家人均收入都很高，但受石油价格影响较大。

（1）石油业是国家的经济命脉。石油生产约占海湾各国国内生产总值的36%（伊朗）～70%（科威特），是各国财政收入的主要来源，沙特年产石油4亿～5亿吨，占OPEC的1/3。2014年，沙特石油收入占财政收入的70%以上。在对外贸易总额中比重高达80%～100%。整个国民经济如此依赖于一种初级产品，在世界上是仅有的。在20世纪80年代，沙特经历了多场残酷的石油战争，包括1986年的价格战。当前油价暴跌，与沙特的取舍不无关系，希望借低油价侵吞其他产油国。沙特敢打价格战，也是自恃低成本的底气，外加拥有7 500亿美元的巨额储备。在沙特领导下，2014年11月决定维持OPEC日产3 000万桶的产量，这令经济较弱的成员国面临危难。沙特和其他海合会成员2015年可能损失3 500亿美元，相当于六个海合会成员国收益的一半。沙特2015年财政赤字将达到1 300亿美元的历史最高水平，但相比其他产油国，沙特手中尚显充裕。油价有望在2020年前收复70美元/桶的水平，但目前未见哪国率先减产、扭转原油供过于求的现状。2015年3月沙特每天生产约1 030万桶原油，创历史新高。沙特原油产量占全球总产量的10%以上。为改变单纯出口原油状况，海湾国家大力加强炼油工业和石化工业的建设。伊朗的阿巴丹、哈尔克岛、设拉子；沙特阿拉伯的拉斯坦努拉、利雅得、伯里、朱拜勒、延布；科威特的米纳艾哈迈迪、劳扎塔因舒艾巴；伊拉克的巴格达；卡塔尔的多哈；巴林的麦纳麦；也门的亚丁等都建起了不同规模的炼油厂和石化工业基地，炼油能力有了很大的提高。20世纪90年代以来，海湾各国通过与外国公司合作，引进先进技术，使石化工业得到更快发展。目前，沙特石化产品外销70多个国家和地区。海湾各国将成为全球最大石化塑料产地和出口地区。海湾地区天然气的储量约为全球的40%，天然气价格具有竞争力，并且能够从全球持续获得一流的技术和生产设备，因此海湾地区的石化生产具有良好的成长性。沙特国际石化公司和国家石化工业公司分别建造能力为100万吨的裂化装置，科威特、阿联酋、卡塔尔等先后在2007—2011年分别建造120万～140万吨乙烯裂化装置。在过去五十年里，海合会已成功建立并发展了相当规模的石化工业，在全球占据了相当的市场份额。受乙烯和甲烷价值链产能显著增加，带动海湾地区石化产能在2014年已超过1.36亿吨，几乎是10年前该地区石化产能的三倍，实现了10%的年均增长率。与此同时，海湾地区的石化产品出口到180个国家，海合会化工行业的销售额达到874

亿美元。目前，海湾地区必须推进石化领域的投资，推动创新，增加产品的附加值，以保持行业的可持续增长。号召做好转型、贸易、技术和人才工作，使该地区石化工业保持竞争力。

（2）积极发展基础工业、新兴工业，经济趋向多元化、现代化。海湾各国利用巨额的石油收入建立各种基础设施，积极发展现代化工业，以使经济向多样化、现代化发展。它们知道一旦石油资源枯竭，"石油繁荣"就会消失。几十年来，这里每年的招标工程花去数百亿美元，招来外籍劳工达 300 万～500 万人口，从 20 世纪 70 年代起建成了大批港口（油港）、公路、机场、住房、学校、库房、清真寺等，对改善各国进出口贸易和经济状况，起到了重要的作用。在工业方面，除发展炼油及石化工业外，还大力发展水电、建材、钢铁、机械、炼铝、炼铜、纺织、食品等轻重工业。如现代化的阿瓦士钢管厂、阿拉伯大型船舶修造厂等。另外，巴林、迪拜两大炼铝厂也具一定规模。伊朗还建立了新兴工业部门汽车、电子、核电站；科威特不仅有纺织服装、食品、化肥工业，还建立了自由贸易区，发展电子业务和信息技术，经济走上现代化。海湾地区淡水严重缺乏，大力兴建海水淡化工程。科威特、沙特都有海水淡化工厂，科威特所用淡水的 96％来自海水淡化。除工业外，海湾国家还在发展农牧业上做出了成绩，有些国家重点抓了粮食生产。沙特农业发展迅速，耕地面积已达 360 多万公顷，农产品出口额已占非石油产品出口额的 20％以上。现在粮食、蛋奶等已基本自给，小麦、鱼虾还可出口。伊朗农业以粮食作物为主，是传统的生丝出口国。伊拉克积极恢复工农业生产，其椰枣的出口量居世界首位。沙特 2008 年将超过 50％的投资基金流向非石油经济部分；已着手建立 4 个经济特区。

海湾国家大量的石油外汇促使本地银行业的兴起，以改变以前大量存放外国银行的被动局面。科威特、巴林利用有利的地理位置，招来外资，办起了近百家银行，已成为亚洲的一个金融中心。它可以为海湾地区和世界其他发达国家与发展中国家提供长期、中期和短期贷款，是世界上的一个借贷市场。海湾国家与银行业的兴起，使它们在国际经济及政治生活中的地位和作用显得愈加重要。

近年来各国非油气产业，如金融、电信和交通发展迅速，使油气产的 GDP 贡献率已从 2000 年的 41％下降到 2014 年的 33％。多国政府利用位于欧洲和东亚的有利地理位置，抓住举办大规模展会、运动会的机会，出台五年发展计划，加大对交通、旅游等基础设施的投入，拉动经济发展。即使未来油价和石油收入存在不确定性，各国政府也已经积累了足够雄厚的资本。2014 年海湾主要石油出口国的海外资产总值已高达 2.35 万亿美元，仅阿联酋、科威特和卡塔尔三国的主权财富基金总值就超过 1.44 万亿美元。

（3）对外贸易占重要地位，有巨额顺差。由于海湾地区石油的大量出口及原来的经济基础差，其对外贸易表现为数额大、增长快，有巨额的外贸顺差。海湾地区是世界三大贸易区之一，按人均出口额居世界首位。1973 年后，在对外贸易上大量的石油美元收入使其成为一个外汇充裕的有着发展潜力的现汇市场。2012 年海湾国家石油出口收入达 5 720 亿美元，再创新高。海湾国家虽然石油出口量大，对进口商品的需求量也很大，而且需求品种多，日常生活资料和生产资料基本上都依赖进口。浩特是海湾地区最大石油出口国，其次为伊朗、阿联酋、伊拉克、科威特、卡塔尔和巴林。2014 年夏季起国际油价开始持续下跌，对海湾地区国家产生了重大打击。例如沙特，2013 年石油出口总收入为 3 230 亿美元，2014 年下降了 16％，至 2 700 亿美元。一些海湾阿拉伯国家已经开始反思：是不是过去对石油经济的过度依赖，导致了现在的经济困局？以沙特为首的海湾国家开始考虑经济多样化的改革。2014年海合会成员国吸引外资存量达4163亿美元，海湾六国正引导外国投资进入工业领域，寻求财政收入多样化，以减少对石油的依赖，逐渐由消费经济向生产经济转变。本地产品竞争力得到提升，有利于获得更高市场份额，有利于维持长期贸易平衡。另外油价下跌，促进非石油贸易的发展，加快了区内贸易结构的转型。海湾国家主要的贸易伙伴为美、日、欧盟等，农副产品及轻工制成品进口以新西兰、澳大利亚、美国、法国及发展中国家为主。

海湾各国中小商人多，关税低，转口贸易活跃。迪拜已成为中东最大的转口港。

中国与海湾国家贸易　中国和海湾地区的经贸合作互补性很强，长期来看发展很快。据中国商务部统计，2014年中国与海湾六国（沙特、科威特、阿联酋、卡塔尔、阿曼、巴林）贸易额达1752.5亿美元。随着油价大幅回落，海湾国家本身存在经济转型的内在需求，中国在基建、核电、卫星导航领域的先进技术以及工业化经验都可在沙特等海湾国家找到合作商机。此外，"一带一路"、亚投行等项目将为海湾国家带来新的投融资选择。以沙特为代表的海湾国家一直是中国最重要的能源进口来源地。2013年中国从海湾国家进口原油9912万吨，占中国进口问题的35%。2016年中沙一致同意成立高级别的委员会，指导协调两国各领域合作。中沙建立全面战略伙伴关系，海湾国家同时也是中国重要的海外承包工程市场。双向投资合作潜力巨大。截至2013年底，中国对海湾国家直接投资达40亿美元。双边服务业合作也快速发展，特别是在金融、航空、旅游等领域。

海湾国家是确保中国能源进口安全、推动人民币国际化的重要合作伙伴。沙特、阿联酋、伊朗是最大贸易伙伴（表17）。沙特连续多年成为中国在全球第一大原油供应国和在西亚北非地区的最大贸易国。2013年中国首次成为沙特第一大贸易伙伴。2014年中沙双边贸易额达691.07亿美元，比建交时增长了230多倍。中国与海合会已于2016年1月恢复自由贸易谈判，力争2016年达成全面自由贸易协定。中国向海合会成员国出口商品以机械设备、粮油食品、纺织服装和化工产品等为主；从海合会各国进口商品主要是原油、液化气及石化产品。

表17　　　　　　　　　　中国与西亚主要国家贸易额　　　　　　　　单位：亿美元

国别\年份	沙特	阿联酋	伊朗	阿曼	土耳其	科威特	以色列
2010	431.8	256.9	293.8	107.2	151.0	85.5	76.5
2011	643.2	351.1	451.1	158.8	187.4	113.1	97.8
2012	732.8	404.2	364.7	187.9	191.0	125.5	99.1
2013	722.1	462.3	395.4	229.2	222.1	122.6	108.3
2014	691.1	548.1	518.5	258.6	230.2	134.4	108.8

资料来源：中国海关统计。

（4）石油运输地理的改变。波斯湾地区原油的出口以海运为主。现拥有20多个设备良好的油港，拉斯坦努拉、哈尔克岛和艾哈迈迪等是居世界一、二、三位的大型原油输出港。油轮通过霍尔木兹海峡，把石油运往东方的日本、大洋洲和南亚；向西则运往欧洲、美国和拉丁美洲。霍尔木兹海峡成了世界闻名的"石油海峡"。

为了缩短至欧洲的航程和节省运费，伊拉克和沙特曾铺设过几条通达叙利亚和黎巴嫩的地中海港口的输油管，但因战争等政治、经济因素的影响，营运很不正常。伊拉克于1977年建成了至土耳其的杜尔托尔港为终点的油管，长 1 000 千米，年输油能力已由 5 000 万吨增至目前扩建后的 8 000 万吨，同时，沙特为免受波斯湾国际风云变幻的影响，于 1981 年建成了从油田区横越阿拉伯半岛至红海岸延布港的长达 1 200 千米的输油管，年输油能力达到 9 250 万吨。1985 年由伊拉克南部油田通往延布港的输油管道也建成，后来还进行了规模扩建。目前，西亚石油运输有 20% 左右的石油是经地中海或红海的路线出口的。足见西亚石油运输地理已发生明显改变。

非石油输出国经济 非石油输出国是指海湾 8 国以外的西亚国家，它们经济多以农牧业为主。对外贸易长期处于逆差，多用劳务输出，借外债等办法解决。由于地理位置上的原因。它们与石油输出国经济关系密切，但经济实力和石油输出国有着较大的差异。其中以色列工农业和军工部门科技水平高，经济发达；土耳其是西亚农业大国，近年来经济发展迅速。

综上所述，西亚各国经济贫富不均，有一定差异。其中海湾 6 国经济发展势头最为看好。由于其拥有雄厚的石油资源，因而经济建设投资规模大，承包劳务市场活跃，进口需求旺盛。但西亚大部分国家工农业生产不能满足本国需要，科技较落后，对外依赖性极大，对外贸易在这一地区占有极其重要的地位。总之，发展同西亚各国的贸易潜力很大，特别是海湾六国，经济发展稳定，关税低，是我国开拓市场的重点，同时，西亚也是我国重要的工程承包和劳务市场。西亚地区主要港口见表 18。

表 18 西亚地区主要港口

港 口	经纬度	地理位置	职 能
哈尔克港（Kharg）	北纬 29°14′ 东经 50°19′	波斯湾西北哈尔克岛上	伊朗最大的原油输出港，原油经海底油管从大陆运来，码头可同时停靠十余艘油船，最大可泊 50 万吨级大型油轮，年输油能力达 2 亿吨以上
阿巴丹（Abadan）	北纬 30°20′ 东经 48°16′	波斯湾西北，临阿拉伯河	伊朗最大的成品油输出港。世界最大炼油中心之一
霍拉姆沙赫尔（Khorramshahr）	北纬 30°26′ 东经 48°10′	阿拉伯河与卡伦河交汇处之西，距入海口 104 千米	原名穆哈马拉。伊朗最大干货贸易港。出口椰枣、大米、棉花、皮张等
霍梅尼港（Bandar Khomeini）	北纬 30°27′ 东经 49°05′	波斯湾西北的穆萨湾内一小岛南岸	伊朗新建的重要干货贸易港
巴士拉（Basra）	北纬 30°31′ 东经 47°50′	阿拉伯河南岸，哈马尔湖出口处，距河口 120 千米	伊拉克著名的文化和贸易中心。可同时停泊 20 多艘万吨海轮。石油化工中心，有油管通往巴格达。伊拉克最大干货港。输出石油与椰枣等。重要的国际航空站
拉斯坦努拉（Ras Tannurah）	北纬 26°38′ 东经 50°10′	沙特东部邻近巴林岛西北端的一个山甲角上	沙特最大原油输出港，年输油能力 2 亿吨以上，居世界第一位
达曼（Dammam）	北纬 26°30′ 东经 50°12′	拉斯坦努拉港之南	沙特东海岸最大商港（进口港）。主要进口石油工业设备、器材及牛只，有化肥厂和石化厂，2007 年集装箱吞吐量 100 万 TEU

港 口	经纬度	地理位置	职 能
吉达 （Jeadah）	北纬 21°28′ 东经 39°11′	沙特红海东岸中腰	沙特红海岸最大港市。全国第一大港，重要的金融等中心，全国第二大城市。年吞吐量 1 000 万吨以上，2007 年集装箱吞吐量 310 万 TEU
延布 （Yenbo）	北纬 24°05′ 东经 38°03′	沙特红海东岸吉达以北约 300 千米处	沙特红海岸第二海港，麦地那出海港，主要供朝圣者出入。大型石油输出港。年输出油能力 9 000 万吨以上
艾哈迈迪港 （Mina al Ahmadi）	北纬 29°14′ 东经 48°09′	科威特以南 36 千米波斯湾沿岸	科威特最大原油输出港，可接纳 50 万吨级巨型油轮，年吞吐量 1 亿吨
多哈 （D oha）	北纬 25°17′ 东经 51°32′	卡塔尔半岛东岸	卡塔尔最大商港
迪拜 （Dubai）	北纬 25°08′ 东经 54°55′	波斯湾南岸迪拜城西南约 35 千米	阿联酋第一大天然良港，中东最大转口港，2014 年集装箱吞吐量 1525 万 TEU，居世界第九位。位于迪拜市西南 50 千米处，总面积 48 平方千米。它是阿联酋也是中东最大的自由贸易区，中东最大的自由贸易港
苏莱曼 （Mina Sulman）	北纬 26°14′ 东经 50°37′	麦纳麦东北 2.5 千米的穆哈拉克岛上，有长堤相连	巴林最大商港
亚丁 （Aden）	北纬 112°48′ 东经 44°54′	亚丁湾西北岸	也门最大海港。2012 年集装箱吞吐量 150 万 TEU，并有世界第二大加油港之称
亚喀巴 （Al Agaba）	北纬 29°20′ 东经 35°01′	位于约旦西南部，面临亚喀巴湾	约旦唯一海港，2007 年集装箱吞吐量 40 万 TEU

　　本章小结：亚洲是世界最具有经济活力的地区，中国已是世界第二大经济体，第一大贸易国，日本是亚洲最发达经济体。亚洲经济一体化步伐正在加快，在世界的地位明显上升，东盟（10＋3）、APEC、东北亚各国在地缘、经济、人文等方面相互融洽，交往历史悠久，合作潜力巨大。这些必将对世界经贸地理格局产生重大影响；"金砖五国"（BRICS）几乎有三个在亚洲。对世界经济增长的贡献率超过发达国家。

　　本章关键名词或概念：金砖国家　东盟（10＋3）　APEC　亚欧会议（ASEM）　海湾合作委员会（GCC）　亚洲开发银行与亚投行

复习题

填图题

在西亚地图上填注：（1）阿拉伯海、红海、地中海、黑海和里海。（2）苏伊士运河、土耳其海峡、霍尔木兹海峡、曼德海峡、阿曼湾、波斯湾。（3）石油输出国组织成员国（西亚部分）。（4）盖瓦尔油田、布尔甘油田。（5）拉斯坦努拉、哈尔克岛、艾哈迈迪。（6）巴士拉、阿巴丹、亚丁、达曼、吉达、延布、迪拜、霍拉姆沙赫尔、伊斯坦布尔。

填空题

1. 波斯湾地区石油出口以_____运为主，油轮通过霍尔木兹海峡，向东运往_____、_____和_____国家；向西则运往_____、_____和_____国家。

2. 由波斯湾开出的 20 万吨级大型油轮，经_____海峡，才能进入太平洋海域，向东再经_____海峡，才能将油运往东亚地区。

3. _____和_____是波斯湾沿岸的两大超级油田。

4. 大型石油输出港主要有_____、_____和_____。

思考题

1. 为什么说西亚是世界能源的供应基地？

2. 石油输出国的经济有哪些主要特点？

第二章　欧洲主要经济贸易区

本章学习目标：（1）要求学生了解东西欧的国家分布及主要人文地理环境；欧盟是区域经济一体化水平最高的经济组织，对世界经济和国际贸易有着重要的影响，更是中国最大的贸易伙伴。（2）欧盟主要成员国德、法、英、意及北欧三国瑞典、挪威（非欧盟成员）、丹麦都是发达经济体。让学生了解掌握它们的主要经贸概况和在世界经贸中的重要地位；了解和掌握欧盟主要成员国在制造业、农业、交通运输等方面发展的异同点及与中国的经贸关系现状。（3）让学生认识近几年东欧国家俄罗斯的崛起已为世人瞩目，其主要能源石油、天然气对该国经济贸易的重要影响及其他重工业、农业部门的迅速发展，认识中俄经贸合作的显著成效。

第一节　概　述

国家、居民和语系　欧洲全称"欧罗巴洲"（Europe）位于东半球的西北部。北、西、南三面分别临北冰洋、大西洋和地中海及黑海，东与亚洲大陆连为一体，实际上是亚欧大陆西部伸向大西洋的一个大半岛。面积 1 016 万平方千米，在各大洲中仅大于大洋洲。欧洲大陆海岸线曲折，港湾多，便于海上交通和海外贸易。

欧洲原有 33 个国家和 2 个地区，从 20 世纪 90 年代起，苏联解体后分裂成 15 个独立国家，捷克斯洛伐克分裂成两个独立国家，南斯拉夫先后分裂成 6 个国家，现在欧洲共有 45 个国家和地区。欧洲政治地图发生了巨大变化。欧洲大部分都是经济发达国家。人口约有 7.32 亿，居世界各洲的第三位，人口密度居世界各洲的第二位。欧洲城市人口比重高，约占总人口的 74% 以上。人口自然增长率在世界各洲中最低，人口的平均寿命长，老龄化突出。欧洲居民种族成分单一，白色人种占全欧洲人口的 99%。近年来，一些西欧国家接纳不少亚非拉移民，但数量有限，改变不了欧洲种族的单一性。欧洲民族构成和语言比较复杂。俄罗斯、德意志、意大利、英吉利、法兰西等民族人数较多，根据语言系统，欧洲的民族分属于印欧语系、乌拉尔语系和高加索语系。其中 95% 的欧洲人属印欧语系，根据彼此接近的程度，该语系又可分为拉丁语族（罗马语族）、日耳曼语族、斯拉夫语族等。

拉丁语现在主要流行于南欧和西欧，并与各地原来的语言相混合，形成了意大利语、法语、西班牙语、葡萄牙语和罗马尼亚语等。日耳曼语主要流传于现今的德国、奥地利、瑞士、西欧的英国、荷兰、卢森堡、比利时北部以及北欧的丹麦、瑞典、挪威和冰岛等。斯拉夫语分布在东欧、中欧北部和巴尔干半岛等国，如俄罗斯联邦的大俄罗斯语、白俄罗斯语、乌克兰语。一般来讲，英语在欧洲较通用。

欧洲还有少数语言，如匈牙利人和芬兰人是由亚洲草原移入蒙古利亚人种（黄种人）的后裔，他们的语言属于乌拉尔语系。黑海东岸的高加索地区的居民在人种上属于过渡型，其语言属高加索语系。

欧洲在世界经贸中的地位　欧洲是世界资本主义的发源地，也是近代科学文化与技术发展最早的地区。进入资本主义时代后，许多欧洲国家在世界上进行殖民扩张和掠夺，并大量向海外移民，其势力和影响扩及全球，曾经是世界政治、经济的唯一中心。20世纪后，欧洲的国际地位开始下降。欧洲是两次世界大战的主要策源地和战场，战争中遭到严重破坏；美国则后来居上，实力日益赶上并超过欧洲；苏联十月革命的成功，使欧洲资本主义受到沉重打击。第二次世界大战后，欧洲出现了一系列社会主义国家，亚洲的日本发展成为仅次于美国的世界第二号资本主义强国，美国实力又有加强，广大亚非拉国家正在兴起，欧洲已不再是世界唯一的中心了。

但是，当代欧洲仍是世界上一个关键性的地区。它的工农业生产总值占世界各洲首位，拥有世界上著名的大工业带和高度集约化的农业。20世纪80年代以来，西欧在西方发达国家经济中，仍然和美国、日本一起保持三足鼎立之势。1980—1986年，欧洲经济共同体国内生产总值连年超过美国，步入20世纪90年代以来，欧共体内部统一大市场形成。并于1994年年初与欧洲自由贸易联盟共同建立欧洲经济区，建立起北起北冰洋，南至地中海，人口3.8亿，国民生产总值合计超过7万亿美元的世界最大自由贸易集团，现在的欧共同体已发展成有27个成员国的欧盟，是世界上经济一体化水平最高的区域性经济组织。

欧洲各国经济大都发达和比较发达，在世界贸易中所占比重较高。多数国家由海外进口原料、燃料、粮食及劳动密集型工业制成品，向外出口高科技、高附加值工业制成品。同时，欧洲各国之间贸易额也较大。目前，欧洲对外贸易总额占世界一半以上，仅欧盟外贸总额就占世界贸易40%以上，欧盟内部贸易占其总贸易的67.6%左右。欧洲拥有的商船吨位也占世界近一半。在金融、保险业务以及旅游业等方面，长期居于领先地位。欧洲科学技术发达，目前正在新技术革命中努力追赶美、日。欧洲许多国家的王室之间有着姻亲关系，欧洲与世界其他地区之间在政治、经济、文化各方面存在着千丝万缕的联系。欧洲的语言，特别是英语、法语、西班牙语等，在世界各地通用甚多。

20世纪90年代以前，欧洲是两个超级大国争夺世界霸权的战略重点。是美苏最大的商品销售市场和投资场所。同时，美苏两国的同盟军主要也在欧洲，即1949年成立的北大西洋公约组织（NATO）和1955年成立的华沙条约组织（WTO）（该组织1991年解散）。在很长一段时间内"北约"军事集团以战术核力量的优势来对付"华约"集团在常规力量方面的优势。1990年后，欧洲政局发生了重大变化。苏联解体，东欧剧变，使整个欧洲局势出现了颇为复杂的局面。目前东欧局势已基本稳定，独联体各国和东欧国家在经济转轨过程中有了较大的发展，尤其是俄罗斯经济驶入了快车道。

欧洲在地理上习惯划分为南欧、西欧、中欧、北欧和东欧五个部分。但在政治、经济上一般分为两大部分："东欧"和"西欧"。通常所说的"东欧"除原苏联地区外还包括波兰、捷克、斯洛伐克、匈牙利、罗马尼亚、保加利亚、塞尔维亚和黑山（简称"塞黑"，2006年6月3日黑山正式脱离塞尔维亚独立。原南联盟完全瓦解）、马其顿、斯洛文尼亚、克罗地亚、波斯尼亚和黑塞哥维那（简称"波黑"）和阿尔巴尼亚。而其余所有欧洲国家，统称为"西欧"。

复 习 题

填图题

在欧洲地图上填注：（1）欧盟成员国名称。（2）黑海、地中海、大西洋、北冰洋。

填空题

1. 欧盟由欧洲共同体（EC）发展而来，成立于＿＿＿＿年，现共有＿＿＿＿个成员国，总部设在＿＿＿＿。

2. 根据语系，欧洲的民族分属于＿＿＿＿语系，＿＿＿＿语系和＿＿＿＿语系。其中绝大部分欧洲人属于＿＿＿＿语系，该语系又可分为＿＿＿＿语族、＿＿＿＿语族和＿＿＿＿语族等。

思考题

欧洲在世界经贸中的地位怎样？

第二节　西欧地区及欧盟（EU）

西欧地区，这里指除东欧国家以外的欧洲所有资本主义国家。包括挪威、瑞典、芬兰、丹麦、冰岛、德国、奥地利、瑞士、列支敦士登、英国、爱尔兰、荷兰、比利时、卢森堡、法国、摩纳哥、西班牙、葡萄牙、安道尔、意大利、圣马力诺、希腊和马耳他。这有别于一般地理概念上的西欧。

西欧是产业革命的发源地，是发达资本主义国家密集的地区。西欧也是国际工人运动的摇篮，马克思主义和社会主义学说的诞生地，在近、现代史上占据极其重要的地位。第二次世界大战后，西欧经济虽遭严重损失，沦为雄踞其两侧的两个头号强国美苏的控制和争夺的客体，国际地位一落千丈。但西欧毕竟在物质、技术和文化等方面拥有雄厚的基础和潜力，通过一系列的经济改革和创新，以及积极参加国际分工，扩大对外经济贸易，利用有利的国际环境，使经济得到了迅速的恢复和发展，并实现了经济现代化。目前，西欧的国际地位有了明显提高。尤其是欧洲联盟的形成，成为与美国、日本三足鼎立的资本主义世界三大力量中心之一，被称为世界多极化中重要的一极，在世界政治、经济格局中占有重要地位。

欧洲联盟简称"欧盟"。它是第二次世界大战后，由西欧主要资本主义国家为谋求自身经济利益、安全和发展，加强相互间的合作，抵御超级大国的控制和威胁而建立的欧洲共同体发展而来。

欧洲共同体（EC）　成立于1958年1月1日，总部设在布鲁塞尔。欧洲共同体的前身是欧洲煤钢共同体（ECSC），共有比利时、法国、联邦德国、意大利、卢森堡和荷兰等6个成员国。后与欧洲经济共同体（EEC）和欧洲原子能共同体（FURATOM）合并，组成统一的欧洲共同体。1973年英国、爱尔兰和丹麦加入，1981年年初希腊成为共同体的第10个成员国；1986年年初西班牙、葡萄牙加入，至此，欧共体共有12个成员国。

欧共体自成立以来，基本上实现了《罗马条约》的主要条款，实行了共同对外贸易政策。在经济领域先后实施了关税同盟、共同农业政策、建立欧洲货币体系，在政治上建立欧洲议会，在内部经济一体化上取得很大进展。1992年年底，欧洲统一大市场形成，欧共体12国之间取消了"经济边界"，实现人员、服务和资本自由流通的单一市场，它对欧洲乃至全世界经济贸易的格局和发展产生重大而深远的影响。

欧洲联盟（EU）　1992年2月欧共体12国根据马斯特里赫特会议正式签署了《欧洲联盟条约》，并于1993年11月起正式生效。欧共体开始改称"欧洲联盟"。标志着欧共体从经济实体向经济政治实体过渡。1995 年 1 月 1 日，奥地利、芬兰和瑞典加入，欧盟扩大为 15 个成员国。1995 年 12 月，欧盟在马德里举行首脑会议，就货币联盟实施计划达成一致意见，1998 年 7 月 1 日成立欧洲中央银行（总部设在德国法兰克福），1999 年 1 月 1 日统一货币，欧元正式启动。从此除英国、瑞典和丹麦外，12 个欧元国政府便失去控制货币政策的权力，统一实行由欧洲中央银行制定的货币政策在欧元区发行欧元。2002 年 1 月 1 日零时，欧元正式流通。2004 年和 2007 年，欧盟相继进行第 5 和第 6 次扩大，中东欧 12 国捷克、爱沙尼亚、塞浦路斯、拉脱维亚、立陶宛、匈牙利、马耳他、波兰、斯洛文尼亚、斯洛伐克、保加利亚和罗马尼亚正式成为欧盟成员国。2013 年 7 月克罗地亚入盟。自 2004 年 5 月 1 日以来，欧盟已完成了三次扩大，成员国从 15 个扩大到 28 个；欧元区成员国共有 19 个（2007—2015 年先后又有斯洛文尼亚、塞浦路斯、马耳他、斯洛伐克、爱沙尼亚、拉脱维亚、立陶宛加入）。

关于《申根协定》，1985 年由法国、德国、荷兰、比利时、卢森堡 5 国在卢国小镇申根签署，1995 年正式生效。其主要内容是协定国相互开放边境，免去繁杂的边境检查，以便利协定国之间人员和货物往来自由。截至 2009 年，有申根国 25 个：奥地利、比利时、丹麦、芬兰、法国、德国、冰岛、意大利、希腊、卢森堡、荷兰、挪威、葡萄牙、西班牙、瑞典、匈牙利、捷克、斯洛伐克、斯洛文尼亚、波兰、爱沙尼亚、拉脱维亚、立陶宛、马耳他和瑞士。其中 2008 年 12 月 12 日欧盟批准瑞士加入申根区。瑞士成为申根区第 25 个成员国，同时也是继挪威和冰岛之外第三个加入申根区的非欧盟成员国。（有的说申根国 26 个，是指列支敦士登）

欧盟向纵深发展

（1）签署《欧盟宪法条约》。2004 年 10 月 29 日欧盟 25 个成员国（保加利亚、罗马尼亚尚未入盟）在罗马共同签署了欧盟历史上第一部宪法条约，说明欧盟经济一体化正处于由国际区域经济一体化向国内区域经济一体化转变的过渡阶段，向政治一体化的"大欧洲"齐步走。

（2）《地中海联盟》的形成。欧盟除加快自身的经济一体化外，也跟很多国家建立了自由贸易区，最近连续展开跟韩国、印度、东盟的自由贸易协定谈判。

2008 年 7 月 13 日欧盟 27 个成员国、部分地中海沿岸国家（阿尔及利亚、埃及、以色列、约旦、黎巴嫩、摩洛哥、叙利亚、突尼斯、巴勒斯坦民族权力机构、阿尔巴尼亚、克罗地亚、波黑、黑山和摩纳哥）和卡塔尔、毛里塔尼亚等 43 个国家领导人在巴黎举行首届地中海峰会，通过联合声明，制定共同战略，启动了旨在深化欧盟和地中海沿岸国家之间合作的"地中海联盟计划"。峰会标志这一新的国际联盟正式形成，将使欧盟成员与地中海沿岸国家和地区的合作进一步提升。

"地中海联盟"是一个以"为了共同建立一个和平、民主、繁荣以及在人员、社会和文化方面相互理解的未来而联合起来"，为共同战略目标，旨在通过在沿地中海北岸和南岸的国家设立实际项目，处理环境、气候、交通、入境和治安等问题的新的国际组织。

由于发展基础的不对称，"地中海联盟"面临挑战，非洲人口占世界人口 13％，但经济总量却只占世界的 1％，贸易额占世界 2％，吸引外国直接投资总量还不到世界直接投资总量的 1％，全球最不发达的 49 个国家中，34 个在非洲，至于多数非洲地中海国家在经济体制、综合实力、贸易政策等方面与欧盟国家存在着巨大的差异。

欧盟在世界经贸中的地位　欧盟 28 个成员国，面积 438.1 万多平方千米，人口约 5.05 亿，占世界人口的 6.5%。欧元区人口 3.2 亿，超过了美国的 3 亿人口。欧盟经济总量占世界的 30% 左右，2014 年 GDP 达 18.49 万亿美元。2002—2008 年欧盟进出口贸易稳定增长。货物贸易进出口额占世界的 40%。2009 年受美国金融危机的影响大幅扭转，欧盟外贸总额下降，2010 年略有回升。2014 年欧盟进出口总额达 4.6 万亿欧元，其中 63% 是成员国之间的贸易。欧盟对外直接投资约占世界的 51% 以上。截至 2014 年底，欧盟对外直接投资存量达 57 490 亿欧元，同比增长 7.6%；同期域外国家和地区对欧盟的直接投资存量为 45 830 亿欧元，同比增长 9.6%。欧盟对外直接投资净流出量为 11 660 亿欧元。截至 2015 年 3 月，欧元体系外汇储备为 2 495 亿欧元。

从欧元来看，其诚信度也在上升。至 2015 年 1 月 1 日，欧元区共有 19 个欧盟成员国。欧元区外贸依存度高于美国，欧元作为外贸计价货币的几率更高。目前欧元作为国际间银行的主要贷款货币；外汇市场第二大交易货币（占日交易量的 40%）；全球贸易主要结算货币；外汇储备主要货币（2015 年全球外汇储备中欧元占 22.6%）。现在 1/3 的国际债券标价货币为欧元。足见金融地位的提升。

近几年来，欧盟大力发展经济，其经济总量均居世界首位，经济实力强大，为欧盟对外贸易的开展奠定了基础。欧盟的外国直接投资流入量和外国直接投资流出量也同样居世界首位，表现出强大的国际竞争力。而且欧盟外国投资流入量小于其流出量，降低了对外出口成本。欧盟在推进经济一体化方面取得了巨大成就，成员国数量实现较大增长，内部贸易发展迅速，欧盟已成为世界第一大经济体，是典型的高收入低增长经济体，同时也是世界最大的贸易经济体。其货物贸易进出口额和服务贸易进出口额均居世界首位。

总之，现今世界最大的经济贸易实体欧盟，对世界经贸格局的演变将起重大作用，并有着深远的影响。

当前欧盟正在逐渐摆脱欧债危机带来的阴影，但仍面临诸多挑战。为提振欧盟国家民众对欧盟的信心和信任，新一届欧盟委员会将从提振经济、推进外交和强化凝聚力三方面着力。

2016 年当地时间 6 月 24 日，英国公投中脱欧阵营赢得超过 1 680 万张选票（占比 51.89%），英国选择脱离欧盟。此事势必对欧盟及全球政治经济格局产生重大影响。

中国与欧盟贸易及合作　中国与欧盟分别是全球最大的发展中国家和区域经济集团，在中欧合作的诸多领域中，经贸关系是最具活力、收获最多的领域之一。2004 年中欧建立全面战略伙伴关系，2004—2007 年中国对欧盟年均进出口额增长率在 27% 以上，欧盟一跃成为中国第一大贸易伙伴。中国也稳居欧盟第二大贸易伙伴和最大进口来源国。2014 年中国与欧盟双边贸易额为 6 151.39 亿美元，同比增长 9.9%。其中中国向欧盟出口 3 708.84 亿美元，同比增长 9.4%；中国从欧盟进口 2 442.55 亿美元，同比增长 10.7%。2014 年中国与欧盟贸易占欧盟贸易总额的 14%，仅次于美国（占 15%）。美国是欧盟最大出口市场，而中国是欧盟最大进口来源国。中国对欧盟贸易顺差不断扩大，导致双边贸易摩擦日渐增多。实则因全球产业转移而导致的加工贸易方式转变，在此过程中中国承接了大量对欧盟顺差的产业，所以从事加工贸易的外资企业包括欧资企业，才是中国取得巨额贸易顺差的主导因素。

中国与欧盟之间的经贸易关系具有极强的互补性。欧盟的市场、技术与资本优势，使中国获得了更大的出口市场、技术来源和资本来源。反之，中国所具有的竞争优势对欧盟也极具吸引力。丰富的原材料和廉价的劳力资源、存量和增量庞大的市场、与欧盟差异较大的产业结构以及稳定与高回报的投资场所，都是欧盟国家所缺少和追求的区位优势。欧盟是中国第二大进口来源地；按实际投入计算，欧盟是对华第二大投资方；另外还是中国最大的技术引进来源地。中欧直接投资合作不断深化。欧盟是中国第四大投资伙伴。截至 2008 年 10 月，欧盟对华直接投资项目 29 910 个，合同外资 1 144.2 亿美元，实际投入 617 亿美元。欧盟对华投资项目平均规模大、技术含量较高，且多投资于生产领域。2014 年欧盟对华直接投资 1 499 万美元。中欧双边经贸合作的领域与范围不断向纵深发展，包括货物贸易、服务贸易（特别是技术贸易）在内的贸易往来与投资等合作也取得了丰硕成果。发展合作项目涉及农业、环保、能源、教育、卫生、贸易、司法和政府治理等。这对中国经济和社会发展、管理水平的提高起了积极的支持作用。欧盟也已成为中海外投资和开展经济合作的重要目的地。

从贸易结构来看，中国向欧盟出口的主要有服装、纺织品、鞋、箱包、玩具、照明装置、五金工具、家具等；欧盟输往中国的主要有机电产品、汽车、飞机及零配件、光学照相器材、船舶等。就国别而言，中国在欧盟的前五大贸易伙伴分别是德国、英国、荷兰、法国和意大利。英国目前是欧盟国家中最大的对华投资国，中国是英国增速最快的出口市场。

复 习 题

思考题

1. 欧盟至今有多少个成员国，它在世界经济一体化及全球经贸中的地位怎样？
2. 简谈中国与欧盟贸易现状。

第三节　西欧主要国家

瑞典（Sweden）、挪威（Norway）、丹麦（Denmark）

瑞典、挪威、丹麦是地理概念上的北欧国家，全部位于北纬54°以北的高纬度地区。瑞典分布在斯堪的纳维亚半岛东半部，挪威在西半部。丹麦由日德兰半岛和其东部的几百个大小岛屿组成。它们地处波罗的海和巴伦支海通向北海，或由北冰洋通往大西洋的航线上，交通位置重要。面积分别为45万平方千米、38.5万平方千米和4.3万多平方千米。三国至今仍实行君主立宪制，国王是国家最高的元首。

自然条件　斯堪的纳维亚半岛是北欧最大的半岛。半岛中部为斯堪的纳维亚山脉，东南部有面积较大的平原，其余为狭长的沿海平原。挪威全境 2/3 为山地和高原，平原狭小。瑞典地势北高南低，由高原到平原，大部分海拔300～400米。丹麦全境地势低平，地表广布各种冰川地貌。河流一般短小，流水湍急，利于发电。这里大部分地区受西风带和北大西洋暖流影响，气候均为温和湿润的海洋性，较之同纬度其他地区冬暖夏凉。

斯堪的纳维亚半岛海岸线曲折绵长，尤其是西海岸多峡湾，天然良港广布，利于发展海运事业。在巴伦支海、挪威海和北海地区有广阔的大陆架，不仅是重要的渔场所在，而且蕴藏着丰富的石油和天然气。

居民和宗教　瑞典、挪威、丹麦三国人口都不多。截至 2014 年瑞典 968 万，丹麦 562.5万，挪威 516.58 万。其中丹麦人口密度最高，挪威则是欧洲人口密度最低的国家之一。瑞典老年人口占全国人口的比例在斯堪的纳维亚四国中高居榜首。同时，三国城市人口比重高，瑞典占 83%，丹麦占 84%，只有挪威占 60%，在欧洲的平均数以下。这里的居民绝大多数属欧罗巴人。语言为印欧语系中的日耳曼语族，各以本国语言为国语。挪威、丹麦还通用英语。三国人时间观念强，出席商务活动或约会都很准时，在北欧经商，流行着一句话，挪威人先思考，接着瑞典人加以制造，然后，丹麦人负责推销。挪威人着重理论，善于理出体系，并富于创造性瑞典人善于应用，精于产业化，丹麦人在商业方面高人一等。

瑞典人老实、安静、遵纪守法，做生意严谨，通常无需第三方介绍或推荐，会采取主动自荐，但只有面对面详谈，才能做成大笔生意。挪威人性格内向，但并不孤僻，以好客著称，偏爱红色、褐色。生意场上不注意关系导向，中间人作用微小；具有语言天赋，大多数人能讲流利的英语，还有很多人能讲法语和德语，在谈判上用先高后低的谈判策略。丹麦人重仪表，讲究着装，一般不排外，没有种族歧视和民族矛盾，天性乐观，善于结交异国朋友并与之友好相处。丹麦人沉着、朴素、敬老爱幼、扶弱助残是整个民族的美德。丹麦人喜欢以鲜花作为礼物，用 3 朵、4 朵康乃馨代表感谢的意思。白色的花除了葬礼、结婚典礼时新娘和接受洗礼时使用外，其他时候均被视为禁忌。给客人要送黄色的花，给出门旅游的人送红色的花。三国都信奉基督教（瑞典、挪威为路德教派）。货币单位：各国现均用本国货币，即瑞典克朗（SEK）；挪威克朗（NOK）；丹麦克朗（DKK）。同时也可统一用欧元（EUR）。

经济发展概述　瑞典、挪威、丹麦都是经济发达的资本主义国家。人均国民生产总值均在 4 万～9 万美元以上，居世界前列，人称"北欧富国"。三国在历史上就有着密切联系，因而在经济、文化等方面都有着许多共同之处。目前五国（外加荷兰、冰岛）居民可自由相互往来、工作和居留。瑞典、挪威都有丰富的水力资源，木材加工业发达，纸浆和纸张都是重要的出口物资；都有丰富的森林资源，水电业充分发展；除丹麦外，瑞典和挪威耕地不足。三国农业以乳肉养畜业为主，乳肉产品出口占重要地位。

除上述外，三国各自利用本国的矿产资源和其他地理条件，发展了各具特色的制造业和水平较高的经济。三国国民经济对国际贸易的依存度很高，总体贸易量不可小视。在经济上，三国与中国的贸易互补性很强。主要港口见表 19。

表 19　　　　　　　　　　　　主　要　港　口

名　称	经　纬　度	位　置	职　能
哥德堡 （Goteborg）	北纬 57°42′ 东经 11°57′	位于瑞典西南，临卡特加特海峡	瑞典最大港口，通向北欧的门户，港口终年不冻。货物年吞吐量约 3 500 万吨
斯德哥尔摩 （Stockholm）	北纬 59°19′ 东经 18°03′	位于波罗的海西岸梅拉伦湖入海口	瑞典第二大港口，港内设有自由贸易区

名　称	经 纬 度	位　置	职　能
马尔默 （Malmo）	北纬 55°37′ 东经 13°01′	位于波罗的海口的厄勒海峡东岸，与丹麦的哥本哈根相距 26 千米，通火车轮渡	瑞典对欧洲各国贸易的主要港口，以进口为主，港内设有自由贸易区
奥斯陆 （Oslo）	北纬 59°54′ 东经 10°43′	位于斯卡格拉克海峡北岸的奥斯陆峡湾顶端	挪威第二大港，终年不冻，年吞吐量约 600 多万吨。全国最大工业城市
卑尔根 （Bergen）	北纬 60°24′ 东经 5°19′	位于挪威西南海岸	挪威最大港口，天然避风港，终年不冻。全国有半数鱼及其制品经此外运
特隆赫姆 （Trondheim）	北纬 63°26′ 东经 10°24′	临挪威海特隆赫姆峡湾东南尼德河口	挪威西海岸中部重要港口
纳尔维克 （Narvik）	北纬 68°25′ 东经 17°25′	位于挪威北部挪威海韦斯特峡湾内	为瑞典基律纳铁矿的主要输出港，终年不冻。年吞吐量在 1 500 万吨左右
哥本哈根 （Copenhagen）	北纬 55°42′ 东经 12°37′	位于丹麦东部西兰岛东岸和马厄岛北部，临厄勒海峡	北欧重要城市和贸易集散中心，为丹麦第一大港，半数以上进出口货物经由此港。港内辟有自由贸易区和保税仓库
奥胡斯 （Arhus）	北纬 56°09′ 东经 10°13′	位于丹麦日德兰半岛东岸，临奥胡斯湾	丹麦第二大港，是日德兰半岛的谷物和畜产品的集散地

瑞典经贸概况

　　瑞典是北欧最大的国家，第二次世界大战后的五十多年来，已发展成为经济发达的现代福利国家。按世界银行新公布的贫富标准，2007 年瑞典为全球十大富国之一。2014 年瑞典 GDP 增长了 2.1%，人均 GDP 为 5.8 万美元以上，居全球第七。20 世纪 90 年代后，在整个西方经济普遍不景气和国内庞大社会开支双重压力下，瑞典经济陷入衰退，连续三年经济出现负增长，失业率从 1990 年的 1.7% 上升到 1993 年的 9%。从 1994 年开始经济复苏，回升较快。瑞典公有制经济所占比重最大，税率最高，社会福利最优厚，工资差距最小。目前，工业生产技术已达到较高水平。工业产值占工农业产值的 90% 以上，占国民生产总值 38% 以上。采矿、冶金、林业造纸、电力和机械制造是瑞典经济的四大支柱。自 20 世纪 70 年代开始，政府加大科研与发展的力度和投入，高科技产业迅速发展，交通、通讯、医药保健、信息环保领域在世界上具有较强的竞争力。瑞典拥有世界上开发最先进的 ICT（信息通信技术）产业。森林、铁矿和水力是瑞典三大自然资源。森林面积占国土面积 54%，森林工业是瑞典国民经济的支柱之一，是瑞典外汇收入的主要来源，是世界主要的林产国与出口国。除出口锯材、板材外，还建立了庞大的纸浆、纸张、林产化工等配套深度加工工业部门，其产量和出口量均居世界前列。其中针叶树木产品的出口额居世界第二，纸浆出口居世界第三，纸业出口居世界第四。2014年铁矿探明储量为36.5亿吨。铁矿石的储量与产量居欧洲第三位（次于俄罗斯、法国），主要产地在基律纳和耶利瓦勒，年产铁矿砂4 000多万吨，80％供出口，是欧洲最大的铁矿砂出口国。瑞典钢铁工业发展较早，以精炼优质钢为主，特殊钢（包括不锈钢、高速工具等）产量近1/3，70％供出口，冶炼技术占世界领先地位。主要分布在吕勒奥与阿维斯塔。令瑞典人倍感自豪的机械制造是瑞典最大的工业部门，年产值为全国工业总产值的50％，产品70％远销美、欧、日等地，在欧洲仅次于英国、法国、德国，居第四位。爱立信、伊莱克斯等大公司是世人熟知的品牌企业。机械产品具有精密、耐用、工艺水平高等特点。主要产品有运输设备、输电设备、钻机、滚珠、轴承、电器、工具、机床等，在国际上享有很高声誉。其中汽车制造是其最大的部门。瑞典拥有自己的航空业、核工业、先进的军事工业以及全球领先的电讯业。在软件开发、微电子、远程通讯和光子领域，瑞典同样居世界领先地位。瑞典缺煤少油，极度重视水力资源的利用，大力发展水电、核能，利用地下温差小、灰尘少等优点，建起了沸水堆型核电站。以石化为主的化学工业是瑞典近年来发展最快的工业部门，尤以药物化学为突出。化工产品有1/3输往国外。瑞典工业产值占GDP的27％左右。瑞典农业产值仅为GDP的1.8％，其中80％收入来自畜牧业。农业机械化水平高，谷物、马铃薯、甜菜是主要农作物。目前农产品自给率达80％以上。粮食、肉类、乳酪除自给外还有一些用于出口，蔬菜、水果靠进口。瑞典服务业产值约占GDP的71％以上。

瑞典一直支持世界贸易自由化，是经济高度外向型的国家，对外贸易依存度达80％左右。瑞典重视与世界各国的经贸往来，先后加入了关贸总协定、经合组织、欧洲自由贸易联盟和北欧理事会等国际性组织，并在1995年加入欧盟。瑞典是个传统的自由贸易国，反对贸易保护，主张消除关税和贸易壁垒，寻求最广泛的商品交换，它还注重发展与石油生产国、发展中国家的经贸关系。2014年瑞典货物贸易进出口额为3 260亿美元，其中，出口1 650亿美元，进口1 610亿美元。多年均为顺差。主要出口产品是机电产品、运输设备、矿产品、贱金属及制品、化工产品、纤维素浆和纸张、塑料橡胶等大类；主要进口产品是机电产品、矿产品、运输设备、化工产品、贱金属及制品、塑料橡胶、活动物及动物产品、食品饮料烟草等大类。主要进口产品是机械工程设备、化工品、原油、矿产品、纺织品、服装、食品及饮品等。瑞典的主要贸易伙伴是欧盟各国，以德国、英国、挪威、丹麦等国贸易关系最为密切。与加拿大、日本、独联体及香港地区的贸易稳步发展。瑞典的服务贸易总额瑞典的服务贸易总额2014年为1 400亿美元，其中出口额为750亿美元，排名世界第19位。另外，瑞典在2014年出现了"投资的意外反弹"，有更多的资金注入了瑞典；投资以6.5％的速度扩张，是金融危机以来的最高水平。

中瑞两国贸易往来有着悠久的历史，早在18世纪上叶就开始通商，1950年5月9日建交。瑞典是第一个与中国建交的西方国家。当年，双方贸易额为260万美元。从20世纪80年代以来，两国贸易发展较顺利，现在两国关系获得了稳定长足的发展。2014年两国贸易额为139.62亿美元，其中中国向瑞典出口71.68亿美元，从瑞典进口67.94亿美元。我国对瑞典的出口商品主要以纺织服装、机电产品和其他工业制成品为主；从瑞典进口商品则已从单纯的纸浆、纸张增加到钢材、机械、成套设备和技术等。目前中国在瑞典的投资很少，中瑞双方今后可在能源、信息技术、环境保护等领域进行合作。

挪威经贸概况

挪威是一个地广人稀的国家，长期以来挪威人民充分利用自己的地理条件、资源优势，引进世界先进技术，发展多种经济，使自己成为高度发达的资本主义工业国，常为全球 10 大富国之一。2014 年挪威人均 GDP 高达 9.7 万美元，高居世界第二位。据联合国发展计划署世界各国人类发展情况报告，挪威在生活水准、教育程度和预期寿命三方面的综合指数名列榜首。连续多年被评为全球最适合人类居住的国家。

挪威经济活动的很大一部分是以利用自然资源为基础的。传统工业部门有航运、水电、电力冶金、木材加工和渔业，被统称为挪威经济的五大支柱。但近几十年来，经济结构发生了很大变化，传统工业在经济中的比例不断下降，而服务业与石油相关的行业及先进的工程、数据科技等行业所占比重越来越大。

挪威山高峡深，瀑布飞泻，河流湍急，境内还有很多冰川和湖泊，由于冰河融解，水力资源极其丰富，全国水资源蕴藏量达 3 800 万千瓦，居欧洲前列。目前，挪威已具有一套完整的水力发电系统，可开发的水电资源约 1 870 亿度，已开发 63％。提供了全国 99％以上的电力，人均发电量居世界之冠，廉价的水电开辟了挪威工业化的道路，建立了庞大的冶金工业。挪威铝锭产量居世界首位，出口量仅次于加拿大居第二位。挪威有世界上最大的金属硅供应商。挪威是世界镁合金的第二生产大国和最大出口国。铁合金产量也很高，可供西欧需求量的 40％。靠近北极圈的摩城和莫舍恩是挪威冶金工业中心。

挪威是欧洲重要的能源生产国和出口国，能源产业是其支柱产业。

20 世纪 60 年代北海大陆架石油的开发，为挪威经济带来的活力，机械、造船等工业有了新产品，为国内外提供先进的海上石油平台和设备。1975 年挪威成为西欧第一个石油净出口国，北海大陆架现已探明的石油储量约有 17 亿吨，以埃克斯菲克油田规模最大。多年来石油产量一直稳步增长，2010—2014 年挪威石油产量达到 69.4 亿桶，大部分用于出口。挪威是西欧最大的石油生产国和世界第五大石油输出国。巨大的石油收入极大地改善了挪威的经济地位，使之成为西方国家中少有的无外债国家。同时挪威还是向欧洲提供天然气的最主要国家之一。挪威天然气储量约为 2 万亿立方米，占整个西欧天然气资源的一半以上。在北海油田的主要集中海域，新建了许多新的输油管道、石油终点站和油港。挪威深海采油技术发达。斯塔万格是新兴石油工业中心。受 2008 年金融危机影响，近年来挪威石油收入缩水，失业、通胀压力增大。2015 年挪威向欧盟出口了 1079 亿立方米的管道天然气，再创历史新高，并且天然气出口首次超过了石油。近几年来，挪威大力开始利用风能和太阳能等可再生资源。随着石油和天然气的开发，化学工业发展很快，最主要有化肥、塑料、燃料、药品等。挪威是世界合成氨和复合化肥的最大生产国。此外，挪威主要传统工业部门还有机械、化工、造纸、木材加工、鱼产品加工和造船等。木材加工业虽不及瑞典，但一直是其出口的主要组成部分。产品有木材、纸张、纸浆、纸板、建材和家具等。纸张、纸浆主要销往美、德、法等国家。挪威工业主要集中在南部沿海各港口城市。

由于可耕种面积只占国土面积的 3％左右，挪威农业在 GDP 中所占比重很小（1％），食品消费的 50% 来自进口。目前，农业日趋现代化，大力使用机械与化肥。畜牧业占总产值的 2/3，牛奶、奶酪和肉食等畜产品除自给外，还有部分出口。农作物以牧草、饲料和大麦、马铃薯等谷物为主，食用粮靠进口。挪威的大陆架一直从挪威海延伸到斯瓦尔巴群岛，海岸线外的 200 海里经济区确保了挪威半岛的渔业资源，挪威是欧洲第一大渔业国。近海和远洋捕鱼始终占重要地位，近年来因近海养殖渔场的迅速崛起，捕渔业生产产量大幅增长。近海盛产鲱鱼、鲭鱼、鳕鱼等，鱼产品加工业发达，90% 供出口，三文鱼和人工养殖的大马哈鱼（产量占世界 85%）已畅销美国、法国、德国、日本等国。

挪威人是卓越的航海民族，自古以来，善于利用优越的海洋条件发展海运业。挪威商船队是世界上最先进的商船队之一，船队 90% 为外国服务。它拥有世界 10% 的船队，总吨位达 4 800 万吨，另有 1 250 万吨位的船队挂别国旗帜运行。挪威还拥有世界 20% 的近海船队。挪威众多的造船厂具有建造各种先进的特殊用途船的技能，还为世界各地的船队提供零部件和各种服务。

复杂的地形，奇异的风光，使挪威交通运输业在经历种种艰险挑战后变得发达起来。挪威人在海湾上空以及岛屿和大陆之间架起一座座桥梁，在群山之中凿开一条条长达数千米的隧道，卑尔根与奥斯陆之间的铁路线还穿过大片在树木生长线以上的山区高原。空中交通比大多数国家更为重要。50 个短跑道机场由私人航空公司用于国内定期航班，大型空港为经营国际航线的喷气式客机提供服务，长长的海岸线上，客、货运的大小船只也常忙个不停。

挪威经济对国际贸易的依赖性很大，对外贸易在挪威的经济中占重要地位。2014 年挪威货物贸易进出口总额为 2 287.7 亿美元，同比下降 6.3%。其中出口 1 416.6 亿美元，同比下降 8.2%；进口 871 亿美元，同比下降 3%；贸易顺差 545.6 亿美元，同比下降 15.4%。主要出口商品有石油和天然气、铝及其他金属、机电产品、活动物及动物产品、贱金属及制品、化工产品等，主要进口商品有机电产品、运输设备、贱金属及制品、化工产品、矿产品等。英国、德国、荷兰、瑞典、丹麦等欧盟国家为其主要贸易伙伴。

挪威鼓励自由贸易，对绝大部分产品实行自由进口，对农产品有限制，对来自发展中国家的产品 97% 予以免税。挪威是世界上唯一对最不发达的国家进口产品实行全部免税的国家。

挪威有着丰富的旅游资源，奥斯陆有世界最大的雕塑公园—维格兰公园，建于 1924 年。挪威峡湾举世闻名。旅游业占 GDP 约 5% 左右。旅游项目繁多，旅行交通工具也五花八门，加上种种规范的服务，旅游业有良好发展前途。

中国与挪威贸易往来始于 19 世纪初。挪威又是最早承认中华人民共和国的西方国家（1950 年 1 月 6 日）。1954 年两国建交后，经济贸易不断发展，但至今贸易额不大。20 世纪 90 年代末双边贸易额为 8.27 亿美元，2014 年为 71.99 亿美元，其中我国向挪威出口 22.32 亿美元，从挪威进口 44.67 亿美元，中方逆差 17.4 亿美元。

现在挪威是中国在北欧的第 4 大经贸合作伙伴，也是中国在欧洲的化肥、水产品和石油主要供应国。据挪方统计，中国是挪威第三大进口来源国、第九大出口对象国，也是挪威在亚洲最大的贸易伙伴。中挪两国不断深化在贸易、投资和技术引进各领域的互利合作与交流。我国向挪威出口机电产品、机械设备、纺织品及原料、家具、玩具、贱金属及制品。近年来，中国劳动密集型产品在挪威具有较大优势，是挪威纺织品及原料、家具、玩具、鞋靴、伞等轻工产品、皮革制品及箱包的首要进口来源地，同时也是挪威机电产品的最大来源地。挪威对中国出口主要是机电产品、化工产品、活动物及动物产品、矿产品、医疗设备、贱金属及制品等。近几年挪威在华投资涉及能源利用效率、近海石油勘探、渔业、造船和环境保护等领域。此外，中挪在电子、机械、农业等领域的合作也日趋紧密。目前中国—挪威自由贸易区谈判还在进行中。

目前挪威还不是欧盟成员，不使用欧元。2001 年挪威并入欧洲共同边境区（Schengen，申根区），成为申根区国家。

丹麦经贸概况

丹麦土地贫瘠，除石油和天然气外，矿藏很少，但现已成为工农业高度发达的国家。2014 年丹麦人均 GDP 为 6 万美元。按世界银行公布的贫富标准，丹麦居全球十大富国的前列。丹麦重视环保，森林覆盖率约 11.4%，为 48.6 万公顷。丹麦是在低炭领域领跑世界的国家，在过去的近三十年里，丹麦经济增长了 75%，但能源消耗却没有增长。丹麦有 30% 的能源是用再生材料来制造的。丹麦也是唯一需要进口垃圾来发电的国家。

农业是国民经济的重要支柱。丹麦农业以其高质量、高效率闻名于世，农业科技与生产效率均具有世界先进水平。目前丹麦只有不到 5% 的劳动人口从事农业，但农产品产量相当于本国需求量的 3 倍，所以丹麦农产品有 2/3 可供出口。

丹麦耕地占全国面积的 63%，约 270 万公顷。其中 57% 用来种植谷物，以大麦为主，小麦、黑麦、燕麦为次。其余用来种植牧草、青饲料、甜菜、马铃薯等，大部分用作饲料。丹麦种植业机械化程度高，它还拥有一个完善的良种培育体系，培育各种良种。如今，丹麦已成为与美国并驾齐驱的世界最大的良种出口国。

农牧业产值占国民经济的 6% 左右，畜牧业产值占农业的 77%。丹麦农牧业以家庭农场为主，农牧结合，以牧为重，且农牧业与工商业融为一体。丹麦是举世公认的农业问题解决得最好的国家之一。丹麦农业产业化特点可概括为一个观念、两次转变、三大支点。一个观念是指破除了把农业限定在第一产业范畴内的狭隘概念，树立了包括初级产品生产、食品加工和行销乃至出口业务在内的大农业观念。两次转变是指从历史上土地归国王等大地主所有向归农民所有的转变；以及为顺应市场变化，从由粮食生产为主导转向以饲料产业、畜枚经济为主导的转变。三大支点是指丹麦农业经济结构中的农业合作企业（合作社）、农民的行业组织（农协）及农业科技咨询服务机构等相辅相承、互为支撑的三大体系。既能兼顾以家庭农场为主体的分散的初级农业产品生产方式，又能保障加工、流通领域的社会化、专业化规模经营。丹麦的农业养活着这个世界上相当于三个丹麦的人口。

目前丹麦农业形成以养殖业、种植业和加工业为重点的现代农业产业链，有其独特的产业优势和特色。其中最重要的是建立了一套高效严密的食品安全保障机制，严格限制农药和化肥的使用，食品安全是最高理念。丹麦农产品因优质、健康、安全而受到全世界消费者的欢迎。

丹麦肉类和奶类的产量按人均计，仅次于新西兰，居世界第二位。农牧业产品出口是丹麦外汇主要来源之一，农牧业产品占世界食品市场的 3.1%（其中猪肉出口占世界市场

23.3%）。丹麦已成为欧洲国家乳制品、肉类及蛋品的重要生产国和供应国，同时，丹麦还是世界上最大的貂皮生产国，年产貂皮年产貂皮 1 400 万张以上，出口创汇约 6.5 亿美元。约占世界市场的 40%。

丹麦的海洋渔业在西欧仅次于挪威，是世界十大渔业国之一，捕鱼量占欧盟捕鱼量的 36%，居第一位，主要有鳕鱼、比目鱼、三文鱼、鲭鱼、鳗鱼、金枪鱼和虾等。主要加工成鱼粉或用作饲养貂、狐等动物饲料，当地人不习惯食用活鱼。北海和波罗的海为近海重要渔场。

从 20 世纪 50 年代后期到 70 年代初，丹麦工业有很大发展，除传统的食品、陶瓷、木材加工、酿酒等工业外，建立在高技术，进口原料，出口产品的基础上的新兴工业也迅速成长。丹麦是发达的西方工业国家，工业在丹麦国民经济中占有重要地位。但近年来比重逐渐下降，工业产值约占国内生产总值的 28%。工业产品 60% 供出口，约占出口总额的 70%。是发达的西方工业国。主要工业部门有石油开采、风力发电、食品加工、造船、水泥、建筑、电子电气、化工医药、家具等。丹麦制造的无烟囱双推进器轮船、冷藏船及车辆轮渡船等在世界造船界声誉很高，桥梁建设、医疗器械、船用主机、水泥设备、环保设备、光电通信、音响、助听器、啤酒、酶制剂、人造胰岛素等技术和产品在世界均享有盛誉。医药工业是丹麦的支柱产业之一。90% 的产品供出口，出口额占工业品出口的 60%。许多药品的质量和技术在世界上享有盛誉。其中人造胰岛素和酶制剂等产量和质量居世界前列。位于哥本哈根和瑞典南部斯科纳地区之间的"药谷"是欧洲成长速度最快的最大的生物技术产业群，斯堪的纳维亚地区 60% 以上的制药工业都分布在这里，产学研的紧密协作造就了丹麦在生物制药学、诊断学和急救技术领域的优势。诺和集团（Novo）是世界著名医药和生化制品集团公司。此外，木制家具、高质服装等闻名国际市场。工业以中小型和轻型为主，中小企业研究开发能力很强，技术经常是世界领先，专业面较窄，不少工业企业没有或者只有很小生产能力，以设计为主，向其他企业或国家出售生产许可证或代人设计。工业主要集中在丹麦东半部，即几个较大岛屿和日德兰半岛的东岸。这里既是集约化的农业区，也是主要工业中心和主要港口所在地。

海运业是丹麦的传统支柱产业，第二大创汇产业，其海运服务占世界航运市场的 10%。为应对来自发展中国家的竞争，2014 年丹麦提出追求高附加值的"高级海运"的概念，及建设欧洲海运中心的目标。全球海运排名中，丹麦目前位居第五。1980—2014 年间，丹麦商船队数量涨幅保持欧洲第一。目前已拥有 633 艘商船。丹麦船队现代化程度高，船龄轻，技术先进，作业效率高，在海运安全方面有较大优势，且比较关注节能环保。船只种类主要为集装箱船、化学品油轮、冷藏船和液化气船。马士基集团（Maersk）是世界上最大的集装箱海运企业。

丹麦服务业相当发达，约占国民经济 76%，包括中央政府和市政公共及私营服务。金融、保险、医疗及其他服务可以说应有尽有。服务业的就业人数约占劳动力总就业人数的 70%，不过当地的人工费用很高。丹麦是欧盟成员国。20 世纪 80 年代初期，出口额占 GDP 的 30%。1/3 以上工业品和 2/3 以上农产品输往国外，因而对外贸的依赖性很大。二十几年来，出口商品结构已发生很大变化，目前工业品出口已占出口总额的 70%。主要出口商品为各类船舶及设备、各种机械、仪器、医药化学等。主要出口农产品为猪肉、奶及其制品，其中熏肉、黄油、肉罐头大部分销往英国，乳酪、家禽销往德国，牛肉主要销往意大利。乳酪和黄油的出口量分别为世界第三位和第四位。进口商品则以燃料、专业机械设备、金属原料及饲料为大宗。欧盟成员国（德国、瑞典、英国、挪威、荷兰）是其最大的贸易伙伴，次为美国、中国。自 20 世纪 60 年代以来，丹麦连年逆差，到 90 年代才有所改变。1990—1997 年丹麦出口持续增长。2014 年丹麦货物贸易总额为 2 100.8 亿美元，同比增长 1.6%；其中出口 1108.8 亿美元，同比增长 0.7%；进口 992 亿美元，同比增长 2.7%；贸易顺差 116.8 亿美元，下降 13.6%。2014 年丹麦服务贸易达 1 360 亿美元，其中出口 720 亿美元，进口 640 亿美元，居北欧瑞典之后。

早在 18 世纪 30 年代，丹麦商船首船中国广州，开始两国直接贸易。1950 年 5 月 11 日中丹两国建交，当时贸易额才 300 万美元。2008 年中丹建立全面战略伙伴关系。近年来，中丹经贸合作日益深化，双方在环保、能源、教育等领域交流与合作持续扩大和增强。丹麦是继瑞典之后第二个与中国建交的西方国家，也是率先同中国建立全面战略伙伴关系的北欧国家，中丹关系现已迈入全面发展的新阶段。

2014 年中丹双边贸易达 106.1 亿美元，同比增长 16.7%。其中，中国向丹麦出口 65.5 亿美元，从丹麦进口 40.6 亿美元，同比分别增长 14.7% 和 20.1%。中国向丹麦出口的主要商品是机电产品、纺织品及原料、家具、玩具等，而且中国是丹麦纺织及原料、家具、玩具和鞋靴、伞等轻工产品的首要进口来源地。从丹麦进口的主要商品是机电产品、化工产品和活动物及动物产品、食品等。中国是丹麦第六大贸易伙伴，如仅从货物贸易看，中国是丹麦在欧盟以外的最大贸易伙伴。

近年来，在经济技术合作方面也有较大发展。丹麦在华投资的协议金额在欧盟仅次于英国、德国、法国、意大利、荷兰等国。对华投资的领域主要是海运、物流、集装箱、供热设备、工业酶、制药、食品添加剂、海产品加工、家具和环保设备。投资数额巨大的企业有诺和诺德、马士基（中国）海运、丹佛斯等。目前，中丹已就气象与环保合作签署了协议。

复　习　题

填图题

在瑞典、挪威、丹麦地图上填注：（1）巴伦支海、挪威海、北海和波罗的海。（2）斯卡格拉克海峡、卡特加特海峡、厄勒海峡、波的尼亚湾。（3）哥德堡、斯德哥尔摩、马尔默、奥斯陆、卑尔根、特隆赫姆、纳尔维克、哥本哈根、奥胡斯。

思考题

试比较瑞典、挪威、丹麦经贸发展的异同点。

英　国
（The United Kingdom of Great Britain and Northern Ireland）

岛国位置的优越性　英国是"大不列颠及北爱尔兰联合王国"的简称。位于欧洲西部，是大西洋中的岛国，由大不列颠岛、爱尔兰岛东北部及附近许多小岛组成，面积为24.41万平方千米。大不列颠岛包括英格兰、苏格兰和威尔士三部分，又称"英伦三岛"。英格兰是英国的政治中心和重要经济区，英国之称源出于此。位于爱尔兰海中央的马恩岛和英吉利海峡南部的海峡群岛属英王领地，为独立的行政单位，但国防、外交权仍归英国政府。

英国所处的岛国位置，在不同的历史时期，对英国经济贸易的发展有着不同的意义。

当人类历史上文化中心尚在东方的亚洲，而欧洲的经济贸易中心仅限于地中海沿岸时，英国只是大陆偏僻的边陲，为罗马帝国的边疆属地。12世纪至15世纪，北海、波罗的海地区同地中海沿岸一些工商业城市交往频繁时，英国成为两者之间联系的中间站，伦敦逐渐成了当时重要的商业中心之一。15世纪末和16世纪初，欧洲资本主义迅速发展，一些国家广泛对美洲、亚洲、非洲进行掠夺，这时国际贸易的主要通道从地中海区域转移到大西洋，英国伦敦迅速发展成为世界贸易的中心。

岛国的位置在漫长的历史时期中使英国不易遭受敌人的袭击，它的本土已有9个世纪没有受到外国军队进犯，又利用岛国的条件，建立了一支强大的海军，这些对于英国经济的发展，乃至对它成为世界上最大的殖民帝国，无疑都是重要的条件。

第二次世界大战后，英国不再是世界政治、经济的唯一中心，它在世界航运和贸易中地位降低了。对现代化战争来说，海洋对英国的保护作用亦不复存在。但是岛国位置的优越性和便利的海运条件仍是当代英国经济发展的有利因素。这不仅因为它地处世界工业地带的关键部位，而且还扼守着欧洲许多重要水道的出口，处于北欧、西欧沿岸国家同北美、地中海、印度洋等地海路交通的要冲。

自然条件与自然资源　英国地势由西北向东南倾斜，山地和高原多分布在大不列颠岛北部和西部，主要在苏格兰、威尔士及英格兰北部，平原和丘陵多分布在中、南英格兰，奔宁山脉纵贯英格兰中部。北爱尔兰中部为平原，周围环绕着高原和山地。由于地表久经侵蚀，英国境内多为低山，对交通影响不大。

英国虽地处北纬50度以北，但因受西风和北大西洋暖流的影响，与同纬度的其他地区比，夏温偏低，冬温较高，冬夏温差不大，冬暖夏凉，属典型的温带海洋性气候，全国大部分地区全年不结冰。雨量丰沛（年均降水量为1 000毫米）日照少；多雾是英国气候的另一特点。全国年均降水量为1 000毫米，西部可达2 000～3 000毫米。全国平均日照只有3～5小时，冬季西北部只有1小时左右。夏季低温、潮湿有碍于西部、北部耕作业的发展，但对牧草生长很有利，宜于发展畜牧业。英格兰东南部，光照充足，降水适当，是英国主要的农耕地带。

英国有较密的河网。全境河流短小，各河间有运河相通，便于发展内河航运。西岸塞文河流程最长，354千米；东岸泰晤士河长346千米，其中通航部分为280千米，在伦敦附近河宽200～250米，河口处宽达16千米，涨潮时，下游水位可升高6米，使远距海岸64千米的伦敦，海轮可以自由出入。英国许多河流均具此特点。

英国海岸线曲折，总长11 450千米，多海湾和半岛，尤其是苏格兰和威尔士海岸多优良港湾，而大不列颠岛东部海岸则比较平直，良港少。英国四周海域为冷暖流交汇处，渔产丰富，种类多，其中北海是世界著名渔场之一。英国是欧洲，也是世界上主要渔业国。

英国有较丰富的煤、铁资源，辽阔的北海大陆架储藏有大量石油和天然气，这些资源对英国早期大工业的建立和现代经济的发展都有着十分重要的作用。

居民 2014 年英国人口有 6 451 万，主要是英格兰人，占总人口的 83％。英国人口增长率为 0.77％，是欧盟人口增长率最高的国家。英国人口城市化程度高。英语为国语。北爱尔兰人多使用爱尔兰语。居民多数信基督教，北爱尔兰部分居民信天主教。宗教对英国社会政治生活影响较大。货币单位为英镑（GBP）。

英国从 19 世纪中叶起大量向海外移民，是世界上移出人口最多的国家。目前在海外的英国人及其后裔约 1 亿以上。英国移民把英语和英国的政治、思想、文化传播到许多地区，并建立了几个以英国移民为主、以英语为主要语言的国家，如美国、加拿大、澳大利亚、新西兰和另外一些小的国家。同时，移民开拓了广大殖民地，成为英国重要的产品销售市场、原料供给地和投资场所，对英国经济的发展起了促进作用。目前英国每年仍有几万人移往国外。

英国属世界上人口较稠密的国家，80％以上的人口集中在城市。为防止人口过分涌向大城市，政府采取绿色地带，统筹安排交通网以及就近建设职工住宅的新城市规划，并计划使工业布局向地方分散。因此，英国城市人口数量尽管很大，但除伦敦外，超过 100 万人口的城市只有 5 个，即伯明翰、格拉斯哥、利兹、曼彻斯特和利物浦，而绝大多数为中小型城市。另外，英国 80％的人口集中在英格兰地区。

英国人待人彬彬有礼，尤其是对老朋友、老客户态度友好，十分健谈；对初交者则比较谨慎。他们的时间观念较强，拜会或洽谈业务均事先约定，客人最好能提前几分钟赴会，并要衣冠整洁。在上层社会，有些人至今还背着大英帝国的思想包袱，傲慢自大，因循守旧。

英国自称是言论自由的国家，但不允许非议女王及王室人员，因而在交谈中，切忌以王室的事情作为谈笑的资料。同时，不要把对方称为英国人（English），应称为不列颠人（British）。因为"英国人"的原意是英格兰人。

不少英国人因宗教原因忌讳"13"。宴请时，一桌不要安排 13 人。如果遇上星期五恰好又是 13 日，则被视为双倍不吉利，人们办事、出车、谈话都格外谨慎。英国人忌用人物肖像、山羊和大象作商标图案。

西欧经济强国 英国原是工业化最早的国家，第二次世界大战后，其殖民体系土崩瓦解，经济发展缓慢。从 20 世纪 50 年代到 80 年代中期，国内生产总值的年平均增长率仅为 2.2％，远低于日本、原联邦德国、法国、美国。在相当长的时期内，英国经济处于"滞胀"时期，而通货膨胀率一直处于两位数的高水平，失业问题严重，国际地位大大下降。1983 年经济转向回升，1987 年经济增长率为 4％，1988 年为 3.5％，均为西欧最高。1987 年英国国内生产总值为 6 700 亿美元，被意大利超过（意大利为 7 580 亿美元），退居第六位。同年人均国内生产总值 12 340 美元，高于意大利。第二次世界大战后英国为了应付国内外竞争加剧的局面，扩大经济部门的"国有化"范围，国有化企业产值占全部经济的 1/3。但因经营管理不善，亏损严重，成为国家财政的一大负担。于是 1979 年以来，撒切尔政府有计划有步骤地推行国有企业私有化，将国有企业出售给私人经营，以提高生产效率、增强产品的竞争力。如英国钢铁公司、航空公司、货运公司、石油公司、电讯公司等，甚至国家铁路也大部分实现私有化。私有企业成为英国经济的主体，占据了生产总值的 82％和总就业的 79％。政府在出售国有企业过程中获得了大量资金，改善了财政收支状况。

英国政府还采取了一系列鼓励投资、吸引外资等活跃资本市场的措施。在投资方面，大力扶持中小企业。近几年来，外国资本在英国投资增长很快。除了美、日两国加紧在英国渗透以外，澳大利亚、新加坡和香港特区的投资也很可观。

总之，在 20 世纪 80 年代中期，通过一系列反危机措施和调整经济结构的政策，英国经济较快地摆脱了衰退，恢复了增长，保持了连续 8 年的增长势头，90 年代以后，英国经济成了西欧唯一的光明之点。1993 年在德、法、意主要西欧国家经济均为负增长的情况下出现了 2% 的增长。此后英国经济连续 7 年保持增长，年均增长率始终保持在 2.8% 的水平。被认为英国经济正处于"低通胀的稳步增长"阶段。2007 年英国 GDP 为 2.773 亿美元，超过意大利，居世界第五位。2014 年英国经济增速创 2006 年以来最大增幅，增长 2.6%，好于大多数发达经济体，成功地走出了 2008 年国际金融危机的阴影，实现了较为有力的复苏。2014 年英国 GDP 为 2.828 万亿美元，人均 GDP 为 4.56 万美元。目前在英国经济强劲复苏过程中，也面临着一系列总量，其中尤为突出的是债务负担沉重、通货紧缩风险开始显现、贸易逆差居高不下、劳动生产率增长缓慢等。2015 年经济增长率预计为 2.5%。

工业占经济主导地位，服务业产值比重高 英国是世界上资本主义工业化最早的国家。英国工业对其经济起着举足轻重的作用。20 世纪 80 年代，工业约占国内生产总值 41.3%，制造业工人约占全国就业人口 35% 左右，农业劳动力只占 2%，而且提供出口的绝大部分是工业品，因此，英国早有"纯工业国"之称。

第二次世界大战后英国工业发展缓慢。由于效率低下和英国经济政策，从 1986 年以后，将制造业列为"夕阳产业"，经济重心逐渐向金融、服务和教育等产业倾斜，加快了英国制造业的颓势。制造业工人 20 世纪 80 年代有 500 多万人，下降到现在不足 300 万人。从 1973 年以后，英国的制造业总产量再未出现上升趋势。1990 年，英国制造业占 GDP 的总比重下降到 20%，而服务业差不多占了 GDP 的 70%。过去多年来英国政府的政策更偏向于金融业，损害了制造业的利益。目前制造业产值仅占 GDP 的 18% 左右。服务业则是英国的支柱产业，包括金融、保险、零售、旅游和商业服务等。2008 年的金融危机带给了他们一次"血的教训"。此后英国政府多次发布制造业发展战略，成立战略投资基金资助制造业。英国的传统工业纺织、采煤、冶金、纺机、造船等逐渐衰落，新兴工业宇航、汽车、石油化工、海上采油、电子等发展较快，有些产品在国际市场上处于领先地位。几年来，英国政府通过减税或补贴等方式把投资引向高技术领域。称为苏格兰"硅谷"的格拉斯哥——爱丁堡地带，超大规模集成电路、光学、电子、人工智能和软件等方面都得到迅速发展。在产值、生产率和出口方面，高技术部门大大高于制造业部门的平均数，而其增长速度超过了制造业的所有部门，生物技术、新型材料的生产和应用，已对英国经济产生重大影响。特种陶瓷、纤维复合材料、金属基复合材料，超导材料等新型和改进型材料是近年来发展十分迅速的部门。目前，生物制药、航空和国防是英国工业研发的重点，也是最具创新和竞争力的行业。

（1）能源工业。英国目前是石油、天然气以及其他能源（包括煤炭、核能和可再生能源）三分天下的能源消费结构。向低碳能源时代迈进是英国的承诺。2025 年要关闭所有火力发电厂。

油气工业。1964 年北海沿岸诸国缔结条约，按等分线原则，英国获得的面积占北海大陆架的 51%。北海油田 20 世纪 70 年代开始产油，80 年代中期，年产石油 1 亿吨以上，英国成为欧盟石油储量和产量最多的国家之一。目前，英国油气协会认为北海可开采的石油当量在

120 亿桶到 240 亿桶之间。北海油田的开发与发展对英国经济起了很大的促进作用。英国由输入石油转为净输出，增加了财政收入；带动了机械、化工、建筑、电力等有关工业和交通部门的发展；同时使原来经济较为落后的苏格兰地区工业结构和布局发生了很大变化。1967年北海天然气田开始投产，此后产量迅速上升。大不列颠岛城镇煤气全为天然气所取代，天然气占能源构成 39%。天然气被视为廉价和清洁能源。在 20 世纪 80 年代中期之后的整十年里，英国成为天然气的净出口国。但好景不长，2004 年英国石油进口量首次超出了出口量，随着英国石油、天然气产量的不断下滑，消费量的不断增加，英国从 2004 年开始已沦落为石油和天然气的净进口国。目前英国天然气探明可采储量为 3 429.19 亿立方米。随后由于美国页岩油气的崛起，导致英国和欧洲的炼油厂纷纷关闭，炼油厂设备利用率降低，英国因此在2013 年又成为石油产品的净进口国。2014 年英国一次能源消费仍以化石能源为主，占比达到86%，以油气为主。

苏格兰拥有北海油气田布伦物产区，该产区油气占美国能源消费的一半左右。阿伯丁是英国最大的石油工业基地。赛隆沃伊是英国，也是西欧最大的石油港。

煤炭工业。采煤是英国最古老的工业部门，煤炭工业对英国早期工业发展起过重大作用。20 世纪初期，煤炭工业是英国经济高速增长的核心动力之一。历史上，英国曾是世界最大的煤炭生产国和输出国之一。英国煤炭资源丰富，且埋藏浅，易开采，大部分为炼焦煤。煤田分布普遍，距海不远，便于运输。煤炭产量约为历史最高年产量的一半，约 1 亿多吨，20 世纪 80 年代英国首次成为煤炭净进口大国。目前英国每年进口 4 000 万吨煤炭，煤炭只占能源构成的 15%左右。

煤田主要分布在南部、中部和北部三个地区，南部地区以南威尔士煤田为最大。中部煤田分布在奔宁山脉两侧，其东面的东米德兰和约克夏煤储量约占全国 40%，为英国最大煤田，西面为兰开夏煤田。北部主要包括英格兰东北部煤田和苏格兰中部低地煤田。2015 年底，英国最后一个深层煤矿——凯灵利矿被关闭。

核能及其他可再生能源。核能是一种经济、安全可靠、清洁的能源，同各种化石能源相比，核能对环境和人类健康的危害更小。英国是最早进入核能领域的国家。早在 20 世纪40—50 年代，英国核能工业迅速发展，至今已有 70 多年历史。明显的优势使核能成为新世纪可以大规模使用的工业能源。2008 年英国重启核能发电，鼓励民营企业建设核电站。英国有 16 台现役核电机组，总净装机容量 10GWe，发电量约占全国总发电量的 18%。如今英国核电业逐渐进入核电站退役高潮。2011 年确定了 8 个新厂址。英国核能拥有先进的科技、完善的监管体系和成熟的市场制度。目前总造价 180 亿英镑的欣克利角（Hinkley Point）C 项目是世界核电业迄今最昂贵的项目。中国在该项目中占据 1/3 的股份，承担 60 亿英镑投资额。这也是近三十年来即将新建的第一座核电站。

为限制温室气体排放量，英国出台了一系列规章条例，以提高可再生能源的产量，并计划 2020 年可再生能源发电量占总量的 30%。可再生能源计划的核心部分是水力发电、风能发电等。英国是世界第六大风能生产者，在离岸风能领域的研究属全球第一。英国拥有整个欧洲陆上和海上风电资源的 40%，发展潜力巨大。到 2020 年，英国可再生能源发电目标的1/3 将由风电完成。英国陆上风电和海上风电迎来了装机高潮。2016 年英国陆上风电装机至少增加 1.2GW，相对于 2015 年 400MW 的装机容量是一个大幅度的提升。2015 年由海上风电供应的电量为 14.7 亿千瓦时，占英国全社会总用电量的 5.16％。英国现在大小水电项目 200 多个，其生产的水轮发电机在 80 多个国家得到应用。英国水电占比目前仍较小。近几年，随着光伏产品成本的大幅下降，英国政府加大了对太阳能产业的扶持力度，但因起步晚，目前英国地面光伏电站的装机总量仅有 100 兆瓦以上。2013 年中航国际在英国投资建成的一座太阳能电站当年即并网发电。英国在光伏发电材料研发领域居世界领先水平。英国的苏格兰地区拥有丰富的潮汐能和波浪能资源，欧洲海洋能源中心就坐落在此。英国拥有世界上装机容量最大的波浪能装置和潮汐洋流系统。

2014 年英国可再生能源对电网的贡献（占比为 19.2％）首次超过核电（19％）；而可再生能源中对英国电网贡献最大的绿色电力技术是生物能，占可再生能源总发电量（24.2GW）的 36％。陆上风电、海上风电、水电和太阳能光伏的占比则分别为 28％、21％、9％及 6％。

能源的低碳化是英国低碳经济发展的核心。到 2025 年，英国超过一半的发电量将来自可再生能源，承诺关闭所有火电厂，成为减少碳排放量的主要经济体。

（2）钢铁工业。英国钢铁工业历史悠久，曾是世界现代钢铁工业的发源地。19 世纪 70 年代，钢产量占世界 1/2 以上。后来英国钢产量下降，退居西欧第五位。英国钢铁工业从业人数从 1971 年高峰时期的 32 万人，锐减到现在的 1.8 万人。英国钢产量曾占到全球产量的一半左右，但到 2015 年英国钢产量的全球占比已不到 1％。钢铁行业抱怨电价太高，关于全球气候变化的能源政策增加了生产成本。加上全球钢铁产能过剩、市场需求持续疲软以及英镑汇率波动等因素，英国钢铁市场贸易环境恶化。一些钢企正努力向高附加值生产部门转移，力求在高端制造领域寻找出路。从 1990 年至今，英国钢铁产量几乎减半。2013 年和 2014 年英国钢铁产量分别是 1 200 万吨和 1 210 万吨。钢铁工业所需铁矿石几乎全部依赖进口。伯明翰、设菲尔德是其主要钢铁工业中心。

如今英国经济已全面转型，拉动经济增长的主要动力来自占 GDP 逾 70％的服务业。

（3）航空航天工业。航空航天工业是英国第二次世界大战后大力发展的新兴工业部门，也是英国机械制造业的主导部门。其生产规模和产品种类在资本主义世界仅次于美国，主要产品有飞机、直升机、导弹、飞艇、气垫船、航空发动机、宇航飞行器、通讯、卫星以及整套机场设备等。英国航空工业创于 1909 年。1949 年生产世界第一架喷气客机，1965 年制造带自动着陆装置的"三叉戟"客机，20 世纪 70 年代的"鹞"式垂直起降喷气式战斗机，以及英法合制的"协和"式超音速飞机等都是世界著名产品。英国的罗尔斯·罗伊斯公司是世界上制造飞机发动机的著名公司。它还向美国、法国等国出售专利技术。英国有相对配套的航天工业产业结构和产品结构，研发、生产能力在西方国家中处于前列。主要是在对地观测卫星、小卫星和卫星软件等领域的研发。能独立研发和生产卫星整星和探空火箭，但不能生产运载火箭和战略导弹；在战术导弹领域英国居世界先进行列。英国航空航天产品的 60％供出口，每年战术导弹的出口额达 1 亿多英镑。英国是欧盟中航天技术最强的国家，航天产业产值占世界市场的 13％，居世界第二（仅次于美国）。伦敦、布里斯托尔、考文垂等是工业中心。

（4）电子工业。电子工业在第二次世界大战后发展迅速，现已具相当规模，为主要的新兴工业部门。生产的雷达、导航设备、电子计算机、通讯设备、X 光扫描机等在世界市场有一定的竞争力。美国软件业技能领先欧洲其他地区，特别在金融及财务软件方面具有优势。

苏格兰的格拉斯哥、爱丁堡地区为英国的"硅谷",它和"泰晤士硅谷"集中生产了全国80%的集成电路和50%的电脑及其附件,成为世界上最发达、最集中的电子工业基地之一。电子工业产品的2/3供出口。

(5)汽车工业。20世纪初期和中期,英国汽车畅销世界各地。第二次世界大战后汽车生产先升后降。1972年创历史最高水平,达200多万辆。后因设备陈旧、生产率下降,竞争能力差,产量逐年下降。2011年后英国汽车产量持续上升,从全年135万辆增为2012年的147万辆,2013年居然上升至160万辆(主要靠外资企业),77%出口到世界各地。全球20家顶级汽车零部件制造商中有19家均在英国伦敦等地设有生产基地,包括劳斯莱斯、宾利、迷你、捷豹、路虎、阿斯顿·马丁、麦克拉伦、奔驰、SLR、莲花等品牌。

英国有着发达的赛车文化和豪华车文化,与此相匹配的是这个国家的汽车工业在传动系统设计、复合材料应用、连接技术、生产技术以及汽车设计等方面都有着世界领先水平。尤其在发动机设计方面优势显著。2013年英国共生产255万台发动机(占欧洲产量的30%),其中62%出口至100多个国家。发动机领域的生产技术和专业研究已成为英国汽车工业的核心支撑技术之一。此外,英国政府对氢燃料汽车、纯电动汽车、混合汽车等多种新能源汽车的研发给予支持,英国已成为一个新能源汽车的试验场。

丰富的技术经验和科研人员的储备,为英国汽车领域的创新奠定了基础。作为世界第三大汽车销售市场的英国,仅2013年汽车销售总额就有600亿英镑。英国政府充分鼓励竞争的政策和高度自由的市场,为英国汽车领域吸引了超过100亿英镑的海外投资。目前,英国汽车工业本土平台已全部出售给外国投资者,英国的汽车业基本上是由外资控制。汽车工业主要分布在伦敦东南地区。

(6)化学工业。化学工业是第二次世界大战后发展较快的部门。主要产品有硫酸、药品、塑料、合成橡胶、合成纤维等。英国是西欧化工生产的第二大国,也是世界化工产品五大输出国之一,目前已成为英国最大的产业部门,在世界排名第六位。化工产业中,制药业所占份额最大,为31.5%。制药业产品种类齐全,技术水平高,药品出口占世界市场的12%。北海油田的开发,使石化工业发展迅速。石化工业中心多分布在沿海的石油加工中心,如苏格兰东北部的威尔斯岛新建了大型石化企业。英国橡胶与塑料工业的规格和式样处于世界领先水平,聚氯乙烯的产量居欧洲首位。化工产品3/4以上供出口。近年来,英国化学工业进行了结构调整。一是向专业化和特色化方向发展,调整产品结构,加强核心产业,逐步退出低附加值的污染严重的传统化工领域;二是发展高新技术和高附加值产业,将其核心产业向精细化工和高新材料方向转移;三是初级化工产品、大宗石化产品及传统化工产品正在向拥有广阔市场、丰富原料和廉价劳动力的发展中国家和地区转移。过去几年里,英国著名石化公司如BP、壳牌、ICI等都看好中国市场,加大在华投资。

英国生物技术产业仅次于美国,居全球第二,其主要优势在于强大的研发能力。欧洲约有1/3的生物技术公司设在英国。

(7)纺织工业。纺织工业是英国最古老的工业部门。是工业革命时期实行机械化速度最快的行业。19世纪上半叶棉纺织业曾垄断世界市场的一半,从20世纪50年代起,逐渐衰落。英国圈地运动造就了英国毛纺业。16世纪初,英国羊毛及其制品已占英格兰出口的90%。英国毛纺织业的规模居于世界前列,拥有世界最大的毛纺织企业。在此基础上,大力发展服装工业，生产高档毛织品及服装，注重服装品牌和科技含量。毛纺织品因质量高，在国际市场上有一定的竞争能力。英国纺织业发展速度减缓已有多年，纺织品产量因国际竞争而不断下降，进口量则逐年增加。如今中低档纺织品和服装主要依赖进口。英国早已由净出口国转变为净进口国。兰开夏为主要纺织工业区，约克夏为主要毛纺工业区，羊毛主要来自澳大利亚和新西兰。

文化创意产业　英国是世界上第一个提出"创意产业"概念的国家。回顾英国在创意产业上的发展历程，不免惊讶于这个曾经的世界工业中心仅用 15 年就完成了华丽转身，成为创意产业大国。如今英国在时尚设计、电影电视、游戏制作等领域都取得了不俗成绩。相关数据显示，英国创意产业占整个国家 GDP 的比重在世界上名列前茅，达到了 6％，直接和间接从事英国创意产业的人数超过 200 万人。

依托良好的政策支持，英国加大了对人才培养的投入，力求为创意产业不断输送新鲜血液。在院校方面，英国拥有全球最大的艺术设计类院校——伦敦艺术大学，专业设置几乎涵盖了所有与艺术有关的专业，许多国内外著名设计师都出自这所大学。另外伦敦大学国王学院（King's College London）的文化和创意产业专业，自 2009 年设立以来就深受世界各国学生的欢迎，以至于每年申请人数爆棚，越来越多热爱创意产业的人才聚集于此。

中英文化创意产业的交流与合作已成为两国关系中的核心内容。2015 年是两国间首个文化交流年，双方商定上半年在华举办英国文化季，下半年在英举办中国文化季。英国文化季以数字媒体为中心，通过音乐、电影、建筑、文学、美术等形式，在北京、上海、广州等多地举办了许多富有创意的文化活动，向中国公众展示了英国的文化魅力和创新能力。

迅速发展的农业　第二次世界大战后英国吸取战争期间因海运受阻、粮食严重缺乏的教训，重视发展农业。

英国农业从业人数少，产值大，集约经营，在国民经济中下占主要地位，农业总产值只占 GDP 的 0.9％。但仅占 2％的农业劳动力却能满足国内农产品需求的 2/3。农业高度机械化，土地精耕细作，劳动生产率、单位面积产量和农产品自给率不断提高，蛋、奶、小麦可自给，小麦并向欧洲出口。自 2004 年以来，英国有机农业面积不断增长，2009 年约有 50 万公顷，2/3 的有机农业土地是牧场，草原区有 20 万公顷的面积为耕地和多年生作物种植区，主要种植青饲料，其次是谷物和蔬菜。英国是除意大利之外欧洲最大的蔬菜生产国。

农业以畜牧业为主，其次是种植业和园艺业。畜牧业占农业总产值 2/3 左右，以奶牛业最发达。主要农作物有小麦、大麦、马铃薯、甜菜等。英格兰东部、东南部地势平坦，夏季气温较高，降水较少，是全国最重要的耕作区。苏格兰、威尔士以及英格兰北部、西南部的山地和沼泽地以畜牧业为主，低地发展奶牛业，丘陵山地放养羊和肉牛。英国沿海渔业资源丰富，北海的多格浅滩是世界著名渔场之一。

英国林业资源不足，80％以上的木材需要进口，现在英国仍是世界主要农产品进口国之一。

历史悠久的国际金融业　英国金融业具有 300 多年的发展历史。目前金融业产值占 GDP 的 5％以上，从业人员约 100 多万人，除全国建有爱丁堡、曼彻斯特、加的夫、利物浦、利兹和格拉斯哥等六个金融交易中心外，伦敦已是欧洲最大的国际金融中心，也是主导当今金融领域的三大国际金融中心（伦敦、纽约、东京）之一。作为传统金融强国的英国，凭借着伦敦的国际金融地位，在不同的国际金融市场中长期占据着令人瞩目的市场份额。自 1986 年的"金融大爆炸"以来，英国金融业从各个方面蓬勃发展，面对纽约、东京、法兰克福等强劲对手的竞争，伦敦在国际金融中的龙头地位一直非常稳固，对英国乃至全球的经济和金融都产生着日益重要的影响。不论是在国际银行贷款、外汇交易、金融衍生品服务，还是在国际股票市场债券市场、保险市场中，英国都有出色的成绩，并给英国经济带来巨大的增长动力。

英国金融业有其显著特点：首先，国内金融市场规模庞大，能支持一个相当强大的金融产业。伦敦是真正意义上的全球最大的国际金融中心，其主要交易的是离岸货币和以离岸货币计价的金融产品和金融衍生品。所以即使在英国境内，也能提供和从事几乎所有的离岸国际业务。其次，由于历史原因，英国的金融机构历来国际化程度高。不论是大的如汇丰控股，还是小的如渣打银行，海外资产比重都很大。

近几年来，随着世界经济持续复苏，全球金融活动也趋于活跃。2013 年伦敦的外汇交易量在全球外汇成交量中占比升至 41%，遥遥领先于纽约、东京等，占世界首位。在国际跨境银行业务中，英国仍是最大的交易中心。截至 2013 年 6 月，英国发行的国际债券未清偿余额升至全球第一（其次是荷兰、美国）。在股票市场，伦敦近年来位居全球第三，排在纽约、东京之后。另外，伦敦一直是世界上最大的黄金场外交易中心。2013 年伦敦贵金属协会黄金成交清算量为 58.56 亿盎司，黄金清算金额为 7.58 万亿美元。虽然经历了 2008 年金融危机的冲击，英国金融业的复苏势头依然非常强劲。

英国的中央银行是英格兰银行。另外汇丰银行、苏格兰皇家银行、巴克莱银行、劳埃德银行等都是英国著名银行。此外伦敦还有 550 多家跨国银行和 170 多家国际证券公司在此设立分支机构或办事处。

交通运输　英国海陆空交通运输都很发达。公路运输在客运和货运中均占重要地位。英国国内货物周转量中公路约占 65%；客运周转量中公路约占 95%。英国公路总长 39.54 万千米，其中高速公路长 3 803 千米（2010 年）。

1825 年英国建成了世界上第一条铁路。现在已从原有 3 万多千米的长度缩减到 1.66 万千米。铁路和公路网最密的地区在工业最发达的英格兰南部、中部和东部，伦敦是全国最大的铁路和公路枢纽。英国铁路基础设施老旧，线路混乱，运力不足，事故率较高。在硬软件服务等方面跟法、德、日等国差距越来越大，已远远不能适应经济和社会发展的要求。对铁路进行升级改造是必然选择。2014 年 3 月曾宣布未来五年进行铁路系统改造，但步履蹒跚。英国还有个"高速铁路 2 号"工程，计划总投资 320 亿英镑，预计 2026 年全线投入运营。届时将与连通英国和欧洲大陆的"高速铁路 1 号"接轨，将欧洲高速铁路网延伸到英国腹地。"高速铁路 2 号"由三段铁路线组成：①伦敦—伯明翰高速铁路；②伯明翰—曼彻斯特；③伯明翰—利兹。预计 2016 年展开建设，建成后总长约 400 千米。英国航空运输业发达，伦敦的希思罗机场是世界最繁忙的机场之一。

英国海岸线曲折，多天然良港。历史上，英国是世界上最强大的海运国家，几乎垄断了所有的海上贸易。现在海运地位已相对下降，但海运收入仍为英国重要的外汇来源。

英吉利海峡隧道又称欧洲隧道，是一条把英伦三岛连接起来通往欧洲（法国）的铁路隧道。1987 年 12 月开工，1994 年 5 月正式通车，历时 8 年多，耗资 100 亿英镑（约 150 亿美元）。它也是世界上规模最大的利用私人资本建造的工程项目。英吉利海峡海底隧道西起英国东南部港口城市多佛附近的福克斯通，东至法国北部港口城市加来，全长50.5千米，其中海底部分长37千米。隧道由两条火车隧道和中间一条较小的服务隧道组成。人们可以从伦敦的滑铁卢火车站出发，经海峡隧道前往法国巴黎及比利时布鲁塞尔。（经海峡隧道将英国铁路与欧洲高速铁路网相连，全长109千米，最高运营时速300千米，23％的线路在隧道内，沿线设4个新站。）

英国内河航道共3 200千米，其中620千米用于货运。泰晤士河是最繁忙的内陆水道，其次为福斯河。

海运承担了英国95％的外贸运输。通过发展航运金融和海事服务，英国保持了全球航运定价中心和管理中心地位。大不列颠岛沿岸有大小港口300多个。2013年货物吞吐量为5.03亿吨。主要港口有：

伦敦（London），跨泰晤士河两岸，东距河口88千米，海轮可直达，为英国最大城市，世界金融之都。

伦敦曾是第一代国际航运中心，如今港口主体已外移到距伦敦市中心以东40千米的提尔伯里港，在世界集装箱港口100强之外。但伦敦仍是全球航运定价中心和管理中心，并通过海事服务创造比传统港口业更大的收益，实现航运中心模式的完美转型。它的成功在于港区分离，传统港口外迁。它关闭紧挨市区的两大港区。从1967年起在泰晤士河口以北离市中心近100千米的费利克斯托兴建集装箱枢纽港；1990年又在泰晤士河口离市中心56千米外新建泰晤士港，而原市内码头已用于非海运的商业办公、房产开发建设航运服务软环境。大力发展产业链上游产业，如航运融资、海事保险、海事仲裁等。

费利克斯托（Felixstowe）为英国最大集装箱港。2007年吞吐量为330万TEU。2013年该港获得欧洲最佳集装箱码头的称号，8号和9号泊位已于2011年投产，每年增加设计能力400万TEU。2013年扩建又增100万TEU，发展潜力巨大。

哈里奇（Harwich），位于斯托尔河河口，是英国与比利时之间火车轮渡的起讫点（至比利时泽布吕赫港）。该港与法国、比利时、德国、荷兰之间还有客货轮来往。

普利茅斯（Plymouth），位于英格兰西南部，面临英吉利海峡，是英国重要的商港和军港。

赫尔（Hull），位于亨伯河下游北岸，距北海约35千米，是英格兰东海岸重要港口。捕鱼量占全国1/4，为英国最大渔港。

福斯河港（Forth of Ports），位于苏格兰东海岸，福斯河的入海口。该港主要由利期港、格兰顿、格兰杰默思等6个港区组成，它们是北海油田原油和天然气的入口，近年来吞吐量在3 000万吨以上，在英国港口中的地位日益提高。

利物浦（Liverpool），位于默齐河入爱尔兰海的河口两岸，是英国的第二大港和重要造船、修船中心，是英格兰中部兰开夏工业区的出海门户。该港为有潮港，最高潮位8.4米，港区建有现代化码头，货物输出量居全国首位。主要出口钢铁、化学制品、机械、汽车等，出口货物有各种工业品、钢铁、化学制品、机械和汽车等，进口货物主要有粮食、糖料、棉花、烟草、木材、金属及其他原料。中英往来货物约有1/3在此装卸，目前进行的利物浦二期码头工程将会对中英两国商贸发展产生战略性促进作用。利物浦周围方圆200多千米内，居住着英国一半以上人口。现在利物浦港每年货物吞吐量超过 7 000 万吨，是英国最重要港口之一。当二期码头工程竣工后，集装箱处理能力可达到原来的两倍，港口行业配套设施先进。

格拉斯哥（Glasgow），在苏格兰中部低地，跨克莱德河两岸，西距河口 35 千米，是英国苏格兰最大城市和港口，英国最大的造船工业中心。

米尔福德港（Milford Haven），位于威尔士西南米尔福德湾内，是英国最大的石油进口港和炼油基地，可停靠超级油轮。年吞吐量约 3 000 多万吨。

表 20　　　　　　　　　　**2014 年世界货物进出口前 10 名排序**　　　　　　单位：亿美元，%

国名	进出口总额		出口额				进口额			
	排序	金额	排序	金额	份额	增幅	排序	金额	份额	增幅
中国	1	43 030	1	23 430	12.4	6	2	19 600	10.3	1
美国	2	40 320	2	16 230	8.6	3	1	24 090	12.7	3
德国	3	27 280	3	15 110	8.0	4	3	12 170	6.4	2
日本	4	15 060	4	6 840	3.6	−4	4	82 200	4.3	−1
法国	5	12 620	6	5 830	3.1	0	6	6 790	3.6	0
荷兰	6	12 590	5	6 720	3.6	0	8	5 870	3.1	0
英国	7	11 900	10	5 070	2.7	−6	5	6 830	3.6	4
中国香港	8	11 250	9	5 240	2.8	−2	7	6 010	3.2	−3
韩国	9	10 990	7	5 730	3.0	2	9	5 260	2.8	2
意大利	10	10 010	8	5 290	2.8	2	11	4 720	2.5	−2
加拿大	11	9 490	11	4 740	2.5	3	10	4 750	2.5	0

资料来源：WTO 秘书处。

南安普敦（Southampton），英格兰南岸重要港市，濒临英吉利海峡，离伦敦约 100 千米，有铁路和公路连接，起伦敦外港的作用，为英国重要的远洋贸易港和最大客运港。分东西港区和集装箱港区。南安普敦集装箱码头是英国第二大集装箱码头，2014 年集装箱吞吐量为 180 万 TEU。有轮渡与海峡群岛、怀特岛以及法国相通。南安普敦造船业历史悠久，大型邮轮"泰坦尼克号"在此建造。

多佛尔（Dover），英格兰东南部港市，滨多佛尔海峡，并同法国的加来相望，为英国同欧洲大陆间交通和战略要冲。有轮渡与法国、比利时港口相联系，是英国重要的客运港。英吉利海底隧道就是建在英国多佛尔与法国加来之间海峡最窄处。

世界第七大贸易国　英国在 19 世纪中叶，曾是国际贸易中心。第二次世界大战后，随着经济的衰退，对外贸易地位逐渐下降。但英国经济极其依赖对外贸易，素有"加工贸易国"之称。2014 年商品进出口贸易总额为 11 900 亿美元，为全球第七大贸易国。其中出口 5 070亿美元，进口 6 830 亿美元（见表 20）。长期来，英国有形贸易通常是逆差。历史上，英国是食品和原料的进口国，工业制成品的出口国，但 20 世纪 60 年代初以来，工业制成品出口不断下降，而进口则不断上升。日本、美国及欧洲大陆的制成品潮水般地涌进英伦三岛。随着加工工业的发展，半制成品的进口已超过原材料的进口；由于农牧业的迅速发展，食品进口已大幅度下降。随着北海油田的开发，石油出口大幅度增加，从 1981 年起，成为石油净出口国。但 2004 年以来，随着石油产量的减少，英国已成为石油、天然气的净进口国。同时，贸易地区发生改变。第二次世界大战前和后相当长一段时期内，英国主要贸易对象为英联邦国家和地区，其次是美国、欧洲国家和加拿大、中东等。目前，欧盟已成为英国最大的贸易伙伴，约占外贸总额的 50% 以上，其次是美国、中国、日本、西欧其他国家。另外，无形贸易始终顺差。在西方，英国无形贸易顺差仅次于美国。伦敦作为国际金融中心的有利地位，每年通过跨国公司、银行、保险公司和海运、民航、旅游业等获得巨额外汇收入。自 1947 年以来，无形贸易一直保持顺差，服务业是英国经济的主导产业，占英国 GDP 的 73%；其就业人数达 2 350 万，占劳动力总人数的 79%。2014 年英国服务贸易总额为 5 180 亿美元，其中出口 3 290 亿美元，进口 1 890 亿美元，顺差 1 400 亿美元。

旅游业是英国重要的服务产业之一，从业人员约有 270 万，占就业人数的 9.1%。2014 年赴英游客达 3 480 万人次，同比增长 6%；旅游业收入为 570 亿美元，占英国 GDP 的 3.5%。以美国游客为最多，其次为法国、德国、爱尔兰等。英国主要旅游地区有伦敦、爱丁堡、卡迪夫、格林尼治、牛津和剑桥等，主要观光景点是歌剧院、博物馆、美术馆、古建筑等。旅游带动了英国服务业的发展。英国是世界五大旅游国之一，旅游业收入居世界第五位，仅次于美国、西班牙、法国和意大利。英国服务贸易顺差对弥补有形贸易的长期逆差起了关键作用。

英国出口商品主要是制成品，主要是电气机械设备、飞机、汽车、化工产品（包括医药制品）、烟草、饮料、电子及通信设备和石油等。英国的进口商品主要是工业制成品和半制成品、矿石、原材料、服装、鞋业、汽车、电子机械设备等。

英国是国际资本的主要输出大国。20 世纪 80 年代对外投资可与美国、日本相媲美，但随着 90 年代初期经济衰退，英国的对外投资大幅下降。后来又攀升到 2011 年对外直接投资 682 亿英镑。近几年又大幅下降，2013 年仅为 172 亿英镑。2014 年英国吸收外国直接投资 690 亿美元，投资项目 1 988 个，较 2013 年增长 12%。美国是其最大投资国，还有法国、日本、加拿大、德国等。在欧洲地区，中国对英国的直接投资是最高的，比其对法国和德国的投资加在一起还要多，但是中国市场只占英国出口总额的 3.6%。

中英贸易 中英两国经贸往来有着悠久的历史。英国是最早承认新中国的西方大国。1954 年两国建交，1972 年上升为大使级关系。几十年来，中英经贸稳步发展，也是率先与中国建立全面战略伙伴关系的欧盟国家。是除我国香港外最大人民币境外交易中心，也是吸引中国留学生、开办孔子学院最多的欧盟国家。英国还是首个发行人民币国债的西方国家，最早申请加入亚洲基础设施投资银行的西方大国。目前，英国已成为中国在欧盟内第二大贸易伙伴，第二大实际投资来源地和投资目的国。中国则是英国的第四大贸易伙伴。2014 年中英双边贸易额达 808.7 亿美元，同比增长 15.3%，比五年前的 391.6 亿美元翻了一番；其中中国向英国出口 571.4 亿美元，同比增长 12.2%；从英国进口 237.29 亿美元，同比增长 23.5%。欧盟曾是中国最大的贸易伙伴，但在 2016 年 6 月英国脱欧之后，美国上升为中国的第一大贸易伙伴，欧盟退居为第二大贸易伙伴。

从出口商品结构看，英国是我国出口商品的传统市场，中对英出口具有较强的互补性和一定的竞争性。机电产品约占 60% 左右。其中自动数据处理设备及其部件为中对英出口的第一大宗商品，纺织品服装、鞋类、箱包、玩具等对英出口均超过亿美元。从进口商品结构看，中从英进口机电产品和高新技术产品为主，其次为矿物燃料、化工、食品等。今后进一步挖掘双边机电产品的贸易潜力，特别是积极扩大和推动我国机电产品，尤其是高附加值产品的对英出口，是保证中英贸易持续稳定增长的重要因素。

2004 年，中英关系提升至全面战略伙伴关系，双边战略利益不断扩大，重点领域合作成果显著。2015 年是中英全面战略伙伴关系第二个十年的开局之年，中英经贸关系进入"黄金时代"，双向投资持续深化，不断推进两国经济和金融的战略合作，开始成为中国与西方国家良好合作、多方共赢的典范。英国是欧洲国家中接受中国投资最多的国家。截至 2015 年 8 月底，中国对英投资合同金额 420 亿美元，实际投资总额 121 亿美元，创历史新高。与此同时，英国累计在华投资项目 7992 个，实际投入 196.1 亿美元。两国经贸关系合作呈多样化发展趋势。英国在中国优先发展的交通、能源、化工、机械制造领域及信息、生物工程等高新技术方面具有优势，同时也是中国机电、纺织、化工、金属制品、服装以及初级产品的重要市场。英国对华投资区域正逐步从沿海向中西部内陆地区扩展。英国目前已成为中国第二大科研合作伙伴。中英两国要深化投资和大项目合作，以高铁、核能项目为切入点，推动双向投资合作的深入发展。

复习题

填图题

在英国地图上填注：（1）大西洋、北海、爱尔兰海、英吉利海峡、多佛尔海峡。（2）大不列颠岛（苏格兰、英格兰、威尔士）北爱尔兰、马恩岛、海峡群岛。（3）伦敦、多佛尔、南安普敦、普利茅斯、哈里奇、利物浦、格拉斯哥、米尔福德港、贝尔法斯特、塔尔伯特港、斯旺西、加的夫、爱丁堡、赫尔、阿伯丁、伯明翰、考文垂、设菲尔德、曼彻斯特。

填空题

1. 英国的"硅谷"在苏格兰的_____地区，集中生产电脑及其附件。

2. 英国长期以来商品贸易均为_____差，但无形贸易却一直保持_____差，这对弥补有形贸易的逆差起了关键作用。

思考题

1. 英国有哪些工业品在国际市场上有较强的竞争能力？

2. 谈谈中英贸易的发展现状。

法　国
（The Republic of France）

法国位于欧洲西部，是个北靠大陆、三面临海的国家。它与世界各地的联系都较方便，既是沟通北海、地中海的陆上桥梁，也是西欧通往南欧、北非和亚洲的交通要道。欧洲大陆各国同南北美洲之间的往来也多取道于法国。优越的地理位置对法国的交通和对外贸易十分有利。法国面积 55.16 万平方千米，在欧洲仅次于俄罗斯和乌克兰。是欧盟中面积最大的国家。

自然条件和资源　法国基本上是个平原国家，平原和丘陵占全部领土的4/5，其中250米以下的平原约占60％。地势东南高，西北低。中部是中央高原，西北为丘陵、平原，北部是肥沃的巴黎盆地和卢瓦尔河平原，西南部则是加龙河流域的阿坤廷盆地（Aquitaine）盆地。这些盆地、平原都是法国主要的农业地带，东部边境有巍峨的阿尔卑斯山直逼海岸，景色秀丽，是著名的旅游区，东部的上莱茵河谷地及中南部的索恩—罗讷河谷地，也是重要的农业区。

法国河流较多，北、西部流向的塞纳河、卢瓦尔河、加龙河经平原地区，水量丰富，下游可通海轮，航运方便；向南注入地中海的罗讷河，水流湍急，水力资源丰富，全国约有一半水力资源集中在该河水系，建有大型水电站。

法国气候具有多样性。西部、西北部为温带海洋性气候，气温的年较差较小，并常年有雨。西北的布列塔尼半岛年较差不足10℃，潮湿多雾，阴雨连绵，与英国南部气候相似；东部为温带大陆性，气温年较差大；南部为典型的地中海式气候，夏季炎热干燥，冬季温和湿润。法国平均年降水量可达1 000～2 000毫米，多数地区降水的季节分布较均匀。法国多样化的气候，为法国的农业生产提供了有利的条件。

在西欧各国中，法国的矿产资源较丰富，铁、铝土、铀的储藏量居西欧首位。铁矿蕴藏量约有80亿吨，主要分布在东北部的洛林。铝土矿储量为9 000万吨，集中在地中海沿岸。卢瓦尔河流域有铀矿。钾盐也较丰富，主要分布在米卢斯（牟罗兹）地区，储量仅次于德国，居西欧第二位。法国有色金属缺乏，煤、石油等能源不足。

居民和宗教　2014年法国人口6 640万，是欧洲第二人口大国。90％为法兰西人，其他为布列塔尼人、科西嘉人、巴斯克人等。法语为国语。主要信奉天主教，少数人信奉基督教、犹太教和伊斯兰教。货币单位原为法郎，现为欧元。

法国人爽朗、热情，比较幽默、诙谐，并且特别爱好音乐、舞蹈、艺术修养较高。法国人等级观念极强，划分森严，影响着不同阶层人们的交往。向法国人送礼以中国特有的手工艺品为好。

在法国，酒被当做普通饮料，法国人喝酒和英国人喝茶差不多，不分昼夜，想起来就喝。法国人爱吃中国菜，在法国中餐馆较多。法国人喝生水（自来水），从不喝开水。法国还是世界上吃蜗牛、吃奶酪最多的国家。

法国人忌讳"13"。他们不住"13"号房间，不在13日这天外出旅行，不坐13号座位，更不准13人共同进餐。法国人酷爱蓝色，忌用黑绿色。公鸡是法国的国鸟，是他们的象征，特别喜爱。

在法国，商人在互访和参加宴会前，以送鲜花为主。不能送菊花，康乃馨也被视为不祥的花朵，它还忌用核桃花作商标图案。法国人在商务活动中保守而正规。法国商人具有横向型谈判风格，即喜欢先就主要交易条件达成协议，然后才洽谈合同具体条文。

欧盟经济强国　19世纪，法国与英国同为称霸世界的强国。第二次世界大战期间，法国经济遭到严重破坏，但战后恢复较快，1948年国民生产总值达到战前水平。从此，法国经济开始起步，在1950—1970年的20年中，国民生产总值增长了7倍左右，年均增长率达11％以上。进入20世纪70年代，法国经济增长显著放慢。80年代后在1981—1987年，各年经济增长均在 2.5%以下，1993 年法国经济出现负增长（-0.7%），1994 年后经济开始回升，2000 年经济增长 3.1%。进入 21 世纪后，经济增长徘徊在 2%左右，2008 年受金融危机影响经济更低迷。2012—2014 年法国经济一度陷入零增长的窘地，GDP 增长仅为 0.3%。2015 年有所恢复，GDP 比上年增长 1.1%，创四年以来的最高纪录。法国经济发展特征有如下几点：

（1）工农业都发达的资本主义国家经济。1998 年法国 GDP 为 15 410 亿美元，在欧盟中仅次于德国，为欧洲第二大经济强国。2014 年法国 GDP 为 2.827 万亿美元，四十二年来首次被英国（2.828 万亿美元）超过，人均 GDP 为 4.1 万美元。法国工业化水平高，工业占国内生产总值 30%，占工农业总产值 85%以上。法国农业在国民经济中占重要地位，是西欧最大的农业生产国，也是世界上第二大农产品出口国。

（2）法国经济主要为大垄断组织所控制，生产集中化程度高。国家垄断资本主义一度十分发达。第二次世界大战后，作为国家主导型的法国市场经济体制，国家在经济发展过程中始终发挥着重要的作用。法国的国有企业在国民经济中占有相当大的比重，在欧洲各国居首位。法国 200 家工商业大企业中，73 家操纵在家族手中，44 家由外国人控制，29 家由国家控制。如埃尔夫·阿奎担石油工业集团、法国石油公司（道达尔石油公司）、雷诺汽车公司等都是法国重要的国家垄断资本组织。许多大工业企业、大保险公司及航空运输等部门，都由国家直接控制。大企业集团占工业投资的 60%和产品出口的 70%。1993 年以来，为摆脱严重经济衰退，实施了私有化计划，国家垄断资本的比重迅速下降。但无论怎样，法国的计划经济已得到社会各方面的普遍承认，并得到大多数重要经济集团的大力支持，甚至有迹象表明国家计划有可能成为法国经济生活中永久的特征。第二次世界大战后，农业生产也迅速掌握在大农场主手中，现在农业用地的 96%为家庭所有。现在法国对国有企业实行股份制改造，股份制已成为绝大多数国有企业最基本的模式。法国是欧盟最大的农业生产国，也是世界主要农副产品出口国。

（3）法国国民经济经构发生很大变化。第二次世界大战后，法国经济结构变化突出表现在三大产业产值在国内生产总值中所占比重的改变。第一产业产值比重大幅下降，第三产业（服务业）的比重大幅上升。其中第一产业的产值比重从 1950 年的 15%下降到现在的 1.9%，第三产业的产值比重从 37%上升到 79.8%。服务业包括旅游、金融、通讯、零售等部门，汇聚了全国 75%以上的劳动人口。法国是世界第一旅游大国，其特有的文化气息和众多的历史文物每年吸引着上亿的游客。巴黎更是世界性的消费中心，大量的高档时装、香水、化妆品以及波尔多葡萄酒吸引着世界各地的消费者前来购物消费。如今旅游收入占法国 GDP 的 7%，电信、交通运输、信息服务等部门业务量增幅也较大。而第二产业（工业）产值已降至 20%以下（18.3%）。巴黎是世界性的消费中心，大量的高档时装、香水、化妆品以及波尔多葡萄酒吸引着世界各地消费者。

西方第四大工业国 第二次世界大战后，法国工业发展速度在主要资本主义国家中处于居中地位。1953—1983 年期间，工业生产平均每年增长 4.15%，高于美国和英国，次于日本、意大利和德国。现在法国工业约占资本主义世界工业比重的 7%，在美国、日本、德国之后，居资本主义世界第四位，在欧盟仅次于德国居第二位。

20 世纪 70 年代以来，法国工业结构出现了新的变化，传统工业部门钢铁、造船、纺织、服装等日益衰落，尖端技术工业迅速发展，以汽车、飞机、电子电气为主要的机械制造和石化工业、核能工业等已成为法国工业的骨干。整个工业向知识和技术密集型转变。

（1）能源工业。法国能源工业包括石油提炼、煤炭、核能和电力工业等。因能源资源不足，目前，能源消费的3/4依靠进口。煤主要从澳大利亚、俄罗斯、德国进口，国内煤储量几近枯竭。原油99％依赖进口。法国石油加工技术仅次于美国。炼油工业主要分布在沿海港口，勒阿弗尔—鲁昂一带是最大的炼油工业基地。水电约占法国发电总量的1/4。

法国核电工业发展已有三十多年的历史，现在已成为仅次于美国的世界第二个核能发电大国。现在，法国已有59座核电站投产供电。法国核电工业取得成功的基本条件是控制核电燃料的循环。核电占全国总发电量的80％以上，其中廉价电力的15％～20％出口到邻国。目前法国是欧盟最大的能源出口国，2012年出口电力45TWh到邻国。法国已形成90万千瓦和130万千瓦核电站两个系列，是国际核电设备和技术的重要输出国（中子快速增值反应堆的研制居世界首位，核废料处理技术也较先进）。它还与德国西门子公司联合设计了法国核反应堆，并用于出口。法国现有59台核电机组，并计划以第三代反应堆——欧洲压水反应堆替代更换这些机组中的核反应堆。核电站主要分布在布列塔尼、卢瓦尔河流域和罗讷河地区。法国拥有大量的水电、风电、太阳能、地热、生物质能等可再生能源，是世界上重要的可再生能源生产国和消费国。2010年时就是欧洲可再生能源第二大生产国和消费国。其可再生能源生产量达22.7百万吨石油当量（Mtep），占全部能源产量的16.4％，占整个欧洲可再生能源产量的15％以上。在生物燃油生产方面，法国列世界第四，居美国、巴西、德国之后。目前法国正在大力发展第二代生物柴油技术和产业，这将是法国未来能源工业领域开发和投资的重点。

（2）冶金工业。钢铁工业是在本国丰富的铁矿资源基础上发展起来的。炼焦煤则主要靠进口。近年来，进口优质铁矿石增多。20世纪60年代以来，法国钢铁生产发展较快，1974年创历史最高水平，达2 720万吨。此后，由于经济危机的影响，产量逐年下降，在欧盟低于德国和意大利。2014年法国粗钢产量为1 510万吨。法国是钢铁净出口国，其产品在欧洲有一定影响和竞争能力。在敦刻尔克和马赛附近建有现代化大型钢铁联合企业，福斯港区是法国重要的钢铁工业基地。有色冶金工业以炼铝业为主，法国是欧洲主要的铝矾土生产国，炼铝业主要分布在阿尔卑斯山区的阿讷西和比利牛斯山区的卢尔德等地。马赛附近的加尔丹建有欧洲最大的氧化铝厂。

（3）汽车工业。汽车工业是法国工业的支柱之一，也是法国工业的带动力量。有工人100多万，2001年生产汽车556.8万辆。多年来，法国汽车生产保持在西方世界第四位，以小汽车为主，其产量有一半以上供出口。汽车贸易连年顺差，为法国赚取大量外汇。欧债危机不仅导致欧洲汽车市场需求下降，那些走不出欧洲市场的大品牌更是面临产能过剩而减产的命运，特别是法国汽车品牌。法国汽车产量从2011年到2013年连续减产，分别为188万辆、166万辆和154万辆。在此期间英国汽车产量却持续上升，2013年英国汽车产量（160万辆）超过法国，登上欧洲第三的位置（德国、西班牙居第一、二位）。针对法国汽车生产遭遇的巨大挫折，法国加大国家投资，争取未来三年内重回原位。法国汽车工业为标致—雪铁龙汽车公司和雷诺汽车公司两大垄断集团所控制。汽车工业集中在巴黎、里昂、斯特拉斯堡、圣太田等地。

（4）航空、航天工业。法国是世界航空技术发祥地之一，在第一次世界大战期间，法国是世界最大的航空装备供应国。第二次世界大战后经过重建,拥有一大批航空航天科研院所,其中国家航空航天研究院(ONERA)即是代表。现在航空航天产业是法国的先进工业部门之一,并跻身于世界航空工业强国的行列。目前法国航空和航天工业的技术水平和生产能力仅次于美国,居世界第二位。54%产品用于出口。法国不仅能制造多种型号的军用、民用飞机和战术导弹,而且还拥有研制和生产多种人造卫星、航天设备和战略导弹的能力,军事工业全面。据统计,法国已同西欧十多个国家合作创造了30多种航空和航天定型产品。著名的有"空中客车"宽机身中短程客机、"美洲豹"虎式战斗机、"阿里亚娜"运载火箭、"英萨特"电信卫星、"米兰"和"罗兰"导弹、"幻影"2 000型和4 000型战斗机等。其中"交响乐"通信卫星已为美国、俄罗斯等十多个国家所使用。法国飞机产量仅次于美国、英国,居资本主义世界第三位。远销世界一百多个国家和地区。巴黎、图卢兹、马赛、波尔多等为制造中心。2014年法国航空工业营业额达507亿欧元,同比增长2.9%;出口额达331亿欧元,同比增长6%。为法国外贸平衡做出了贡献。

(5)电子、电气工业。法国从20世纪50年代下半期起,一直保持较高的增长速度。产品包括电气设备、家用电器、专业电子设备等。其中尤以电子计算机工业发展最为显著,在全国形成电子计算机网络。各种计算机工程与服务公司的数量仅次于美国。在电子产品中,三坐标雷达、电子扫描雷达、弹道跟踪雷达、惯性导航设备、空中交通管理制系统、飞机自动驾驶仪、无线电通信设备和传导器、激光发生器、光纤制导系统、声呐等,均居世界领先地位,产品主要供出口。巴黎是主产地,其次是里昂、里尔等地。在东南部的格勒诺布尔市,拥有8 000多家生产高技术电子产品的企业,并建有电子技术开发中心和研究基地,是法国的"硅谷"。2008年,法国软件产业(包括电子游戏)的市场份额约占全球的5%,排名世界第五(在美、日、德、英之后)。2009年至2011年,软件产业成功抵御了国际金融危机的影响,年均增长率达到两位数。软件产业被认为是当前法国国家经济的"火车头"。目前法国软件服务企业的外包率达到63%。近几年法国发布了《数字法国2020》,内容包括:发展固定和移动宽带、推广数字化应用和服务以及扶持电子信息企业的发展。2013年9月法国总统奥朗德宣布了"新的工业法国"战略规划,希望在未来十年,通过工业创新和增长促进就业,助推法国企业竞争力提升。

法国电信业具有强大的实力,电信网在世界享有盛誉。网络数字化程度超过90%,是工业国家中比例最高的。阿尔卡特—阿尔斯通公司是电信巨人。

(6)化学工业。是法国的重要工业部门。主要包括基础化工、边缘化工和医药化工三部分。第二次世界大战前,利用本国丰富的钾盐、岩盐和黄铁矿等,发展了酸碱等基本化学工业。第二次世界大战后则以有机合成化工为主,较先进的有塑料、医药化工、香料、合成橡胶、合成纤维和化肥等。化学工业仅次于美国、日本、德国,占资本主义世界第四位,出口位居第三位,仅次于德国、美国。法国化工及与化工相关的跨国公司主要有道达尔、罗地亚、阿科玛和米其林等,其中道达尔是全球第五大石油与天然气一体化的上市公司。香料工业享有世界声誉,香料产品约有1/4供出口。法国特别重视研制新药品种,每年投入市场的新药名列世界前茅,青霉素、链霉素、B_{12}的产量和工艺,疫苗和抗癌药物在世界上均处于领先地位。是世界第四大药品生产国和第五大药品出口国。化学工业主要分布在巴黎、里昂、洛林和阿尔萨斯的南锡及西南的图卢兹等。马赛、勒阿弗尔、福斯等为石化工业中心。

（7）纺织和服装工业。是法国的传统工业部门。第二次世界大战后纺织业增长缓慢，成为法国最困难的部门之一。法国纺织业 90％ 为中小企业，产品主要是服装面料、家具面料、家用纺织品和工业技术用纺织品，档次较高。法国纺织品生产在欧盟排名第三，在意和德之后。从 1996 年起，生产呈现逐年下降趋势。但服装业一直保持兴旺不衰，特别是以男装素雅，女装设计新颖、款式时髦而闻名于世。由于服装制造业大规模外迁，法国纺织业从业人数已从 20 世纪 80 年代的 100 万人降至 2010 年底的 10.3 万人。除少数大型法国品牌商有能力聘用数百名以上的员工外，大部分法国服装企业的员工人数不足 40 人。法国服装企业逐渐将自己定位于高档市场、专业服装市场及奢侈品市场，依靠"绝对的质量"和高附加值取胜。如今"法国制造"日趋流行，尤其限量版产品深受亚洲和南美客户推崇，一些高档但非奢侈品厂商正寻求向奢侈品靠拢，以谋求更大的利润空间。一些中小企业选择在创新上下工夫，致力于开发附加值更高的健康功能型和科技创新型纺织品，以期在分类市场竞争中获得优势。2014 年法国纺织业的产量及营业额分别增长 1％ 和 3％，呈景气回升；营业额增至 128 亿欧元。这主要利益于强大的国际需求，以及面料的创新及科技应用。法国是继德国之后欧洲第二大生产国，出口较上年增长 4％，不排除归功于欧盟外市场。尤其是对中国的出口有 33％ 的增幅，中国成为法国在欧盟外的第三大进口国。巴黎是世界时装中心，里尔、里昂、牟罗兹是纺织工业中心。十多年前，法国已有 20％ 开始向国外转移。目前已无法找到百分之百法国产的成衣，除非是奢侈品。法国每年举办的纺织服装展览有 20 多个，专业性强，国际化程度高。每年一届的巴黎时装周起源于 1910 年，分为春夏（2、3 月）和秋冬（9、10 月）两个时段。每届都以其顶级设计和品牌表现成为世界服饰流行的风向标。

（8）食品工业。是法国重要的轻工业部门。自欧洲经济共同体建立以来生产发展很快。法国农业发达，为食品工业提供了丰富的原料。以酿酒、制糖、肉类加工、制乳等为主。产品大量出口，葡萄酒、香槟酒誉满全球。法国还是西欧最大的精糖和乳酪生产国。农产食品工业在法国对外贸易中地位极其重要，有时甚至超过汽车工业，居各工业部门之首，是世界第一大农业食品加工产品出口国。

西欧最大农业国　法国是西欧农业最发达的国家，也是世界上第二大农产品出口国。农业产值占国内生产总值 2％ 左右，高于美国、英国、加拿大等国。农产品和食品出口约占全国出口总额的 15％。

法国具有发展农业的有利自然条件，地形、气候、水利、土壤等条件都很优越，且土地资源丰富，居西欧各国领先地位。

法国农业在第二次世界大战后得到迅速发展。在实现工业现代化的同时，努力提高农业技术水平，实现了农业现代化。尤其是机械化发展迅速，目前主要农作物从耕播、施肥、喷药、收割、贮藏、运输，全面实现了机械化。良种化也是法国农业现代化的标志，现在，法国已成为世界上最大的良种生产和销售国之一。农业能得到迅速发展，主要是法国政府制定了一系列促进与支持农业的政策，同时欧洲经济共同体内部的共同农业政策对法国农业的发展也起了较重要的作用。它使法国农产品的价格明显提高，并获得了一个广阔而可靠的销售市场，目前法国出口的农产品 2/3 以上销往欧盟各国。

法国农场规模不大，主要是家庭农场。农牧结合、综合发展是法国农业生产的又一特点。现已形成以畜牧业为主，畜牧业和种植业并举，经济作物和园艺作物都较发达的现代化农业结构。畜产品产值占农业总产值的 55%。养牛业是畜牧业中最重要的部门，牛肉产量居西欧首位。养牛业集中在西北部和北部的湿润地区，其次是中央高原、比利牛斯和阿尔卑斯山区。种植业以谷物为主，蔬菜、水果次之，主要作物有小麦、大麦、玉米、马铃薯、甜菜和葡萄的产量均居西欧第一。巴黎盆地和阿坤廷盆地是主要耕作区。葡萄园主要集中在南部地中海沿岸、卢瓦尔河和加龙河下游等地。所产葡萄多用于酿酒，葡萄酒产量和质量均称雄世界。地中海沿岸和科西嘉岛则以生产花卉和新鲜蔬菜著名，并有大量出口。

法国农业产值居欧盟首位，是欧盟最重要的农产品生产国和出口国。2014 年小麦产量 3 600 万吨，其谷物产量的 50%，植物油产量的 70%，糖产量的 60% 都用于出口。大麦、奶油、葡萄酒出口均居世界首位，小麦居第三位，玉米居第五位。

交通运输及主要港口　第二次世界大战后法国加速对交通运输部门的建设，用现代化的技术改造原有的运输方式，并扩大基础结构设施的建设，大力发展电气化铁路、高速公路、管道运输、航空运输等。

法国交通运输业有三大特点：一是陆上交通特别发达，水运和空运有较高水平；二是国营成分比重大。20 世纪 70 年代末期，法国国营铁路公司几乎垄断了法国整个铁路运输；民航运输中，国营部分占 80%，海运的大部分也由国营大西洋航运公司和邮船公司控制；三是具有显著的国际性，法国主要铁路、公路、航空和水路干线都与欧洲以至欧洲以外的有关线路相衔接，巴黎是国际交通运输的枢纽。

近年来，法国公路运输非常发达，运输量已超过铁路约占 3/4。法国公路网是世界最密集、欧盟国家中最长的，约 90 万千米。目前公路总长约 105 万千米，高速公路非常发达，可通往周边 7 个邻国进而到达欧洲各地，高速公路长度为 1.2 万千米，在欧洲仅次于德国，居第二位。铁路运输因竞争激烈，地位比以前下降。现有铁路 3 万多千米，主要分布在北部和东部。全国铁路以巴黎为中心，呈辐射状分布。其中巴黎—里昂—马赛一线，是客货运输量最大的高速电气化铁路。法国在发展高速火车方面已走在世界前列，2014 年仍保持 574.8 千米/小时的火车速度世界纪录。高速火车投入运营已有二十多个年头，有高速铁路 2 037 千米，时速一般为 200～350 千米/小时。从 1994 年 5 月起，已通过英吉利海底隧道，将巴黎和伦敦连接在一起。法国的地铁技术也居世界领先地位。

法国有较稠密的内河水系，主要河流有塞纳河、卢瓦尔河、加龙河、罗讷河以及流经法国境内的莱茵河，长度有 8 500 多千米。各大河流间，有运河相连，组成发达的内河航运网，但它在货运总量的比重只占 5% 左右。巴黎是主要内河港口。

法国对海运业十分重视，海上运输发展较快。1982 年拥有的商船吨位 1 077 万吨，居世界第九位。20 世纪 90 年代后，吨位逐年减少，低于意、荷等国。

法国航空运输具有世界先进水平。全国有 494 个机场，通往 135 个国家的 510 个城市。巴黎是全国航空运输中心，有三大国际机场，即奥利、戴高乐和勒布齐机场。

法国三面临海，港口较多，主要大港多在河口及其附近。

马赛港（Marseilles）位于法国东南，濒临地中海，水深港阔，无急流险滩，万吨级巨轮可畅行无阻。马赛港是法国最大贸易港、欧洲第四大港。货物年吞吐量在 1 亿吨以上。马赛是法国第二大城市，工商业发达。马赛集中了法国 40% 的石油加工业；修船工业也相当发达，能修理世界最大的 50 万吨级油轮。马赛港共有五个港区，其中福斯港区为欧洲第二大油港，拥有世界一流的天然气装卸设施和地中海一流的集装箱码头。福斯港区还是法国最大的钢铁基地。马赛港的集装箱年吞吐量约为 250 万 TEU。

勒阿弗尔（Le Havre）位于法国西北部塞纳河口，是法国第二大海港和最大的集装箱港，年集装吞吐量约 300 万 TEU，也是塞纳河中、下游工业区的吞吐港。货物年吞吐量约一亿吨，承担法国同南、北美洲之间货物转运。亦可谓巴黎的外港。

鲁昂（Rouen）位于塞纳河下游，距海 120 千米，海轮可直达。在此卸货后转运巴黎，是巴黎的外港。货物年吞吐量在 1 000 万吨以上。

敦刻尔克（Dunkirk）位于法国北部，滨多佛尔海峡，有铁路轮渡连接英国的多佛尔港，并有铁路、运河与比利时连接，为法国第三大港。货物年吞吐能力可达 4 000 万吨，进口石油、铁矿石、羊毛、棉花等工业原料，出口工业品、石油制品等，也是法国重要的渔港和军港。

南特（Nantes）位于法国西部卢瓦尔河下游，距河口 54 千米，海轮可达。是法国西部大港，也是重要的铁路和水运枢纽，工业中心。货物年吞吐量约 1 500 万吨以上。

波尔多（Bordeaux）位于法国西南部加龙河下游，距比斯开湾 98 千米，是法国西南部重要港口和铁路枢纽，有传统的葡萄酒酿造业。占法国葡萄酒出口的 90% 以上。货物年吞吐量约 1 000 万吨以上，主要为石油。近年已成为法国第三大集装箱运输中心。

此外，地中海沿岸的塞特、土伦、尼斯，大西洋沿岸的布雷斯特、拉罗谢尔、巴约讷，邻近英吉利和多佛尔海峡的瑟堡、迪耶普、布伦、加来等港口也很重要。

世界第五大贸易国　对外贸易在法国国民经济中占有十分重要地位，50% 以上的 GDP 来自于对外贸易。从事对外贸易有着雄厚的物质基础和良好的相关条件。法国是世界第五经济大国，科技大国和工业大国，许多产品在世界上具有优势，如交通、能源、电信、航空、宇航、汽车、高速火车、地铁、军工、石油化工、服装、化妆品等。在农业方面，又是仅次于美国的世界第二大农产品出口国和世界第一大农业食品加工产品出口国。2014 年进出口贸易额为 12 620 亿美元，次于中国、美国、日本、德国，居世界第五位。其中出口 5 830 亿美元，进口 6 790 亿美元，均列世界第六。

法国进出口贸易曾长期处于逆差状态，只能依靠技术出口，旅游、金融保险等无形贸易的顺差来补贴，以保持国际收支平衡。2014 年无形贸易额为 5 070 亿美元，其中出口 2 630 亿美元，进口 2 440 亿美元，顺差 190 亿美元。但法国商品贸易在新世纪以来逆差又逐年增大（表 21）。

表 21　　　　　　　　　　2009—2014 年法国对外商品贸易收支情况　　　　　　　　　单位：亿美元

年　份	进出口总额	出口总额	进口总额	差　额
2009	10 086.90	4 657.56	5 429.34	−771.79
2010	11 268.09	5 207.48	6 060.61	−853.13
2011	13 110.83	5 965.61	7 145.22	−1 179.61
2012	12 445.88	5 698.68	6 747.21	−1 048.53
2013	12 605.92	5 797.81	6 808.10	−1 010.29
2014	12 623.50	5 829.67	6 793.83	−964.16

资料来源：www.qqjjsj.com

2014 年法国的主要出口商品是机电产品、运输设备、化工产品、农产品、食品、服装等。主要进口产品已由能源转为以工业品为主。工业制成品的进口约占 60％ 以上，主要有机电产品、矿产品、运输设备、化工产品等。

20 世纪 50 年代中期以前，法国对外贸易的主要对象是法属殖民地国家、西欧和美国。现在欧盟成员国是法国最主要的贸易伙伴，分别占法国进出口贸易的 70％ 以上。其中与德国、比利时、意大利、西班牙、荷兰的贸易额最大。欧盟以外法国的最大贸易对象是美国和中国。近年来，法国同俄罗斯的贸易在不断发展。

法国既是利用外资大国也是对外投资大国。20 世纪 80 年代中期以来，在世界经济一体化的浪潮中，法国的海外投资迅速增长。并于 1990 年成为欧洲第一大对外投资国（主要投在欧盟内部）。同时，法国又是外国投资最理想的国家，成为世界上吸收外资最多的国家之一。

法国旅游业发达，多年占据世界第一旅游大国宝座。2014 年接待外国游客近 8 380 万人次。2005 年以来法国都是世界第一旅游目的地，旅游人数最多但旅游收入排在世界第三位（次于美国和西班牙）。法国的目标是争取 2020 年起每年接待一亿人次的外国游客，从而成为旅游收入第一大国。普罗旺斯—阿尔卑斯—蓝色海岸是法国的第一旅游目的地，也是第二个接待外国旅游者的目的地。埃菲尔铁塔为法国巴黎标志性建筑和城市的象征。

中法贸易　法国是我国的传统贸易伙伴，两国的友好关系源远流长。新中国成立后，法国是西方最早开展对华贸易的国家之一，也是最早同我国建立正式外交关系的西欧国家之一。1997 年中法建立全面伙伴关系，2004 年提升为全国战略伙伴关系，2010 年宣布建立互信互利、成熟稳定、面向全球的中法新型全国战略伙伴关系。法国也是第一个同中国建立全面战略伙伴关系和机制性战略对话的西方大国。法国是中国在欧盟中的第四大贸易伙伴。两国贸易额已由 1964 年建交时的 1 亿多美元，增长到 2014 年的 557.97 亿美元，同比增长 10.9％；其中我国向法国出口 287.08 亿美元，同比增长 7.5％；从法国进口 270.89 亿美元，同比增长 14.8 亿美元。与欧盟其他大国相比，中法贸易进出口发展较为均衡。2015 年中法双边贸易额为 514.1 亿美元，同比下降 7.8％。中国是法国第二大进口产品来源地，位居德国之后，也是法国第八大出口市场。2014 年法国在中国占有市场份额的 1.4％，同比提高 0.2 个百分点，这样就高于美国的 1.2％ 和意大利的 0.9％，但远远落后于德国。2014 年法国向中国出口大幅增长，主要缘于航空业及一些战略性行业产品对中国出口增长。2014 年中国向法国出口的第一大类商品是信息、电子和光学产品，其中主要是电话、电脑及其部件；第二大类是纺织、服装和鞋类；第三大类是电动设备和家用设备，主要是变压器、照明产品、家用电器等。中国从法国进口的第一大类商品仍然是航空产品，约占进口总额的 33％，主要是图卢兹生产的空客飞机；第二大类是机电设备、电子信息产品；第三大类是化工、医药和香水、化妆品；第四大类是农产品、食品等，其中葡萄酒、奶粉、猪肉进口减少，而汽车及零部件进口大增。近年来法国为我国在欧盟内引进先进技术与设备的第二大来源国。同时是欧盟内第四大对华投资国。随着经济全球化的发展，中法企业之间的交流日益广泛，寻求新的相互合作，经济互补，以优化资源配置，实现双赢共赢的更深层次的经济合作模式。中法在液化天然气船、核能、汽车、航空工业等方面的合作已取得一定成效。2011—2014 年中国对法国的海外直接投资存量位列第二十位。中国企业对法国投资热点主要集中在电气、电子、机械及设备、化工、金融中介行业。在文化领域，中法交流与合作也极为活跃。

复习题

填图题

在法国地图上填注：（1）大西洋、地中海、英吉利海峡、多佛尔海峡、比斯开湾。（2）勒阿弗尔、敦刻尔克、加来、南特、波尔多、拉罗谢尔、巴约讷、布雷斯特、马赛、塞特、土伦、尼斯。（3）巴黎、鲁昂、里昂、图卢兹、福斯、南锡、斯特拉斯堡、圣太田。

填空题

1. 法国农业产值居欧盟首位，是欧盟第_____大农产品出口国。

2. 目前法国是世界第_____大贸易国，是我国在欧盟中的第_____大贸易伙伴。

3. 法国的汽车产量居世界第_____位，其产量有一半供出口，汽车贸易连年_____差，汽车工业主要为_____和_____两大汽车公司所垄断。

思考题

1. 法国经济有哪些主要特征？

2. 比较英法两国能源结构的特点？

德 国

（The Federal Republic of Germany）

德国位于欧洲中部，北临北海和波罗的海，东、南、西、北面同波兰、捷克等九国为邻，正处于东西欧交会之处，是欧洲陆上交通要冲，被称作"欧洲的心脏"。北部的基尔运河是波罗的海沿岸各国出入大西洋的捷径。地理位置十分重要。面积约 35.7 万平方千米。

第二次世界大战前，德国是个统一的国家。第二次世界大战后根据《波茨坦协定》和《克里米亚声明》条款，苏联、美国、英国、法国四国对德国和柏林实行分区占领和管制。1949 年分裂为民主德国、联邦德国两个国家。1990 年 10 月 3 日东德、西德宣布统一，定国名为"德意志联邦共和国"。

自然条件和资源 德国地势由南向北逐渐倾斜。北部为波德平原的一部分，中部是丘陵和不高的山地，南部为阿尔卑斯山地和巴伐利亚高原。境内河流很多，主要有莱茵河、威悉河、易北河和多瑙河等。莱茵河是西欧第一大河，水量稳定，利于航运，是全国经济意义最大的一条河流。多瑙河发源于德国南部，向东流经九国入黑海，是南部的一条重要水道，更是它同中欧、东南欧各国相联系的重要国际航道。各大河之间，都有运河相连。德国北部为温带海洋性气候，不利于谷物生长，向南逐渐过渡到大陆性气候。

矿产资源以煤、钾盐、磷和铀等为主。硬煤主要分布在鲁尔区和萨尔区，褐煤以东部为最多，是世界最大的褐煤生产地，莱茵河以西、鲁尔以南地区也不少。钾盐主要分布在中部汉诺威附近。磷矿在波德平原南部边缘。钾盐和磷矿是重要的化工原料。铁、石油及其他金属矿很少，远不能满足需要。森林、水力资源较丰富。

居民和宗教 德国人口有 8 260 万（2014 年），较上年多出近 200 万，外来移民增多，弥补了本国人口自然增长率连续多年负值的现状。德国是欧洲除俄罗斯外人口最多的国家，人口密度也较高，尤其是西部。城市人口比重大，约占总数的 80% 以上，但百万以上的大城市较少，只有柏林、汉堡、慕尼黑和科隆。

居民大部分为日耳曼族，只有少数丹麦族和犹太族，另外还有 700 多万外籍人。居民多信奉基督教或天主教。德语为国语。货币单位原是马克，现为欧元。

德国人勤劳、爱整洁、善美化，素有"洁癖"之称。待人讲究礼貌，严肃拘谨，诚实可靠，并十分好客。到德国人家中作客，鲜花是送给女主人的最好礼品，必须是单数，5 朵 7 朵即可，但不能送红玫瑰。若送酒，切忌送葡萄酒。送礼时既重视礼品价值，又讲究礼品的包装。德国人一般不使用纯白、纯黑或纯咖啡色的包装纸，更不使用丝带捆扎外包装。

德国天主教徒忌讳"13"这个数字，尤其是"星期五、13 日"，一般不在这个日子举行宴请活动。他们喜欢"3"和"7"这两个数字。与德国客商交往，上午 10 时前和下午 4 时后，不宜约会。

德国人喜爱文体活动，特别喜欢徒步旅行。喝啤酒是德国人的普遍嗜好，吃饭时，先喝啤酒，再喝葡萄酒，年人均喝啤酒量居世界第一位。德国人还爱喝烈性酒。

德国人极重体面，注重形式，从事商务时一般都穿三件套西服；谈判时准备工作充分，一般不会做出重大让步，缺乏灵活性，做生意不玩花招，重信誉、讲实效、干脆、开门见山，不喜欢闲聊；对商品较挑剔，要试销后再成交。

西欧头号经济强国 统一前的联邦德国，在第二次世界大战后迅速医治和克服战争创伤，政府制定了适宜的发展方针，不同时期采用不同的投资重点；利用较强的科技力量和熟练的劳力，大大提高了劳动生产率。大量吸收外资和发展对外贸易，再加上美国的援助，经济迅速恢复。1950 年国民生产总值已恢复到战前水平。1960 年超过英法，成为西欧头号经济强国，与美国、日本并列为西方经济三强。1950—1980 年国内生产总值年均增长率超过 5%，仅次于日本，居世界第二位。

20 世纪 80 年代以来，经济发展速度明显放慢。1990 年德国统一后，给德国经济的腾飞创造了机会，随着廉价而熟练劳工的出现，内需的扩大，给经济的发展注入一股持久活力，经济实力更是迅猛增长。

在价格水平和国际收支两方面，德国的表现远比美国好。1990 年德国经济实际增长率为 4%，比美国的 1% 要高。德国国内生产总值为 1.9281 万亿美元，居世界第三位范围，人均收入为 23 030 美元。

20 世纪 90 年代以来，德国东部的经济陷入全面的转轨危机，生产下降，大批企业倒闭，失业问题严重，短工数量居高不下，物价持续上升。联邦政府为此投入了大量的精力和财力，使西部经济增长速度放慢，国家债务增加，通货膨胀率大大提高，1993 年经济增长率为 −1.7%，1994 年经济回升达 2.9%，此后一直保持增长势头。十年后的 2003 年，德国经济又出现一次负增长（−0.1%）2004 年德国完成结构调整，经济明显复苏，主要也得益于世界经济的繁荣。2008 年德国 GDP 为 3.82 万亿美元，排在中国之后，居世界第四位。2014 年德国经济增长率为 1.6%，GDP 达 3.86 万亿美元，创下三年来最佳表现，人均 GDP 约 4.76 万美元。为西欧头号经济强国。2014 年德国 GDP 排在美国、中国、日本之后，仍居世界第四位。

长期以来，德国经济发展模式即所谓社会市场经济模式，既反对经济上的自由放任，也反对把经济统紧管死，而是将个人的自由创造和社会进步的原则结合起来。在国家和市场的关系上，它的原则是国家要尽可能少干预，国家在市场经济中主要起调节作用，并为市场运作规定总的框架，以市场为基础。目前，德国已是欧洲最大经济体。2015 年德国经注稳步增长，GDP 增长率达 1.7%，高于过去十年的平均增幅 1.3%，消费是其经济增长的主要驱动力。

德国国民生产总值约占欧盟各国生产总值的 25%。此外，在工业生产、投资规模、金融、进出口、对外收支等都有明显优势。2013 年，德国在全球取得 2700 亿美元的贸易顺差，成为全球最大资本输出国。德国是欧盟、北约和欧安会的重要成员，对世界经济和政治有很大影响。是欧盟经济最发达的国家。

西欧最大工业国　工业是德国经济的主体。20 世纪 90 年代初期，工业产值占国民生产总值 36%，占工农业总值的 95% 以上。长期以来，它的工业产值约占西方世界 9.5%，一直居西欧第一位。随着第三产业的发展，工业比重明显下降，至 2012 年占 GDP 约 28.1%。德国主要工业部门有电子电气、汽车、精密机械、装备制造、化工等。德国是全球制造业中最具竞争力的国家之一，其装备制造行业全球领先。它在创新制造技术方面的研究、开发、生产以及在复杂工业过程管理方面高度专业化。德国拥有强大的机械和装备制造业，占据全球信息技术能力的显著地位，在嵌入式系统和自动化工程领域具有很高的技术水平，因此德国以其独特优势开拓新型工业化的潜力：工业 4.0。前三次工业革命源于机械化、电力和信息技术，现在将物联网和服务应用到制造业正在引发第四次工业革命。2014 年 8 月，德国通过了"2014 至 2017 年数字议程"，旨在通过加强数字技术设施建设助推经济增长，并以此为工业 4.0 体系建设提供动力。工业 4.0 的重点在于把信息互联技术与传统工业制造相结合。在未来的生产过程中，将不仅是人与人之间的交流，机械之间也会形成数字互联，进行信息交流。估计工业 4.0 可以使企业生产效率提高 30%。目前工业 4.0 已成为德国工业的一个强劲发展趋势，像西门子、博世等知名公司已经在智能工业方面迈出了脚步，像大众汽车这样的传统制造企业也加入了国际信息技术与传统制造业融合的范例。德国产品以品质精良著称，竞争力强。

德国各个重要工业部门都为垄断组织所控制，其工业垄断程度很高。蒂森、拜耳、巴斯夫、克虏伯、赫希斯特、西门子、宝马、戴姆勒、奥迪等都是世界著名的企业集团。

德国工业门类齐全，以重化工业为主体，技术水平高，工艺设备新著称世界。主要有以下工业部门。

（1）动力工业。建立在本国丰富的煤炭资源和进口石油、天然气的基础上。煤炭工业是其经济发展最早的支柱。煤炭的地质储量约 3 000 亿吨，其中 80% 以上为硬煤。目前年产煤炭约 2 亿吨以上。鲁尔区以优质炼焦煤为主，萨尔区以动力用煤为主。褐煤主要产在东部，年产量约占世界总产量的 30%，约 3 亿吨左右，居世界首位。莱比锡、哈雷和科特布斯是主要分布地，其次在莱茵河下游区。德国以火电为主，发电站主要集中在莱茵褐煤产地与鲁尔煤田等地，目前占发电量的一半以上。

德国境内石油资源较少，炼油工业主要依靠进口原油。西部由鹿特丹和威廉港通过油管输入，东部由独联体通过油管输入外，还靠海运至不来梅、汉堡等地；中莱茵地区的卡尔斯鲁厄—曼海姆—法兰克福的炼油工业是靠自法国地中海沿岸福斯北上的输油管供应原油；南部以多瑙河畔因戈尔施塔特为中心的炼油区发展迅速，已成为全国重要的炼油基地，有两条输油管从意大利沿海翻越阿尔卑斯山通往此地。天然气主要产在西北部埃姆斯河口附近，尚需大量进口。炼油工业集中在鲁尔区，目前炼油能力为 1.8 亿吨/年。

德国核电自 1971 年石油危机以来发展迅速，有 17 座核电站，目前国内大约 1/3 电力来自核电。德国核电技术先进，并和法国联合开发欧洲压水堆，西门子出口核技术、核电设备。但德国历来重视能源转型，特别是日本福岛核电站事故后，80 年代前建立的 8 个反应堆全部关掉，其他几个反应堆也在 2015 年逐渐关闭。因环保的严格要求，德国积极发展风电事业。2014 年陆上风电设备新增装机容量 475 万千瓦。新增 1 766 座风电涡轮机，更新大型发电机 413 套，有 20 家公司生产风电设备。Enercon 公司生产的风机的各项技术指标在德国及世界范围内高居首位。风能作为可再生能源在德国能源市场中处于举足轻重的地位，是德国能源转型的主要支柱。德国政府提出的可再生能源采用目标是到 2020 年达到 35％。德国大部分风电项目都是在北海建立起来的，北海和波罗的海都提供了比较好的风电条件。德国还是老牌太阳能大国。2015 年德国相关研究得出结论：大型太阳能和风电的发电成本约为每千瓦时 5～10 欧分，而天然气电站和燃煤发电厂每千瓦时成本为 11～17 欧分，核电成本每千瓦时 19～50 欧分，因此绿色电力已具成本竞争力。

(2) 钢铁工业。95％以上的铁矿砂和炼制特殊钢所需的铬、钼、钨等几乎全靠进口。铁矿石主要来自巴西、澳大利亚、加拿大、瑞典等。德国钢铁工业发达，1994 年产量达 5 940 多万吨，创历史最高水平。后因世界钢铁市场的不景气，使其不得不压缩生产。2014 年产钢 4 290 万吨，仍为欧盟最大产钢国。鲁尔区是钢铁工业的最大基地，生产的钢铁约占全国 60％。杜伊斯堡、多特蒙德、波鸿、埃森等是主要钢铁工业中心。杜伊斯堡有"钢城"之称，也是德国最大的钢铁公司——蒂森公司总部所在。不来梅建有全国沿海规模最大的钢铁企业。

德国的有色冶金发展很快，以炼铝和炼铜为主，原料皆靠进口。炼铝工业多数分布在鲁尔区和南部山区；炼铜工业集中在汉堡、不来梅等港口城市。

(3) 化学工业。德国是世界上最先发展化学工业的国家。化学工业不仅发达，而且在世界上占重要地位，也是德国原材料和生产资料工业中最重要的部分。长期以来，它一直以基本化学工业为发展重点。20 世纪 60 年代以后，又重点发展石化工业。酸碱工业主要分布在埃森、法兰克福等地。塑料、合成纤维、合成橡胶等有机化工产品产量和染料等，均居世界前列。德国的化学工业产值仅次美国和日本，居世界第三位。但出口额居世界第一位，同机械、汽车一起成为德国三大出口商品。鲁尔区化学工业最为集中。法兰克福、路德维希港、曼海姆、汉堡、不来梅港等都是重要的化工中心。东部莱纳的化学联合企业是利用当地的钾盐和褐煤发展起来的，现已成为世界最大的化工企业之一。目前，化学工业由巴斯夫、拜耳和赫希斯特三大企业集团所控制，这是世界五家最大化工企业中德国占有的三家。

(4) 机械工业。德国的机械制造业历史悠久，在经济发展的各个历史阶段都是起火车头作用。近年来，微电子技术的广泛应用，使德国的机械制造业如虎添翼，不断焕发出新的活力。目前，机械设备的出口已雄居世界第一，76％产品销售国外，出口额约占世界机械出口总额的 19％。在 44 个机械制造业门类中，德国遥遥领先的有 26 个，其中机床、印刷机器、冶金设备、纺织机械以及木材与塑料加工设备最为突出。20 世纪 80 年代的投资浪潮使德国机械制造业与微电子技术交融一体，使这一传统工业的旧貌变了新颜。近些年来，德国生产的数控机床、工业机器人等先进机械在世界市场上占有重要地位。55％的机械设备都由微电子进行操作控制，并以大量柔性生产线代替了传统的大型机械设备，适应了信息社会少批量、多品种、勤转产的工业生产特点。德国有6 700多家机械制造企业，其产品年销售额仅次于汽车，在欧洲机器设备市场上已占据34％的优势地位，大大高于英国、法国、意大利所占比例。2008年以后，中国虽已成为新的机床及装备制造业第一大国，但德国的竞争力依旧是世界第一。德国机床及装备制造业产品60％以上供出口，占世界机器出口总额的1/4以上。中国则是德国机床及装备产品的最大出口市场。德国重要的综合性机械制造业中心有汉堡、汉诺威、法兰克福、慕尼黑、纽伦堡等。

鲁尔区是全国最大重型机械基地，主要中心有埃森、多特蒙德、杜塞尔多夫等。马格德堡和柏林也是重要的机床生产中心。光学精密仪器制造誉满全球，主要产品有测量仪器、医疗器械、多波段航天航空照相机，高精度显微镜物镜等，以耶那为中心。"蔡斯"光学联合企业世界著名。印刷机和纺织机械的生产尤为发达，分别以莱比锡和开姆尼茨为中心。打字机在世界上素享盛誉，其中电传打字机出口量居欧洲首位。运输机械、机车、车厢生产主要集中在波茨坦、哈雷等地。

（5）电子电气工业。是德国最大的工业部门。第二次世界大战后，不仅投资增长迅速，还大量引进外国资本和先进技术，因而整个部门发展相当快。电子电气工业规模仅次于美国、日本，居世界第三位。德国电子电气工业拥有雄厚的实力和极高的技术水平。西门子、博世（生产电动工具）是世界著名大公司。还有3 000多家企业不断开发和运用微电子、光电、能源、信息、通信等科技，确保德国在这一领域处于世界领先地位。德国电气工程和电子工业产品约10万种。电子产品在国际市场上具有相当的竞争力。德国制造的电子元件一半以上用于出口，出口的80％进入西欧国家。电子元件业在很大程度上依赖于德国汽车业的发展，汽车电子行业是德国电子元件的最大消费者。电脑生产方面比美、法先进，居欧洲首位。西门子公司是德国电子工业中最大的垄断组织，世界最大的电气电子工业公司之一，在计算机、通信设备、能源、家用电器、工业控制、电力设备、医疗设备等领域占有重要地位。德国拥有全球仅次于美国的医疗电子产品规模，是欧洲最大的医疗电子设备生产国和出口国。西门子公司总部在慕尼黑。慕尼黑是欧洲最大的微电子工业中心，被称为德国的"硅谷"。通用电气——无线电器材公司，是德国第二大电机企业，总公司设在法兰克福和柏林，它们在国外都有100多家子公司。

（6）汽车工业。德国是现代汽车的发祥地，是生产汽车历史最悠久的国家。从1886年发明第一辆汽车至今，德国汽车工业已经走过130年历程。汽车制造业发展相当迅速。目前是销售额最大的部门。近年来，越来越多的化学材料、精密陶瓷等新材料逐渐取代钢材，并把电子计算机、工业机器人广泛应用于生产、控制、管理和检验中，其自动化程度和生产能力大大提高。三十多年来，汽车在出口商品中一直占有重要地位，目前已成为出口额最大的产品。2014年德国汽车产量590.75万辆，仅次于中国、美国、日本，居世界第四位。2014年德国汽车销售量为335.67万辆，在中国、美国、日本和巴西之后，排世界第五位。汽车品牌的排名依次是大众、奔驰、奥迪、宝马。小汽车、载重汽车等一半以上供出口。2014年德国乘用车出口429.96万辆。戴姆勒——奔驰汽车公司、大众汽车公司和巴伐利亚汽车公司是德国最大的三家汽车生产企业，其总部分别在斯图加特、沃尔夫斯堡和慕尼黑。奔驰、大众、宝马小轿车和保时捷跑车闻名世界。

（7）造船工业。近年来，由于德国对造船业进行进一步扩大投资及现代技术改造，使德国造船业水平居欧洲领先地位（欧洲第一）。每年订单在中国、韩国和日本之后排第四位。主要造船中心为汉堡、不来梅等港口城市。2014年德国造船业在工人数量、接单量和交付量上都有所增长。特种船建造推动了德国造船业的增长。订单量从2013年的99亿美元提升至2014年的近108亿美元。

（8）纺织服装工业。是传统的工业部门，通过几年改造，这个部门广泛采用了微电子技术，使断线接头、输送、供料等生产过程自动化，产品的数量和质量都有了很大提高。曾在1993年，服装业的出口额达207亿美元，仅次于意大利和香港地区。目前，德国服装质量上乘、稳定、按期交货、对市场反应迅速，使服装业立于不败之地。德国纺织业经过几十年的调整，靠技术创新走上了增长之路，在激烈的市场竞争中保持了自己的领先地位。在欧盟仅次于意大利。伍佩尔塔尔和开姆尼茨是棉、毛、丝、麻（亚麻）纺织工业中心。

其他轻工业如食品和印刷业也十分发达。啤酒业早闻名于世。慕尼黑生产啤酒已有400多年的历史，其酒以清香甘醇而闻名。市民每人每年平均喝啤酒230升。每年举行慕尼黑啤酒节，慕尼黑有世界"啤酒都"之称。

经济重心南移 德国北部是钢铁、造船、煤炭等传统工业的集中地。鲁尔区曾被誉为欧洲经济的引擎，但后来由于钢铁业和煤炭业的不景气而逐渐衰落，汉堡、不来梅的造船业也因订货下降，趋于停工减产。第二次世界大战后，美军占领的南部地区，优先发展工业，西门子公司，通用电气公司等大企业迁到南部促进了该地区产业结构的改变。南德地区很快成了德国最大的新兴工业密集区。汽车制造、机械制造、电子、宇航、军事等工业十分发达。慕尼黑集中了约50%的宇航工业，并为全国最大的科研中心，它与以斯图加特为中心的机器制造、电子工业密集地区连成一片，形成德国的"硅谷"。20世纪80年代中期，南德地区第三产业发展迅速，且旅游业发达。目前，慕尼黑—斯图加特—法兰克福新兴的南三角经济区已是德国的经济重心地区。南部的巴符州、巴伐利亚州和黑森州的社会总产值已占全国的45%以上，而原来经济发达的北威州等四个州社会总产值却连年下降，失业率也上升。

发达的农业 农业在德国国民经济中比重很小，农业产值仅占GDP的0.85%。但德国是欧盟最大的农产品生产国之一，动物生产仅次于法国；植物生产居欧盟第四位，农产品出口排欧盟前列。特别是农业机械出口在欧洲保持冠军地位。

德国农业有着明显的特点：①高度现代化。整个农业转移到现代科学技术知识的轨道上，科技成为强大的农业生产力。普遍实现农业企业化、农民知识化、管理科学化、耕作机械化、结构合理化、发展持续化。②功能多样化。德国农业不仅仅是提供粮食等食物和饲料的产业，而是早已成为可再生原料的供应部门，提供大量生物能源。③产品优质化。消费者可以选择不同质量的产品，确保食品安全。④生产高效化，服务专业化。德国每个农民可以养活的人数高达140个，平均每个农业劳动力贡献的净产值在2万欧元以上。农产品自给率保持较高水平，谷物、牛肉等自给有余。2015年德国小麦产量为2640万吨（为生物燃料——生物柴油提供原料）。为农业服务的组织有各类农村合作社、涉农科研机构等，提供包括科技、信息、机械和农资供应等专业化服务。⑤以畜牧业为主，农林牧相结合。目前畜牧业产值占农业总产值的 2/3 以上。畜牲业是德国大多数家庭农场重要的收入来源，每户农民年人均收入约合人民币 31.5 万元。畜牧业以养牛业为主，养猪业也发达。种植业中经济作物和园艺业的产值超过粮食作物。主要农作物为麦类、马铃薯和甜菜。德国中部，河谷开阔，地势平缓，土壤肥沃，为主要农耕区。北部沿海地区和阿尔卑斯山前区，是两个最重要的畜牧区。林业主要分布在南部山地区和高原。德国重视植树造林，全国领土将近 1/3（1 110.2 万公顷）由森林覆盖。森林不但为德国经济建设每年提供 4 000 多万立方米的木材，还在环境保护和自然风景方面起到了非常重要的作用。德国农业用地约有 2 000 万公顷，约占全国土地面积的 56%。德国的"三绿农业"：绿色环境农业、绿色原料农业和绿色基因农业，是近年来德国农业发展中最受关注的领域。

四通八达的交通运输　德国地处欧洲中部交通枢纽的部位，国内和国际交通运输都很发达。其运输业具有高度现代化水平，运量大，速度快，效率高。公路、铁路、水路、航空等各种运输方式相互连接，组成密如蛛网的运输网。在货运中，汽车运输占 60%，铁路占 20%，内河占 15%，四通八达的交通运输为德国经济的发展提供了极有利的条件。

公路。德国的城市公路交通堪称世界一流，素以气魄宏伟的高质量闻名于世。公路长约 63 万千米，已形成以高速公路为主干的完整的公路网，并向运输大型化、专用化、高速化以及集装箱运输和拖挂运输发展，实现了公路运输现代化。目前高速公路长 1.28 万千米，仅次于中国、美国、加拿大，是世界上高速公路网最密的国家。据说，世界上第一条高速公路于 1921 年建成于柏林西南部；1928 年至 1932 年，又在科隆和波恩之间修建了欧洲第一条连接两个城市的高速公路。现有公路的货运、客运量均已超过铁路占第一位。

铁路。第二次世界大战后由于公路运输的竞争，铁路运输能力过剩，营运里程在波动中呈现减少的趋势，地位明显下降。现有铁路 4.8 万多千米，其中电气化铁路占一半以上，是西欧电气化铁路最多的国家。1991 年德国开通了两条高铁：汉诺威—维尔茨堡、曼海姆—斯图加特。德国高铁列车名为 ICE，时速 200～300 千米/小时，还开通了多条跨境线路。德国目前有近 3 000 千米高铁线路，高铁网络共有 10 条大动脉，南北走向有 4 条，如汉堡经汉诺威、法兰克福，向南直达瑞士的巴塞尔，再穿越阿尔卑斯山止于意大利的热那亚，或向西南经法国东部的贝尔福，再沿索恩—罗讷河谷直抵马赛港。这条铁路既是纵贯德国西部的南北要道，也是联系北欧和南欧的主要国际快车线。东西走向的 4 条，其中一条以汉诺威为中心，向东到柏林，至东欧各国；向西则横贯鲁尔区，经科隆通向比利时的布鲁塞尔和北法工业区及巴黎。这是横贯德国中部并联通整个东西欧的重要国际快车线。还有一条跨国线西起荷兰的鹿特丹，进入德国的鲁尔区，经科隆、法兰克福、纽伦堡、慕尼黑，再到奥地利的萨尔茨堡，经由维也纳、贝尔格莱德、伊斯坦布尔，直达中东各国。这条国际快车线斜贯德国西部并联通西欧和中东之间的重要干线。柏林、科隆、慕尼黑是整个欧洲重要的铁路枢纽。德国是高铁出口大国。ICE 系列或改型列车出口世界多国，此外德国"整体高铁"已走出国门。瑞士、奥地利、荷兰、西班牙、俄罗斯等国在购买德国 ICE 高铁列车的同时，也同德国合作建设高铁线路。

德国航空运输也很发达，柏林、汉堡、科隆、法兰克福和纽伦堡等是重要的国际航空站。法兰克福国际机场位于德国莱茵河畔，是德国最大的机场，也是欧洲第二大机场；是全球各国际航班重要的集散中心，也是德国汉莎航空公司（属于国家航空公司）的一个基地。

水运及主要港口。德国是世界上内河运输最发达的国家之一。境内河道纵横，河海相通，南北走向的天然河道与东西走向的运河构成了稠密的水运网。目前内河航道总长为 6 700 多千米，其内河货运量居西欧首位。主要航道有莱茵河、多瑙河、易北河、威悉河及埃姆斯河下游等。莱茵河向有欧洲"黄金水道"之称，全长 1 320 千米，在德国境内长约 865 千米，水量丰富而稳定，可全部通航，它是鲁尔区与德国西部以及法国的洛林、瑞士的巴塞尔、荷兰的鹿特丹和比利时的安特卫普等联系的纽带，也是与北海、波罗的海港口以及英国、斯堪的纳维亚半岛联系的纽带。水路货运量仅次于公路、铁路占第三位。杜伊斯堡是德国也是欧洲最大的内河港口。通过该港口运往各地的主要货物是煤和钢铁制品，进口主要是矿石、矿物原料和石油。曼海姆和科隆也是重要的内河港口。基尔运河位于德国北部日德兰半岛基部，东起波罗的海基尔湾，西至北海易北河口，全长 98.6 千米，是北海通往波罗的海的捷径，水面宽 111 米，水深 11.3 米，运河日夜向不同国籍的船只开放，目前能通过 2 万吨级的轮船。它使基尔港和汉堡之间的距离较绕斯—卡—厄海峡缩短了 658 千米，对波罗的海沿岸各国及世界航运都有重要意义。中德运河东接易北河、西联威悉河、埃姆斯河、向南与莱茵河相通，是东西向的水上航运的大动脉。

德国北部的基尔湾、吕贝克湾通向波罗的海，西北面临北海，海岸线虽不长，但海运业占有相当地位。由于其北部所临海域沿岸海水较浅，因而大港多为河口港，利用河流作为通航水道是德国海港的重要特点。年吞吐量在 1 000 万吨以上的大港有汉堡、不来梅、威廉港、吕贝克等，埃姆登和罗斯托克港也很重要。

汉堡（Hamburg）位于易北河下游，距河口 120 千米，海轮可直达，是德国最大的海港城市。该市的工商业大多与港口和对外贸易相联系。汉堡是全国造船工业基地，石化、电子工业等很发达，也是世界飞机制造中心之一。港口面积约 100 多平方千米，港内平均水深 16 米，可以停靠世界上最大的集装箱船。汉堡港是欧洲规模最大、最现代化的集装箱中心，集装箱货物运量占到港口常规货物总吞吐量的 97%。还新建了多用途码头，能装卸任何非集装箱货物。汉堡港是欧洲第二大集装箱港，有 300 多条航线与五大洲的 1 100 多个港口相联系，也是我国通往欧洲最重要的集装箱运输枢纽。因此被称为"德国通向世界的门户"和"欧洲最快的转运港"，汉堡早在 1888 年就辟为自由港。港区中心有自由贸易区。港区内辟有 16 平方千米的自由港，主要供转口用。

不来梅（Bremen）位于威悉河下游，距河口 80 千米，海轮可直达，是德国的第二大港。主要工业有造船、汽车、电机、化工等，不来梅有 100 多条航线与世界各国相联系，同时可以转船方式将货物运抵北欧、英国、芬兰、荷兰、比利时、西班牙、波兰及独联体等国家。作为外贸中转站，该港口是德国最早开始集装箱装卸的港口，但随着远洋集装箱船规模的不断扩大，集装箱转运功能几乎全由不来梅哈芬港承担（相距仅 60 千米），不来梅港现多数为散杂货装运，集装箱业务只占很小比重。不来梅是一个国际性港口城市，为配合进出口业务，银行及保险业务繁忙。不来梅设有自由贸易区。

不来梅港（Bremerhaven）位于威悉河右岸，是不来梅的深水外港，距不来梅 60 多千米。该港可停泊大吨位海船。凡船舶因吃水不能直达不来梅时，可在该港过驳到不来梅。本港辟有自由贸易区。近年来，集装箱运输繁忙，为欧洲重要的集装箱吞吐港之一。

威廉港（Wilhelmshaven）位于北海雅德海湾内西岸，是德国北部最大的石油进口港。工业有造船、机械、纺织等，石化工业发展尤快。该港有油管通法兰克福。货物年吞吐量在3 000万吨以上，又是海军基地和渔业中心。

埃姆登（Emden）位于埃姆斯河口北岸，通过多特蒙德—埃姆斯运河与鲁尔工业区相连，是鲁尔区进出口货物不经荷兰直接出海的重要通道。该港设有自由贸易区。

吕贝克（Lübeck）位于特拉沃河畔，波罗的海沿岸。距海15千米，中型海轮可直达。有运河通易北河。工业有造船、冶金、机械、鱼类加工等，港口有7个主要码头，货物年吞吐量为1 000万吨以上，是德国波罗的海沿岸的重要港市。

罗斯托克（Rostock）位于波罗的海沿岸。为前东德重要港口，现为德国通往东欧、北欧的门户。

世界第三大贸易国　自成立之初德国就奉行出口立国政策。自1952年起德国连续六十多年实现贸易盈利。2003—2008年连续六年保持世界第一出口大国地位（2009年被中国取代），现为仅次于中国和美国的世界第三大贸易国。德国目前同世界上230多个国家和地区保持贸易关系，全国近1/3的就业人员从事出口工作。早在1986—1990年德国出口额曾为世界第一，后被美国超过。德国出口行业素以质量高、服务周到、交货准时而享誉世界。出口贸易在德国经济中占有极重要的地位，出口增长超过国内总需求和生产的增长。从1952年起年年顺差，且顺差额越来越大，高居世界首位（表22）。2014年德国货物贸易连续平稳增长，进出口总额超过27 280亿美元，其中出口额为15 110亿美元，同比增长4％；进口额为12 170亿美元，同比增长2％；顺差2 940亿美元，仅次于中国。德国巨额的外贸顺差为国民经济积累了资金。2014年德国服务贸易进出口总额达59 400亿美元，居世界第三位。德国的黄金外汇储备居世界前列，仅次于美国。德国是西方工业化国家中对外贸易依存度最大的国家之一。

表22　　　　　　2006—2014年德国对外贸易情况年度统计　　　　　　单位：亿美元

年份	进出口总额	出口额	进口额	差额
2006	20 168.60	11 091.83	9 076.78	2 015.05
2007	23 873.74	13 276.70	10 597.04	2 679.65
2008	26 706.21	14 661.00	12 045.20	2 615.80
2009	20 673.94	11 279.36	9 394.58	1 884.78
2010	23 356.13	12 688.90	10 667.23	2 021.67
2011	27 269.13	14 724.27	12 544.86	2 179.42
2012	25 770.65	14 084.65	11 686.01	2 398.64
2013	26 408.81	14 529.92	11 878.88	2 651.04
2014	27 231.31	15 072.16	12 159.15	2 913.01

资料来源：中国商务部网站——国别报告。

出口商品以技术密集型产品，尤其是精密仪器和大型设备为主。汽车、化学、机械、电机等领域有很强的竞争力。目前，德国是世界上最大的重型机械、运输机械和化工产品出口国。机器等主要出口到西方工业国家，其中美国为其最大进口国。德国还是西欧服装、陶瓷出口大国。农产品的出口也居世界前列。

机电产品、矿产品和运输设备是德国进口的前三类商品。德国所需能源和原料大都靠进口，各类消费品和食品也是其进口的主要商品。它是西方国家中第三大原料进口国，也是世界上主要的石油消费国。原油的大部分，99％的铜、87％的铅以及铁矿石等都依赖进口，锰、钛、锡、镍、钨、铝矾土全由国外供应。俄罗斯已成为其最大的能源供应国。生活资料在进口中所占比重也很大，如纺织、服装、部分家用电器、地毯、艺术陶瓷、羽毛等进口量居世界前列。

德国作为一个欧盟国家，其外贸主要集中在欧盟内部，约占 70％以上。主要贸易伙伴2014 年为法国、美国、荷兰、英国、中国、比利时、意大利等。

德国北部主要有六个自由贸易区，分别设在不来梅、不来梅港、库克斯港、埃姆登、汉堡和基尔等海港城市里。进口到自由贸易区的原料或制成品，全部再出口到世界各地，其吞吐量约占全国外贸总吞吐量的 1/3。

中德贸易　早在 16 世纪末叶，中德双方就有了通商贸易关系。新中国成立初，与原联邦德国只有民间贸易往来，1972 年 10 月两国建交，接着互相提供最惠国待遇。从 1975 年起，德国成为中国在西欧最大的贸易伙伴。2014 年中德贸易额为 1 777.52 亿美元，同比增长10.1％（中国对德国出口 727.12 亿美元，从德国进口 1 050.40 亿美元），仅次于美国、日本和韩国，为中国第四大贸易对象。从 1972 年中德建交到 2014 年，中德贸易额增长了近 600倍。中德贸易额远远超过中国同英法两国贸易额的总和，占中国对欧盟贸易额的 29％。自2002 年以来，中国也是德国在亚太地区最大的贸易伙伴。近两年我国对其进出口商品结构向优化发展，现包括家用电器在内的机电产品、纺织原料及制成品、化学品和玩具等，已成为向德国出口的主要商品。进口商品主要是技术设备、机械、汽车、光学医疗仪器、化工产品等。

德国是中国重要的技术转让和投资来源国。截至 2014 年底，中国从德国引进技术累计20 907 项，金额 678.6 亿美元。德国是我国在欧洲设立中资机构建立中资企业最多的国家。目前在德中资机构超过 2 000 家。截至 2015 年 3 月底，中国对德非金属类投资 50.5 亿美元，中国累计批准德企在华投资项目 8 675 个，德方实际投入 244.6 亿美元。德在华投资领域主要为汽车、化工、发电设备、交通、钢铁、通信等。大部分为生产性项目，技术含量高，资金到位及时。

2014 年中国首次成为在德投资项目最多的国家，项目数达到创纪录的 190 个，大幅超过美国（168 个）和瑞士（130 个），同比数量增长了 37％。投资主要领域为电子与半导体、机械制造、金融服务业以及信息通信和软件。中企计划通过投资德国，开拓新的欧洲市场。

2014 年建立中德全方位战略伙伴关系。2015 年是中德创新合作年。中德经贸模式类同，都是以制造业为主的出口导向型经济。德国十分看重中国这样的新兴市场，希望中国能够继续支持其产业的发展。中国也希望在制造业升级过程中得到德国的帮助。近两年，无论是中德互为创新合作伙伴，还是德国"工业 4.0"与"中国制造 2025"在产业实践层面的对接，都属于制造业合作，是中德合作的主要方面。当前应共同运作好法兰克福人民币离岸市场建设，对尚未开展合作的领域要着眼长远，开拓创新。中德两国发展全方位战略伙伴关系既要立足双边，也要放眼中欧、亚欧乃至全球。

复习题

填图题

在德国地图上填注：（1）北海、波罗的海、基尔运河。（2）易北河、威悉河、埃姆斯河、莱茵河、鲁尔河、多瑙河。（3）波恩、柏林、科隆、法兰克福、慕尼黑、斯图加特、埃森、杜伊斯堡、多特蒙德、沃尔夫斯堡。（4）汉堡、不来梅、不来梅港、威廉港、吕贝克、埃姆登。（5）鲁尔区、萨尔区。

填空题

1. _____是欧盟头号工业强国，其对外贸易总额长期以来居世界第_____位；国民生产总值居世界_____位。

2. 德国机械设备的出口总量居世界_____位。

3. 德国汽车产量居世界第_____位；奔驰、大众和巴伐利亚汽车公司总部分别在_____、_____、_____。

4. 德国南三角经济区以_____、_____和_____为中心。

思考题

1. 德国在欧盟中的经贸地位怎样？

2. 谈谈中德贸易现状及发展前景。

意 大 利

（The Republic of Italy）

意大利位于欧洲南部，领土分为三部分：一是大陆部分，包括阿尔卑斯山南坡山地和波河平原；二是突出于地中海中央的亚平宁半岛；三是分布于地中海的西西里岛、撒丁岛及其附近许多小岛。总面积30.13万平方千米。

意大利三面环海，整个轮廓像一只巨大的长筒靴伸入地中海，陆界仅占国境线的1/5。远在古代，国际贸易集中在地中海沿岸时，古罗马时代的意大利曾经是东西交通、贸易的主要中心。中世纪后期，威尼斯、热那亚成为世界著名的商业港市。自苏伊士运河通航和穿过阿尔卑斯山的铁路修通以后，意大利成为地中海东西航线的要冲和中欧到非洲的捷径，为其北部陆上邻国的外贸货运提供过境之便利。

意大利境内多山，山地与丘陵面积约占国土总面积的3/4以上，平原狭小，南北狭长的国土，使北部大陆部分和中南部半岛、岛屿部分自然条件有很大的差异。意大利矿产资源贫乏，只有天然硫黄（波河平原和西西里岛）、汞矿（亚平宁山地西坡）和铝土（撒丁岛）比较多，还有天然气和少量石油。水力资源和地热资源较丰富，水力资源的70%分布在北部。另外，亚平宁半岛产大理石，色泽美丽，是著名的建筑材料，供出口。意大利缺乏发展工业所必需的重要的矿产资源。

居民和宗教　意大利人口约有6 134万（2014年）。意大利的超高龄人口（65岁以上）数量现居欧洲第一、世界第二，是除日本以外世界上人口老龄化最严重的国家。其中94%以上为意大利人，少数民族仅有百万人左右，主要有法兰西人、撒丁人、罗马人、弗留利人等。在欧洲主要资本主义国家中，意大利人口增长较快，并有大量海外移民，主要移往美国和阿根廷。全国有70%人口居住在城市。

意大利居民绝大多数信奉天主教，教会在意大利的政治生活中起着举足轻重的作用。政府的政策、法令须经教会的同意方能有效地实施。

意大利语为国语，属拉丁语族。货币单位原为里拉，现为欧元。

意大利人热情好客，善于交际，也很重视友谊；但又比较随便，时间观念不太强，赴约常常迟到，会议不准时。办事效率不高。

意大利是欧洲文艺复兴的摇篮，文化资源极为丰富。生活在这种氛围中的意大利人幽默诙谐，想象力丰富，艺术气质浓厚，在生活、工作和交往中无拘无束，十分珍惜个人自由。他们普遍爱好歌唱，常以歌唱来表达他们的感情。

意大利人嗜酒，葡萄酒是人们家常饮料，中饭、晚饭，男人女人很少有不喝酒的。一喝就是半升或一升，每人年平均喝酒量达 120 升，居世界前列，但很少酗酒。意大利人喜食面食，面包和面条是每天必备的食品。

意大利人对食品和玩具的包装喜用鲜艳醒目的颜色，但对服装、化妆品、装饰品和高级礼品的包装，则喜欢用浅淡色调。人们爱穿浅色衬衫。紫色被认为是消极的颜色。

到意大利朋友家做客，习惯送礼物或纪念品，如酒、书、画、手工艺品等。但有些东西不能作礼品赠送，如红玫瑰，手帕不能送人；织物品与亚麻织品一般也别送人。菊花是丧仪之花。意大利人还忌讳看到黑猫过街，认为不吉利。

经济发展特征 意大利是资本主义萌芽产生最早，但发展却是较迟的国家。威尼斯、热那亚、佛罗伦萨、比萨等在中世纪时已是世界贸易中心。后因长期的封建割据，经济发展受到阻碍。1870 年统一后的意大利，除西北部经济发达外，其余地区经济仍较落后，生产水平低下，后来靠战争的刺激，重工业有了较大发展，但仍比不过欧洲其他主要发达国家。第二次世界大战中，意大利经济遭受严重破坏，直到 1950 年才恢复到战前水平。意大利自加入欧盟后，经济发展迅速。1954—1963 年，年平均经济增长率高达 9.2%，居欧洲之冠，被称为意大利的"经济奇迹"期。此后，由于多次经济危机的出现，通货膨胀的加剧，经济进入波动较大的不稳定时期。直到 1984 年才开始回升（为 2.6%）。20 世纪 90 年代以来，西方主要大国经济衰退，1993 年意大利经济出现负增长。后经五年的调整恢复，2000 年增长 2.6%。2006 年为 1.9%。近十年来，意大利一直是欧元区内最弱的经济体。2014 年意大利名义 GDP 折合 2.15 万亿美元，人均 3.58 万美元。2015 年 GDP 增长率为 0.7%。

在西方主要工业国中，意大利经济实力和发展水平居第六位，是资本主义世界工业发达国家之一。在欧盟次于德、法、英国（GDP 有的年份曾经超过英国）居第四位。

综观意大利经济，具有以下五个特点。

（1）国家垄断资本主义高度发达，它控制着国民经济重要部门。意大利的国有经济在西欧仅次于法国。伊利、埃尼和埃菲姆三大国营财团掌握着经济命脉。在全国工业产值中约占 1/3。意大利的国有企业分为两种，一种是直接国有企业，它们完全属于国家，有铁路、电力等，另一种是间接国有企业，即国家参与股份的企业，由政府通过国营控股公司进行管理，如工业复兴公司（伊利），国营碳化氢公司（埃尼），意大利机械工业公司等管理众多的生产企业。构成了一个由国家资本和私人资本相结合，又为国家所控制的庞大金字塔形的意大利国家垄断资本主义的特殊形式。

（2）中小企业特别繁盛，占国民经济重要地位，称为"中小企业王国"。多年来中小企业越来越成为意大利经济的力量所在。意大利经济结构不同于欧洲其他国家，它 90% 以上的财富由数十万个中小型企业生产的，这些企业遍布全国，并组成非常有效率的各工业地区。纺织、家具、机床、皮革制品以及汽车和电子零部件行业都是如此。如制鞋、纺织等行业在意大利具有悠久的发展历史，他们技术熟练，技艺精湛，能适应世界市场的需求、变化，"变中求生"才是"适者生存"的唯一法则。企业的经营理念是："不是跟时尚，而是创造时尚"。而且这些部门能源省，不需大量投资，熟练技术适应专业化分散经营等。它们创立国际名牌，维护品牌形象。中小企业分工合作，还形成了网络化运营，共同应对市场风险。政府对中小企业采取鼓励政策，提供科研成果、低息信贷、国际市场信息等服务。所有这些因素都推动了意大利中小企业的迅速发展。中小企业主要集中在东北部、中部和亚得里亚海岸。

（3）南北经济发展差距正在缩小。第二次世界大战后，使意大利原来统一时存在的南北经济差别更加明显。大体以罗马稍向南为南北界线，分为贫困落后的南方和繁荣先进的北方两个地区。北方地区包括阿尔卑斯山区、波河平原和亚平宁半岛北部，面积占全国 56.7%，人口占 64.4%，但工业从业人数占 77%，国民收入占全国 80% 左右。意大利先进工业都集中在北方，特别是集中在米兰、都灵和热那亚一带的"工业三角区"。北方的波河流域是意大利主要农业区，农业技术先进的大农场也都集中在这一地带。而南方包括半岛南部和西西里岛、撒丁岛等岛屿，面积占全国 43.3%，人口占全国 35.6%，但工业从业人数占全国 23%。工业很少，农业以落后的小农场占优势。2014 年意大利南部地区人均 GDP 为 17 600 欧元，中北部地区为 31 100 欧元，南部地区人均 GDP 还不到中北部地区的 43.7%。北部波尔扎诺省排首位，人均 GDP 为 39 900 欧元。

近二十多年来，意大利政府很重视南方经济的发展，政府鼓励向南方投资设厂，用先进技术装备和改造原有企业，对南方经济结构的改变起了很大的作用，利用进口的原料，兴建了塔兰托大型钢铁厂，在那不勒斯附近建汽车厂，在西西里岛和撒丁岛上兴建了炼油厂和石化厂等。在农业方面，南方已成为全国蔬菜、亚热带水果和橄榄等的生产和出口基地。南北经济差距已有所缩小。

（4）经济部门结构发生变化。近年来，意大利随着多元化经济的形成，工农业在经济活动中的比重有所下降，第三产业日益增加。目前，农业占 GDP 比重为 2%，工业为 24%，服务业为 74%。

（5）对外经济依赖严重。意大利能源、棉毛等原材料大量依靠进口，而 1/3 以上工业品依赖国外市场，对外贸易已成为国民经济的重要支柱。经济对外依赖程度高。

西方七大工业国之一　工业在意大利国民经济中起主导作用，并成为国民收入的主要来源，以制造业为主体的工业体系已形成。制造业占工业总产值 70% 左右。除重工业钢铁、机械、造船、化学、石油、天然气、橡胶等拥有少数现代化大型企业外，其他均为中小企业。在意大利的出口商品中，中小企业生产的产品占 70% 以上。意大利工业垄断程度高，"菲亚特""蒙特爱迪生""埃尼""伊利"等都是国际上有名的垄断组织。20 世纪 50 年代和 60 年代，意大利是资本主义世界工业生产发展速度最快的国家之一，70 年代后发展速度变慢，目前意大利是西方七大工业国之一。

（1）能源工业。意大利能源贫乏，煤和石油大量依靠进口（煤炭来自东欧，石油和天然气主要来自中东和北非），只有水力、地热和天然气较为丰富，水电站主要分布在阿尔卑斯和亚平宁山区。2001 年意大利煤的国内生产即宣告结束，煤在其能源构成中只占很小一部分，而核电早在 1987 年经全民公决而关闭。2002 年底，意大利发电装机容量为 69.1GW，其中 78％为火电，19％为水电，3％为可再生能源。意大利发展可再生能源较早，按发电量多少排序依次是太阳能、风能、水力、生物质能及地热等。2010 年可再生资源发电比重已占 27％，高于欧盟 21％的平均水平。在能源部门的诸多技术领域，如太阳能聚热发电、第二代生物燃料、地热等，意大利都具备国际领先优势。此外，其清洁煤技术以及碳捕捉与封存技术也处于世界领先水平。建设智能电网方面，推进速度领先欧洲，尤其是智能电表覆盖率 2014 年已超过 85，远高于欧盟约 30％的平均水平，且居世界各国之首。意大利经过二十多年的发展历史，如今发展绿色经济已成为主流认识，这为能源转型奠定了坚实的基础。2013 年意大利公布新的"国家能源战略"，首先大幅降低能源成本，提高能源安全，争取到 2020 年在能效、发展可再生能源以及二氧化碳减排等方面成为欧洲乃至世界的典范，将能源对外依赖度由 84％降到 67％，通过能源发展与转型，推进经济复苏与可持续增长。

（2）钢铁工业。意大利钢铁工业所需的铁矿石、优质煤 90％以上依赖进口。炼钢技术达世界先进水平。钢产量自 20 世纪 70 年代中期超过了英国和法国，居欧盟第二位，仅次于德国，产量占欧盟总产量的 15％。2014 年产钢 2 370 万吨。钢铁工业主要集中在沿海一带。塔兰托、热那亚、那不勒斯、萨沃纳、威尼斯等港市都是主要的钢铁中心。意大利的钢铁工业由工业复兴公司（简称"伊利集团"）所控制。"伊利集团"是意大利三大国有化集团之一，在北京设有办事处，公司设在罗马。

（3）机械工业。一直是意大利最重要的工业部门。产值约占工业产值的1/3。产品约 1/3～2/3供出口。主要产品有汽车、农业机械、飞机、船舶、各种机床、电机、橡塑机械、制鞋机械、纺织机械、计算机和其他精密机械等。

制鞋机械工业是 20 世纪 50 年代开始发展起来的，目前产量约占世界总产量的 50％，居世界第一位，其中 65％以上供出口。

汽车工业是机械工业中最重要部门，注重采用新技术，机器人、机械臂、数控机床、激光等都用于该部门。是从业人员最多的行业之一（高达 120 万）。意大利和法国对汽车工业采取限制外资进入的单一的自主发展模式。意大利是全球汽车拥有量最高的国家之一，每百位居民拥有 62 辆车，在欧盟 28 国中人均汽车拥有量居第二。汽车产品结构主要是以乘用车和小型载货汽车为主。菲亚特公司垄断着意大利年总产量 90％以上的汽车产量。（2009 年意大利菲亚特汽车公司收购美国克莱斯勒汽车公司，菲亚特持有克莱斯勒 51％以上股份。）

意大利是汽车造型设计的圣地，拥有一批被世界公认的汽车设计大师，拥有法拉利、阿尔法罗密欧、玛莎拉蒂、蓝旗亚、兰博基尼等蜚声世界的汽车品牌，在跑车和赛车领域颇有建树。都灵汽车工业园已是世界工业领域中最重要的中心之一。意大利汽车工业主要满足本国市场，在海外建厂规模不大。同时意大利本地没有国外汽车公司的组装厂。2014 年意大利汽车累计销量为 146 万辆以上。

轻型机械也得到很大发展。奥里维蒂公司（总部在米兰）的打字机、计算机以及内基公司的缝纫机，在第二次世界大战前就已闻名于世。现在该公司生产的打字机、计算机等占全国同类产品的 80％，产品在质量和数量上均列世界前茅。

重型机械方面，主要生产发电机、涡轮机、铁路车辆和船舶等。造船业多分布在沿海港市，里窝那、那不勒斯、威尼斯、的里雅斯特等。

（4）电子工业。发展较晚，属于正在发展的部门。20世纪50年代末，意大利的家电产品刚在欧洲市场打开销路，到1965年已成为世界上第二位家电生产国，电冰箱、洗衣机的产量均占欧洲首位。近年来，奥里维蒂公司生产的办公室用电脑设备和电子打字机十分畅销，约占西欧市场50％的份额。意大利拥有相对完备的医疗电子行业，2014年医疗电子设备出口额为27.67亿美元，与德国并列为欧洲两大医疗设备出口国。

此外，意大利生产的雷达设备相当先进，自行车、摩托车等在国际市场上颇具竞争能力，产地主要在米兰、都灵等地。

（5）化学工业。第二次世界大战后在廉价石油的基础上，大力发展以石油为原料的合成纤维、合成橡胶和各种塑料制品，化工产品增长速度超过其他工业。意大利加工石油的能力达2亿吨，居西欧第一位。新加工的石油制品除供本国使用外，剩余的则通过管道供应德国、瑞士等使用。米兰周围地区是意大利传统的化工区，主要是基础化学工业发达。意大利盐酸、硝酸、硫酸的产量居欧洲各国前五位。石化厂则主要分布在沿海城市，热那亚、那不勒斯、威尼斯、奥古斯塔、卡利亚里。蒙特爱迪生公司是意大利私人垄断组织，为意大利化学工业最大的垄断集团，公司在米兰。此外，意大利的抗肿瘤药物、海底电缆的生产和铺设技术、光导纤维电话电缆的生产方面，居世界领先地位。

（6）纺织、服装、制鞋工业。纺织业是意大利历史最悠久的行业。早在中世纪和文艺复兴时期，意大利的纺织品就已驰誉欧洲。由于这些行业具有高超技艺，在国际市场中至今仍居优胜地位。毛纺织业一直相当发达，毛纺织品出口额居世界首位，棉纺产品的30％供出口，绝大部分集中在以米兰等为中心的伦巴第地区。意大利纤维产量高，约占欧洲总产量的1/4。毛型纱产量居世界首位，约占14％。意大利纺织成衣产业是出口创汇的"3F"项目（Fashion，Food，Furniture）之一。

近年来，意大利服装生产已超过法国而居世界首位，时装产量约70％～80％供出口，其服装、呢绒、丝绸在世界上享有盛誉，米兰等已成为世界时装中心。服装出口已成为意大利出口创汇最多的商品之一。现在服装出口已被中国超过，但其世界顶级服装品牌占领了全球高档服装市场。尤其是男装面料创新，精工细作，款式新潮，享誉全球。

意大利是世界上最大的皮鞋生产国，素有"制鞋王国"之称。制鞋业规模小、工艺精良、品种繁多、设计新颖、善用色彩，加上高超的鞣革技术及精密的制鞋机械，产品质量在世界处于领先地位。目前，每年生产各种档次的皮鞋近6亿双，超过德、法、英三国总和。其中70％以上供出口。具有"皮鞋城"之称的维杰瓦诺市所生产的精制皮鞋畅销欧美各国。蒙泰贝鲁那生产的滑雪鞋，占世界滑雪鞋产量的60％，意大利皮革和鞋类产量居世界前列。

（7）大理石开采加工业。意大利大理石以品质优异著称于世。其开采及加工，用上了现代技术，使其成为世界最大的石材生产国，意大利还是世界石材工业制品的主要集散地和主要技术交易市场。卡拉拉市是主要产地。近年来意大利石材制成品主要出口市场依旧是美国、德国和中国。

此外，意大利的水泥业和金银加工业等都相当发达。目前水泥和水泥制品的产量在欧盟中居首位，在资本主义世界居第四位。意大利是世界金银加工量最大的国家，多年来，其黄金制品的生产和销售稳居世界第一位。阿雷佐、米兰、瓦偏察等是主要制造中心。家具制造也是意大利的一个重要工业部门，近50％产品供出口，出口额居世界之首，佩萨罗、比萨等地区已形成传统的家具生产基地。食品工业中通心粉、葡萄酒和橄榄油的生产一向居世界领先地位。

南北发展差异的农业　意大利农业在第二次世界大战后有很大发展，但总的来看，农业现代化程度较低，在世界上属中上水平。目前，农业占国内生产总值2.3%，农业人口占全国就业人口的6%。近几年，意大利经济南北差距越发明显。从2008—2013年，南部大区GDP下降13.3%，中部和北部大区下降7%。

意大利农业在南北发展上存在很大差异，北部波河平原一带，是资本主义农业最发达地区，这里土地肥沃，水热条件适宜温带作物生长，经营方式主要为现代化的资本主义大农场，是小麦、水稻、玉米、甜菜、马铃薯的重要产地。养牛业发达，亚平宁半岛北段丘陵地区多种植葡萄、蔬菜和花卉，是园艺区。半岛南段和西西里岛、撒丁岛，平原少，以山地丘陵为主。除种植小麦、玉米、甜菜、大麻、亚麻外，山地发展养牛业，丘陵则以园艺业著称，广泛栽培葡萄、柑橘、柠檬、橄榄和蔬菜等，以小农户为主，生产较落后。

意大利葡萄种植面积居世界领先地位。葡萄酒产量和出口量可与法国相比，约占世界产量的1/5。意大利还是世界第三大柑橘生产国和第二大柠檬生产国，油橄榄产量也居世界前列。蔬菜和水果均自给有余，可供出口。意大利的气候适宜于蔬菜生长，西红柿、菜花、生菜等新鲜蔬菜畅销欧洲市场。西西里岛、撒丁岛是蔬菜主要产地。

畜牧业产值约占总农业产值2/5以上。目前，意大利大量进口畜牧产品。

交通运输及主要港口　意大利交通运输业发达，在货运中，以公路运输为主，其次是海运和铁路运输；客运中，公路运输占绝对比重，其次为铁路运输。公路总长度为30多万千米，其中高速公路7 000多千米，在西欧仅次于德国和法国。高速公路由30多条干线组成，最重要的一条称"太阳高速公路"，全长1 200多千米，北起米兰南到雷焦卡拉布里亚。高速公路网覆盖了所有主要产业中心，与北欧相连。铁路大部分由国家经营，总长度约2万千米，其中半数以上实现了电气化。北部同邻国之间有穿越阿尔卑斯山的铁路干线，它是沟通中欧、北欧、西欧之间的重要通道。米兰是全国最重要的铁路枢纽。意大利海岸线长达7 200多千米，是传统的海运大国之一。

意大利共有40多个海港，许多港口已经实现了集装箱化，并拥有码头集散中心，汽车和火车可以直接开到那里装卸货物。目前90%的进口物资和65%的出口货物通过海运运送。较大的港口有以下7个。

热那亚（Genoa），濒临利古里亚海的热那亚湾。有600多条通往世界各港口的航线，为意大利第一大港，年吞吐量9 000万吨左右，该港有50万吨级油轮码头。海运业是该城市主要经济来源。集装箱吞吐量为200多万TEU。

里窝那（Livorno），濒临利古里亚海，距热那亚175千米，曾是意大利发展集装箱最早、数量最大的港口，该港除承担意大利北部、中部工业区的货运任务外，也中转德国、奥地利等国的进出口货物，装卸费比热那亚低22%。

那不勒斯（Naples），位于意大利南部第勒尼安海那不勒斯湾北岸。南部工业中心和大贸易港口，出口石油制品为主。港口设备完善，年吞吐能力3 000万吨。旅游业发达。

的里雅斯特（Trieste），位于亚得里亚海威尼斯湾顶部，有油管通向德国是中欧和东南欧许多国家商品出入的要港。年吞吐能力在7 000万吨左右，多为散货。港内设有自由贸易区，同时该港费用平均比热那亚低 50％以上，是重要的国际贸易港。

威尼斯（Venice），位于亚得里亚海威尼斯湾西北岸，为意大利东北部重要港市。该城由 177 条河道，118 个岛屿和 400 座桥梁联成一体。以舟代车，有"水城"之称。中世纪为地中海最繁荣的贸易中心之一。其生产的珠宝、玉石、花边、刺绣等工艺品著称于世。该港年吞吐量达 3 000 万吨左右，费用也较便宜，设有自由贸易区，规模较小，是旅游中心。

焦亚陶罗（Gioia Tauro），位于意大利亚平宁半岛南部，面临第勒尼安海。为地中海地区最大的中转港。新建码头长 385 米，吃水 18 米，码头堆场 131 公顷。有 4 台可起吊 23 排集装箱的超巴拿马型岸边桥吊可使用。

塔兰托（Taranto），濒伊奥尼亚海塔兰托湾，为意大利东南部重要港市，亚平宁半岛东南农产品集散中心，是海空军基地。港口有商港和军港两部分。港口设备完善，为一现代化工业港。年吞吐能力 4 000 万吨，大部分为散货。

意大利约有 20 个较大的机场，罗马是从欧洲飞往东方和非洲必经的中途站，菲乌米奇诺机场是意大利最大的国际机场。

世界第十大贸易国　意大利经济对外依赖较大，对外贸易是国民经济的支柱。长期以来，国内需要的石油、铁矿石、煤、棉花等 95％以上均依赖进口，而其工业品的 1/3 靠国外市场销售。近几年，意大利对外贸易有了进一步发展，且有了贸易顺差。2008 年商品进出口贸易总额为 10 960 亿美元，其中出口 5 400 亿美元，居世界第七位；进口 5 560 亿美元，居世界第八位。2014 年商品进出口总额为 10 010 亿美元，居世界第十位，位列中国、美国、德国、日本、法国、荷兰、英国、中国香港和韩国之后。其中出口 5 290 亿美元，同比增长 2％；进口 4 720 亿美元，同比下降 2％。

意大利是欧洲文艺复兴运动的发源地，对世界文明做出了重要贡献，文化旅游资源丰富，历史遗迹随处可见，古老而美妙的雕塑、喷泉、大教堂、斗兽场吸引了成千上万的游客，意大利旅游业曾居世界之冠。巨额的旅游收入也是意经济的主要来源，并弥补了过去长期的贸易逆差，现仍为世界主要的旅游大国之一。

意大利商品结构近年来发生了很大变化。2014 年意大利主要出口机电产品、化工产品、贱金属及制品、运输设备四大类，占出口总额的 56％；在出口机电产品中，机械设备居首位，电机和电气产品次之。主要进口商品是矿产品、机电产品、化工产品、贱金属及制品，占进口总额的 50％以上。20 世纪 80 年代中期，意大利是世界鞋类、首饰、家具、陶瓷、玻璃制品及服装的最大出口国，大型家用电器、摩托车、卫生洁具的第二大出口国。钢管及缝纫机、车床、塑料机械等出口名列世界第三位。意武器出口增长较快，目前，意大利所生产的武器有 70％供出口，主要销往发展中国家。多年来意大利还是世界最大的黄金进口国和生皮进口国。

意大利主要贸易对象是欧盟成员国，约占其外贸总额的 70％以上。其中德国为其最大的贸易伙伴，其次为法国、英国等。欧盟外主要为美国、中国、荷兰等。同时，与独联体、东欧国家的经贸联系也在不断加强。

中意贸易　中意两国都是文明古国，早在公元前 4 世纪，我国的丝绸等商品就通过"丝绸之路"转售到意大利。13 世纪 60 年代意商开始来我国经商。1970 年 11 月中意两国建交后，两国贸易发展较快，1987 年中意贸易额为 12.85 亿美元，比 1986 年增长 24.7％，超过了我国与世界各国贸易的平均增长率，是我国在欧洲仅次于德国的第二大贸易伙伴。2014年两国贸易额为480.45亿美元，其中我国对意出口287.58亿美元，从意进口192.86亿美元。在欧盟各国中已退居第五位，低于德、英、荷、法与中国的贸易额。中国则是意大利第八大出口市场和第三大进口来源地。目前我国从意进口的主要商品是机电产品（其中机械设备最多，外加运输设备）、化工产品、纺织品及原料等；向意出口的商品主要是机电产品（机械设备、电机电器、高新技术产品）、服装、纺织纱线、织物及制品等。中国是意纺织品及原料、家具、玩具、鞋靴、伞等轻工产品以及皮革制品、箱包的首要来源地，也是意机电产品的第二大进口来源地。当前中意两国在投资领域的合作潜力巨大。意企在中国投资了5 000多个项目，投资总额达62亿美元。2014年两国政府发表了新的加强经济合作的三年行动计划，提出了环境与可持续能源、农业、可持续城镇化、食品药品及卫生、航空航天五大重点合作领域。中意是传统友好国家，建交40多年来一直互信互谅、互惠互利、互尊互鉴，称得上是中国与欧盟国家双边友好关系的典范。近年来中国对意投资大幅增加，对意的进口增速远高于对意的出口，双边贸易和投资逐步趋于平衡。

复习题

填图题

在意大利地图上填注：（1）地中海、亚得里亚海、伊奥尼亚海、利古里亚海、第勒尼安海。（2）罗马、米兰、都灵、佛罗伦萨。（3）热那亚、的里雅斯特、威尼斯、里窝那、那不勒斯、焦亚陶罗、塔兰托。（4）卡利亚里、奥古斯塔、卡塔尼亚。

填空题

1. 意大利汽车工业最大的垄断集团是_____，其公司总部设在_____。

2. _____业是意大利轻工业中历史最悠久的行业，其产品出口居世界前列。意大利有"皮鞋王国"之称，_____%以上供出口。_____有"皮鞋城"之称，其精制皮鞋畅销欧美各国。

思考题

1. 意大利主要出口商品在世界市场上的地位如何？

2. 谈谈中意经贸关系的现状。

3. 意大利东西两岸有哪些重要港口？

第四节 东 欧 地 区

独 立 国 家 联 合 体 (CIS)

(The Commonwealth of the Independent States)

1991年12月21日，苏联11个加盟共和国：阿塞拜疆、亚美尼亚、白俄罗斯、哈萨克斯坦、吉尔吉斯斯坦、摩尔多瓦、俄罗斯、塔吉克斯坦、土库曼斯坦、乌兹别克斯坦和乌克兰在哈萨克斯坦首都阿拉木图签署了《关于建立独立国家联合体协议的议定书》同时发表了《阿拉木图宣言》，宣布成立独立国家联合体，苏联不复存在。格鲁吉亚派代表以观察员身份与会。

独立国家联合体不是在各国之上的统一国家，只是具有有限协调作用的组织。独立国家联合体没有中央权力机构，只有协调机构；没有统一的对内、对外政策，只是在尊重参加国主权的前提下，在一些领域进行政策协调，没有统一的军队，只"保留和支持共同的军事战略空间"，对核武器"统一控制"。总之，不具备统一国家的职能，只对作为联合体成员国的独立国家的政策进行某些协调。以"独立"为主，"联合"为辅。其协调机构由国家元首理事会和政府首脑理事会组成。白俄罗斯首都明斯克为独联体协调机构的所在地。1999 年 4 月 2 日，独联体国家元首理事会会议决定将独联体执行秘书处改组为执行委员会。独联体原有 11 个成员国，但土库曼斯坦于 2005 年 8 月、格鲁吉亚于 2009 年 8 月先后退出独联体后，2014 年 3 月乌克兰也正式启动退出程序。目前独联体只有 9 个国家。

独联体是个将近有 3 亿人口的大市场。从历史上来看，其消费水平和购买力仅次于北美和欧洲市场。而现在独联体市场因经互会解散已成为世界上最大的真正的自由市场。独联体各国有着丰富的资源和巨大的发展潜力而日益成为各个工业发达国家的争夺目标。作为具有得天独厚条件的近邻，我们必须看到独联体市场对发展我国对外经贸合作和市场多元化的重要性及战略意义。独联体国家的市场容量大，经济合作项目和商品结构互补性强，地缘和交通具有优势，经贸合作很有潜力。

独联体国家已着手在欧洲东部高加索和中亚地区三个方向建立一体化的地区联合防空系统。独联体国家于 2009 年在俄罗斯阿斯特拉罕州的"阿舒卢克"训练场举行代号为"战斗联合体—2009"的联合军事演习。此前独联体集体安全条约组织在莫斯科举行特别峰会，与会七国首脑同意组建 1.5 万人的集体快速反应部队，将包括来自俄、哈、亚美尼亚、吉尔吉斯、塔吉克、乌兹别克及白俄的机动兵力和其他军事力量，大部分由俄、哈两国军人组成。峰会将组建部队的建议付诸实施，使得集体安全组织一跃变成了一个军事—政治同盟。

表 23　　　　　　　　　　　　　　　　独联体各国概况

国　名	位　置	面积（万平方千米）	人口（万）	首都	经　　济
哈萨克斯坦	亚洲中部、西濒里海、世界最大内陆国	272.49	1 522	阿斯塔纳	以采矿业和农牧业为主。中亚最大有色金属工业基地
乌兹别克斯坦	亚洲中部、大部分位于中西部的克孜勒库姆沙漠	44.74	2 632	塔什干	中亚五国中经济实力较强，黄金、石油、天然气和棉花为国民经济支柱产业
土库曼斯坦	中亚西南部内陆国、西濒里海	49.12	675	阿什哈巴德	以石油和天然气为主的能源工业为支柱产业（2005 年 8 月 26 日退出独联体）
吉尔吉斯斯坦	亚洲中部内陆国	19.85	517	比什凯克	经济基础薄弱，主要有采矿、食品加工、纺织、石油、天然气开采等，经济以农牧业为主，是中亚地区唯一产糖国

续表

国　名	位　置	面积 （万平方千米）	人口 （万）	首　都	经　　　济
塔吉克斯坦	亚洲中部内陆国	14.31	692	杜尚别	采矿业、轻工业、食品加工和发达的电力是重要工业部门，果园业、养蚕业、植棉业和畜牧业占农业主导。出产优质细纤维棉花闻名于世
阿塞拜疆	位于亚洲西部、东临里海	8.66	844	巴库	石油为国民经济支柱，除石油加工和石化工业外，还有机械、冶金、食品等部门
亚美尼亚	亚洲西部内陆国	2.98	322	埃里温	工业在经济中占主导地位。机械工业为最重要部门
白俄罗斯	欧洲中部内陆国	20.76	975	明斯克	轻重工业、农业和交通运输业均较发达
乌克兰	欧洲中部、南临亚速海和黑海	60.37	4 689	基辅	发达的农业工业国，重工业占主要地位，煤炭、钢铁、有色冶金、电力、化工、机械等，是冬小麦、甜菜、玉米、向日葵主要生产国（2014年3月正式启动退出独联体程序）
摩尔多瓦	欧洲中部内陆国	3.38	340	基希讷乌	工农业并重的国家，葡萄酒酿造、食品制糖等工业
俄罗斯	欧亚大陆北部、北临北冰洋、东临太平洋、西濒波罗的海和黑海	1 707.54	14 220	莫斯科	工业基础雄厚、部门齐全，以机械、钢铁、有色冶金、石油、天然气、煤炭、木材、化工等为主，能源工业和军事工业占突出地位，畜牧业产值高于种植业麦类、马铃薯、玉米、甜菜、亚麻、向日葵等，科技教育发达

　　独联体一直是苏联地区讨论各种问题的重要平台，也是俄罗斯最重视的对外关系发展方向。发展与独联体各成员的关系是俄罗斯对外政策的重中之重，它需要周边独联体国家的支持与合作，以维持必要的战略空间，保卫本国的安全、主权及领土完整。俄罗斯一直积极推动独联体范围内多边自由贸易区建设，这标志着独联体进入全新的一体化阶段。

　　近年来独联体一些国家间在国际政治问题上分歧增多，在经济合作中纠纷不断。独联体各国虽然相互平等，但俄罗斯一直是独联体各国的核心。土库曼斯坦、格鲁吉亚、乌克兰先后退出后，独联体已呈涣散之势。各国为了自己的利益结成了大大小小的内部联盟。但经历了多年国际金融危机的严峻形势后，独联体各国都意识到了加强金融和经济合作的必要性，在新的国际和地区形势下看到了独联体加强聚合力的重要性。独联体各国将继续发展经贸关系、自由贸易区、物流运输领域合作，以及农工综合体和粮食安全等合作。

　　2008年独联体国家经济平均增长率为5%，低于2007年的8.5%。2014年独联体国家经济增速平均为1.4%。

俄 罗 斯 联 邦
（The Russian Federation）

俄罗斯联邦原名为"俄罗斯苏维埃联邦社会主义共和国"。

俄罗斯联邦 1922 年 12 月 30 日加入苏联，1991 年 12 月 8 日与白俄罗斯、乌克兰在明斯克签署了关于建立独立国家联合体的协议，并同时宣布苏联停止存在，12 月 27 日，中国政府宣布承认俄罗斯联邦政府。

世界上面积最大的国家 俄罗斯联邦地跨欧、亚两洲，领土包括欧洲东部的大部分及亚洲北部的广大地区，面积为 1 707.54 万平方千米，是世界上面积最大的国家。俄罗斯东、北、西濒于三大洋的 12 个边缘海，陆界长达 1.7 万千米，并与挪威、芬兰、爱沙尼亚、拉脱维亚、立陶宛、波兰、白俄罗斯、乌克兰、格鲁吉亚、阿塞拜疆、哈萨克斯坦、中国、蒙古、朝鲜等 14 个国家相接壤。俄罗斯同我国吉林、黑龙江、内蒙古、新疆等省区的边界线长 4 300 千米。

自然条件和自然资源 俄罗斯领土辽阔，自然条件多种多样，自然资源十分丰富。地形以叶尼塞河为界，分为东西两部分，西部以平原为主，有东欧平原和西西伯利亚平原，东部多高原山地，其中叶尼塞河与勒拿河之间为中西伯利亚高原，勒拿河以东直到太平洋沿岸一带，主要由一系列山脉组成，总称为东西伯利亚山地，还有环绕上述平原和高原并耸立国土边缘的南部山地。地形大势，东、南高，西、北低。

俄罗斯大部分领土处于温带和寒带。大部分地区冬季漫长而严寒，夏季温暖而短促。1 月平均气温除个别地区外，均在 −10℃ 以下，而且越往东气温越低，西西伯利亚为 −25℃，东西伯利亚则降到 −40℃。在长期严寒气候影响下，俄罗斯形成了大面积永久冻土层，占国土面积一半以上，居世界首位，位于东西伯利亚山地冻土层上的雅库茨克，最低气温达 −73℃，有"世界寒都"与"北极冰城"之称。北冰洋沿岸，7 月平均气温也在 10℃ 以下。俄罗斯降水由西向东逐渐减少，西部东欧平原 500～700 毫米，西西伯利亚平原为 300～400 毫米，中西伯利亚为 200～300 毫米。太平洋沿岸属温带季风气候，夏季降水较多，黑海沿岸的小部分地区属亚热带气候，降水较丰沛。

俄罗斯境内有许多大河。欧洲部分以伏尔加河为最长，适于农灌与航运，还有顿河、北德维纳河、伯朝拉河等。东部西伯利亚地区的鄂毕河、叶尼塞河和勒拿河都发源于南部山地，向北注入北冰洋，这些河流水量丰沛，且水力资源丰富，但冬季封冻期长，通航期不足半年。

俄罗斯自然资源极其丰富，拥有的石油、天然气、铁矿石、铜、森林和水力资源等均居世界前列。仅西伯利亚能源储量就占世界储量的 1/3。2012 年底石油探明储量 723 亿桶，占世界 5% 左右；天然气储量为 48.8 万亿立方米，占世界储量的 1/3，居世界第一位。煤炭储量占原苏联地区的 70%，2013 年已探明储量是 1 570.1 亿吨，按目前速度可开采 452 年。金属和非金属矿除铁、铜、煤、石油外，还有镍、锌、锡、铝、霞石、金刚石、水银、镁、云母、钼、钨、金、银、钾盐、磷灰石等，储量和产量都较大，其中钾盐储量与加拿大并列世界首位。俄罗斯是世界上森林面积最大的国家，有 8.67 亿公顷；森林蓄积量达 820 亿立方米，分别占世界总量的 1/5 和 1/4，大部分在西伯利亚和远东地区。森林覆盖率为 50.7%。

水力资源也相当丰富，居世界第二位。西伯利亚还拥有大量的各种珍贵毛皮动物和价值高的药用植物。远东海域生物资源总量为 2 850 万吨，其中鱼类资源 2 300 万吨。渔业资源丰富。

居民　俄罗斯人口约 1.44 亿（2014 年），约有 180 多个民族，主要民族有俄罗斯、鞑靼、乌克兰等族，其中俄罗斯族占 79.8%，主要信奉俄罗斯东正教。人口主要集中在欧洲部分，分布很不平衡。

俄罗斯人的姓名在不同场合有不同的称呼。一般的包括名、父称、姓三部分。他们和欧洲其他民族一样，特别忌讳"13"这个数字，且不喜欢黑猫，认为不吉利。俄罗斯人认为马能驱邪，马掌表示祥瑞，能降妖驱魔。"7"这个数字意味着幸福和成功，并喜欢在喜庆场合打碎杯、盘、碟子以示庆贺。无论在酒筵还是在平时都喜欢饮酒，一般为烈性酒，俄罗斯有不少人养成了酗酒的习性。

俄罗斯一级行政区划包括 21 个共和国，6 个边疆区、49 个州、2 个联邦直辖市（莫斯科、圣彼得堡）、1 个自治州（犹太自治州）和 10 个民族自治区共 89 个联邦主体。

俄语为国语。货币单位是卢布（RUB）。

经济发展概况　俄罗斯地域辽阔，资源丰富，经济潜力雄厚，是苏联时期各共和国中少数在经济上基本可以自给自足的国家之一。

俄罗斯在 1990 年拥有的国民财富占全苏的 60%，其中 GDP 为 5 870 亿卢布，占全苏的 58.7%，工农业总产值约占苏联时期的 70%。

1991 年苏联解体以来，俄罗斯经济大致经历了急剧下降和稳定复苏两个阶段。即 1991—1998 年连续 7 年的经济衰退和 1999 年以来连续 8 年的恢复性增长，并以年均 6.4% 的增长速度成为世界上经济增长最快的国家之一。2003 年 10 月，美国高盛公司将俄罗斯划入"金砖四国"（BRIC）之列，俄罗斯将重新崛起，并对新的世界格局的形成产生重大影响。

1999 年，俄罗斯经济实力不及美国的 1/10 和中国的 1/5。2000 年以来，在多方因素的作用下，总体经济明显好转，基本进入一个稳定发展阶段。2000—2007 年，GDP 增长了 70%，工业增长了 75%，投资增长了 125%。2006 年 GDP 突破万亿美元大关，经济总量超过苏联解体前水平。2007 年 GDP 增长达 8.1%，达到 1.35 万亿美元，人均 GDP 为 9 500 美元，成为世界第七大经济体。2007 年，拉动俄罗斯经济快速增长的主要原因是投资和消费需求旺盛。2007 年其固定资本投资增长高达 21%，工业增长了 6.3%。2000—2007 年俄罗斯居民实际收入增长了一倍多，贫困人口减少了一半以上（从 30% 降到目前的 14%）。2008 年，其 GDP 增长 5.6%，GDP 为 1.757 万亿美元，居世界第八位。

几年来，在国际能源市场价格持续攀升情况下，俄罗斯依靠出口大量石油和天然气等能源产品获取大量外贸顺差，对稳定俄国内经济、填补国库空缺起到了至关重要的作用。截至 2008 年 12 月 1 日，俄黄金外汇储备达 4 550 亿美元，次于中国、日本，居世界第三位。由于俄经济连续多年保持在 6% 以上的增长应是俄经济的重新崛起阶段。在世界投资吸收力中，进入世界最受欢迎的十大投资区之列。经过几年的经济调整和增长，改革的继续深化，加上其丰富的自然资源为俄经济振兴提供了坚实基础。俄罗斯已进入世界十大经济体行列。2006 年 7 月还首次以主席国身份举办了八国峰会（G8），体现了俄罗斯的综合国力和特色。俄罗斯经济结构逐步改善，建筑业和工业成为国内领先的生产行业。努力加快后工业化的发展，扩大固定资产投资，实现机器制造业现代化，并对国民经济进行技术改造，向以技术密集型产业为主的经济结构过渡，确保经济稳定增长；发展以信息技术为核心的高新技术产业，向以知识密集型产业为主的经济结构过渡，实现经济现代化。为优化经济结构，决定增加对面向国内市场的经济部门和高新技术产业的投资，以实现进口替代和出口替代，发展"新经济"部门。俄罗斯完全可以再次崛起为"世界强国"。

但是全球金融危机同样殃及俄罗斯。2009年俄经济下降8%左右，创下苏联解体以来的最大年度跌幅。2012年俄罗斯受到西方严厉制裁及国际油价持续走低的影响，经济遭到重创，2014年GDP增长率为0.6%，约1.86万亿美元。2015年增速为－3.7%。俄罗斯消费需求和投资双双下滑，俄居民实际收入减少4%，连续两年的经济下滑造成财政赤字约250亿美元。

发达的工业 俄罗斯拥有强大的科技基础，拥有与发达国家比例相近的科技人才队伍，15%~20%的科研单位具有国际一流的科学思想和研究设备。据专家评估，在公认的70种关键技术中，俄有17种技术不低于世界水平，还有22种技术可在5~7年内赶上世界水平。只要有足够的资金投入，俄就可能在短期内完成技术改革，大大缩小在技术和工艺水平上落后于发达国家的差距。

俄罗斯工业基础雄厚，部门齐全，重工业尤为发达。目前主要工业部门有：能源、冶金、机械、航空航天、化学和石油化工、木材加工和造纸、建材、轻纺和食品及微生物九大部门。工业体系完整。同时，俄工业垄断程度越来越高。

（1）能源工业。能源工业是俄罗斯第一大工业部门。俄动力资源十分丰富，是世界上煤炭、石油、天然气、核燃料、水能蕴藏量和生产能力最大的国家之一。俄罗斯是世界第一大原油生产国。2014年俄罗斯生产石油5.26亿吨，出口2.21亿吨。2015年出口量比上年增加7.5%，达2.38亿吨。约占世界石油贸易量的12%，是重要的出口资源，出口量仅次于沙特。原油加工能力仅次于美国，居世界第二位，西西伯利亚油气田、东西伯利亚油气田、伏尔加—乌拉尔油气田及北高加索油气储藏量极丰，还有环俄大陆架，即远东萨哈林岛周边及北极地区。炼油中心主要分布在欧洲部分，乌法、萨马拉有大型炼油厂。俄罗斯是世界上天然气最大储存国、生产国和出口国，天然气已探明储量占全球已探明总储量的35%，居全球首位。俄油气资源出口量占世界的16%。2014年产量为6 402亿立方米，被美国超过。出口1 726亿立方米，同比下降12.1%。

煤炭工业发展迅速，但分布不均匀，往往形成远距离运输（3/4以上分布在远东地区）。以库兹巴斯、坎斯克—阿钦斯克、伯朝拉、顿巴斯东部煤田为主。其中伯朝拉是世界上最北的大煤田。俄褐煤产量居世界第二位，仅次于德国。2013年产煤3.47亿吨。每年约1/3用于出口，是全球第三大动力煤出口国。俄为世界电力生产大国，火电为主（目前天然气占国内能源消费量的一半以上），次为核电与水电。2014年俄发电量为10 570亿千瓦时，同比增长0.5%；同期电力出口115亿千瓦时，同比下降12.2%。

俄电力工业大致可分为三个区域：欧洲区、西伯利亚区、远东区。其装机容量的70%在欧洲区，主要是火电和核电。火电集中在西部的莫斯科、圣彼得堡和乌拉尔地区，核电集中在欧洲区的中部、东伏尔加河西北部地区，以及伏尔加河上的梯级水电站。西伯利亚区能源有一半是水电，还有7个100万千瓦以上的火电厂。远东区电力装机容量占全国的7%，仅有几个小火电厂。俄罗斯是世界核能大国，共有10座核电站，32个核电机组。核电站在设备、技术方面居世界领先水平。俄罗斯规划在2020年之前电力生产增加2/3，建起11座电站，还将对 10 座现有核电站进行改造和扩建，计划 2016 年夏天启动俄首座第三代核电机组。

（2）冶金工业。冶金工业是俄罗斯第二大工业部门。俄罗斯煤铁资源充足，铁矿储量居世界第一位。是世界上钢铁生产大国之一。2014 年产钢 7 070 万吨，居世界第六位。主要分布在乌拉尔地区，中央区和西伯利亚地区，以马格尼托哥尔斯克为最大中心，且以生产特殊钢和优质钢而闻名。

俄罗斯的铜、铝、铀、铅、锌、镍、钴、钛、银、金及铂等有色金属，稀有金属蕴藏量和产量占世界重要地位。有色金属冶炼业发达，主要冶炼中心有车里雅宾斯克、克拉斯诺亚尔斯克等。俄罗斯铝业集团是世界最大的铝业集团。俄铝（俄罗斯铝业联合公司）在 2014 年度氧化铝总产量为 725.3 万吨。2014 年俄黄金产量为 272 吨，为世界第二大产金国（次于中国）。

（3）机械工业。机械工业为俄罗斯重要的工业部门，机械制造在为国防军工生产上技术水平先进，而在民用机械上则不及西方。机械工业部门品种繁多，以生产机床、农矿机械设备、冶金设备、石油及化工设备、军事装备等为主。其中飞机、汽车、军用船的制造、航天工业等发展很快，产品大量出口。机械工业中心有莫斯科、萨马拉、伏尔加格勒、叶卡捷琳堡等。

（4）航空航天工业。俄罗斯继承了苏联大部分航空航天与导弹工业的科研设计机构和工业企业，有着雄厚的科研、生产、试验和应用能力。在经费有限、航天与导弹发展规模缩小的情况下，继续保持了重点航天与导弹技术在世界的领先地位。俄将核威摄力作为国家安全的基石，保持和发展包括新型战略导弹在内的战略核力量，确保独立研制和生产先进战略导弹系统的能力。鼓励航天与战术导弹产品的出口，积极开展国际航天合作。目前，俄航空航天局直接管理着从事航天与导弹系统和相关部件研制的研究设计机构及生产企业 100 多家。另有局内外 45 家企业通过合作参与航天器与导弹的研制生产，还有一些是俄与国外合资的航天企业。从事航天与导弹研制生产的雇员近 3 万人。近五年来，俄平均每年约进行两三次航天发射。俄航天产品包括各种航天运载器、卫星和深空探测器、载人飞船及空间站。俄已建立了完整的航天飞行控制与测量系统，开展了全面的航天应用与丰富的空间科学研究活动，是美国之外全球航天产品最齐全、设施最配套的国家。俄已形成了种类齐全、产品配套的导弹武器系统。在许多领域，俄罗斯导弹武器系统在品种和技术水平上都可与美国匹敌。

（5）化学工业。在苏联时期基础化工的基础上重点发展石油化工。目前主要产品有塑料、化纤、合成橡胶、化肥、植物保护化学药品、微生物制剂等，其中出口以化肥为最多。基本化工产品硫酸、纯碱、烧碱、化肥等产量居世界前列。在石化工业中，基本有机合成产品发展最快。

（6）森林、木材加工、造纸工业。俄罗斯森林面积和木材蓄积量均居世界前列，仅俄远东地区森林面积就占该国的一半以上。俄罗斯年采伐木材在 160 亿立方米左右，木材出口又以原木为主（80%）。其中出口到中国的原木占 50%，出口到日本的原木占 30%。我国的满洲里、绥芬河等边境口岸已发展成为进口、加工俄木材的重要基地。（目前俄已成为中国木材市场最主要的供应国，中国也已成为世界第二大木材进口国，仅次于美国。）木材采伐工业主要集中在欧洲部分。近年来，加快了西伯利亚及远东地区森林采伐工业的发展。木材加工中心有阿尔汉格尔斯克、沃洛格达、伊加尔卡、新西伯利亚、纳霍德卡等。造纸和纸浆工业分布在西北部的阿尔汉格尔斯克、圣彼得堡和乌拉尔地区。每年出口原木、纸浆和纸张到日本、韩国、意大利等，收入大量外汇。

（7）纺织工业和食品工业。纺织工业是俄罗斯轻工业中主要部门，产值占轻工业产值60％以上，以莫斯科、圣彼得堡（棉、毛纺织）、加里宁格勒（亚麻纺织）为中心。

食品工业占工业产值近20％，主要包括面粉、甜菜制糖、肉类加工、罐头工业等部门，产品产量不能满足国内市场日益增长的需求，每年需大量进口。

（8）信息技术产业。2008年国际金融危机后，俄罗斯下决心彻底摆脱依赖原料出口的经济结构，打造"知识经济"，提升经济创新能力和竞争实力。俄自危机以来，对信息技术产业发展高度关注和支持，使其在全球信息技术领域排行榜中的地位逐年上升。俄IT基础设施建设日趋完善，在2013年"网络就绪指数"排名第54位，超过其他金砖国家。软件外包业发展迅猛。2013年俄有四个城市（莫斯科、圣彼得堡、下诺夫哥罗德、新西伯利亚）入围"世界百强软件外包城市"。在联合国2012年和2014年电子政务排行榜中在全球193个参与排名的国家中均在第27位，发展程度超过荷兰、意大利、希腊和波兰等欧洲国家，并在BSA软件联盟公布的"国家对云计算支持力度"调查报告中排在全球24个IT经济领先国家中的第14位。2014年俄IC公司以3.6亿美元的收入在欧洲、中东、非洲地区软件供应商百强榜中排在第30位，在发展中国家市场软件百强中排第8位。进入21世纪以来，俄信息技术市场步入快车道。2002—2011年（2009年除外）一直保持平均两位数的高速增长态势。在近十年的时间里，俄信息技术产业规模增长了10倍以上。2012年俄IT市场规模创历史最高水平，达7 160亿卢布，对GDP贡献率约为1％。

从俄罗斯信息技术市场结构看，IT市场主要包括硬件、软件和IT服务市场，它们在整个IT市场的占比分别为56.1％、19.5％、24.4％。硬件包括消费类电子终端产品、通信和网络设备、专用设备等；软件包括软件产品、解决方案和软件应用；IT服务主要指系统集成和咨询服务等。软件和IT服务出口保持稳定增长。2002—2011年俄软件及服务出口规模增长将近10倍。2013年俄软件出口总额超过54亿美元。目前俄已成为全球最具竞争力的IT外包服务承接国之一。同时俄互联网领域发展迅速，俄超过德国成为欧洲地区互联网用户数量最多的国家，以及欧洲、中东、非洲地区个人电脑保有量最大的国家。目前，俄不到全球2％的人口却拥有全球3.6％的互联网用户。俄宽带普及率已达83％以上，宽带用户数量在全球排第六位。2014年，俄互联网数据平均传输速度在全球224个国家中排第20位。俄目前在VoIP（Voice over Internet Protocol）技术上的应用已处于全球领先水平。

俄将充分利用现有信息技术产业的基础与其他产业融合发展，借助信息技术实现制造领域向"智慧制造"过渡，通过创新信息技术垂直整合产业链体系，促进产业竞争发展。俄倾力打造斯科尔科沃创新中心。

农牧业 俄罗斯农用地面积占全国领土23.8％，可耕地面积约1.15亿公顷。草场牧场面积为7 260万公顷。俄人均耕地0.85公顷（西伯利亚和远东地区多达0.94公顷）。20世纪90年代初，家畜生产滑坡，肉、奶、蛋产量减少，居民食品供应趋紧。为发展农业生产，政府采取了一系列划分土地法规，实行土改，1998年后，粮食生产开始大幅增长。经过连续三年增产，到2001年，俄罗斯在近十年内第一次由粮食进口国转为净出口国。2002年，粮食产量达8 660万吨，粮食出口1 850万吨，成为世界第五大粮食出口国。2006/2007年度俄罗斯小麦产量占世界总产量的 7.6%，是继欧盟、中国、印度、美国之后第五大小麦生产国。2007/2008 年度粮食出口达 1 500 万吨。由此可见，转轨以来俄罗斯粮食生产经历了由危机到自给，从进口到出口，至今基本保持较为平衡态势，其在国际粮食市场的地位不断巩固。2014 年小麦产量 5 971 万吨，出口 2 100 万吨，成为世界第三大小麦出口国。当然，得天独厚的土地资源是其复兴粮食经济的基础和前提。粮食作物除小麦外，还有大麦、燕麦、玉米、水稻和豆类。经济作物以亚麻、向日葵和甜菜为主。俄罗斯 2015 年小麦产量达到 6 179 万吨，同比增长 3.5%，主要原因是种植面积由上年的 2 527.7 万公顷增至 2 683.5 万公顷。

农业中畜牧业产值高于种植业，畜牧业较发达，包括养牛业、养猪业、养羊业和家禽等。在西西伯利亚北部和北冰洋沿岸还有一定规模的驯鹿业。

俄罗斯渔业发达，年捕鱼量 1 000 万吨左右。

交通运输　俄罗斯国土东西相距 9 000 千米，铁路是国内各区间联系的重要运输方式。铁路货物周转量约占俄各种运输形式货物周转量总和的一半以上。铁路集装箱运输普遍使用，货运量占比增大。2014 年铁路总长 12.8 万千米，铁路主要分布在国土南部。以莫斯科为中心的欧洲地区铁路网密集，东部仅有 2 条横贯西伯利亚的铁路干线即西伯利亚大陆桥。被称为俄罗斯"脊柱"的西伯利亚大铁路，西起莫斯科，跨越八个时区和 16 条河流一直通往日本海沿岸的符拉迪沃斯托克（海参崴）总长 9 300 多千米。第二条西伯利亚大铁路——贝阿铁路（西起贝加尔湖北部的乌斯季库特，东至远东区的阿穆尔的共青城），全长 3 145 千米，具有十分重要的经济和战略意义。俄铁路多以电气为主。近年来，公路运输货运量增长很快，公路网主要集中在欧洲部分。俄罗斯有油气管道干线 6.2 万千米，管道货物周转量仅次于铁路居第二位。输气管线分国内和国外两大类。

多年来，俄罗斯有的道路、石油管道、天然气管道损坏严重，密度太低，运输成本过高已威胁企业正常运转，道路和港口设施落后影响出口。目前积极发展现代化的交通运输基础设施，由国家长期控制运输基础设施的干线，私人投资建设支线。为了实现石油出口多元化，将扩大波罗的海石油管道的输油能力，开通从西伯利亚到巴伦支海的石油管道，确定东西伯利亚油田的石油管道走向，建设绕开博斯普鲁斯海峡和达达尼尔海峡的石油管道，将友谊石油管道与阿德利亚石油管道接通。天然气输送系统，首先发展国内天然气管网（包括扩大东部管网）。其次建设用于出口的北方欧洲天然气管道。它可以实现天然气出口多元化，将俄罗斯和波罗的海国家的天然与管网与全欧天然气管网连在一起。

俄罗斯有世界上最大的内河运输网，伏尔加河是内河运输的主要干线。

俄罗斯有漫长的海岸线，但缺少出海口，缺少暖海和不冻港，港口长期封冻。目前，海运在各种运输中居第三位。北冰洋沿岸摩尔曼斯克是不冻港，它到远东太平洋沿岸的符拉迪沃斯托克有全长 11 678 千米的北冰洋航线，是东西间最短的海上航线，但年均通航期仅为 70~90 天。圣彼得堡、符拉迪沃斯托克等重要大港出大洋都要经过别国海域或海峡，对其发展海洋运输极为不利。

主要对外贸易港　俄罗斯全国有 66 个港口，2008 年全年货物吞吐量达 5 亿吨以上，同时在未来四年内将在波罗的海沿岸的集装箱码头和滚装船码头投资 20 亿美元进行扩建和提升设备。

圣彼得堡（Saint Peterburg）位于波罗的海芬兰湾东岸，涅瓦河口，目前为俄罗斯最大海港和第二大城市。也是俄罗斯国际贸易的重要中转站。港口装卸货物主要为石油及其制品、金属、化工产品等。全俄50%以上的进出口集装箱是在圣彼得堡港装卸的。工业发达，以机械工业为主，同时也是全俄重要的水陆交通枢纽之一。港口分布在涅瓦湾畔，航道全年开放，但冬季进港要由破冰船协助航行。

摩尔曼斯克（Murmansk）位于北冰洋的巴伦支海科拉湾东岸，为一不冻港，可全年通航，是俄罗斯北海航线的起点和渔港。进出口货物以鱼、煤及矿石等为主。

纳霍德卡港（Nakhodka）位于日本海纳霍德卡湾，在符拉迪沃斯托克的东南方约80千米处，为俄罗斯远东地区的大海港，吞吐量占俄远东地区外贸物资的1/2，也是俄罗斯西伯利亚大陆桥海陆联运的重要转口港之一。目前该港有越南直达航线，上海—釜山—纳霍德卡港航线。

在符拉迪沃斯托克港和纳霍德卡港的集装箱运量中，通过西伯利亚大铁道运往俄罗斯的大约占70%，其余30%则运往芬兰、德国等国家。

东方港（Vostochny Port）位于日本海西北海岸的符兰格尔海湾内。总面积50公顷，宽2.4千米，纵深4千米，湾口宽1.8千米，水深12.8米，西距纳霍德卡港18千米，可泊10万吨级巨轮，港区内风力不大，冬季不结冰。现建有70个专业化码头，其中集装箱码头8个，港口年吞吐量4 000万吨以上，为俄罗斯远东最大港口。

符拉迪沃斯托克（Vladivostok）原名海参崴，位于阿穆尔湾与乌苏里湾之间，濒临日本海，是西伯利亚大铁路的终点和北方航线的终点，也是俄罗斯重要的海军基地。工业以舰船修造业为主，现为远东地区最大经济中心。冬季港口冰冻，要靠破冰船协助航行。

符拉迪沃斯托克港现拥有泊位水深11米的400米长的集装箱码头线，泊位水深达到15米，2010年集装箱码头线将延长到750米，吞吐能力提高到50万TEU。当前划设符拉迪沃斯托克自由港的法案已生效。该自由港总面积3.4万平方千米，靠近中国和朝鲜边境地区，包括符拉迪沃斯托克、约霍德卡、扎鲁比诺港等15个城市，开放期限为70年。自由港将在税收、海关和检疫等方面为入驻企业提供政策支持和优惠。自由港的设立将促进远东联邦区的经济发展。

扎鲁比诺港（Zarubino）位于俄罗斯滨海边疆区南部，面临波西耶特湾，港口距离中国边境仅18千米。从这里铁路可以北达符拉迪沃斯托克（海参崴），南通朝鲜，西接中国吉林。是俄罗斯远东地区唯一常年不冻港。扎鲁比诺港建于1972年，现有4个泊位，码头总长650米，锚地水深11至12.2米，可泊万吨级轮船，年吞吐能力为120万吨。2014年，中俄就共同建造东北亚最大港口——扎鲁比诺港达成一致。规划新建12～15个码头，港口年吞吐能力将提高到6 000万吨。项目总投资约30亿美元。

对外贸易 俄罗斯的贸易规模不大，但发展较快。1991—1998年在经济整体连年下滑的形势下，外贸都保持了快速发展。1992年俄对外贸易额只有966亿美元。到1997年则达到了1 620亿美元。增幅为67.7%。此后多数年份保持年均增长10%以上。尤其在2003年以后，每年以30%～40%的速度递增。主要是由于国际市场能源和原材料价格上涨，而使俄出口快速增长，贸易顺差也急剧攀升。近几年受金融危机的影响，贸易顺差出现升降不一变化。2014年外贸总额为8 050亿美元，其中出口4 970亿美元，同比下降5%，居世界第11位；

进口 3 080 亿美元，同比下降 10%，居世界第 17 位；贸易顺差 1 890 亿美元。2015 年 9 月俄宣布黄金外汇储备为 3 690 亿美元（俄外汇储备需要偿还大量外债）。据 IMF 数据，2015 年 6 月，俄为世界第六大黄金储备国。俄正在实行新的对外贸易战略和政策，分为三个阶段：①实行以传统优势产品出口为主和逐步开展进口替代的战略；②实行出口替代和深化进口替代的战略；③实行对外贸易全面自由化战略。

俄罗斯的进口商品结构以机械设备和运输工具为主，民用工业品也占重要地位。进口地区以欧盟各国为主，其次为中国、美国。出口商品仍带有明显的"原材料"性质，石油、天然气、有色金属等出口比重最大。其次为机械和运输设备、化工产品、原木及纸浆等，主要出口地区为欧盟各国（目前占 40%～50% 左右），其次为亚洲。近几年军火出口大增，是世界第二大军火出口国。2014 年军售额同比上涨 48.4%，占据全球 10.2% 的市场份额。全球军火买卖，俄罗斯增长最快。

中俄贸易 中俄两国接壤，有 4 300 多千米的共同边界，彼此市场广阔，经济互补性强。在互惠互利基础上，积极开展经贸与科技合作，有助于双方的经济发展。中俄双边关系多年来呈现积极全面发展的势头。1999 年以来，中俄两国贸易出现快速增长，合作范围广泛，逐步向规范化发展。2008 年两国就全面推进中俄战略协作伙伴关系达成高度共识，两国边界问题得到全面解决，是中俄关系不断深化的一年。经贸合作是中俄务实合作的基础。经过多年发展，中国已成为俄第一大贸易伙伴，俄是中国前十大贸易伙伴之一。2014 年双边贸易额达到 952.85 亿美元，同比增长 6.8%。其中中国对俄出口 536.78 亿美元，同比增长 8.2%；从俄进口 416.07 亿美元，同比增长 4.9%。近年来增速接近 10%（双方确定 2020 年贸易额要达 2 000 亿美元）。双方进出口商品结构也有明显改善。中国向俄出口商品以机电产品、纺织服装、鞋类、化工产品、机器及零部件、家具、食品等为主，从俄进口商品以矿产品、木材及木制品、化工产品为主。另外机电产品、高科技产品也在逐年增加。矿产品则以石油及制品、其他矿物燃料等为主。俄是中国继沙特、安哥拉和伊朗后第四大石油进口来源地。

中俄相互投资，特别是中国对俄投资增长迅速。目前中国对俄投资累计已超过 300 亿美元，成为俄主要外资来源地。未来的投资合作将成为两国务实合作的亮点。能源合作是中俄经贸合作的重点领域，近年取得了巨大进展。全方位推进成为能源合作的最大特色，双方在油气、核能、煤炭、电力等方面都取得了重大突破。中俄原油管道一线工程 2011 年完成后已投入运行，二线工程将于 2017 年建成投产。届时每年通过管道，俄将向中国输油 3 000 万吨；再加上海上原油贸易，总量近 5 000 万吨。在天然气合作方面，2014 年 5 月两国签署了东线天然气管道建设和购销商业合同，预计 2018 年起每年可对中国出口 380 亿立方米的天然气。此外还积极提议筹建西线天然气管道，每年可向中国输送 300 亿立方米的天然气。中俄天然气合作是互利双赢的项目。对俄而言，中国是稳定、庞大、可持续的天然气消费市场，中国市场至关重要。对中国而言，从俄进口天然气，有助于改善能源消费结构，有利于环保和大气治理。中俄两国贸易"去美元化"早已开始，2008 年 8 月初在东北边境与邻国试点实施人民币贸易结算；2010 年两国决定在双边贸易中逐渐减少使用美元结算，而以本国货币作为贸易结算货币。继之，卢布成为继马来西亚林吉特之后第二个可以与人民币自由挂牌交易的新兴币种。目前，中俄两国已扩大本国货币进行双边贸易结算的试点范围。

　　中俄边境线上，两国各开辟了大小近200个口岸，相互间有旅游协议发展旅游购物贸易。如绥芬河、黑河、满洲里、珲春、东宁等口岸已初步形成一些专门帮助俄旅游者吃住、购物、运输为一体的服务公司。

　　中俄经贸合作潜力巨大。

　　本章小结：欧洲是发达经济体最多的地区，欧盟是世界第一大经济贸易实体，对世界经济贸易格局将起重大的作用和深远影响，中国与欧盟日益显现出举足轻重的国际市场地位，几十年来，中国一直致力于同欧盟及其成员国之间长期稳定的互利合作关系。欧盟已连续五年成为中国最大的贸易伙伴。东欧俄罗斯的崛起及中俄经贸合作的互利双赢。

　　本章关键名词或概念：非地理上的东西欧概念　印欧语系　欧盟　独联体

复习题

填图题

　　在俄罗斯地图上填注：（1）北冰洋、白令海、鄂霍次克海、日本海、白海、波罗的海、黑海。（2）周围邻国。（3）库兹巴斯煤田、秋明油田、库尔斯克铁矿。（4）圣彼得堡、纳霍德卡、东方港、符拉迪沃斯托克、摩尔曼斯克、阿尔汉格尔斯克。（5）莫斯科、克拉斯诺亚尔斯克、马格尼托哥尔斯克、乌法、乌斯季库特、下诺夫哥罗德、新西伯利亚、鄂木斯克、叶卡捷琳堡、伊尔库茨克、哈巴罗夫斯克。（6）用色笔画出西伯利亚大铁路。

填空题

　　1. 俄罗斯的东部大港是_____，西北部大港是_____，中俄投资共建的东北亚最大港口是_____。

　　2. 俄罗斯的出口商品结构带有明显的_____性质，_____、_____、_____等出口比重最大。

思考题

　　1. 简述俄罗斯的经济现状。

　　2. 分析俄罗斯的能源构成及其对本国经济的影响。

　　3. 中俄贸易及能源合作现状怎样？

第三章　非洲主要经济贸易区

本章学习目标：（1）通过学习了解非洲是世界上最贫困、落后、最不发达的一洲；（2）非洲经济发展缓慢的原因及最近的变化；（3）非洲对外贸易的基本特点；（4）非洲地区主要的贸易港口。

第一节　概　述

非洲全称"阿非利加洲"（Africa）。位于东半球西南部，地跨赤道南北，东濒印度洋，北隔地中海与欧洲相望，在直布罗陀海峡的地方，两洲相隔仅14千米，东北隔苏伊士运河、红海，与亚洲相对。在当代国际经济竞争中，非洲地理位置有着重大的战略意义，它所扼守的苏伊士运河与好望角航线是世界海上贸易的重要通道。非洲面积3 020万平方千米（包括附近岛屿），约占世界陆地总面积的20.2%，次于亚洲，为世界第二大洲。

非洲的自然环境　非洲大陆像个倒置的三角形，北宽南窄。非洲海岸线平直少曲折，海湾、岛屿和半岛都不多，西岸的几内亚湾是非洲最大的海湾，大陆东南方印度洋上的马达加斯加岛是非洲第一大岛。

非洲大陆地形以高原为主，地面起伏不大，平均海拔在750米以上，所以被称为高原大陆。西北部和东南部边缘，分别耸立着阿特拉斯山脉和德拉肯斯山脉。大陆周围，有狭窄的沿海平原。整个地形由东南向西北倾斜。

大陆的东部和南部，有埃塞俄比亚高原、东非高原和南非高原。东非高原的乞力马扎罗山，海拔5 895米，是非洲的最高峰。东非大裂谷带是非洲地震最频繁、最强烈的地区，并多火山和温泉。

大陆的中部和北部地势较低，中部有非洲最大的刚果盆地，称为"非洲的心脏"，还有乍得盆地等。北部的撒哈拉沙漠，西起大西洋海岸，东到红海之滨，面积860多万平方千米，是世界上最大的沙漠，占全洲面积近1/3。

非洲气候呈明显的南北对称分布，气温高，干旱地区广。全洲绝大部分地区的年均温在20℃以上，气候炎热，有"热带大陆"之称。南部和北部的季节相反。北部气温高于南部，干旱少雨。

非洲的降水量一般由赤道地区向南北逐渐减少。全洲大部分地区年降水量在100～200毫米，有些地方甚至连续多年不降一滴雨。

非洲的气候，呈明显的有规律的带状分布，而且南北大致对称。赤道两侧的刚果盆地、几内亚湾沿岸和马达加斯加岛东部等地，是热带雨林气候。在热带雨林气候南北两侧和地势较高的东北高原的广大地区，属于热带草原气候。这里年降水量在750毫米以上，有明显的干湿季，一般夏季是雨季，冬季干旱。非洲的热带草原，是许多大型食草动物如非洲象、长颈鹿、斑马和犀牛的良好生活环境。从热带草原气候带往南、往北，到南北回归线附近，属于热带沙漠气候。降水非常稀少，气候炎热干燥，沙漠广布。北部有著名的撒哈拉大沙漠，南部有卡拉哈迪沙漠。非洲大陆的南北两端，是夏季炎热干燥、冬季温和多雨的地中海式气候。

丰富的自然资源　非洲拥有多种重要战略资源，且储量大、种类多、分布广，但又相对集中。南部非洲是矿藏最丰富、产量最大的地区。北非和西非几内亚湾是石油集中产区。目前已探明 774 亿桶，占世界已探明石油储量的 7.4％。硬煤推定储量 800 多亿吨，铁矿资源总量 300 多亿吨，铬矿储量约 30 多亿吨，铝土矿和磷酸盐的储量分别约为 90 亿吨和 270 亿吨，居各洲之冠；金刚石储量约 9 亿多克拉，约占世界总储量的 95％；铜矿的储量约 5 000 万吨，黄金储量据估计约占世界总储量的 2/3。其他矿物如锰、铀、铅、锌、锑、钒、锂、铌、钽、铍、锗、镉、锡、石棉、石墨和天然气的储量都在世界上居重要地位。

非洲森林面积 6.4 亿公顷，约占世界森林总面积的 19％。盛产红木、黑檀木、花梨木、柯巴树、乌木、樟树、栲树、胡桃树、黄漆木、栓皮栎等经济林木。草原约占非洲总面积的 27％，居各大洲之首。大型野生动物的种类和数量居世界首位；植物资源也很丰富，约有 40 000 多种。

非洲的大河有尼罗河、刚果河、尼日尔河和赞比西河等，多发源于赤道附近的多雨地区，蕴藏着丰富的水力资源，估计年可发电量达 2 万亿度，约占世界可开发水力资源的 21％。刚果河是世界上水力资源最丰富的河流之一。尼罗河是世界最长的河流，全长 6 600 多千米。非洲四面临海，河流湖泊众多，渔业资源丰富，盛产沙丁鱼、金枪鱼、鲐、鲸等，渔业生产仍停留在人工捕捞阶段。鱼类、贝类资源较丰富的国家有安哥拉、赤道几内亚、马达加斯加、马里、莫桑比克等。

政治地图的演变　非洲是世界文明发源地之一，埃及就是世界著名的文明古国。非洲现有 54 个国家和 6 个地区，习惯上可分为北、东、西、中、南五个地理区域。几千年来，非洲人民创造了灿烂的古代文明。从 15 世纪起，葡萄牙、西班牙、荷兰、英国、法国等殖民者相继侵入非洲，他们大肆掠夺黄金、象牙、香料等。不久殖民者又把大量的非洲黑人当作商品贩运到急需劳力的美洲各地，持续四个世纪之久的奴隶贸易，使非洲丧失了一亿多劳动力，在这一过程中，葡萄牙、荷兰、英国、法国等先后在非洲沿海地带建立了一批殖民据点，直到 1876 年，殖民地合计约占非洲总面积的 10.8％。

19 世纪 70 年代，资本主义开始向帝国主义阶段过渡。欧洲列强疯狂地竞相攫取殖民地，以开辟尽可能广阔的原料产地和销售市场。实力最强的英国和法国在这一场争夺中走在最前面。法国霸占的殖民地面积最大，而英国的殖民地则人口最多、最富庶。老牌的葡、西、比以及后起的德、意等国也都分得了一杯羹。到第一次世界大战前夕，非洲只有两个名义上的独立国家：埃塞俄比亚和利比里亚，殖民地则占全洲面积的 96％。

对于欧洲殖民者的野蛮入侵，非洲各族人民曾进行了持久的英勇抵抗。1922 年，埃及第一个挣脱殖民主义枷锁。第二次世界大战以后，殖民体系土崩瓦解，自 1951 年利比亚获得独立，民族独立浪潮席卷全洲，仅 1960 年就有 17 个国家宣布独立，到目前为止，全洲共有 54 个独立国家和 6 个地区，政治地图发生了巨大变化。

居民　非洲约 11.5 亿人口（2015 年），在各大洲中居第二位，占世界总人口的 14.5％。

非洲人口分布极不平衡。尼罗河沿岸和三角洲地区，每平方千米约 1 000 人，在大沙漠和一些干旱草原或半沙漠地带每平方千米不到 1 人，还有大片无人区。非洲人口的出生率、死亡率和增长率均居世界各洲的前列。

非洲是世界上种族、民族最复杂的地区，现约有 1 500 多个民族。主要是黑种人（尼格罗人种）、欧罗巴人和介于这两者之间的埃塞俄比亚人以及蒙古人种的马达加斯加人。全洲人口中 2/3 是黑种人，故有"黑非洲"之称。黑人主要分布在撒哈拉沙漠以南；以北主要是阿拉伯人，在南部非洲有荷兰、英国等欧洲移民的后裔。

非洲约有 800 多种语言，但主要有闪含、苏丹和班图三大语系，还有属印欧语系的布尔语、马达加斯加语和科伊桑语等。因长期的殖民统治，英语、法语和葡语在非洲较流行，有的已成为许多国家的官方语言。

非洲居民多数信奉原始宗教和伊斯兰教，少数人信奉天主教和基督教。

经济发展概述 非洲国家与世界各国各地区相比，经济发展缓慢，经济水平低，由于受长期的殖民统治，独立较晚，经济发展起步较迟、起点较低，经济发展战略仍处于探索过程之中。在非洲五大地理区域中，经济发展不平衡，经济高度集中在南非和北非地区，如南部非洲地区的工业集中在南非共和国，它是非洲仅有的一个经济较发达的资本主义国家。东非地区经济发展水平是最低的。

非洲国家与其他地区的发展中国家相比有着共同之处：独立前都是帝国主义的投资场所、原料掠夺基地和商品倾销市场；长期的殖民统治造成经济结构的单一化和畸形发展；发展国民经济一般都缺乏资金和技术。另外，非洲发展中国家还有一些独具的特点：有些国家内部经常发生武装冲突，政变频繁、动乱不止；有些国家政策不当，"国有化"步子走得过快过急并受封建残余势力的阻碍，在农业方面虽进行土改，建立国有农场，组织各种生产合作社，发动大生产运动，但都未取得预期效果。另外在"国有化"过程中，打击了作为国有经济补充力量的中小企业，而国有企业又不善于经营。总的看来，非洲仍然是世界最不发达的一洲，有些国家年人均国民生产总值在 200～300 美元。

非洲经济发展存在的问题

非洲经济发展的地区差异很大，生产分布不平衡，工业和交通十分落后。南非共和国经济最发达。整个非洲的工农业生产约有 90％高度密集在沿海的狭长地带。其中一些国家的主要港口和首都均成为本国最大工业、交通枢纽，如阿尔及尔、突尼斯、达累斯萨拉姆、马普托、拉各斯和达喀尔等占有全国工业总产值的 1/2 左右；而各国的广大内地和许多内陆国家经济都很落后，如乍得、尼日尔、马里、中非、布隆迪、卢旺达、莱索托等都是非洲最不发达的国家。也有少数内陆国家由于拥有突出的矿产或农产资源，经济得到较大的发展。

近几年，非洲经济发展势头良好，市场需求旺盛，多数国家的经济年增长率超过 5％。

目前在国际金融危机大环境不利的情况下，非洲经济增长速度放缓。全球金融危机及通货膨胀对非洲的影响：流入非洲的外国直接投资将减少；发达国家对非援助将因自身原因而减少；美、日、欧等对非洲大宗资源产品的需求也大幅下降，非洲的原材料出口贸易开始萎缩；非洲国家的侨汇收入将减少。

目前推动非洲经济增长的因素

非洲大陆的政治冲突和战争明显减少，尤其在中非和西非地区的国家。非洲政局逐渐趋稳，各国战略重心转向经济发展，为投资环境逐渐转好奠定了宏观经济基础。世界各国也纷纷减免非洲债务和增加对非援助，非洲国家的债务负担逐年减轻。

非洲国家的宏观经济管理和运行保持了稳定性，多数非洲国家宏观经济管理能力进一步加强，政府的财政状况得到改善，较好地控制了通货膨胀的压力，对私人投资的吸引力和抵御风险的能力也得到加强。世界银行报告指出，非洲商业投资环境尽管和其他大部分地区相比还有差距，但属于全球商业环境改进最快的地区之一。过去十年，非洲经济增速一直保持在 5% 以上，全球 10 个经济增长最快的国家中，有 6 个在非洲。

非洲各国积极推进经济改革。为加快石油工业和促进矿业发展，欢迎外国投资，许多非洲国家采取了一系列改革措施：放宽外汇管制，允许利润自由汇出；允许外币自由兑换；承诺与矿业投资有关的法规在一定时间内保持不变；征收较低的土地使用费等。非洲产油国也相继出台了一些优惠政策，改善投资环境，吸引外资进入石油领域。近年来非洲经济快速增长的一个成就，就是贫困阶层的减少和中产阶级的增加。油价下跌，使石油等大宗商品出口下滑，进而打击到相关行业的就业。非洲国家面临债务危机的风险还将加剧，2014 年非洲国家经济增长率为 4.6%。

在当今全球经济一体化进程中，非洲国家进行地区合作，整合资源，增强自力更生能力，以集体的力量来应对全球化的挑战。2008 年非洲经济一体化进程取得了实质性进展。南部非洲发展共同体自由贸易区正式启动，东非共同体、东南非共同市场和南共体举行首届三方首脑会议，决定着手创建单一经济共同体。2015 年 6 月，非洲三大经济一体化组织峰会在埃及沙姆沙伊赫签署了一项自由贸易协定，并发表了《沙姆沙伊赫宣言》。这标志着建立覆盖非洲26 个国家的非洲最大自由贸易区建设正式启动。这一协定的签署是为了促进非洲内部的贸易与投资。协定将整合非洲现有三大区域性经济一体化组织"东南非共同市场"、"南部非洲发展共同体"和"东非共同体"，组成三方自由贸易区，将覆盖 6.25 亿人口，相关国家 GDP 达1.2 万亿美元，占整个非洲生产总值的 58%。自贸区北起埃及亚历山大，南至南非开普敦，西至大西洋，东至印度洋。三方自贸区协定的签订是对非洲大陆的未来具有里程碑意义的事件。自由贸易协定代表了 26 个国家对未来非洲大陆发展方式和方向的理解，主要有三大支柱值得瞩目：① 宣布非洲大陆跨国基础设施项目合作，责成各成员国进行规划。②取消关税，进行贸易补偿，加强包括服务贸易、知识产权保护、跨境投资等方面的合作，激活市场。③整合产业，释放活力。朝工业化方向努力，提高非洲国家间的贸易。2012 年 1 月，非盟首脑批准了一项行动计划，拟于 2017 年建成非洲大陆自由贸易区，将非洲各个零散的小经济体汇集成一个单一的大市场。

虽然近年来非洲经济一体化取得了重要进展，但由于多数非洲国家经济发展水平较低，缺乏资金与技术，经济结构雷同，市场体系不完整，加之受到非经济因素的干扰，非洲经济一体化与世界其他地区相比，仍处于初级发展阶段。

农业　农业是非洲最重要的一个产业，是非洲经济的基础，在各国国民经济中具有极重要的地位。农业产值约占全洲国民生产总值的 20%～30%；农业人口约占总人口的 2/3，有一半以上的国家农业人口占 80% 以上。在非洲的出口贸易中，农产品比重仅次于矿产，全洲约有 30 多个国家出口贸易以农产品为主。

非洲的大部分地区有着发展农业生产的良好条件。全洲地势坦荡，95% 的面积属热带和亚热带。农作物常年生长，土地和热量资源之丰富在各大洲中是很突出的。

非洲粮食作物主要有玉米、高粱、谷子、小麦、稻谷和薯类等。玉米是非洲广大居民的主粮，地区分布很广，以南非为最多；高粱主要产于尼日尔河和尼罗河中游地带，尼日利亚、苏丹、埃塞俄比亚等为主要生产国；谷子分布较广，尼日利亚是最大生产国；小麦在非洲粮食作物中占第四位，主要产在地中海沿岸各国，但以南非产量最多；稻谷产在埃及和马达加斯加，约占全洲的 1/2 以上，近年来有较大发展。薯类作物在非洲大部分地区都可生长，分布很广泛，以尼日利亚产量最多。粮食普遍不能自给，发展缓慢，生产水平低下。粮食单产水平不及世界平均数的一半。

畜牧业地位重要，但生产水平低下。非洲草原地域辽阔，占非洲总面积的 27%，居各大洲之首。除热带雨林区外，畜牧业在非洲其他地区均为重要经济部门之一，其中博茨瓦纳、索马里、埃塞俄比亚等国从事畜牧业的人口都在 50% 以上。非洲畜牧业现仍以游牧和半游牧为主，经营粗放。饲养业很少，生产率和商品率低下，出肉率和产奶量都是世界最低水平。畜产品多由牧民自己消费，输出以活畜为主。

林业发展较快，利用不合理，但潜力大。森林面积占非洲总面积的 21%。盛产红木、黑檀木、花梨木、乌木、樟树等热带优质名贵用材。森林资源主要集中在几内亚湾沿岸和刚果河流域，是世界上第二个热带雨林区和热带林业生产基地。名贵用材多，工业价值大、商品性高。主要分布于加蓬、刚果（布）、刚果（金）、喀麦隆、尼日利亚、科特迪瓦等国，这里木材采伐量占非洲的 1/2。非洲木材采伐量大增，超过世界平均数，使自然生态平衡遭到严重破坏，尤其是所伐木材多数用做薪柴，浪费严重，工业用材也多以原木出口，利用很不合理，不过林业发展潜力还很大。近年来，各木材生产国提高加工能力，使锯木、板材、胶合板、纤维板等制材工业有所发展，产品也有出口。

采矿业 非洲拥有丰富的矿产资源，金刚石、金、铜、钴、钒、铀、铬和磷酸盐等矿产品一向居世界前列。二十多年来，随着石油、天然气、铁、铝土等一批新矿产的大规模开发，非洲的采矿业有了巨大的发展，占世界矿业总产值的比重已从 5% 提高到 15%。非洲原油日产量占世界的 10.6%，目前非洲产油大国已有二十多个，如尼日利亚、阿尔及利亚、利比亚、安哥拉、埃及等。非洲矿产品种类多产量大，绝大部分供出口，在国际市场上具有举足轻重的地位。近几年国际油价的走低，对非洲国家的经济增长影响很大，不仅石油业，其矿产业也连带受到冲击。

近几年来，采矿业已经是非洲超过农业的第一大经济部门，矿产品在出口总值中约占 2/3，超过农产品的出口总值。

工业 非洲工业基础很薄弱，是世界上工业化水平最低的一洲。目前主要工业有食品（包括制糖、榨油、饮料等）和纺织两大部门。除南非的重工业比重较大外，其他国家都以轻工业为主，钢铁、机械、化工等部门都非常薄弱。全洲重工业中以炼油和有色冶金稍具规模。炼油和石化工业近些年在北非和西非产油国发展较快，炼油能力有所增强。有色冶金工业主要是赞比亚、刚果（金）的炼铜，几内亚、加蓬、加纳、喀麦隆的炼铝等。非洲不少国家对电力工业都比较重视，利用水力资源发电在非洲占有很大比重。

非洲工业的发展很不平衡。南非集中了全洲工业总产值的 2/5 以上，如钢产量、发电量都占 50% 以上，其他工业基础较好的埃及、阿尔及利亚、毛里求斯、科特迪瓦、喀麦隆、加蓬等国工业都占国民生产总值的约 20% 以上。有一些国家工业很落后，如莱索托、冈比亚、卢旺达、埃塞俄比亚、毛里塔尼亚等，在国民生产总值中的比重很低。

交通运输 非洲的现代交通运输除了非洲沿海地区和工矿业经济发达地区外，非洲大部分内陆区几乎没有现代交通运输体系，多是现代化运输与传统的落后运输方式并存。从现在交通线路情况、管理水平、运输能力、运输设备等方面来看，都还不能适应非洲经济发展的需要，并且落后于世界其他各大洲。

铁路是非洲主要运输方式之一，铁路总长约 10 万千米，但布局分散，轨距杂乱，标准低劣，有线无网，因此营运水平很低。铁路的长度和货客运量都以南部非洲居首位，其次是北部非洲，其余分布在几内亚湾沿岸和东部非洲沿海地区。坦赞铁路全长 1 860 千米（卡皮里姆波希—达累斯萨拉姆），有力地促进了坦、赞两国经济的发展。中国计划通过高速铁路将所有非洲国家的首都连接起来。中国将提供金融人才和技术支持，毫无保留地与非洲国家分享先进适用技术和管理经验。继坦赞铁路之后，中国铁建在新世纪一次性建成的海外最长铁路，横贯安哥拉全境的本格拉铁路已于 2014 年 8 月全线竣工并于年内正式通车运营。该铁路西起大西洋港口城市洛比托，向东途经本格拉、万博、奎托、卢埃纳尔等，直抵与刚果接壤的边境重镇卢奥，全长 1 344 千米。未来还将与安赞、坦赞铁路接轨，实现南部非洲铁路的互联互通，形成大西洋与印度洋之间的国际铁路大通道。另外，肯尼亚东非铁路也由中国公司承建，已于 2013 年动工，起始于肯尼亚港口城市蒙巴萨，途经首都内罗毕和基苏木，至乌干达的马拉巴，是肯尼亚国家铁路总规划的三条主要铁路干线之一，将于 2018 年前正式投入运营。铁路设计全长 2 350 千米，其中 80% 线路在肯尼亚境内。建成后主要承担东非地区茶叶、咖啡的出口以及面粉、糖、机械产品的进口运输任务。现在还没有铁路的国家和地区有冈比亚、几内亚比绍、西撒哈拉、乍得、中非、尼日尔、赤道几内亚、莱索托、布隆迪、卢旺达、索马里等。

非洲海运业在世界上地位较为重要。海运主要以输出大宗原油、矿产品和农林产品以及输入工业制成品和粮食为主，因而非洲的海运是国际运输量大大超过国内运输量，主要海运国也是矿产输出国。全洲海运量大于 1 亿吨以上的是两大石油输出国尼日利亚和利比亚，其次是阿尔及利亚、埃及、突尼斯、利比里亚、南非、摩洛哥和毛里塔尼亚等。

第二次世界大战后，非洲的港口建设和海运事业发展较快。在沿海 31 个国家中，有 28 个国家至少有 1 个现代化港口，航线可通向世界各大洲的主要港口。按其营运特点可分为四类：①综合性海港，客货运兼营，货运品种繁多的商港，同时也多为内陆国家外贸进出货物的转口港；②专业矿砂输出港，以输出铁矿石占多数；③石油输出港；④国际航运停泊港，主要为各国货轮供应燃料、淡水和生活物资等。主要港口见表 24。

表 24　　　　　　　　　　　　非洲国家（地区）主要港口及其职能

港 口	所属国家或地区	地理位置	经纬度	职 能
亚历山大（Alexandria）	埃及	地中海南岸，尼罗河口以西	北纬 31°12′东经 29°54′	该国最大港，全国 4/5 的外贸进出口货物经此港，港内设自由区
塞得港（Portsaid）	埃及	地中海南岸，苏伊士运河北端	北纬 31°15′东经 32°18′	世界最大的煤、石油贮存港之一。大洋洲、南亚与地中海各国间重要转口港，设自由区
的黎波里（Tripoli）	利比亚	利比亚西北部地中海沿岸	北纬 32°54′东经 13°11′	该国首都和最大港市，出口杂货干货等

港　口	所属国家或地区	地理位置	经纬度	职　能
班加西 (Benghazi)	利比亚	地中海南岸的苏尔特湾东岸	北纬 32°7′ 东经 20°3′	该国第二大城市和主要商港。出口农、畜、矿产品
突尼斯 (Tunis)	突尼斯	地中海突尼斯湾西岸一个潟湖的顶端	北纬 36°15′ 东经 10°15′	该国的首都和最大港市。出口磷酸盐、水果、酒类为主
比塞大 (Bizerta)	突尼斯	地中海南岸	北纬 36°48′ 东经 9°52′	该国主要商港，以出口农、畜产品和矿石为主
阿尔及尔 (Algiers)	阿尔及利亚	地中海南岸阿尔及尔湾内	北纬 36°48′ 东经 3°2′	该国的首都和最大港市，出口石油及制品、矿石、水果、酒类等
奥兰 (Oran)	阿尔及利亚	地中海南岸奥兰湾	北纬 35°42′ 西经 0°39′	该国第二大港，出口石油、农牧产品
苏丹港 (Port Sudan)	苏丹	位于红海西岸	北纬 19°36′ 东经 37°14′	苏丹唯一海港，全国绝大部分进出口货物经此
达尔贝达 (Dar el Beida)	摩洛哥	摩洛哥西北部大西洋岸	北纬 36°36′ 西经 7°37′	又称卡萨布兰卡，该国最大港市，临大西洋。以出口磷灰石、水果、鱼产品和矿石为主
丹吉尔 (Tangier)	摩洛哥	直布罗陀海峡南岸	北纬 35°47′ 西经 5°48′	自由港。出口水果、鱼产品为主
丰沙尔 (Funchal)	葡属马德拉群岛	非洲西北部大西洋中	北纬 32°38′ 西经 16°54′	该岛最大商港及远洋航运的燃料、淡水供应站
拉斯帕尔马斯 (Las Palmas)	西属加那利群岛	非洲西北部大西洋中	北纬 28°05′ 西经 12°27′	该岛最大商港，远洋航运重要加油站，淡水供应站
努瓦克肖特 (Nouakchott)	毛里塔尼亚	该国西南部大西洋岸	北纬 20°49′ 西经 17°2′	该国首都和最大商港，也输出铁矿石
达喀尔 (Dakar)	塞内加尔	在大西洋岸佛得角半岛上	北纬 9°31′ 西经 13°43′	该国最大港市，也是西非最大海港和贸易中心之一，有巨大的燃料供应站和国际航空站。出口磷灰石、花生、畜产品
科纳克里 (Conakry)	几内亚	在大西洋岸卡卢姆半岛和通博岛上	北纬 9°31′ 西经 13°43′	该国首都和最大港市，以出口铁、铝土矿、热带农产品为主
弗里敦 (Freetown)	塞拉利昂	大西洋岸塞拉利昂半岛西半端	北纬 8°30′ 西经 13°14′	该国首都和最大港市，输出铁、铝土矿、热带农产品
蒙罗维亚 (Monrovia)	利比里亚	该国西北部圣保罗河口	北纬 6°21′ 西经 10°48′	自由港。是该国首都和最大商港，以出口铁矿石、橡胶为主。是西非现代化优良港口之一，有国际航空站

港 口	所属国家或地区	地理位置	经纬度	职 能
阿比让 （Abidjan）	科特迪瓦	该国东南部、几内亚湾埃布里耶潟湖沿岸	北纬 5°15′ 西经 3°58′	该国最大港市。出口可可、咖啡、橡胶、木材等。还是布基纳法索等国货物自由过境区，不收税。有国际航空站
阿克拉 （Accra）	加纳	该国东南部，濒几内亚湾	北纬 5°31′ 西经 0°12′	该国首都和最大商港。出口可可、木材、铝土矿、锰等
科托努 （Cotonou）	贝宁	贝宁南部几内亚湾北部贝宁湾	北纬 6°20′ 东经 2°27′	该国最大港市。尼日尔的转口港之一，设自由港区
拉各斯 （Lagos）	尼日利亚	该国西南端几内亚湾沿岸	北纬 6°25′ 东经 3°25′	该国第一大港。出口热带农产品、木材和矿产品
哈科特港 （Port Harcourt）	尼日利亚	该国东南部博尼河下游南距几内亚湾 60 千米	北纬 4°30′ 东经 7°	该国第二大海港。主要出口原油，博尼是其外港，最大原油输出港
杜阿拉 （Douala）	喀麦隆	该国西南海岸	北纬 4° 东经 6°4′	该国最大海港。也是中非、乍得等内陆国家进出口货物的重要转口港。出口热带农产品和木材
让蒂尔港 （Port Centil）	加蓬	濒大西洋奥果韦河口一个岛上	南纬 0°43′ 东经 8°47′	该国港市，重要工商业中心，大量输出原油、木材、胶合板等
黑角 （Pointe Noire）	刚果（布）	该国西南部，大西洋沿岸	南纬 4°47′ 东经 29°54′	该国最大海港，中非、乍得等国转口港。出口原油、锰矿、木材等
马塔迪 （Matadi）	刚果（金）	该国刚果河下游	南纬 5°49′ 东经 13°28′	该国唯一的出海口。出口钢、棕油、木材等
洛比托 （Lobito）	安哥拉	濒大西洋洛比托湾	南纬 12°20′ 东经 13°24′	该国最大海港和商业中心。是南部、中部非洲邻国进出口货物转口港，转口货量大。出口石油、钻石、咖啡等
开普敦 （Cape Town）	南非	南非最西南端大西洋岸好望角半岛塔布尔湾	南纬 34° 东经 18°28′	南非第二大商港。是从印度洋到大西洋南非航线的要冲。出口羊毛、金、钻石、石棉、果品等
德班 （Durban）	南非	南非东部印度洋沿岸纳塔尔湾	南纬 29°52′ 东经 31°3′	南非最大综合性商港。出口畜产品、煤、铁砂等
马普托 （Port Maputo）	莫桑比克	该国南部印度洋岸	南纬 25°28′ 东经 32°34′	该国首都和最大商港。南非及斯威士兰部分货物转口港。出口铬、锰、铁矿、石棉等

港　口	所属国家或地区	地理位置	经纬度	职　能
贝拉 （Beira）	莫桑比克	位于印度洋岸	南纬19°50′ 东经34°50′	该国第二大商港。津巴布韦、马拉维部分进出口物资的转口港。出口矿产品和农产品
图阿马西纳 （Toamasina）	马达加斯加	马岛东部印度洋岸	南纬18°15′ 东经49°30′	该国最大商港。农产品集散中心。出口大米、咖啡、蔗糖、香料等
路易港 （Port Louis）	毛里求斯	印度洋西部马斯克林群岛	南纬20°9′ 东经57°30′	全国最大商港，是印度洋地区最现代化港口之一，是国际航运重要停泊站。输出服装、电子、首饰、蔗糖等产品
达累斯萨拉姆 （Dares Salaam）	坦桑尼亚	该国东部印度洋沿岸	南纬6°50′ 东经39°17′	东非最大商港之一，赞比亚、刚果（金）等国进出口货物转口港。出口铜砂和农产品
蒙巴萨 （Mombasa）	肯尼亚	该国东南部印度洋岸蒙巴萨岛上，有堤道和铁路桥连接大陆	南纬4°4′ 东经39°40′	该国最大商港及乌干达等邻国进出口转口港。出口咖啡、剑麻、棉花、茶叶等
摩加迪沙 （Mogadiscio）	索马里	该国东南部印度洋岸	北纬2°9′ 东经45°25′	该国首都和最大商港。出口畜产品和香料为主
吉布提 （Djibouti）	吉布提	阿拉伯海亚丁湾西口	北纬11°32′ 东经43°10′	自由港，东非最大转口港。埃塞俄比亚进出口货物大部分经此港转运
马萨瓦 （Massawa）	厄立特里亚	该国北部东临红海	北纬15°38′ 东经39°28′	该国最大商港，为首都阿斯马拉外港。出口农牧产品、蔬菜、水果等

公路和管道运输近几十年来发展较快，各国都有公路，非洲修建了一条横贯大陆的公路干线，东起印度洋沿岸肯尼亚的蒙巴萨，西迄大西洋沿岸尼日利亚的拉各斯，跨越13个国家，全长5 000千米。

主要产油国有石油输出管道，还有横贯地中海洲际输气管道，从阿尔及利亚的哈西鲁迈勒，经过突尼斯，穿越突尼斯海峡，到达意大利西西里岛的马扎拉—德尔瓦洛，全长1 070千米。阿尔及利亚的天然气通过这条管道向意大利输送。

对外经贸　对外贸易在非洲国家的经济中占有重要地位。20世纪70年代以来，非洲对外贸易有较快的增长，1979年非洲的进出口贸易总额为1 637.7亿美元（不包括南非），是1970年的4倍多。20世纪80年代以来，非洲进出口贸易占世界贸易的比重呈下降趋势。1997年非洲的进出口贸易总额为2 567.3亿美元，在世界贸易中只占2.3%左右，2004年非洲贸易总额 4 350 亿美元，在世界贸易中只占 2%左右。2008 年非洲贸易总额达 10 270 亿美元，占世界贸易总额的 3.22%，同比有所提高。近年来，尽管全球贸易增长乏力，2012 年非洲货物出口额和出口量分别增长 5%和 6.1%，货物进口额和进口量分别增长 8%和 11.3%，是增长最快的大洲。总之近三十年来，非洲对外贸易经历了一个较大发展、明显萎缩和逐步恢复的发展过程。

2013 年非洲外贸总额为 12 272.42 亿美元，同比增速转负（－2.14%），这是 2009 年全球金融危机以来的再一次下降。2014 年为 11 975.41 亿美元，同比大幅下降 3.20%，是非洲外贸总额的第三次下降。其中出口 5 554.80 亿美元，同比下降 7.62%；进口 6 420.62 亿美元，同比增长 0.97%。非洲进出口总额以及出口总额大幅下降的主要原因是以原油为主的国际大宗商品价格的下降。从外贸商品结构来看，由于大宗商品价格下跌，其能源原材料出口所占比重有所下降。非洲外贸有以下几个特点。

（1）非洲对外贸易的发展很不平衡。非洲贸易额较大的国家有南非、尼日利亚、阿尔及利亚、利比亚、摩洛哥、埃及、突尼斯、利比里亚、留尼汪这九个国家和地区，约占非洲进口贸易总额的 80%，其他国家和地区约占 20%。其中南非是最大的进口市场，其次是尼日利亚。

（2）非洲对外贸易商品结构由单一走向优化。长期以来，非洲受单一经济结构的制约，外贸商品结构没有太大变化。非洲主要输出单一性农矿初级产品，进口绝大部分是工业制成品和生活消费品（包括大量粮食）。近年来，进出口商品结构持续优化，能源出口所占比重大幅下降，工业制成品比重大幅上升。2013 年，非洲原油出口减少到 35%左右，而燃料、工业品、矿产、金属、机械和运输设备、农产品等的出口上升。进口商品结构变化不大，集中在工业制成品、机械和运输设备、燃料、农产品等。2013 年制造业产品比重已达 63%左右。

（3）非洲转口贸易活跃。非洲沿海国家一些港口设施较好，交通发达，而内陆国家没有出海口，必然形成从沿海向内陆转口的局面，特别是西非、南非转口频繁。西非的多哥长期实行对外开放政策，贸易环境宽松，一般商品无进口许可证，转口费用低。加之洛美港设有保税仓库，这里的转口贸易额占进口额的 70%～80%以上。非洲中小商人多，订货零星分散，习惯于看样成交，或做现买现卖的生意，转口贸易更加活跃。

（4）非洲地区外商和民族商互为一体，形成各不相同的类型。少数西方垄断公司（英法公司）在非设分公司，占非洲贸易很大比重，主要经营美、日、欧等国家和地区的商品，从事大宗进口和批发业务。印巴商人多属中小商人，经营能力较强，兼营批发零售，喜欢订购中国货。民族商除少数外，一般资本较小，要求现货现卖。非洲国家还有一些华侨、港台商人经营大陆和港台商品。

（5）非洲市场竞争激烈。非洲以资源和市场潜力在世界上始终占有特殊地位。各宗主国利用在原占领国的有利条件，企图控制资源与市场。欧盟在撒哈拉以南的非洲市场占有 40%，对非洲的投资额占全球投资额的 32%。而美国在非洲市场上只占 7%以上，投资仅占 8%。西方国家许多重要的工业原料和稀有金属主要从非洲进口，目前非洲进出口总额中，世界工业化国家所占份额为 66.5%，发展中国家近年来有所提高，但也只占 20%。多年来，非洲的主要贸易伙伴为法国、德国等欧盟国家和美国、日本等。近十年来，美非双边贸易额已被其他国家超过。2013 年美非双边贸易额 600 多亿美元，而欧盟与非洲贸易额高达 4 200 多亿美元，中非双边贸易额则突破了 2 000 亿美元大关。说明非洲与发展中国家特别是中国、非洲内部的经贸易联系进一步加强，非洲的贸易伙伴有了新的变化。

按照"绿地投资"统计法，非洲 2014 年共接受 870 亿美元的外国直接投资，未来几年将继续增长。（"绿地投资"又称"能力建设投资"，即只统计新的投资项目或现有项目的扩容项目。）中国继续保持非洲第一大投资国的地位。近年来，美国也向非洲 50 个国家领导人宣布了 330 亿美元的经济承诺。

（6）旅游业。非洲是人类发祥地之一，有着区别于其他地区的独特风貌和弥足珍贵的文化旅游资源。非洲不只是阳光、戈壁、沙漠、森林、大海、草原，非洲更有在世界七大奇迹中同时占有两大奇迹的埃及，被誉为"彩虹之国"的南非，风光迷人的岛国毛里求斯，堪称"天然野生动物园"的肯尼亚等；还有让人充满憧憬的尼罗河、金字塔、狮身人面像、东非大裂谷、南非国家森林公园等。近几年，非洲旅游业随着经济的稳定增长及整体安全形势的好转而持续发展，取得了举世瞩目的业绩，获得了世界上最受欢迎的旅游目的地称号，成为全球旅游业发展速度最快的大陆。目前，非洲不少国家把旅游业作为经济多元化的主要产业之一，发展潜力巨大。2009 年受国际金融危机的影响，全球游客总数减少 4%，只有非洲是世界上唯一游客数量增加的地区。目前非洲旅游市场已占全球市场份额的 5%。埃及、南非、摩洛哥和突尼斯是非洲最受欢迎的四个旅游目的地，每年接待游客数量约在 700 万人次以上；其次是博茨瓦纳、赞比亚、斯威士兰；南部非洲国家的旅游业也明显有所发展。

中非贸易　中国历来重视与非洲各国的经贸合作，已同 50 多个国家与地区建立了经贸关系。先前中国的改革开放促进了中非贸易的发展。2000 年双边贸易额首次突破 100 亿美元，此后增速越来越快。2008 年中非贸易额超 1 000 亿美元。近几年在全球经济复苏乏力的情况下，中非贸易仍然持续较快发展。从 2009 年至 2014 年，连续六年成为非洲第一大贸易伙伴。2014 年中非贸易额达 2 218.8 亿美元，同比增长 5.5%是 2000 年中非合作论坛启动后的 22 倍，占非洲外贸总额的比重由 3.8%上升到 20.5%。2014 年中国向非洲出口 1 061.47 亿美元，同比增长 14.4%；从非洲进口 1 157.37 亿美元，同比下降 1.5%。进口下降的主要原因是以原油为主的大宗商品价格下降。2014 年中国从非洲进口的全部商品中，矿物燃料所占比重高达 46.26%，因此价格下降直接影响到中国对非洲的贸易额和进口额。

从中非贸易结构来看，无论是国别还是商品结构，相对都较为稳定，变化不大。2014 年中国对非洲出口的前十大国家依次是南非、尼日利亚、赞比亚、阿尔及利亚、安哥拉、肯尼亚、加纳、坦桑尼亚、贝宁和摩洛哥，该十国占中国对非洲出口总额的 70.1%；中国从非洲进口的十大来源国依次是南非、安哥拉、刚果（布）、南苏丹、赤道几内亚、赞比亚、刚果（金）、尼日利亚、塞拉利昂和莫桑比克，该十国占中国从非洲进口总额的 86.9%。中国对非洲出口的主要商品是机电产品、机械设备、车辆、钢铁制品和家具、寝具等；从非洲进口的主要商品是矿物燃料、矿砂、矿渣和矿灰、铜及其制品、贵金属以及木制品等，集中度很高。2014 年中国与非洲贸易额前十位的国家是南非、安哥拉、尼日利亚、埃及等（表 25）。

表 25　　　　　　　　　　2014 年中国与非洲贸易额前十位国家　　　　　　　　单位：亿美元

序号	国别	进出口总额	同比±（%）	进口额	同比±（%）	出口额	同比±（%）
1	南非	602.92	−7.6	445.91	−7.8	157.01	−6.7
2	安哥拉	370.72	3.2	310.97	−2.7	59.75	50.7
3	尼日利亚	181.01	33.2	26.60	72.0	154.41	28.2
4	埃及	116.20	13.8	11.60	−37.4	104.60	25.1
5	阿尔及利亚	87.10	6.4	13.15	−39.3	73.95	22.8
6	刚果（布）	64.64	−0.4	54.79	−4.1	9.85	26.3
7	赤道几内亚	35.72	26.3	32.19	30.3	3.53	−1.4
8	摩洛哥	34.82	−8.4	5.18	−2.5	29.64	−9.4
9	苏丹	34.59	−23.1	15.30	−27.1	19.29	−19.6
10	利比亚	28.99	−40.5	7.41	−63.6	21.57	−23.9

资料来源：中国海关统计。

另外，中非贸易国别顺、逆差分布不均。非洲对中国贸易顺差国，基本上是原油和矿产主要输出国，而逆差国主要是自然资源赋存较少的国家。那种以原油和金属矿产为主的赋存状况直接决定了非洲国家的贸易平衡状况，短期内较难改变。

中非贸易互补性强，合作潜力巨大。自 2000 年中非合作论坛机制形成以来，双方经贸合作突飞猛进。中非双方在政治、经济、商贸、文化、教育、科技、环保等众多领域的交流合作都取得了显著进步。中非之间的合作建立在新兴国家所特有的新的世界视野上，在发展问题、气候变化谈判或战略平衡等问题上，中非观点相近。中国经过六十多年的工业和资本积累后，已到了工业和资本双输出的关键时刻。中国的主要目标是发展中国家和欠发达国家。中企与非洲合作，不仅局限在出口，一些企业已将工厂迁到了非洲。目前非洲是中企在海外的第二大承包工程市场和新兴投资目的地。截至 2014 年底，中国对非洲直接投资存量已达 324 亿美元，过去 15 年平均增速超过 30%。据统计，中国在非洲投资建设的经贸园区有二十多个，吸引入园企业共计 360 多家，累计投资额近 47 亿美元，总产值近 130 亿美元，累计纳税 5.6 亿美元，解决就业 2.6 万人。近年中国与南非签署了 23 个商业协议，合同金额约 9.3 亿美元，涉及钢铁、能源、医药、水果、海鲜、葡萄酒和纺织等行业。不少中企如华为、中兴、中铁在非洲的投资项目在当地享有高知名度。

近年来非洲市场上的中国商品主要还是以低端为主，但随着消费水平的不断提高，一些技术含量高的产品也开始崭露头角。如华为手机和中兴手机在非占有率很高，且有关部门在计划将中国的高端装备制造推向非洲；非洲也在积极推进工业化进程，中非发展前后衔接，产能合作前景广阔。

自全球性金融危机以来，中国克服自身困难，积极向非洲国家提供包括无偿援助、无息贷款、优惠贷款等各类援助，涉及农牧渔业、轻纺工业、能源、交通运输、通信、水电、食品加工、医疗卫生等各个领域，并免除数十个非洲欠发达国家的债务。

第二节　北非地区

北非地区，通常包括埃及、苏丹、南苏丹、利比亚、阿尔及利亚、突尼斯、摩洛哥七个国家以及亚速尔群岛、马德拉群岛。总面积为 826.9 万平方千米，人口约 2.24 亿，其中阿拉伯人占 80% 左右，普遍信奉伊斯兰教。

北非按自然条件可分为阿特拉斯和撒哈拉两个部分。西北部为阿特拉斯山地，东南部为苏丹草原一部分，地中海和大西洋沿岸有狭窄的平原，其余地区大部分为撒哈拉沙漠。地中海沿岸属亚热带地中海式气候。因而，广大区域气候极端干燥，沙漠和戈壁广布，但在尼罗河谷地和散布各地的"绿洲"中，依赖河水和地下水进行灌溉，形成了条带状或点状的人口稠密区，在生产分布的特点上独具一格。

北非经济发展水平在非洲属于较发达的经济区。人均国民生产总值在全洲也是较高的。北非整体经济实力居非洲首位，其中埃及、摩洛哥、突尼斯约占非洲经济总量的 27%。这三个国家的共同特点是通货膨胀率低，外资充足，外债不断减少和市场化改革取得长足进展将为非洲经济的持续增长增添新的活力。2002 年经济增长 2.8%。

本区矿产资源丰富，采矿业占很重要地位。以石油、天然气、磷酸盐为多、钴、锰、铁矿等也丰富，但煤藏较少。

采矿业　北非撒哈拉地区北部以生产原油为主。1988 年年初石油储量约 48 亿吨，占世界总储量的 4% 左右。石油资源主要集中在利比亚的锡尔特盆地，阿尔及利亚东北部和东南部以及埃及的苏伊士湾四大油区。各油区所产的油通过输油管道分别通向地中海岸的祖埃提纳、卜雷加、锡德尔、阿尔泽、贝贾亚、斯基克达等油港输出。目前，利比亚、阿尔及利亚、埃及三国共产原油 1.3 亿多吨，其中利比亚产油 6 000 万吨，居北非第一位，占世界总产量（29.2 亿吨）的 4%。北非所产的原油绝大部分出口到美国和西欧。利比亚原油出口额占出口总额的 98% 以上，阿尔及利亚占出口总额 90% 以上。近年来，北非国家因对石油资源的保护政策以及经济的不景气，石油产量与出口量有所减少。

北非的阿特拉斯地区，是世界上最大的磷酸盐蕴藏区，占世界总储量的 3/4 以上，其中摩洛哥探明储量为 570.3 亿吨，占世界总储量的 3/4，目前年产量 2 000 万吨，仅次于美、独联体，居世界第三位，出口量居世界之冠，磷酸盐及其加工产品出口占摩洛哥外贸出口总值的 1/2；突尼斯磷酸盐储量为 20 亿吨，居世界第四位，也是本国大宗出口商品。

工业　北非工业的规模仅次于南部非洲。其中埃及、阿尔及利亚和摩洛哥的工业在非洲各国里分别为第二位、第三位和第五位，纺织、食品、石油化工、钢铁和机械等工业部门都占有重要地位，以埃及为突出。2014 年埃及 GDP 达 2 864 多亿美元，是居南非、尼日利亚之后的非洲第三大经济体。近年来埃及的石油、钢铁、电力、化肥、水泥、机械等重工业有所发展，尤以石油工业为重。2015 年埃及石油日产量 70 万桶。石油产品出口值占总出口值的约 70%，工业高度集中于尼罗河三角洲的中部和南部，开罗和亚历山大两大城市就集中了全国工厂和产业工人总数的 3/4 左右，形成了埃及的经济核心地区。

阿尔及利亚的工业以石油化工为主，还有车辆制造、冶金、电子、纺织、食品加工等，也是世界重要的天然气出口国。2003 年阿尔及利亚原油产量 3 000 万吨，居世界第十七位。按目前原油开采规模，阿尔及利亚石油资源不久将枯竭，为此压缩原油出口，提高原油冶炼能力，增加石油产品出口，大力发展天然气生产，同时加速农业和其他工业发展，以保证在石油以后时代经济持续发展。

农业　北非区内沙漠广布，垦殖指数只有 4%，在非洲各区是最低的。区内"没有灌溉就没有农业"，埃及、苏丹地区灌溉农业占绝对优势，尼罗河给农业提供了宝贵水源。几千年来，埃及人民就利用尼罗河定期泛滥的规律，进行灌溉和施肥，在荒芜的沙漠中建造了一条生机勃勃的绿色长廊。

区内耕作制度和技术水平也较先进，农业多属亚热带地中海式类型，生产麦类、棉花、蔬菜和油橄榄、葡萄、柑橘、无花果、椰枣等。尼罗河流域有"白金"之称的长绒棉闻名世界，埃及产量和出口量居世界首位。2003—2004 年度埃及产 15 万吨，出口 2 万吨，占世界出口量的 0.4%。苏丹是非洲第二大产棉国，近年产 11 万吨，出口 10.5 万吨，占世界棉花出口量的 2%。两国棉花产量占世界总产量的 7.6%。埃及近年甘蔗产量 1 000 万吨，居非洲第二位，另外洋葱也大量出口。

苏丹 20 世纪 90 年代初花生产量 20 多万吨，仅次于塞内加尔、尼日利亚，居非洲第三位；芝麻产量约 10 万吨，占全洲约 1/3。苏丹还是世界上阿拉伯树胶生产国，产量和出口量占世界 80% 以上，故有"树胶王国"的称号。摩洛哥的栓皮产量居全洲第一位，每年大量出口。

北非粮食作物主要有小麦、玉米、高粱、谷子和稻谷等。埃及粮食作物发展较快，2002 年谷物产量 1 920 万吨，居非洲第三位，其中玉米产量 660 万吨，居非洲第二位，稻谷产量 600 万吨，阿尔及利亚 2002 年谷物产量 300 万吨，其中小麦产量 171 万吨，占粮食总产量的 47%。除埃及外，北非粮食都不能自给。

北非各国畜牧业也较发达，以牛、绵羊和骆驼等大牲畜为主。苏丹拥有的骆驼数居世界第二位，牛羊以活畜出口。阿尔及利亚和苏丹羊毛产量在非洲分别居第二位、第三位。

交通运输业 有铁路 1.9 万千米，仅次于南部非洲，多分布在地中海沿岸和尼罗河各地，以埃及为多。但各国之间很少有联运干线，现在在加紧修建中。

北非埃及的苏伊士运河，是一条世界上最繁忙的国际运河，它沟通了地中海与红海，连接了印度洋和大西洋，扼欧、亚、非三大洲的航运要冲。从亚洲各港口到欧洲去，通过运河比绕道非洲南端的好望角至少可缩短航程 8 000 千米。苏伊士运河航线安全，被马克思称为"东方伟大的航道"。

苏伊士运河可通行满载 25 万吨级油轮，于 1981 年 10 月正式起用电子控制系统，从而标志着运河管理进入了现代化时期。现在每天通过运河的船可达 100 艘以上，埃及政府每年从运河收入 19.5 亿美元以上，是埃及的主要外汇来源之一。目前，随着国际经济贸易的发展，运河还正在加深拓宽，计划 2010 年加深到 22 米（72 英尺），河面将扩大到 6 750 平方米，届时可通过 36 万吨的船只。

开罗（Cairo）是埃及的首都，非洲第一大城市，是世界著名的文化古都，包括郊区在内的"大开罗"人口已近 900 万，它面临尼罗河，是全国最大的水陆空交通枢纽，国际重要航空港，在工业、文化、金融、贸易等方面都是全国首屈一指的。工业以冶金、建材、仪表、纺织为主。

亚历山大（Alexandria）人口 270 多万，工商业都很发达，纺织、机械、石油化工等部门尤为突出，是埃及最大港口，全国 4/5 的外贸进出货物由此经过，国内所产的棉花绝大部分由此出口。

第三节 西 非 地 区

西非地区位于撒哈拉沙漠、乍得湖和几内亚湾之间，包括尼日利亚、贝宁、多哥、加纳、科特迪瓦、利比里亚、塞拉利昂、几内亚、几内亚比绍、冈比亚、塞内加尔、毛里塔尼亚、西撒哈拉、佛得角、马里、布基纳法索、尼日尔共 17 个国家以及加那利群岛（西）。面积 656 万平方千米，人口 3.21 亿，是非洲人口最多、人口密度第二大的地理区域。

区内除西部有海拔较低的高原以外，大部分是起伏和缓的浅平盆地，沿海有狭窄平原。几内亚湾沿岸地区多属热带雨林气候，盛产热带经济作物，是西非的主要经济区。中部为热带草原气候，是农牧兼有地区。北部为撒哈拉沙漠，全年干旱，尼日尔河呈弧形，流经干旱草原，对西非中部地区的农业灌溉具有很重要的意义。

总的看来，西部非洲多数地区的自然条件对经济发展较为有利，全区农耕垦殖指数平均达到 8.2%，大于非洲其他各区，区内经济发展在非洲属于中等水平。全区分南北两部分。南部包括几内亚至尼日利亚的八个几内亚湾沿岸国家，自然条件较好，对外交通方便，过去就是殖民者重点经营的地区，因此，经济发展较高，采矿业和热带经济作物占突出地位。北部共有九个国家和地区，其中马里、布基纳法索、尼日尔，都是内陆国家，自然条件较差，沙漠约占总面积的一半，农业以游牧为主，加上长期的干旱灾害，经济发展水平十分低下，人均国民生产总值不及南部国家的一半，较低的布基纳法索 2008 年人均国民生产总值只有 605 多美元。

区内各国均以农业或矿业为主，石油、铝土、金刚石、铁、锰、铌、铀等都较为丰富。可可、棕油、棕仁、天然橡胶和花生等都占非洲或世界的重要地位。

本区几内亚湾沿岸从科特迪瓦到中非的安哥拉西北部，已成为非洲的另一个重要的石油蕴藏区。

西非产油国以尼日利亚居首位，近几年探明石油储量约 370 亿桶，原油日产量是 200 万桶左右，占非洲第一位，也是世界第八大产油国。尼日利亚目前已投产油田 120 多个，像繁星一样遍布尼日尔河三角洲及沿海大陆架上。尼日利亚石油业有以下特点：①油田多，但规模不太大，最大的油田年产量仅 400 万吨；②油层压力稳定，回采率高，绝大部分为自喷井，油质也好；③海底油田，其水深在 10～90 米之间，又靠近赤道，风暴罕见，开发条件较好；④油田紧邻油港，管道运输距离短；⑤距欧美市场较近，竞争力强。

尼日利亚由于石油工业的突飞猛进，带动了本国现代工商业的发展，主要工业有炼油、化工、纺织、车辆装配、电器装配、钢铁水泥等，改变了过去一直以农业为主的经济，石油工业是尼日利亚国民经济的支柱，2012 年原油出口收入约 685 亿美元，占出口收入的 74.3%（2012 年尼日利亚外贸出口额为 921.6 亿美元）。IMF 显示，2014 年 GDP 达 5 739.99 亿美元，比西非其他国家的总和还要多，超过南非，成为非洲第一大经济体。全国有 13 个港口，拉各斯居全国之首，其中博尼是最大的原油输出港。科特迪瓦、贝宁、几内亚绍、几内亚沿海均有丰富的石油。

从毛里塔尼亚到尼日利亚中部地区，铝土矿和铁矿蕴藏丰富。

西非铝土矿的产量占世界总产量的约 15%，占全洲总产量的 90% 以上，其中几内亚铝土矿最丰富，居世界首位，埋藏浅，质量好，氧化铝含量在 58%～62%，分布普遍。现已建成弗里亚、桑加雷迪等大矿区，2001 年产量为 1 630 万吨，出口 1 385 万吨，居世界第二位，仅次于澳大利亚，氧化铝产量为 67.4 万吨，全部出口。铝土出口额占出口总额的 70% 以上。其次为加纳、塞拉利昂等。

几内亚铁矿估计储量 150 亿～400 亿吨。利比里亚探明储量 18 亿吨，品位高达 70%，接近地面，便于露天开采，目前开采量居全洲第一位，铁矿砂产量为 1 000 万吨，绝大部分出口，占出口总值的 62%。还有毛里塔尼亚铁矿石储量为 87 亿吨，年产铁矿砂约 500 万吨，约 80% 供出口，铁矿砂出口是外汇收入的主要来源。

金刚石产量占世界总产量约 12%，以加纳和塞拉利昂等国产量较大。加纳金刚石储量约 1 亿克拉，产量仅次于刚果（金）、独联体、南非，居世界第四位。塞拉利昂目前钻石产量为 2 万多克拉，矿产品占出口总值的 70%，其中金刚石占矿产品出口值的 60%。加纳的黄金储量（达 20 亿盎司）和产量都居世界前列。

此外，尼日尔的铀矿、加纳的锰矿、几内亚的铁矿石和金刚石的产量，马里的黄金和铝土储量等都占重要地位。尼日利亚是西非唯一产煤国，又是主要的锡生产国。塞内加尔和多哥每年生产磷酸盐 400 万吨，居非洲前列。

西非热带经济作物种类多，产量大，占出口的很大比重。

可可以科特迪瓦、加纳和尼日利亚为主要生产国，年产 100 万吨，占世界市场 150 万吨的 2/3。其中科特迪瓦年产量达到 70 多万吨，是该国最大的出口产品，目前产量和出口量均居世界首位。

咖啡生产集中于科特迪瓦，年产量 20 多万吨，多哥、几内亚年产约 3 万吨，占非洲总产量的约 1/4。科特迪瓦年出口咖啡约 20 万吨，是该国第二大出口商品。

棕仁、棕油生产集中于尼日利亚、科特迪瓦、贝宁三国，尼日利亚棕仁和棕油年产量分别为多 30 万吨和 70 多万吨，居非洲第一位；科特迪瓦棕仁和棕油年产量分别为 5 多万吨和 20 多万吨，棕油出口 20 多万吨，已成为非洲最大的棕油出口国。

花生出口达 200 万吨，居世界第一位，主要生产国塞内加尔（年产 60 多万吨）、尼日利亚、尼日尔和马里。

天然橡胶生产遍及利比里亚、尼日利亚、科特迪瓦等国，仅利比里亚、尼日利亚两国，就占非洲橡胶总产量的 2/3。非洲最大的橡胶生产国利比里亚大小橡胶园有 4 000 多个，许多橡胶园设备先进，经营的现代化水平很高，设有加工厂，是非洲橡胶生产的佼佼者，有"非洲的天然橡胶王国"之称，产量仅次于泰国、印度尼西亚和马来西亚，居世界第四位，在全国出口总值约占 18% 以上。

科特迪瓦成为非洲重要椰子生产基地，并盛产多种热带水果，香蕉、菠萝、芒果等，主要销往西欧各国，尤以法国最多。

热带木材产量以尼日利亚最多，年采木材达 6 000 万立方米以上，高居非洲首位。居世界第二位，主要有红木、红白坚木、柚木及胡桃木。毛里塔尼亚盛产阿拉伯树胶。

从以上可知，矿产品和经济作物的生产在西非各国经济中和出口贸易中所占的重要地位。但西非绝大多数国家粮食生产都较落后，除科特迪瓦、利比里亚、加纳等国可基本自给或少数进口外，绝大部分国家都连年大量进口粮食，尤其是西非北部各国进口粮食越来越多，现在正采取措施发展粮食生产。

第四节 中非地区

中非地区包括乍得、中非、喀麦隆、赤道几内亚、加蓬、刚果（布）、刚果（金）、安哥拉、圣多美和普林西比。其中乍得和中非是内陆国家，其他都临大西洋属于沿海国家，但海岸线都不长，港口也较少，这一地区面积 661.6 万平方千米，人口 1.38 亿。与非洲其他地区相比，本区明显地具有地广人稀的特点，人口密度只有全洲平均数的 57%；居民绝大部分是黑人，最北部还居住部分阿拉伯人。

本区界于南纬 18°和北纬 23°之间，南北延伸达 4 500 千米，具有较典型的非洲大陆的基本特点。地形为高原、盆地相间，北部属撒哈拉沙漠，中部属苏丹草原，南部属刚果盆地以及几内亚和隆达——加丹加高原，地势起伏较大。从赤道向两侧，气候和自然带呈现出有规律的变化，跨越热带雨林、草原、沙漠三大地带，这对于本区农业生产地域差异影响很大。

区内经济发展在非洲属中下水平，人均国民生产总值仅相当于全洲平均数的 60%，各国经济发展水平及其结构类型差异很大。2002 年中非经济增长 4.4%。其南侧刚果（金）、加蓬、刚果（布）和安哥拉采矿业都比较发达，加蓬、刚果（布）的林业和刚果（金）、喀麦隆、安哥拉的热带经济作物在非洲也名列前茅。此外，区内其他国家都是比较落后的农业国。安哥拉、加蓬、喀麦隆、刚果（金）、刚果（布）工业近年来有所发展。

本区森林资源丰富，森林面积达 320 万平方千米，占全洲森林面积的 50%，主要集中于刚果（金）、刚果（布）、喀麦隆、赤道几内亚、加蓬。喀麦隆的覆盖率近 50%，盛产热带名贵木材。其中原木是喀麦隆重要出口商品之一。

区内矿产资源丰富，集中在刚果盆地外缘地带，主要矿产中心在刚果（金）与赞比亚毗邻的加丹加高原，蕴藏着规模很大的铜钴矿，形成一条长达 550 千米、宽 60～100 千米的巨型"铜带"，矿石中含有大量的锌、银、铀、镉、锗等矿物，特别是铜、钴的储量居世界前列。这条矿带东西两翼各具特色：东段盛产锡、钽、铌、钨等矿产，西段则为世界最大的金刚石产区。

金刚石产量占世界总产量的 40%左右，刚果（金）金刚石产量居世界第一位。刚果（金）有"中非宝石"之称，储量也居世界之首。其中东开赛省的姆布吉马伊是世界上最大的金刚石矿区，约占世界总产量的 1/3 以上，钻石年产约 2 000 万克拉以上，并大量出口。

刚果（金）又是世界上著名的铜钴生产国和出口国。位于加丹加省南部的加丹加铜钴锌多金属矿区，拥有十几座大型矿山，东区基普希地下矿，是全非最大的铜锌矿。卢本巴希冶炼厂年产铜 50 万吨以上，居非洲第二位。西区拥有迪科卢韦等多座露天矿，加丹加矿区钴产量占全国 85%。1993 年产钴 24.5 万吨，占世界产量 60%，刚果（金）的钴储量、产量和出口量都占世界第一位。出口以美国最多，其次日本、德国、英国和法国。矿产品多从坦赞铁路东运到达累斯萨拉姆出口，或经本格拉铁路由洛比托港运出。

加蓬的锰和铀储量丰富，锰矿储量约 2 亿吨，居世界第四位，占世界储量的 1/4 左右，主要集中在莫安达和马苏库两地。莫安达是世界上最大的锰矿之一，2002 年产量为 197 万吨，占世界第三位，仅次于独联体和南非，二氧化锰出口量占世界第一位。铀储量约 450 万吨，一般保持在年产 1 000 吨左右，1998 年产 700 吨，居世界第六位。铀几乎全部出口，主要向法国出口。中非的铀、金刚石，喀麦隆的铝土矿等都是重要的矿产资源。

区内石油资源丰富，在几内亚湾和西部沿海国家，近些年来勘探出与西非几内亚湾连在一起的大储油区，正在大力开采。加蓬和安哥拉的石油生产，70 年代以来发展迅速。加蓬 2002 年原油产量 1 200 万吨，安哥拉目前年原油产量 2 000 万吨。20 世纪 80 年代初，刚果（布）已探明石油储量约 20 亿吨，主要分布在黑角一带海域和陆地上，目前年原油产量为 800 万吨。喀麦隆石油产量目前年达 700 万吨，不仅能满足国内消费，还可有部分出口。

中非各国粮食作物种植普遍，但粗放落后，单产很低。现在除喀麦隆、加蓬可以自给外，其他各国都需大量进口粮食。热带经济作物种类多，其中棕油、棕仁、咖啡、可可、天然橡胶等在世界都占一定的地位。

喀麦隆独立后经济稳步发展，在全国范围内强调"农业是优先的优先"，是国民经济的支柱，又强调农业生产应该"多样化"，开展"绿色革命"运动，因地制宜地大力发展粮食（薯类、小麦、水稻、玉米、高粱）和各种经济作物，取得了成效。现在粮食、食油、食糖、肉类基本满足需要或自给有余并有部分出口。1991 年可可产量 9.5 万吨，咖啡产量 5.8 万吨，棕油 10.5 万吨，都跃居非洲前列，并开展棉花、橡胶、香蕉、茶叶等经济作物的生产，成为非洲农业生产方面发展较好的国家。

中非的加工工业，刚果（金）有食品、纺织、制鞋、冶金、化学（塑料制品、制造民用炸药）、制药、木材加工、电器、建筑材料以及汽车装配等，近几年由于原料供应不足，发展缓慢，刚果（金）工业分布高度集中，首都金沙萨和卢本巴希也是工业中心。

加蓬以初级产品出口为主，采矿业和石油工业在国民经济中占极重要的地位，石油、木材、锰、铀四大产品成为加蓬经济的四大支柱。也是世界最大二氧化锰生产国。石油业为加蓬经济发展提供了大量资金，逐步发展和兴建木材加工、食品、纺织、化学、电力等工业部门，取得了显著的经济效果。2008 年人均国民生产总值约为 1.1 万美元，居非洲第一位。

加蓬对外贸易额增长快，且年年顺差，主要出口到法国、美国、西班牙、意大利、荷兰、巴西等国。进口商品中以食品、机器、运输器材、五金和精密仪器为主。

第五节　东　非　地　区

东非地区，包括埃塞俄比亚、厄立特里亚、索马里、吉布提、肯尼亚、乌干达、卢旺达、布隆迪、坦桑尼亚和印度洋上的岛国塞舌尔共十个国家。面积约 370 万平方千米，人口 2.49 亿。居民中黑种人占 2/3，其余主要是属于黑种人和白种人混合类型的埃塞俄比亚人和索马里人。

本区界于北纬 17°至南纬 12°之间。东北部的索马里半岛被称为"非洲之角"，突出在印度洋与亚丁湾之间，扼红海苏伊士运河的出入口，位置重要。

东非坐落在东非高原和埃塞俄比亚高原上，仅印度洋沿岸有狭窄的平原。东非大裂谷带纵贯东非高原中部和西部，乞力马扎罗山是最高峰。区内大部分属热带草原气候，另有沙漠和雨林气候。东非地势在全洲最高，气候和自然带呈明显的垂直变化。

在非洲五大区域中，本区经济发展水平是最低的，按人口平均计算的国民生产总值只有全洲平均数的 1/3，被列为世界上最不发达的地区之一。东非地区经济一体化措施的实施，2002 年经济增长 5.2%，成为非洲增长最快的地区。

在经济结构上，东非地区最显著的特点是农业比重大，采矿业比重小，采矿业仅占国民生产总值的 1% 左右，这一点与非洲其他地区差别很大。由于矿藏少，区内唯一的矿山是坦桑尼亚偏北部的姆瓦堆金刚石矿，已探明储量约 200 万吨（含量 6.5 克拉/吨），居世界第五位，年产量约 60 万克拉。其他矿藏还有铜、铌、铅、锌、金、煤、铁、磷酸盐等，储量不大。

区内各国工业以食品和纺织等轻工业为主，而且分布在几个大城市，如达累斯萨拉姆、摩加迪沙、亚的斯亚贝巴等。

东非的丁香、剑麻、棉花、咖啡、除虫菊、茶叶等农产品在世界或非洲占有重要地位。目前的咖啡产量约占世界总产量的 9.7%，埃塞俄比亚目前年咖啡产量 17 万吨，乌干达咖啡产量 18 万吨。咖啡生产是国民经济的支柱，咖啡是埃塞俄比亚最重要的经济作物和出口商品，占出口总额的 60% 以上，乌干达咖啡出口占外汇收入的 90% 以上。

剑麻产量约占世界总产量的 30%。坦桑尼亚的东部沿海地区盛产剑麻和腰果，是世界上主要的剑麻生产国之一，居非洲第二位，主要供出口。肯尼亚年剑麻产量 4 万多吨，出口 2 万多吨，产量和出口量都居非洲第一位。肯尼亚发展花卉业和旅游业，成为非洲最大鲜花出口国和著名的旅游国家。

东非的丁香产量占世界供应量的 80% 以上，主要产在坦桑尼亚东部海域中的奔巴岛上，年产 2 500 吨，约占世界总产量的一半以上，占坦桑尼亚外汇总收入的 70% 以上。

近年来，东非茶叶生产发展很快。其中肯尼亚年产茶叶约 20 万吨，占非洲总产量的 60% 以上，居非洲第一位。肯尼亚也是非洲茶叶最大出口国，主要销往英国。肯尼亚还是世界上除虫菊产量最多的国家，年产约 90 万吨，也是本国主要出口商品。

索马里的没药和乳香年产分别为 200 吨和 600 吨，各占世界产量的一半左右，大量出口。

东非粮食作物以玉米、小麦、苔麸和薯类为主。苔麸是埃塞俄比亚人的主食。东非各国粮食产量都不高，也不能自给，每年都要进口粮食。

埃塞俄比亚、索马里等国都是非洲拥有牲畜头数最多的国家之一，畜牧业较发达。东非的骆驼约占全洲的 1/2，牛占 1/3 以上。2001 年，索马里拥有骆驼 700 万头，居非洲第一位。埃塞俄比亚牛、羊、马等牲畜存栏数居非洲第一位。

第六节　南非地区

南非地区，一般包括赞比亚、安哥拉、津巴布韦、马拉维、莫桑比克、博茨瓦纳、纳米比亚、南非、斯威士兰、莱索托，还有印度洋上的马达加斯加、毛里求斯、科摩罗三个岛国和留尼汪岛、圣赫勒拿岛、阿森松岛。这一地区面积为 533.29 万平方千米，人口约 1.53 亿，其中黑人占 75% 以上，马达加斯加人占 14%，白人移民占 7% 左右。本地区位于非洲大陆南部，东、西、南三面为印度洋和大西洋所环绕。经南非海域的好望角航线，向来是沟通东西方交通的要道，战略地位十分重要。

除马达加斯加岛外，大陆部分的莫桑比克北部属东非高原，其余广大地区都属南非高原。

南非高原的地势，中部为卡拉哈迪盆地沙漠区，四周隆起为高原和山地；东南部高耸着德拉肯斯山脉。区内气候复杂，西部属热带沙漠气候，德拉肯斯山脉西侧属温带草原气候，东部沿海属亚热带森林气候，马岛东部属热带雨林气候，西南好望角为地中海式气候，其余地区属热带草原气候。东部地区面积只占全区 1/3，但人口多占 3/4 以上，农业以耕作业为主。广大的中西部除个别地带外，人口都很稀少，以粗放畜牧业为主。

本地区的经济发展水平是全非洲最高的，2002 年经济增长 3.5%。工业和运输业占全洲的 1/2 以上，采矿业和农业的比重也较大，所产黄金占世界总产量的 70%，金刚石约占25%，铬矿石约占 30%。所产蔗糖、烟草、羊毛也都占非洲总产量的 70% 以上。但区内经济发展水平和生产力分布很不平衡，南非和津巴布韦约占全区工矿业总产值的 75% 以上，其他国家都是单一的农矿经济，工业都较落后。

本区北部是加丹加高原"铜带"的南延部分，蕴藏着以铜为主的多种有色金属资源。赞比亚是世界著名的"铜矿之国"，约占世界铜总蕴藏量的 15% 左右，居世界第四位、非洲第一位；铜、钴产量居世界前列，铜出口量居世界第二位（仅次于智利），在出口总额中铜占90% 以上。目前，赞比亚是中国在东南部非洲第三大贸易伙伴，中国是赞比亚第二大出口目的地和第三大进口来源国。2013 年中赞双边贸易额达 38.12 亿美元，创下历史新高。中国有500 多家中资企业对赞比亚投资，涉及农业、矿业、基建、制造、旅游等行业。主要贸易对象是英国、德国、日本、美国、中国等。

本区赞比西河以南的广大地区，是世界上罕见的矿产资源高度密集的地区，其中有许多属于战略资源。津巴布韦也是南部非洲的重要矿产国，以石棉、黄金、铬、镍、铜、煤为主，矿产品的出口占出口总值约 1/3。博茨瓦纳盛产钻石，2001 年产量达 2 594 万克拉，是本国大宗出口商品。纳米比亚也是非洲主要矿产国，以开采钻石、铀、黄金、铜、铅、锌和钨等为主，钻石矿品质好，80% 可用于首饰钻，近年产量约 140 多万克拉；铀矿占储量 5%，年产氧化铀 2 000 吨，它是纳米比亚的主要出口商品。斯威士兰以产优质石棉闻名于世。南非地区煤炭较丰富，但石油资源贫乏。

南部非洲的工业主要集中在南非共和国，它是非洲仅有的一个经济较发达的资本主义国家，其工业产值占全非的约 2/5。工业是主要部门，约占国民生产总值的 24% 左右。近年来，冶金、金属制品、运输设备、机械制造、化工、炼油、原子能工业、食品、纺织等工业发展很快。但车辆、飞机、石化产品等需进口。

南非地区的农业生产较落后，除南非共和国、马拉维外，其他国家每年都要进口粮食。南非共和国农牧业较发达，是世界上六大农产品出口国之一，羊毛、玉米、水果是重要出口商品。

本区经济作物地位重要。毛里求斯年产甘蔗 550 多万吨，号称"甜岛"，蔗糖是本国大宗出口商品。

津巴布韦年籽棉产量 20 多万吨，为南非地区第一，非洲第三。

莫桑比克椰子年产 40 多万吨，为非洲第一位；椰干仁年产 7 万吨。

马拉维，茶叶年产量约 5 万吨，产量仅次于肯尼亚，居非洲第二位；莫桑比克茶叶年产2 000 吨。

南 非
(The Republic of South Africa)

南非共和国位于非洲大陆最南端，西濒大西洋，东南临印度洋。海岸线长2 954千米，地处两大洋间的航运要冲，交通位置十分重要。陆上自东北向西北依次与斯威士兰、莫桑比克、津巴布韦、博茨瓦纳和纳米比亚相毗连；全国面积为121.9万平方千米。莱索托国家地处其境东部，四周为其领土所围。

自然条件和资源 南非地形以高原为主，海拔多在600米以上，仅在沿海有一狭长平原。内陆高原地势由东向西、向北降低。

南非全境处于南半球亚热带，大部分地区属热带草原气候，各地平均气温12～22℃。年降水量大致自东南向西北由1 500毫米逐渐减少到200毫米以下。境内缺少水量充沛的河流，奥兰治河自东向西穿过南非中西部，注入大西洋，长2 100千米，为非洲南回归线以南最长河流。

南非矿物资源素以种类多、储量大、产量高而闻名世界，它几乎蕴藏着所有的工业用矿物。目前已探明储量并开采的矿物有70多种。黄金、铂族金属、锰、钡、铀、金刚石、铬、钒、硅酸盐的储量均居世界首位，蛭石、钛、镁、锆、金刚石居世界第二位，磷酸盐、铅、锌、煤、铁、钍、萤石、石棉、镍和稀土等蕴藏量也极丰富。黄金、铂族金属和金刚石是贵重矿产。铬、钒、铀、钛、锆为战略矿产，它们都具有很重要的开采价值。

居民和宗教 南非原住居民是班图语系的土著非洲人。1652年荷兰殖民者侵入南非，首先在好望角一带建立开普殖民地，这批最早到来的荷兰人的后裔自称布尔人。1806年，英国夺取了开普殖民地，逼迫布尔人向北、向东进行"大迁移"，从而把殖民过程扩大到南非全部国土。1910年起，南非沦为英国的自治领，称南非联邦。1961年，南非统治当局宣布成立"南非共和国"，并退出英联邦。南非少数白人政府推行种族歧视和种族隔离政策，造成了尖锐的社会矛盾和血腥的种族冲突。1994年5月10日，南非第一任黑人国家元首曼德拉宣誓就职，标志着南非白人种族主义统治的结束，从此，取消了南非种族隔离制度。1998年1月1日同中国建交。

几百年的殖民历史形成南非的多种族聚居社会。南非总人口5 177万（2012年），共分4个种族，非洲黑人占绝大多数，为总人口的79.5％；白人占9.2％，其中的2/3是早期荷兰等国移民的后裔，1/3是英国血统白人；亚洲人约2.5％，主要属印巴血统，是19世纪后期被殖民者招募到东南沿海地区各种植园的契约劳工后裔；多种族混血的人占8.9％。80％的人信奉基督教，其余信仰新教或天主教，部分黑人信原始宗教，亚洲人多信奉印度教，少部分亚洲人信奉伊斯兰教。官方语言为英语和南非荷兰语。货币单位为南非兰特。

当地人称南非为阿扎尼亚（Azania）。阿扎尼亚来源于阿拉伯语，意为"黑人的土地"。南非的商务礼俗：随时穿着保守式样的西装；拜访须预约；商人十分保守，交易方式力求正式；许多生意在私人俱乐部或对方家中做成；商谈可大胆、直率。

南非——非洲经济最发达的国家 第二次世界大战后南非形成了以农业、采矿业为基础，制造业为主导的较为发达的现代经济。20世纪80年代到90年代初，受国际制裁影响，经济出现衰退。新南非政府制定了"重建与发展计划"，强调提高黑人的社会、经济地位。1996

237

年推出"增长、就业和再分配计划"，旨在通过推进私有化、削减财政赤字、增加劳动力市场灵活性、促进出口、放松外汇管制、鼓励中小企业发展等措施，实现经济增长，增加就业，逐步改变分配不合理情况。2006年实施"南非加速和共享增长倡议"，加大政府干预经济力度，通过加强基础设施建设、实行行业优先发展战略、加强人力资源培训等措施，促进就业和减贫。2005—2007年经济平均增长5%以上。受国际金融危机影响，南非2008年经济增速放缓，2009年下降1.8%，一度陷入衰退。2010年以来，政府相继推出"新增长路线"和《2030年国家发展规划》，围绕解决贫困、失业和贫富悬殊等社会问题，以强化政府宏观调控为主要手段，加快推进经济社会转型。2010年经济增长率为2.8%，经济开始好转。同年12月南非作为成员国正式加入"金砖国家"合作机制。南非将在促进金砖国家与非洲国家的经济交流与合作中发挥不可替代的重要作用，这也给南非带来了巨大的发展机遇和潜力。

南非属于中等收入的发展中国家，也是非洲经济最发达、劳动生产率最高、经济结构最合理的国家。南非拥有丰富的矿产资源，金融、法律体系较完整，通讯、交通、能源等基础设施良好，还具有较好的投资环境和国际化的经济体制。南非采矿业、制造业、农业和服务业比较发达，是经济的四大支柱，但经济各部门发展、地区发展不平衡，城乡黑白二元经济特征依然明显。近年来，南非实施"工业政策行动计划"和"基础设施发展计划"，旨在促进南非高附加值和劳动密集型制造业的发展，改变经济增长过度依赖原材料和初级产品出口的现状，加快铁路、公路、水电、物流等基础设施建设。

当前受全球经济增长缓慢尤其是欧债危机拖累，南非经济总体低迷，增长乏力。2013年以来，受美国等影响，南非出现大幅资本外流。2014年南非GDP增长率为1.5%，IMF公布的南非GDP总量为3 500.82亿美元，人均GDP约6 500美元。

工业 南非工业生产自成体系，工业现代化程度在新兴工业化国家中名列前茅，在非洲首屈一指。第二次世界大战结束以来，南非经济已由农工矿业为主导转为制造业为主导，制造业一直是南非最大的经济部门和支柱产业，工业产值占非洲的40%。主要工业部门包括钢铁、有色冶金、化工、运输设备、机械制造、电子、军火、纺织、食品等，其中冶金和机械制造是南非制造业中最大的生产部门，产值为整个制造业的1/3。建筑业发展较快，但设备陈旧、技术工人缺乏，面临进一步发展的大好时机。

（1）能源工业。南非是一个能源丰富的国家，虽然不产石油，但拥有丰富的煤炭和核能源。南非是非洲的电力大国，其发电量占非洲发电量的2/3，其中92%为火力发电，不仅能满足国内需求，还出口到莫桑比克等周边国家。近年来大力发展太阳能、风能等新能源。南非电力公司拥有世界上最大的干冷发电站，供应南非95%和全非洲60%的用电量。由于石油短缺，南非在"煤变油"和"气变油"技术的商业化水平上已居世界领先地位。开普敦附近建有非洲大陆唯一的核电站——库贝赫核电站，发电能力180万千瓦。

（2）钢铁工业。南非拥有六大钢铁联合公司和130多家钢铁企业。2014年钢产量为720万吨。南非是世界三大合金钢生产国之一，还是世界第六大不锈钢生产国。

（3）机械工业。机械工业主要生产矿山机械、农用机械、汽车、飞机、船舶等。电气电子工业是南非新兴的工业部门，能生产大型发电设备、家用电器和计算机等。近年来汽车制造等新兴出口产业发展较快。

（4）军火工业。军火工业发展迅速，产品从一般常规武器枪炮到导弹、军用飞机、舰艇等应有尽有，南非已是南半球地区最大的军火生产国之一，也是世界重要的武器出口国。军火生产高度集中于约翰内斯堡、比勒陀利亚、开普敦、德班等地。

（5）化学工业。化学工业是南非制造业中的重要部门，早期主要为矿山生产炸药，现已发展为包括工业用品、日用品和药品生产的庞大部门。南非石油资源贫乏，20世纪70年代，发展起煤炼油、气工业，目前生产规模和技术水平居世界领先地位，是世界上唯一能用液化煤炭提取石油的国家。

采矿业　南非是世界五大矿产资源国之一，铂族金属、氟石、铬的储量居世界首位，黄金、钒、锰、锆居世界第二位。南非是世界上最重要的矿物生产国和出口国之一。其采矿业规模巨大，特别是深井采矿技术位居世界前列。采矿业在南非经济中占有特殊地位，是南非的第二经济部门，约占国民生产总值的10%。其矿产品75%以上供外销，销往西欧、美国和日本等90多个国家，因此南非被称为"非燃料矿物的波斯湾"。

长期以来，黄金一直处于采矿业主导地位，2011年已探明黄金储量6 000吨，占世界总储量的11.8%。金矿区原先主要在以约翰内斯堡为中心的兰德盆地，以后不断向东南、西南两翼伸展，形成一条总长约500千米的巨大"金弧"，成为世界规模最大的金矿采炼区。南非从1905—2007年黄金产量就一直高居世界第一位，产金量占世界总量的40%，是世界最大的产金国和出口国。近年来产量下降，被中国超过。铀是金矿的副产品，产量居世界前列。约有10处金矿在产金的同时提取铀，但目前在"金弧"西南翼已出现单独采铀的矿区，南非是世界，尤其是西方国家核电工业原料的重要供应地。

南非的金刚石主要产于金伯利和比勒陀利亚等地，因宝石比重大，质地优良，在国际市场上久享盛誉。它多数可加工首饰用钻石，按产值计，则居世界首位。南非钻石产量约占世界9%。德比尔斯公司是世界上最大的钻石生产和销售公司，总资产200亿美元。营业额一度占世界90%的份额，目前仍控制着世界粗钻石贸易的60%。南非是世界上天然钻石生产国和出口国之一，除钻石城金伯利外，还有一个钻石村库利南，这里有世界上面积最大的钻石矿"首相"矿井，也是世界上唯一出产蓝色钻石的矿井。铂族金属储量占世界的近80%，主要分布在布什维尔德及金山地带，年产量高达300多万盎司，占世界总产量的近1/2，是南非最主要的出口矿产品。铬矿年产量约500万吨，占世界的39%，主要分布在布什维尔德和博普塔茨瓦纳地区。钒矿主要集中于布什维尔德地区，年产量3万吨左右，占世界的45%，居第一位。

南非是非洲最大的储煤国和产煤国，探明可采储量270亿吨，占非洲的80%，年产量1.8亿吨，占全非洲煤炭总量的95%以上，主要矿区集中分布于姆普马兰加省东南部和夸祖鲁—纳塔尔省北部。每年煤出口约3 000万吨，是仅次于铂、黄金的第三大出口矿产品。

农牧业　南非的农牧业在非洲占重要地位。目前以种植业为主，主要生产玉米、小麦、大麦等粮食。玉米产量居非洲首位，是南非第一大出口农产品。还生产棉花、烟草、甘蔗、葵花籽、茶叶、水果等经济作物。南非是非洲最大的蔗糖生产国和出口国。园艺业也很发达，它利用南北半球季节差以大量鲜果、鲜菜供应西欧淡季市场，取得了良好的经济效益。南非是世界著名的葡萄产地，葡萄酒在国际市场享有盛誉。南非的畜牧业以养牛和养羊（主要是绵羊）为主，牛肉、羊毛产量居非洲第一位。南非是世界第四大绵羊毛出口国。鸵鸟饲养和鸵鸟产品加工业是南非新兴产业，是现今世界最大鸵鸟肉、皮革、羽绒的供应地。南非是世界上重要农牧产品出口国。

服务业　近些年，南非服务业产值占 GDP 的 70% 以上，旅游、金融、电讯业十分发达。南非是全球最具吸引力的十大旅游国之一，著名景点有克鲁格国家公园、好望角等。2012 年去南非的外国游客达 919 万人次。旅游业是其发展最快的行业之一，产值占 GDG 的 8.7%。旅游业也是南非第三大外汇收入来源和第三大就业产业。南非完善的金融法律体制保证了金融业的发展，约翰内斯堡是世界排名第五的证券交易所。南非卫星直播和网络技术具有较强的竞争力，其信息产业也已走向国际市场。

交通运输业　南非拥有发达的交通运输和通讯网络。铁路全长约 3.41 万千米，居非洲首位，其中 1.82 万千米是电气化铁路。由比勒陀利亚到约翰内斯堡的奥立佛·坦博国际机场的高速铁路总长 80 千米，2011 年 8 月通车运营。这是南非首条城际高速铁路，最高时速 160千米/小时。南非的各大城市之间均有高速公路相连。公路总长约 23 万千米，其中高速公路约 0.18 万千米，已经形成网络，且与邻国相通，与周边国家往来十分方便。南非航空运输发达，在经济建设中起着十分重要的作用。现拥有各类飞机近 6 000 架。南非航空公司是非洲最大航空公司。重要的国际机场有约翰内斯堡、德班和开普敦。国内航班直飞各大城市，国际航班通达各大洲近 50 个国家和地区。南非海运业发达，好望角航线是波斯湾驶往西欧和美洲的巨型油轮通道，被西方国家视为海上生命线。南非与非洲以外国家贸易量的 90% 靠海运来完成，重要港口有德班、开普敦、伊丽莎白港、东伦敦、理查兹贝等。管道运输也很发达，运输网络接近 3 000 千米，主要运送石化产品。

非洲第一大贸易国　南非实行自由贸易制度，是世界贸易组织（WTO）的创始会员国之一。对外贸易在南非经济中占重要地位，贸易额居非洲各国之首。2010 年南非货物贸易总额1615.2 亿美元，同比增长 26.9%。对外贸易由 2004 年以来的长期逆差转为顺差（2010 年出口 813.11 亿美元，进口 802.12 亿美元，顺差 10.99 亿美元）。2014 年南非货物贸易总额为1 908.8 亿美元（南非国税局统计），同比增长 2.5%。其中出口 910.1 亿美元，同比增长6.6%；进口 998.7 亿美元，同比下降 1%；又转为逆差（88.6 亿美元）。2014 年南非主要出口商品为矿产品、贵金属及制品、贱金属及制品、运输设备和机电产品，主要进口商品为矿产品、机电产品和运输设备三大类以及化工产品等。欧盟、美国是南非传统的贸易伙伴，近年来与亚洲、中东等地区的贸易不断增长，南非的贸易方向转向经济发展更为迅速的亚太地区。2014 年南非主要出口贸易伙伴为中国、美国、日本、德国、博茨瓦纳等，主要进口货源地为中国、德国、沙特阿拉伯、美国、尼日利亚等。其中尤其是中国已取代德国成为南非第一大贸易伙伴。欧盟是南非最大的区域贸易伙伴。

南非投资主要来自欧美，尤以欧洲为主。对南非累计投资额欧洲占近 70%，美洲占近20%。英国是累计对南非直接投资最多的国家，占 2/5 左右。外资以证券资本为主，直接投资（FDI）很少。在南非拥有资产的外国公司投资大多集中在采矿、制造、金融、石油加工和销售等部门。2013 年南非吸收外国直接投资 83 亿美元。1994 年以来，各国政府、国际组织承诺向南非政府提供援助，主要援助国有美、英、德等，多边组织如世界银行和 IMF 也均向南非提供了援助。

主要港口和城市

德班（Durban）。德班位于南非东部，濒印度洋纳塔尔湾，原名为"纳塔尔港"。有大型炼油、制糖、汽车、机械、化工、纺织、食品等工业。是全国的造船中心，是吞吐量居全国首位的天然良港，是威特沃特斯兰德工矿区通海的主要口岸。输出煤、锰、铬、糖、谷物为主。铁路枢纽，有国际航空站。

开普敦（Cape Toun）。开普敦位于南非西南端，临大西洋法尔斯湾，南距好望角 52 千米，处于重要国际航线的交汇点。其有纺织、酿酒、烟叶、炼油等工厂，还有化工、皮革、造纸、造船等工业。港口优良，桌湾（Table）可同时停泊 40 多艘海轮。输出羊毛、皮革、水果、纺织品等。有国际航空站，现为南非第二大城市和港口。

伊丽莎白港（Port Elizabeth）。伊丽莎白港在南非南部，濒印度洋的阿尔戈阿湾西岸。是南非最大的羊毛市场。有汽车制造、皮革、纺织、机械、化工等工业。现为南非第三大港，津巴布韦出口商品在此中转。铁路通布隆方丹，输出锰矿石、铁矿石、羊毛、皮革、谷物等。

约翰内斯堡（Johannesburg）。南非最大城市，位于东北部沃特瓦特斯兰德高地中段南坡法尔河上游，人口 192 万，地处世界最大金矿区和南非经济中枢区的中心，现为世界最大的采金工业中心，有"黄金城"之称。也是综合性工业基地，商业、金融业、旅游业发达。

中南贸易　中南两国于 1998 年建交，2004 年确定平等互利、共同发展的战略伙伴关系，在多个领域签署了合作协议。建交后的中南两国贸易额稳步快速增长，且进出口增速趋于平衡。2010 年两国关系上升为全面战略伙伴关系。同年南非又成为"金砖国家"成员，将在促进金砖国家与非洲国家经贸交流与合作中发挥独特的重要作用。中国与南非同属于发展中国家，但各处不同的发展阶段，两国贸易有极强的互补性。2014 年中南双边贸易额为 602.92 亿美元，同比下降了 7.6%。其中中国向南非出口 157.01 亿美元，从南非进口 445.91 亿美元。目前南非是中国在非洲的第一大贸易伙伴，第一大出口目的地，以及第一大进口来源地。中国向南非主要出口机电产品、纺织品、贱金属及制品，还有家具、玩具、化工产品、鞋靴等；从南非进口的第一大类商品是矿产品（以金属矿砂为主，矿物燃料相对较少），贱金属及制品是第二大类，贵金属及制品是第三大类。

南非是中国在非洲的第一大投资目的地。目前中资企业在南非累计投资金额约 120 亿美元，在南非具有一定的规模、持续经营的企业约有 110 家，以国有企业和大中型民营企业为主，大部分通过投资并购的方式进入南非，主要涉足矿业、金融、制造业等，近年来逐渐向传媒、农业、新能源、机车装备等领域拓展。

本章小结：通过对非洲地区的介绍，明确非洲经济贸易区有丰富的自然资源，特别是分布在南非、北非、西非和中非地区的矿产资源，这些国家都是我国主要的贸易伙伴。南非共和国经贸发展尤为突出。

本章关键名词或概念：好望角航线　非燃料矿物　大宗产品

复 习 题

填图题

1. 在非洲地图上填注：（1）大西洋、印度洋、几内亚湾、地中海、红海、亚丁湾、苏伊士运河。（2）直布罗陀海峡、曼德海峡、莫桑比克海峡。（3）好望角。（4）亚历山大、塞得港、的黎波里、班加西、突尼斯、阿尔及尔、达尔贝达。（5）拉斯帕尔马斯（加那利群岛）、努瓦克肖特、达喀尔、科纳克里、弗里敦、蒙罗维亚、阿比让、阿克拉、波多诺伏、拉各斯、洛美、哈科特港。（6）杜阿拉、让蒂尔港、黑角、马塔迪、洛比托。（7）开普敦、德班、马普托、贝拉。（8）达累斯萨拉姆、蒙巴萨、摩加迪沙、吉布提、马萨瓦、图阿马西纳、路易港。

2. 用不同颜色区分东、南、西、北、中各部非洲所属的国家。

填空题

1. _____是世界最大的黄金生产国和出口国。

2. _____是世界最大的可可产地和出口国；_____是非洲最大的茶叶出口国。

3. _____和_____是世界上两大长绒棉生产国。

4. 我国在非洲最大的贸易伙伴是_____。

5. 一艘海轮由上海至杜阿拉，此海轮所经航线称中国至_____航线。

思考题

1. 南非共和国在非洲的经贸地位怎样？有哪些重要的农矿产品？

2. 南非共和国最大的两个港口位置在哪里？

第四章　北美洲主要经济贸易区

本章学习目标：（1）要求学生熟悉加拿大是后起的资本主义移民国家，西方七个工业化国家之一，能源工业、制造业、高科技产业、农业等均发达，与美国经济关系密切，是北美自由贸易区的重要成员之一。（2）要求学生了解世界最大经济体、最大贸易体——美国的发展概况及其成为世界上唯一超级经济大国的理由，从而掌握其经济主要特点和经济各部门发展概况以及在世界经贸中的重要地位。美国是世界最大的进口市场，中国已是美国最大的贸易伙伴，美国是中国最大的海外市场，让学生对中美经贸关系的重要性、现状及存在的主要问题有个明确的认识。

北美洲通常是指美国本土南部国界以北的美洲，即盎格鲁—撒克逊美洲。政区范围包括加拿大、美国两个独立国家和格陵兰岛、圣皮埃尔岛和密克隆岛以及百慕大群岛等岛屿。这几个岛屿分别为丹麦、法国和英国的属地。2009 年 6 月 21 日起格陵兰岛正式自治。

北美洲总面积 2 153 万平方千米，人口约 4.45 亿。人口地区分布很不平衡，大部分在东南部，而且多数是欧洲移民的后裔，其中盎格鲁—撒克逊人为最多，但人口密度不大。

北美洲是当今资本主义世界的主要中心之一，是资本主义经济发展水平最高的地区，向世界市场提供了大量工业制成品、农产品及高科技产品。经济尚具备强大的发展潜力。

北美自由贸易区（NAFTA） 北美自由贸易区是美国、加拿大、墨西哥三国在 1992 年 8 月签订《北美自由贸易协定》后成立，1994 年正式生效和运行。它是在经济一体化的外在压力和三国业已存在和不断发展的经贸关系向更高层次发展的内在要求下应运而生，是美国联合周边国家抗衡欧共体的产物，是第一个由发达国家与发展中国家达成的贸易联盟。《北美自由贸易协定》不仅涉及市场进入、商务规则，还涉及服务业、投资、知识产权、纠纷处理机制等多方面的内容，因而使得 NAFTA 还具备了经济一体化更高阶段"共同市场"的某些特征。该组织在 2008 年已实现区内跨国贸易商品全部免税流通。NAFTA 要求各国消除彼此之间的关税壁垒，开放金融市场，放宽对外资的限制，保护知识产权，通过在自由贸易区内扩大贸易和增加投资机会来扩大就业和促进经济增长。

北美自由贸易区的建立给三国带来了巨大的经济利益，给南北国家在区域范围内利用自由贸易区进行合作开创了先河，具有一定的示范效应。NAFTA 区内有 4.45 亿人口，2014 年 GDP 约 20.5 万亿美元，美国在区内有着绝对的主导作用。美国拥有区内 2/3 的人口和 90％的经济实力，加拿大仅有 7％的人口和 8％的经济实力，墨西哥拥有 26％的人口但经济实力不到 2％。从工业化程度和发展水平等方面来比较，美国处于绝对优势地位，对加拿大和墨西哥具有很强的控制力，拥有绝对的发言权。另一方面，北美自由贸易区又给加拿大和墨西哥提供了难得进入的美国市场。作为组建 NAFTA 的倡导者，美国主要为巩固其世界地位和扩大影响，南扩趋势明显。有关成员国在 2005 年 1 月 1 日完成了美洲自由贸易区（FTAA）的谈判，为实现美国提议的"美洲自由贸易区"迈出了重要一步。

第一节　加　拿　大
（Canada）

北美洲疆域面积最大的国家　加拿大位于北美洲的北部，东濒大西洋，西临太平洋，北濒北冰洋，东北隔巴芬湾与格陵兰岛相望，西北与美国阿拉斯加接壤，南与美国本土毗邻。面积998.467万平方千米，仅次于俄罗斯，居世界第二位。大陆海岸线长约2万多千米，陆界线长8 890多千米。在加拿大国徽下方，由爱尔兰白花酢浆草和法国红色百合花烘托的蓝色锦带上书写着"从大海到大海"的加拿大格言，充分表达了加拿大国家地域的广阔。加拿大90％以上领土在北纬50°以北，大部分地区气候寒冷，北部以寒带苔原气候和亚寒带针叶林气候为主，北极群岛和北冰洋沿岸更是终年严寒，只有东南部大西洋沿岸和五大湖，圣劳伦斯低地属温带大陆性气候，气温比西部低，年降雨量是1 000～1 400毫米，受暖流影响，冬不结冰，宜于航行。西部太平洋沿岸为温带海洋性气候，年降雨量是2 400～2 700毫米，太平洋沿岸港湾终年不冻。中部内陆，北极冷气流畅行南下，冬季严寒，年降雨量在250～500毫米。

资源丰富的"枫叶国"　1500年，葡萄牙探险者科尔特雷尔到此，见一片荒凉，便说"Canada！"意为"这儿什么也没有。"今天的加拿大却是山美水美，气候美，得天独厚的地理环境为它的存在与发展提供了丰厚的基石。西高东低的地形呈三条纵列带分布，西部为科迪勒拉山系组成的高大山地，许多高峰在4 000米以上。中部为北美大平原的一部分，是湖泊成群的高平原。东部主要是拉布拉多高原。主要河流为马更些河、育空河和圣劳伦斯河等。马更些河全长4 241千米，是加拿大境内最长的河流。加拿大是世界上湖泊最多的国家之一，著名的有大熊湖、大奴湖和休伦湖、安大略湖等。举世闻名的尼亚加拉大瀑布位于加美交界的尼亚加拉河上。

加拿大辽阔的海洋和广袤的土地蕴涵了丰富的海洋、渔业、农业、林业及矿产资源，为资源富国。铁、煤、石油、天然气、有色金属、稀有金属等矿藏应有尽有。镍储量居世界第三位。石油、天然气、煤等储量非常丰富，铀、钴、铬、铂、钼、铋、钍等金属矿储量均居世界前列，是世界上除美、俄、中以外最大的产矿国。劳伦高地埋有许多金属矿，是加拿大的"矿藏宝库"。森林面积为4.4亿公顷，占国土面积的44％，约占世界森林面积的1/10，仅次于俄罗斯、巴西，居世界第三位。加拿大以枫树为国树，枫林遍及全国，素有"枫叶国"之美誉。国旗中间的红色枫叶表示居住在这片富饶土地上的加拿大人民。加拿大水力资源丰富，为其提供了廉价的水电。

居民　加拿大人口3 542万（2014年），是一个地广人稀的国家，人口密度为每平方千米3.1人，绝大部分居民集中在南部沿加美边界的狭长地带，50％以上人口集中在十大城市中，以安大略省和魁北克省人口最多。城市人口占全国人口总数79％。

加拿大是个移民国家，外来移民及其后裔占总人口的97％。民族构成欧洲移民以英裔和法裔为主，英裔占总人口40.2％，法裔占27％，还有意大利、德国、乌克兰等欧洲人后裔；亚洲移民以华裔和日裔居多。当地土著有印第安人、因纽特人（爱斯基摩人）等，他们是北美大陆最早的居民，人口仅为全国总人口的3％，主要分布在北部。

英语、法语同为官方语言，全国使用英语者约占总人口 70%，使用法语者约占总人口 17%，英法语兼用者约占 13%。魁北克省以法裔为主，有"法语加拿大"之称。加拿大人以信天主教和基督教为主，前者约占 45%，后者约占 42%。

货币单位为加拿大元。

加拿大人生活习俗多与欧洲人相似。如忌"13"，喜欢过圣诞节。他们性格开朗，不保守，重实惠，自由观念较强，不太重礼节。生活起居较讲究，住房舒适卫生，喜爱枫树，加拿大人把枫叶看成美的象征。枫叶图案随处可见。人们还喜欢色泽鲜艳、新颖的商品，注重包装和商标，包装差、售价低的商品就无人过问。

在加拿大做生意，应因人种不同而变换手法，商人中 90% 为英裔和法裔。和英裔谈判较费时间，但一旦签约，就稳如泰山；而和法裔谈判则相反，他们对人和蔼可亲无微不至，一旦坐下商谈，判若两人，不但谈出结果很费劲，就是订约后也叫人不放心。加拿大商人属保守型，价格不喜欢波动。

经济发展特征——后起的资本主义移民国家　从 10 世纪初起，法国人和英国人就先后殖民加拿大。1763 年后完全成为英国的殖民地，1867 年为英国的自治领，1926 年加拿大获得外交上的独立，1931 年独立成为英联邦成员国。在第二次世界大战中，加拿大成为同盟国的兵工厂，促进了工业突飞猛进的发展，二战结束时，成为世界主要工业国之一。1976 年，加拿大参加了西方主要资本主义国家的经济首脑会议，成为西方七大国之一。1982 年 3 月加拿大收回全部宪法权力，从而在法律上成为一个完全独立的国家。与同类国家相比，加拿大现代经济发展较晚但发展速度很快，到 1988 年加拿大 GDP 达 4 865 亿美元，人均为 18 748 美元，均居资本主义世界第七位。加拿大同美国、澳大利亚等国一样，都是在资本主义上升时期由英国移民建立起来的移民国家，他们带来了资本主义制度，在这块辽阔的土地上不受任何约束地发展起来。来自世界各地的民族，带着各自不同的历史影响、不同的地区文化，不同的宗教特色，就像一朵朵不同的鲜花在北美这块土地上组合成一个民族大花篮，使年轻的加拿大朝气蓬勃，蒸蒸日上。他们把世界各地的优秀文化，优秀经营方式都带到了加拿大，使这个只有 100 多年历史的国家发展迅速，后来居上。

(1) 加拿大是西方七个工业化国家之一。加拿大经历了 1995—1996 年上半年的衰退后，1997 年经济增长率达 3.8%，为"西方七国"之首。进入新世纪以来，经济更有了大幅回升。2007 年 GDP 为 1.4321 万亿美元，居世界第 8 位。人均 GDP 约 4 万美元，2007 年 GDP 增长率为 2.5%。人们进入高福利社会，免费教育，免费医疗，老年人福利、残疾人福利等曾在世界 173 个国家综合指数评比中被评为第一舒适国家。工农业生产的技术水平很高，在高质量、高技术产品及服务方面享有盛誉。在咨询、科技、航天、仪器、医疗设备、运输及生物工程方面，加拿大产品早已蜚声国际，同时又是世界上重要的农产品净出口国之一。2014 年加拿大经济增长率为 2.4%，GDP 为 1.79 万亿美元，居世界第 11 位，人均 GDP 为 5.03 万美元。2015 年受国内需求和外贸双重萎缩拖累，GDP 只增长了 1.2%。IMF 认为加拿大仍是 G7 集团中经济增长最强劲的国家之一。

(2) 接受外国资本多，经济主要部门受外资控制，对美国依赖程度大。由于加拿大独立和现代经济发展都较晚，失去了独立发展国民经济的大好时机，使其在今天的政治、经济各方面仍带有殖民地的烙印。加拿大已成为世界上接受外国资本最多的国家之一。目前 65% 的大企业为外国资本所控制，其中85％由美资控制。美国是加拿大最大投资来源国，约占加拿大外国直接投资的75％，同时美国也是加拿大最大的投资去向国。近几年，加拿大在美国的直接投资占其在外国直接投资额的75％以上。顺应外国资本首先是美国资本的需要发展是加拿大经济的重要特色。

（3）农林矿产品占国民经济重要地位，是世界重要的农林矿产品出口国。矿产品总值仅次于美、俄，居世界第三位；出口值居世界第一位。加拿大农、林、渔、矿等初级产品，约占工农业总产值的1/3～1/4，比一般的发达的资本主义国家高得多。全国生产的产品有1/4供出口，其中2/3为原料和半成品，国民经济中采矿业比重上升快，是世界最大的原料净出口国之一，经济对外依赖程度高，是典型的出口导向型经济，对外贸易占国民经济60％左右。

（4）各地区经济发展很不平衡。加拿大全国划分10个省和3个地区。10个省是：安大略、魁北克、马尼托巴、萨斯喀彻温、艾伯塔、爱德华王子岛、新斯科舍（NOVA原文译音应是"诺瓦斯科舍"，但地图册上都写"新斯科舍省"）、新不伦瑞克、不列颠哥伦比亚、纽芬兰等。3个地区是：西北地区、育空地区和努纳武特地区（其中努纳武特地区是1999年4月设立的由因纽特人自己管理的地区）。加拿大人口和经济活动主要集中在南部靠近边界宽约300千米的狭长地带内，尤以圣劳伦斯河和五大湖沿岸低地最为密集，即安大略省和魁北克省南部经济最发达。这里自然条件优越，移民开发早，出海方便，离美国近。其他地区——草原诸省、远西区、北部地区，实际是从属于中央诸省的外围区，人口少，经济发展较差。

工业　加拿大工业建立在其雄厚的资源基础上，采矿业是国民经济的重要部门，制造业和高科技产业发达。

（1）采矿业。加拿大采矿业十分发达，其十分重视对现有矿产资源的保护，加拿大拥有先进的矿业管理和采矿技术。如今生产技术的研究、发展、地质资料的收集、加工技术及地质科学已成为加拿大矿业的强项。加拿大探测及采矿技术高居世界之首。对于高空地质物理，加拿大囊括了世界测量市场的70％，设备、软件及资料分析市场的60％。加拿大的矿业公司是世界上一流的。

加拿大矿产品的总产值仅次于美国、俄罗斯，居世界第三位。其中镍、锌、石棉产量居世界第一位；白银、钾、碱、钼、石膏、硫黄产量居世界第二位；铀、钛精矿、铂、铅、黄金、铜和铁矿石产量居世界第三位。除铁外，所产金属大部在国内冶炼。

镍矿石产量居世界之半，其中80％供出口。安大略省的萨德伯里是最大的镍产地，产量约占全国70％。拉布拉多半岛中部有大铁矿，主要出口美国。石棉产量占世界40％，出口量占世界60％，主要产在魁北克省南部山地。安大略省也是铅锌金银等的最大产区。育空地区和西北领地产铅量居全国首位。艾伯塔省的油砂可开采储量达4 000亿桶，占全国石油产量的17％，辛克卢德油田为世界最大的油砂矿。加拿大已探明的石油储量为80亿桶，主要分布在中西部。加拿大矿产品的70％以上供出口，是世界上最大的金属和有色金属出口国。主要出口到美国、日本和欧盟地区。

（2）能源工业。加拿大是发达国家中主要能源生产国之一。石油、天然气、煤、水力资源等都较丰富。加拿大是世界第七大原油生产国，原油探明储量居世界第二位；还是世界第三大天然气生产国。电力工业以水电为主，是世界上仅次于美国、俄罗斯的第三大水力发电国。詹姆斯湾水电站原是世界上最大水电站。加拿大拥有丰富的核能资源铀，是世界上最大铀生产国。核电发展迅速，目前共有 4 座在运行核电站。95％核电集中在安大略省，除满足本国需要外，还可输送到美国。

清洁能源产业在加拿大是个非常重要的行业。2013 年加拿大发电装机容量为 13 万兆瓦。其中水力发电占总装机容量的 63％，化石燃料发电占 19％，风力、太阳能、生物等新能源发电占 2％。除化石燃料外的清洁能源占全国能源的 81％。全年总发电量达 5940 亿千瓦时。如今，加拿大的可再生能源发电能力名列世界第三。多年来加拿大高度重视清洁能源和可再生能源的研发和利用，大力发展以氢能、太阳能和风能为主的清洁能源技术，并确立了到 2020 年，清洁能源占该国总发电能力 90％的目标。另外，加拿大还是世界上第一个禁止修建传统燃煤发电机组的耗煤大国。2014 年安大略省最后一个燃煤电厂被关停，做到了彻底"弃煤"。

（3）制造业。制造业是加拿大最大的产业部门。主要有石油加工、汽车、飞机、铁路车辆等交通工具的制造及机械制造、金属冶炼、纸浆和造纸等木材加工业。

近年来，石油加工业发展迅速，其产值已占制造业首位。主要是汽油及燃料油。石化工业中以合成橡胶最为重要。炼油中心主要分布在萨尼亚、埃德蒙顿、蒙特利尔、卡尔加里、温哥华等。

汽车工业是加拿大在第二次世界大战后发展起来的工业部门。20 世纪 90 年代以前，95％由美资跨国公司所控制，与美国汽车城底特律一湖之隔的温泽为中心，小汽车 80％供出口。后来又吸引欧洲和日本汽车公司到加拿大发展，形成美、欧、日等国汽车公司共同竞争与发展的局面。加拿大汽车零部件得到迅速发展并在国际市场上占有很大份额，同时也从国际市场上大量进口汽车零部件在本国组装加工。加拿大有发达的总装业和零配件生产业，却没有自己的汽车品牌。现在加拿大已发展成世界汽车零部件的重要产地，零部件生产已成为本国汽车工业发展的重要支柱。

在加拿大以制造中小型飞机最为著称，其中庞巴迪（Bombardier）是加拿大航空工业的骄子，与中国西安、沈阳等飞机公司都有合作。

加拿大农业机械、电机、林业和矿山机械等制造居世界先进水平。多伦多是轻型机械制造中心，哈密尔顿是重型机械和钢铁制造中心。

炼铝工业是建立在本国廉价水电的基础上发展起来的，铝土主要从南美和西印度群岛等地进口。每年以产量的 80％以上供出口，加拿大是世界最大的铝出口国。以位于魁北克以北约 170 千米处的阿尔维达为中心。

加拿大机床业较差，是世界上金属加工、机床和工业设备进口最多的国家之一。

加拿大盛产木材，是世界重要的木材生产国和出口国。林产品的出口值、白报纸的产量和出口量、纸浆的出口量都占世界第一位。不列颠哥伦比亚省主要生产原木，产量约占全国 50％左右。安大略和魁北克两省为中心的东部地区以生产纸浆为主。三河城是世界最大的白报纸生产中心。林产品的出口为加拿大换取了大量外汇。

（4）高科技产业。加拿大历史上以加工出口自然资源为主。同其他工业国家一样，当全球转向以知识为基础的高科技工业时，加拿大也不例外。信息科技工业——电讯业、电脑软件及电脑服务业是近年来发展最快的行业之一。目前，加拿大从事电脑工业的人数比从事矿物、林业和银行三个行业的总和还多。早在 20 世纪 70 年代前，加拿大就把功率最大的通讯卫星送上了空间轨道，是世界上第一个把卫星用于国内通讯事业的国家。数十年来，加拿大电讯工业一直稳定地出口，在国际上取得了成功。各地公用及私人买家使电讯业成为加拿大最大工业之一。经济学家研究，加拿大的通讯及电讯业要比矿产和石油加起来更大。北方电讯公司是世界上最大的数字化电信系统的供应者，该公司在数字电讯技术和信息管理的关键工艺（如半导体和软件）的领域上在世界居领先地位。北方电讯公司是世界最大的专利硅器件制造厂家。加拿大贝尔集团是最重要的科研中心。他们在工业科研上的费用占全国的20%左右。加拿大高科技产品有80%是外销的。

农业　几百年来，农业一直是加拿大经济的主要动力。今天加拿大的农业对国际市场上的贸易仍有很大的贡献。全国农业劳动力占总人口的2.2%，农业在GDP中仅占8%，但它却是世界重要的农产品生产国和出口国之一。它拥有现代化大农业，机械化水平高，专业化分工细。加拿大疆土辽阔，但其中只有7%即7 000万公顷是肥沃的土地，这个生产地区就是沿着南部国境的一个狭长地带。现有耕地6 800万公顷，人均耕地2.1公顷之多，仅次于澳大利亚，居世界第二。农业以大型家庭农场和高度机械化相结合，农业生产率高居世界前列。粮食产量仅次于中国、美国、印度和俄罗斯。

（1）种植业。加拿大是世界优质小麦的主产地，有西红春小麦和硬粒小麦。大草原的农田面积占全国3/4，小麦产量占全国95%，大麦产量占全国90%，是国家的粮仓。2014年产小麦2 750万吨，其中60~80%出口，是世界第二大小麦出口国。大麦是加拿大第二重要的谷类作物，它和燕麦、黑麦、玉米主要用于家畜及家禽的各类饲料，也是重要的杂粮输出品。主要集中在安大略和魁北克两省。经济作物主要有油菜籽、亚麻籽、大豆、甜菜等。太平洋区温和湿润的气候是水果和蔬菜产地。另外还盛产蜂蜜。

（2）畜牧业。加拿大有众多的肉牛、乳牛及家猪等，畜牧业比重超过种植业，畜产品出口值也超过了粮食出口值。加拿大肉牛饲养环境是世界上最卫生的之一。肉牛高效的成长及繁殖能力，躯体质量及在牧场上的长寿是举世闻名的。近年来还加速了肉牛品种的改良，加拿大乳牛肉产品大量出口已成为世界乳牛肉市场的一个主要竞争者。

（3）渔业。加拿大渔业资源丰富，主要是海洋捕捞。大西洋海域有世界著名的纽芬兰渔场，盛产鳕鱼、鲱鱼、沙丁鱼、鲑鱼、龙虾等。淡水捕捞集中在五大湖区和温尼泊湖。每年商业性渔捕获量约有150万吨。水产品2/3以上供出口，主要输往美国。加拿大是世界上最大的渔产品出口国之一。

交通运输业　加拿大地域广阔，但交通方便，目前已形成海陆空各种运输方式组成的现代化交通运输网络。铁路长约7万多千米，公路总长90.19万千米。人均铁路、公路长度居世界第一。铁路干线为东西走向，以横贯大陆的加拿大国家铁路（鲁珀特王子港—魁北克，全长7 000千米）和加拿大太平洋铁路（温哥华—哈利法克斯，全长6 100千米）为主干，主要运输煤炭、矿石、谷物等大宗货物。公路以全长7 700多千米从圣约翰斯—维多利亚的加拿大公路为最重要。另外，建有高速公路1.65万千米，居世界第三位，仅次于美国和中国。管道长19.6万千米，仅次于美国和俄罗斯。航空运输也发达，各大城市都有航线相通，全国主要机场68个，多伦多、温哥华、埃德蒙顿、蒙特利尔、卡尔加里是重要的国际航空港。加拿大水运以海运为主，世界著名的圣劳伦斯内河航线和五大湖海轮航道是内地通往大西洋的一条重要通道。目前水运的货运量约占全国总货运量的1/4。

主要港口

多伦多（Toronto）。多伦多位于安大略湖北岸，是全国最大工商业城市，重要的货物集散中心。铁路可直达西部沿海温哥华港，具有国际多式联运条件。多伦多制造业占全国1/3以上，商业、金融业和文化教育事业非常发达。有第一国民银行和加拿大最大的人寿保险公司、多伦多证券交易所（北美第三大交易所）及著名的约克大学等等。多伦多还有世界最高的电视塔（553.4米），多伦多是安大略省省会，重要港口，该港最大水深9.2米，港区主要泊位有20个，岸线长3 490米。目前已开通哈利法克斯、多伦多、蒙特利尔之间的双层集装箱列车。

蒙特利尔（Montreal）。蒙特利尔位于渥太华河与圣劳伦斯河交汇处，西距首都渥太华195千米，为加拿大第二大法语城市和东部最大海港，也是典型的英法双语城市，重要的工商业和金融中心。五条铁路在此交汇，十余条高速公路辐射加拿大各地，并有世界著名的大型机场多尔瓦勒和米拉贝勒，交通运输尤显繁忙。全港有140个深水泊位（包括14个集装箱泊位），年吞吐量4 000万吨以上，是跨大西洋运输中转地之一。每年12月到来年4月上旬封冻不能通航。蒙特利尔还是加拿大历史最悠久的城市，具有浓郁的拉丁气息。全市的哥特式教堂林立，法语居民占多数，体现出独特的法国文化底蕴，被认为是北美的"浪漫之都"。

温哥华（Vancouver）。温哥华位于加拿大西南部太平洋沿岸的伯拉德峡湾和弗雷泽河口的三角洲之间。是全国第三大城市，工商业发达，是加拿大西海岸最大金融贸易中心。是加拿大最大的港口，同北美西海岸其他港口相比，与亚洲之间的海上距离最近。加上方便的海陆空联运网络，是温哥华港迅速发展的有力保障。有7～15米水深的码头20多座，泊位60多个，有集装箱码头泊位3个，总长789.4米，低水位深15.2米，最大可泊25万载重吨的船舶。它是世界最大的小麦装运港，年吞吐量达8 000多万吨，集装箱吞吐量为300TEU左右。

魁北克（Qaebec）。魁北克位于圣劳伦斯河与圣查尔河汇流处，是内河与海运的交点，加拿大东部重要港口。港区分布在圣查尔河河口两岸和圣劳伦斯河左岸。有集装箱码头泊位2个，总长195.4米，低水位深11.5米，向西有铁路通鲁珀特港，有木材加工、造纸、造船等工业。

哈利法克斯（Halifax）。哈利法克斯位于东部新斯科舍半岛东南岸，海港水深16米以上，为东部唯一的不冻深水良港，也是世界第二大自然深水港。南部现有23个深水泊位，2个集装箱码头，总长518米。港外还有可停靠11万吨级油轮的码头。冬季圣劳伦斯河冻结期间，加拿大东部进出口船只都来此停靠。年吞吐量约2 000多万吨，向西有铁路与温哥华相连，又是加拿大海军和捕鲸基地。这里有著名的大西洋海洋博物馆，展出包括泰坦尼克号、哈利法克斯大爆炸等历史事件的介绍及相关物品。

鲁珀特王子港（Prince Rupert）。鲁珀特王子港位于太平洋沿岸开恩岛上，为北美最深的天然不冻深水良港，水陆交通枢纽。1.2万吨TEU的集装箱船可自由进出，年吞吐量为200万TEU。水产丰富，输出鱼、谷物、木材、纸浆等。

对外贸易　加拿大国内市场容量较小，整个经济活动对国际市场依赖较大。主张贸易立国，全国有1/4产品供出口，高科技产品80％供外销。进口大量的机械设备和轻工产品，对外贸易总额约占GDP的30％。2007年进出口贸易总额为8 080亿美元，居世界货物贸易第十位。2014 年加拿大货物贸易总额为 9 490 亿美元，其中出口 4 740 亿美元，同比增长 3%，居世界第十二位；进口 4 750 亿美元，与 2013 年持平，居世界第十位。以前加拿大出口商品结构与发展中国家出口模式相似，多为原料和半成品，进口则以机械设备等工业制成品为主。近些年，加拿大制成品的出口已占出口总额的一半以上，主要出口商品为矿产品、运输设备和机电产品，如原油、天然气、汽车及零部件、通讯和电子设备、木材、纸浆及农业渔业产品等；进口以机电产品、运输设备和矿产品为主，其次是轻纺、食品等工业制成品。加拿大是世界第一大软木木材和新闻纸供应商，世界第二大纸浆供应商。

加拿大贸易地区主要集中在美国。"山姆大叔打个喷嚏，加拿大人就会感冒"，形象地说明加美经济的关系。多年来，加美贸易额占加拿大对外贸易总额 70%～80%。其次是中国、日本、欧盟和墨西哥等，加拿大正致力于市场的多元化。

加拿大旅游业正方兴未艾，为世界十大旅游国之一。加拿大在世界旅游组织收入最高国家中排名第九。近几年更是重视积极开发旅游资源。其中 1885 年建立的班夫国家公园，内有冰峰、冰川湖和高山草原、温泉等景观，是避暑胜地。

中加贸易　中加 1970 年 10 月 13 日建交，建交前的 1961 年，中加第一个小麦长期协议问世，双方约定"当中国需要购买小麦时，首先考虑加拿大为主要供应来源"。中加贸易互补性强，加缺少高技术人员、劳动力和市场，但具有传统优势的水利工程、通讯、航天、农业、矿业、渔业及环保、建材工业等为中国所需。2014 年中加贸易额为 552.20 亿美元，同比增长 1.4%；其中中方出口 300.06 亿美元，同比增长 2.7%；从加进口 252.14 亿美元，同比下降 0.1%。中国依然是加拿大的第二大贸易伙伴、第二大出口市场和第二大进口来源地。中方对加出口主要商品是机电产品、自动数据处理设备、电视、电话、电报设备、无机化学品、女式服装等。从加进口主要是粮食、矿产品、化肥、纸浆和电讯设备及部件等。加拿大是中国软木最大供应国，中国则是加拿大小麦的最大买方，是其钾肥、纸浆的重要出口市场。目前加拿大国内消费严重依赖进口，商品和劳务进口占国内需求的 30% 左右。商品流通渠道通畅有序，效率也较高，中加贸易尚有巨大潜力。同时中加尚有相互投资，但不太平衡。过去有很多国有企业在加投资，民营企业较少，现在民营企业已远远超过国有企业。过去投资主要集中在能源、矿产、金融还有林业等领域，现在越来越多的资金开始投向新能源以及高科技领域。最近几年还投资到房地产和文化等领域。中企在加拿大投资多元化是未来发展趋势。截至 2015 年 1 月底，中国在加投资总额达 530 亿美元。近年来中加经贸发展步伐加快。2014 年 10 月 4 日《中加投资保护协定》正式生效；11 月宣布在多伦多建立北美地区第一个人民币离岸结算中心。2015 年 3 月该中心正式成立，标志着中加金融合作迈入新阶段。2015 年是中加建交 45 周年及中加建立战略合作伙伴关系 10 周年，双方互利合作将迎来新的机遇。

复 习 题

填图题

1. 在加拿大地图上填注：（1）太平洋、大西洋、圣劳伦斯湾、卡博特海峡、贝尔岛海峡、胡安—德富卡海峡。（2）蒙特利尔、多伦多、魁北克、哈利法克斯、温哥华、鲁珀特王子港、渥太华、哈密尔顿、圣约翰、埃德蒙顿、卡尔加里、温尼泊、桑德贝。（3）萨德伯里、拉布拉多半岛。

2. 在图上用红笔画出加拿大连接东西两大洋铁路：（1）鲁珀特王子港—埃德蒙顿—温尼泊—魁北克。（2）温哥华—卡尔加里—温尼泊—桑德贝—蒙特利尔—圣约翰—哈利法克斯。

填空题

1. 加拿大东部最大不冻港是_____；西部最大港口是_____。

2. 加拿大林产品出口额居世界_____位。

思考题

1. 加拿大是移民国家，其民族构成怎样？官方语言有哪些？

2. 谈谈加拿大农林矿产品在世界上的地位。

3. 加拿大清洁能源产业发展现状如何？

第二节　美　国
(The United States of America)

地大物博的美国　美国本土部分位于北美大陆南部，地处北纬 25°～49°之间，北邻加拿大，西南连墨西哥，南邻墨西哥湾，东靠大西洋，西濒太平洋，在西经 67°～125°之间，共有 48 个州和 1 个哥伦比亚特区。此外，还有 2 个海外州，即位于北美大陆西北部的阿拉斯加州和地处太平洋中北部的夏威夷州。美国全称为"美利坚合众国"，其总面积为 937.2614 万平方千米，仅次于俄罗斯、加拿大和中国，居世界第四位。

美国还有海外领地和托管地，关岛、美属萨摩亚群岛、太平洋岛屿托管地、波多黎各岛、美属维尔京群岛等。这些岛屿面积不大，但地理位置都十分重要。

美国濒临两大洋，远离旧大陆，南北均以比它弱的国家为邻的地理位置。在现代交通条件下，海洋未能阻碍它和旧大陆的联系，却在历史上避免了两次世界大战的干扰，为它提供了有利于资本主义发展的和平环境。美国在两次世界大战中发了横财，使经济、军事实力急剧膨胀，一跃而为资本主义世界的霸主。

从自然条件和资源看，美国是一个幅员辽阔、资源丰富的国家。海岸线总长 22 680 千米，在地形上呈南北三条纵列带。西部是科迪勒拉山系组成的高原山地，约占本土面积的 1/3，平均海拔 2 000～3 000 米。太平洋沿岸北部属温暖的海洋性气候，南部则属地中海式气候；东部是阿巴拉契亚山地，约占本土面积的 1/6，平均海拔 800～1 000 米，山脉以东为狭长的大西洋沿岸平原。大西洋沿岸的切萨皮克湾以北沿岸属沉降海岸，多海湾、岛屿和良港。东部属温带大陆性气候；中部是平坦广阔的中央大平原，约占本土面积的 1/2，平原从五大湖一直延伸到墨西哥湾，其西侧平原上属温带草原，包括落基山脉以东的高平原，牧草丰盛，称"大草原"，草场面积居世界第三位。大草原以东雨水在 750～1 500 毫米之间，是美国最重要的农业区。

美国河流、湖泊众多，有庞大而完整的水系，主要有密西西比河、康涅狄格河、哈得孙河等。密西西比河纵贯大陆中部，全长 6 020 千米，为世界第四条大河。它同五大湖之间有运河相通，并可通过圣劳伦斯河、伊利运河、哈得孙河通往大西洋，形成联系全国主要地区的内陆水运网，为经济发展提供了方便的水运条件。西部的科罗拉多河、哥伦比亚河等注入太平洋。众多的河流蕴藏着丰富的水力资源，以西部高原地区尤为丰富。东北部与加拿大交界的五大湖，是世界最大的淡水湖群，在伊利安湖和安大略湖之间有著名的尼亚加拉大瀑布。

美国拥有丰富的矿产资源，煤炭、石油、天然气、铁矿石、铜、铅、锌、钼、铀、锆等产量均居世界前列，但缺乏某些重要的战略资源，如钛、锰、锡、钴、铬、镍等需要进口。煤炭已探明储量为 4 000 多亿吨，居世界第二位，分布较广，主要在阿巴拉契亚山地、中央平原和西部落基山地。其中以阿巴拉契亚山地煤质最好。铁矿储量达 92 亿吨，主要分布在苏必利尔湖西岸和伯明翰附近。2007 年底石油探明储量为 36 亿吨，天然气储量为 5.6 万亿立方米，主要分布在墨西哥湾沿岸、加利福尼亚南部和阿拉斯加北部地区。

美国拥有 2.95 亿公顷的森林面积，占全国土地总面积的 31.5％左右。美国有农业用地约 4.3 亿公顷，占全球农业用地的 10％，居世界首位。

居民　美国有 3.178 亿人口（2014 年 3 月），仅低于中国和印度。99％以上的人口分布在本土 48 个州，人口密度较低，且东密西疏，极不平衡。尤以美国东北部大西洋沿岸和五大湖区人口最稠密，西部人口主要集中在太平洋沿岸的大城市里。美国人口 77％以上居住在城市。十几年来，美国人口向西、向南移动，另外，大城市的居民也向郊区搬迁，郊区人口增长较快。

美国是世界上人口净移入国家。从 16 世纪起欧洲人开始向北美移民，20 世纪达到最高峰。美国种族构成复杂，白人约占全国人口 80％以上，其他为黑人、拉美混血种人、印第安人和夏威夷土著、阿拉斯加原住居民等。移民中以西班牙语系的拉美移民和黑人为最多，各约有 3 500 万人，还有亚裔人口约 1 100 多万，华人约有 270 万。400 多年前，印第安人是美洲大陆的主人。现在印第安人约有 150 多万。目前美国是吸引外国技术移民和高级人才最多的国家，每年得到经合组织以外国家 50％以上的技术移民。

美国人信仰宗教极为普遍，是个多宗教国家，以信奉基督教为多，其次为罗马天主教、犹太教、东正教、伊斯兰教、印度教等。

美国通用英语。货币单位是美元。

美国是由移民组成的国家。美利坚民族热情开朗，随和友善，非正式场合不拘礼仪，易结交朋友。朋友之间见面时最常用的问候方式是喊一声 Hello 或 Hi，好友久别重逢时也可握手。美国人酷爱自由，有句俗语即"Co fly your kite"，意思是"干你自己的活，别干涉别人的事。"美国人不太讲究穿戴，穿衣以宽大舒适为宜，爱穿什么，就穿什么，但正式场合就比较讲究礼节了。美国人喜欢直呼其名，不喜欢在姓名上加头衔，只有对法官、政府高级官员、高级军官、医生、教授和宗教领袖等，可加头衔表示尊敬。美国人喜欢浅淡的颜色，如象牙色、浅绿色、浅蓝色、粉红色等。男女相见时，握手一般由女士先伸手。圣诞节或复活节前后，6—8 月多去度假外，其余时间宜走访。美国商界流行早餐和午餐约会谈判。

和美国人交往一定要有时间观念，商务谈判、赴宴一定要准时，谈判时要开门见山。美国人直露坦率，不像中国人崇尚谦虚，也不必过分客气。美国人喜爱蜗牛、马蹄铁、四叶车轴草等为吉祥物，不喜欢"13"这个数字，认为不吉利。对星期五也很忌讳，如果星期五这天是 13 号，人们就更加小心谨慎，不敢轻举妄动。

世界唯一超级经济大国　1776 年 7 月 4 日，通过《独立宣言》宣布脱离英国，正式建立美利坚合众国。后发生独立战争。美国独立后，经过南北战争（1861—1865 年）为资本主义的迅速发展扫除了障碍。至 19 世纪 90 年代，美国经济超过英国居世界第一位。到 1913 年，美国工业生产相当于英、德、日、法四国的总和，占世界的 1/3 以上。第二次世界大战后，其经济和军事实力增长迅猛，一举成为世界上经济实力最雄厚的国家。当时其工业制成品约占世界的一半，对外贸易约占世界的 1/3 以上，黄金储备约占世界 60%。美国积极向海外投资，成为世界最大债权国。总之，在短短不到 200 年时间内，美国已发展成为凌驾于其他资本主义国家之上的超级经济大国。两次世界大战中，美国大发战争横财更奠定了它"金元帝国"的地位。

自侵朝战争失败后，美国经济地位开始下降。而日本和西欧经济的重新崛起，也相对削弱了美国经济的竞争优势，经济由 1950 年占世界的 1/3 以上下降到 1996 年的 21%。这还表现在国际收支状况的恶化上，经常项目收支连年出现逆差，使美国不得不依靠外国资本的输入来弥补缺口，使美国由世界最大的债权国变为最大的债务国，美元的霸权地位逐渐削弱，已不再是世界唯一的储备货币了。进入 20 世纪 80 年代，美国发生经济危机，到 1982 年起，经济开始回升。1984 年 GDP 增长 6.8%，是美国经济地位下降以来最有力的一次增长。进入新经济时代的 1991 年 3 月，美国经济开始第二次世界大战后第三个最长的经济增长期，经济增长率达 4%。新经济的实质是知识经济，是以高新技术产业为支柱产业，以智力资源为主要依托。新经济包括网络、信息技术和其他高新技术的发展等基本内容，主要动力就是信息技术革命和经济全球化浪潮，至 2001 年 3 月，美国经济持续增长了 10 年，是第二次世界大战后经济连续增长最长的时期。失业率稳步下降，通胀压力得以消除，出口贸易增长势头强劲，财政赤字逐年减少，从而使美国得以在某些领域重新夺回世界第一的位置。2000—2006 年经济年均增长率为 2.6%，高于英、日、法、德等国。2007 年美国遭遇次贷危机；2008 年 9 月又发生金融海啸，两次巨大的冲击波使美国经济急剧恶化。2010 年美国经济实现本轮衰退后首个全年增长，消费重新成为支撑经济增长的主动力，美国经济正在回归常态增长轨道。2014 年 GDP 增速为 2.4%，略高于 2010—2013 年平均 2.2% 的 GDP 增速。这是 2010 年以来美国经济最佳的全年增速。

经济基本特征 美国的经济是高度发达的自由市场经济。它既有发达资本主义国家市场经济的共同性，又有其本身的特点。自由市场经济决不意味着美国政府不对宏观经济进行有利的调控，只不过他们采用的调控手段与日本、德国、法国等不同罢了。美国著名经济学家萨谬尔森在《经济学》中说："我国经济是一种混合经济，在其中，国家机关和私人机构都实行经济控制。"美国的企业被称为"自由企业"，基本上都是各种私营企业，国有企业只占很小的比重。一般包括垄断企业与非垄断企业。垄断大企业和非垄断的中小企业在市场中的运行方式和对市场经济运行方式的影响是不同的。

美国政府对市场经济的宏观调控除罗斯福推行"新政"时期外，基本已不采用计划化的手段，也未采用过产业政策。20 世纪末（克林顿时期）美国提出政府要极力扶持新技术产业的发展，实际上是推行一种产业政策，并包含着一定的计划因素。因为产业政策不是单纯依靠市场，而是依靠政府有计划地将社会劳动和资源优先配置到那些需要优先发展的产业部门，以促进国民经济的发展。具体来说，经济存在以下几个特点。

（1）美国是世界最大经济体，在资本主义世界经济中高居榜首。第二次世界大战后，美国经过多次危机冲击，实力地位一度削弱，但至今为止，美国仍处在世界上经济最发达的超级大国地位。其 GDP、工业、农业总产值、交通运输和对外贸易、对外投资均居世界首位。GDP 这两年在 16～17 万亿美元，约占全球的 30%，人均 GDP 5 万多美元。工业生产总值约占世界工业份额的 26%，农业生产总值占世界 14%，是一个工农业高度发达的经济强国。美国拥有发达的现代化交通运输网，海、陆、空运量均领先世界。第二次世界大战后至今，每年的商品贸易进出口总额均居世界第一或第二位。2014 年商品贸易进出品总额为 40 320 亿美元。美国是世界上最大的金融体，拥有金融资产达 50 万亿美元（2015 年），占世界总和的 33%。目前美元占全球外汇储备的比重为 2/3 以上。在黄金储备、教育力量、全球 500 强企业数量、综合国力等方面，美国稳坐世界第一超级大国宝座。

（2）新经济时代，生产率水平仍居高不下。20 世纪 90 年代进入新经济时代。新经济的基本特征是高技术化和全球化。美国的信息革命，使美国及早进入知识经济时代，其劳动生产率水平高于世界其他发达国家。2007 年，美国劳动生产率（即单位小时产值）为 52.1 美元，高于法、德、英、日等国。过去按人均主要工农业产品产量、占有的机械数量和动力消耗量等高于其他发达国家，现在高科技领域约有 27 个关键技术领域居世界领先地位。不论在信息和通信领域，还是在大规模集成电路、计算机、生物工程、纳米、核技术、航天航空技术、激光、高分子合成等都走在世界前面。另外，美国一向是世界最大的专利技术出口国，是世界第一科技创新大国。

（3）垄断程度高，经济命脉完全掌握在极少数垄断资本集团手中。洛克菲勒、摩根、梅隆、杜邦、第二花旗银行、美洲银行（加利福尼亚银行）、波士顿、芝加哥、克利夫兰、得克萨斯等十大财团掌握着国家主要经济部门。如汽车生产由通用、福特、克莱斯勒三家汽车公司垄断了全国汽车产量的 90% 以上；第一花旗银行和美洲银行在 20 世纪 80 年代竟有千亿美元的资金。这些大财团更与政府相勾结，左右着美国的内政与外交。高度的垄断导致贫富两极分化，目前，1% 最富有的家庭占有全国 40% 的财富。跨国公司是垄断资本高度发达的产物。目前在世界最大的 100 家跨国公司中美国约占 1/3。

（4）信息技术产业是经济的主导部门。20 世纪 80 年代初，美国就进行了以信息技术为重点的经济结构调整。20 世纪 90 年代中期，美国已从后工业社会向信息、知识社会转变，使美国自由市场机制变得更加灵活。目前，信息技术产业已成为美国经济的主导部门，传统产业结构和服务业面临着彻底改造。信息技术产业的产值已超过建筑、食品和汽车制造业，已成为美国经济最大产业部门。

（5）国民经济军事化程度高，多年来是世界最大的军火商。作为全球第一军备大国的美国，仍然在涨军费。2015 财年美国将 6 000 亿美元用于国防，2016 年的“非战争国防预算”接近中国军费预算的三倍。每年的军费开支比其后 10 国防务开支的总和还多。美国军费开支庞大约占 GDP 的 6% 左右，美国参加军工生产的工业企业约占整个企业数的 1/3，美国依靠军工为生的为 900 多万人，是世界上进行核试验次数最多（约占世界总数 50% 以上）、并拥有核武器最多的国家。据统计从 1989—1997 年美国向外出售军火累计总额 824 亿美元，超过世界上其他国家军火出口的总和（668 亿美元）。目前常规武器出口已占世界军火市场 31% 份额，为世界上最大的军火商。

世界制造业大国 美国工业不仅生产规模庞大，部门齐全，而且体系完整。并以技术先进、劳动生产率高而著称于世，是世界上最大的工业国。20 世纪 80 年代以来，传统工业纺织、食品、钢铁、造船等部门因受到日本、西欧等新兴工业化国家或地区的竞争而衰退，或因劳动成本高而移向海外，而以微电子技术为核心的信息技术、宇航工业、生物工程和新材料等新兴工业成为主导产业，并在世界上居领先地位。由于产业转型加快，制造业比重呈下降趋势。在此期间的 2010 年，美国保持多年的世界第一制造业大国地位被中国所取代。自 2007 年次贷危机以来，美国经济快速转型，服务业、尤其是金融服务业进入结构性调整和收缩，为避免经济衰退，美国经济的第一和第二产业对 GDP 的贡献必须提高。美国是全球最大粮食出口国，农业因粮价上涨而欣欣向荣。美国也正在收复制造业的失地，重振在全球制造业的雄风。近年来美国制造业的增长快于法、英、意、加等主要工业国家，同日本的增速相近。美国仍是制造业大国，制造业创造的价值达全球 1/4，制造业和农产品的出口改善了美国的贸易账户和经常项目下的逆差。

（1）能源工业：能源工业包括煤炭、石油、天然气、水力、电力、核能等，能源总产量居世界第一位。

①石油和天然气工业。为美国提供了能源消费的重要部分。长期以来曾是世界最大石油生产国的美国，1974 年被苏联超过。近年来美国石油产量 3 亿吨左右，仅次于俄罗斯和沙特居世界第三位。2014 年美国石油产量超过沙特和俄罗斯，成为全球最大的石油生产国。2014 年美国天然气产量达 7 283 亿立方米，超过俄罗斯，居世界第一。墨西哥湾西部沿岸（得克萨斯州、路易斯安娜州和俄克拉何马州）是石油和天然气的最大产地，其次为阿拉斯加和加利福尼亚州（洛杉矶附近）。美国炼油能力居世界首位，是最大的石油加工国。美国最大的炼油中心在休斯敦，有"世界石油之都"的称号。美国也是世界上最大的石油消费国，占世界总消费量的 1/4。美国还是石油进口大国，每年需进口原油 28 亿桶，其依赖度在 50％以上。进口石油主要来自加拿大、墨西哥、拉美、西非及中东等地。

②页岩油产业的发展。美国页岩油产业化已有 60 多年的历史。1953 年发现，1955 年正式投产。进入 21 世纪以来，美国页岩气开发取得了巨大成就，天然气价格急剧下降，而原油价格却居高不下。于是石油公司在不放弃页岩气的同时，将开发重点转向页岩油。仅仅数年时间，页岩油开发取得了惊人成绩，使美国原油进口量大幅下降，炼油业迅速复苏，给经济恢复带来了动力，对世界石油地缘政治格局产生了重大影响。美国页岩气蕴藏分布于 20 个州以上，页岩油的开发在位于北达科他州的巴肯率先取得成功。位于得克萨斯州北部的 Barnett 页岩矿区于 2000 年正式开发，产量最大。自 1976 年美国开展"东部页岩气工程"以来，油气资源开发进展迅速。页岩气产量由 2006 年的 1.1 万亿立方英尺增至 2012 年底的 8 万亿立方英尺以上。页岩油产量超过 200 万桶/日。不久的将来，美洲大陆将变成新的能源宝库。

③采煤工业。为美国传统的工业部门。为减少对石油的依赖，煤炭在能源结构中比例上升，现年产煤 10 亿吨左右，居中国之后，排世界第二位。煤炭资源 90％以上用于发电。煤炭分布广泛，其中阿巴拉契亚煤田是美国发现最早、开采时间最长的煤田，另有中央煤田和西部煤田。近十几年来西部煤田产量攀升，已成为最主要产区，煤炭产量已占全国的一半以上。

④电力工业。美国是世界上电力工业最发达的国家，其发电装机容量、机组容量、年发电量均居世界第一位。美国电力工业发展速度始终超越其国民经济发展速度。大约在 1985 年后，美国电力产业发生了结构性大转变，从此奠定了美国后来能源体系朝向低碳发展的基础。

历史上，美国以煤电装机为主，即以燃煤的火电机组站为主力。1985年后，天然气发电崛起2000年后，气电在新增的装机容量中占据压倒性多数。2005年气电超越煤电成为第一大电源。美国发电装机长期居世界第一。2012年美国装机11.58亿千瓦，其中气电占总装机的42.5%，煤电约占29.2%，核电和水电分别占9.2%、8.7%，风电占5.0%，油电占3.6%。2012年美国核电装机约1亿千瓦，居全球第一。多年来，通过增容改造，美国约60%的核反应堆获得了20年的运行许可，同时美国也已关闭了19台核反应堆。2012年美国尚有104座核反应堆。水电站主要分布在田纳西河、哥伦比亚河、科罗拉多河等地。

目前美国正在进行全国性能源结构改革。2014年公共事业规模的风电装机和太阳能发电装机合计占全美可再生能源装机总量的47%。目前有11个州的可再生能源发电量超过总发电量的10%。加利福尼亚州2014年成为美国第一个实现公共事业规模太阳能发电量达到总发电量5%的州。如将水力发电纳入统计范围，爱荷达州、华盛顿州、俄勒冈州和南达科他州的可再生能源发电量超过总发电量的70%。目前清洁能源在美国发展状况比预期快得多。加利福尼亚州已连续六年蝉联美国清洁能源技术指数榜首。预计到2030年加州将实现50%的电力来自可再生能源，其中旧金山、圣何塞和圣迭戈制订目标是100%实现可再生能源发电。目前能源结构高速很明显，风电、太阳能和天然气发电将成为未来美国电力的主要来源。2015年美国太阳能光伏发电新增7.3%GW，一年中光伏发电占新增发电容量的29.5%，首次超过天然气发电比重。美国正向零碳能源转型。

（2）冶金工业：钢铁工业原为美国经济的三大支柱之一，1973年钢产量曾达1.37亿吨的历史最高纪录，后来技术水平被日本超过。目前与中国、日本等国同为年产亿吨钢铁的国家。历史上，美国的钢铁工业是在利用本国铁和煤的基础上发展起来的，现在要从委内瑞拉和加拿大等进口部分富铁矿。2014年粗钢产量8 830万吨，仅次于中国、日本，居世界第三位。主要钢铁中心有芝加哥、底特律、克利夫兰、匹兹堡等，大西洋沿岸的巴尔的摩、费城，南部的伯明翰、休斯敦等也是重要的钢铁中心。

多年来，美国铜、铅、锌和铝的冶炼均居世界首位，但仍不能满足国内需要。美国西部是有色金属蕴藏区，冶炼中心一般集中在大西洋沿岸各地。炼铝业分布在哥伦比亚河及田纳西河等大水电站附近。现在铝土原料大部分从拉美进口。所以墨西哥湾沿岸炼铝业相对集中。

（3）机械工业：机械工业是美国的传统工业部门，其生产能力约占世界机械生产能力的40%，是发展成熟的工业部门。在石油开采、动力机械和办公设备等方面占绝对优势。飞机及其设备、汽车及其零配件、建筑机械、自动化数控机械等也相当有名。

①机器制造业。20世纪60年代末美国机床产值超过德国和苏联，跃居世界第一位。但20世纪70年代后期，日本等在数控机床和工业机器人制造方面又超过了美国，且占领了美国市场的75%左右。辛辛那提是美国重要的机床中心，其次为芝加哥。电机与电器制造主要在芝加哥、纽约、费城和洛杉矶。农机制造以芝加哥为最大中心。

②汽车工业。第二次世界大战后美国汽车工业也是经济"三大支柱"之一，汽车年产量长期居世界第一位，1978年产汽车1 290万辆，创历史纪录，1980年被日本超过，2007年产汽车1 510万辆，常与日本为世界两大汽车生产国。通用、福特、克莱斯勒三大汽车公司垄断美国汽车产量的90%以上，其中通用汽车公司是世界最大的汽车公司，福特汽车公司居世界第三位。底特律是美国的"汽车城"，三大公司的总部也设在此。此外，洛杉矶和亚特兰大

也是汽车生产中心。2014 年汽车产量为 1 684 万辆，居世界第二位，远低于中国。美国汽车产业大户将汽车工业中心从传统的底特律搬到劳动力成本低廉且靠近墨西哥边境的美国南方地区，此举可大幅度降低运输成本。美国三大汽车公司在 20 世纪 90 年代就积极研制电动汽车，用电力驱动将有可能成为今后最具市场竞争力的汽车新能源。

③航空航天工业。美国航空航天工业长期处于世界领先地位，不仅规模庞大，技术先进，且种类繁多。主要产品包括各种飞机及其零部件（民用、军用）、导弹、火箭、人造卫星等。据统计，美国航空航天工业的销售可占世界总销售额的一半，在卫星、运载火箭、空间试验站、航天飞机及太空科学试验卫星方面，美国尚未遇到他国的有力挑战。美国在航天工业上的投资远远超出其他国家。21 年达到 288 亿美元，约占世界所有国家航天预算总和的 75%。美国具有世界上最强大的航天运载能力，拥有重型、大中小型等多种系列运载火箭。为确保绝对的空间优势，美国不遗余力地发展各类空间创新技术。航空工业发展历史悠久，飞机产量、出口量高居世界第一位。波音、麦道、洛克希德·马丁原是美国飞机制造的三大公司，但麦道公司已在 1996 年 12 月与波音公司合并。合并后的新波音公司为国际民航的"巨无霸"，成为世界第一大航空航天工业集团。新波音公司在 100 座以上飞机世界市场份额中占 70%。波音公司还具有制造海上火箭和卫星发射装置的能力，波音公司总部设在西雅图，是"波音飞机的摇篮"。西雅图约有一半以上的职工属于波音公司的雇员，故西雅图有"波音之城"的称号。2014 年已将全球首架波音 787—9 "梦想客机"交付给新西兰航空用于起飞至珀斯、上海、东京等航线。洛杉矶也是重要的飞机制造中心。另外，美国两大军工巨头的洛克希德·马丁公司和诺斯罗普·格鲁门公司也在 1997 年宣布了合并。合并后仍称洛克希德·马丁公司。在全球有 23 万多名雇员，年销售额仅次于波音公司。

（4）化学工业。煤、石油、天然气、磷酸盐、硫磺、食盐等化工原料为美国化学工业的发展提供了有利的条件。多年来，美国化学工业产值居世界首位，约占世界 1/4 以上。基础化工部门齐全，产量大，硫酸、烧碱产量多年居世界第一。老化工区分布在纽约、费城、巴尔的摩一线和五大湖区；纽约是全国最大的医药、染料、香料和化妆品生产中心。石油化工业是美国发展最快的化工部门，墨西哥湾沿岸的科珀斯克里斯蒂、休斯敦、博蒙特地区集中了石油化工生产的 40%，乙烯、合成橡胶等产量居世界前列。从 2014 年美国化工公司 50 强显示，美国化工业正处于一个非常健康的局面。廉价的页岩气和相对强劲的本土经济给化工企业注入了活力。美国石化公司因分享到页岩气红利业绩出现大幅改善。加之美国化工公司股票市值大幅攀升，2014 年排名前十的陶氏化学、埃克森美孚、杜邦、PPG 工业、雪佛龙菲利浦斯化学、普莱克斯、亨斯迈、美盛、空气化工产品和伊斯曼化学公司与 2013 年无异。

（5）高新技术产业。20 世纪 70 年代后半期到 80 年代初，美国出现了以微电子技术为基础的一群高新技术行业，把发展高新技术产业作为提高经济增长率及发展综合国力的重要手段。美国的计算机技术、电子电讯、生物工程、高分子化学、航空航天等大多数高新技术部门均居资本主义世界首位。

电子电气工业是高新技术产业中发展最快的部门。美国目前已占有世界电子计算机市场的 60%。电气器材工业除生产一般的电机、电器外，还生产世界上最先进和规模最大的电子计算机、通讯设备、电子设备零件等。电气工业 90% 集中在东北部，芝加哥、纽约、费城是最大中心，洛杉矶是美国西部最大的中心。旧金山是高新技术产业中心。位于加利弗尼亚州的旧金山经圣克拉拉至圣何塞近50千米的一条狭长地带，是美国重要的电子工业基地，也是世界著名的硅谷。它随着20世纪60年代中期以来微电子技术的高速发展而逐步形成。它以附近一些具有雄厚科研力量的一流大学斯坦福、伯克利和加州理工等世界知名大学为依托，以高技术的中小公司群为基础，拥有思科、英特尔、惠普、朗讯、苹果等大公司，融科学、技术、生产为一体。目前已有大小电子工业公司上万家，所产半导体集成电路和电子计算机约占全美1/3和1/6。80年代后，该地区客观上成为美国高新技术的摇篮，现在"硅谷"已成为世界各国半导体工业聚集区的代名词。硅谷的高新科技日新月异，平均每18个月就上一个新台阶。现在世人都知道，在硅谷一夜之间成为百万、千万、甚至亿万富翁也不是不可能。目前硅谷集结的美国各地和世界各国科技人员达百万以上。美国科学院院士在硅谷任职的有近千人，获诺奖的科学家有30多人。来自中国大陆的华人也越来越多。中国的电视机厂家康佳公司和计算机公司联想集团都在此建立了自己的科研实验基地。另外，美国德克萨斯州达拉斯附近还有"硅平原"，北卡罗来纳州罗利附近还有"硅三角"。

美国是信息技术产业的超级大国，已实现了社会经济生活的全面信息化。美国率先开发的全球定位系统在军事、导航、交通、地球生态系统监测等方面得到普遍的应用。国际商业机器公司（IBM）是世界最大的计算机生产企业，它从1985年开始研制的第五代人工智能计算机，不仅计算速度比现有计算机快100~200倍，且具有思维能力。此外，美国还是世界上最大的软件生产和出口国。微软公司是世界最大的计算机软件公司。美国利用微电子技术与通信技术相结合，通过卫星、光纤维电缆、数据库和电子计算机终端产生了能够处理和传送电报、电话、图像、数据的现代化通讯系统，美国是这项技术的开拓者。

（6）建筑业。建筑业是一个综合性很强的部门，建筑与钢铁、汽车曾为美国经济三大支柱，地位相当重要。建筑业每年消耗的钢铁、水泥、砖瓦、玻璃、木材、油漆等数量都很大，对国民经济有较大的影响，也是美国经济的晴雨表。美国建筑业现代化程度高，技术和管理水平先进，在新材料的应用、抗震力学和建筑结构设计等居世界建筑业领先地位。

近几年来，金融危机对美国建筑业影响巨大。早在次贷危机爆发前，美国建筑市场已出现下滑（2006年建筑业产值开始下滑，2007年建筑业雇员数量明显减少）。到2009年第一季度，建筑业在美国经济中的比重已降到了4.1%左右。美国一些专业领域承包商受到较大影响，承包企业甚至面临破产，所以美国建筑业的未来发展不容乐观。

（7）纺织服装工业。美国的棉、毛和化学纤维纺织品工业发达，居世界前列。美国是产棉大国，它是资本主义世界唯一用本国原料发展棉纺织业的国家，但毛纺原料大部分依赖进口。随着石化工业的兴起，促进了化纤纺织品和针织业的迅速发展。进入21世纪以来，美国纺织服装业在中国等发展中国家的竞争压力下积极进行结构调整，呈现出新的发展特征，主要表现在纺织服装细分、产品更具差异化、企业规模微型化、生产技术柔性化以及贸易政策自由化等方面。2000年美国纺织服装行业开始萎缩，特别是面料生产向其他国家和地区转移，在服装生产的大部分工序中，美国仅承担包装加工的最后环节。美国纺织和服装产业对GDP和就业的贡献率呈不断下降趋势，纺织服装产品市场需求主要靠进口来满足。据世贸组织2010年统计，美国已成为世界第二大纺织品服装进口国，纺织服装产业对进口的依赖性将日益加深。

美国纺织工业在世界创新技术和新型纤维领域居领先地位，如尼龙、聚酯光导纤维、凯芙拉纤维（制防弹衣）和宇航员穿着的特种纤维等产品，其质量、高科技含量及特种功能都高于其他国家产品。美国纺织服装行业已从注重密集型向技含量、自动化生产的方向发展。近年来在全球经济增速放缓、传统纺织品市场普遍不景气的形势下，欧美日等发达国家为提高产品销售额，积极开发高科技纺织品服装并取得显著成果。美国 2015 年以来已推出一系列高科技纺织品和服装。美国马尔登纺织公司开发出一种可以通过微纤维和锂电池自动产生热量的织物；斯特劳斯公司推出采用微纤维制成的具有排污去污功能的牛仔裤；等等。另外美国一直是世界无纺布生产第一大国，无纺布产量占全球的 41％；碳纤维产量占全球产量的 33％以上，居世界第二位。同时美国还是世界无纺布消费量最高的国家，约占世界无纺布产品消费量的一半。

新英格兰是美国最早的纺织工业区，目前以毛纺为主；棉纺以南、北卡罗来纳州和佐治亚州为主；化纺主要分布在南部石化工业基地。服装业集中在东北部大西洋沿岸，以纽约为最大中心。

（8）食品工业。美国是世界上食品工业最发达的国家，同时也是世界上拥有最多跨国食品公司的国家。据美国《商业周刊》最新调查，在世界最有价值的一百个品牌中，前十个品牌美国所占八个中就有两个是食品企业的品牌：可口可乐和麦当劳。可口可乐连续几年都荣登榜首，其总部设在佐治亚州的亚特兰大。

食品工业是美国轻工业中的最大部门。食品工业一般分初加工的农副产品和深加工的食品两大类。美国农产品的产量高、种类多，为食品工业的发展奠定了坚实的基础。在美国食品工业中功能食品的年均增幅高达 8％，远超食品工业的平均增速。高科技成果在食品工业领域的广泛应用，为食品工业的发展提供了强有力的支撑。美国的食品工业现已成为以高科技和诸多知识产权及发明创造武装起来的一个在全球最具竞争力的行业。

食品工业分布十分普遍，各大城市都有发达的食品工业，尤以北部农业区最为集中。芝加哥是全国最大的肉食品加工中心，西部太平洋沿岸的旧金山也是重要的食品工业中心。

第一文化产业大国 美国在 20 世纪 30 年代曾以文化产业拉动经济克服金融危机，至今已成为世界第一文化产业大国。经过三次较大的产业结构调整，文化产业结构合理，运行有效，成为美国的第二大支柱产业。美国本土最大 400 家大型公司，其中 72 家是文化公司。美国文化、价值观是靠大型文化公司传播到世界各地的，跨国公司本身就是一个国家实力延伸的触角。美国影视产品占全球产量不到 5％，市场份额却占到 93％，而且美国影视音乐版权出口收益超过军火出口，更重要的是在此之后，美国的文化和价值观通行世界，拥有主体话语权，跨国公司和产品遍布世界，并吸引全世界精英为其服务。

目前美国文化产业已取得了全世界的霸权地位。尤其是近些年来，美国文化产业的经营总额高达几千亿美元。其中好莱坞的巨制电影、三大电视网的娱乐节目、时代华纳的流行音乐，更是占了营业额的大头。在每年美国商品的出口项目中，文化产业视听产品的出口额更是名列前茅（紧随航空业和食品业之后）。它同时为美国国内提供了 1 700 万个就业机会。美国现在图书出版社约 1 000 家，其中约 20 家大公司占据主要市场份额。据统计，由美国生产的音乐唱片已占世界音乐唱片消费量的 60％。美国是当今世界上文化产业最发达的国家，其产值已占 GDP 的 30％左右。美国文化产业雄霸全球，是由商业、外交、政策、技术和文化等各种因素杂揉在一起而共同成就的。

高度发达的现代化农业　美国是世界上农业高度发达的国家，也是世界上大量出口农产品的国家。美国有发展农业的有利条件，平原面积大，耕地广，土地肥沃，灌溉水源充足，有利于农业的机械化耕作和规模经营。农业是美国国民经济中的最大部门。从农用物资的生产和供应、农业生产、农产品收购、加工和销售组成一个完整的统一体，叫农工综合体，在国民经济中占有主要地位。历史上，农业曾为美国吸引大量移民，积累了巨额的资金，开辟了广阔的国内市场，推动了工业化的进展；在现代是美国经济发展和争霸世界的一个重要物质基础。美国农业法规明确规定"农业是制造业和商业的基础"。随着工业发展，农业在经济中比重逐渐下降，但政府对农业采取支持和保护政策，农业补贴始终是农业政策核心。近年来，美国务农人口不到总人口的 2%（一说 1.8%），农业产值占美国 GDP 的 1.7%（其实是因为食品工业归类到工业中了）。农产品的出口是美国重要的外汇来源之一，农产品贸易年年顺差，对改善国际收支和弥补贸易逆差有着举足轻重的作用。

农业的主要特点：

（1）用现代化最新科学技术发展高效资本主义大农业。美国农业生产规模在世界上是最大的。现有耕地面积 1.9 亿公顷。美国的农业以家庭农场为主。由于农产品市场开拓、科技进步和大范围配置资源，促使农户分工分业，专业化、集约化生产，加速了农户的兼并与重组。农户拥有的土地规模越来越大，平均面积高达 176 公顷。农场总数的下降增强了农户的产业竞争力。美国农业生产手段先进，1940 年就基本上实现机械化，现在又将生物学、遗传学、化学等高科技成果广泛的用到农业生产中，大大提高了农业的劳动生产率。种植业从耕地到收割、储存和加工，全部都实行了机械化操作或电脑控制。畜牧业肉牛、猪、鸡等家禽都是在大型室内封闭饲养，可自动调温、喂食喂水，不受气候和外界条件影响。同时还形成了发达的农业产业化体系。越来越多的农户成为"农业综合企业"，从单个的农场主到生产农药的跨国公司，规模不断扩大。据统计，平均每个农业劳动力负担耕地 93.1 公顷，生产谷物 16 万千克以上，肉类 9 000 多千克。

（2）农业部门结构全面，商品性高，对国外市场依赖大。美国种植业与畜牧业并重，其产值在农业中各占四成以上，基本持平。美国拥有巨大的粮食储备，谷物的结转库存占世界第一。近年来约占世界库存总量的 1/3。

①种植业。长期以来，美国是世界上最大的粮食生产国和出口国，20 世纪 80 年代初粮食产量被中国超过。2014 年年产粮食 5 亿吨，以玉米和小麦为主。玉米产量和出口量、小麦出口量均居世界首位。经济作物以大豆、棉花和烟草为主。美国原是世界最大的大豆生产和出口国，现已被巴西超过。2012 年度产棉 364 万吨，居世界第三位。棉花和烟草出口量居世界首位。牧草、蔬菜、水果种植业也占重要地位。

②畜牧业。属于资本和技术密集型产业。美国畜牧业的机械化程度和专业水平占世界领先地位。畜牧业以养牛、猪和鸡为主，肉类产量居世界第一位，肉牛和奶牛业都发达。目前，美国已成为牛肉、猪肉、禽类产品的纯出口国。

美国农场的产品几乎全部投入市场，而所需的农机具、化肥、农药、种子、饲料等都需购入。现代化的大农业使美国各种农产品产量经常出现过剩，必须依赖国外市场。长期以来美国是世界上最大的农产品尤其是粮食出口国，农产品出口一般占美国外汇收入的 20%。多年来小麦出口量占世界总出口量的 40%，玉米占 75%。棉花、花生仁出口也居世界第一位。

目前油料（包括植物油和加工副产品）成为第二大项出口品，同时果蔬类和畜产品的出口增长也很迅速。国际市场对农产品的需求变化直接影响美国农作物的播种面积数量和农产品的价格。

（3）农业生产高度专业化，即农场经营专业化和农业生产地区专业化。农场经营专业化是以一个农场只生产一种农作物或只从事整个农业生产过程中的某个环节，如美国有种子公司，出售良种，收割公司和专门从事农业运输的运输公司等。因此美国大多数为专业化农场，可以降低生产成本，提高生产效率。农业地区专业化即实行地区专门化生产，可充分利用各地区的自然条件和社会条件的特点，做到因地制宜以及更加广泛地应用现代农业科学技术，农业生产管理经验等收到显著的经济效果。美国农业专业化生产地带有以下几种。

①乳畜带。美国东北部和濒临五大湖各州适宜种植青贮玉米和牧草，发展乳畜业。是最大的农业区之一，这里集中了全国1/2的城市人口，是巨大的牛奶和乳制品消费市场。这里也是美国最大的牛奶和乳制品产区。

②玉米、大豆带。位于乳畜带以南，主要包括艾奥瓦、伊利诺伊、印第安纳、内布拉斯加和密苏里州，这里地平、土肥，水热条件好，极利于玉米生长发育。玉米产量占全国的3/4，是世界上最大的玉米产区。这里盛产大豆，产量已占全国约1/2以上。

③小麦带。位于中央大平原的西部，主要包括北达科他、蒙大拿、堪萨斯和俄克拉何马州，这里地势平坦，冬季较长且冷，北部宜种春小麦，南部栽种冬小麦，且降水集中在小麦生长季节，秋季干爽，对谷物收获有利，因而本区集中了全国小麦产量的70%。

④棉花带。位于东南部，东起大西洋沿岸，西至得克萨斯州东部，这里是美国的老棉区。现在向以畜牧业为主的多部门综合农业发展。棉花分布已向西转移到得克萨斯、新墨西哥、亚利桑那和加利福尼亚州四个地区，约集中了全国棉花生产的70%。阿肯色州是美国最大水稻产区，产量约占全国40%以上。

⑤畜牧和灌溉农业区。位于落基山以西的广大高原地区，北部为季节性放牧区，主要作物有小麦、豆类和甜菜。南部现已发展为高度集约化的灌溉农业区。

⑥南部水果、蔬菜、稻米区。美国东南部墨西哥湾沿岸，主要种植亚热带作物——水稻，水果——柑橘、甘蔗及早鲜蔬菜。佛罗里达州是全国第二大水果蔬菜生产基地；太平洋沿岸南部主要指加利福尼亚州，是美国农业最发达的州，为国家提供了一半以上的水果和干果，1/3的蔬菜。这里的水稻单产高，产量约占全国40%以上。

（4）利用强大的土地资源优势，扩种玉米，大力发展生物能源。美国耕地达1.9亿多公顷，占世界耕地总面积的13%，是世界上耕地面积最大的国家，人均耕地0.65公顷。美国是世界上第一大生物能源生产国，使用原料主要是玉米。现在美国玉米产量的1/4用于生产乙醇。大批农民放弃种植大豆而改种玉米，2007年美国玉米种植面积高达9 360万英亩（1英亩约合0.4公顷）创下1944年以来新高，玉米产量为125亿蒲式耳。玉米经深加工可加工出2 000多种产品，用玉米为原料生产乙醇，仅美国国内每年就可消耗20亿加仑、目前美国最常用的50多种工业原料中，1/3以上完全可用农产品替代，这样每年可减少数百亿美元的外汇支出。所以，随着美国科技的进步特别是转基因等生物技术的发展将粮食转化成高附加值产品出口，是一举两得的事情。

（5）积极发展都市农业，建立都市农业园。在美国并不单纯提倡"城市化"，不鼓励农民放弃土地耕作而转向工业生产，而是根据市场运作规律，积极发展都市农业，在都市农业园区内进行农业活动。近二十年来，美国都市农业园区规模不断扩大，目前已占美国农业生产总面积的 10%，其生产的农产品价值已占美国农产品总价值的 1/3 以上。

总之，美国农业以其规模化、集约化、机械化、高科技化以及产供销一条龙的生产方式令其在美国经济中居重要地位。政府、行业、消费三者环环相扣，哪怕是最小规模的制造商，都会拥有一套完备的食品安全检验设备，并严格遵循该系统的各个环节，以确保食品安全。

高度发达的交通运输 美国是世界上交通运输最发达的国家，交通工具、设备数量及货运量等均领先于主要资本主义国家，它拥有世界上最完整的交通运输网络，不仅是沟通各地区之间工农业联系的纽带，而且是重工业的重要市场，对促进经济发展和提高人民生活水平起着重要作用。美国交通运输各部门竞争十分激烈。

（1）铁路运输。美国铁路营运里程为 22.6 万千米，超过西欧各国铁路长度的总和，居世界第一。第二次世界大战后铁路的货运量逐渐下降，客运已不占重要地位。铁路分布不平衡，在北部集中了全国里程的 1/2，南部和西部较稀。芝加哥是全国最大的铁路枢纽，有 30 多条铁路在此交汇。其次为圣路易斯、纽约、匹堡兹堡和堪萨斯城。铁路主要是东西向，和大城市分布一致，主要干线即美国大陆桥诸条线路。南北多以管道和河运、海运联系。铁路主要干线：芝加哥—堪萨斯—休斯敦；芝加哥—圣路易斯—新奥尔良；底特律—诺福克。

（2）公路运输。美国是世界上高速公路发展最快、路网最发达、设施最完善的国家之一。美国拥有一个以高速公路和国家主干公路为主的现代化公路运输网络。公路总长度目前为 640 多万千米，其中高速公路 2014 年约为 9.2 万千米，仅次于中国，居世界第二位。公路运输几乎垄断了短途货运，近年来长途货运也占有相当份额。公路网以北部最发达。现在公路运输量的 50% 以上集中在大城市，仅纽约市区高速公路就有 1 300 多千米。

（3）航空运输。航空运输在第二次世界大战后迅速发展，现在客货总运量、国内外航线数量、机场设施、飞机数量等都超过世界上其他国家。各大城市间都有航线相通，机场遍布全国各地。据统计，全国共有机场 14 000 多个。美国最大的航空公司是环球 UAL 公司。重组后的美国三大航空公司都具有了强大优势。美国航空公司、达美航空公司和美国联合大陆航空公司的利润、客运量和收入客公里分别排第一、第二和第三。它们是名副其实的全球三大航空公司，尤其是美航通过破产保护，以及之后与全美航空公司合并，经历了 2013 年净亏损 12 亿美元到 2014 年净利润 29 亿美元的巨变，实现了凤凰浴火重生。美国著名的航空港有芝加哥、纽约、华盛顿、迈阿密、洛杉矶、孟菲斯、亚特兰大等。2014 年客运量占世界第一位的是美国的亚特兰大国际机场。孟菲斯国际机场自 1993—2009 年连续 17 年成为全球排名第一的最大货运机场。联邦快递公司在这里拥有世界最大的空中货运机群和全球转动中心，其超级货运中心的货运业务就占机场货运量的 93% 以上，它使孟菲斯国际机场成为世界最大的货运枢纽。（2010、2014 年货运量被中国香港国际机场超越。）

（4）管道运输。美国管道主要运输石油和天然气，现有输油管道长 35 万千米，输气管道长 46 万多千米，管道主要分布在石油、天然气产地，以墨西哥湾沿岸为最稠密，把产地与炼油中心和消费地连接起来。美国还有煤用管道运输。

（5）内河运输。美国以密西西比河和五大湖水系运输为最繁忙。密西西比河水系货运量占全国内河货运总量约 60％左右。五大湖之间有天然水道和运河相通，并有到大西洋的三个出海口：①经伊利运河至哈得孙河向南至纽约附近出海；②经圣劳伦斯河在加拿大东南出口；③经芝加哥伊利诺伊运河至密西西比河，向南在新奥尔良附近出海。海轮从圣劳伦斯河航道可直达五大湖，它是联系美国煤铁产区、西部农业区和东部工业区的重要通道。密西西比河水系是南北运输的大动脉，主要运送粮、棉、煤、石油等大宗农矿产品。

（6）海运和主要港口。美国东西有两大洋，东南有墨西哥湾，海运条件十分优越。海运以沿海运输为主，是世界上沿海运量最大的国家，主要由墨西哥湾沿岸向东北大西洋沿岸运送石油及石化产品。远洋运输仅占海运量的 1/3 左右。第二次世界大战结束时，美国远洋船队总吨位约占世界总吨位的 40％，高居世界第一位。后因美国船租费高，改挂方便旗，所以20 世纪 80 年代末被排除在世界十名之外。

美国东西两大洋和东南墨西哥湾沿岸、北部五大湖区都有世界著名大港。

大西洋沿岸

纽约（New York）位于东北部哈得孙河口东岸。人口 1 940 万，其中区部人口 840 多万，是美国最大城市。哈得孙河口集中了大规模港口设施，连同对岸新泽西州各港，形成全国最大港区。有两条主要航道，一条是哈得孙河口外的恩布娄斯航道，由南方或东方进港的船舶经此航道进入纽约湾驶往各个港区。另一条是长岛海峡和东河，由北方进港的船舶经过此航道。工业十分发达，向以服装、印刷、化妆品等工业居全国领先地位。是美国也是世界最大的金融中心。曼哈顿岛南部的华尔街集中有几十家大银行、保险公司、证券交易所，是纽约的心脏之地。东南隅有华人聚居的"中国城"。纽约的海、陆、空运输发达，有 430 多个远洋深水泊位，是两条横贯东西大陆铁路（纽约—西雅图；纽约—洛杉矶）的桥头堡。20 世纪 80 年代，港口年吞吐量就达 1.6 亿吨，为世界大港之一，也是世界十大集装箱吞吐港之一，后来逐渐被新奥尔良、洛杉矶等大港超过。同时，著名的肯尼迪国际机场在此承担着全国 50％的进出口货物空运业务和 35％的国际客运业务。

费城（Philadelphia）全称费拉德尔菲亚。位于宾夕法尼亚州东南部特拉华河与斯古吉尔河的交汇处，是美国第五大城市。重化工业发达，是美国东海岸主要炼油中心和钢铁、造船、化学工业基地，费城是著名的河口港，有 300 多个码头供远洋货轮出入，有运河沟通特拉华河和切萨皮克湾，并设有自由贸易区。

巴尔的摩（Baltimore）位于切萨皮克湾顶端西侧，西南距华盛顿 60 多千米，为美国大西洋沿岸重要海港和工业中心。港口潮差小，冬季不冻，航道深，港口进出口贸易在城市经济中居重要地位。主要输出煤、焦炭、钢铁、铜等，输入铁矿石、石油、砂糖等原料。

波士顿（Boston）位于查尔斯与米斯蒂克两河河口，东濒马萨诸塞湾，是马萨诸塞州首府。城市经济以金融、保险业、商业为主，电子、造船、制鞋、纺织服装等工业发展很快。波士顿是美国东北部最大港市，东岸大港中距欧洲最近。这里有 158 个深水码头，远洋巨轮可自由出入，还是美国主要渔港之一。位于波士顿西部的剑桥大学城有世界著名的高等学府——哈佛大学和麻省理工学院等。

诺福克（Norfolk）位于大西洋沿岸中部，伊利莎白河畔，扼切萨皮克湾口。为天然深水良港，是美国大西洋沿岸与西印度群岛间的贸易港。主要输出煤、棉、烟草等。工业以造船（军舰）、修船和汽车装配为主，北约大西洋司令部设此，为美海军基地之一。

太平洋沿岸

洛杉矶（Los Angeles）位于太平洋沿岸圣佩德罗湾内，加利福尼亚州西南部，大都市区总人口 1 600 万（市区人口 410 多万）。是全国第二大城市。是西部最大工业城市和海港。主要工业为飞机制造业和石油工业，汽车、造船、电子仪表、化学、橡胶、服装等工业也很发达。洛杉矶港有 120 多个码头泊位，为美国最大的集装箱吞吐港。2014 年集装箱吞吐量为 830 万 TEU。主要输出石油、机械、水果、谷物；输入钢铁、橡胶、木材等。洛杉矶为旅游胜地，北部的好莱坞是美国电影和电视制作中心。

长滩（Long Beach）是洛杉矶县下属的 21 个市之一，濒临圣佩德罗湾，气候宜人，为深水良港。2014 年集装箱吞吐量为 682 万 TEU。

圣弗朗西斯科（San Francisco）又名"旧金山"或"三藩市"，它位于太平洋与圣弗朗西斯科湾之间的半岛北端。西部第二大港市，素有"西海岸门户"之称，是美国太平洋地区贸易的主要通道。港口自然条件优越，为天然深水良港。港湾面积 1 126 平方千米，经宽仅 1 200 米的金门海峡通太平洋。港口设施优良，码头、泊位和仓库主要分布在海湾以东的里士满和奥克兰附近。港内有三条横贯大陆的铁路通达各地，便于水陆联运，公路网稠密。旧金山为西部最大的金融中心。工业发达，主要有飞机制造、火箭部件、电子设备、石化、食品等工业。冬暖夏凉的气候，是美国西部著名的旅游城市之一。市区东北角的"中国城"为美国华人最大集聚地。

西雅图（Seattle）位于美国西北部华盛顿州西部的普吉特海湾之内，为天然良港。是北太平洋航线的主要起讫点，是通往远东和阿拉斯加的重要门户。工业发达，是美国著名的飞机制造中心，"波音"客机的摇篮，人称"波音之城"，是美国飞机巨头"波音"公司总部所在地。生产世界喷气客机总数在 50％以上。其他有钢铁、铝制品、服装、木材加工等工业。2014 年集装箱吞吐量为 342.7 万 TEU，同比下降 0.8％。

墨西哥湾沿岸

新奥尔良（New Orleans）位于路易斯安那州东南部密西西比河畔，距河口 175 千米，是美国最大的散杂货吞吐港。由于位于密西西比河流域的出海门户，与中南美洲贸易联系方便，成为有名的中转港，港区分布在密西西比河沿岸和通旁扎特兰湖运河沿岸。南北、东西铁路纵横交错，通往各大城市十分方便，是全国重要的造船和宇航工业基地。

休斯敦（Houston）位于得克萨斯州东南部，加尔维斯顿湾西北岸平原上，通过长 80 千米的通海运河与墨西哥湾相连。为美国南部最大城市。20 世纪初随着石油和天然气的开发逐渐发展为新兴"石油城"，以石油和石化工业为主体的工业体系随之形成。炼油能力居世界首位，被称为"世界石油之都"。全国 2/3 的乙烯和 1/2 的合成橡胶均在此生产。休斯敦还是美国宇航中心，国家宇航局在此设立航天中心和约翰逊空间研究中心，有"宇宙城"之称。休斯敦系一人工港，目前是美国最大的石油和小麦输出港，港口年吞吐量低于新奥尔良和纽约港。

五大湖沿岸

芝加哥（Chicago）位于密歇根湖西南端，芝加哥河河口附近。现在是美国第三大城市和最大工业中心，也是全国最大的谷物和牲畜市场。有 32 条铁路干线在这儿集结，是全国最大的铁路枢纽。工业以钢铁、肉类加工、农业机械为最发达。芝加哥金融业发达，是全国第二大证券市场。芝加哥虽是湖港，但船只可经伊利运河—哈得孙河或圣劳伦斯河出海。芝加哥的奥黑尔国际机场是美国面积最大、客运最繁忙的机场。

另外，美国东南部的迈阿密（Miami）是通往拉美各国的海上门户，北太平洋夏威夷群岛中瓦胡岛东南角的火奴鲁鲁（Honolulu）为一风平浪静的天然良港，是太平洋航线海轮的中断站，海运地位十分重要。

世界最大进口贸易国 对外贸易对美国国民经济起着巨大的推动作用，不仅为美国工农业产品开拓了广阔的国际市场，更重要的是为其制造业提供了大量的原料和燃料。如战略资源中的稀有金属几乎百分之百要从国外进口，燃料中石油进口量已达 3 亿多吨。每年还进口大量的纺织服装、鞋帽、玩具及各种食品、饮料等。同时对外贸易又是美国进行调整、优化产业结构的重要渠道。目前对外贸易的依存度约 21％ 左右。

第二次世界大战后，美国对外贸易在世界贸易中的地位不断削弱，1947 年，美国出口贸易额占资本主义世界的 32.5％，以后比重逐渐下降，到 20 世纪 70 年代初期已降到了 12.2％。据 WTO 统计，2014 年出口额为 16 230 亿美元，在全球商品出口总额的比重降为 8.6％（表 26）。

表 26 　　　　　　　　　　　　2014 年全球 10 大商品出口国 　　　　　　　　　　单位：亿美元

位次	名称	商品出口额	同比增长（％）	占全球出口总额比重（％）
1	中国	23 430	6	12.4
2	美国	16 230	3	8.6
3	德国	15 110	4	8.0
4	日本	6 840	−4	3.6
5	荷兰	6 720	0	3.6
6	法国	5 830	0	3.1
7	韩国	5 730	2	3.0
8	意大利	5 290	2	2.8
9	中国香港	5 240	−2	2.8
10	英国	5 070	−6	2.7

资料来源：WTO 统计。

从 20 世纪的 1986—1988 年，1990 年美国出口额有四次被德国超过；在本世纪从 2003—2009 年都被德国超过。反之，美国的进口额却连年递增，长期以来居世界首位。2014 年货物进口总额为 24 090 亿美元，占世界进口总额的 12.7％。因此从商品贸易的进出口总额看，美国是世界最大进口贸易国。

美国是世界上最大的贸易逆差国。1971 年美国进出口贸易出现第一次逆差，自 20 世纪 80 年代以来，逆差连年上升。进入 21 世纪后，逆差上升更快，2008 年已达 8 600 亿美元以上（表 27）。2014 年达 7 860 亿美元。巨额的贸易逆差，不光引起了国内贸易保护主义的抬头也加深了它与其他国家的贸易摩擦。不过美国在服务贸易方面一直是顺差，也一直是世界上最大的服务贸易国。服务贸易包括旅游、运输、技术转让和商业服务等。2014 年美国服务贸易总出口额为 6 860 亿美元，总进口额为 4 540 亿美元，贸易顺差 2 320 亿美元。美国是世界最大的服务贸易进出口国。

美国还是世界最大债务国，净债务不断增长。美国财政部公布，截至 2015 年 3 月，外国主要债权人持有美国债券额 6.1759 万亿美元。中国仍为第一大持有国，共持有美国国债 1.261 万亿美元。不过，美国拥有世界上最多的黄金储备。2016 年 8 月黄金储备量 8 133.5 吨，占其外汇储备的 71.9%。

表 27　　　　　　　　　　　　2006—2015 年美国货物贸易收支情况　　　　　　　　　　单位：亿美元

年份	进出口总额	占比（%）	出口额	占比（%）	进口额	占比（%）	差额	占比（%）
2006	29 440	11.8	10 259	13.9	19 181	10.7	−8 921	7.3
2007	31 686	7.6	11 482	11.9	20 204	5.3	−8 722	−2.2
2008	34 670	9.1	13 010	12.1	21 660	7.4	−8 650	1.1
2009	26 613	−23.0	10 560	−18.0	16 053	−26.0	−5 492	−37.7
2010	32 477	22.0	12 785	21.1	19 692	22.7	−6 906	25.8
2011	37 485	15.4	14 825	16.0	22 660	15.0	−7 835	13.4
2012	38 822	3.6	15 457	4.3	23 365	3.1	−7 908	0.9
2013	39 086	0.7	15 796	2.2	23 290	−0.3	−7 494	−5.2
2014	40 320	3.2	16 230	2.6	24 090	3.6	−7 860	5.7
2015	38 130	−5.5	15 049	−7.1	23 081	−4.3	−8 031	1.4

资料来源：WTO、美国商务部制表。

美国进出口商品结构，近年来变化也很大。20 世纪 70 年代以前工业制成品出口额居世界第一位。近二十年来，劳动密集型产品相继退出世界市场，高技术产品如飞机、电讯器材、大规模集成电路、电子计算机等也不抵日本和西欧产品的激烈竞争。出口竞争力较强的是农产品、技术专利、劳务和军火等。目前美国工业品出口约占出口总额的 80%，以大型电子计算机、飞机及零部件等航空产品、原子能工业设备和技术、机械和运输设备、化学制品为主。美国是世界上最大的农产品和原材料出口国，农产品以玉米、小麦、稻米、棉花、大豆、烟草等为主，也是专利技术、劳务和军火的最大出口国。由于工业竞争力的下降，工业制成品的进口已大大超过原材料和农产品的进口。主要进口商品有机电产品、机械及运输设备、家电、金属制品、纸张、纺织品、服装、鞋类、科学仪器、石油及天然气、矿物及各类农产品等，其中矿产品、农产品、能源及原料的进口额约占进口总额的 50% 左右。中国多年来稳坐美国鞋业市场第一供应国的位置。

20 世纪 70 年代以前，西欧是美国主要的贸易地区。20 世纪 80 年代初，美国对亚太地区的出口大于欧洲。近年来美国最大的贸易伙伴是中国、加拿大、墨西哥、日本和欧盟各国及亚洲新兴工业化国家和地区。

中美经贸　新中国成立初期，中美之间有着少量的贸易联系。朝鲜战争爆发后，中美经贸关系中断。1972 年 2 月，中美签署《上海公报》后，两国贸易才得到恢复和发展。1979 年元月 1 日，中美正式建交，1980 年 2 月起，双方给予最惠国待遇。长期来，双方贸易经历了曲折和困难，贸易纠纷与摩擦此起彼伏，接连不断，但这是中美经贸关系的支流，是正常现象。2007 年中美贸易额 3 021 亿美元，比 1979 年建交时的 24 亿美元高出 123 倍，连续四年成为我国最大的贸易伙伴国。2014 年中美贸易额为 5 551.18 亿美元，美国仍为中国最大贸易伙伴。其中我国对美国出口 3 960.82 亿美元，从美进口 1 590.42 美元。从国别来说，美国是中国最大的海外市场和第五大进口来源地；中国是美国第二大贸易伙伴、第三大出口市场和第一大进口来源地。

　　美国是世界上经济最发达的国家，中国是世界上最大的发展中国家。两国在经贸易方面是互惠互利、相互依存的关系。中美经济的高度互补性决定了双方不是对手而是互利共赢的战略伙伴。而且这种互补是结构性的、稳定的、长期的。在产业结构上，美国生产的一般是高端和中端产品，而中国则一般是中端和低端产品。在世界高端产品领域，真正的竞争存在于美欧之间、美日之间。从生产要素来看，美国有世界最先进的技术，而中国有成长最快的市场。因而中美互有所求，互有所补。从经济实力和发展水平来看，中美之间经济差距还很大，不具备对等的竞争关系。中美两国在经济贸易领域的合作上优势互补，是当今世界最大规模、最广泛的国际分工合作。美国从与中国的经贸合作中获得了益处。尽管美国舆论抱怨美国对华贸易逆差与日俱增（表28），但美国对华出口也与日俱增，其增幅之大远远高于美国对其他国家和地区，而且这种增长还会持续数年。

表 28　　　　　　　　　　　　　2008—2015 年中美贸易额　　　　　　　　　　单位：亿美元

年份	中美贸易额	中国对美出口额	中国从美国进口额	美方差额
2008	3 337.37	2 522.97	814.40	−1 708.57
2009	2 982.60	2 208.20	774.40	−1 433.80
2010	3 853.41	2 833.04	1 020.37	−1 812.67
2011	4 466.47	3 244.93	1 221.54	−2 023.39
2012	4 846.82	3 517.96	1 328.86	−2 189.10
2013	5 210.02	3 684.27	1 225.75	−2 158.52
2014	5 551.18	3 960.82	1 590.36	−2 370.46
2015	5 582.75	4 095.38	1 487.37	−2 608.01

　　资料来源：中国海关统计。

　　中美经贸关系的热点问题是人民币汇率、贸易逆差问题，技术转让和金融危机对中国出口影响等四大问题。中国对美出口中 70% 为加工贸易，中国只获得少量的加工费，美国进口商、批发商和零售商获得了远高于中国生产商和出口商的利润。中美两国经贸关系主要体现在四个方面，即商品贸易、技术贸易、服务贸易和相互投资。而外贸逆差是指商品的贸易逆差。美国对华经贸优势体现在后三个领域。2014 年中国新批设立美资企业 1 176 家，美对华实际投资 26.7 亿美元，在所有对华投资中排第六位。截至 2014 年底，美对华投资项目累计超过 6.4 万个，实际投入 754 亿美元；中企在美累计各类投资超过 385 亿美元，美国已成为中国对外直接投资的第三大目的地。只要美国政府较大幅地放宽对华出口管制，美国大中型企业就有能力、也有可能在中国这个新兴大市场上多占一些份额，中国必将成为美国出口的大市场。中美两国经贸合作必然具有广阔的前景。在双边贸易不断扩大的同时，中国对美出口商品结构也得到一定优化，从初级产品、技术含量低的劳密型产品占较大比重逐步转变为机电产品占主导地位。主要商品有机电、纺织、钢铁制品、家具、寝具、玩具、鞋靴、塑料制品等；自美进口主要有机电音像设备、航空航天器、光学照相、医疗设备、塑料制品、农产品、棉花、有机化学品、木浆、废纸及纸板等。其中机电、音像设备及零附件的进出口有举足轻重的地位。

　　近年来，中美两国经贸关系的新变化是：美国对中国出口的增速超过了中国对美国出口的增速；人民币加快国际化步伐；中国对美国投资的增速超过了美国对中国投资的增速。这是中美经贸关系中最引人注目的三大特点。2014 年是中国积极推动中美新型大国关系倡议的落实之年。在过去的 42 年中，中美经贸关系可以说是两国关系的压舱石，未来也是两国在全球治理方面的合作平台。当然几十年的漫长岁月也非一帆风顺，而是波折不断。但 2014 年两国贸易继续高位增长。中国在 2014 年成为全球吸收 FDI 最多的国家，同时对外投资总量也位居三甲。美国是全球最大的海外投资国，吸收 FDI 全球第二。经贸合作一直是两国高层战略沟通的重要议题。2000 年至 2014 年中企在美国的投资和收购金额已达 460 亿美元，中企在美国直接雇佣的员工人数达 8 万人。2010 年中美文化交流高层磋商机制建立，交流合作水平不断提升。人文交流已从国家层面逐步延伸到基层，结成了 240 多对友好省州和城市，建立了省州长论坛、市长峰会等机制。2014 年有 430 万人次来往于中美两国之间。自 2014 年以来，中美经贸关系出现了新常态，并由此带来新机遇，诱发新挑战。中美两国要认真研究新常态，并将其作为中美新型大国关系（尤其是新型大国经贸关系）重要的构筑背景，更好地发挥经贸关系在中美关系中的稳定器作用。

最大海外投资和吸收国 在国际直接投资流动中，美国一向具有枢纽性的作用，其引进外资的多寡也历来都是反映国际直接投资形势的晴雨表。作为世界上最大的外资吸收国和投放国，美国吸引国际资本占全球总量的 1/3。第二次世界大战后的美国是世界最大的资本输出国。资本输出分政府和私人输出两种，其中以私人直接投资为主。即由跨国公司直接在国外开矿、设厂，收买国外企业，直接控制原料和商品生产。其对外投资占全球对外投资的 1/5。2003 年，美国对外直接投资高达 1 738 亿美元，已超过前几年的英国，成为全球最大的对外投资国。2006 年美国对外直接投资（FDI）为 2 490 亿美元，也高于英、法、德、日等国。2003 年美国对外直接投资超过英国，成为全球最大的海外投资国。2006 年美国对外直接投资达 2 490 亿美元，高于英、法、德、日等国。美国商务部公布 2013 年美国对外直接投资初估数据为 3 383.02 亿美元，同比下降 7.8%；主要投资目的地为荷兰、卢森堡、英国、加拿大、澳大利亚、爱尔兰等。

根据 UNCTAD 公布的数字，1980—2003 年美国共吸收外来直接投资 14 231 亿美元；2008 年发达国家吸收外资总量下降 32.7%，而美国仅下降 5.5%，保持在 2 200 亿美元。根据 UNCTAD 数据，2014 年中国获海外投资 1 276 亿美元，成为全球吸收 FDI 最多的国家，取代了美国占据 11 年的地位。而美国 2014 年所获的海外投资，则从 2013 年的 2 308 亿美元减少到 860 亿美元，排名跌至第三位，不及中国香港地区。但美国是排名前五位中唯一的发达国家。

对外援助 美国是最早实现对外援助机制化和法制化的国家之一。其对外援助机制主要由《对外援助法》为主导的对外援助法律体系和以国际开发署为核心的对外援助执行体系构成。这确保了美国对外援助项目的稳定性和原则性。在对外援助领域，美国的影响力最大。作为外援第一大国，美国预计在 2016 财年对外提供高达 533 亿美元的经济援助和军事援助。

市场特点 美国市场不但竞争激烈，优胜劣败，而且需求各不相同，行市瞬息万变，因此，对美国出口商品要不断增强适应性和竞争力。美国人均收入高，很少储蓄，惯于高消费，浪费也大，是世界上最完善的、开放的买方市场。进口量世界最大，高、中、低档商品只要保证质量，都能找到自己的消费对象，"以质取胜"很重要；美国市场变化快，价格波动大，销售季节性很强。美国民族喜欢猎新奇，赶时髦，时兴起来，低档商品可卖高档价。出口商品要赶上流行势头，信息要灵通，要十分了解国际市场的动向，不断推出有个性的新产品。美国市场什么季节卖什么货，错过季节，损失就会很大。圣诞节期间称假期季节，又是退税季节，销售额占全年的 1/3，人们都想在这样大的圣诞节市场上占有一席之地。美国是广告王国，人们除了参考各零售市场所陈列的商品外，还得看广告、听广告来选择商品，美国广告价格之贵，闻名世界。美国人对商品要求第一是质量，第二就是包装，最后才想到价格。美国人对包装要求新颖、雅致、美观、大方，高低档商品还要有不同的包装。美国市场大，各类商品都建立了各自固定的销售网络，销售渠道比较复杂。新产品要挤进美国市场，要与现成的网点挂上钩，销售会收到良好的效果。

本章小结：美加是北美自由贸易区的主要成员，其最终将建立美加墨在内的北美联盟；美国是世界最大经济体、金融体和最大贸易体，它对世界经济贸易所起的作用和影响是深刻的，有时是不可估量的，中美应该为双方之间达成的为共同构筑 21 世纪新型大国关系的共识而努力。

本章关键名词或概念：北美自由贸易区（NAFTA）　国际商用机器公司（IBM）页岩油产业　文化产业　FDI

复习题

填图题

1. 在美国地图上填注：（1）太平洋、大西洋、墨西哥湾、尤卡坦海峡、胡安—德富卡海峡、五大湖。（2）华盛顿、波特兰、波士顿、纽约、费城、巴尔的摩、诺福克、芝加哥、新奥尔良、休斯敦、洛杉矶、旧金山、西雅图、圣迭戈、布法罗、迈阿密、火奴鲁鲁、底特律、亚特兰大、克利夫兰、匹兹堡、辛辛那提、堪萨斯城、达拉斯、沃思堡、阿尔伯克基、圣路易斯、图森、埃尔帕索、奥格登、奥马哈、圣保罗、孟菲斯、奥克兰。

2. 在图上用红笔画出美国连接东西两大洋主要铁路干线：

（1）洛杉矶—阿尔伯克基—堪萨斯城—圣路易斯—辛辛那提—华盛顿—巴尔的摩。

（2）洛杉矶—图森—埃尔帕索—休斯敦—新奥尔良。

（3）旧金山—奥格登—奥马哈—芝加哥—匹兹堡—费城—纽约。

（4）西雅图—斯波坎—俾斯麦—圣保罗—芝加哥。

填空题

1. 美国的"硅谷"是指_____湾附近；"硅平原"是指_____；"硅三角"是指_____。

2. 美国三大汽车公司的名称是_____、_____和_____。

3. _____是美国波音飞机的摇篮，美国飞机产量居世界第_____位。

4. _____是世界最大的农产品出口国，粮食中的_____和_____出口量居世界第一位。

5. 美国石油主要分布在_____湾西部沿岸，_____附近和_____州。"世界石油都"是指美国的_____。

思考题

1. 为什么说美国经济在世界上占主导地位？

2. 美国对外贸易有哪些特点？

3. 简述美国能源结构的转型情况。

4. 试述中美贸易现状及存在的主要问题。

第五章　拉丁美洲主要经济贸易区

本章学习目标：（1）使学生了解拉美地区经济一体化不断发展，近年来出口和需求已成为拉美经济增长的主要发动机，墨西哥是拉美最大的贸易国，巴西是拉美第一经济大国，都为世界主要产油国之一。（2）让学生掌握巴西被列入"金砖四国"之后，已取代加拿大成为美洲地区第二大经济体，认识其工业体系完整，工矿业发达，又是潜在的能源供应大国，石油、天然气资源丰富，生物能源技术领先世界及中巴经贸合作的重要性。

第一节　概　述

拉丁美洲是指美国本土以南的所有美洲地区，包括北美洲的墨西哥、中美洲、西印度群岛和整个南美洲。拉丁美洲东临大西洋，西濒太平洋，北起与美国为邻的墨西哥，南隔德雷克海峡与南极洲相望。总面积 2 072 万平方千米，约占世界陆地面积的 13.8%。由于这一地区在 15 世纪末以后的三百年间，受西班牙、葡萄牙的殖民统治及经济文化风俗习惯的影响，普遍采用拉丁语族的西班牙语和葡萄牙语，因而称为拉丁美洲。此外，加勒比海上的西印度群岛与拉美具有相同的历史，因而在地理上划在拉美范畴。国际上对本地区正式称为"拉丁美洲和加勒比地区"，这和习惯上简称"拉丁美洲"范围相同。

自然条件和资源　拉美自然条件优越，平均海拔仅 600 米，其中海拔在 300 米以上的高原、丘陵和山地占总面积的 40%，海拔在 300 米以下的平原占 60%。尤其是南美洲东部的广大地区，地域辽阔，较为平坦。这里的地形分区与北美洲相似，可分三部分，即西部自北而南是墨西哥高原—中美地峡—安第斯山脉，地势最高。安第斯山脉平均海拔 3 000 米以上，有很多高峰在 6 000 米以上；东部自北而南主要指南美洲的圭亚那高原—巴西高原—巴塔哥尼亚高原等，其中巴西高原面积达 560 多万平方千米，是世界上最大的高原；中部是广大的平原、自北而南是奥里诺科平原—亚马孙平原—拉普拉塔平原等，其中亚马孙冲积平原面积为 500 多万平方千米，是世界上最大的冲积平原，也是世界上最大的原始热带森林区。南部拉普拉塔平原上有查科平原和潘帕斯草原，适于发展农牧业，被称"世界的粮仓和肉库"。赤道穿过拉美中部，东西被两大洋包围，大部分地区水热条件良好，既有世界上面积最大的热带雨林气候区，如亚马孙平原、西印度群岛、中美地峡等。也有面积广阔的热带草原气候，如巴西高原、圭亚那高原大部分和墨西哥高原等。只在南纬 40° 以南的安第斯山东侧背风地区干旱少雨出现沙漠。拉美地区河流众多，多注入大西洋。亚马孙河全长 6 400 多千米，是世界上流域面积最广、流量最大的河流。拉普拉塔河是拉美第二大河。

拉美自然条件得天独厚，自然资源极其丰富。森林面积 9.2 亿多公顷，占世界森林面积的 24%，其中热带雨林面积最大，总面积约 550 万平方千米。植物品种多达 9 万种，盛产红木、檀香木、桃花心木、肉桂等名贵树种。草原面积约 5.3 亿公顷，占世界草原总面积的 15%。另有多种热带动物，水力资源蕴藏量为 4.6 亿千瓦，主要集中在亚马孙河干支流、巴拉那河、圣弗朗西斯科河等。拉美海岸线长达 4.5 万千米，年捕鱼量占世界总捕鱼量的 10%。

拉美矿产资源种类繁多，现代工业所需要的 20 多种矿产在拉美都有分布，而且储量可观。墨西哥和委内瑞拉的石油、天然气，哥伦比亚和巴西的煤，巴西的铁、银、钽、铍，智利和秘鲁的铜，墨西哥的银、硫黄，智利的硝石，牙买加和苏里南的铝土，古巴的镍，哥伦比亚的绿宝石等。

居民和政治地图的演变　拉美是世界古文明发祥地之一，印第安人是美洲古文明的创造者，有阿兹特克、玛雅和印加三大文化。15 世纪末叶，哥伦布到达西印度群岛后，西班牙、葡萄牙、意大利、英国、法国和荷兰等殖民者接踵而至，开始了 300 年的殖民统治。西班牙殖民者先后征服了西印度群岛和几乎整个中南美洲（巴西除外），成为世界近代史上规模空前的殖民帝国。巴西由葡萄牙殖民，英国侵占了牙买加、特立尼达和洪都拉斯的一部分，法国夺得海地岛的西半部和马提尼克、瓜德罗普等岛屿，荷兰占领库拉索岛。英、法、荷三国还瓜分了圭亚那。

18 世纪末 19 世纪初，拉美爆发了持续近四十年的争取独立运动，1804 年海地成为拉美第一个独立国家，1813 年 11 月 6 日墨西哥独立，中美地区在 1821 年先脱离西班牙独立加入墨西哥共和国，1823 年脱离墨西哥建立独立的联邦共和国——中美联合省，1838 年又分为危地马拉、萨尔瓦多、尼加拉瓜、洪都拉斯和哥斯达黎加 5 个国家，直到 1922 年，拉美国家基本结束了殖民统治。目前拉美共有 33 个独立国家（包括墨西哥、中美洲 7 国、南美洲 12 国和西印度群岛 13 个国家）以及 13 个地区，分别处于英国、美国、法国、荷兰的殖民统治之下，其中英国占有 6 个，为最多。

拉美人口 6.17 亿，约占世界总人口的 7.8% 以上，在世界各大洲中人口较少。但进入 20 世纪 90 年代后，拉美人口增长速度居世界各洲第二位。主要原因是出生率高，死亡率降低，同时移入人口大于移出人口。现在拉美国家开始正视人口增长过快的严峻形势，还有些国家正在逐步推广计划生育措施。拉美平均人口密度为每平方千米 29.7 人，人口分布极不平衡。西印度群岛人口密度达每平方千米 170 人，还有墨西哥及中美地峡人口密度也不小，南美洲热带雨林区、亚马孙平原、阿根廷南部干旱的沙漠区等地人口稀少，每平方千米不到 1 人。拉美城市人口比重大。20 世纪 90 年代中期城市人口比例已超过 73%，仅次于北美（75%），居世界第二位，现在城市人口比重高达 78%。早在 20 世纪 80 年代末，阿根廷、乌拉圭、智利、委内瑞拉城市人口就占 85% 以上，居世界 15 个都市化程度最高的国家之列。乌拉圭有 2/5 人口居住在首都蒙得维的亚，阿根廷和秘鲁的首都分别聚集了全国人口的 1/3，墨西哥城和圣保罗都是世界有名的大都市。巴西圣保罗州居民城市化率高达 92.8%。

拉美种族成分复杂，很纯的民族不多。地理大发现后，世界各地的不同种族、不同民族大量涌入，经过多次混血，形成数量众多的混血种人，被世人称为"种族的大熔炉"。目前拉美约有 600 多个民族，以印欧混血种人为最多，约占拉美总人口一半以上，主要分布在墨西哥、委内瑞拉、哥伦比亚、巴拉圭及大部分中美洲国家；其次为白种人，以阿根廷、乌拉圭、哥斯达黎加、巴西东南部最多，约占总人口的 34%；还有印第安人，以危地马拉、玻利维亚、秘鲁、厄瓜多尔等国较多，约占总人口的 9%；黑种人主要分布在海地、巴巴多斯等西印度群岛国家。拉美的华裔和华侨很多，主要集中在巴西、阿根廷、秘鲁等几个国家，其中不少人是从中国台湾地区过去的。

拉美人多信天主教，约占 80% 以上，其他有印度教、伊斯兰教、佛教等。印第安人和黑人则信自己的原始宗教。

　　在拉美墨西哥、中美洲、南美洲和西印度群岛等 18 个国家使用西班牙语，覆盖了拉美总面积的 55%。巴西则使用葡萄牙语，覆盖了拉美总面积的 41%。此外，英语是伯利兹、圭亚那、牙买加、特立尼达和多巴哥、格林纳达、圣卢西亚和巴巴多斯等 12 个国家和一些地区的官方语言。法属圭亚那、瓜德罗普和马提尼克使用法语，苏里南和荷属安的列斯群岛使用荷兰语。

　　与拉美人发展关系的重要手段是："慷慨的赠予，大方地接受。"用钱款待或是送礼品，要以高雅和诚挚的态度对待。到任何家都不能空手去，应送其需要和适合其口味的礼品，而不是礼品的昂贵程度，但不能送刀子和手绢。因为刀子表示切断友谊，手绢与眼泪相连。他们喜欢有中国特色的礼品，如精包装丝绸、丝绸靠垫、真丝领带、艺术瓷盘、香木扇、仕女画、熊猫玩具，尤其喜欢中国古代人物、仕女、古代风光画、以故宫藏画为内容的挂历。

　　在做生意方面，拉美人没有统一特性，视血统而言，如意大利人血统有意大利人的特点，印度人血统有印度人特点等。

　　经济发展特征　拉美在 15 世纪末到 16 世纪中期被西班牙和葡萄牙统治了 300 多年之久。19 世纪初，一些国家才获得了政治独立。第二次世界大战以前，拉美经济结构单一，是西方国家粮食、原料供应地，商品销售市场和资本输出场所。从经济发展过程看，有以下几个特征。

　　(1) 单一结构经济依然明显，经济依附美国突出。第二次世界大战期间，美国凭借其有利的地理位置及雄厚的经济实力，排挤了英国及其他势力，把拉美变成了美国的"后院"，当时采购的战略资源，一半以上是拉美各国提供的。美国向拉美地区大量投资，使经济明显带有依附和畸形的特点，如"咖啡王国"的巴西，"加勒比海糖罐"的古巴，"南美洲香蕉园"的厄瓜多尔，以及智利的铜，玻利维亚的锡，委内瑞拉的石油，多成为美资所控制的单一经济结构的国家。

　　(2) 国有化运动和经济一体化不断发展。第二次世界大战以后，经济发展迅速，拉美国家通过国有化运动收回外资企业，如石油、电力、钢铁、交通等主要部门或部分收归国有。同时，由国家投资兴办国有企业，使国家资本主义的地位不断上升。至 20 世纪 80 年代初，拉美各国（墨西哥、阿根廷、巴西、智利等）开始改变自第二次世界大战后形成的"替代进口"模式的内向型经济结构，逐步改为对外开放的外向型经济结构，其 GNP 的增长超过了除石油输出国组织以外的其他发展中国家。工业产值几乎占发展中国家的一半，成为发展中国家经济最发达的地区。1980 年人均 GNP 达到 1 785 美元，属于发展中的资本主义国家经济。

　　几十年来，拉美经济一体化运动不断发展，1960—1980 年为兴起阶段。成立较早的有"拉丁美洲自由贸易协会"（1981 年 3 月 18 日改名为"拉丁美洲一体化协会"）、"中美洲共同市场"、"安第斯条约组织"（安第斯集团）、"加勒比共同体"、"拉丁美洲经济体系"等。1990 年开始，拉美经济一体化进入一个重新发展的阶段。1991 年年底，由阿根廷、巴西、巴拉圭和乌拉圭组成的南锥共同体自动降低关税作为形成四国自由贸易区的第一步，至 1995 年 1 月 1 日正式启动为"南方共同市场"。实行了商品、劳务和人员的自由流动及对外共同统一关税。这是继欧盟、北美自由贸易区和东盟之后的世界第四大经济集团。至 20 世纪 90 年代中期，拉美地区的每个国家几乎都从属于一个自由贸易区或一个共同市场，拉美国家已尝到了自由贸易带来的好处，不光促进贸易额的增长，还促进了经济的回升。

1994 年 12 月，南方共同市场与欧盟签署了《地区间合作的框架协议》，提出建成世界上最大的跨洲自由贸易区。2000 年巴西倡议 2004 年 12 月 8 日建立了南美洲国家共同体，后在 2007 年 4 月改为"南美国家联盟"，截至 2008 年 8 月共有 12 个成员国。除原南方共同市场 5 国（阿根廷、巴西、乌拉圭、巴拉圭、委内瑞拉）和安第斯共同体 4 国（玻利维亚、哥伦比亚、厄瓜多尔、秘鲁）外，还包括智利、圭亚那、苏里南等。"南美国家联盟"总面积约 1 800 万平方千米，总人口 3.8 亿，2007 年 GDP 2.3 万亿美元，在基多设有常设秘书处。2008 年 5 月在首脑会议上签署了"南美国家联盟成立条约"，完成了该组织的建章立制。

（3）经济结构发生变化，经济状况明显好转。20 世纪 50 年代中期，拉美地区制造业产值超过了农业，重工业比重逐渐上升。1950—1975 年，拉美机器设备生产增长 9 倍，钢铁生产增长 15 倍，能源增长 8 倍，水泥增长 6 倍。工农业不平衡状况有所改变，经济结构发生了显著变化。20 世纪 80 年代因西方国家的经济危机，拉美国家陷入债务危机，经济发展迟缓。20 世纪 90 年代以来，经济改革不断深化，经济状况明显好转，除进一步开放经济，外资不断涌入拉美地区，还加强了先进科技及其管理技术的引进，有效地带动了当地的电信、能源、金融、制造业及交通运输部门的蓬勃发展。但 1998 年巴西爆发的金融危机势不可挡地传播到整个拉美，从邻国的阿根廷、乌拉圭、巴拉圭，到中美洲的安第斯国家，以至于紧傍美国大腿的墨西哥也受影响。其长达 5 年（1998—2002 年）的动荡中，受冲击的不仅是金融和经济，还有政治、社会的稳定等。这是拉美自 20 世纪 80 年代因债务危机而"失去十年"之后遭受的又一沉重打击。2004 年拉美地区经济增长率达 4.7%，创下 24 年以来的最高增速。国际形势总体好转和出口大幅增长是带动拉美地区经济增长的主要原因。2006 年经济增长率为 5.3%，近年来出口和内需已成为拉美经济增长的主要动力。2010 年拉美地区经济在全球一枝独秀，实现了 5.7% 的增长；巴西经济更是遥遥领先，达 7.5%；拉美经济总量达到 3 万多亿美元。2013 年拉美经济增速减缓，达 2.6%。

（4）经济发展很不平衡，经济的脆弱性依然很大。拉美 GDP 的 3/4 集中在巴西、墨西哥和阿根廷三国，其余的集中在委内瑞拉、哥伦比亚、秘鲁和智利四国。制造业绝大部分也集中在以上七个国家。而其他大多数拉美国家单一经济依然明显，在地区经济中占的份额很小。拉美各国经济部门也发展不平衡。服务业、商业发展过快，城乡发展也失衡，贫富悬殊，两极分化严重。所以对外资的过分依赖及以初级产品出口为主的多数单一经济国家，造成了拉美经济的脆弱性。传统的外向型经济依赖国际贸易和融资环境，一些国家政局尚有动荡，一旦外部条件有所恶化，仍然会对其经济形成风险。

2013 年拉美经济增速减缓为 2.6%。2015 年拉美经济继续小幅衰退，大宗商品价格下滑使该地区经济陷入泥潭。2014 年拉美地区经济增长 1.1%，为 2009 年来最低增速。财政平衡略有恶化，非税收收入普遍下降；主要经济体投资规模下降，投资率创四年来新低。阿根廷、委内瑞拉、巴西、智利等国投资规模下降，秘鲁则大幅放缓；通货膨胀抬头，食品价格急剧上长升。2014 年 10 月通胀率高达 9.4%，外加原材料出口价格下滑，贸易条件继续恶化。进口六年来首次下降。随着全球经济温和复苏，2015 年拉美地区经济表现仅好于独联体地区，经济依然十分脆弱。IMF 预计拉美地区经济将在 2017 年增长 1.5%。国内不确定性因素继续遏制巴西政府制定和执行政策的能力，预期巴西经济 2016 年将萎缩 3.8%，2017 年则为零增长。

工矿业　工矿业是拉美各国主要的经济部门。

(1) 采矿业。采矿业是拉美地区传统的工业部门之一，也是世界著名的原油、铜、铁、铝工业原料的生产国和出口国，也是稀有金属战略资源的重要产地。

石油和天然气。目前拉美地区已探明石油储量占世界总储量的 20%，约 1.7 万亿桶，在中东之后，排世界第二位。它主要分布在委内瑞拉马拉开波湖盆地和墨西哥湾沿岸。委内瑞拉采油开始于 1917 年，第二次世界大战前曾是世界最大的石油生产国。在委内瑞拉的奥里诺科地区还发现了重油田，委内瑞拉是目前世界上唯一生产乳化重油用来发电的国家。此外，哥伦比亚、阿根廷、巴西也相继发现了新的大油田。拉美地区大多数国家多为油气共生，天然气的利用南美洲最普遍。在阿根廷天然气已占能源消费的 1/3 以上，仅次于石油。委内瑞拉工业用能源的一半以上为天然气，而且还用于汽车发动机。

铁砂。拉美铁矿砂总产量约占世界总产量的 20% 以上，主要集中在巴西、委内瑞拉、智利、墨西哥等国，其中巴西铁砂储量达 800 亿吨，居世界第二位，产量占拉美 1/2 以上，其次为委内瑞拉。

铜砂。铜砂产量约占世界 20% 以上，是世界最大的铜产地。智利铜矿蕴藏量达 1.4 亿吨。从 20 世纪 80 年代初以来就是世界最大的产铜国。秘鲁铜矿石的一半来自安第斯山国家南段西麓的托克帕拉露天铜矿。墨西哥是拉美第三大铜矿产区。

铝土矿。铝土矿产量约占世界产量的 30% 以上。西印度群岛的牙买加、南美洲东北部的苏里南和圭亚那是西方国家主要的铝土基地之一。巴西也蕴藏着丰富的铝土矿。

银矿砂。银矿砂产量占世界总产量的 40% 以上，墨西哥是世界最大白银生产国，其次是秘鲁。其他还有玻利维亚的锡，巴西、秘鲁的铅、锌和巴西的锰矿石和金，以及产量居世界第一位的智利的硝石，墨西哥的氟石，哥伦比亚的绿宝石，还有阿根廷、哥伦比亚、巴西、委内瑞拉的铀矿等，拉美矿产资源主要供应美国、欧盟和日本。

(2) 工业。工业以巴西、墨西哥、阿根廷三国工业最发达，轻重工业部门较齐全。智利、哥伦比亚、委内瑞拉、乌拉圭和秘鲁轻工业在制造业中的比重约 45%～55%；在中美和加勒比地区，农业原料加工是工业的主要部门；而玻利维亚、巴拉圭、海地等国家，手工业式的企业占绝大多数。目前主要工业部门有能源、钢铁、机械、汽车、飞机、造船、化学、纺织、食品、电子、造纸等。

能源工业资源丰富。拉美已探明石油储量为 1.7 万亿桶，居世界第二位。其中墨西哥和委内瑞拉两国占该地区总储量的 80%，在 13 个拉美石油生产国中，这两国产量占总产量的 3/4。在委内瑞拉的奥里诺科地区还发现了重油田，这种重油若加工成乳化重油可以发电。委内瑞拉是世界上唯一生产乳化重油的国家。作为能源的天然气生产发展也很迅速。煤炭资源主要集中在哥伦比亚、墨西哥、委内瑞拉、阿根廷、巴西、智利等，以哥伦比亚储量居拉美首位。水电以巴西和巴拉圭、委内瑞拉、阿根廷等最发达，阿根廷还发展了核电和地热发电。

石化工业随着石油工业发展而发展，包括化肥、农药、颜料、塑料、油漆等，主要在巴西、墨西哥、阿根廷、哥伦比亚、乌拉圭等。

钢铁工业主要集中在巴西、墨西哥、阿根廷，有色金属工业在智利、墨西哥、秘鲁和玻利维亚等国较发达。

机械制造在拉美起步较晚，但发展迅速。早先生产各种农业机械和畜牧业设备等，二十多年来，汽车、船舶、飞机、机车等运输机器成了重要组成部分，产值约占拉美机械工业总产值的1/2，主要分布在巴西、墨西哥、阿根廷和智利等，尚能出口一些运输工具。

电子工业是拉美新兴工业部门，发展很不平衡。有的可能已达到较高的水平，有的则刚刚起步，但大部分国家还处在进口零部件组装阶段。主要产品是电子计算机、家用电器等，较发达的有巴西、墨西哥、阿根廷，但大都受跨国公司的控制（如IBM公司、尼韦尔公司等）。另外在中美洲、加勒比海地区也大力发展。

纺织工业主要集中在阿根廷、巴西、墨西哥等国，拉美纺织原料棉花、羊毛、亚麻、黄麻等几乎可完全自给。有的如羊毛、棉花等还可大量出口，主要需进口化纤原料。

农牧业　拉美优越的地理环境为农牧业的发展提供了良好的条件，但20世纪60年代以来，农业发展迟缓，一些国家农业增长率低于人口增长率。主要原因是片面强调工业化，忽视了农业发展；土地利用率低，生产效率不高；农业设施不足，技术落后，抗灾能力差。针对这一局面，多数拉美国家已调整农业政策，并兴修水利，扩大耕地面积，提高机械化水平，加强农业科研，提高了劳动生产率。

（1）种植业。种植业主要指粮食作物和经济作物产值约占农业总产值的60％，是拉美农业的主要部门。多年来粮食生产有成效，但多数国家仍不能自给。玉米、小麦、稻米是拉美主要谷物，其中以玉米为最多。巴西、墨西哥、阿根廷三国玉米产量都很高，阿根廷还是拉美最大的小麦生产国和出口国，其次是墨西哥和巴西；稻米以巴西、哥伦比亚、委内瑞拉等为最多。巴西是拉美产粮最多的国家。

拉美经济作物品种繁多，居世界重要地位。咖啡、甘蔗、香蕉、可可豆、烟草、棉花等，其中咖啡种植面积占世界55％以上，分布在二十多个国家，产量约占世界3/5，巴西是世界最大的咖啡生产国。巴西和古巴是世界上第一和第三甘蔗生产国。香蕉产量以巴西为最多，其次是厄瓜多尔、哥斯达黎加等中美洲国家和哥伦比亚。拉美香蕉出口占世界总出口量的65％～70％，厄瓜多尔是最大出口国，最大买主是美国和德国。可可豆产在巴西、厄瓜多尔、哥伦比亚等国。棉花和烟草的分布范围较广，以热带南美和加勒比地区为最多，其中巴西烟叶产量最大，古巴的烟叶质量是世界最佳。

（2）畜牧业。拉美畜牧业产值占农业总产值的40％，阿根廷和乌拉圭是拉美最重要的畜牧业国家，其次为巴西、墨西哥和古巴、巴拉圭等。阿根廷出口牛肉和羊毛为主，乌拉圭出口产品的70％以上是牛肉、羊肉和羊毛、皮革等，被称为"遍地牛羊的国家"。巴西出口家禽最多。

此外，拉美除了玻利维亚和巴拉圭为两个内陆国外，其余国家都濒临海洋。海洋渔业资源丰富，生产沙丁鱼、金枪鱼、鲭鱼、鳀鱼和虾类。以秘鲁捕鱼量最大，其次为智利、墨西哥、阿根廷和厄瓜多尔等。此外，拉美密集的河网盛产淡水鱼类。

对外贸易和主要港口　随着拉美国家工业化的需要，对外贸易在经济中的重要地位日益增强。自20世纪90年代以来，拉美各国相继实行对外贸易自由化，全面开放资本市场，经济向外向发展。在新技术革命的推动下，世界贸易增势强劲，拉美贸易朝着多样化发展。从2004年起全球贸易量的增长为拉美国家提供足够贸易机会，所以拉美地区已成为世界对外贸易增长最快的地区之一。2010年拉美的进出口贸易总额在14 265亿美元，其中出口8 530亿美元，同比增长 29％；进口 5 735 亿美元，同比增长 20％，顺差达 2 795 亿美元，创十年来新高。拉美国家中进出口贸易额最大的依次是墨西哥、巴西、委内瑞拉和阿根廷。

长期以来，拉美国家以出口农矿初级产品为主，随着经济结构的变化，拉美国家进出口商品结构也发生了很大的变化。主要表现在农矿初级产品的出口比重呈下降趋势，工业制成品的出口有了较大的增长。进口一直以一般工业消费品为主，运输工具、技术设备和食品等进口增长也很快。拉美主要贸易伙伴是美国、中国和日本。

中国与拉美经贸 中拉友谊历史悠久。早在 400 多年前，"中国之船"沿着"海上丝绸之路"，开辟了中拉关系的航程。所以源远流长的中拉经贸关系可以追溯到 16 世纪。但中拉经贸关系真正有所发展还是在新中国诞生以后，尤其是进入 20 世纪 70 年代以来。在近半个世纪的时间里持续稳步前行，首先双方高层交往日益频繁。2000—2014 年访华的拉美国家元首、议长和政府首脑多达百余人次，高层交往带来了政治互信和互利合作的有效机制。中国同巴西、墨西哥、秘鲁、委内瑞拉、阿根廷和智利建立起全面战略伙伴关系或战略伙伴关系，与绝大多数建交的拉美国家形成定期或不定期的政治磋商或对话机制。中拉经贸充分呈现互补性。目前中国为拉美第二大贸易伙伴和第三大投资来源国。2014 年中拉贸易额已由 2000 年的 100 多亿美元增至 2014 年的 2635 亿美元，增长了近五倍。其中中国向拉美出口 1362 亿美元，从拉美进口 1272 亿美元。中国对拉美投资存量亦由 2000 年的不足 10 亿美元增至 2013 年的 861 亿美元。拉美为中国提供了巨量的初级产品和原材料，也为中国提供了广阔的制成品市场。不少名闻天下的"拉美制造"或特色产品也正跻身中国市场，中拉贸易结构由单一化逐步走向多元化。

2015 年 1 月 8 日在北京召开"中国—拉共体论坛"首届部长级会议，中拉整体合作由构想成为现实。习主席对中拉论坛未来发展提出：坚持平等相待的合作原则；坚持互利共赢的合作目标；坚持灵活务实的合作方式；坚持开放包容的合作精神。从近中期来看，积极拓展中拉经贸务实合作，增加拉美高附加值和高技术产品对华出口，扩大优势互补，加强产业对接，推动产业一体化，拓展双方在航天、生物、现代农业、清洁能源等高科技领域的合作，减少同构竞争；加大双向投资的力度和规模，增加对拉美制造业的投资，特别是加大对高附加值产业的开发；加强科技创新与合作，增加对拉美的技术转让，促进拉美产业升级，帮助拉美国家实现自主、可持续发展。这次部长级会议通过了三个文件。习主席倡议的"1＋3＋6"务实合作框架的内容是：1 即一个规划，制定中拉国家合作规划（2015—2019，第一个五年规划）；3 是三大引擎，即以贸易、投资、金融合作为动力，力争实现 10 年内中拉贸易规模达到 5000 亿美元，中国在拉美地区直接投资存量达到 2500 亿美元；6 是六大领域，即以能源资源、基础设施建设、农业、制造业、科技创新、信息技术为合作重点。

在基础设施领域，中国已经与巴西和秘鲁就修建连接大西洋与太平洋的两洋铁路合作达成共识。这一横跨南美洲大陆的铁路工程被认为是中拉合作的一个标志性项目。还有一系列合作倡议，如 200 亿美元的中拉基础设施专项贷款、100 亿美元的优惠贷款和 50 亿美元的中拉合作基金已经或即将开始实质运行。5000 万美元的中拉农业合作专项资金已开始向双方合作项目提供资金支持。

中拉合作，归根到底是发展中国家的联合自强，是兄弟间的相互扶持，是同路人的加油鼓励。我们对中拉合作的未来充满信心和希望。中国将一步一个脚印地构建起政治上真诚互信、经贸上合作共赢、人文上互学互鉴、国际事务中密切协作、整体合作和双边关系相互促进的中拉关系五位一体新格局。

目前，中拉主要贸易伙伴为巴西、墨西哥、智利、委内瑞拉、阿根廷、秘鲁等。

主要港口：

拉美海岸线平直，优良港口不多，主要港口有布宜诺斯艾利斯（Buenos Aires）、里约热内卢（Riode Janeiro）、桑托斯（Santos）、维多利亚（Victoria 巴西）、萨尔瓦多（Salvador）、金斯敦（Kingston）、巴兰基亚、瓜亚基尔（Guayaguil）、卡亚俄（Callao）、瓦尔帕莱索（Valparaiso）、安托法加斯塔（Antofagasta）、韦拉克鲁斯（Veracruz）、马拉开波（Maracai-bo）、拉瓜伊拉（La Guaira）、哈瓦那（La Havana）等。

复习题

填图题

在拉美地图上填注：（1）太平洋、大西洋、加勒比海、墨西哥湾、尤卡坦海峡、佛罗里达海峡、向风海峡、莫纳海峡、巴拿马运河、麦哲伦海峡。（2）布宜诺斯艾利斯、罗萨里奥、里约热内卢、桑托斯、维多利亚、萨尔瓦多、金斯敦、巴兰基亚、瓜亚基尔、卡亚俄、瓦尔帕莱索、安托法加斯塔、马拉开波、哈瓦那、蒙得维的亚、马瑙斯。（3）南方共同市场（南锥共同体）成员国名称。

填空题

1. 拉美经济贸易区中，经济最发达的国家是＿＿＿＿、＿＿＿＿和＿＿＿＿。

2. 拉美国家中＿＿＿＿和＿＿＿＿是世界上肉类的主要生产国和出口国。

3. 拉美地区产石油最多的国家是＿＿＿＿和＿＿＿＿，都是该国重要的出口商品。石油产地分别在＿＿＿＿湾沿岸和＿＿＿＿湖盆地。

思考题

谈谈中国与拉美贸易的现状。

第二节 墨西哥
（The United States of Mexico）

拉美著名的文明古国 墨西哥合众国位于拉丁美洲最北部，北与北美洲的美国相邻，东临墨西哥湾和加勒比海，西濒太平洋，西北紧靠加利福尼亚湾。面积196.43万多平方千米，仅次于巴西和阿根廷，是拉美第三大国。墨西哥有世界上最大的仙人掌，国旗和国徽上都有仙人掌图案，素有"仙人掌之国"的称号。

墨西哥全境以高原和山地为主，东西南三面为马德雷山脉所环绕，海拔1 000～2 000米，内部为墨西哥高原，沿海有狭长的平原。气候温和，北为亚热带气候，南部为热带气候，另外垂直气候明显。河流多短小。在高原、山地中蕴藏着丰富的矿产资源。金、银、铜、铅、锌、铋、镉、锑、铀、汞等金属矿产储量居世界前列，非金属矿有石油、天然气、煤炭、石墨、硫黄、萤石、重晶石等。其银矿储量居世界第一位，铜和石墨居世界第三位，硫黄和重晶石储量居世界第六位。截至 2011 年底，墨西哥石油剩余探明可采储量为 20.62 亿吨，天然气剩余探明储量为 3 325.14 亿立方米。森林面积约 4 400 万公顷，木材开采潜力大，水力资源也较丰富。

墨西哥人口有 1.24 亿（2014 年），居拉美第二位，世界第十一位。大约 60％为印欧混血种人，30％为印第安人，9％为白人。95％居民信天主教，西班牙语为官方语言。因此墨西哥成为世界上讲西班牙语人数最多的国家。

墨西哥是拉美著名的文明古国。墨西哥是阿兹特克人和玛雅人的故乡，阿兹特克人崇拜一个叫"墨西特里"的战神，墨西哥即由此而得名。玛雅人是居住在墨西哥东南部、中美洲的印第安人，玛雅文明是古代玛雅人创造的文明，玛雅文化是人类古代文明的一朵奇葩。公元前 600 年，玛雅文明开始形成，公元 300 年到 900 年是极盛时期。诸如历法、陶器、石雕、文字等都是这个时期的产物。但以后却突然消失得无影无踪。整个古城被森林吞没，完全消失在历史当中。

墨西哥人性情活泼，能歌善舞，喜欢斗牛，喜食辣菜，最富特色是炒仙人掌和仙人球。在商务活动中微笑和握手是他们的问候方式，男子绝不能吻一位不熟悉的女士的面颊和手，亲吻和拥抱一般只用在熟人之间。墨西哥人很会精打细算，功利现实。虽然很多人会说英语，但他却希望你能说西班牙语。如果你收到对方用西班牙文的来信，而你用其他文字回信，就会被视为非常失礼。在墨西哥谈生意要"不慌不忙"，且要多送点小礼物，多施小惠，因为有"礼多人不怪"之说。

经济发展概况 墨西哥是拉美经济发展水平较高、速度较快的国家。在 20 世纪六、七十年代，主要实行进口替代战略，重点发展了重工业，政府大力投资建设石油、电力、化工、交通等行业，建立了完整的工业体系，进口替代战略使墨西哥经济有了长足的发展。1960—1980 年 GDP 年均增长率为 7％。人均 GDP 由不到 400 美元增至 1 734 美元。1982 年墨西哥陷入了债务危机，在当时成了发展中国家的第二大债务国。1995 年经历了一场严重的金融危机，导致了经济的全面衰退。后来墨西哥进行了一系列调整和改革，实行对外开放，经济改革不断深化，经济明显好转。2006 年随着美国经济的快速增长，特别是制造加工行业的持续扩张，为墨西哥贸易、投资和就业的复苏提供了契机，使经济活动呈现持续增长势头。经济增长率为 4.8％。2008 年墨西哥 GDP 达 1.1 万亿美元以上，其综合国力和发展水平在拉美仅次于巴西居第二位。近几年，墨加大了服务业和为出口提供服务等新型经济部门引进外资的力度，特别是力求在经济结构变革中有所突出的服务贸易和为出口提供服务的部门发展势头活跃。服务业从 2000—2007 年共引进外资 715 亿美元，年均达 89.4 亿美元，为墨历史上吸引外资最多的时期。另外，服务贸易出口增长较快，由 2000 年的 137.12 亿美元增加到 2006 年的 162.21 亿美元。同时服务业发展增速高于第一和第二产业，且占 GDP 比重逐年上升。目前墨西哥服务业占 GDP 比重为 75％左右。2014 年 GDP 为 1.283 万亿美元，排世界第十五位，人均 1 万多美元；GDP 增速为 2.3％，尽管比 2013 年有所好转，但比起金融和经济危机后的三年（2010—2012 年均增速 4％～5％）差距明显。2015 年墨西哥经济增长 2.5％，处于缓慢复苏状态，主要得益于农业、工业和服务业的良好表现，其中服务业增长为 3.5％。

工矿业 墨西哥工业以采矿、石油、冶金、汽车、化学、电子、纺织、食品等部门为主。

工业总产值已超过农业。

（1）油气工业。墨西哥油气资源丰富，勘探潜力巨大，是世界第七大原油生产国，第十二大原油出口国。截至 2013 年底，墨西哥已探明石油储量为 248 亿桶（另一数据：剩余探明可采储量为 14.18 亿吨），天然气剩余探明可采储量为 4 838.7 亿立方米。墨西哥油气资源一半以上属非常规资源，页岩气是墨西哥油气资源中很重要的一部分。据估计墨西哥拥有 42 475.5 亿立方米的页岩气潜在资源。墨西哥油气行业于 1938 年实行国有化，成立墨西哥国家石油公司（PEMEX），是唯一的原油生产商和汽油零售商。2014 年墨西哥签署能源改革法令，正式结束了该国油气工业和电力行业长达 75 年的垄断局面。向国外资本开放能源市场，吸引国外资本进入，促使国有企业吸收和发展现代化技术，刺激能源产业的发展，使 2015 年原油产量增加到 350 万桶／日；使天然气产量翻一番，达到 35 亿立方英尺／日；并启动第一轮招标，改革所带来的 FDI 预计达到 200 亿美元。

墨西哥已探明的石油和天然气资源大多蕴藏于东部沿海岸线 150 千米以内的墨西哥湾沿海与近海地带，只有萨比纳斯（Sabnas）盆地油气储藏区位于北部，距墨西哥湾较远。墨西哥油气区可分为北带、中带、南带和深水，也可以说油田主要分布在墨西哥坎佩切湾沿岸和近海大陆架上。其中夸察夸尔科斯（墨西哥港）与佩梅克斯城（石油城）之间被称为"石油黄金带"。石油提炼和石化工业均较发达。美国为其第一大石油出口市场。墨西哥与中国能源合作已在逐步展开，其国有能源公司（PEMEX）与中国（中石油）签署了向中国供应至少 3 万桶／日石油的两年长期协议。

墨西哥石油收入占其外汇总收入的一半。

（2）采银业。银矿的开采 400 多年来一直居世界前列，年产 2 700 多万吨，1/2 以上供出口，2010—2015 年墨西哥连续六年是全球第一大白银生产国。帕丘卡—德索托和奇瓦瓦是主产地。铅、锑、汞产量居世界前列。镉的产量仅次于美国，居世界第二位。

（3）钢铁工业。发展较快，产量在拉美仅次于巴西，2014 年粗钢产量为 1 940 万吨，2015 年为 1 970 万吨。主要分布在北部的蒙特雷和蒙克洛瓦。

（4）汽车工业。该行业是墨西哥制造业中的支柱产业之一，以普埃布拉和萨阿贡为中心，产量仅次于巴西，居拉美第二位。汽车生产主要为外国在墨西哥的子公司所控制。如大众、通用、福特、克莱斯勒、雷诺、日产等，2014 年汽车产量为 322 万辆左右，出口 264 万辆以上，分别居世界第七位和第四位。

（5）化学工业。化学工业是 20 世纪 80 年代以来发展最快的部门，以石油化工为主，产品主要有乙烯、合成氨、苯乙烯、丙烯腈、甲醇等。石化工业主要分布在韦拉克鲁斯州的坎格雷赫拉石化中心。

（6）纺织、服装和制鞋业。该行业是拥有 65 万多人的传统行业。目前纺织工业产值占GDP 的 6.5%。产品在国内只占 20% 的份额，主要出口国外市场，特别是美国市场。墨西哥、美国、加拿大的北美自由贸易区也是国际纺织品贸易的重要市场。美国生产棉纱，在墨西哥、加拿大织成布，做成服装，再回流美国的纺织品服装贸易的区内循环趋势。纺织工业主要分布在墨西哥城、瓜达拉哈拉等地。

墨西哥机床工业薄弱，重型机械多依靠进口。

墨西哥城是全国最大的工业中心，工业产值约占全国的 1/3 以上。墨西哥还开辟有多处自由边境区，发展出口加工业（客户工业），尖端技术产品装配工业。如机器仪表、电子工业等部门，多集中在北部蒂华纳、华雷斯、墨西加利等城市。20 世纪 80 年代后，专营出口加工的客户工业已从北部扩展到全国各地。

农牧业 农牧渔业是墨西哥经济的基础，也是近年来增长最快的产业。农业部门齐全，种类繁多。粮食作物和经济作物发展协调，种植业比重大，占农业产值的 60%。主要粮食作物有玉米、小麦、高粱、大豆、稻米等。墨西哥是玉米的故乡，玉米是墨西哥人的主食。玉米种植面积占全国耕地 75%，主要产在北纬 18°～22°间的中央高原南部地带。小麦产在西北灌溉区，稻米产量不高，分布在沿海低地。主要经济作物有棉花、甘蔗、咖啡、可可、剑麻、烟草等。棉花产量居拉美第二，以长绒棉为主，每年有大量出口，常居拉美第一，主要分布在西北部干旱地区。剑麻产在尤卡坦州。蜂蜜年产量 6 000 万公斤，居全球第四位，90% 用于出口。美、德、英、日、法、沙特为全球六大蜂蜜进口国。另外还有产量居世界前列的鳄梨、苜蓿、浆果类水果用于出口。美国是墨西哥鳄梨的第一大出口国。

畜牧业占农业产值的 40% 左右，主要饲养牛、马、猪、家禽等。墨西哥是主要肉牛出口国之一，主销美国。养马业居拉美首位。另外，渔业资源丰富，年捕鱼量在 150 万吨左右，主要是沙丁鱼、金枪鱼、大虾、鱿鱼等。近年来过度捕捞、非法捕捞造成捕鱼量减少。多年来，墨西哥十分重视农林牧渔及其加工业的综合发展，以促进农业经济的多元化。

拉美最大贸易国 墨西哥是世界最开放的经济体之一，已同 45 个国家签署了自贸协定，是北美自由贸易区成员，对外贸易地位十分重要。2014 年货物贸易总额为 8 100 亿美元，居世界第十三位；其中出口 3 980 亿美元，同比增长 5%；进口 4 120 亿美元，同比增长 5%。多年来，墨西哥均为拉美第一大贸易国，汽车、电气设备等制造业产品出口比重持续增加。近几年，出口产品中 80% 以上为工业制成品，石油产品占 13%，农牧业产品占 3%；进口产品中中间产品占 70% 以上，资本货物占 15%，消费品占 10% 以上。汽车出口占墨西哥出口总额的 20% 以上，其整车和零部件的最大出口市场是美国，销往美国的汽车占汽车总出口量的 60% 以上；墨西哥也是美国主要的进口车辆供应国，占美国市场的 26%。近年来，墨西哥汽车工业注重发展出口市场多元化战略，对拉美、欧洲、亚洲和非洲均有一定出口量。石油出口约占墨西哥财政收入的 1/3，美国是其最大的出口市场；墨西哥则是美国三大石油进口来源国之一（仅次于加拿大和沙特）。农产品出口主要面向美国。墨西哥主要贸易伙伴为美国、加拿大、中国、西班牙、德国、日本等。其中美国是其第一大贸易伙伴、第一大出口目的地和进口来源国。中国为其第二大贸易伙伴。墨西哥是拉美地区同欧盟贸易增长最快的国家。

旅游业是墨西哥支柱产业之一。墨西哥是全球著名的旅游目的地，旅游收入是除了石油和侨汇之外的第三大财政收入。墨西哥不仅拥有沙漠、海滩、森林等自然景观，也有奇琴伊察、"卡斯蒂略"金字塔、帕伦克等人文遗址等。据统计，2013 年共接待 2 400 万海外游客，其中中国游客的到访人次达 6 万多，相比上年实现了超过 20% 的增长。

中墨贸易 中墨 1972 年 2 月 14 日建交，双边关系不断发展。墨西哥是拉美最大的贸易国，中墨贸易额占中拉贸易总额的 19%。中国对墨西哥出口占中国对拉美出口的 28%，是我国在拉美的第二大贸易伙伴，也是我国在拉美最大的出口市场，中国则为墨西哥第三大出口目的地、第二大进口商品来源地。2014 年中墨商品贸易总额为 434.49 亿美元，同比增长 10.8％；其中我国对墨西哥出口 322.56 亿美元，同比增长 11.4％；从墨西哥进口 111.93 亿美元，同比增长 9.3％。中国对墨西哥出口的主要是机电产品，占出口总额的 65％以上，还有服装及附件、家具、玩具、贱金属及其制品、塑料橡胶制品等。中国从墨西哥进口的主要是运输设备、矿产品和机电产品三大类，这三类商品占进口总额的 80％以上。中墨两国产业结构相同，两国产品在国际市场特别是在美国、日本市场上存在着竞争，我国可通过直接投资促使两国同类产品的生产企业进行有效合作，减轻双方在国际贸易中的过度竞争。另外，我国有必要加强墨西哥产品的进口，以缓解我国长期贸易顺差所形成的贸易摩擦。目前中墨双方各自在对方国家都有投资项目，但中墨经贸合作近期有一定风险，有的项目合同被取消或被无限期搁置。

主要港口

韦拉克鲁斯（Veracruz）。韦拉克鲁斯位于墨西哥湾南部坎佩切湾西岸平原上，海拔 15 米，素有"东方门户"之称，是东海岸最大工商业中心和全国最大海港。交通发达，输出农矿产品，输入机器、药品、纺织品等。

坦皮科（Tampico）。坦皮科位于墨西哥东北部帕努科河左岸，距墨西哥湾 13 千米，海轮可直达。周围 160 千米内有四大油田，是全国最大的石油开采和加工中心。还有机械修理、造船、服装、化学等工业。是墨西哥最大石油港和最现代化港口，有输油管道通向蒙特雷和波萨里卡。共有 17 个码头，出口石油、矿石、农产品等。

马萨特兰（Mazatlan）。马萨特兰是墨西哥西部太平洋沿岸最大港口。靠近墨西哥加利福尼亚湾入口东侧，位于奥拉斯阿尔塔斯湾（Olas Altas）的半岛上，城市沿半岛伸展，为冬季休养胜地，也是铁路、公路、航空枢纽。该港有 10 个码头，主要输出金属矿石、皮革、烟草、龙舌兰纤维和海虾，输入石油和谷物等。

阿卡普尔科—德华雷斯（Acapulco de Juarez）。位于墨西哥南部太平洋沿岸的阿卡普尔科湾畔。海湾呈半月形，长 6 千米，宽 3 千米，最大水深 100 米，是太平洋沿岸的良港和世界最佳天然锚地之一。旅游业给阿卡普尔科带来了可观的经济收入，而当地 99％的居民靠旅游业为生。1565 至 1815 年间是墨西哥与菲律宾进行贸易的主要港口。1985 年已与中国的青岛市结为友好城市。

复 习 题

填图题

在墨西哥地图上填注：（1）太平洋、墨西哥湾、坎佩切湾、加利福尼亚湾、特万特佩克湾。（2）邻国：美国、危地马拉、伯利兹。（3）墨西哥城、瓜达拉哈拉、佩梅克斯城、蒙特雷、普埃布拉、帕丘卡—德索托、韦拉克鲁斯、坦皮科、马萨特兰、夸察夸尔科斯、蒂华纳、阿卡普尔科—德华雷斯、墨西加利。

填空题

1. 墨西哥是拉美著名的文明古国，_____人曾创造了灿烂的_____文化。
2. 墨西哥的"石油黄金带"是指_____和_____之间的坎佩切湾沿岸和近海大陆

架上。

思考题

谈谈中墨两国贸易近况。

第三节　巴　西
(The Federative Republic of Brazil)

拉美面积最大的国家　巴西位于南美洲东部，除厄瓜多尔和智利外，与南美洲所有国家（9 个）和地区（1 个法属圭亚那）都有接壤。面积 851.49 万平方千米，约占南美洲面积的一半，是南美洲也是拉丁美洲面积最大的国家。

巴西东临大西洋，海岸线长 7 367 多千米，全境地势平坦，以平原和低缓高原为主。北部边界的圭亚那高原，地势较陡。内布利纳峰海拔 3 014 米，为全国最高峰。南部是世界上最大的巴西高原，海拔 600～900 米，介于两高原之间的亚马孙平原，占国土面积的 1/3，大部分海拔在 300 米以下。巴西境内河流众多，有亚马孙、巴拉那和圣弗朗西斯科三大河系，亚马孙河全长 6 480 千米，横贯巴西西北部，在巴西境内长 3 000 多千米，流域面积达 390 万平方千米，是巴西最长河流，也是世界上流量最大、流域面积最广的河流，干支流都便于航运。圣弗朗西斯科河系全长 2 900 千米，流经干旱的东北部，是该区重要的灌溉水源。巴拉那河系包括巴拉那河和巴拉圭河，巴拉圭河流经国土西南部，流向巴拉圭和阿根廷，然后注入拉普拉塔河，该水系蕴藏着巨大的水力资源。

巴西气候除最南部属亚热带气候外，其他地区都属热带气候。巴西高原属热带草原气候，夏雨冬干，年均气温不到 22℃，年降雨量 2 000 毫米，生长杂草，发展农牧业。巴西能矿资源丰富，品种多、品位高、储量大，巴西高原上蕴藏着铌、钽、铁、石英、氧化碘，储量世界第一；高岭土、天然石墨储量世界第二；铝矾土、滑石、蛭石、锡储量列世界第三；镁、锰储量居世界第四；锂、铁矿砂储量世界第五，镍、金、铀、钛、铅储量也十分丰富。目前，巴西已探明石油储量 140 亿桶，新发现的海洋盐层下油田储量预计超过 1 000 亿桶。

亚马孙平原属热带雨林气候，年均气温 27～28℃，年降雨量 2 000～3 000 毫米。炎热多雨的气候繁育了世界上最大的热带森林。亚马孙河流域有原始热带森林面积 3.4 亿公顷，占世界热带雨林的 50% 左右，被称为"地球之肺"。人类赖以生存的 1/3 氧气来自这片广阔的热带雨林，许多林区至今人迹未到。林区中有高大乔木 4 000 多种，巴西木、巴西果树、橡胶树、可可树、棕榈树等经济作物较多，巴西因盛产巴西木而得名。

拉美人口最多的国家　巴西有人口 2.045 2 亿（2015 年），居拉美首位。人口密度每平方千米约 23 人，城市人口占 81% 以上。人口分布极不平衡，东南部人口最稠密，其次为东北部。圣保罗、里约热内卢都是拥有 1 000 万以上人口的特大城市，而中西部和北部人口较稀少。

居民种族构成也较复杂。其中白种人占一半以上，黑白混血种人约占 40%，黑种人约占 6%，还有黄种人和印第安人等。华人华侨约 20 万。印第安人约有 35 万，生活在国家设立的 561 个印第安人保护区内，其中亚马孙州为最多。

巴西约 90% 居民信奉天主教，葡萄牙语为官方语言。货币单位是雷亚尔。

巴西人性格开朗、豪放，待人热情，有礼貌，不论男女，见面和分别时都可握手，妇女相见可脸贴脸。巴西以大米为主食，喜吃欧式西餐，烤牛肉、龙虾，吃鱼尚未普及。商务访问宜穿保守式样深色西装，拜访要预约、守时。在巴西要特别注意颜色，他们忌讳棕黄色，认为棕色为凶丧之色，黄色表示绝望，紫色表示悲伤，紫色花是死亡的象征，深咖啡色会招来不幸等。

巴西被世界公认为狂欢节之乡，每年二月为期三天的狂欢节，人们狂热地跳桑巴舞，并进行化装游行比赛，吸引了大批国内外游客。

拉美经济大国　16世纪30年代，葡萄牙派远征队在巴西建立殖民地，到1822年巴西宣布独立的300多年里，大部分时间以单一经济闻名于世。巴西在历史上有"红木之国"（巴西木）、"甘蔗海洋"（蔗糖）、"采金狂"（黄金、金刚石）、"咖啡王国"（咖啡）、"橡胶王国"（天然橡胶）之称。巴西在1967—1974年经济年均增长率高达10.1%，被誉为"巴西奇迹"，人均GNP由1960年的247美元上升到1979年的1738美元，成为拉美经济最发达的国家。当然这和当时政治稳定、有利的国际环境、政府对经济的干预和指导、实行进口替代工业化发展战略，以及大量引进外资和先进技术、重视科研和教育等有关。20世纪80年代的巴西经济和整个拉美地区一样，因债务危机而陷入困境。20世纪90年代开始，由于经济改革的不断深入，成果显著，但1998年巴西爆发了金融危机，遭受沉重打击。2002年以来，巴西实行稳健的宏观经济政策，严格财政管理，稳定汇率，控制通货膨胀，从而使巴西经济在连续三年下滑后，实现了国内生产、投资、消费、就业和出口的全面恢复，推动了巴西经济的复苏。2003年10月巴西被列入"金砖四国"之列。2004—2007年，巴西经济年均增长超过4.5%，根据美国中央情报局2009年初发布的数据，巴西已取代加拿大成为美洲第二大经济体。2009年全球金融危机爆发后，巴西经济下滑，而2010年金融海啸余波未了，巴西经济竟取得7.5%的增长，GDP达2.1万亿美元，超越英、法，成为世界第七大经济体。但进入2011年以来，经济增速仅为2%，2014年只有0.1%，为五年来最差。巴西在重塑产业结构方面遇到了挑战。长期以来，巴西存在投资不足、基础设施落后等问题。从当前状况看，国民消费水平有限，内需疲软不振，消费拉动经济的可能性较小。巴西出口结构较为稳定，调整空间不是太大，出口也无法成为拉动经济增长的动力。唯有加大基建领域的投资力度才是巴西经济扭转颓势的重要手段，引进国外资本在电力、铁路等领域加大投资或许能起到较好效果。

2015年巴西经济增速骤降3.8%，创1981年以来最大年度跌幅；失业率降到7.9%，创六年来新高；通胀高达10.67%，为十二年来最高。目前政局动荡，高通胀、负增长是巴西面临的主要困境之一。

近几年来，巴西站在国家崛起的十字路口，经济发展的不稳定性表现明显；但另一方面，巴西已成为区域经济力量的代表，国际社会尤其是美国将其列为重点关注对象。巴西通过南美洲国家联盟（UNASUR）、拉美加勒比共同体（CELAC）等新型国际组织发挥领导作用，综合实力居拉美首位，经济结构接近发达国家水平。

经济发展特征：

（1）由单一经济走向全面发展，经济结构发生明显变化。第二次世界大战以后"巴西奇迹"的出现，成为拉美地区经济最发达的国家，农业比重下降，工业比重迅速上升；物质生产资料部门比重下降，服务业比重迅速上升。现在巴西经济以服务业、工业、农牧业为支柱产业。农业、工业、服务业在经济中的比重分别为5.4％、27.4％和67.2％。经济结构接近发达国家。建立了钢铁、汽车、飞机、船舶、电子、化学、核能、军火、纺织、食品等完整的工业体系，从单一经济走向具有中等发展水平的工业——农业国。巴西经济门类齐全，经济实力居拉美首位。2014年GDP为2.2万亿美元，居世界第七位，人均11 612美元。

（2）经济主要依靠大量外资和外债发展。20世纪60年代中期至70年代中期，巴西鼓励外资75％投向制造业。一些跨国公司纷纷在汽车、运输设备、电力设备等最具活力的部门建立子公司。这时期，巴西外资和外债约占GDP的1/2。20世纪90年代以后，更为外资敞开大门，不但取消外资进入能源、采矿、金融部门限制，而且对于外国人在采矿、渔业、林业、旅游以及东北部和亚马孙地区的开发投资项目，给以特殊优惠。20世纪90年代中期流入巴西的外资已达290亿美元，外债1 500多亿美元。2014年巴西吸引外资就达620亿美元。在巴西直接投资的有60多个国家和地区，主要为美国，其次为德国、日本、瑞士和英国等。外资主要投向烟草、汽车、精密仪器、电子电器、通信等部门。

（3）国家垄断资本在巴西经济中占有一定地位。原来巴西铁路、港口、电信系统完全由国家控制，还包括石油加工、飞机、钢铁、采矿等部门。现国有企业占净资产总额的45％左右。民族私人资本主要控制农牧业、商业、建筑业、轻纺业等。20世纪90年代以来，因取消了对外国直接投资在能源、矿业开采和金属等部门的限制，国家资本比重较原来有大幅减少。

工业　巴西在20世纪70年代就建成了比较完整的工业体系，工业门类齐全，科技水平、工业实力和加工工业均居拉美前列。1950—1980年，工业产值年均增长率为8.6％。被列为世界第十大工业国。加工制造业占工业总产值3/4。至20世纪90年代末，巴西在信息技术、核技术、生物工程、光纤通讯技术、宇航工业等都取得了引人注目的成就。

（1）机械工业。巴西拥有超过4500类机械生产厂家和135 000多机械工具加工企业，在全球14个机械生产大国中排名第六。工业机械和设备的市场规模年增长率为13％，是巴西的支柱产业之一。巴西消费的机械产品主要依赖进口，从2008年的52％提升到2015年的73％。后金融危机时代，巴西是"金砖五国"中最主要的新兴市场，也是我国出口企业重点开发且在多数好行业取得成功的新兴市场之一。目前中国已成为巴西第五大机械设备供应国，主要设备有：印刷机械、测量设备、重型设备、传输设备和工具类机械、路面机械、空气压缩机、木工机械、农业机械及大量的工业零部件，需求量增长迅猛。全球越来越多的机械企业关注巴西市场。目前巴西市场已成为工程机械兵家必争之地。据统计，建筑设备混凝土及工程机械需求量每年增长7.5％，同时丰富的矿产资源使巴西的重型建筑和采矿设备增长强劲，这些都是中国工程机械企业争相角逐的市场。

（2）钢铁工业。巴西钢铁工业的飞速发展推动了汽车制造、铁路建设、民用建设、农业等行业的迅猛发展，是拉美最大的钢铁生产国。2014年钢产量达3 390万吨，居世界第九位，是世界十大钢铁生产国之一。钢铁主要分布在南部、东南部和东北部的广大区域，形成了巨大而完整的钢铁生产体系。除满足本国外，还可向美、中、日等国出口，但钢铁工业所需的焦炭几乎全靠进口。主要从美、澳等国输入。里约热内卢西北部的沃尔塔—雷东达钢厂是全国最大的钢厂。

（3）汽车工业。产量和出口量居拉美首位，是世界第四大汽车市场，汽车已成为巴西的龙头企业。2013年生产汽车374万辆，居全球第七位。现在巴西已能全部利用国产配件生产小轿车、公共汽车、卡车等各种车辆，每年都有两位数的增长。除满足市场需求外，还向世界80多个国家出口。巴西汽车贡献了全部工业产值的20%。但汽车业务为跨国公司所控制，所生产汽车多数为外来品牌和车型。目前菲亚特、大众、通用及福特的市场占有率在70%以上。中国的奇瑞等在巴西独资兴建了最大工厂，并在巴西市场占有一席之地。汽车工业主要集中在圣保罗附近和里约热内卢等地，现正逐步向南部和东北部转移。巴西很早就开始推行多重燃料车型。巴西在圣保罗州建有世界最大的酒精厂——小塞尔唐酒精厂，大力生产以酒精为动力的汽车，以节约石油能源。近年受金融危机影响，信贷紧缩，内销、出口骤降。

（4）造船工业。巴西是世界著名造船国，年造船能力在200万吨以上。能生产40万吨级巨型油轮及不同型号的货轮、矿石船、集装箱船、海上石油钻井平台、军舰等。10%的船舶供出口，主要到欧美国家。里约热内卢是最大的造船中心。

（5）航空航天工业。航空航天工业是巴西工业的后起之秀，仅二十年历史，就能生产几十种型号的军用、民用飞机。现在年产飞机1 000多架。它引进技术，勇于创新，发挥独特优势，以生产油耗低的轻型机种及多用途飞机为主，出口到20多个国家和地区，并已向中国出口。圣保罗郊外一个生产中心是巴西航空工业公司（世界第三商用飞机制造商）的本部，又是支线喷气客机的最大生产者，并与中国哈尔滨飞机工业集团有限责任公司共建合资企业——哈尔滨安博威飞机工业有限公司，在中国本土开始了飞机的整机生产。现在巴西支线飞机制造技术已成为世界支线航空的专业品牌，为全球生产超过半数的支线飞机，其产品已被包括美、法、英、德、加和中国等50个国家的世界主流支线航空公司选为主力机型。巴西航空工业公司已成为全国第一大出口企业。巴西是国际空间站最后一个参加国，承担了6个重要组件的研究。巴西是拉美地区航天工业规模最大的国家，其导弹与航天产品包括战术导弹、运载火箭、资源遥感卫星和卫星地面设备等。巴西目前已有能力向其他国家出口战术导弹和航天产品的分系统。巴西从1965年起研究桑达火箭系列，现已发射了桑达—1、2、3、4和VS—30、VS—40探空火箭，正在试制的卫星运载火箭（VLS—1）为4级火箭。巴西拥有资源遥感卫星技术，能够研制生产气象雷达、卫星通信天线及相关的地球站。巴西具有一定的导弹设计和生产能力，在发展中国家中较为先进。巴西虽没有弹道导弹，但其拥有卫星运载火箭，因此具有研制弹道导弹的能力。在2006年中巴合作发射了第三颗CBer-2-B号地球观测卫星，其航天技术处于不断发展中。

（6）电子工业。电子工业是巴西新兴工业部门。原以生产收音机数量最多，其次是电冰箱、电视机、空调等。1985年生产了第一台工业机器人。现在能生产大中小型电子计算机、终端设备、电讯器材等。其中微型计算机发展尤快，成为世界第七大信息产业市场。

（7）能源工业。能源工业第二次世界大战后发展较快。巴西能源结构目前以水电为主，水电装机约占总装机的72%，火电约占26%，核电占2%。巴西对能源的需求以每年6.2%速度增长。能源发展走向多元化，生物能源发展已取得巨大成效。

水电。巴西水力资源丰富，约有2.13亿千瓦蕴藏量，居世界第三位。自1963年在巴拉那河支流格兰德河上游建成具有龙头水库作用的第一座121.6万千瓦的福尔纳斯水电站以来，已建成 100 万千瓦以上的大水电站有 23 座。1975 年同时开工建设 2 座规模巨大的水电站：一座是南部与巴拉圭合建的伊泰普水电站，2002 年投入运行，总装机容量达 1400 万千瓦，仅次于中国的三峡水电站（1820 万千瓦）；另一座是巴西北部托坎廷斯河上的图库鲁伊水电站，装机容量为 800 万千瓦，2002 年投入运行。巴西计划到 2021 年增加水电装机 3640 万千瓦，其中 2180 万千瓦正在招标建设中。目前其水电占比在 70％以上。

风电。巴西有巨量优质的风能资源，当下巴西已成风电发展的热土。风电自 2002 年起步，发展迅速，占比已达到 2％。巴西东北部有很强的风力带，风电潜力可达 1.43 亿千瓦。若全面开发，相当于再造 10 个伊泰普水电站。政府重视发展风电，2014 年上半年，巴西风电总装机容量达 700 万千瓦，仅次于中、美，为世界第三大风电市场。巴西规划到 2021 年，风电占比要提高到 10％。

核电。巴西铀矿资源丰富，储量居世界第五位。2006 年 5 月建成自己的铀浓缩中心，继而建成安格拉 3 号核电站。近年来计划建立 8 个新核电站。目前核电比重约占 3％。

石油。随着巴西南部和东南部坎普斯盆地深海地区大量资源的发现，巴西实现了石油和天然气的自给，并在十年内变成一个石油出口国。深海层将近 800 千米长、200 千米宽，一直从圣埃斯皮里图州海岸延伸到圣卡塔琳娜州。图皮油田预计拥有 50 亿～80 亿桶石油，是 2000 年以来全世界发现的最大油田，大量天然气和冷凝物也在丘比特油田发现。2008 年 9 月，巴正式启动深海油田的开采，可将巴西石油日产量在目前每天 140 万桶基础上提高三倍。巴西已探明石油储量 140 亿桶，位列南美第二，已够巴西国内未来二十年的消费量，2007 年以来巴西已成为石油的净出口国。2009 年石油产量近亿吨，轻质油品基本能自给。巴西开采深海油田技术世界领先。

天然气。巴西深海油田海底盐层发现大量的天然气，这是世界上最干净的矿物燃料。巴正在铺设从东南到东北的天然气管道，旨在成为液化天然气部门的国际供应商。深海油气是巴西石油工业快速发展的支柱。

乙醇。在过去的三十年间，巴西领导了一场生物燃料的革命，将国家变成了"生物燃料共和国"中的一员，在保证稳定能源来源的同时，以一种可持续且环保的方式发展，目前巴在可替代能源领域处世界领先水平。使用的可替代能源已占其能源消耗总量的 45％左右，在燃料酒精、生物柴油的开发利用上处于世界领先地位。已有 500 种以上的甘蔗提取酒精，多年来，巴西是全球第一大乙醇生产国和第一大乙醇出口国，从事乙醇相关工作的人员达 100 万。2014 年，巴西乙醇产量达 256.05 亿升，同比下降 7.4％；美国的乙醇产量却同比增长 8％，达创纪录的 540 亿升，比巴西高出一倍以上，并取代巴西成为全球最大乙醇出口国。其出口量为 32 亿升，比巴西高出一倍以上，占据了全球乙醇市场的一半份额。2015 年巴西乙醇产量增至 268.85 亿升，出口达 18 亿升左右。未来十年巴西仍将是全球主要生物燃料供应国。在低碳经济行将到来之时，替代品的使用大大降低了石油销量，保障了石油的大量出口。此外，巴西兴建的水上（漂浮式）太阳能发电站是世界上规模最大的漂浮式太阳能发电站之一。巴西人已使巴西成为全世界能源业最发达的国家之一。

（8）化学工业。建立较早的一个工业部门，原来在进口原油发展石油加工的同时，发展了石化工业，重点产品是合成橡胶，现有东北部、圣保罗、南部三个综合性石化工业中心。随着深海油田的发现，2012 年后石化工业发展明显，目前巴西已是拉美最大的的乙烯生产国和消费国。

（9）军火工业。20 世纪 60 年代中期以来，军火工业发展较快。进入 21 世纪后，巴西开始自主发展军事工业。目前，陆军武器自给率 90％，海军 80％，空军 60％，国防工业水平居世界较领先水平。不仅能生产大炮、坦克、舰艇、火焰喷射器等常规武器，还能生产导弹、火箭等特种武器，产品多达两三百种。目前世界上半数以上轻型装甲车市场已为巴西控制；其设计生产的飞机已出口到美英法等西方发达国家。近年来，巴西军事产品中发展最为迅猛的是航空制导弹药。有关大炮、坦克、炸药、爆破材料、载重飞机、电子装备、战舰等，多销往拉美、非洲、中东等地的发展中国家。军火生产 70％集中在圣保罗附近圣若泽多斯坎波斯。

（10）制鞋业。巴西制鞋业产值占全国工业产值的 12％，是全球第三大产鞋大国。目前有制鞋企业 7 200 家，从业人员约 30 万，年产鞋 7 亿双，出口 1.8 亿双左右。其女鞋品质和价格在世界上占有重要份额，出口以皮鞋为主，塑料、橡胶鞋为辅，主要出口到美国和欧盟。女鞋产地在南里奥格兰德州的西诺斯河谷，男鞋主要产地在圣保罗州的弗朗卡。

（11）采矿业。巴西矿产业产值约占 GDP 的 8.5％，采矿业以铁矿为主。铁矿砂储量 480 亿吨，以赤铁矿（含铁 60％～67％）和磁铁矿（含铁 50％～60％）为主，年产 2 亿多吨，目前产量和出口量均居世界第二位，出口量占世界的 25％。伊塔比拉铁矿山（米纳斯吉拉斯州）产量占全国的 2/3。卡拉雅斯山（帕拉州）是世界上最大的铁矿山（露天），蕴藏量达 177.5 亿吨。巴西淡水河谷公司的铁矿石产量占巴西全国总产量的 80％，2007 年产铁矿石 2.96 亿吨。除经营铁矿石外，它还经营锰矿砂、铝矿、金矿等矿产品以及纸浆、港口、铁路和能源。它是世界第一大铁矿石生产和出口商，也是美洲大陆最大的采矿公司。2016 年 3 月该公司在北京与中远集团签订协议，在未来 27 年中国矿运将每年承运淡水河谷发运的铁矿石约 1600 万吨。巴西锰矿石产量居世界第三位，一半以上供出口。采金业是巴西最早兴起的采矿业。20 世纪 70 年代发现新矿，黄金产量逐年上升。另外还开采铝、铬、铀、镍、铜、钨、锡等矿。

巴西宝石和半宝石矿藏的品种、数量均居世界首位，而且宝石产量占世界总产量的 90％左右，巴西是天然宝石的王国，还是世界首屈一指的珠宝加工中心。巴西宝石种类多，质地上乘，特别是紫水晶、红宝石和玛瑙、翡翠等彩色宝石。据统计，全球生产销售宝石的 65％源于巴西。

农牧业 巴西土地资源丰富，水利条件好，农业发展有潜力。全国可耕地 3 亿多公顷，现有耕地 5 000 万公顷，牧场 1.5 亿公顷，从南到北全年可以耕作。农业各部门综合发展，种植业、畜牧业、林业发展尤显突出，农牧业有以下几个特点。

（1）巴西是世界农牧产品生产和出口大国。目前，农业产值占 GDP 的 5.7％，农业生产以出口产品为主，如大豆、咖啡等。农业是巴西赚取外汇的主要行业之一，2015 年巴西农牧产品出口 882 亿美元，比 2014 年下降近 9％，占出口额的 1/3。巴西耕地和草场面积广阔，水利资源丰富，为巴西农牧业发展提供了较好条件。但至今利用率不高，耕作粗放，农业生产水平尚有很大的发展潜力。

（2）农业的地区发展极不平衡。东南部、南部及沿海地区农业发达，已基本实现农业现代化，它只占全国 17％以上的面积，却生产了几乎供出口的大部分咖啡、大豆，以及国内消费 70％以上的农产品和粮食。中西部内陆则是巴西的欠发达地区，东北部有的甚至尚未得到开发，潜力犹存。

（3）巴西政府重视外向型创汇农业的发展。制定优惠政策，实施农牧产品出口多样化战略，大力发展农牧业初级产品加工业，使农牧产品出口增值。经多年努力，产品出口成倍增长，不仅提供了外汇收入，还在国际市场上形成了品牌优势和较强的国际竞争力，这是巴西农业的重要特色。巴西的粮食作物以玉米最多，其次是稻米和小麦。玉米产量居世界第三位。

巴西是全球最大的大豆产地和出口国。2013—2014 年度产量达 9 000 万吨，占全球总产量的 1/3，超过了美国。大豆及其加工品的出口是巴西重要的外汇来源。大豆主要产在南里奥格兰德州。多年来，咖啡、蔗糖、香蕉、蓖麻、西沙尔麻的产量居居世界首位。巴西素有"咖啡王国"之称，目前咖啡产量和出口量均居世界第一，出口量占世界市场的 30％左右，主要产地在东南部圣保罗、巴拉那等州。巴西还是全球最大蔗糖生产国和出口国。甘蔗也是生产乙醇的原料，主要产在东北部沿海低地和圣保罗州。可可、柑橘产量居世界第二位。可可产在巴伊亚州，柑橘在圣保罗州为最多。2014/2015 年度，巴西棉花种植面积缩小 12.9％，产量约为 150.9 万吨，同比减少 13％；出口约 220 万吨，出口量约为前两年的一半。终难跻身于世界前三大棉花出口国之列。

近年来，巴西积极开展和推广使用新技术，畜牧业发展较快。羊的头数和羊毛产量居拉美第三位。牛肉出口量近几年常居世界第一位。猪肉和家禽（鸡）都居拉美首位。肉类出口也是巴西重要的创汇产品。

巴西森林覆盖率高达 57％，林业资源丰富，是世界上唯一一个完全在人工林作业的国家，完全可以对生产力进行控制，并控制碳排放水平，巴西树木的自然生命循环要比斯堪的纳维亚半岛、加拿大和美国快 5 倍。林产品出口约占拉美 50％以上。

对外贸易和主要港口　巴西十分重视对外贸易的发展，经济对外依赖性较大 。20 世纪 80 年代中期以后提出"出口就是发展"的口号，积极同 170 多个国家和地区建立贸易关系。对外政策作了重大调整，取消高额关税限制进口的保护手段。奖励出口，加强出口竞争机制，开放市场，引进技术，更新设备，降低关税等，除少数如武器、草药等外，其他商品可自由进口。对外贸易约占 GDP 20％以上。2014 年进出口总额为 4 640 亿美元，其中出口为 2 250 亿美元，同比降低 7％；进口为 2 390 亿美元，同比降低 5％；贸易逆差 140 亿美元。主要出口商品有汽车及零部件、飞机、钢材、大豆、豆粕、咖啡、冷冻牛肉和鸡肉、铁矿砂、汽油、汽车、皮鞋及其他机电产品、军火等；进口商品主要是机电产品、矿产品、化工医药原料、汽车及零配件、小麦等。主要贸易伙伴是中国、美国、阿根廷、德国、荷兰等。

巴西吸引外国投资在发展中国家名列第二位（次于中国）。在巴西的外资企业共有 11 400 家，雇员 170 万人。美国是其最大投资者，另外还有卢森堡、荷兰、日本、西班牙、法国等。现在外资进入的主要部门是汽车、能源、通信、金融、冶金、化工、交通和机械等。2012 年巴西吸收 FDI 近 653 亿美元。

巴西是世界十大旅游创汇国之一。著名的里约热内卢、圣保罗、巴西利亚、亚马孙丛林、伊瓜苏大瀑布、大沼泽地等都是巴西的主要景点。2014 年巴西拥有外汇储备 3600 亿美元，居全球第七位。

中巴经贸　中巴自 1974 年建交、1993 年建立战略伙伴关系以来，双边关系发展势头良好。2013 年是中巴战略伙伴关系建立 20 周年，两国提升为全面战略伙伴关系。目前两国战略合作的意义并不仅限于双边层面，在全球经济持续衰退的大背景下，中巴作为新兴经济体的代表在金砖国家和 20 国集团框架下进行的战略对话，对全球经济复苏、泛太平洋地区经济政治合作均具有重要意义。二十多年来，中巴贸易不断扩大，贸易结构继续优化。2014 年巴西是中国在拉美的第一大贸易伙伴，中国则是巴西的第一大贸易伙伴、第一大进口来源国和第一大出口目的地。2014 年中巴双边贸易额为 865.79 亿美元，其中中国向巴西出口 348.94 亿美元，同比下降 2.8%；从巴西进口 516.86 亿美元，同比下降 4.8%。中国为逆差，接近 170 亿美元。中国向巴西出口的主要商品为机电产品、化工产品、纺织品及原料，三项合计占中国向巴西出口总额的 69.1%。中国在劳动密集型产品的出口上仍保持优势。纺织品及原料、家具玩具、皮革制品箱包分列中国向巴西出口大类商品的第三位、第七位和第十位。中国从巴西进口的主力商品是植物产品，其次为矿产品、化工产品。其中木材及制品、皮革箱包以及皮革制品增幅较大；而运输设备和食品饮料、烟草的进口降幅较大。2013 年中国首次超过欧盟成为巴西农产品的最大出口目的地。2014 年中国继续成为巴西农产品最大进口国。

中巴两国在资源结构和产业结构上的互补性，决定了经济合作前景广阔。现在双方都把对方视为重要贸易伙伴和实现市场多元化的重要市场之一。两国持续开展贸易合作，加强全面战略合作伙伴关系，向相互投资，承包工程等领域扩展。中巴相互投资起步晚但发展快。21 世纪以来，拉美成为中国重要的直接投资目的地。巴西是拉美地区除"离岸金融中心"外吸收中国 FDI 最多的国家，2010 年中国对巴西投资达 170 亿美元。中巴联合研制地球资源卫星、合作生产支线飞机，已成为"南南合作"的典范。2015 年两国就推进产能合作达成共识，决定启动横跨南美大陆的"两洋铁路"可行性研究。铁路将穿过巴西，从秘鲁的港口连接太平洋和大西洋。巴方邀请中国公司参加工程建设，建成后将是一条巴西通往亚洲的便捷通道。前几年中国向巴西国有能源公司巴西石油提供高达 100 亿美元的贷款，帮其开采新发现的深海油田。Libra 油田可采量为 80~120 亿桶原油。"中海油"和"中石油"加入开发该油田联合体。还有铁矿石领域的合作，同样引人注目。

巴西陆运主要靠公路，约占货运量的 60% 以上。公路总长 175 万千米。铁路运输因受地形影响，尚欠发达，铁路总长 3 万千米。主要干线集中在东部地区。目前中国高铁已驶入巴西。2016 年里约热内卢奥运会期间，该地区城轨、地铁网络中，80% 的车辆是中国制造。

航空运输较发达，圣保罗和里约热内卢为主要航空港。巴拥有南半球最大的商船队。对外贸易港主要有：

桑托斯（Santos）是巴西最大城市圣保罗的外港，距圣保罗约有 63 千米，位于圣维森特岛（Sao Vicente）内侧冲积平原上，有铁路、公路通圣保罗。沿港码头长约 8 千米，有 52 个泊位，可同时停靠 50 多艘远洋货轮，是巴西也是拉美最大港口，同时也是世界最大的咖啡输出港。还有棉花、蔗糖、香蕉、皮革、肉类和工业品；也在此出口。玻利维亚和巴拉圭出口商品也用此港。该港的新客户逐年增多，其中有以色列的以星航运、德国的汉堡南美航运、法国的达飞航运、日本邮轮等。同时集装箱码头的生产力也大幅提高，年集装箱吞吐量为 250 万 TEU。

里约热内卢（Rio de Janeiro）位于巴西东南部大西洋瓜纳巴拉湾西岸，与东岸尼泰罗伊市有公路桥相连，为巴西第二大城市和第二大海港。它是全国经济文化中心，金融业发达。

其港湾腹宽口窄，可泊巨轮，有集装箱码头。输出咖啡、蔗糖、皮革和铁锰矿石等，输入燃料、机器等。里约热内卢是世界著名的旅游中心。

维多利亚（Victoria，Vitoria）位于圣埃斯皮里图湾维多利亚岛西南部，有两座大桥与大陆相连。巴西最大的铁矿石输出港，有铁路通伊塔比拉铁矿区；北部港口可泊 25 万吨级海轮。输出咖啡、木材等。

马瑙斯（Manaus）位于西北部内格罗河与亚马孙河汇流点以上约 17 千米处，地近赤道，附近多热带森林，是亚马孙河中上游农牧产品集散地和最大港口。1957 年设自由贸易区，1967 年改为自由港，距海 1 600 千米。7 000 吨海轮可溯亚马孙河直达。输出橡胶、巴巴苏坚果、硬木、皮革、鱼干等。巴西西北部文化中心和游览地，有国际机场。

第四节　阿　根　廷
（The Republic of Argentina）

阿根廷位于南美洲的南部。国土北宽南窄，西同智利交界，北与玻利维亚、巴拉圭接壤，东北靠巴西、乌拉圭，东南临大西洋，有长达 4 000 多千米的海岸线。面积 278 万平方千米，次于巴西，为拉美第二大国。

自然条件和资源　阿根廷地势西高东低，山地、平原、低高原分别占总面积 1/3。西部是以安第斯山为主体的山地，阿空加瓜山海拔 6 960 米，居南美群峰之冠。东部、中部为潘帕斯草原，气候温和湿润，土地肥沃，是发展农牧业的最佳之地，素有"世界粮仓和肉库"之誉。北部是多沼泽洼地的查科平原，南部是巴塔哥尼亚高原。主要河流有巴拉那河和拉普拉塔河。气候多属亚热带和温带，自然条件极为优越。

阿根廷有丰富的矿产资源，有石油、天然气、铀、铍、铜、铋、锌等。主要分布在西部安第斯山区。煤和铁较少，森林、水力、渔业资源很丰富。

居民　阿根廷人口 4 313.2 万（2015 年），居拉美第四。城市人口比重大，97％为白人，多属意大利和西班牙人的后裔。居民多信天主教。宪法规定，正副总统必须是天主教徒。少数人信基督教和新教。西班牙语为官方语言。货币单位是阿根廷新比索。

作为南美白种人和欧洲人后裔比例最高的阿根廷人，继承了欧洲传统的衣食住行社会习俗，言谈举止很有教养，待人接物注意文明礼貌，哪怕是陌生人初次见面，也要热情问候，以握手致礼。阿根廷人很遵守社会公德，其文明程度不亚于欧洲。乘坐朋友或主人亲自驾驶的汽车，驾驶座旁的座位不能空着，否则就很不礼貌。商务礼俗，必须穿保守式的西装，在进晚餐时，也同样要一副绅士模样，交换名片频繁。阿根廷许多商人会说英语、意大利语或德语。阿根廷人习惯用欧式西餐，以牛、羊、猪肉为主。"con permiso"是西语"借光，请允许"之意，是阿根廷人的口头语。到阿根廷人家做客，给女主人送一束鲜花或一些糖果是最好的礼物。

阿根廷是南美文化教育最发达的国家，布宜诺斯艾利斯是南美文化中心，出版印刷业极为发达。街头书亭之多为世界各大城市少见。

经济　阿根廷是综合国力较强的拉美国家。阿根廷经济和其他主要拉美国家一样，2001 年金融危机后，开始出现好势头。自 2003 年以来，阿根廷政府实施公共工程计划，依靠建筑业作为促进经济快速复苏的主要增长支柱，扩大了就业，推动了经济的增长。2003年阿根廷经济终于走出长达四年的衰退，实现了8%的高速增长，经济复苏出人意料。阿根廷经济在持续8年的高增长后，从2011年开始减速，2014年为0.5%，主要是受国际环境和主要贸易伙伴巴西经济表现不佳的影响。2014年GDP为5 401.97亿美元，人均GDP为12 922美元。仅次于巴西和墨西哥，居拉美国家前列。2015年GDP增速为2.1%。阿根廷是世界粮食和肉类产品的重要生产国和出口国，经济对外依赖度较大。

农牧业 阿根廷是世界著名的农牧产品生产国和出口国，全国从事农牧业人口约占全国总人口的25%，农牧业在经济中占重要地位，素有"粮仓肉库"之称。

种植业是农业最重要的部门，约占农业总产值的50%。粮食作物主要有小麦、玉米、高粱、稻米等。2013/2014年度谷物总产量约为1亿吨。阿根廷是世界五大小麦出口国之一，玉米出口量仅次于美国，居世界第二，主要用做饲料。阿根廷还是全球第五大高粱生产国和第二大高粱出口国（中国是全球最大高粱进口国）。经济作物以大豆、亚麻、向日葵、棉花、甘蔗等为主，大豆产量和出口量居世界第三位。阿根廷还是世界最大的豆油和豆粕出口国。2014年大豆产量达创纪录的5 340万吨。水果和蔬菜也不少。畜牧产值约占农牧业总产值40%，是世界主要肉类生产国和出口国之一，以牛、羊、马、猪为主。牛肉曾是阿根廷人的主食，出口量居世界第一位，现退居第四位。羊毛、羊肉出口量也不少。阿根廷农牧业机械化程度高，原来的大庄园多改为资本主义大农场。农牧业主要都集中在潘帕斯草原。

工业 工业在阿根廷经济中占主导地位。工业产值约占GDP的40%，是拉美国家中工业较发达的国家。工业门类齐全，主要有石油、电力、钢铁、机械、化工、飞机、汽车、纺织、食品和皮革等部门。多年来，采矿业除石油、天然气外，其他部门发展较慢。

石油产量居拉美第三位。产油区在东南沿海的里瓦达维亚和西部的门多萨。炼油厂集中在罗萨里奥北部的圣洛伦索与拉普拉塔河的沿河地带。石油和天然气自给并可出口。钢铁、汽车产量均居拉美第三位，次于巴西、墨西哥。炼钢技术水平高。汽车工业发展迅速，2014年阿根廷累计汽车产量为617 329辆。主要分布在布宜诺斯艾利斯省。其机床工业比墨西哥发达，有几十家专门的机床厂，食品加工业较先进，也是世界葡萄酒、橄榄油主要生产国之一，产品远销欧洲。阿根廷是传统的皮革出口国，皮革产量和出口量均居世界第四位。

对外贸易和主要港口 受20世纪90年代中期金融危机的影响后，阿根廷采取了一系列改革，千方百计鼓励出口，刺激内需，重视发展多元化的贸易政策，推动对外贸易的发展。进入新世纪的2004年后，对外贸易发展更快。2014年，商品贸易总额达1 371.84亿美元。同比下降11.7%，其中出口719.35亿美元。贸易顺差66.86亿美元。

据阿根廷国家统计局数字，2015年阿根廷进出口总额为1 165.39亿美元，比上年下降12.7%。其中，出口567.52亿美元，比上年下降17%；进口597.87亿美元，比上年下降8.3%；外贸逆差30.35亿美元。

阿根廷主要出口商品是农产品制成品、工业制成品、初级产品、燃料和能源产品等。其中农产品制成品和工业制成品出口占比达70%以上。阿根廷主要进口商品是中间产品、资本产品、资本产品零部件、燃料和润滑油、消费品和车辆等。其中前三类产品进口占比达80%以上。主要贸易伙伴为巴西、中国、美国、德国、智利、委内瑞拉等。巴西是阿根廷第一大贸易伙伴，中国是其第二大贸易伙伴。

中阿贸易 1972年2月中阿正式建交，从此两国关系走上友好合作的轨道。2014年7月中阿关系升级为全面战略伙伴，坚定地把对方视为重要发展机遇和发展伙伴，加强互利合作和战略协作，造福两国人民，增强新兴市场国家和发展中国家团结合作。当前全球经济仍处深度调整阶段，中阿同为新兴市场国家，应同舟共济，深化合作，携手应对挑战，实现共同发展。中阿要促进双边贸易稳定均衡增长，积极开展油气、矿业、农业、核能等领域的产业投资合作，推进基础设施建设，金融战略性合作。双方要在全球治理、国际经济金融体系改革等重大问题上密切沟通配合，维护好新兴市场国家和发展中国家权益，推动国际秩序朝更加公正合理方向发展。

2014年双边贸易额为129.31亿美元，同比下降12.8%，其中中国向阿出口76.83亿美元，同比下降12.2%；从阿进口52.47亿美元，同比下降13.8%，我国向阿出口主要是机电产品、化工产品、纺织服装鞋类等；从阿进口主要是粮油、饲料、金属及其制品、羊毛、牛肉、乳制品等。阿根廷是中国在拉美的第七大贸易伙伴。2015年中阿双边贸易额为145.30亿美元，同比增长12.4%。

河运和海运是阿根廷外贸运输的主要手段。阿根廷有商船42万吨，呈下降趋势。港口建设发展较快。

布宜诺斯艾利斯（Buenos Aires）意为"好空气"或"顺风"，华人简称其为布宜诺。它是阿根廷的首都，是南半球最大城市之一，大西洋沿岸重要港口，位于拉普拉塔河西岸，是阿根廷最大的对外贸易港，全国政治、经济、交通和文化中心。享有"南美巴黎"的盛名，工业总产值占全国的2/3，集中了全国投资的80%左右，有规模很大的肉类加工、制革工业，还有纺织、汽车、金属加工、造船等工业。为南美最大铁路枢纽。集中全国3/4的对外贸易。港口吞吐量在3 000万吨左右，港区长达10千米，有7个港区，主要输出肉类、谷物、皮革、木材等。分北、中、南三个港区。主要输出肉类、谷物、皮革、木材等。这里的七月九日大道（Av. 9 de Julio）是世界上最宽阔的街道（148米），共有18车道。有名的阿根廷探戈也是从这个城市的Boca地区发源。

布兰卡港（Bahia Blanca）位于阿根廷南部纳波斯塔河口，临布兰卡湾。东北距布宜诺斯艾利斯港510海里，东至开普敦港3804海里。主要港区为英杰尼埃罗怀特、格尔万港。前者有21个泊位，后者在格尔万港有10多个泊位。主要输出小麦、肉类、皮革、羊毛、石油等，是阿根廷重要商港。

罗萨里奥（Rosario）位于巴拉那河下游西岸，阿根廷第二大城市和重要河港，为阿根廷北部和中部各省的贸易中心及进出港。港口设施优良，海轮可直达。也是阿根廷的工业中心，主要有制糖、面粉、肉类加工、制革、冶金、化学、石油提炼等工业。

本章小结：近年来，拉美地区经济增长普遍较快，拉美地区经济一体化运动不断发展，已成立了"南美国家联盟。"巴西、墨西哥、阿根廷的GDP就占了拉美GDP的3/4，经济发展不平衡。巴西是潜在的经济强国，有研究机构预测至2050年，巴西将成为中国、美国和印度之后的世界第四大经济体。

本章关键名词或概念：墨西哥"石油黄金带" 南美国家联盟（UNASUR） 支线飞机

复习题

填图题

1. 在巴西地图上填注：（1）亚马孙河、内格罗河、巴拉圭河、托坎廷斯河、巴拉那河。（2）巴西利亚、桑托斯、里约热内卢、马瑙斯、圣路易斯、维多利亚、贝伦、圣保罗、贝洛奥里藏特、伊泰普、图库鲁伊。

2. 在阿根廷地图上填注：（1）拉普拉塔河、火地岛。（2）布宜诺斯艾利斯、罗萨里奥、拉普拉塔、布兰卡港。

填空题

1. _____是拉美第一经济大国，_____是拉美最大贸易国。

2. 巴西采矿业以采_____矿为主，其产量和出口量均居世界第二位。卡拉雅斯山是世界最大的_____矿山。

3. 阿根廷是世界著名的_____产品生产国和出口国。主要出口粮食作物_____和_____及_____肉等畜产品。

思考题

1. 简述巴西经济发展特征。

2. 简述巴西能源结构特点及其在世界经贸中的作用。

3. 巴西有哪些重要的农矿产品？在世界上的地位怎样？

4. 谈谈中巴贸易、中阿贸易现状。

第六章 大洋洲主要经济贸易区

本章学习目标：（1）让学生了解大洋洲重要的地理位置、范围及国家分布。重点掌握澳大利亚是后起的工业化国家，发达的农牧业，采矿业是传统产业。近年来制造业和高科技产业有较快的发展。历年来为世界最大的羊毛和牛肉出口国，既是"骑在羊背上的国家"，也是"坐在矿车上的国家"，旅游业发达。了解新西兰是以农牧业为主的发达国家，农牧产品的出口占全国出口总量的一半，粗羊毛、羊肉出口居世界第一位。工业以农林牧产品加工为主，重点掌握被称为"牧羊之国"的实际含义。（2）了解中澳、中新贸易、经贸合作的发展近况以及两国主要的港口。

第一节 概　述

大洋洲（Oceania）一词最早起源于 19 世纪上半叶，意即"大洋中的陆地"，其范围从狭义上讲，指太平洋东部的波利尼西亚群岛，中部的密克罗尼西亚群岛和西部的美拉尼西亚群岛三大岛群，统称太平洋岛屿，大约有一万多个大小岛屿，又称"万岛世界"。从广义上讲，大洋洲指除太平洋岛屿外，还包括澳大利亚大陆、新西兰南、北两岛和新几内亚岛（伊里安岛）。现在大洋洲一般指广义而言。

大洋洲位于太平洋中南部和西南部的赤道南北广大海域，西南临印度洋，南面遥对南极洲，地处亚洲和美洲之间，沟通着太平洋和印度洋，又是联系各大洲的海、空航线和海底通讯电缆通过之地，在国际交通和战略上具有极为重要的地位。其中第一条海底电缆是 1902 年由美国铺设，1905 年美国又在此铺设，目前加拿大至澳大利亚，美国至菲律宾、日本及印尼，香港至菲律宾与越南，南美洲沿海各国之间都有海底电缆。近年在太平洋上空还利用人造通讯卫星进行联系。

大洋洲陆地总面积为 897 万平方千米，约占世界陆地总面积的 6%，是世界上面积最小的一个洲。

居民和政治地图　大洋洲仅有 3 500 万人，约占世界总人口的 0.52%，是世界上除南极洲以外人口最少的一个洲。居民大部分是欧洲移民的后裔，约占总人口 70% 以上，巴布亚人、澳大利亚人、塔斯马尼亚人、毛利人及太平洋岛屿上的美拉尼西亚人、密克罗尼西亚人和波利尼西亚人，当地居民约占总人口的 20%，此外还有混血种人和亚洲人等。全洲总人口的 62% 分布在澳大利亚大陆，各岛国人口密度差异很大。城市人口比重为 70% 左右，是城市人口比重较大的一洲。当然，各国也有很大的区别。居民多信奉基督教，少数信奉天主教，印度人多信印度教。

大洋洲居民多使用英语，太平洋岛屿上的居民则分别使用当地民族语言，新几内亚的居民多美拉尼西亚人和巴布亚人，东部居民讲美拉尼西亚语和皮钦语，西部居民则通用马来语。

16 世纪之前，大洋洲的土著居民从事农业、渔业、狩猎和采集。16 世纪 20 年代葡萄牙，西班牙殖民地开始入侵。19 世纪中叶，整个太平洋地区成为荷、英、法、德、美、日等殖民地。在殖民统治下，大洋洲土著居民锐减，经济畸形发展，成为殖民国家的原料供应地。20

世纪初，澳大利亚、新西兰率先独立，但大部分国家西萨摩亚、瑙鲁、汤加、斐济、巴布亚、新几内亚等都是在 20 世纪 60 年代以后才独立的。大洋洲现在有 14 个独立国家。

地理分区　在地理上大洋洲可划分为澳大利亚、新西兰、新几内亚、美拉尼西亚、密克罗尼西亚和波利尼西亚六大地区。

美拉尼西亚，意为"黑人群岛"，位于西太平洋，赤道同南回归线之间，主要包括俾斯麦群岛、所罗门群岛、圣克鲁斯群岛、新赫布里底群岛、新喀里多尼亚岛、斐济群岛等。陆地总面积约 15.5 万平方千米。

密克罗尼西亚，意为"小岛群岛"。位于中太平洋，绝大部分位于赤道以北，主要有马里亚纳群岛、加罗林群岛、马绍尔群岛、瑙鲁岛、吉尔伯特群岛等，陆地面积 2 584 平方千米。

波利尼西亚，意为"多岛群岛"。其位于太平洋中部，主要有夏威夷群岛、中途岛、威克岛、图瓦卢群岛、汤加群岛、社会群岛、土布艾群岛、土阿莫土群岛、马克萨斯群岛、纽埃岛、萨摩亚群岛、托克劳群岛、库克群岛、莱恩群岛、菲尼克斯群岛、约翰斯顿岛、瓦利斯群岛、富图纳群岛、皮特凯恩群岛等。其陆地总面积 2.65 万平方千米。

第二节　澳 大 利 亚
(The Commonwealth of Australia)

古老的大陆、年轻的国家　澳大利亚联邦位于南半球，介于印度洋和太平洋之间，北邻帝汶海和阿拉弗拉海，与印度尼西亚隔海相望，东北隔珊瑚海与巴布亚新几内亚毗邻。领土包括澳大利亚大陆、塔斯马尼亚岛及附近一些岛屿，面积 769.2 万平方千米，是大洋洲面积最大的国家。

澳大利亚大陆是世界上面积最小、最低平的一块大陆。也是最古老的一块大陆。这块大陆的岩石基础最早在 30 多亿年前形成，经过 10 亿年的风化、侵蚀，磨光了这块大陆的"棱角"——高山，使它成为世界上最低、最平和最干旱的大陆。

澳大利亚即"南方大陆"。17 世纪上半叶（即 1642 年），荷兰人塔斯曼发现大陆时以为是一块直通南极的陆地，故取名之，Australia 即由拉丁文（南方的土地）变化而来。当时这儿生活着 30 万人的土著民族，并发现这里是关押囚犯之地。1787 年 5 月 13 日，英国航海家菲利普带领首批移民 1 030 人于 1788 年 1 月 18 日到达悉尼附近定居。1 月 26 日升起国旗定为国庆日，移民中有 736 名是流放犯。随后来自世界 100 多个国家的移民在这荒凉的大陆上建立了一个新的国家。1901 年组成澳大利亚联邦，为英国自治领，1931 年独立。1940 年后大量移民涌入澳洲，虽是英联邦成员国，但从 1992 年年底起，澳大利亚新公民可以不向英女王及其继承人宣誓效忠。目前，这个年轻的国家是南半球经济最发达的国家。

自然条件与资源　澳大利亚大陆地势低平，草原辽阔，平均海拔为 350 米，全国最高点科西阿斯科山也仅为 2 228 米，地形可分为：东部山地、中部平原、西部高原三个分区。中部的北艾尔湖面在海平面下 16 米，是澳大利亚的最低点。位于澳东北海岸外的珊瑚海上的大堡礁断续绵延 2 000 千米，包括 3 000 多个礁体，分布面积 207 000 平方千米，以其绚丽多彩、千姿百态的珊瑚和珍贵奇异的海洋生物组成的海洋风光被誉为世界七大自然奇景之一，已列入《世界遗产名录》，是澳重要的旅游资源。由于南回归线横贯中部，气候干燥炎热，沙漠和半沙漠广布，年降雨量内地地区在 200 毫米以下，只有 7.5％的土地宜种农作物，由于气候干燥水网稀疏，墨累—达令河水系流经大陆东南部平原，为农牧业发展提供了水源。另外，地下水资源极为丰富，弥补了降水与河水之不足，对农田灌溉和畜牧饮水极为有利。

澳大利亚自然资源极为丰富，已探明矿产资源多达 70 多种。其中铀、铅、锌、镍、银、钽已探明储量居世界首位，煤炭、铁矿石、黄金、钻石、铜、锡、钨、铌、钒、铍、锆和金红石、独居石等稀有金属及稀土原料储量也相当丰富。铝土储量 53 亿吨，居世界第二位，以约克角半岛为最多。铀探明储量为 30 万吨，约占世界开采储量的 18％，居世界首位。铀主要分布在达尔文以东、以南地区。煤炭总储量为 1 700 亿吨，主要分布在东部。铁矿储量占世界总储量近 15％，主要分布在西部哈默斯利岭和南部米德尔巴克山等地。

澳大利亚森林面积为 1.54 亿公顷，其中 98％为自然林，主要集中在东部、东南沿海和高地，以桉树居多。澳大利亚草原面积约有 4.5 亿公顷，永久牧场占全国总面积一半以上。澳大利亚远离其他大陆，在生物进化方面保存着特有的古老的动物奇观，这里是哺乳动物有袋类的王国，袋鼠、袋狼、袋貂、袋熊等 120 多种，其中袋鼠肉为其出口商品。澳大利亚南部是袋鼠的天堂，北部是蜥蜴的世界，还有珍禽、飞鸟、黑天鹅、仙企鹅等，品种繁多。南澳的坎加鲁岛（袋鼠岛）是澳的第三大岛，是世上独一无二的袋鼠岛，但岛上居民不到 5 000 人，这是亚太最佳旅游岛屿。

澳大利亚有 2 万多千米长的海岸线，捕鱼区面积比国土还大，是世界第三大捕鱼区。水产资源十分丰富，主要的有对虾、龙虾、鲍鱼、金枪鱼及贝类等。

居民和行政区划　澳大利亚有 2 349 万人口（2014 年），是个地广人稀的国家，每平方千米不足 3 人。自英国移民踏上这片土地之日起，世界上先后已有 120 个国家，140 个民族，使用 90 种语言来此谋生，多元文化已成为澳大利亚社会的显著特征，被喻为"民族拼盘"，是个典型的移民国家。从民族组成上看，欧洲移民后裔约占 95％，亚洲人约占 4％，其他土著居民约占 1％，19 世纪中叶以后，澳大利亚发现金矿，中国人移入，现约有华人华侨 100 万。汉语现已成为澳大利亚的第二大语言，华人华侨深入地介入澳大利亚社会生活的各个方面，为促进中澳关系的多个领域付出努力和贡献。人口分布极不平衡，约有 3/4 以上的人口集中在沿海，尤其是东南沿海，悉尼和墨尔本两个大城市，人口都在 300 万以上，而广大的内陆地区人口稀少。澳大利亚城市人口比重高达 86％。人们主要信奉基督教。通用英语。货币单位是澳大利亚元。

澳大利亚人崇尚友善精神，对过往客人，不论来自何方，也不管彼此的身份背景，总是热情相待，并谦逊礼让。尊老爱幼，注重公德和秩序。澳大利亚人衣着绚丽多彩，喜欢新颖和色彩靓丽的面料。食物多以动物蛋白为主，素以丰盛量大而著称，每天动物蛋白摄入量仅次于美国和新西兰。忌食辣味菜肴和酸味食品，喜欢啤酒，其消耗量仅次于德国。业务商谈务必事先联系并准时赴约。澳大利亚一般在星期日上午做礼拜，不能打扰，做客送礼给女主人送束鲜花或给男主人一瓶葡萄酒最为合适。

澳大利亚全国划分为 6 个州和 2 个地区，即新南威尔士州（首府为悉尼）、维多利亚州（墨尔本）、昆士兰州（布里斯班）、南澳大利亚州（阿德莱德）、西澳大利亚州（珀斯）和塔斯马尼亚州（霍巴特）。两个地区是首都直辖区（堪培拉）和北部地区（达尔文）。

南半球后起的工农业发达的资本主义国家　澳大利亚被发现后，成为英国人流放罪犯的殖民地，经济发展较晚。18世纪后期开始了养羊业。19世纪中期在墨尔本发现金矿以来，采矿业地位越来越重要。20世纪初，澳大利亚工业有一定发展，但农牧业和采矿业仍是国民经济的主要部门。第二次世界大战期间，与军事有关的工矿业迅速发展，澳大利亚积极发展工业生产，经济稳步增长。进入20世纪90年代后，澳大利亚经济进入高速增长期。同时，低通货膨胀率和低利率使其经济具有了更大的活力，从1996—2006年的11年间，GDP年均增速达3.5%，是世界上经济增长强劲的国家之一。经济结构有了明显的变化，以服务业为代表的都市化经济迅速发展，目前已占GDP的70%以上，尤以通讯业和旅游业为突出。澳大利亚已成为后起的具有发达工农业的资本主义国家，也是南半球经济最发达国家。2014年澳大利亚GDP增长率达2.5%，为1.45万亿美元，人均6.50万美元。近年来经济保持温和增长。澳大利亚较明显的经济特点有以下几点。

（1）建立了完整的工业体系。冶金、机械、化工、食品加工等部门发展很快，工业比重占工农业总产值的80%，建筑业、服务业得到迅速发展，产值占GDP 77%，旅游业已成为澳发展最快的行业之一，邮电通讯业发展也很快。

（2）经济结构转型期，服务业、制造业、采矿业和农业是澳大利亚四大主导产业。长期以来农牧矿产品在出口中占很大比重，约为1/2，对市场依赖较大。农牧业是澳大利亚最先发展的传统的经济部门，以羊毛出口著称于世，被称为"骑在羊背上的国家"。第二次世界大战后采矿业迅速发展，超过了农牧业，矿产成为最主要的出口产品，又被称为"坐在矿车上的国家"，现在能矿产品出口高潮减退，观光及教育服务成为最大创汇产业。澳大利亚形成了"服务型经济"。近年来随着高科技产业的发展，高技术产品出口值越来越高。现在制成品和服务业在出口中占主导地位，其外汇收入已超过初级产品出口值约三倍。

（3）大垄断资本占统治地位。澳大利亚由布罗肯希尔、悉尼、柯林斯豪、阿德莱德等四大财团所控制，并与外资结合，垄断全国各主要经济部门。汽车、石油、化学、采矿等多为外资控制。

（4）经济发展不平衡。经济发展不平衡主要体现在地区分布上。澳大利亚的工农业，交通运输业和大城市均集中在沿海，尤其是东南沿海，包括新南威尔士、维多利亚、南澳大利亚等州及首都直辖区。这里面积仅占全国的1/7，人口却占全国的7/10，是澳大利亚最重要的经济区，工业产值约占全国3/4以上，小麦产量和羊只头数占全国约3/5以上。而广大内陆地区经济发展迟缓，只有零星的采矿业和粗放的畜牧业，有不少地区尚待开发。

经济主要部门

1. 农牧业

农牧业是澳大利亚传统的重要的经济部门。农牧业用地4.75亿公顷，从事农牧业人口只占总人口的2.5%，经营方式为资本主义大农牧场，生产的机械化现代化水平高，但耕作粗放，单产不高，只相当于世界平均水平的一半多。近几年来，集约化的牧场饲养在不断增多，家庭牧场向大中型发展。

（1）畜牧业。畜牧业产值约占农牧业总产值的4/5，主要是养羊业和养牛业。18世纪末，19世纪初两次从欧洲引进西班牙美利奴绵羊，经过长期培育而成，不但毛质细长、光泽好，且产量高。养羊适合澳大利亚气候和土质特点，也符合人口稀少的国情。19世纪初就发现蓝山以西一大片水草丰盛、宜于羊群生长的天然牧场，所以发展很快。多年来澳大利亚羊只头

数、羊毛产量和出口量都居世界第一位。1995 年拥有羊只 1.9 亿头，羊毛产量占世界 1/3
（约 10 亿千克）。羊毛出口量约占世界羊毛总出口量的 70%，成为名副其实的"骑在羊背上
的国家"。此后由于羊毛价格下降，不少牧民转产养牛及谷物种植，近二十年来因干旱减少绵
羊的饲养量，羊只头数和羊毛产量均下降。数量从 1993 年的 1.4 亿头下降到 2014 年的
8009.7 万头，次于中国。2014 财年羊毛产量约为 3.41 亿公斤，95% 以上供出口，仍是世界
上最大的羊毛生产国和出口国。澳大利亚的羊毛生产主要集中在新南威尔士州，西澳大利亚
州和南澳大利亚州，其中新南威尔士的中西部被称作"世界美利奴羊繁殖基地"。2014 年澳
大利亚羊肉产量为 69.3 万吨，占全球同期羊肉总产量 4.84%，羊肉出口量居世界第二位。

澳大利亚养牛业仅次于养羊业，以肉用牛为主，其拥有世界牛群总量的 3%。2003 年因
干旱而减产。现有肉牛 2740 万头，主要分布在北部大分水岭西侧，经营粗放，牛肉出口量占
世界牛肉出口总量的 30% 左右。多年来，澳大利亚是世界最大的牛肉出口国，近几年常被巴
西超过。美国、日本、韩国分别是澳牛肉出口的第一、二、三大市场。

澳大利亚是世界上第一个根据不同国家要求对动物进行不同饲养的国家。日本、韩国、
欧盟对肉牛的饲养均提出了严格的要求，澳大利亚均能做到。现有奶牛约 230 万头，主要分
布在东南、西南沿海地区，集约化程度高。目前牛奶出口量居世界第三位。养牛业年收入达
77 亿澳元。

（2）种植业。种植业产值占农业总产值 2/5。19 世纪 70 年代以后，随着铁路和谷仓的兴
建，小麦种植区正逐渐扩大，蓝山以西变成了"小麦地带"，澳大利亚是世界重要的小麦出口
国。2015/2016 年度小麦产量超过 2 500 万吨，80% 供出口，是世界上五大小麦出口国之一。
小麦主要分布在墨累—达令河流域及西澳大利亚州的西南部，粮食作物中还有大麦、燕麦、
玉米、水稻等，澳大利亚是除欧盟外世界第二大大麦出口国。

经济作物以油菜籽、甘蔗、棉花等最为重要。油菜籽出口仅次于加拿大，居世界第二位。
甘蔗主要分布在东北沿海一带，生产原糖，绝大部分供出口，出口量居世界前列。棉花分布
以昆士兰州东南和新南威尔士州东北为主。园艺业以栽培各种水果为主，其中塔斯马尼亚的
苹果，墨累河下游的无核葡萄干在国际享有盛誉。

2. 工矿业

（1）采矿业。采矿业是澳大利亚传统的工业部门，第二次世界大战后发展迅速，成为世
界上重要的矿产品生产国和出口国。由于其出口在国家经济中的地位胜于羊毛，才由"骑在
羊背上的国家"变成"坐在矿车里的国家"。采矿业产值对 GDP 贡献率约为 9%，最重要的
是煤炭、铁矿石和铝土。澳大利亚拥有南半球最大的煤炭资源，是世界第四大煤炭生产国和
最大煤炭出口国。2/3 为炼焦煤，质量好，便于开采，年产煤 3.5 亿吨左右，多年来已成为
最大的出口商品，约占出口收入的 25%。日本和欧盟是其主要买主。煤炭主要在东部新南威
尔士州为最多。目前出口量仍居世界第一位。

澳大利亚铁矿具有品位高（富铁矿占 50% 以上）、土层薄、适于露天开采、成本低等优
势。目前澳大利亚是世界第一铁矿石生产国和出口国。2002—2012 年期间，铁矿石产量平均
增长 43%，澳大利亚几乎所有的铁矿石都用于出口。2013 年铁矿石海运出口 5.8 亿吨，占世
界铁矿石总出口量近 50%。2014 年铁矿石产量约 6.6 亿吨，2015 年达 8.5 亿吨左右，主要
是向中国出口。2012 年中国消费了澳大利亚 70% 的铁矿石产量。中国是其炼焦煤的第二大进

口国，近年来澳大利亚每年对华出口电煤约 4 900 万吨。日本、欧盟、美国等也是主要买主。澳大利亚铁矿主要分布在西澳洲和南澳洲以及皮尔巴拉铁矿区，其中西澳皮尔巴拉铁矿产区生产了铁矿石的 95%，有超过 10 亿吨的 18 处铁矿均坐落在这里。澳大利亚铁矿储量达 350 亿吨，占世界总储量的 20.6%，居世界第一位。

澳大利亚铝矾土，产量约占世界总产量的 1/3 以上，居世界首位。生产的铝矾土一半以上供出口。重要产地在约克角半岛西部的韦帕，是世界最大的铝矾土矿产地，也是最大的输出港。

澳大利亚黄金开采始于 19 世纪中叶，现黄金储量占世界总储量 11.9%，产量占世界总产量的 13%，2014 年产金 284 吨，是 2003 年以来最高水平，居世界第三位（次于中国、南非）。主要产地在卡尔古利。其他如铜、铅、锌、镍、钨、铀等的产量和出口量均居世界前列。铂矿储量为 64.6 万吨，占全球 41%，居首位。2013 年铂矿产量达 6 350 吨，占全球总产量的 11%，居第三位。澳大利亚是世界最大的钛生产国，含钛的金红石开采量占世界产量的 95%，钛矿石的 99% 用于出口。蛋白石开采在离阿德莱德 1 000 千米的地方，是澳大利亚的特产，占世界产量的 90% 以上，2/3 输往香港和日本，其中大部分转口到世界各地。

石油和天然气主要分布在巴斯海峡、苏拉特盆地（昆士兰州）、巴罗岛。多年来，沿海大陆架不断发现新油气资源，石油探明储量为 15 亿桶、天然气 89 万亿立方英尺（1 立方英尺＝0.0283 立方米）。天然气产量稳定增长，今后二十年内，澳大利亚天然气消费增速估计是其他能源的两倍，将占总能耗的 22%。随着石油消费的增加，澳大利亚石油净进口量一直在增加。进口石油来自阿联酋、马来西亚、越南和巴布亚新几内亚。

（2）工业。澳大利亚有完整的工业体系，制造业主要集中在东南部，维多利亚州是制造业中心，占制造业总产值的 1/3。冶金工业和机械制造业产值占全部工业产值的 60%，其次为化学工业，但劳动生产率比主要资本主义国家要低。近年来制造业的贡献度持续下降，2014 财年只占 GDP 的 7% 左右。

能源工业。澳大利亚拥有丰富的风能、太阳能、核能、石油和液态天然气资源。澳政府鼓励节能减排，大力发展可再生能源，提高可再生能源在能源消费总量中的比重。澳现今已是世界第九大能源生产国。2004/2004 年度，澳全国能源生产总量约 3.8 亿吨标准煤，其中煤炭占 68%，天然气占 20%，石油占 5%，其他可再生能源占 7%。自 20 世纪 70 年代能源危机以来，澳加快了新能源开发，并取得了很大发展。当前，澳清洁能源主要来自水力、生物质、风能和太阳能等。2009—2016 年，澳有 83% 的清洁能源来自木材、甘蔗渣和水电等。澳得天独厚的自然资源，为发展清洁能源奠定了雄厚的物质基础。澳目前有 100 座水电站、61 座风电厂，总装机容量约 2 500 兆瓦，加上太阳能的开发，预计到 2020 年可再生能源占总发电量的比重将从 8% 提升到 20%，达到 45 000 吉瓦。

太阳能。澳拥有世界最高的太阳单位面积辐射量，是全球最适宜建设太阳能发电站的国家之一，其光伏发电和太阳能发电技术已达世界先进水平。目前澳太阳能光伏发电总装机容量约 5 万千瓦，并有 40 多万家庭安装了太阳能热水系统。

风能。澳风能资源开发利用潜力大，是新能源发展的重点。其南部沿海风电场、风电机组年利用小时数一般在 3 000 小时左右，有的甚至高达 4300 小时以上，是世界上条件最好风电场之一。目前全国已建成 44 个风电场，装机容量 82 万千瓦，在建风电场 25 个，总装机

250 万千瓦。

生物质能。澳生物质能资源丰富，包括动物粪便、废弃油脂、农林废弃物等。蔗渣发电给本国创造良好的经济和社会效益。澳生产生物乙醇原料主要是小麦和高粱等，年生产规模约 6 000 万升，现正计划建设 5 个年生产规模 1.8 亿升的新厂；生产生物柴油的原料主要是废弃食用油和动物油脂。澳 2013—2014 年增加新能源投资，2020 年将增加到 450 亿美元。

液化天然气（LNG）。澳具有丰富的液化天然气资源。预计未来 10 年，澳 LNG 产量有望增长三倍。预计到 2017 年或 2018 年，澳可能超越卡塔尔，从目前的第四名升为全球最大 LNG 出口国。2015—2016 年，澳 LNG 出口量增长 70%，未来三年年均增速有望达到 42%。LNG 还可以超过煤炭，成为澳仅次于铁矿石的第二大出口商品。LNG 主要出口到日本、中国、韩国和印度。中国三大国有石油公司都与澳液化天然气结缘，确立了两国能源领域的长期合作伙伴关系。

钢铁工业。丰富的煤铁资源，适宜的地理分布为钢铁工业的发展提供了有利条件，能生产多种钢材：不锈钢、特种钢、航空用钢和工具钢等，可供出口。现被最大垄断集团布罗肯希尔公司所控制，它主要中心在纽卡斯尔—悉尼—肯布拉港一带。钢产量占全国的 3/4，其次为南澳州的怀阿拉等地区。2014 年澳大利亚粗钢产量为 460 万吨，从生产成本和钢材价格考虑，澳钢铁工业在竞争中都处于弱势，钢铁制造业在逐渐萎缩。

有色冶金工业。有色冶金工业以炼铝、铜、铅、锌等为主。澳大利亚生产铝矾土除一半以上供出口外，其余在本国炼制氧化铝，所炼氧化铝的 89% 供出口，是世界上最大氧化铝出口国。主要输往美国和日本。格拉德斯通氧化铝厂是世界最大厂之一。芒特艾萨矿山盛产铜，通过铁路运往汤斯维尔冶炼，有一半供出口，南澳州的皮里港是世界上最大的铅锌冶炼中心之一。

机械工业。机械工业是澳大利亚最大的工业部门，主要有汽车、飞机、造船、电子、机车、农机等。机床工业相对薄弱。汽车制造业主要以小汽车为主，墨尔本是轿车制造中心，产量占全国 60%，通用、福特、丰田都在此设制造厂。近年来由于澳元走强和生产成本居高不下，三菱、通用、福特、丰田等相继宣布 2017 年将结束在澳的汽车制造，澳产业部宣布 2015 年起将陆续拨款 9 亿澳元于汽车制造业，但总体前景不容乐观。汽车工业产值在澳 GDP 中只占 0.4%。汽车出口集中在中东地区。墨尔本飞机制造业发展较快，包括民用和军用飞机，目前能生产小型涡轮客机、多用途农用飞机和喷气式飞机等，尤其是军用直升机和战斗机等，还出口美国、智利和菲律宾等太平洋沿岸国家，还为世界主要生产厂家生产零配件，生产国际航空系统管理软件。电动机车和内燃机车产量也较高，还有造船，包括军舰等，以悉尼为制造中心。

化学工业。化学工业以化工产品和酸类为主。化肥主要生产硫酸铵和硝酸钾。石化工业是 20 世纪 70 年代发展起来的，利用美英外资在墨尔本和悉尼建大型石化联合企业，主要生产合成橡胶等。

电子工业。电子工业发展快，产品种类多，在电子设备的设计和生产方面居世界领先地位。近年来，电缆、电机、电子元件、电子计算机、家用电器等产量上升较快，主要分布在悉尼、阿德莱德和墨尔本。

从 2003 年开始，由于生产力水平下滑，澳将信息通信行业作为新的经济增长点和创新来源。过去十年中，信息通信行业对澳劳动力生产力的贡献率超过 50%。互联网每年为澳带来额外的 33 亿澳元的产值。澳每年在 ICT（Information Communication Technology，ICT）领域的支出达到 60 亿澳元。

纺织工业。毛、棉纺织工业是最重要部门。产品主要满足国内市场需求。对外只出口少量的毛纱、毛条。棉纺工业品有一半需靠进口。

食品工业。澳大利亚的食品工业是仅次于机械制造业的第二大部门。有面粉、肉奶制品、食糖、罐头食品等。以出口为导向在世界市场占有重要地位。食品出口连年顺差。主要集中在东南沿海，以墨尔本等为中心。

林业和木材加工业。澳大利亚林业有三个明显特点：一是资源分布很不均匀，天然林和人工林主要集中在新南威尔士、维多利亚、昆士兰三个州，面积占全国 70% 以上，而南澳州没有天然林，面积广大的北部地区只有人工林；二是公有林占的比例大，私有林比例小，分别占 71.4% 和 28.6%；三是澳大利亚地方政府有充分的林业管理职能，澳大利亚的自然地理环境、先进的科学和管理经验，使得林业经营活动十分有效。为充分发展本国的木材加工业，澳大利亚十分重视木材工业，有力地促进了人工林的发展和集约经营水平的提高。

在一般情况下，如果木材能在本国加工增值，澳大利亚就不准出口未经加工的木材。林业加工高度自动化，主要以锯材为主，锯材广泛用于建筑工业和家具制造业。澳大利亚现在制浆造纸用材大大增加，林产品出口以木片和纸及纸板为主，木片出口占林产品出口量一半以上。澳大利亚木材加工企业都选择在基地林附近，分布比较合理。不少加工企业都有自己的原料基地，运输距离短。生产过程中的锯木粉尘也被集中起来加以利用，没有一点浪费，企业产品十分畅销。

交通运输 铁路运输是澳大利亚最主要的运输方式，一般占全国运输量的 53% 左右，现有铁路营运长度 4 万多千米，大部分分布在大陆东部、东南部和西南部的沿海地区。由悉尼经皮里港、卡尔古利到珀斯横贯东西大陆的铁路，是澳大利亚最长的一条标准轨距铁路，全长 3 961 千米。近年来，澳大利亚在改进铁路轨距标准化方面成效显著。在东南沿海各大城市间，从布里斯班—悉尼—墨尔本—阿德莱德均有高速公路相连接。澳大利亚航空业近年来发展较快，国内国际航线客流量都有所增加，悉尼、墨尔本、布里斯班等都有大型国际机场。

澳大利亚交通运输近年来发展迅速，尤其在海运方面，已占澳运输量的 45% 以上，政府重视集装箱运输，加强集装箱港口的建设，提高扩建，新建集装箱码头泊位，提高集装箱货运处理能力。现有大小港口近百个，与世界上 200 多个国家和地区有贸易往来，主要有以下港口。

悉尼（Sydney）位于澳大利亚东南、杰克逊湾内，新南威尔士州首府，是全国最大城市、海港和经济、交通、贸易中心。有定期的海空航线联系英、美、新西兰等国，港湾水深，设备良好，新港主航道低潮时水深 19.8 米，能通行 20 吨巨轮。悉尼港年吞吐量 3 000 万吨，居全国首位。主要输出羊毛、小麦、煤炭、肉类和纺织品等，进口机器、石油等。连接悉尼南北两区的是横跨杰克逊湾的大桥，全长 1 885 米，跨径 503 米。有多条国内国际航空线，马斯科特为全国最大的航空港。

悉尼是亚太地区主要金融中心，是世界第七大外汇交易市场，其股票交易所是亚太地区仅次于日本东京的第二大股票交易所。悉尼唐人街是澳最大的华人社区，现有人口近 10 万，占在澳华人总数的 30% 以上。

墨尔本（Melbourne）以当时英国首相墨尔本命名，位于澳大利亚东南海岸濒菲利普湾顶端的巴拉河口入海处。墨尔本是澳大利亚第二大城市，是海、陆、空枢纽及文化中心。其工业以汽车、飞机、石油提炼、纺织等为主。中部平原的农畜产品大半由此输出，是澳大利亚最大的集装箱吞吐港。全港有 80 个以上泊位，其中包括 8 个全集装箱泊位在内的深水泊位 60 多个。墨尔本港的集装箱装卸居南半球首位。水路可达阿德莱德港（514 海里）、悉尼（520 海里），与世界 110 多个国家的 200 多个港口有联系。

布里斯班（Brisbane）以苏格兰军人，新南威尔士总督布里斯班命名，位于东部布里斯班河下游，距河口 22 千米，是全国第三大城市和海港，工商业和交通运输中心。工业以机械、汽车、制糖、肉类加工、木材加工、纺织等为主，输出羊毛、肉类、水果等。该港素以装卸效率高、费用低而享誉国际航运界，在布里斯班河口，港口占地 1 780 公顷，已成为一个拥有集装箱码头、散货码头的综合性深水港。港区码头线长 7500 米，货轮泊位 30 多个。布里斯班也是重要的军事基地。

阿德莱德（Adelaide）以当时英王威廉四世的王后名命名。它位于澳大利亚南岸濒临托伦斯河畔，是全国第四大海港，有集装箱码头一个，工业发达，以冶金、化工、汽车、纺织品、造船等为主。交通便利，出口小麦、羊毛、水果、铜、铅等，还是冬季游览胜地。

弗里曼特尔（Fremantle）位于澳大利亚西南海岸，斯旺河口，距珀斯 15 千米，为珀斯外港，是澳大利亚西南岸重要海港，港口有巨大船坞和机械化小麦装载设备。

霍巴特（Hobart）位于塔斯马尼亚岛东南海岸德文特河三角洲，通连期托姆湾，是该岛主要海港，港口设备优良，以输出农牧矿产品等为主。工业以有色金属冶炼，如电解锌和炼铜业为主，毛纺、化肥、食品加工、造纸等工业也较发达。

纽卡斯尔（Newcastle）位于澳大利亚新南威尔士州东部，亨特河河口南岸，濒临塔斯曼海。港口设备良好，能泊远洋大轮。邻近大煤田，有煤炭、钢铁、人造纤维、机械制造、化工、造船、食品等工业，主要输出煤炭、钢、铣铁、冻肉、乳酪和木材等。

黑德兰港（Hedland）位于澳大利亚西北岸，离皮尔巴拉矿区近，是铁矿石输出大港。

对外贸易　对外贸易在澳大利亚经济中占有重要地位，因国内市场不大，产品主要依赖外销，多年来，外贸收入占 GDP 的 35% 左右。2014 年商品进出口总额为 4 780 亿美元，其中出口 2 400 亿美元，同比下降 5%；进口 2 380 亿美元，同比下降 2%；贸易顺差 20 亿美元。出口额居世界第 21 位，进口居世界第 22 位。

长期以来，澳大利亚传统出口产品为煤、铁、氧化铝等矿产品和以羊毛为主的农牧产品，是世界上有名的农牧矿产品的出口大国。直到 1992 年制造业产品的出口才超过农产品出口，占 1/3 左右。近年来制成品，高科技产品和服务业等出口增长迅速，主要包括计算机设备、交通设备、电讯设备、航天设备等。其进口商品以机械和交通设备为主，其次是汽车及零配件、电气、电子产品、计算机、家用电器、纺织品、服装等。2014 年澳主要出口商品为矿产品，动物产品和贵金属及制品；主要进口商品为机电产品、矿产品、运输设备、化工产品等。

澳大利亚贸易地区在第二次世界大战前后变化很大。第二次世界大战前，英国为澳最大贸易伙伴，第二次世界大战后则由日本代替，日本进口的煤、铁等矿产品和小麦、羊毛、牛肉等主要来自澳大利亚，所以人们说澳大利亚已由昔日"英国的农牧场"变成今天的"日本农牧矿产品供应地"。2009 年起中国超过日本成为澳的第一大贸易伙伴，其次是日本、韩国、美国。其进口商品主要来自中国、美国、日本、新加坡和德国等。目前同亚洲发展中国家和地区的贸易增长很快。

澳大利亚幅员辽阔，远离其他大陆，处于热带和温带地区。从沙漠到雨林，从热带海滩到洁白雪野，从繁华的大都市到人迹罕见的旷野，有悉尼歌剧院、墨尔本艺术馆，景观不一，令人惊叹。除此之外还有珍禽异兽、奇花异草，有大堡礁、艾尔斯巨石、土著人发祥地卡卡杜国家公园等景观，吸引着大批国内外游客，尤其是国外游客，近年来游人每年以 20% 以上的幅度递增，旅游业已是澳大利亚的最大行业，是澳大利亚外汇收入主要来源之一。

中澳经贸　自从 1972 年底中澳邦交正常化以来，中澳之间的经贸合作进入了发展的快车道。进入 21 世纪后随着中国加入世贸组织以及中澳自贸区谈判的开启，两国经贸合作更是呈现爆发式增长。目前中国已成为澳第一大进口来源地和第一大出口目的地，澳大利亚也长期位居我国十大贸易伙伴之列。2014 年中澳贸易额稳步上升，双边贸易额为 1 369 亿美元，是 2000 年的 16 倍。其中中国向澳出口额为 391.5 亿美元，从澳进口额为 977.5 亿美元。中国是澳第一大货物贸易伙伴，并已取代美国成为澳最大的服务贸易出口市场。中澳贸易互补性强，澳资源型产品为中国所需，中国的工业制成品也受到澳方欢迎，且在商品结构上也有质的变化。目前制成品占中国对澳出口的 80% 以上，机电产品超过了服装纺织品及家具玩具。通讯设备的比重逐年提高，中国从澳进口主要是矿产品和农牧产品，占 60% 以上。长期以来，中国是澳羊毛的最大买主，近几年来中国已取代日本成为澳的第一大铁矿砂进口国。中澳两国一直互为重要的贸易投资伙伴。截至 2014 年底，中国赴澳各类投资总额约 749 亿美元，目前澳是我国海外投资仅次于香港的第二大目的地。国际投资对国际贸易具有极大的推动作用。目前中澳国际投资存在着明显失衡现象，表现在中国对澳投资金额远远大于澳对中国的投资金额。2013 年，澳对中国投资额是 3.296 7 亿美元，中国对澳的投资额是 34.579 8 亿美元。另一现象是中国对澳投资产业结构过于单一，主要集中在矿业和房地产业，中澳合作符合中国当前对能源和经济发展的需求。

历时十年的中澳自贸协定于 2015 年 6 月正式签署，该协定在内容上涵盖货物、服务、投资等十几个领域，实现了"全面、高质量和利益平衡"的目标，是我国与其他国家迄今已签的贸易投资自由化整体水平最高的自贸协定之一。该协定的签署是中澳两国经贸合作发展的重要里程碑。协定生效后，将进一步促进两国资金、资源流动和人员往来，推动两国经济优势互补向持久和深入发展，使两国产业界和消费者广泛受益。双方自协定生效起将相互给予最惠国待遇；双方各有占出口贸易额 85.4% 的产品将在协定生效时立即实现零关税；在服务领域，澳方承诺自协定生效起对中方以负面清单方式开放服务部门，由此成为世界上首个对我国以负面清单方式做出服务贸易承诺的国家。中方则以正面清单方式向澳方开放服务部门。协定还在包括电子商务、政府采购、知识产权竞争等"21 世纪经贸议题"在内的十几个领域，就推进双方交流合作做了规定。中澳自贸协定已于 2015 年 12 月 20 日正式生效。

第三节　新　西　兰
（New Zealand）

南太平洋的宝石　在太平洋西南部，澳大利亚以东，两座青翠喜人的巨大岛屿像两颗绿色的宝石一南一北相互"依偎",这是 1642 年荷兰航海家塔斯曼首次登陆的土地,称"新西兰"。"西兰"本是荷兰南方的一个省名,意为"海中之地","新西兰"即是"新的海中之地"之意。

新西兰由北岛、南岛、斯图尔特岛及附近一些小岛组成,面积 27.0534 万平方千米。西隔塔斯曼海与 2 100 千米外的澳大利亚遥遥相望,是世界海空交通要冲,战略位置十分重要。库克海峡是联系南、北岛的必经通道,沟通塔斯曼海与南太平洋间的深水航道。

新西兰山地丘陵占全国面积的 3/4,多火山和地震。南岛多海拔 3 000 米以上的山峰,以库克峰最高,高达 3 764 米,常年积雪多冰川湖。沿海有冲积平原,是重要农牧区。北岛海岸线曲折,多半岛和良港,其中部为火山高原,多温泉、瀑布、间歇泉等。北岛的罗托鲁阿—陶波地热区有"太平洋温泉奇境"之称。境内河流短小湍急,怀卡托河是新西兰最长的河流(425 千米),注入塔斯曼海。全国大部分地区属温带海洋性气候,阳光充足,四季如春,平均气温 12℃,年降雨量 600~1 500 毫米,有利于农林牧业的发展。草原面积占全国的一半。

新西兰有着得天独厚的自然资源,除地热、水力资源丰富外,国土面积约 3/10 覆盖着森林,约有 810 万公顷,其中大约有 630 万公顷是天然林,180 万公顷是人造经济林,年造林 4 万公顷。20% 以上的国土面积被划为国家公园,森林和自然保护区,13 个国家公园中有各种未受人为破坏的自然景观和植被。矿产资源已开采的有煤、金、铁砂、石油、天然气以及铺路用的聚成岩,制陶瓷器的黏土等。尚未大规模开采的金属矿有钨、锰、铜、铅、锡、锑、汞、铂和铝土矿。石油储量约 3 000 万吨,分布在北岛西部,天然气储量 1 700 亿米^3,主要分布在北岛两侧的大陆架地区。煤储量约 9.4 亿吨,铁储量约 8.5 亿吨,此外,还有丰富的渔业资源。新西兰专属经济区是世界上最大的捕捞区之一,即从新西兰及其沿岸岛屿的领海基线向海洋延伸 200 海里。在该捕捞区内,捕鱼潜力每年约 50 万吨。约有 100 种具有很高商业价值的鱼种。出口主要品种是鳕鱼、红鱼、龙虾、真鲷和鱿鱼,其出口日本、美国和澳大利亚。完全无污染的海产品有三文鱼、龙虾、牡蛎、鲍鱼等。

约在 5 亿年前,这片土地还和冈瓦纳大陆紧紧相连,到了大约 8 千万至 1 亿年前,新西兰与冈瓦纳大陆分离,并飘移到南太平洋,从那时起,许多独特的动植物物种不断演变,在隔绝的环境下形成了今天新西兰独有的美丽原生鸟类,植物以及史前野生动物的直系后代。

居民 新西兰人口 451 万(2014 年),80% 为欧洲移民后裔,15% 为毛利人,其他为印度人、波利尼西亚人及华人等。大规模移民始自 19 世纪中叶,那时南岛发现金矿,英国及各地的淘金者蜂拥而至,人口骤增。近年来,新西兰对移民保持较高的吸引力。过去几年间,大批移民涌入,成为移民增长最快的国家。截至 2015 年 2 月底,全年净流入移民人数为 55 100 人。全国人口密度较小,每平方千米仅 14 人;城市人口比重大,约占全国人口的 86%;人口主要集中在奥克兰、惠灵顿、克赖斯特彻奇、哈密尔顿等城市,约占全国人口的一半。居民多信奉基督教。官方语言为英语、毛利语。货币单位是新西兰元。

新西兰人对朋友的政治立场、宗教信仰等均不过问,他们喜爱赛马、橄榄球等运动。商业气氛接近伦敦,穿着保守、刻板。拜访要预约。谈判交易基于公平的原则,做生意不讨价还价。见面不必送礼,生意谈成可请吃饭。与澳大利亚人不同,其喜爱英式西餐,口味清淡。爱喝咖啡、红茶、爱吃水果,尤其是"几维果"等名贵水果。到新西兰人家里吃饭,可带一盒巧克力或一瓶威士忌，礼品不要太多太贵重。凡新西兰当地能生产的商品，一律不准进口，生的食物也禁止带入。海关对食品检查相当严格，经过热处理及真空包装的食品可以自由携带。在新西兰可不给小费，旅馆、饭店也不收服务费。新西兰人见面和分别时都握手。

毛利人是岛上最早土著居民，能歌善舞，善雕刻。行碰鼻礼三次是对尊贵客人的礼节，即鼻尖碰鼻尖，碰鼻的时间越长，说明礼遇越高，越受欢迎。

后起的发达的资本主义农牧业国家　1777年，英国在此移民，1840年沦为英国殖民地，1947年宣告独立，为英联邦成员国。多年来，新西兰一直是英国工业原料、粮食和畜产品的供应地，素有"白云之乡"、"牧羊之国"之称。第二次世界大战后，工业比重有所上升。自20世纪80年代以来经济体制和结构得到了重大调整，国际竞争力大大增强，并在技术能力方面接近日本。新西兰经济整体较为稳健，经济复苏较为强劲。进入2014年以来，增长领域主要集中在服务业、贸易及房地产行业。新西兰不仅是个优质初级产品出口国，而且制造业和服务业也很发达。新西兰具有的高超技术及善于革新的能力、加之强有力的研究与试制部门，使它的初级产品生产业、电信业等表现优异。2014年新西兰GDP创下了七年来最高增速3.3％，达1 981.18亿美元，人均3.4329万美元，为经济发达国家。

（1）农牧业是国民经济的主导部门，农业生产商品率高，对外贸依存度也大。新西兰2/3的土地适于发展农牧业，是世界主要的畜产品生产国和出口国之一。农牧业产值占GDP的1/3，农牧产品的出口值占出口总值的60％以上，它是世界上人均牛羊最多的国家。畜牧业产值占农业总产值的80％左右，从事畜牧业人口约占农业人口的80％。

养羊业。新西兰养羊业历史悠久，主要饲养黑罗姆尼羊和毛肉兼用的杂交羊品种考力代绵羊。新西兰是世界上最大的杂交羊毛产地，产量占世界30％左右，羊毛主要用于生产地毯（约占45％）、毛线、服装以及其他室内装饰品。新西兰粗羊毛产量占世界总产量的40％，羊肉和奶制品出口量居世界第一位。羔羊肉主要出口欧洲。羊毛出口量居世界第二位，主要向中国出口。中国进口奶粉的80％来自新西兰。养羊业60％分布在北岛。

养牛业。重点发展肉牛。新西兰牛肉出口居世界第三位，主要出口美国。牛奶有5/6加工成黄油、乳酪、奶粉、炼乳、酪素等远销世界各地，其中黄油出口量居世界第一位。肉牛主要分布在北岛北部和南岛北部、西南部；奶牛集中在奥克兰半岛等。新西兰的纯种马是世界良种马之一，比赛中获胜率达58％，是出口创汇产品。

新西兰是世界最大的鹿茸生产国和出口国，产量占世界总产量的30％。鹿肉绝大部分销往德国及欧盟，鹿茸出口韩国和中国香港。

种植业。新西兰种植业产值占其农牧业总产值20％以下，粮食不能自给，需从澳大利亚进口。该国主要种小麦、大麦、燕麦、玉米等农作物，以南岛为主产地。经济作物有烟草、亚麻等。园艺业发展较快，以栽培果树和蔬菜为主，猕猴桃、苹果、葡萄等。在园艺类出口商品中，经新西兰精心培育的猕猴桃名称为几维果（Kiwi），近年来超过苹果而高居首位，已成为重要产业和出口的王牌产品，远销美、德、日等国。

渔业。四面环海以及清澈的河流是水产养殖的理想场所，加之良好的加工设施、丰富的技术知识，为新西兰赢得了"优质鱼贝生产国"的声誉。新西兰有不少优良渔港，最大的是奥克兰和附近的马努考港。大陆架面积接近国土面积的4/5，而200海里的渔业经济区面积比新西兰陆地面积大七倍。新西兰渔业资源丰富，是太平洋西南渔区的主要渔场。河湖发展淡水渔业供钓鱼爱好者娱乐。主要经济鱼类是鳗鱼和大马哈鱼。5/6 的渔获量仍来自海洋。主要养殖品种有绿贝、青口、太平洋龙虾、鲑鱼、鲜贝、鲍鱼等。年捕鱼量约在 50 万吨以上，绝大部分供出口。

（2）农牧业具有典型的资本主义性质。农牧业以大农牧场经营方式。农牧业集约化和机械化程度都很高，播种、施肥都用农用飞机。一个牧场几千公顷，用越野摩托车和飞机放牧，草场管理、挤奶、剪毛等全部机械化操作。新西兰牧场的单位面积载畜量比澳大利亚高 10 倍左右。以家庭农场为主，约占农场总面积的一半以上。农场主及其家庭成员约占农场劳动力的 3/4，农场规模比澳大利亚的农场小得多。

（3）工矿业被国内外垄断资本控制，以农牧产品加工业为经济主要部门。新西兰 20 世纪70 年代中期工业产值已占 GDP40％以上，但被国内外垄断资本控制。工业以中小企业为主，除乳制品、食品、皮革、毛毯、木材加工、造纸等农牧产品加工业外，二十多年来新建有电力、钢铁、炼铝、炼油、石化、农用飞机制造、汽车装配等部门。工业主要分布在北岛的奥克兰、惠灵顿地区。

新西兰很多河流适合水力发电。水电占新西兰发电总量70％～80％，一条高压水底电缆把电力从南岛输送到北岛，最大的水电站在南岛，为炼铝业提供了水电。此外，石油、天然气、煤炭、地热等也用于发电。木材加工业和造纸工业有较大发展。纸浆、纸张、胶合板、原木、锯材有大量出口，是仅次于畜产品的第二大宗出口物资。林产品出口是新西兰重要的创汇产品，最大买主是澳大利亚、日本和韩国。

新西兰采矿业生产规模不大，主要是煤、石油、天然气、金、银、铁砂、粘土和沙土等。铁砂既用于国内钢铁生产又出口到日本。南岛西海岸则开采钛铁矿。此外，新西兰日光晒盐量为每年 6 万吨，供国内消费。

对外贸易和主要港口　对外贸易在新西兰经济中占有重要地位。新西兰实行开放、自由贸易政策，大大促进了对外贸易的发展，也形成了比较先进的贸易管理体制。根据新西兰统计局统计，2014 年新西兰货物贸易为 841.3 亿美元，同比增长 6.4％，其中出口 416.3 亿美元，同比增长 5.5％；进口 425 亿美元，同比增长 7.2％。澳大利亚是新西兰传统的重要贸易国，2014 年新西兰前五大出口目的地是中国、澳大利亚、美国、日本和韩国。其中澳大利亚是新西兰最大的贸易顺差国（2014 年新对澳出口 72.8 亿美元，自澳进口 51.7 亿美元），贸易逆差主要来自德国。中国则成为新西兰第一大贸易伙伴，乳制品、肉类、及羊毛的出口占40％，其次为木材及木制品、水果、机械、铝等。新西兰以其"清洁""绿色"形象通过深加工提高产品的附加值，能够在国际市场中始终保持它的竞争优势。林产品的出口是建立在可再生的辐射松资源不断扩大基础上的。

新西兰制造业的国际竞争力是 20 世纪 90 年代后期才形成的。目前制造业产品的出口中出口总值的 30％左右。澳大利亚和新西兰签订的自由贸易协定有助于新西兰制造业在国际上开发高档次产品市场。主要进口商品是机械设备、交通器材、汽车、电气设备、原油、纺织品、塑胶品等。

新西兰过去一个多世纪依赖于英国这个单一的出口市场，随着经济多元化，市场多样化也随之而来。目前主要贸易伙伴为目前主要贸易伙伴是中国、澳大利亚、美国、日本、欧盟等。

新西兰进口关税很低，对本地不生产的商品不征关税。市场特点是外向型，国际化、鼓励外商投资。截至 2014 年底，新西兰对外直接投资（FDI）累计 349 亿新元，同比增长5.44％，吸收外国直接投资 1091 亿新元，增长 5.92％。

新西兰旅游业发展迅速，是其最大的创汇行业。纯净而不受污染的空气，壮阔美丽的河山，令人称奇的毛利遗址与美丽的欧洲建筑相映成辉，构成了今天新西兰一个迷人的国度。旅游业约占 GDP 的 10％以上。亚洲地区已成 2015 年赴新西兰旅游的主要客源，是大洋洲以外新西兰最重要的旅游市场。2015 年来自亚洲的国际旅客平均增长 18.5％，约达 68 万人次，其中中国游客约占一半。旅游业弥补了因乳制品价格下降而造成的经济影响。

中新贸易　自 1972 年建交以来，双边经贸关系一直沿着"求实、互补"的优势，健康地发展。20 世纪 90 年代后尤其是现在，两国贸易进入快速发展期。新西兰已承认中国的完全市场经济地位，2005—2007 年中新贸易额增长 38％，2014 年双边贸易额为 142.47 亿美元，同比增长 15％；其中我国向新出口 47.41 亿美元，同比增长 14.7％；从新进口 95.06 亿美元，同比增长 15.2％。目前中国是新西兰第一大贸易伙伴、第一大出口市场和第一大进口来源地。2008 年 4 月双方已签订自由贸易协定，中新自贸区正式建立。新西兰是第一个完成中国加入世贸组织双边谈判的发达国家，第一个承认中国市场经济地位的发达国家，第一个与中国签署双边自由贸易协定的发达国家。三个"第一"必将为中新经贸关系的健康发展奠定坚实基础。中国向新西兰出口多为纺织品、服装、机器、电器、家具、汽车、纸或纸板、化工品等。中国从新西兰进口大量的乳制品、蜂蜜、肉及杂碎、羊毛、羊皮等动物毛皮、木头、木浆等。中国从 20 世纪 80 年代后期至今，一直是新羊毛的最大买主。随着双边经贸关系的不断巩固和发展，中新已从单一的商品贸易关系发展到了多领域、多层次、多形式的合作。现在人民币与新元实现了直接交易，新元已成为可与人民币直接兑换的货币之一。中国工商银行（新西兰）有限公司在新西兰的奥克兰与四家本地银行签署人民币业务战略合作协议，共同开展人民币跨境业务。中国已有不少银行和企业落户新西兰。中新合作还包括中国公司在新承包工程，完成劳务合作等。近期还有为期三年的中新环保合作，由中新两国共同启动，并得到有关政府机构和"恒天然"的支持。该项目探索了中新两国在环保方面的共同挑战——如何在牧场推进循环经济。

主要港口：

奥克兰（Oucklad）位于北岛北部奥克兰半岛南端宽仅 26 千米的奥克兰地峡上。它东濒太平洋的豪拉基湾。奥克兰是新西兰最大港口、城市，包括郊区有 100 多万人口，市民拥有的船艇之多，冠于全球，有"帆船之都"的美誉，亦为新西兰工业、贸易最大中心和交通枢纽；它是北部地区的畜产品集散地。其北部主要工业有机械、造船、肉乳加工、制糖、造纸、化肥等，附近有钢铁厂。主要输出乳制品、肉类、皮革、羊毛和木材等产品。有集装箱码头泊位 4 个，总长度 670 米，低水位深 12.2 米。

惠灵顿（Wellington）是新西兰的首都。它位于北岛南端，西临库克海峡，为南北两岛联系要冲，是本国沿海和岛际航运中心，战略地位重要，也是全国政治、工业、文化中心。其除有冻肉、炼乳等畜产品加工传统工业外，还有新兴的汽车装配、橡胶制品及电子工业等。输出以肉类、乳制品、羊毛为主；输入石油制品、汽车、煤等，为新西兰第二大港。有集装箱码头泊位 2 个，总长 579 米，低水位深 12.5 米。

克赖斯特彻奇（Christchurch）位于南岛东岸中部班克斯半岛西北端的阿文河口两岸，是南岛最大城市和港口。其吞吐量约占南部地区国际货运量的 40％以上，占集装箱货运量的 70％，是新西兰的中心港口。外港利特尔顿在市东南 12 千米，是南岛东部农牧业产品的贸易和加工中心。主要工业有毛纺、肉类加工、制革以及化工、机械制造等部门。输出冻肉、羊毛等产品。市内有全国最大的植物园。利特尔顿是新西兰费用最低的港口，就船舶收费水平之低在全球居第六位。

本章小结：澳大利亚和新西兰两国是发达经济体。两国经济发展及对外贸易相对有别于欧美主要资本主义国家。农牧业尤其是养羊业、采矿业对两国经济有着举足轻重的地位。中澳、中新经贸发展前景广阔。

本章关键名词或概念：大洋洲的地理分区　大堡礁　骑在羊背上的国家

复 习 题

填图题

1. 在澳新地图上填注：（1）太平洋、印度洋、帝汶海、阿拉弗拉海、珊瑚海、塔斯曼海、卡奔塔利亚湾、巴斯海峡、大堡礁。（2）堪培拉、悉尼、墨尔本、阿德莱德、布里斯班、弗里曼特尔、珀斯、黑德兰港、霍巴特、韦帕、惠灵顿、奥克兰、克赖斯特彻奇。

2. 在太平洋岛屿中填注：火奴鲁鲁、苏瓦、帕皮提。

填空题

1. 畜牧业是澳大利亚重要的经济部门，主要良种是_____细毛羊，目前粗羊毛产量和_____均居世界第一位。

2. 澳大利亚是世界重要的矿产品出口国，主要有_____、_____和_____等，大量销往日本和西欧等地。

3. 新西兰是世界最大的_____肉和_____出口国。

4. 新西兰的_____港是克赖斯特彻奇的外港。

思考题

1. 简述澳大利亚能源工业发展现状。

2. 澳大利亚的对外贸易有什么特点？

3. 中澳贸易的现状及经济合作前景怎样？

4. 谈谈中澳自贸协定的签订及中新自贸区的建立。

5. 新西兰经济和澳大利亚经济有什么异同点？

第七章　中国对外经济贸易区

本章学习目标: (1) 了解我国对外经济贸易发展的基本情况,包括港、澳、台的经济贸易近况,以及主要对外贸易港口和海运航线。(2) 熟悉我国主要对外经济贸易区域和市场的分布。(3) 掌握其变化的分析方法和运用能力。

第一节　我国对外经济贸易发展概述

一、我国对外经济贸易的现状和在国际贸易中的地位

中国的对外经济贸易随着中国改革开放各个阶段的不断深入发展而快速稳定的发展。1978—1983 年是我国改革开放扬帆起程阶段;1984—1991 年是我国经济发展进程从沿海逐步向内地推进阶段;1992—2000 年是我国加速向纵深发展和全方位对外开放地域格局基本形成阶段;2001 年至今进入到我国改革开放的历史新阶段。2001 年 12 月,我国加入 WTO,标志着中国的对外开放进入了新的阶段。中国经济与世界接轨,是我国经济发展的必由之路,也是中国改革和经济建设进入快速稳定的发展时期。也正是从这个时期开始,越来越显现出我国经济对世界经济的强大拉动作用和重要影响力。

目前,我国已进入世界经济大国行列。2013 年我国国内生产总值 (GDP) 达到 568845 亿元,同比增长 7.7%,对世界经济增长的贡献率达到 30%,贡献度位居世界第一。2014 年全年国内生产总值达到 636463 亿元,比上年增长 7.4%。其中,第一产业增加 58332 亿元,增长 4.1%;第二产业增加 271392 亿元,增长 7.3%;第三产业增加 306739 亿元,增长 8.1%。第一产业增加值占国内生产总值的比重为 9.2%,第二产业增加值比重为 42.6%,第三产业增加值比重为 48.2%。2014 年,中国对全球经济增长的贡献是 27.8%,贡献度持续位居世界第一。进出口贸易总额由 1978 年的 206 亿美元增长到 2013 年的 4.16 万亿美元,并成为全球最大贸易国。2014 年我国对外贸易总额达到 4.303 万亿美元 (约合人民币 26.7 万亿元),继续蝉联世界首位。服务贸易总额由 1982 年的 44 亿美元发展到 2013 年的 5396.4 亿美元,35 年间增长了 122 倍;2014 年中国服务进出口总额为 6043.4 亿美元,比 2013 年又增长 12.6%,增速远高于全球服务贸易 4.7% 的平均水平。我国利用外资几乎从零开始,但是到 2008 年年底累计外商直接投资逾 8623.95 亿美元,已连续多年居发展中国家之首;2014 年中国实际使用外资金额突破 1200 亿美元,首次名列全球第一。2014 年我国共实现全行业对外直接投资 1160 亿美元,同比增长 15.5%,其中金融类 131.1 亿美元,同比增长 27.5%,非金融类 1028.9 亿美元,同比增长 14.1%。全国对外直接投资规模与同期我国吸引外资规模仅差 35.6 亿美元,这也是我国双向投资按现有统计口径首次接近平衡。在对外投资中,我国对外直接投资产业涉及租赁和商务服务业、采矿业、批发和零售业、建筑业、制造业、房地产业、交通运输、仓储和邮政业等 15 大类。其中租赁和商务服务业 372.5 亿美元,采矿业 193.3 亿美元,批发零售业 172.7 亿美元,上述 3 个行业成为对外直接投资的主要领域。我国对外经济贸易发展进入了改革开放以来增长同期最长、速度最快、增幅最稳的时期。

三十多年来,我国发生了翻天覆地的变化,经济实力和综合国力不断增强,人民的生活

水平和国民福利得到了实质性的提高，对外经济贸易持续增长，我国已融入世界经济和主流文明之中。

1. 初步形成四大区域经济合作发展新格局

改革开放以来，中国沿海地区区域经济一体化特征日益明显。长江三角洲、珠江三角洲和环渤海地区三大城市群三足鼎立态势的形成，使区域经济分工协作、互动发展成为中国区域经济发展的总体趋势，东部地区的区域合作与发展全面呈现多层次、多形式、宽领域合作的态势。东部重点区域经济的崛起，对相关区域和全国经济发展的带动作用举足轻重。中国经济率先活跃起来的珠江三角洲和长江三角洲经济区，以及随后兴起的以渤海沿岸及黄海部分沿岸地区为主体的环渤海经济区，以其强劲的辐射带动能量，将经济发展的大潮由南向北推移、由东向西拓展。随着促进中部地区崛起和西部大开发战略的加速推进，中国目前已初步形成东部发展、西部开发、中部崛起和东北振兴的四大区域经济合作发展的新格局。

2. 对外贸易平稳增长

中国在世界贸易中地位的快速上升是史无前例的。2003 年我国对外贸易总额达到 8512.2 亿美元，在世界贸易国中的位次已由 1980 年的第 23 位提高到 2003 年的第四位，成为世界第四大贸易国。2007 年中国对外贸易继续保持平稳较快发展，进出口总额达到 21738 亿美元，连续 6 年增长 20% 以上，首次跃上 2 万亿美元的新台阶，稳居世界第三位，出口名列世界第二位，全年累计贸易顺差 2622 亿美元。2013 年，我国进出口总值为 4.16 万亿美元，其中出口为 2.21 万亿美元，增长 7.9%；进口 1.95 万亿美元，增长 7.3%，贸易顺差 2597.5 亿美元，增长 12.8%。2014 年我国对外贸易总额达到 4.303 万亿美元（约合人民币 26.7 万亿元），继续蝉联世界首位。

30 多年来，进出口贸易从逆差转变为顺差，使我国从一个外汇捉襟见肘的国家一跃成为世界第一大外汇储备国（表 29）。

表 29　　　　　　　　　　　　中国近年来进出口增长情况　　　　　　　　单位：亿美元

年份	进出口		出口		进口		差额
	金额	增速（%）	金额	增速（%）	金额	增速（%）	
2002	6207.8	21.8	3255.7	22.3	2952.2	21.2	303.5
2003	8509.9	37.1	4382.3	34.6	4127.6	39.8	254.7
2004	11545.5	35.7	5933.3	35.4	5612.3	36.0	321.0
2005	14219.1	23.2	7619.5	28.4	6599.5	17.6	1020.0
2006	17604.0	23.8	9689.4	27.2	7914.6	19.9	1774.8
2007	21738.3	23.5	12180.2	25.7	9558.2	20.8	2622.0
2008	25616.3	17.8	14285.5	17.2	11330.9	18.5	2954.6
2009	22075.4	−13.9	12016.1	−16.0	10059.2	−11.2	1961.1
2010	29740.0	34.7	15777.5	31.3	13962.4	38.7	1831
2011	36418.6	22.51	18983.8	20.32	17434.8	24.99	1551.4
2012	38671.2	6.2	20487.1	7.9	18184.1	4.3	2311
2013	41600.0	7.6	22100.2	7.9	19502.9	7.3	2597.5
2014	43030.4	3.4	23427.48	6.1	19602.90	0.4	3824.58

3. 利用外资的规模、质量和水平不断提高

短短三十几年，我国吸收外资取得了举世瞩目的成就，已成为全世界吸收外资最多的国家之一。截至 2012 年 4 月底，全国累计批准设立外商投资企业 74.5 万家，实际使用外资金额 1.2 万亿美元，对华投资的企业来自世界近 200 个国家和地区，世界 500 强企业有 490 家在华投资，设立地区总部近 40 家。2013 年在华设立外商投资企业 22773 家，同比下降 8.63％。2014 年外商投资新设立企业 23778 家，同比增长 4.4％。在外商投资规模不断扩大的同时，吸收外资结构不断优化。外资企业在促进国民经济增长、带动产业技术进步、扩大出口和提供就业机会等方面发挥着日益重要的作用。外资对中国对外贸易的带动作用集中表现在两个方面：一是外商投资企业进出口总额的快速增长，扩大了中国对外贸易的规模；二是外商投资企业进出口的增长推动了中国出口商品结构升级。

据联合国贸发会议《全球投资趋势监测报告》，2014 年全球外国直接投资流入量达 1.26 万亿美元，比 2013 年下跌 8％。中国 2014 年吸收外资规模达 1196 亿美元（不含银行、证券、保险领域），同比增长 1.7％，外资流入量首次超过美国成为全球第一。2014 年新设外商投资企业 2.38 万家，同比增长 4.4％，扭转了自 2012 年以来连续两年下降的局面。2014 年新设外商投资企业 2.38 万家，同比增长 4.4％，扭转了自 2012 年以来连续两年下降的局面。自 2011 年服务业实际利用外资占比首次超过制造业比重以来，服务业已经成为吸收外资新增长点。2014 年服务业吸收外资占比上升，达到 55.4％，高出制造业 22 个百分点，达 662.3 亿美元。

我国仍是发展中国家最大的引资国。2014 年 1—12 月，主要国家/地区对华投资总体保持稳定。前十位国家/地区（以实际投入外资金额计）实际投入外资总额 1125.9 亿美元，占全国实际使用外资金额的 94.2％，同比增长 2.7％。对华投资前十位国家/地区依次为：香港（857.4 亿美元）、新加坡（59.3 亿美元）、台湾省（51.8 亿美元）、日本（43.3 亿美元）、韩国（39.7 亿美元）、美国（26.7 亿美元）、德国（20.7 亿美元）、英国（13.5 亿美元）、法国（7.1 亿美元）和荷兰（6.4 亿美元）。其中韩国和英国同比增幅较高，分别为 29.8％和 28％；荷兰和日本则分别下降 50.1％和 38.8％。

4. 对外投资合作步伐明显加快

（1）对外投资平稳发展。2014 年，我国境内投资者共对全球 156 个国家和地区的 6128 家境外企业进行了直接投资，累计实现非金融类对外直接投资 6320.5 亿元人民币。以美元计，全年累计实现非金融类对外直接投资 1028.9 亿美元，同比增长 14.1％。其中 12 月当月，实现非金融类对外直接投资 804.1 亿元人民币。以美元计为 130.9 亿美元，同比增长 31.8％。全国对外直接投资规模与同期我国吸引外资规模仅差 35.6 亿美元，这也是我国双向投资按现有统计口径首次接近平衡。2014 年对外直接投资产业门类广泛，涉及租赁和商务服务业、采矿业、批发和零售业、建筑业、制造业、房地产业、交通运输、仓储和邮政业等 15 大类，其中租赁和商务服务业 372.5 亿美元，采矿业 193.3 亿美元，批发零售业 172.7 亿美元，上述 3 个行业成为对外直接投资的主要领域。2014 年我国大型对外投资并购项目投资领域呈现多元趋势。能矿领域继续成为投资热点，五矿资源等企业联营体以 58.5 亿美元收购秘鲁拉斯邦巴斯铜矿；国家电网公司以 21.01 亿欧元（折合 25.4 亿美元）收购意大利存贷款能源网公司 35％股权。制造业领域并购活跃，联想集团以 29.1 亿美元收购美国摩托罗拉公司移动手机业务；东风汽车有限公司以 10.9 亿美元收购法国标致雪铁龙集团 14.1％股权。农

业领域跨国并购取得突破，中粮集团以 15 亿美元并购新加坡来宝农业公司和以 12.9 亿美元并购荷兰尼德拉公司，成为迄今农业领域对外投资最大的两个项目。

（2）对外承包工程保持较快发展。2014 年中国对外承包工程业务完成营业额 1421.1 亿美元，合人民币 8000 亿元，同比增长 3.8%。新签合同额 1917.1 亿美元，约合人民币 1.2 万亿元，同比增长 11.7%。2014 年中国对外承包企业新签合同额在 5000 万美元以上的项目 664 个，其中 1 亿美元以上的项目 365 个，10 亿美元以上的超大项目 25 个，同比增加 16 个。

（3）对外劳务合作稳步发展。2014 年，我国对外劳务合作派出各类劳务人员 56.2 万人，较去年同期增加 3.5 万人，同比增长 6.6%；其中承包工程项下派出 26.9 万人，劳务合作项下派出 29.3 万人。2014 年末在外各类劳务人员 100.6 万人，较上年同期增加 15.3 万人。

（4）对外设计咨询有所下降。2008 年，我国对外设计咨询业务完成营业额 4.48 亿美元，同比下降 8.6%；新签合同额 8.88 亿美元，同比下降 13.8%。截至 2008 年底，我国对外设计咨询累计完成营业额 26.7 亿美元，签订合同额 46.6 亿美元。

二、自 2008 年受美国次贷危机影响，中国对外贸易运行新特点

2008 年世界经济形势急剧变化，美国次贷危机不断恶化，影响日益加深，已演变为全球性金融危机，国际经济增长明显放缓；国内接连发生南方雨雪冰冻灾害、汶川特大地震等重大自然灾害，我国对外贸易面临国际国内诸多不利因素。中国政府审时度势，积极应对，采取了一系列宏观调控措施，及时解决经济运行中的突出矛盾和问题，国民经济保持了平稳较快发展，总体运行良好。

1. 受国际金融危机影响，进出口规模明显受到严重影响，对外贸易起伏不定

2008 年，中国进出口 25616.3 亿美元，增长 17.8%，增速比上年回落 5.7 个百分点。其中出口 14285.5 亿美元，增长 17.2%，回落 8.6 个百分点；进口 11330.9 亿美元，增长 18.5%，回落 2.3 个百分点。2009 年是新世纪以来中国对外贸易发展最为困难的一年。同年，中国进出口总额 22072.2 亿美元，下降 13.9%。其中出口总额 12016.6 亿美元，下降 16.0%；进口总额 10055.6 亿美元，下降 11.2%。贸易平衡状况进一步改善，贸易顺差 1961.1 亿美元，比上年减少 1020 亿美元，下降 34.2%。第一、二、三季度进出口额同比分别下降 24.9%、22.1% 和 16.7%，第四季度进出口同比由负转正，实现了 9.2% 的增长。2010 年我国外贸进出口总值 29727.6 亿美元，比上年同期（下同）增长 34.7%。其中出口 15779.3 亿美元，增长 31.3%；进口 13948.3 亿美元，增长 38.7%；贸易顺差为 1831 亿美元，减少 6.4%。与此同时，我国贸易顺差与进出口总值的比例从 2008 年的 11.6% 降至 2009 年的 8.9%，2010 年进一步降低至 6.2%，对外贸易总体向基本平衡的方向发展。2011 年，我国外贸进出口总值 36420.6 亿美元，比 2010 年同期（下同）增长 22.5%，外贸进出口总值刷新年度历史纪录。其中，出口 18986 亿美元，增长 20.3%；进口 17434.6 亿美元，增长 24.9%。贸易顺差 1551.4 亿美元，比上年净减少 263.7 亿美元，收窄 14.5%。2012 年，我国外贸进出口总值 38667.6 亿美元，比上年增长 6.2%。其中出口 20498.3 亿美元，增长 7.9%；进口 18178.3 亿美元，增长 4.3%；贸易顺差 2311 亿美元，扩大 48.1%。2013 年我国实际使用外资金额 1175.86 亿美元，同比增长 5.25%；中国吸引外资达 1239 亿美元，较上年增长 2.3%，居全球第二位，与位居全球第一的美国的距离进一步缩小。同年在华设立外商投资企业 22773 家，同比下降 8.63%。2013 年 1—12 月，亚洲十国/地区（香港、澳门、

台湾省、日本、菲律宾、泰国、马来西亚、新加坡、印尼和韩国）对华投资新设立企业18407 家，同比下降 7.46％，实际投入外资金额 1025.23 亿美元，同比增长 7.09％。美国对华投资新设立企业 1111 家，同比下降 19.14％，实际投入外资金额 33.53 亿美元，同比增长7.13％。欧盟 28 国对华投资新设立企业 1523 家，同比下降 10.41％，实际投入外资金额72.14 亿美元，同比增长 18.07％。实际使用外资金额 1175.86 亿美元。2013 年 1—12 月，对华投资前十位国家/地区（以实际投入外资金额计）依次为：香港（783.02 亿美元）、新加坡（73.27 亿美元）、日本（70.64 亿美元）、台湾省（52.46 亿美元）、美国（33.53 亿美元）、韩国（30.59 亿美元）、德国（20.95 亿美元）、荷兰（12.81 亿美元）、英国（10.39 亿美元）和法国（7.62 亿美元），前十位国家/地区实际投入外资金额占全国实际使用外资金额的93.15％。2014 年，我国进出口总值 26.43 万亿元人民币，同比增长 2.3％，其中出口 14.39万亿元，增长 4.9％，进口 12.04 万亿元，下降 0.6％，贸易顺差为 2.35 万亿元，扩大了45.9％。按美元计，2014 年我国进出口总值 4.30 万亿美元，同比增长 3.4％，其中出口2.34 万亿美元，同比增长 6.1％，进口 1.96 万亿美元，同比增长 0.4％。贸易顺差 3824.6 亿美元，同比扩大 47.3％。在剔除 2013 年套利贸易垫高基数因素后，全国进出口值同比实际增长 6.1％，出口增长 8.7％，进口增长 3.3％。2011 年，中国服务业吸引外资占比升至约47％，首次超过制造业。2014 年我国服务业吸收外资占比上升，达到 55.4％，高出制造业22 个百分点，达 662.3 亿美元，成为吸收外资新增长点。资金密集度进一步提升。2014 年新设企业平均合同外资金额 812 万美元，比 2013 年（713 万美元）提高 13.9％。从 1980 年至2011 年的 30 余年间，中国外资流入量仅在 2003 年高于美国。2012 年中国吸收外资超过美国，成为全球最大外商投资目的地。

2. 一般贸易进口增速快于加工贸易，加工贸易进口增速低于出口

2008 年，我国一般贸易进出口 12352.6 亿美元，较上年增长 27.6％，占同期我国进出口总值的 48.2％，所占比重比上年提高 3.7 个百分点。其中，出口 6625.8 亿美元，增长22.9％，比上年回落 6.5 个百分点；进口 5726.8 亿美元，增长 33.6％，比上年加快 4.9 个百分点。一般贸易项目下贸易顺差 899 亿美元，比上年净减少 205.7 亿美元。

2008 年，我国加工贸易进出口 10535.9 亿美元，增长 6.8％，占当年我国进出口总值的41.1％，所占比重比上年回落 4.2 个百分点。其中，出口 6751.8 亿美元，增长 9.3％，比上年回落 11.3 个百分点，占当年我国出口总值的 47.3％；进口 3784 亿美元，增长 2.7％，低于同期加工贸易出口增速 6.6 个百分点，占当年我国进口总值的 33.4％。加工贸易项下贸易顺差2967.8 亿美元，比上年净增加 476.9 亿美元。2010 年全年进出口总额 29728 亿美元，比上年增长 34.7％。其中，出口 15779 亿美元，增长 31.3％；进口 13948 亿美元，增长 38.7％。进出口相抵，顺差 1831 亿美元，比上年下降 6.4％。2014 年我国一般贸易进出口 2.31 万亿美元，增长5.3％，占全国进出口总额的 53.8％，较 2013 年提高 1 个百分点，比重连续两年提高。加工贸易进出口 1.41 万亿美元，增长 3.8％，增速较 2013 年加快 2.7 个百分点。

3. 初级产品进口比重提高，资源性产品进口均价上涨明显

2008 年，我国进口初级产品 3627.8 亿美元，较上年增长 49.2％，占当年我国进口总值的 32％，比上年提高 6.6 个百分点。其中，进口铁矿砂 4.4 亿吨，增长 15.9％，进口均价136.5 美元/吨，上涨 54.5％；原油 1.8 亿吨，增长 9.6％，均价 723 美元/吨，上涨 47.8％；

成品油 3885 万吨，增长 15%，均价 773.3 美元/吨，上涨 58.9%；煤炭 4040 万吨，下降 20.8%，均价 86.9 美元/吨，上涨 83%；大豆 3744 万吨，增长 21.5%，均价 582.6 美元/吨，上涨 56.5%。同期，进口工业制品 7703.1 亿美元，增长 8.1%，占当年我国进口总值的 68%；其中，进口机电产品 5386.6 亿美元，增长 7.9%；化学成品及有关产品 1191.9 亿美元，增长 10.8%；汽车 40.8 万辆，增长 30.6%；钢材 1543 万吨，下降 8.6%。2012 年，我国初级产品出口 1005.8 亿美元，与 2011 年持平；进口 6346 亿美元，同比增长 5%。其中，进口铁矿砂 7.4 亿吨，增长 8.4%；原油 2.7 亿吨，增长 7.3%；煤炭 2.89 亿吨，价值 287 亿美元，与去年同期相比（下同）分别增长 29.8% 和 20.2%；大豆 5838 万吨，同比增加 11.2%。同期，我国出口工业制品 19495.64 亿美元，工业制成品出口比重为 95.1%，机电产品、高新技术产品占出口比重分别达到 57.6% 和 29.3%，尤其是高新技术产品出口比重比 2007 年提高了 0.7 个百分点。矿物燃料、有色金属、非金属矿、钢铁及化工等 5 大类共 39 种"两高一资"产品占出口比重为 5.2%，比 2007 年下降 2.1 个百分点。初级产品进口额占进口总额的比重由 2010 年的 31.1% 提高到 2012 年的 33.8%。2013 年，我国初级产品出口 1072.8 亿美元，同比增长 6.7%；进口 6567 亿美元，同比增长 3.6%。2014 年 1—12 月，我国农产品进出口额达到 1945.0 亿美元，同比增 4.2%。其中，出口 719.6 亿美元，同比增 6.1%；进口 1225.4 亿美元，同比增 3.1%；贸易逆差 505.8 亿美元，同比减 0.9%。

4. 机电产品出口增速放缓，传统大宗商品出口增长呈现企稳迹象

2012 年，我国机电产品出口 11794.2 亿美元，增长 8.7%，高出同期我国外贸出口总体增速 0.8 个百分点，占我外贸出口总值的 57.6%。同期，服装、纺织品、鞋类、家具、塑料制品、箱包和玩具等 7 大类劳动密集型产品合计出口 4188.9 亿美元，增长 8.6%，占我外贸出口总值的 20.4%。此外，钢材出口 5573 万吨，增加 14%；汽车出口 99 万辆，增加 20.1%；粮食出口 277 万吨，减少了 3.8%。2013 年，中国机电产品进出口总额突破 2 万亿美元，达到 2.1 万亿美元，连续 4 年成为全球第一大机电产品贸易国，与 1980 年（72.1 亿美元）相比，增长了 290 倍。其中，出口从 15.6 亿美元增长到 1.26 万亿美元，占货物贸易出口比重由 8.6% 增长到 57.0%；其中 2013 年出口的机电产品中高新技术产品占比达到 50.5%。2014 年工业制成品占出口总额的 95.2%，较 2013 年提高 0.1 个百分点，占比连续三年提高。装备制造业成为出口的重要增长点，铁路机车、通信设备出口增速均超过 10%。七大类劳动密集型产品出口 4851 亿美元，增长 5%。生物技术产品、航空航天技术产品、计算机集成制造技术产品等高新技术产品进口增速均在 15% 以上。消费品进口超过 1524 亿美元，增长 15.3%，占进口总额的 7.8%，较 2013 年提高 1 个百分点。

5. 广东、江苏、上海、北京、重庆列对外贸易前位

2012 年，广东外贸进出口总值继续列全国第一，为 9838.2 亿美元，增长 7.7%，占我外贸总值的 25.4%。同期，江苏和北京进出口总值分别为 5480.9 亿美元和 4079.2 亿美元，分别增长 1.6% 和 4.7%；上海 4365.4 亿美元，下降 0.2%。此外，浙江、山东和福建进出口总值分别为 3122.3 亿、2455.4 亿和 1559.3 亿美元，分别增长 0.9%、4.1% 和 8.6%。2012 年，中西部地区出口分别增长 21.8% 和 37.8%。其中，重庆、安徽、河南和四川的出口增速分别为 94.5%、56.6%、54.3% 和 32.5%。2014 年，广东外贸进出口总值继续列全国第一，为 10767.3 亿美元。同期，江苏和北京进出口总值分别为 5637.6 亿美元和 4156.5 亿美元；

上海 4664.1 亿美元，增长 5.6%。此外，浙江、山东和福建进出口总值分别为 3551.5 亿、2771.2 亿和 1775 亿美元，分别增长 5.8%、4.0% 和 4.8%。

6. 外商投资企业进出口增长放缓，国有企业增速有所提高，非国有企业增速平稳

2012 年民营企业进出口 12210.6 亿美元，增长 19.6%，高出我国外贸总体增速 13.4 个百分点，占我外贸总值的 31.6%。其中，出口 7699.1 亿美元，增长 21.1%；进口 4511.5 亿美元，增长 17.2%。此外，国有企业进出口 7517.1 亿美元，下降 1.2%，占我外贸总值的 19.4%。其中，出口 2562.8 亿美元，下降 4.1%；进口 4954.3 亿美元，增长 0.3%。2014 年，民营企业进出口 9.13 万亿元，增长 6.1%，占同期我国进出口总值的比重为 34.5%。同期，外商投资企业进出口 12.19 万亿元，增长 2.4%，占 46.1%；国有企业进出口 4.59 万亿元，下降 1.3%，占 17.4%。

三、我国主要进出口商品构成

据海关统计，2013 年，我国机电产品出口 1.27 万亿美元，同比增长 7.3%，占出口总值的比重为 57.3%。同期，纺织品、服装、箱包、鞋类、玩具、家具、塑料制品等 7 大类劳动密集型产品出口 4618.4 亿美元，增长 10.3%，占出口总值的比重为 20.9%。进口方面，2013 年，我国进口消费品 2322.9 亿美元，增长 24.6%；进口原油 2.8 亿吨，增长 4%；铁矿石 8.2 亿吨，增长 10.2%；煤炭 3.3 亿吨，增长 13.4%。2014 年，我国消费品进口 9362.7 亿元，增长 14.9%，明显快于同期我国进口的总体增速，占同期我国进口总值的 7.8%。同期，主要大宗商品进口量保持增长，其中进口铁矿石 9.3 亿吨，增长 13.8%；进口原油 3.1 亿吨，增长 9.5%；大豆 7139.9 万吨，增长 12.7%；钢材 1443.2 万吨，增长 2.5%；铜 482.5 万吨，增长 7.4%。此外，进口煤炭 2.9 亿吨，下降 10.9%；进口成品油 2999.7 万吨，下降 24.2%。同期，我国进口大宗商品进口价格普遍下跌，其中铁矿石进口平均价格下跌 23.4%，原油价格下跌 6.1%，煤炭价格下跌 15.2%，成品油价格下跌 4.6%，大豆价格下跌 6.8%，铜价格下跌 6.1%（表 30）。

表 30　　　　　　　中国　2013 年 1—12 月进出口商品构成统计　　　　　单位：千美元

商品构成（按 SITC 分类）	出口（1—12 月）	进口（1—12 月）	累计比去年同期±%	
			出口	进口
总值	2 210 019 089	1 950 288 700	7.9	7.3
一、初级产品	107 283 266	657 601 236	6.7	3.6
0 类 食品及活动物	55 729 010	41 698 857	7.0	18.3
1 类 饮料及烟类	2 608 370	4 510 392	0.7	2.4
2 类 非食用原料（燃料除外）	14 570 096	286 142 873	1.6	6.1
3 类 矿物燃料. 润滑油及有关原料	33 791 962	314 906 202	9.0	0.6
4 类 动植物油. 脂及蜡	583 828	10 342 913	7.2	−17.4
二、工业制品	2 102 735 823	1 292 687 464	7.9	9.2
5 类 化学成品及有关产品	119 659 473	190 297 676	5.4	6.1
6 类 按原料分类的制成品	360 653 414	148 292 270	8.3	1.6
7 类 机械及运输设备	1 039 245 511	710 349 644	7.8	8.8
8 类 杂项制品	581 448 118	139 011 468	8.5	1.8
9 类 未分类的商品	1 729 307	104 736 406	22.1	52.3

注：自 2012 年起第九类商品统计范围有所调整详见编制说明。摘编自《海关统计 2013.12》。

四、我国主要贸易伙伴

我国贸易伙伴已达 220 多个国家和地区。与主要贸易伙伴双边贸易发展平稳，对俄、印、非等新兴市场贸易增长迅速，多元化市场战略进一步取得成效。

2012 年，欧盟继续保持我国第一大贸易伙伴和第一大进口来源地的地位，而欧盟第一大出口市场的地位被美国取代。中欧双边贸易总值 5460.4 亿美元，下降 3.7％，占我外贸总值的 14.1％。其中，我对欧盟出口 3339.9 亿美元，下降 6.2％。自欧盟进口 2120.5 亿美元，增长 0.4％。对欧贸易顺差 1219.4 亿美元，收窄了 15.8％。

2012 年，美国为我第二大贸易伙伴、第一大出口市场和第五大进口来源地，中美双边贸易总值为 4846.8 亿美元，增长 8.5％，占我外贸总值的 12.5％。其中，我对美出口 3517.9 亿美元，增长 8.4％；自美国进口 1328.9 亿美元，增长 8.8％；对美贸易顺差 2189.2 亿美元，扩大了 8.2％。

2012 年，东盟为我第三大贸易伙伴。与东盟双边贸易总值为 4000.9 亿美元，增长 10.2％，占我外贸总值的 10.3％。其中，我对东盟出口 2042.7 亿美元，增长 20.1％，为我对前十大贸易伙伴当中出口增速最快的一个方面。我自东盟进口 1958.2 亿美元，增长 1.5％；对东盟贸易顺差 84.5 亿美元，上一年，也就是 2011 年为逆差 228.4 亿美元。

2012 年，香港取代了日本，成为内地的第四大贸易伙伴。内港双边贸易总值为 3 414.9 亿美元，增长 20.5％，占我外贸总值的 8.8％。日本作为我国第五大贸易伙伴，中日双边贸易总值为 3 294.5 亿美元，下降了 3.9％，占我外贸总值的 8.5％。同期，我国与俄罗斯和巴西双边贸易总值分别为 881.6 亿美元和 857.2 亿美元，分别增长 11.2％和 1.8％。

2013 年我国与欧盟、美国的双边贸易额分别为 5 590.6 亿和 5 210 亿美元，分别增长 2.1％和 7.5％；对日本的贸易额为 3 125.5 亿美元，下降 5.1％；欧美日占我国对外贸易总额的 33.5％，同比下滑 1.7 个百分点。同期，我国对东盟、南非等新兴市场国家进出口额分别为 4 436.1 亿和 651.5 亿美元，分别增长 10.9％、8.6％。

2014 年，欧盟、美国、东盟、香港和日本为我前五大贸易伙伴。其中，我对欧盟、美国的双边贸易额分别为 3.78 万亿元、3.41 万亿元，分别增长 8.9％、5.4％；对香港、日本的双边贸易额分别为 2.31 万亿元、1.92 万亿元，分别下降 7.2％、1％。同期，我国对东盟、非洲、俄罗斯、印度等新兴市场双边贸易额分别为 2.95 万亿元、1.36 万亿元、5 851.9 亿元和 4 335.5 亿元，分别增长 7.1％、4.3％、5.6％、6.8％（表 31）。

表 31　　　　　　　　　　　**2013 年中国十大贸易伙伴进出口总值表**

	进出口（亿美元）	同比（％）	占比	出口（亿美元）	同比（％）	出口（亿美元）	同比（％）
合计	41603.3	7.6	100	22100.4	7.9	19502.9	7.3
欧盟（28 国）	5590.6	2.1	13.4	3390.1	1.1	2200.6	3.7
美国	5210	7.5	12.5	3684.3	4.7	1525.8	14.8
东盟	4436.1	10.9	10.7	2440.7	19.5	1995.4	1.9
香港	4010.1	17.5	9.6	3847.9	19	162.2	−9.3
日本	3125.5	−5.1	7.5	1502.8	−0.9	1622.8	−8.7
韩国	2742.5	7	6.6	911.8	4	1830.7	8.5
台湾	1972.8	16.7	4.7	406.4	10.5	1566.4	18.5

	进出口 （亿美元）	同比（%）	占比	出口 （亿美元）	同比（%）	出口 （亿美元）	同比（%）
澳大利亚	1363.8	11.5	3.3	375.6	−0.4	988.2	16.8
巴西	902.8	5.3	2.2	361.9	8.3	540.9	3.4
俄罗斯	892.1	1.1	2.1	495.9	12.6	396.2	−10.3

第二节 经济开放地带

一、我国全方位、多层次、宽领域对外开放格局已经形成

早在实行改革开放初期，我国就确定了"重点开放沿海地区，逐步向内地开放"的经济发展战略。实现此项战略，不论在经济上还是在政治上都具有重要和深远的意义。党中央、国务院把我国经济发展进程划分为东部地区—沿海地区；中部地区—中部各省；西部地区—新疆、青海、西藏等边远省、区。先发展东部地区，带动中部地区和西部地区发展。在东部地区中又划分为3个对外开放层次：经济特区是第一个对外开放层次，沿海开放城市是第二个对外开放层次，沿海经济开放城市是第三个对外开放层次。我国实行对外开放政策，已经初步形成了"经济特区——沿海开放城市——沿海经济开放城市——内地"这样一个有层次、有重点、由沿海地区向内地逐步推进的对外开放格局。20世纪90年代以来，以开发开放上海浦东为新起点，国家级新区成为新一轮开发、开放和改革的新区。国家级新区以国家战略、总体发展目标、发展定位等由国务院统一进行规划和审批，相关特殊优惠政策和权限由国务院直接批复，在辖区内实行更加开放和优惠的特殊政策，鼓励新区进行各项制度改革与创新的探索工作。截止2015年6月，我国先后建立了中国国家级新区达到13个，其中包括上海浦东新区、天津滨海新区、重庆两江新区、浙江舟山群岛新区、甘肃兰州新区、广州南沙新区、陕西西咸新区、贵州贵安新区成立、青岛西海岸新区、大连金普新区、四川天府新区成立，以及2015年4月湖南湘江新区和2015年6月南京江北新区。

我国对外开放向纵深推进，我国对外开放从东南沿海向内地不断推进，形成了沿海、沿江、沿边、内地相结合的多层次、有重点、全方位的对外开放新格局。

迄今为止，我国共有经济特区6个，国家级经济技术开发区215个（含5个享受国家级经济技术开发区政策的工业园区），高新技术产业开发区88个，保税区19个，边境经济合作区16个，国家旅游度假区12个。再加上属于国家批准的开发区，共有各类开发区300多家。这些经济特殊型地区在我国经济发展中具有显著的优势，它们是引进国外先进技术、科学知识、管理经验的"窗口"，是发展国际经济技术交流的基础，是向国外和国内辐射的枢纽。我国通过兴办经济特区、开放沿海港口城市，开辟沿海经济开放区、新建国家级高新技术开发区等一系列开放措施，对外开放和外向型经济发展取得了巨大的成就。

二、经济特区从"试验田"开始，创造了对外开放奇迹

我国先后在深圳、珠海、汕头、厦门、海南和喀什建立了经济特区，通过三十年的不断探索和创新，走出了一条有中国特色的特区开放之路，充分发挥了先导、窗口、辐射和带动的作用。目前，我国六大经济特区与世界200多个国家和地区建立了贸易往来关系，进出口

总额由 1980 年的 4.482 亿美元上升到 2008 年的 4 090.02 亿美元,增长了 911.54 倍,远高于全国同期增长幅度。2009 年,深圳、珠海、汕头、厦门、海南五大经济特区实现本地生产总值 13 545 亿元,财政总收入 4110 亿元,进出口总额 3 658 亿美元,以占全国 0.44% 的土地面积,创造了全国 4.04% 的 GDP、6.0% 的财政收入、16.57% 的进出口总额。尤其是深圳经济特区发展得更快。1979—2009 年,深圳本地生产总值从 1.9 亿元增长到 8 201.23 亿元,年均增长 35.04%;人均生产总值从 606 元增长到 9.21 万元(13 480 美元),年均增 46.35%;贸易进出口总额从 0.17 亿美元增长到 2701.55 亿美元,年均增长 30.13%;地方预算内财政收入从 0.17 亿元增长到 880.82 亿元,年均增长 25.36%。

1. 具有中国特色的深圳经济特区

深圳位于珠江三角洲东南边缘珠江口的东侧,东临大亚湾,西抵珠江口,南接香港新界,北连广东惠州市、东莞市。经济特区包括罗湖、福田、南山、盐田 4 个区。自 1980 年党中央、国务院决定在深圳设立经济特区起,特区大力发展对外加工工业和旅游业,城市发展迅速,深圳从无到有,从小到大,取得了举世瞩目的成就,已经成为中国连接世界经济的纽带。作为中国最年轻的城市,这里开辟了中国最早的经济特区。深圳的国民经济持续快速增长,深圳市生产总值(GDP)从 1979 年的仅有 1.96 亿元增长到 2008 年的 7 806.54 亿元,增长了 3 982.9 倍;人均 GDP 从 1979 年的仅 606 元增长到 2008 年的 8.98 万元,增长了 148 倍,居全国大中城市第一,创造了世界经济发展史上的奇迹。2013 年,深圳市生产总值(GDP)为 14 500.23 亿,人均生产总值(GDP)137 476.82 元,折合 22 198.03 美元。

作为华南区域性商业中心之一的深圳,是衔接香港和内地的纽带,商贸活动十分活跃,深圳外贸进出口在全国占居重要地位。2012 年,深圳市外贸进出口、出口和进口规模分别达到 4 667.9 亿美元、2713.7 亿美元和 1954.2 亿美元,均创历史新高。进出口超过上海位居全国大中城市首位,出口实现全国大中城市"二十连冠"。质量上,外贸结构逐步优化。深圳去年高新产品出口占比 55.7%,比 2011 年提升 4.9 个百分点,高于全国 28.8 个百分点。私营企业出口 929.7 亿美元,大幅增长 41.6%,超出全市 31.1 个百分点。进口增幅提升至 15.9%,比出口增幅高出 5.4 个百分点,贸易顺差 759.5 亿美元。2014 年深圳地区生产总值达到 16 001.98 亿元,比上年增长 8.8%。其中,第一产业增加值 5.29 亿元,下降 19.4%;第二产业增加值 6823.05 亿元,增长 7.7%;第三产业增加值 9 173.64 亿元,增长 9.8%。第一产业增加值占全市生产总值的比重不到 0.1%;第二和第三产业增加值占全市生产总值的比重分别为 42.7% 和 57.3%。人均生产总值 149 497 元/人,增长 7.7%,按 2014 年平均汇率折算为 24337 美元。2014 年深圳外贸进出口总额 4 877.65 亿美元,比上年下降 9.2%。其中出口总额 2844.03 亿美元,下降 7.0%,分别占全国和广东省出口总额的比重为 12.1% 和 44.0%;进口总额 2 033.62 亿美元,下降 12.3%。进出口规模连续三年居内地城市首位;出口总额连续二十二年居内地城市首位。全年新签外商直接投资合同项目 2 490 项,比上年增长 21.1%;合同外资金额 108.95 亿美元,增长 62.6%;实际使用外商直接投资金额 58.05 亿美元,增长 6.2%。全年对外承包工程业务完成营业额 102.74 亿美元,比上年下降 53.7%。

今日的深圳已成为中国大陆人均生产总值最高的城市,经济总量相当于一个中等省份,是经济效益最好的城市之一,国内生产总值居大中城市第五位(2013 年);财政收入居大中城市第三位（2013 年）；2013 年深圳市进出口总额突破 5 000 亿美元，居内地大中城市首位，出口总额突破 3000 亿美元，实现 21 连冠；2013 年，深圳港完成集装箱吞吐量 2 327.8 万标准箱，超越香港，跃居全球第三；中国第四大航空港，华南航空货运的重要枢纽；是中国唯一拥有海陆空口岸的城市；深圳在全球旅游城市中排行第七（2013 年）；深圳的城市综合竞争力位列内地城市第一；是中国经济发展最快的明星城市，是具有中国特色、中国风格、中国气派的现代化国际性城市。

2. 实行经济功能区带动战略的珠海经济特区

珠海位于广东省珠江口的西南部，因位于珠江注入南海之处而得名。东与香港隔海相望，相距仅 36 海里，最近的牛头岛相距仅 3 海里；南与澳门相连，西邻新会、台山市，北与中山市接壤，距广州约 140 公里。改革开放以来，珠海市经济持续快速增长，城市建设和基础设施不断完善，已建立起以工业为主，商贸、旅游、金融、房地产、信息、运输、农渔等各行业协调发展的综合性外向型经济格局。2011 年全市地区生产总值、工业总产值、财税总收入、地方财政一般预算收入分别达到 1 410 亿元、3 580 亿元、459 亿元和 143.3 亿元，年均增长 11.3%、11.1%、18.4%和20.4%。人均地区生产总值达 1.4 万美元，年均增长 9.2%。2013 年全市实现地区生产总值（GDP）1 662.38 亿元，同比增长 10.5%。其中，第一产业增加值 43.11 亿元，增长 5.4%，对 GDP 增长的贡献率为 1.2%；第二产业增加值 849.05 亿元，增长 11.8%，对 GDP 增长的贡献率为 59.6%；第三产业增加值 770.21 亿元，增长 9.2%，对 GDP 增长的贡献率为 39.2%。三次产业的比例由 2.6：51.6：45.8 调整为 2.6：51.1：46.3。在服务业中，现代服务业增加值 441.64 亿元，增长 10.3%，占 GDP 的 26.6%。在第三产业中，批发和零售业增长 11.1%，住宿和餐饮业增长 2.0%，金融业增长 12.0%，房地产业增长 18.4%。民营经济增加值 535.77 亿元，增长 11.1%，占 GDP 的 32.2%。2014 年珠海生产总值 1 857.32 亿元，同比增长 10.3%，增速高于全国和全省平均水平。

多年来珠海实施外向带动战略、大力拓展出口市场的努力已见成效。2013 年珠海市外贸进出口 3 357 亿元人民币（折合 541.7 亿美元），扣除汇率因素比 2012 年增长 18.6%，其中，出口增长 23%，进口增长 14.6%。数据显示，珠海外贸进出口规模创历史新高，增速同比超预期，呈量质并举良好态势。2013 年珠海市一般贸易进出口 254.7 亿美元，增长 33.2%，占珠海市外贸进出口总值 47%；加工贸易进出口 209.1 亿美元，微增 0.1%，占 38.6%；保税监管场所进出境货物 65 亿美元，增长 43.1%，占 12%。民营企业在全年外贸进出口中表现突出，增幅超九成。2013 年珠海市外商投资企业进出口 286 亿美元，小幅增长 2.8%，在珠海市外贸中的占比仍然超过 5 成，达 52.8%；国有企业进出口 135.1 亿美元，增长 16.3%，占 24.9%；民营企业进出口 120.6 亿美元，增长 93.3%，占 22.3%。机电、劳动密集型产品出口和高新技术、资源类产品进口增长迅猛。

前 5 大贸易伙伴全面增长，对日贸易下降。2013 年，伊朗、美国、香港、东盟和欧盟分列珠海市前 5 大贸易伙伴，贸易值分别为 92.3 亿、69.4 亿、65.7 亿、61.9 亿和 53 亿美元，分别增长 17.9%、26.9%、6.2%、40.1%和 18.6%。前 5 大贸易伙伴合计占珠海市外贸总值的 63.2%。与上年相比，美国超越香港，排位从第 3 上升到第 2；东盟超越欧盟，排位从第 5 上升到第 4。同期，对日贸易 37.3 亿美元，下降 10.8%，日本继续保持第 6 大贸易伙伴地位。

目前，珠海经济增长结构不断优化，企业效益进一步提升，城乡居民收入增长较快，民生福利显著改善，经济平稳发展。

３. 享有百载商埠美誉的汕头经济特区

经济外向的汕头市位于广东省东部，韩江三角洲南端，东北接潮州市饶平县，北邻潮州市潮安县，西邻揭阳普宁市，西南接揭阳市惠来县，东南濒临南海。市区距香港187海里，距台湾省高雄市180海里。汕头历来是粤东、赣南、闽西南一带的重要交通枢纽，进出口岸和商品集散地，素有"华南之要冲，粤东之门户"的美称，享有"百载商埠"的盛誉。汕头于1861年开埠，是近代中国最早对外开放的港口城市之一，商贸历来比较发达。汕头是全国著名的侨乡，有近200多万人生活在世界40多个国家和地区，其中80％在东南亚；港澳台同胞近100万人。汕头得天时地利人和，占改革开放先机，经济综合实力显著增强，产业结构逐步优化。现已形成化工塑料、超声电子、食品医药、纺织服装、机械设备、工艺玩具、印刷包装、音响材料等八大工业门类。2014年全市生产总值1716.00亿元，比上年增长9.0％。其中，第一产业增加值93.41亿元，增长3.9％；第二产业增加值897.58亿元，增长9.7％；第三产业增加值725.01亿元，增长8.6％。三次产业结构由上年的5.6：52.2：42.2调整为5.4：52.3：42.3，第一产业比重有所下降，第二、三产业略有提高。在现代产业中，现代服务业增加值274.03亿元，增长6.9％。在第三产业中，批发和零售业增长10.1％，住宿和餐饮业增长8.6％，金融业增长8.0％，房地产业增长3.5％。民营经济增加值1213.88亿元，增长10.0％。全市人均GDP31192元，增长8.2％。2014年全市进出口总额95.60亿美元，比上年增长3.5％。其中，进口总额25.94亿美元，下降1.4％；出口总额69.66亿美元，增长5.5％。在出口总额中，一般贸易出口56.92亿美元，增长8.7％；加工贸易出口11.16亿美元，下降14.7％。全年实际吸收外商直接投资金额17813万美元，增长20.2％。新签投资项目23个，其中投资规模在500万美元以上的项目4个，下降50.0％。

４. 海峡西岸的厦门经济特区

厦门地处我国东南沿海——福建省东南部、九龙江入海处，背靠漳州、泉州平原，濒临台湾海峡，面对金门诸岛，与台湾宝岛和澎湖列岛隔海相望。全市现辖思明、湖里、集美、海仓、同安和翔安6个区，是我国著名的侨乡和台胞祖籍地。1980年10月国务院批准厦门设立经济特区，1984年2月厦门经济特区范围扩大到全岛，并逐步实行了自由港某些政策。1992年设立象屿保税区。之后，国务院还批准厦门市为计划单列市，赋予相当于省一级经济管理权。自改革开放以来，厦门经济快速发展。2014年厦门地区生产总值（GDP）3273.54亿元，按可比价格计算，比上年增长9.2％。其中，第一产业增加值23.74亿元，增长2.5％；第二产业增加值1499.27亿元，增长9.7％；第三产业增加值1750.53亿元，增长8.7％。三次产业结构为0.7：45.8：53.5。外贸进出口总值835.53亿美元，比上年下降0.6％，其中出口531.65亿美元，增长1.6％；进口303.88亿美元，下降4.3％；贸易顺差227.77亿美元，增长10.5％。私营企业进出口总值335.99亿美元，增长3.5％，其中出口259.55亿美元，增长1.0％；三资企业进出口总值371.87亿美元，下降5.2％，其中出口217.53亿美元，下降0.1％。一般贸易进出口总值509.50亿美元，与上年持平，其中出口340.51亿美元，增长1.4％；进口168.99亿美元，下降2.7％。

对台进出口贸易总值70.45亿美元，下降13.0％，其中自台进口54.86亿美元，下降

17.8%；对台出口 15.59 亿美元，增长 9.6%。

2013 年东盟首次超过美国，成为厦门市第一大贸易伙伴。厦门对东盟贸易增速，显著高于美国、日本等国和香港、台湾等地的传统贸易伙伴。据统计，2013 年厦门市对东盟、美国、欧盟分别贸易 120.6 亿美元、120.3 亿美元、118.5 亿美元，同比分别增长 16.6%、10.3%、19.2%，三者合计占厦门同期外贸总值的 42.7%。台商在厦门投资和厦台贸易中具有重要地位，厦门作为祖国大陆对台湾省经贸往来、文化交流的基地，在发展海峡两岸关系中扮演着重要角色。2014 年新批外商投资项目 417 个，合同利用外资 29.90 亿美元，比上年增长 63.1%；实际利用外资 19.70 亿美元，增长 6.2%。

厦门已经从昔日工业落后、基础设施较差的海岛小城发展成为今日经济繁荣、人民富强、社会进步的港口风景城市。

5. 中国"热带宝地"——海南经济特区

海南位于我国南海之中，隔琼州海峡与广东雷州半岛相望。海南省属于热带季风气候，有发展热带农业的得天独厚的条件，特别是热带橡胶作物，热带林业和热带水产业居全国之冠。海南自 1988 年建省办经济特区以来，经过一段时间的探索，于 1996 年 1 月提出了把海南建成新兴工业省、热带高效农业基地和热带海岛度假旅游胜地（"一省两地"）的发展战略，初步找到了符合海南实际的经济发展之路。在这一发展战略的指导下，具有海南特色的产业结构初步构建，热带高效农业和旅游业成为支柱产业，新型工业、热带高效农业、热带海岛旅游业"三足鼎立"的产业发展新格局初露端倪。进入新世纪以来，随着"大项目进入、大项目带动"战略等一系列发展战略的实施，新型工业已成为拉动海南经济增长的主要动力，一批技术资金密集型产业崛起。

2014 年全省地区生产总值（GDP）3500.7 亿元，比上年增长 8.5%。其中，第一产业增加值 809.6 亿元，增长 4.8%；第二产业增加值 874.4 亿元，增长 11.0%；第三产业增加值 1816.7 亿元，增长 8.7%。三次产业增加值占地区生产总值的比重分别为 23.1∶25.0∶51.9。全年全省农林牧渔业完成增加值 832.8 亿元，比上年增长 5.0%。工业完成增加值 514.4 亿元，比上年增长 11.6%。其中，规模以上工业增加值 471.2 亿元，增长 12.0%。分轻重工业看，轻工业增加值 115.6 亿元，增长 3.4%；重工业增加值 355.6 亿元，增长 15.1%。全省对外贸易进出口总值 975 亿元，比上年增长 4.3%。其中，出口总值 271.4 亿元，增长 17.8%；进口总值 703.6 亿元，下降 0.1%。在出口总值中，对东盟出口 97.9 亿元，增长 70.3%；对香港出口 38.7 亿元，下降 39.8%；对欧盟出口 22.0 亿元，下降 5.7%；对美国出口 21.0 亿元，下降 29.1%；对日本出口 8.1 亿元，增长 11.5%等。成功举办了博鳌亚洲论坛年会、世界旅游旅行大会、三亚财经国际论坛等重大活动。

2014 年全省实际利用外资总额 19.2 亿美元，比上年增长 5.8%。其中，外商直接投资 18.9 亿美元，增长 4.3%。新签外商投资项目 60 宗，协议合同外商投资额 7.0 亿美元，增长 10.8%。

海南在 2013 年接待旅游过夜人数 3672 万人次，同比增长 10.6%；实现旅游总收入 428 亿元，同比增长 13.1%。

作为我国最大的经济特区，拥有着特殊的区位和资源优势，走出了一条不同的产业发展之路。已经从一个经济比较落后的边陲地区发展成为经济富裕程度逐步提升的经济特区，正向着全面建设小康社会目标稳步迈进。

6. 喀什经济特区

2010 年 5 月中央正式批准喀什设立经济特区，成为我国第六个经济特区。喀什经济特区位于我国西部，与塔吉克斯坦、阿富汗、巴基斯坦、吉尔吉斯、印度五国接壤，具有"五口通八国，一路连欧亚"的独特区位优势，是祖国向西开放的重要门户，也是中国进入中亚、西亚以及欧洲的国际大通道、向西开放的桥头堡，战略地位更显突出我国进入中亚、西亚以及欧洲的国际大通道、向西开放的桥头堡，具有重要的战略地位。

喀什经济特区的面积为 111 794 平方公里，水土光热、旅游、矿产、石油天然气、农副产品资源十分丰富，发展潜力巨大。喀什不仅区位优势明显，更重要的是还有着独特的物产资源、商贸旅游资源。经济特区立足疆内，面向内地市场，积极开拓中亚、南亚、西亚、东欧等国际市场。特区经济以发展工业为主、实行工贸结合，并相应发展旅游、房地产、金融、饮食服务、教育等第三产业。建区第一年，2010 年喀什地区地方生产总值达 375.3 亿元，比增长 12%。其中，第一产业增加值 129.2 亿元，增长 5.2%；第二产业增加值 113 亿元，增长 19.6%（按可比价计算增长 12.8%）；第三产业增加值 133.1 亿元，增长 19.8%，（按可比价计算增长 15.1%）。三次产业结构由 2009 年的 37：29：34 调整为 2010 年的 34.4：30.1：35.5。人均生产总值 9744 元/人，比上年增长 13.7%（按可比价计算增长 9.4%）。

喀什地区 2014 年实现生产总值 688 亿元，同比增长 10.2%。其中，第一产业增加值 211 亿元，同比增长 7.4%；第二产业增加值 210 亿元，同比增长 13.2%，其中工业增加值 119 亿元，同比增长 13%；第三产业增加值 267 亿元，同比增长 10.1%。三次产业结构 30.7：30.5：38.8。人均生产总值 16024 元/人，比上年增长 5.3%。全年完成外贸进出口总额 12.06 亿美元，同比增长 7.39%，其中：出口 11.87 亿美元，同比增长 6.53%，进口 1951.3 万美元，同比增长 109.1%。

作为中国的第六大经济特区，喀什将以'东有深圳、西有喀什'为目标，依托国家的扶持，面向东亚、南亚、西亚、和中亚的广阔市场，努力把喀什建设成为世界级的国际化大都市。

三、中国经济增长最快、最活跃的地区

长江三角洲是指长江入海而形成的冲积平原，包括上海市、江苏省和浙江省的部分地区。长江三角洲经济区是指由沪、苏、浙三地 16 个地级以上城市组成的复合型区域，包括上海市，江苏的南京、苏州、无锡、常州、镇江、南通、扬州和泰州，浙江省的杭州、宁波、嘉兴、湖州、绍兴、舟山和台州市。以上海为龙头的长江三角洲城市带，已被公认为世界六大城市带之一。在此基础上，2010 年国务院批准《长江三角洲地区区域规划》，长江三角洲经济圈以上海为中心，南京、杭州为副中心，包括江苏的苏州、无锡、徐州、扬州、泰州、南通、镇江、常州、盐城、淮安、连云港、宿迁，浙江的宁波、温州、嘉兴、湖州、绍兴、舟山、台州、金华、衢州、丽水，安徽的合肥、马鞍山、芜湖、滁州、淮南共 30 个城市。以沪杭、沪宁高速公路以及多条铁路为纽带，形成一个有机的整体。以上海为龙头的长江三角洲城市带，已被公认为世界六大城市带之一。而高铁的建设和连接，使得长三角地区实现一小时经济圈。

珠江三角洲是指珠江千百年来冲刷出来的一块平原，北起广州，呈扇形向东南和西南放射，东面有经济特区城市深圳和与之相邻的东莞市，西面由北至南有：佛山、江门、中山以及与澳门接壤的经济特区城市珠海市。珠江三角洲经济区包括 14 个市县：广州、深圳、珠海、佛山、江门、东莞、中山等 7 市，以及惠州市的市区和惠阳、惠东、博罗三县，肇庆市的市区和高要、四会两市。在这个基础上，2003 年形成了泛珠三角经济圈。目前"泛珠三角"经济圈是指广东、福建、江西、广西、海南、湖南、四川、云南、贵州等 9 个省（区），再加上香港和澳门形成的区域经济圈。"泛珠三角"经济圈可分成 3 个部分，分别是核心区、紧密层经济圈和半紧密层经济圈。核心区包括广东、香港和澳门三地，即大珠江三角洲，它的经济总量相当于环渤海经济区和长三角经济区的总和；紧密层经济圈包括福建、海南、湖南、江西、广西和核心区，紧密层经济圈在整个经济圈中处于桥梁的地位；半紧密层经济圈包括珠江流域的云南、贵州和内陆腹地四川、重庆和湖北。半紧密层经济圈地处于整个经济圈的外围，与核心区的联系较松散，与半紧密层的联系相对密切。

改革开放以来，长江、珠江三角洲地区经济得到较快发展，经济实力显著增强。2008 年两地 GDP 总量达到 83 698.49 亿元，其中长江三角洲为 53 952.91 亿元，珠江三角洲为 29 745.58 亿元。长江三角洲 GDP 规模高于珠江三角洲。两地的 GDP 增长速度均保持在两位数以上（除扬州和肇庆市区外），均高于全国平均水平；两地产业结构均在调整中优化，在发展中提高；2007 年长江三角洲和珠江三角洲地区三次产业基本同步，产业结构向高度化发展；当年进出口贸易总额 13876 亿美元，占全国进出口贸易总额的 63.8%，其中长三角达 7776 亿美元，同比增长 24.2%，珠三角 6 100 亿美元，增长 20.6%，珠江三角洲外贸总额低于长江三角洲；两地全社会固定资产投资总额 24 584.3 亿元，占全国 18.3%，其中长三角全社会固定资产投资总额占全国 13.1%，珠三角占 5.2%；长江三角洲城市居民可支配收入 19 685.37 元，珠三角地区达到 21379 元；长江三角洲地区城市居民人均消费支出为 14 091 元，珠三角地区为 17 034.25 元；长江三角洲地区居民家庭人均消费支出是全国平均水平的 1.4 倍，珠三角地区居民消费支出是全国平均水平的 1.7 倍。

改革开放之初，两地充分发挥自己轻纺产品和机电产品优势，迅速占领并扩大了国内外市场，尤其是长江三角洲的民营企业和乡镇工业顺应改革大潮，很快实现了全面启动，千百年的商业文化厚积薄发，创造了"温州模式"等经济奇迹。珠江三角洲依靠毗邻港澳的独特地理位置，发挥其信息优势和侨乡众多的人文优势，以较低的土地价格和充足的廉价劳动力吸引了大量外资的直接进入，尤其是吸引了港澳台制造业的大规模转移，使"三资"企业在珠江三角洲城乡迅速发展起来。两地大力发展外向型经济，在引进外资、扩大外贸的同时引进了先进的技术和装备，更重要的是不断提高与国际接轨的程度，引进了现代市场经济理念、科学管理方式，提升了人力素质，其对经济、社会发展的深远影响是难以估量的。改革开放以后，珠江三角洲企业就把产品市场与国际接上了轨。

长江三角洲和珠江三角洲区域经济的发展，已成为中国经济增长最快、最活跃和最发达的地区。它们是中国其它地区改革开放和经济发展的"大教室"，其经济发展模式、市场经济观念、经营思想和管理经验以及面临的困难和问题，对其它地区具有示范和借鉴作用。它们已经成为我国经济发展的两大动力源，在带动全国各地经济不断发展中起着十分重要的作用。

京津冀经济圈（亦称"京三角"）指的是以北京、天津为核心，辅以周边河北的唐山、保定、秦皇岛、廊坊、沧州、承德、张家口等城市。20 世纪 90 年代，环京津地区对河北省经济增长的贡献率将近 60，是河北经济发展最重要的区域。但总体上看，与珠三角和长三角相比，略显松散，还不够紧密。2015 年 4 月 30 日中共中央政治局审议通过《京津冀协同发展规划纲要》。纲要指出，推动京津冀协同发展是一个重大国家战略，核心是有序疏解北京非首都功能，要在京津冀交通一体化、生态环境保护、产业升级转移等重点领域率先取得突破。这一区域最大的特点是：

一是北京是中国北方最大的市场，天津是北方最大的工业基地。北京是一座传统的消费型城市，2013 年户籍人数为 2 114.8 万人，2013 年全市实现地区生产总值 19 500.6 亿元，按可比价格计算，比上年增长 7.7%，增幅与上年持平。其中，第一产业实现增加值 161.8 亿元，增长 3%。第二产业实现增加值 4 352.3 亿元，增长 8.1%，其中工业实现增加值 3 536.9 亿元，增长 7.8%；建筑业实现增加值 815.4 亿元，增长 9.6%。第三产业实现增加值 14 986.5 亿元，增长 7.6%。三次产业结构由上年的 0.8∶22.7∶76.5 变为 0.8∶22.3∶76.9。按常住人口计算，全市人均地区生产总值达到 93 213 元，按年平均汇率折合为 15 052 美元。

天津是北方重要的工商业城市，2013 年实现地区生产总值（GDP）14370.16 亿元，按可比价格计算，比上年增长 12.5%。分三次产业看，第一产业增加值 188.45 亿元，增长 3.7%；第二产业增加值 7 276.68 亿元，增长 12.7%；第三产业增加值 6 905.03 亿元，增长 12.5%。三大产业结构为 1.3∶50.6∶48.1。在全部 40 个工业行业大类中天津涉及到的有 35 个，产业配套能力强，工业是全市经济发展最重要的推动力量。

二是北京"总店"、天津"后厂"成为大企业集团的最成功的运营模式。北京具有良好的亚太区域性商务中心职能，又是中国教育、科技最发达和人才最集中的地方，越来越多的企业选择在北京设立总部和企业研发中心，将天津作为生产基地。目前世界 500 强企业中有 300 多家以总公司名义在中国开办各级办事处、代表处、中国总公司，其中一半以上设在北京，摩托罗拉、三星集团等大型跨国公司纷纷将总部和研发中心设在北京，将其在华最大的生产基地设在天津。

三是天津港成为北京和河北货物进出的重要通道。天津港是我国北方最大港口，与世界上 180 多个国家和地区的 400 多个港口保持着贸易往来，天津港历史上就是北京的外港和河北的重要出海口，北京出口总值的三成、河北出口总值的六成经由天津港。

四是京津教育、科技实力拥有难以比拟的优势。环渤海地区教育资源密集，共有 300 多所大学，相当于珠三角和长三角的总和，其中北京是全国最大的教育中心、科学技术研究基地，科研院所 360 个，居全国第一，普通高等院校 62 所，著名高校密集，全市每年获国家奖励的成果占全国的三分之一，天津有 37 所大专院校，具有发展教育产业的独特优势。北京科技经费投入居全国之首，如科技活动经费、科学研究与试验发展（R&D）经费、创业创新体系建设等等，均居全国之首。

第三节　主要对外贸易港口与海运航线

一、我国港口和海洋运输发展概况

远在隋唐时期，我国的海上贸易就很发达。在 1405 年至 1433 年间，明太监郑和曾率领二万余人，分乘大小船舶二万余艘，七次下西洋，到达印度洋沿岸的许多地方，显示了我国远洋航运在世界史上的领先地位。但自清朝实行锁国政策，特别是鸦片战争以后，我国航运事业遭到严重摧残，海运事业绝大部分被帝国主义所垄断。据1926年统计，在中国远洋运输中，我国自己经营的商船吨位只占0.14%，而且港口小，设备落后。到解放时，全国仅有海轮23艘，海运量3.4万吨，码头泊位61个。经过几十年的不断建设和发展，我国港口的基础设施规模明显扩大。

2011年底止，全国港口拥有生产用码头泊位31968个，比上年底增加334个，其中，万吨级及以上泊位1762个，比上年末增加101个。2014年末全国港口拥有生产用码头泊位31705个，比上年末减少55个。其中，沿海港口生产用码头泊位5834个，增加159个；内河港口生产用码头泊位25871个，减少214个。全国港口拥有万吨级及以上泊位2110个，比上年末增加109个。其中，沿海港口万吨级及以上泊位1704个，增加97个；内河港口万吨级及以上泊位406个，增加12个。全国万吨级及以上泊位中，专业化泊位1114个，通用散货泊位441个，通用件杂货泊位360个，比上年末分别增加52个、27个和15个。

运输船队规模继续较快增长，全国拥有水上运输船舶17.92万艘、21264.32万载重吨，分别比上年末增长0.5%和17.9%，2014年末，全国拥有水上运输船舶17.20万艘，比上年末减少0.3%；净载重量25785.22万吨，增长5.7%；平均净载重量1499.34吨/艘，增长6.0%；载客量103.23万客位，减少0.1%；集装箱箱位231.87万TEU，增长36.3%；船舶功率7059.85万千瓦，增长8.9%。海运船队吨位规模在世界商船队继续位列第四。随着我国对外经济贸易的发展，海运量迅速增加，加速港口建设成为当务之急。国家交通部已确定我国今后重点建设集装箱码头，发展深水泊位，2012年，全年规模以上港口完成货物吞吐量97.4亿吨，比上年增长6.8%，其中，外贸货物吞吐量30.1亿吨，增长8.8%。规模以上港口集装箱吞吐量17651万标准箱，增长8.1%。目前，国家已建设一批散货专业化深水泊位和杂货集装箱深水泊位，以提高装卸率，扩大港口吞吐量，并使全国港口布局更加趋向合理，做到大中小港口密切结合，为国家经济贸易的发展做出了更大的贡献。

港口经济，是在二十多年的改革开放不断深入和进出口贸易不断发展情况下，我国沿海区域出现的一种新兴经济模式，新一轮港口建设高潮，由此带动了当地及辐射区域系列产业链的发展，而这种辐射形成了一种"港口集群"效应。在中国，这样的港口群有三个：以深圳、广州为代表的华南珠三角港口群；以上海港为代表的华东长三角港口群；以天津、大连港为代表的华北环渤海港口群。华南港口群：大珠三角港口群的优势在于有世界大港香港的龙头港效应，其优势在港口服务业以及口岸服务上，从装卸服务、物料供应、修船服务乃至于和港口经营密切相关的法律服务、金融服务、口岸服务、人才服务等方面，香港都有着无法替代的优势。而原小珠三角港口的优势在于物流条件优越、港口集疏运输便利和价格适宜，深圳港、广州港发展分别偏向发展外贸和内贸，也分别作为对香港的延伸；湛江、珠海、中山、虎门、惠州港作为内贸中转港。华东港口群：长三角港口群的优势在于其自然、水深等资源优势和江海联运、充足的物流货源保证优势，以及经营机制市场化和内外贸结合优势。上海港重点发展上海至北美、欧洲、地中海、波斯湾、澳洲等地区国际远洋航线及日本、韩国、香港及亚洲周边地区的近洋航线；宁波—舟山港发展欧美等远洋航运和国际中转运输；南京、镇江、张家港、南通四港则为集装箱支线港，开辟江海航线，成为长江中下游货源联系上海航运中心的枢纽；太仓港具一定深水条件，可成为上海国际航运中心的辅港。华北港口群：在北方区域性国际航运中心的建设中，形成了以大连、天津、青岛为中心港口，营口、秦皇岛、烟台为辅助性的环渤海港口群，天津港腹地开阔、后方货源足；青岛港的优势在于山东省正在技术打造山东半岛制造业基地，以承接日本、韩国产业转移，将山东半岛变成我国北方重要的制造业基地，"这将使青岛拥有一个经济发达、货源充足的腹地"；而大连港的优势在于其货品分类中心和独特的石油储运基地。

2014 全年全国港口完成货物吞吐量 124.52 亿吨，比上年增长 5.8%。其中，沿海港口完成 80.33 亿吨，内河港口完成 44.19 亿吨，分别增长 6.2% 和 5.1%。全国港口完成旅客吞吐量 1.83 亿人，比上年下降 0.9%。其中，沿海港口完成 0.81 亿人，内河港口完成 1.02 亿人，分别增长 3.6% 和下降 4.2%。全国港口完成外贸货物吞吐量 35.90 亿吨，比上年增长 6.9%。其中，沿海港口完成 32.67 亿吨，内河港口完成 3.23 亿吨，分别增长 6.9% 和 6.8%。全国港口完成集装箱吞吐量 2.02 亿 TEU，比上年增长 6.4%。其中，沿海港口完成 1.82 亿 TEU，内河港口完成 2066 万 TEU，比上年分别增长 7.1% 和 0.6%。全国港口完成液体散货吞吐量 9.97 亿吨，比上年增长 5.1%；干散货吞吐量 72.46 亿吨，增长 4.9%；件杂货吞吐量 12.52 亿吨，增长 7.3%；集装箱吞吐量（按重量计算）23.49 亿吨，增长 7.5%；滚装汽车吞吐量（按重量计算）6.09 亿吨，增长 9.4%。全国规模以上港口完成货物吞吐量 111.88 亿吨，比上年增长 5.1%。其中，完成煤炭及制品吞吐量 21.89 亿吨，石油、天然气及制品吞吐量 7.86 亿吨，金属矿石吞吐量 17.97 亿吨，分别增长 0.7%、3.7% 和 7.6%。

截至 2014 年 9 月，中国海运企业有 240 多家，海运船队总运力规模是 1.42 亿载重吨。在世界海运总运力的份额约占 8%，排名第四位。

二、我国对外贸易主要港口

在我国 3.2 万公里的海岸沿线和总长 42 万公里的河流上，沿海、沿江分布着星罗其棋布的港口，经过多年的建设和改造，大连、营口、秦皇岛、天津、烟台、青岛、日照、连云港、南通、南京、苏州、上海、宁波—舟山、厦门、汕头、深圳、广州、湛江、海口、北海等港口，以崭新的面貌呈现在人们面前。主要的外贸港口简况如下：

1. 大连港

位于辽东半岛的南端，扼黄海、渤海之咽喉，京津之门户，又是我国东北与华北的海防前哨，占有非常重要的战略地位。大连不仅是辽宁省的外贸中心，也是东北外贸的唯一出海口，是国际航运和贸易的一个重要基地。大连港阔水深，不淤不冻，港内风平浪静，是一个四季通航的天然良港。拥有生产性泊位共 196 个，其中万吨级以上泊位 78 个，专业化泊位 78 个，港口通过能力达到 2.4 亿吨，集装箱通过能力达到近 800 万标箱。2013 年大连港全年完成海港货物吞吐量 3.334 亿吨，集装箱吞吐量 991.2 万 TEU，分别增长 10.1% 和 22.91%。2014 年大连港全年完成海港货物吞吐量 4.28 亿吨，集装箱吞吐量 1012.76 万 TEU，分别增长 5.15% 和 1.12%。大连港已与 160 多个国家和地区的 300 多个港口建立了经贸航运往来关系。大连港地处哈大铁路终点，与东北各地联系紧密，腹地广阔，物产丰富，进出口商品种类繁多。随着国家振兴东北老工业基地战略的逐步实施，以及作为我国重要的石化产业基地和钢铁生产基地，东北地区对进口矿石、原油等大宗能源及原材料的海运需求与日俱增，每年有大量的粮食、煤炭、石油、机械、钢铁等由该港输出，大连港是东北亚地区最大的粮食中转港、中国最大的海上客运港及最重要的石油、液体化工品转运中心，是世界上亿吨大港之一。

2. 秦皇岛港

位于河北省东北部，背靠燕山，面临渤海，扼守着京津地区的东北门户，港阔水深，水运条件优越，气候比较温和，是我国北方著名的终年不冻港。港口现有生产泊位 45 个，万吨级以上泊位 42 个，最大可接卸 15 万吨级船舶，设计年通过能力 2.23 亿吨。有 4 条国家铁路干线直达港口，有直通码头前延的地下输出油管线。2013 年秦皇岛港全年累计完成货物吞吐量 27260.36 万吨，其中煤炭完成 23827.90 万吨，石油、天然气及制品完成 879.84 万吨，其它散杂货完成 2552.62 万吨，集装箱完成 38.78 万标。2014 年完成货物吞吐量 2.75 亿吨。

具有 110 年历史的秦皇岛港是全国最大的煤炭输出港，成为世界第一个 2 亿吨煤炭输出大港。该港已与 109 个国家和地区有贸易往来，出口商品以煤炭、原油为大宗，其次还有杂货、非金属矿石、钢铁、粮食、玻璃、药材、牲畜、化工原料、农副产品以及贝雕手工业品等。进口主要有小麦、金属矿石、木材、钢铁、化肥、糖、棉花、水泥等。

3. 天津港

位于渤海湾西岸，是我国首都出海门户。港口由南方防波堤环抱而成，20 万吨级船舶可全天候进出港，25 万吨级船舶可乘潮进出港。拥有各类泊位总数 159 个，其中万吨级以上泊位 102 个。天津是一座拥有着 600 多年历史的工商业港口城市，是我国北方国际航运中心的龙头，也是亚欧大陆桥理想的起点港之一。通过多年的建设，天津港已经形成了以集装箱、原油及制品、矿石、煤炭为"四大支柱"、以钢材、粮食等为"一群重点"的货源结构。该港已与世界 180 多个国家和地区的 400 多个港口有贸易运输往来。2013 年，天津港货物吞吐量突破 5 亿吨，位居世界第四；集装箱吞吐量突破 1300 万 TEU。2014 年天津港的货物吞吐量 5.4 亿吨，集装箱吞吐量为 1405 万 TEU。目前，天津港占有中国 3/5 的煤、1/4 的盐、1/6 的原油、1/7 的矿物的海上运输。出口商品主要有石油、钢铁、化工、机械、纺织、食品、杂货等。主要进口商品有钢材、金属矿产、化工原料、家用电器、照像器材、医疗器械、绸缎、胶合板、棕榈油等，天津港是中国北方最大的综合性港口。

4. 青岛港

位于山东半岛东部，扼黄海、渤海之要冲，港阔水深，终年不淤不冻，为一综合性的优良港口。可停靠 5 万吨级船舶的泊位有 6 个，可停靠 10 万吨级船舶的泊位 6 个，可停靠 30 万吨级船舶的泊位有 2 个。2013 年全年吞吐量完成 4.5 亿吨，同比增长 10.6％；集装箱吞吐量完成 1552 万标准箱，同比增长 7％，2013 年的全年货物吞吐量和集装箱吞吐量的世界排名双双由第八位提升至第七位，其中，集装箱吞吐量的国内排名由第五位提升至第四位。2014 年港口完成货物吞吐量达到 4.65 亿吨，集装箱吞吐量突破 1662.44 万 TEU，集装箱装卸效率、铁矿石卸船效率始终保持世界第一。青岛港 2016 年货物吞吐量突破 5 亿吨（5.0036 亿吨）同比增长 3.3％，稳居全球港口第七位，同时经营绩效连续三年保持两位数增长。

青岛港腹地广大，出口商品主要有煤炭、机械、化工、轻纺产品，青岛沿海盛产对虾、海参、鲍鱼等海鲜供出口。进口商品以钢材、轻工机械、羊毛、化工原料、石油、家用电器、金属矿石和非金属矿石、木材、化肥等为主。青岛港是具有 116 年历史的国家特大型港口，是太平洋西海岸重要的国际贸易枢纽，与世界上 130 多个国家和地区的 450 多个港口有贸易运输往来。2015 年与欧洲第二大港安特卫普签署友好港关系协议书。青岛港不但是我国最优良的港湾，还是国际著名的旅游、避暑胜地之一。

5. 连云港

位于江苏省东北部，西临海州湾，西南依云台山，并有东西连岛作为天然屏障。港内风平浪静，万吨海轮四季可航。截至 2012 年底，连云港港共有生产性泊位 52 个，其中万吨级以上 47 个，专业化泊位 16 个。连云港几经扩建，已成为我国新兴的对外贸易港，一个初具规模，大中小泊位配套，散杂货、集装箱并举，运输功能齐全，内外贸兼顾，以外贸运输为主的综合性国际贸易运输枢纽。目前已和世界上 160 多个国家和地区的港口有贸易运输往来。2013 年连云港完成货物吞吐量 2.02 亿吨，同比增长 8.8%，其中外贸吞吐量 1.0593 亿吨、同比增长 7%，在全国排名第 13 位；集装箱吞吐量为 548.8 万标箱，同比增长 9.3%，集装箱吞吐量位列全国港口第 9 位。

每年有大宗的煤炭、钢铁、粮食、化肥、木材、矿砂、食盐、棉布等和具有地方特色的商品对虾、芦笋罐头、速冻蔬菜、原盐、加工糖、桐木和桐木制品、水貂皮、海藻贝雕画、花岗石、金属硅、碳化硅等从这里输出。进口商品主要有木材、化肥、食糖和钢材等。

6. 上海港

位于我国东海之滨，长江入海口南岸，控长江咽喉，扼东海要冲，是我国得天独厚的天然河口良港之一。截止至 2011 年底，上海港海港港区拥有各类码头泊位 1 160 个，其中万吨级以上生产泊位 133 个，集装箱专用泊位 37 个，集装箱码头泊位初具规模，已成为我国最大的集装箱作业港。全球 20 个大船公司全部进驻上海，全球 12 个航区都有航班，远洋航线通达欧洲、北美、澳洲等各国港口，近洋航线通达日本和东南亚各港，航线覆盖全球 200 多个国家和地区的 500 多个港口。2013 年，上海港货物吞吐量完成 7.76 亿吨，同比增长 5.5%；集装箱吞吐量完成 3 361.7 万 TEU，同比增长 3.3%。2015 年完成集装箱吞吐量 3 654 万 TEU，集装箱吞吐量继续保持世界第一。上海港是我国对外贸易的重要基地，是全国性的多功能枢纽港，是中国大陆沿海最大的港口，是中国完成集装箱装卸量最多的港口，是全国最大的卸煤港，为世界著名的国际贸易港。主要出口商品是机械及运输设备、电力机械、通用工业机械设备及零件、原料制成品、杂项制品、服装、化学制品、矿物燃料和钢材等。进口商品主要有电力机械、电气零件、机械及运输设备、通用工业机械设备及零件、钢铁、原料制成品、化学成品、非食用原料等。

7. 宁波—舟山港

2006 年 1 月 1 日浙江省将位于浙江东部的两大深水港口宁波港和舟山港正式合并，新的港名"宁波—舟山港"正式启用，而原有的"宁波港"和"舟山港"名称从此退出历史的舞台。

宁波—舟山海域位于我国东南沿海、杭州湾湾口及长江、钱塘江、甬江入海口处，北起杭州湾东部的花鸟山岛，南至石浦的牛头山岛，南北长 220 km；大陆岸线长 1 547 km，岛屿岸线长 3 203 km。宁波港和舟山港相毗邻，水上距离最近不足 3 海里。宁波—舟山地区岸线蜿蜒曲折，分布有港湾、河口、半岛和众多岛屿。主要海湾有杭州湾、象山湾和石浦湾等，主要入海河流有钱塘江、甬江。1 910 个沿海岛屿星罗棋布，形成对外海波浪的天然屏障，很多岛屿岸线 −10m 等深线近岸、航道通畅，适宜建港；宁波—舟山港区域是我国港口资源最优秀和最丰富的地区，具备开发国际大港的自然条件。

宁波港和舟山港历史悠久，历来是我国对外贸易的重要商埠。新中国成立后进行了重建和多次大修，随着国民经济的进一步发展，宁波港和舟山港都进入高速发展阶段。至 2012 年底，全港拥有生产用码头泊位 601 个，其中万吨级以上泊位 137 个，年综合通过能力达 6.9 亿吨；拥有集装箱航线 235 条，其中远洋干线 120 条，连通世界上 100 多个国家和地区的 600 多个港口，并在全国铁矿石、石油、煤炭等大宗散货运输体系中占有举足轻重的地位。该港是中国大陆大型和特大型深水泊位最多的港口，已成为上海国际航运中心的重要组成部分和深水外港，是国内发展最快的综合型大港。2013 年宁波—舟山港共完成货物吞吐量达到 80 978 万吨，增速也达到 8.8%，货物吞吐量雄踞全球第一；集装箱吞吐量亦达到 1 732.68 万 TEU，位列全球第六。2014 年宁波—舟山港共完成货物吞吐量达到 8.73 亿吨，增速也达到 7.86%，货物吞吐量雄踞全球第一；集装箱吞吐量亦达到 1 945 万 TEU，位列全球第三。宁波—舟山港集装箱运输的优异成绩，超越荷兰鹿特丹港等知名港口。该港已与世界上 100 多个国家和地区 600 多个港口通航。随着杭州湾跨海大桥的建成，宁波—舟山港与上海港相通，从而串起了长江出海口江海连运"T"字型的黄金海岸，组成中国乃至世界最大的港口群。宁波—舟山港已初步形成了一干线四大基地，即集装箱远洋干线港、国内最大的矿石中转基地、国内最大的原油转运基地、国内沿海最大的液体化工储运基地和华东地区重要的煤炭运输基地。该港是长江三角洲地区综合运输体系的重要枢纽，是上海国际航运中心的重要组成部分和沿海集装箱运输的干线港，是长江三角洲及长江沿线地区大宗散货中转基地、国家战略物资储备基地。

8. 厦门港

位于福建省南部，九龙江口，地处中国东南沿海与台湾隔海相望，是中国近代的五大通商口岸。截至 2013 年，全港建成生产性泊位 139 个，其中万吨级以上泊位 62 个（含 10 万吨级以上泊位 14 个），码头货物综合通过能力达 1.4 亿吨，其中集装箱通过能力 964 万标箱。多年来，厦门市政府充分利用"厦门经济特区"的政策优势，加快海湾型城市建设步伐，依托"厦门港不断开辟国际远洋航线"，已与世界 300 多个港口建立航运往来，2002 年进入"世界百强港口 46 位"。2013 年，厦门港完成货物吞吐量 1.91 亿吨，同比增长 10.8%；集装箱吞吐量达 800.80 万标箱，同比增长 11.2%。主要出口商品有服装及衣着附件、鞋类、自动数据处理设备及其部件、机械及设备、电器及电子产品、塑料制品、花岗岩石材及制品、旅行用品及箱包、飞机及零件、家具等。主要进口商品由自动数据处理设备及其零件、机械及设备、黄大豆、电器及电子产品、航空器零件、飞机、钢材、手持或车载无线电话机、电视、收音机及无线电讯设备的零件及保护电路装置、未锻造的铝及铝材等。2014 年，厦门港完成货物吞吐量超过 2 亿吨，同比增长超过 7%；集装箱吞吐量达 857.24 万标箱，同比增长 7.05%。

9. 深圳港

位于广东省珠江三角洲南部，珠江入海口伶仃洋东岸，毗邻香港。全市 260 公里海岸线，九龙半岛分割为东西两大部分。西部港区位于珠江入海口伶仃洋东岸，水深港阔，天然屏障良好，南距香港 20 海里，北至广州 60 海里，经珠江水系可与珠江三角洲水网地区各市、县相连，经香港暗土顿水道可达国内沿海及世界各地港口。东部港区位于大鹏湾内，湾内水深 12～14 米，海面开阔，风平浪静，是华南地区优良的天然港湾。建立深圳特区以来，深圳港累计投资 200 多亿元，先后建成蛇口、赤湾、妈湾、东角头、盐田、福水、下洞、沙渔涌、内河九个港区。深圳港拥有 500 吨级以上泊位 172 个（含 160 个生产性泊位和 12 个非生产性泊位），其中万吨级以上泊位 69 个，集装箱专用泊位 44 个，生产性码头泊位岸线总长度 31.38 公里。上世纪八十年代，深圳港重点建设散杂货专业泊位和通用码头泊位，货物吞吐量经历了一个高速增长阶段。1991 年开始进入国内沿海十大港口行列，1992 年以来连续十一年排行第八位。2004 年货物吞吐量超过亿吨，2007 年货物吞吐量 1.99 亿吨，同比增长 13.6%；集装箱吞吐量也进入了快速增长阶段，近 5 年来平均增长率达 45%。2013 年深圳港全年累计完成货物吞吐量 2.34 亿吨，同比增长 2.54%；累计完成集装箱吞吐量 2 327.8 万标箱，同比增长 1.47%，跃居全球第三大集装箱港口。

10. 广州港

位于珠江三角洲北端，坐落珠江流域东、西、北三江汇合处，距海 145 公里。从珠江口进港，依次为虎门外港区、新沙港区、黄埔港区和内港港区。现有小生产用码头泊位 694 个，2014 年广州港南沙港区三期码头工程包含万吨级集装箱泊位 6 个，2 千吨级集装箱驳船泊位 24 个。广州港出海航运便畅，3.5 万吨级船舶可直达黄埔港区。黄埔港水路距广州 17 公里，水域宽广，港湾条件优越，风平浪静，不淤不冻，具有江海直达，海上运输与内河运输、铁路运输、公路运输互相衔接，四通八达的天然良港条件。黄埔港现拥有大小泊位 123 个，其中 3.5 万吨级的集装箱泊位 5 个，万吨级以下泊位 22 个。广州港生产发展快，从 1999 年全港货物吞吐量突破 1 亿吨，成为中国大陆第二大跨入世界亿吨大港后，港口发展一年一大步，2013 年广州港货物吞吐量达到 4.5 512 亿吨；集装箱吞吐量 1 530.92 万 TEU，同比增长 3.83%。2014 年广州港货物吞吐量达到 4.99 亿吨；集装箱吞吐量 1 616 万 TEU，同比增长 5.54%。广东港成为继上海港、深圳港之后国内第三个突破千万箱的集装箱大港，跻身世界十大集装箱港口行列，排名第七。广州港是中国华南地区最大的综合性港口，国际海运通达世界 154 多个国家和地区的 300 多个港口。每年中国进出口商品交易会在广州举行。港口运输出口商品主要有农副土特产、轻纺产品、重工业产品、工业品等，主要进口商品以机械、钢材、有色金属、照像器材、仪器、轻纺、化工原料、医药保健成套设备为主。

三、对外贸易运输大宗商品的市场及港口

我国各大宗商品的进出口遍及世界各地，沿海许多港口承担着这些大宗商品的外贸运输任务。

（1）煤炭出口运输。我国煤炭出口市场主要在亚洲，如日本、韩国、台湾、香港、东南亚，而欧洲不到 10%。外贸煤炭出口港主要集中在沿海的秦皇岛、日照、青岛、连云港、天津、宁波—舟山、防城等港口。

（2）石油及其制品。外贸运输成品油的主要进出港有大连、天津、秦皇岛、青岛、上海、南通、宁波—舟山、汕头、湛江和广州等港口。其中大连、天津港主要为外贸出口，秦皇岛、青岛、上海、南通、宁波—舟山、汕头和湛江等港口主要为外贸进口。

（3）金属矿石进口运输。我国进口金属矿石的主要国家是澳大利亚、巴西、印度、南非和智利。进口铁矿石国内到达港分布在沿海港口以及长江南京以南港口，其中沿海 5 个主要接卸港分别在宁波—舟山、上海、青岛、防城和天津港。

（4）钢铁外贸运输。我国钢材主要进口国家和地区是日本、韩国、台湾、欧盟以及俄罗斯等国家。主要出口国家和地区是美国、香港、日本、韩国、台湾和欧盟。沿海、内河各主要港口承运钢铁。

（5）木材外贸运输。香港、东南亚、新西兰、美国、加蓬为我国外贸木材的主要来源地，主要到达港是华东、华南地区的连云港、南通、上海、张家港、广州、汕头等港口。我国木材出口港北方主要由大连、营口、连云港等出口到日本、韩国及欧洲，南方通过八所港、广州港流向香港、澳大利亚；防城港、湛江港出口至日本；张家港有少数出口至中东和新加坡的木材。

（6）粮食外贸运输。我国粮食外贸出口港以北方的大连、营口和秦皇岛为主，同时在上海港中转出口的量也相当大。

（7）化肥外贸运输：①北方地区—黑龙江、吉林、辽宁、河北、山东等省以生产玉米、小麦、大豆等为主，化肥需求量较大。进口化肥主要从美国、加拿大、俄罗斯、丹麦、希腊、挪威等国进口。进口港主要是天津、大连、营口、秦皇岛烟台、青岛等港口。

②华南地区化肥主要从独联体、加拿大、约旦、希腊和以色列等国进口，进口港主要有广州、深圳、湛江、防城等港。

③华东地区的化肥生产能力不强，基本上需从外省调入或从国外进口。主要进口港有连云港、南通港等。贵州、云南的磷矿资源非常丰富，是国内主要的磷肥生产基地，因此，有少量的磷肥通过防城和湛江等港出口。

四、对外贸易的远洋运输路线

我国海上运输可分为沿海运输和远洋运输两大部分。沿海运输以上海和广州为两大中心。相应分为两个航区，即以上海、大连为中心的北方航区和以广州为中心的南方航区。国际贸易货运业务主要是由远洋海运来完成的，它在国际贸易运量中的比重一般都占90%左右。我国已开辟了30多条通往世界五大洲国家和地区近1000多个港口之间的航线。随着我国对外经济的不断发展，许多外国轮船公司也越来越多地开辟了到我国各港口的航线。我国远洋运输以上海、深圳、青岛、宁波—舟山、广州、天津、大连和秦皇岛等港为主，分别开辟了下列航线：

1. 东行航线

由我国各外贸港口出发，至北美东西海岸和南美西海岸的主要港口。

（1）中国—北美东西海岸。该线西起我国沿海主要港口，出东海，横跨北太平洋直抵北美西海岸，可靠泊的主要海港有加拿大的温哥华、鲁珀特、美国的西雅图、旧金山、奥克兰、洛杉矶—长滩和墨西哥的马萨特兰。去北美东海岸，则在出东海进入太平洋后，根据需要可在日本的神户、横滨或太平洋上的火奴鲁鲁港挂靠，然后，过巴拿马运河进入加勒比海，由此经过尤卡坦海峡进入墨西哥湾，可到达美国的新奥尔良、休斯顿和墨西哥的韦腊克鲁斯、坦皮科；由加勒比海经向风海峡或莫纳海峡进入大西洋，顺大西洋北上，可抵达东海岸的巴尔的摩、纽约、费城、波士顿、底特律、芝加哥和加拿大的魁北克、蒙特利尔、多伦多和哈利法克斯等各大港口。

（2）中国—南美西海岸。西起我国沿海主要港口，北方港口（厦门港口以北）出东海，南方港口出巴士海峡进入太平洋，顺东南而下，根据需要可停靠太平洋上苏瓦港和帕皮提港，继续东行可达南美西海岸秘鲁的卡亚俄和智利的瓦尔帕来索、彭塔阿雷纳斯。

东行航线是我国进出口贸易最重要的国际航线。进口商品主要有高钢材、机械、原木、化肥、粮食和砂糖等，出口的商品主要有液晶平板电视和电脑、矿产品、化工产品、煤炭、石油、纺织品等。

2. 西行航线

由我国各外贸港口出发，南行至新加坡，过马六甲海峡进入印度洋，然后，或经苏伊士运河进入地中海，由地中海向西，出直布罗陀海峡，抵达大西洋，或绕南非好望角进入大西洋，沿途可到达南亚、西亚、非洲东西岸、欧洲、地中海沿岸、南美东海岸许多国家和地区，是我国对外贸易运输最繁忙的远洋航线。可挂靠的欧洲港口多为世界大港，有伦敦、勒阿弗尔、安特卫普、鹿特丹、汉堡、不莱梅、马赛、热那亚、巴塞罗那。该航线出口商品主要是矿产品、机械设备、粮食、纺织品等；进口的主要商品有汽车及配件、机械设备、电子电器、钢铁、医疗器械等。

3. 南行航线

由我国对外贸易港口出发，至东南亚和大洋洲一些国家和地区。主要有中国—澳大利亚航线，停靠悉尼港、墨尔本港等。中国—新西兰航线，停靠奥克兰和惠灵顿港。还有中国至南太平洋航线，中国—沙巴（马来西亚）航线，中国—沙捞越（马来西亚）航线。输出商品主要是机械设备、电脑及配件、通讯设备、玩具、家电、家具、纺织服装、化学制品、鞋、塑料与金属制品、土特产品、钢材等。主要进口商品有铁矿砂、铜矿石煤炭、有色贱金属废料、机器及运输设备、木材、食品与活畜、羊毛、动物皮、乳制品和纸制品等。

4. 北行航线

由我国对外贸易港口出发，至朝鲜西部的南浦港和东部兴南、清津港，以及韩国西部的仁川港和东南部的釜山港等。同时还可至俄罗斯东部海港海参崴和纳霍德卡—东方港。主要进出口商品有电子产品、石油产品、煤炭、成衣等。

第四节　香港、澳门特区和台湾省的经济贸易

一、香港为中华人民共和国第一个特别行政区

香港位于中国的东南端，由香港岛、大屿山、九龙半岛以及新界（包括262个离岛）组成。总面积1104平方公里。香港属亚热带—热带湿润季风气候。2013年的香港人口为718.4万人，是世界上人口最稠密的地区之一。香港地理位置适中，北靠祖国的广阔腹地，东、南、西三面临海，是远东与欧洲、地中海等地航运的必经之路，也是对北美、大洋洲等地航运的要冲。

1. 香港整体经济发展趋势

从2003年下半年起，香港经济开始出现恢复性增长。2004年香港经济发展强劲，全年经济增长超出预期达到了8.1%，扭转了过去连续几年的颓势，成为香港经济发展的一个里程碑年。香港经济至今仍保持较高的增长率。2013年地区生产总值21224.92亿港元，比上年增长2.9%；折合人民币16798.80亿元。

香港回归祖国十年，依托与内地的经贸关系，整体经济发展急速转型，经济得到稳定、恢复和发展，民生得以改善，经济强劲增长。香港依然是"东方之珠"。

（1）香港的经济腹地和工贸不断扩大。在珠江三角洲地区，1996年只有约五万家工厂，到2006年已接近九万家。香港的工贸企业亦扩大到广东省东西两翼、湖南、珠江三角洲、长江三角洲，有的企业已到东北几省。

（2）香港产业走向高增值。在 1996 年香港大部分工商主要从事加工，只有约一半的港商从事设计生产，到 2006 年，达到近七成。十年前只有二成厂做品牌，现时则有四成。

（3）香港厂商扩大内销市场及新兴市场。现在部分在珠江三角洲地区的港厂，内销比例已经高过出口，香港亦发展新的市场例如东欧、中东等地。

但是，从 2008 年下半年起，香港同样也随着全球经济下滑情况日趋严峻，整体经济受到外围环境的拖累。

2. 香港对外经济贸易不断发展

2007 年全球经济的持续发展，特别是香港主要贸易伙伴经济的持续发展，为世界贸易带来强大的推动力，香港的对外贸易也从中受惠，继续保持增长势头。截至 2013 年 12 月底的官方外汇储备资产为 3112 亿美元。

香港政府统计处最新数据显示，2010 年香港进出口贸易总额为 8239 亿美元，2011 年货物贸易总值达 9105 亿美元，增长 11%；2012 年货物贸易总额 9419 亿美元，同比增长 3.4%；2013 年达到 9770 亿美元，同比增长 3.7%。香港的出口的前景何时好转取决于国际金融危机的发展，以及外贸环境何时开始改善。

港产品出口的最大目的地是美国和中国内地，其余主要出口地依次为英国、德国和台湾。港产品出口的商品主要是：成衣、钟表、玩具、游戏、电子和某些轻工业产品等。

转口贸易成为香港对外贸易发展最快的一环。经香港转口的前五类主要商品依次为电动机械仪器和用具及零件、通讯录音及音响设备和仪器、办公室机器和自动数据处理仪器、杂项制品、衣物及衣物配件等。转口商品中，通讯录音及音响设备和仪器、初级形状塑胶、电动机械仪器和用具及零件的增幅最大。从转口商品的目的地看，中国内地、美国、日本、德国、英国仍为前五大转口目的地。香港转口贸易中有很大比重与内地有关，中国内地是香港转口贸易的最大市场和最大来源地，中国内地、日本、台湾、美国、新加坡、韩国是香港进口商品的主要来源地。2013 年内地与香港贸易额达 4 010.1 亿美元，同比上升 17.5%，占内地对外贸易总额的 9.6%。其中，内地对港出口 3847.9 亿美元，同比上升 19%；自港进口 162.2 亿美元，同比下降 9.3%。香港是大陆重要的贸易伙伴、出口市场。

香港是世界上服务业最发达的地区之一，香港独特的产业优势、先进的管理理念，为内地服务业带来生机；内地拥有广阔的市场、丰富的资源和低成本的劳动力，以及在市场准入、人才流动方面给予香港的优惠条件，也使香港服务业企业获得新的发展机会。

2013 年，内地共批准港商投资项目 12 014 个，同比下降 4.7%，实际使用港资 733.9 亿美元，同比上升 11.9%。按实际使用外资统计，港资在大陆累计吸收境外投资中占 40.9%，排在第一位。香港已成为内地吸收境外投资的最大来源地。

3. 旅游业一直是香港的第二大外汇收入来源

香港以中西文化交流的特色，加上购物及美食，每年吸引世界各地及中国内地的游客到访。随着制造业北移及经济转型，香港的经济发展，近年更加倚重于旅游业。2013 年，来自世界各地的访港旅客数字突破 5400 万人次，较 2012 年上升 11.7%；中国内地继续是香港最大的客源市场，访港旅客总数达 4070 万人次（+16.7%），占整体访港旅客的 75.0%。

4. 香港是世界三大天然良港之一

港内港阔水深，风平浪静，不淤不冻，通道众多。世界各地竞相利用这个条件优越、位置适中的良港，使其成为世界著名的自由港和"知风岛"，成为重要的航运中心之一。主要港区"维多利亚"港口，位于维多利亚海峡近岸，总面积约 41.88 平方公里，港区海底多为岩石星底，泥沙少，航道无淤积，平均水深 12 米，港内有三个海湾和两个避风堤能躲风避浪。有三个主要出入水道，是进入香港的门户。港区水域辽阔，可以同时靠泊 50 艘巨轮，万吨级远洋可以全天候进出港口。在港内仅供远洋轮船停靠的泊位有 72 个，其中 43 个可供长达 183 米的巨轮停泊。目前有 6 个集装箱码头，另外还有 90 公顷的集装箱装卸区。整个港区各种运输设备、助航设施和港口通信设备齐全先进，进出港的轮船停泊时间只需十几个小时，效率之高为世界各大港口之冠。香港与 100 多个国家和地区的近 500 个港口有航运往来，形成了以香港为枢纽，航线通达五大洲、三大洋的完善的海上运输网络。从香港到世界各地有 20 条航线。2013 年全年货物吞吐量达 2.76 亿吨，较上年上升 3%；集装箱吞吐量为 2 240 万标箱，较上年下跌 3%。香港港的集装箱吞吐量则排在上海港、深圳港之后，位列世界第三位。

二、澳门特区将逐步发展为亚太区内重要的旅游目的地之一

澳门特别行政区是中国领土的一部分，位于中国大陆东南沿海，地处珠江三角洲的西岸，毗邻广东省，与香港相距 60 公里，距离广州 145 公里。澳门包括澳门半岛、凼仔和路环两个离岛。澳门半岛以一条宽约 200 米的狭窄地带与广东珠海市接壤，并以一条 2 500 米长的澳凼大桥与凼仔岛连接，而凼仔岛则以一条 2 225 米长的路凼公路与其南面的路环岛相连，全澳陆地面积 29.2 平方公里。2014 年 9 月底人口达到 63.1 万，人口密度每平方公里 2.1 万人。中国籍居民占全区总人口的 94.3%，葡萄牙籍及菲律宾籍居民占 5.7%。

1. 澳门经济、贸易长期发展前景仍然光明

澳门回归的前几年，经济不景气。年轻的特区政府审时度势，制订了"固本培元、稳健发展"的策略，确定了"以旅游博彩业为龙头、服务业为主体、其他行业协调发展"的产业政策，澳门经济迅速出现了柳暗花明的新景象。良好的外部环境和中央政府大力支持，加上特区政府的有效运作，澳门经济延续平稳增长。到现在已形成了出口加工业、旅游博彩业、金融业和地产建筑业四大经济支柱。工业以外向型为主，主要工业有制衣业和纺织业，并向多元化发展。

2013 年澳门本地生产总值（GDP）达到 4 135 亿澳门元，约 517.57 亿美元，人均 GDP 高达 91 376 美元，较 2012 年增长 18.4%，首度超越瑞士，仅次于卢森堡、挪威和卡塔尔，人均 GDP 居全球第四。按世银标准，澳门已属全球最富裕的城市之一。截至 2014 年 9 月底澳门特别行政区区的外汇储备为 161.5 亿美元。

2013 年澳门的对外商品贸易总额达 901.1 亿元（澳门元，下同），较 2012 年的 790.9 亿元增加 14%。

数据显示，2013 年澳门总出口货值为 90.9 亿元，较上一年上升 11%。其中本地产品出口（20.1 亿元）持续萎缩，同比下跌 12%，再出口（70.8 亿元）则增加 21%，其占出口货值的比重已上升至 78%。

随着内部需求及旅客消费增加，带动澳门 2013 年的进口货值同比增加 14%，达 810.1 亿元，创历年最高纪录。2013 年澳门货物贸易逆差为 719.2 亿元，同比扩大 14.58%。

按出口货物目的地统计，2013 年输往香港（48.6 亿元）及内地（16.1 亿元）货值同比

上升19%及17%，出口至美国（3.6亿元）及欧盟（2.8亿元）分别减少28%及11%。进口货源方面，2013年来自内地（264.1亿元）和欧盟（187.9亿元）的进口货值则分别较上一年增加14%及13%。

2. 旅游业给澳门带来大量的外汇收入

以旅游服务业为主导的澳门经济，依然为推动澳门经济发展的"火车头"。2013年入境澳门的旅客为2 900多万人次，较前一年增长4%。澳门前十位主要客源市场顺序为中国内地、香港特区、台湾、马来西亚、日本、菲律宾、韩国、美国、新加坡、泰国。中国内地、香港和台湾是澳门三大客源市场，中国内地仍然是最大市场，近年来，澳门多项大型旅游娱乐设施相继投入运作，旅游业在充满机遇与挑战的环境下蓬勃发展，澳门将逐步发展为亚太地区重要的旅游目的地之一。

3. 博彩业是澳门政府财政收入的重要来源

由于特殊的历史原因和地理条件，已有150多年历史的博彩业一直是澳门的支柱产业。2001年，特区政府决定适度开放博彩业，并于2002年发放了3个博彩经营牌照，澳门博彩股份有限公司和两家外资公司各获一块赌牌。以此为标志，持续半个多世纪的博彩专营制度成为历史，为澳门支柱产业的发展注入了鲜活的动力。在澳门，既有造型别致、建筑宏伟、专供赌博的普京娱乐场，也有在豪华酒店内开设的赌场，全球最大赌场"威尼斯人"于2007年8月在澳门开业。在澳门的各赌博娱乐场内，均装有国际一流的各种设备，采用现代化的管理方法，并配有严密的保安系统。博彩业是澳门政府财政收入的重要来源，澳门是"世界四大赌城"之首。2013年澳门博彩业总收入3618.66亿澳门元，同比增长18.6%。

三、台湾最主要的经济贸易市场转移到祖国大陆

台湾位于祖国大陆东南海面上，东临太平洋，东北为琉球群岛，相距约600公里；南界巴士海峡，与菲律宾相隔约300公里；西隔台湾海峡与福建相望，相距约100多公里。风平浪静时乘船从福建出发，一天即可到达台湾北端的基隆。台湾海峡是东海和南海的最捷航路，也是西太平洋海上交通的重要通道。总面积为35 989.76平方公里（含海浦新生地28.54平方公里），由台湾本岛和周围属岛以及澎湖列岛组成，共有大小岛屿88个。台湾本岛南北长394公里，东西最大宽度为144公里，面积为35 774.68平方公里，是我国的第一大岛。台湾属热带和亚热带气候，温暖湿润。截至2014年6月底，台湾共有人口2 339万，人口密度每平方公里639人。

1. 国际金融危机冲击台湾经济

2008年台湾外部需求大幅减弱，半导体业、面板业步入周期低谷，金融资产急剧缩水，出口、民间消费与投资同步下滑，各项经济指标普遍恶化，全年台湾经济增长率仅1%左右，平均失业率约4%，台湾经济形势上半年一直笼罩在高油价等通货膨胀的阴影下，虽然保持较高增速，但已经暴露出了许多不稳定的因素。9月份国际金融海啸爆发后，形势急剧恶化，与上年同期相比，2008年前两季经济分别增长了6.25%和4.56%，第3季转为衰退1.02%，四季度经济出现负增长达8.36%，为1961年以来之最差纪录。

2008年主要科技产业都进入了产业循环低谷，其中面板产业与存取芯片产业受创最为严重。钢铁、汽车、塑化等主要传统产业也在下半年相继出现了价格与销售量同步走跌的困境，其中汽车业在前11个月的销售数较上年衰退了29%。第四季制造业将出现2002年以来首次

衰退。在服务业领域，批发零售业营业额也在 10 月份以后出现了持续下降。2008 年台湾生产总值约 4 026 亿美元，人均 GDP 约 1.71 万美元。2013 年台湾 GDP 初值 4 892.56 亿美元，同比实际增长 2.1%，人均 20 958 美元。

2. 出口增速大幅下降，外销订单形势恶化

受到国际经济形势低迷、需求大幅下降的影响，台湾出口增长大幅下滑。2008 年前八个月出口同比增速 16.8%，后三个月却出现了连续的减少，其中 11 月份衰退幅度达到了 23.3%，致使前 11 个月出口增速萎缩到了 8.4%，其中对大陆和香港的出口 9 到 11 月份的同比减少幅度皆超过两位数，前 11 个月仅增长了 4.8%。外销订单方面，前 11 个月总金额为 3 309.38 亿美元，较上年增长 5.13%，其中 10 月出现了 2002 年 1 月以来的首次衰退，11 月衰退幅度更超过 28%。2013 年台湾货物进出口额为 5 567.3 亿美元，比上年（下同）增长 0.3%。其中，出口 2872.6 亿美元，增长 1.0%；进口 2 694.6 亿美元，下降 0.4%。贸易顺差 178.0 亿美元，增长 28.6%。2013 年 12 月底台湾外汇储备为 4168. 11 亿美元，较 11 月底增加 12.52 亿美元，再创历史新高。台湾的五大贸易伙伴依次是：大陆与香港、日本、东盟 6 国、美国、欧盟 25 国。

3. 祖国大陆是台湾省最大的贸易顺差来源地

2013 年两岸贸易额为 1 194.6 亿美元，增长 2.2%。其中，台湾对大陆出口 770.1 亿美元，增长 1.3%；自大陆进口 424.6 亿美元，增长 3.9%。台湾贸易顺差 345.5 亿美元，下降 1.6%。2014 年两岸贸易额为 1983.1 亿美元，较 2013 年增长 0.6%，其中大陆对台出口 462.8 亿美元，自台进口 1520.3 亿美元，大陆与台湾贸易逆差达到 1057.7 亿美元．中国大陆为台湾最大的贸易伙伴、第一大出口目的地和第二大进口来源地。台湾输往大陆的主要商品包括电机设备及其零件、光学产品、机械用具、塑胶制品、钢铁、有机化学产品、人造纤维、铜、工业用纺织品等，占了 84.3%；其中以液晶装置及指示面板、集成电路、单石集成电路及混合集成电路的出口增长最快。台湾水果品种丰富，包括杨桃、木瓜、葡萄柚、莲雾、番荔枝、凤梨、芭乐、橘子、青枣、柿子、槟榔、柳橙、柠檬等 13 个品种，都是时令、热销品种。出口到大陆最多的是柳橙和番荔枝。台湾自大陆进口主要商品包括电机设备及其零件、机械用具及其零件、钢铁、光学产品及零件、矿物燃料等，占了 80% 以上。

4. 两岸经济合作保持良好势头

截至 2013 年 12 月底，大陆累计批准台资项目已达 90 018 个，实际使用台资 591.3 亿美元，占大陆累计实际吸收境外投资总额的 4.3%。据统计，2013 年大陆共批准台商投资项目 2 017 个，同比下降 9.5%，实际使用台资金额 20.9 亿美元，同比下降 26.7%。台湾企业在大陆投资主要以制造业为主，集中在江苏、浙江、上海、广东、福建等地。主要行业是电子零组件制造业、计算机、电子产品及光学制品制造业、电力制造业、塑料制品制造业、基本金属制造业等。

2008 年，是两岸关系具有里程碑意义的一年，两岸直接双向全面"三通"迈出历史性步伐，两岸关系迎来大交流、大合作和大发展的新局面。

5. 外贸运输

几乎全部依赖海上运输台湾海上运输有悠久的历史，早在 1871 年，台湾与大陆沿海的厦门、汕头等港口，就有定期航运。50 多年来，台湾海运事业有较大的发展，先后扩建和新建港口、扩充港口机械设备、拓展近洋航运、建立商船队等。海运以基隆、高雄、花莲等港口为中心，另有澎湖的天然良港马公港和台中港、苏澳港。主要航线有：台湾至美国东西海岸航线、至澳大利亚航线、至日本航线、至东南亚航线、至香港航线、至韩国航线、至中国大陆航线等。岛内交通以陆路为主。

（1）著名的"雨港"－基隆港：位于台湾岛北端，隔台湾海峡与福建省相望，东面和东北面隔太平洋西部海区与日本及琉球群岛相峙，使之成为东海、台湾海峡、太平洋西部海区航运要道，为我国南北航线和太平洋及环太平洋航运要冲，航运地理位置相当重要。基隆港靠近台湾海峡之北口，三面环山，一面临海，湾口外有多个岛屿作屏障，形成山环水绕、风平浪静的天然良港。由于基隆平均每年雨日214天，故有"雨港"之称。该港是台湾的第二大港口，分为商港、军港和渔港三部分。共有码头60多个，其中集装箱码头13个。港口设备先进、规模较大。基隆港2007集装箱吞吐量226万TEU，创1997年以来最高量，2013年基隆港港口吞吐量达到161万TEU。进口货物主要有煤炭、石油、矿石、粮食、杂货和集装箱等，出口货物主要有机械、化工产品、电子产品、轻工产品、纺织品、加工食品、集装箱和其它杂货等。基隆港附近有台湾最大的产煤基地和北部地区最大的火力发电中心。基隆市和台北市已连成一体，实际上基隆港依托的基隆市和台北城市，从而也体现了基隆港交通、经济的重要性。

（2）全省最大的商港－高雄港：位于台湾岛西南端，港口北为寿山，南为旗后山，两山夹峙，形势险要。整个港市处于一个天然狭长海湾内，港外有一条长12公里，宽200米的沙坝，形成天然的大防波堤。为全省最大的商港，也是军港和渔港，扼台湾海峡与巴士海峡交汇之要冲，是美、欧、亚海运必经之地。该港每年9、10、11三个月是风季，故有"风港"之称，但港内风平浪稳。现有码头116个，可停靠25万吨级货轮。

高雄港2013年港口货柜吞吐量993万TEU。2007年排名全球第八大集装箱港的高雄港，2008年被中国大陆的广州、宁波—舟山、青岛等三大港口超越，被挤出全球十大集装箱港口之列，滑落三位，名列第十一。自2008年12月下半月两岸直航之后，该港当月集装箱吞吐量共70.2万TEU，与11月的65.3万TEU相较，增长7%。从大陆来台湾停靠的船只货柜装卸量增长18.98%，显示两岸直航对高雄港确实产生明显帮助。

高雄港腹地广大，是台湾重化工基地和出口加工中心。进出口货物主要有：石油及制品、矿石、煤炭、钢铁、有色金属、杂粮、水泥、钢材、电器、糖、食品、罐头等。高雄正处于远东到东南亚航线的中心和远东到欧洲的航运的要冲，从而吸引大量过往船舶到这里挂靠。

小结： 通过本章学习，目的是使学生能整合中外经济地理知识，综合研究分析我国对外贸易和经济发展、经济结构、区域经济合作等历史、现状及问题，运用地理环境下现实宏观经济运行内在联系，提高对其实践的参与能力。

关键名词或概念： 1. 经济特区和开发区

2. "两高一资"产品

3. 加工贸易

4. 服务贸易

5. 国家级新区

复习题

1. 我国外经贸发展现状及其在国际贸易中的地位如何？
2. 我国有哪些主要对外贸易港口？其地位怎样？
3. 我国对外贸易的主要海运航线有哪几条？沿途可停靠哪些港口？
4. 简述香港、澳门、台湾省的经济和贸易现状及发展趋势。

俄罗斯	RUB
德国	GBP
瑞士	USD

18. 美国的小陆桥运输和微型陆桥运输有什么不同？

19. 我国构建"一带一路"海铁联运新通道中世界上最长的货运路线指哪条？主要途经哪几个国家？

20. 请指出我国目前最大的集装箱吞吐港、最大的煤炭出口港、最大的航空港、最大的铁路口岸和公路口岸分别是哪个？

21. APEC 是个什么样的组织？现有多少个成员？其中亚洲有哪几个成员？

22. 我国台湾省最大的科学工业园区和韩国最著名的两个出口加工区分别设在哪里？

23. 中国在日本展销一批景德镇细瓷茶具，全部是 4 只组装成套，其花色、款式日本人十分喜爱，但实际购买人却寥寥无几，试问这是为什么？

24. 日本有哪些主要工业品在世界市场具有较强的竞争能力？日本对外贸易有哪些特点？

25. "金砖五国"指哪些国家？

26. 写出世界最大稻米出口港、石油出口港、咖啡出口港的名称及分属的国家。

27. 韩国在我国对外贸易中的地位怎样？

28. 我国向西亚阿拉伯地区出口一批草编制品，其中草帽的销售量最差，为什么？

29. 印度的软件外包产业在世界上的地位怎样？

30. 发展中国家建立最早、影响最大的原料生产国和输出国组织是指哪个？现有多少成员国？其作用和意义怎样？

31. 东盟目前有哪些成员国？发展现状怎样？

32. 欧盟目前有多少成员国，其中哪国与我国的贸易额最大？有哪几个申根国？其中哪国在 2016 年脱离欧盟？

33. 试述俄罗斯的能源结构及其对经贸的影响。

34. 简述中美贸易存在的主要问题及中美贸易现状。

35. 加拿大和澳大利亚同是发达国家中的资源国，它们的进出口商品结构有什么异同点？

36. 美国对外贸易在世界上的地位怎样？

37. 谈谈中国的哪些产品在美国市场有竞争力？

38. 美国农业有哪些特点？农产品对世界市场的依赖程度怎样？

39. 请指出世界最大的两个农产品出口国和汽车出口国。

40. 指出世界上三大飞机生产国和最大的飞机制造公司。

41. 当前世界上最大的贸易国、贸易顺差国，最大的债权国和债务国分别是哪些国家？

42. 请指出世界最大的黄袍佛国、伊斯兰教国家，亚洲最大的天主教国家。

43. 香港特别行政区包括哪些地区？澳门特别行政区包括哪些地区？

44. 说说香港特别行政区目前在我国对外贸易中的地位和作用。

45. 目前台湾省最大两个港口的地理位置在哪里？

46. 目前我国同越南之间的铁路口岸有哪几个？货到那里要不要换装？中越贸易现状如何？

47. 巴西在能源发展利用上有哪些先进的做法？

48. 祖国大陆与台湾省的贸易现状怎样？

49. 新欧亚大陆桥在我国境内经过哪三条铁路？通过哪几个国家？目前货运量不大的主要问题是什么？

50. 由北向南指出我国沿海 14 个开放城市的名称。

51. 我国主要对外贸易港有哪几个？地位怎样？

52. 我国对外贸易的主要海运航线（指远洋航线）有哪几条？

53. 我国对外贸易在世界上的地位怎样？

54. 我国五大沿海经济特区在全国经济发展中的地位和作用怎样？

55. 中国经济增长最快、最活跃的地区在哪里？其中已被公认为世界六大城市带之一的又指哪个地区？

56. 台湾省的经贸现状怎样？

模　拟　试　卷

（一）名词解释（5分）

1. 大陆桥运输

2. 南北关联

3. 南南关联

（二）指出下列经济组织的中文名称及总部（秘书处）所在（10分）

APEC：

OPEC：

ASEAN：

BRICS：

AIIB：

（三）用直线把下列国家或城市与其所属的港口连接起来（5分）

林查班港（廉差邦港）	泰国
胡志明港	中国
费利克斯托	德国
汉堡	英国
迪拜	越南
上海	阿联酋
釜山	新加坡
新加坡	韩国
洛杉矶	中国
高雄	美国

（四）单项选择题：在以下4个备选答案中，选出你认为最正确的一个，并将其填入括号内（10分）

1. 目前我国最大的三个贸易伙伴依次是（　　　）

A. 欧盟、美国、日本　　　　B. 美国、欧盟、日本

C. 欧盟、日本、美国　　　　D. 日本、美国、欧盟

2. 世界上唯一一个自然资源几乎完全能自给的国家是（　　　）

A. 美国　　　B. 德国　　　C. 俄罗斯　　　D. 巴西

3. 在全球各经济体中侨汇居世界之首的是（　　　）

A. 菲律宾　　　B. 韩国　　　C. 墨西哥　　　D. 印度

4. 目前世界上最大的石油输出国是（　　　）

A. 俄罗斯　　　B. 沙特　　　C. 阿联酋　　　D. 文莱

5. 世界最大的铁矿石出口国是（　　　）

A. 澳大利亚　　　B. 印度　　　　　C. 巴西　　　　　　D. 瑞典

6. 2003年美国高盛集团将全球经济增速最快的四个国家誉为"金砖四国"，2010年又有一国加入，构成金砖五国，它们是（　　　）

　　A. 巴西、俄罗斯、印度、中国、南非

　　B. 中国、印度、韩国、新加坡、越南

　　C. 巴西、墨西哥、印尼、俄罗斯、沙特

　　D. 印度、俄罗斯、印尼、中国、巴西

7. 世界上两个文化产业大国是（　　　）

　　A. 印度、韩国　　　　　　　　　B. 美国、日本

　　C. 中国、墨西哥　　　　　　　　D. 日本、韩国

8. 近两年来世界上进出口贸易总额居前三位的国家依次是（　　　）

　　A. 中国、美国、德国　　　　　　B. 美国、德国、日本

　　C. 德国、美国、中国　　　　　　D. 美国、中国、德国

9. 世界上两大IT大国是（　　　）

　　A. 美国、中国　　　　　　　　　B. 美国、印度

　　C. 日本、德国　　　　　　　　　D. 日本、新加坡

10. 近年来世界三大集装箱港口依次是（　　　）

　　A. 新加坡、上海、香港　　　　　B. 上海、新加坡、深圳

　　C. 鹿特丹、新加坡、香港　　　　D. 香港、新加坡、釜山

（五）判断题（每题1分，你认为正确的打√，错误的打×。共10分）

1. 2007年世界上城市人口最多的是东京。（　　　）

2. 目前中国是南非第一大出口目的地和第一大进口来源地，南非是我国在非洲的最大贸易伙伴。（　　　）

3. 我国在拉美最大的贸易伙伴是巴西。（　　　）

4. 我国是发展中国家最大的引资国。2008年对我国投资最多的两个国家是新加坡和日本。（　　　）

5. 中国是世界上高铁运营里程最长的国家，占世界高铁总里程的60%以上。（　　　）

6. 东盟不是一个超国家组织，是一个松散的多国联合体。（　　　）

7. 北大西洋航线是世界上最繁忙的货运航线。（　　　）

8. 近年来中国已成为全球拥有大型集装箱港口最多的国家。（　　　）

9. 巴西是全球最大的大豆产地和出口国。（　　　）

10. 目前泰国是世界上最大的天然橡胶生产国和出口国。（　　　）

（六）简答题：（每题5分，共30分）

1. 世界上经济一体化水平最高的是哪个区域性经济组织？目前有多少成员国？它在世界经贸中的地位如何？

2. 由上海驶往芝加哥的一艘2万吨杂货船，在穿过巴拿马运河后，进入什么海域？还应经过哪个海峡、海湾和水道才能到达？

3. 蒙巴萨和马赛分别是我国海运航线中哪两条航线到达港？分别属于哪个国家？

4. 新亚欧大陆桥在我国境内经过哪三条铁路，通过哪几个国家最后到达鹿特丹？

5. 请写出世界上最大的两个农产品出口国和一个最大的农产品进口国。

6. 请写出世界上最大的黄袍佛国、伊斯兰教国和亚洲最大的天主教国家。

（七）综合分析题（30分）

1. 试述美国对外贸易特点，中美贸易现状及存在的主要问题。

2. 分析东欧最大的国家和拉美最大国家的能源构成及对其两国经贸上的影响。

教学参考资料领取说明

各位教师：

    中国商务出版社为方便采用本教材教学的教师需要，免费提供此教材的教学参考资料（PPT 课件及/或参考答案等）。为确保参考资料仅为教学之用，请填写以下证明内容，并寄至北京东城区安外大街东后巷 28 号，中国商务出版社国际经济与贸易事业部，张高平老师收，邮编：100710　电话：010－64269744，13021177828，也可将此证明拍照或扫描后发邮件至：2996796657@qq.com。我们收到并核实无误后，会尽快发出教学参考资料。谢谢您的支持！

证　　　明

    兹证明＿＿＿＿＿＿＿＿大学（学院）＿＿＿＿＿＿院/系＿＿＿＿年级＿＿＿＿名学生使用书名《＿＿＿＿＿＿＿＿》、作者＿＿＿＿的教材，教授此课的教师共计＿＿＿＿位，现需电子课件＿＿＿＿套、参考答案＿＿＿＿套。

教师姓名：＿＿＿＿＿＿＿　　　联系电话：＿＿＿＿＿＿＿

手　　机：＿＿＿＿＿＿＿　　　E-mail：＿＿＿＿＿＿＿

通信地址：＿＿＿＿＿＿＿＿＿＿＿＿＿＿＿＿＿

邮政编码：＿＿＿＿＿＿＿

院/系主任：＿＿＿＿＿签字

（院/系公章）

＿＿＿＿年＿＿月＿＿日